科技部创新方法工作资助(2007FY140800)
Innovation Method Fund of China(2007FY140800)

地理学思想经典解读

蔡运龙 主编

蔡运龙 叶 超 陈彦光 等 编著
阙维民 李双成 周尚意

图书在版编目(CIP)数据

地理学思想经典解读/蔡运龙主编;蔡运龙等编著.—北京:商务印书馆,2023(2025.6重印)
ISBN 978-7-100-22399-7

Ⅰ.①地… Ⅱ.①蔡… Ⅲ.①地理学-思想评论-西方国家-文集 Ⅳ.①K90-53

中国国家版本馆CIP数据核字(2023)第074730号

权利保留,侵权必究。

地理学思想经典解读

蔡运龙 主编

蔡运龙 叶 超 陈彦光
阙维民 李双成 周尚意 等 编著

商 务 印 书 馆 出 版
(北京王府井大街36号 邮政编码100710)
商 务 印 书 馆 发 行
三河市春园印刷有限公司印刷
ISBN 978-7-100-22399-7

2023年7月第1版   开本 787×1092 1/16
2025年6月第2次印刷   印张 33¼

定价:159.00元

内 容 简 介

本书介绍和解读了西方现当代地理学思想的若干经典论著，收录了从 1864 年到 2006 年间西方现当代地理学学术发展过程中涌现出的 50 部（篇）创新性思想专著或论文。其中包括一些已译介到中国的名著，而更多的是中国读者知其名但不得其详，甚至还不知其名的经典。解读的内容包括名著的作者简介、写作背景、内容提要、作者和论著的影响及评价等。这些论著通过对地理学思想、概念、哲学、方法论、研究内容、科学地位和社会功能等方面进行反思和争论，大致反映了现当代地理学的四个重要阶段——传统地理学（逻辑实证主义前的地理学）、"科学的"地理学（逻辑实证主义地理学）、"人本的"地理学（反思逻辑实证主义而出现的马克思主义地理学和人文主义地理学）、多样化的地理学（所谓"后现代"地理学）——的主要学科革新和学术思想；涉及自然地理学、人文地理学、地理信息科学等所有地理学领域。

本书是激发地理学者创新思维的必读文献，也是大学生和研究生学习地理学思想的教科书和参考书，还可供生态学、环境科学、地球科学、人类学、社会学、经济学等相邻学科关心学术思想的学者参阅。

编写者

蔡运龙　叶　超　陈彦光　阙维民　李双成　周尚意
齐清文　柴彦威　张景秋　甄　峰　李志刚　陈睿山
严　祥　王　羊　赵志强　杨卓翔　张　艳　林静一
韩雅飞　相云柯　任　帅　吴莉萍　戴俊骋　赵　婧
张　凌　蒋　巍

前　言

这本书缘起于科技部创新方法工作专项重点项目"地理学方法研究"（编号：2007FY140800）。该项目的总目标是"挖掘、梳理、凝练与集成古今中外地理学思想和方法"，其中一个研究任务是"西方地理学思想与方法变革的案例剖析"，研究成果就形成了这本《地理学思想经典解读》。

地理学是什么？这个问题并不简单，也不可忽视，因为学科身份的界定就是学科合理性和发展方向的界定。地理学者对此都应该有所思考。可以说全部地理学思想都围绕这个根本问题展开和发展，而答案却是五花八门。有人认为地理学是一门"前理论学科，仅限于描述和分类。既然它不陈述也不检验假设，就没有必要采用科学方法，因而是非科学学科"[①]。但也有人认为，"在所有学科中，只有地理学达到了研究地球及其全部系统的境界，因此它有权自称为人文科学的王后。"[②] 这两种看法代表了答案的两个极端，而本书收录和解读的西方现当代地理学学术发展过程中涌现出的一些经典论著，更为全面而深入地解答了这个问题。

其实，正如所有现象都在时间中存在而有其历史一样，所有现象也在空间中存在而有其地理[③]。以人类环境、人地关系和空间相互作用为主要研究对象的地理学，已成为一门跨越自然科学、人文社会科学和工程技术科学的综合性学科，建立了完整而独特的学科体系。地理学在人类知识体系中具有独特和不可替代的重要地位[④]。

西方地理学的发展可按不同时期的社会需求和知识环境（哲学、科学技术、社会理论、对自然和社会的认识）梳理出四个重要阶段：传统地理学（逻辑实证主义前的地理学）、"科学的"地理学（逻辑实证主义地理学）、"人本的"地理学（由反思逻辑实证主义而出现的马克思主义地理学和人文主义地理学）、多样化的地理学（所谓"后现代"地理学）。有西方地理学者将之分别称为传统地理学、"新地理学"、"新新地理学"、"新

---

① Bunge, M. A. *Scientific Research*, Vol. 1: *The Search for System*. New York, 1976: 383.
② Boulding, K. E. *The Impact of the Social Science*. New Brunswick, N. J., 1966: 108.
③ Rediscovery Geography Committee. *Rediscovering Geography: New Relevance for Science and Society*. Washington D. C.: National Academy Press, 1997.
④ 蔡运龙："中西方地理学思想和方法的流变与融合"，《创新方法》，2009 年第 1 期。

新新地理学"[1]。之所以称之为"新",是因为在思想和方法上有创新。显然,剖析这些创新过程中的经典案例,对于我们的借鉴和自主创新具有重要意义,本书就是这种剖析的一个尝试。

传统地理学是以空间差异为基础的综合学科,其历史可上溯到古希腊的希洛多德和古罗马的埃拉托色尼(被西方地理学界尊为地理学之父),而哈特向是集其大成者[2]。哈特向的"作为一门空间科学的地理学概念:从康德和洪堡到赫特纳"对传统地理学思想作了精辟的概括。当然,说传统地理学的基础是空间(或区域)差异是过于简单化了,这个时期的其他经典表明了传统地理学思想的丰富性和前瞻性,如马什的《人与自然》是现代环境科学和环境保护的开山之作,同时也可看到一些"科学"地理学的端倪(如戴维斯的"地理循环"和杰斐逊的"首位城市律")。

"科学的"地理学力图建立普适性规律。最先作为物理学,然后作为整个自然科学,也作为经济学甚至社会学研究框架的逻辑实证思想和方法被引进地理学。它着重科学理论结构的逻辑分析,又以经验证据来解释科学的概念和理论;它着重理论、模型和计量化,推求因果关系,寻找普遍性抽象法则,追求地理学的"科学"化,即精准性、可重复性和确定性。其主要表现是系统论思想和方法得到广泛认同和应用,以及地理信息系统的发明和发展。舍费尔的"地理学中的例外论:一个方法论的检视"是这个阶段的开山之作,哈维的《地理学中的解释》则集其大成。哈格斯特朗的"创新波的传播"、沃伯特的"空间背景下的决策过程"、哈格特的《区位模型》等都是这个阶段的经典。

"人本的"地理学是反思"科学的"地理学之缺失的产物。从科学哲学和方法论的层面看,"科学的"地理学之缺失和不能自圆其说之处可归纳如下:①观察依赖理论,事实并非"客观";②不可能充分证实,因为观察再多,也不能证明一个全称命题为真;③实证主义方法论是为基础科学定义的,而像地理学这样的综合学科太复杂,以至于难以用严格的科学观限定;④试图排除价值的"中立"科学不仅不可能,而且由于其抵抗这种不可能性而把自身置于科学的应有之义以外。从地理学与社会实践的联系看,"科学的"地理学缺少社会内涵,解决不了很多社会问题;此外,实证主义关于"社会和人的模式"以及"市场经济中的人是有理性的经济人"这两种简单假设,远不能反映现实的复杂性。针对这些缺失,地理学中发展出两种新的思想和方法途径:其一是从"关注社会公正"的宗旨出发,在马克思主义中寻求思想和方法武器。哈维的《资本的城市

---

[1] 保罗·克拉瓦尔:《地理学思想史》(第3版),郑胜华等译,北京大学出版社,2007年。
[2] 某些西方地理学思想史著作将洪堡和李特尔开创的现代地理学称为"新地理学",是相对于古代地理学而言(见普雷斯顿·詹姆斯、杰弗雷·马丁:《地理学思想史》,李旭旦译,商务印书馆,1989年)。笔者以为现代地理学的思想和方法与古代地理学一脉相承,而与当代地理学大异其趣,故将其归为传统地理学。

化》、玛西的"劳动的空间分化：社会结构与生产地理学"、史密斯的"地理学、马克思与自然观念"、布劳特的"异端的传统"等就是这方面的代表作。其二是倾向于在"人本"而不是"科学"的范畴内来讨论人的话语权，着重知识的主观性，主张包容性，旨在增进认识和理解，将焦点集中在"人对空间和大地的经验"上，这就是人文主义地理学。段义孚的"人文主义地理学"是其奠基之作，布蒂默的"白吕纳著作展现的新视野"是另一代表作，哈格斯特朗的"区域科学中的人"也有浓烈的人文主义色彩。马克思主义地理学和人文主义地理学的焦点分别是社会公正和人类的情感、经验，二者都关注社会中的人，因此这里以"人本的"地理学包含两者。

随着自启蒙时代以来主宰思想的历史哲学之终结，随着对现代化的反思以及对"科学代表进步吗？"的质疑，地理学开始强调后现代世界的空间观点，不仅以理性来解释世界，也重视人类感知和地方的复杂性，更加关注知识的条件、论述的角色及社会状况的文化方面，注重探索人的思维体系，强调人地关系的多样性，重视"空间"也重视"地域"，探索"认同"（identity）及其与地域的联系，以文化的视角认识经济转型的动力，并涉及感知、表征和意象，重视伦理和信仰对社会逻辑的作用，并导致了区域研究兴趣的再兴。地理学似乎又回到了哈特向所强调的"区域差异"，但已不可同日而语。地理学思想和方法不断经历着"否定之否定"的螺旋式上升的辩证过程，呈现出多元化局面。不同思想和方法之间并非简单的否定，而是各有其价值和用处。地理学思想和方法的多样性正如地理本身的多样性一样，既是合理的，也是有益的。格雷戈里的"地域差异与后现代人文地理学"在"后现代"的关联域内总结了这个阶段的地理学特征，哈雷的"解构地图"、克拉瓦尔的《区域地理学导论》、米切尔的"文化战争"、格里奇的"地理知识的性质"等都是这个阶段的代表作。

值得注意，特纳在"身份之争：人类—环境地理学及其学术重建含义"中指出，那些"混沌"（chaotic）和"多样化"（anarchic）的基础理论，无论在支持者中多么流行，都无助于地理学的繁荣，还很难在知识重构中幸存，而这种知识重构已在科学中开始并必将展开。特纳还警告，地理学对哲学和多样化的兴趣，超过了对适当发展学术结构和体制的兴趣。这意味着地理学思想和方法的多样化必须有一个合理、自洽的结构。哈维对此进行了探索，他极大地包容各种后现代论题，又反对后现代主义话语[①]。他的目标并不仅仅在于解释的结果，而更注重进行解释的框架。他提出"具体抽象"（concrete abstraction）的概念，这是一种认识论途径，一种分析总体社会结构的具体概念工具，包括三个方面的任务：第一，"努力表明各种各样的具体抽象……是如何必然地联系着

[①] Harvey, D. *The Condition of Postmodernity*: *An Enquiry into the Origins of Cultural Change*. Blackwell Publishing Ltd. 1990.（中译本见阎嘉译：《后现代的状况——对文化变迁之缘起的探究》，商务印书馆，2003年。）

的"；第二，"选出那些有力地综合和解释这些具体抽象之间联系的基本概念"；第三，"运作这个整体系统，建立一套说明（尽管是不完全的说明）社会运动必然规律的综合体，以便解释社会的历史和地理"[①]。

联系整个现代科学发展的大背景来看，"20世纪上半叶，发生了以量子力学和相对论为核心的物理学革命，加上其后的宇宙大爆炸模型、DNA双螺旋结构、板块构造理论、计算机科学，这六大科学理论的突破，共同确立了现代科学体系的基本结构。自20世纪下半叶以来，尽管知识呈快速增长的态势，但是基本表现为对现有科学理论的完善，没能出现与这六大革命性的科学突破相提并论的理论成就或重大发现。从这个意义上说，'科学的沉寂'至今已六十余年了"[②]。而在地理学内，本书解读的这些经典却展示出如此活跃、不断推陈出新的地理学思想。正如威尔班克斯在"地理学的挑战与机会"中所言：对地理学来说，这是一个激动人心的时代——就学术而言，或许没有任何其他学科可与之相比。

本书各篇的排列以所解读文献发表的时间先后而不是发展阶段为序。实际上，所谓"发展阶段"，在时间上是彼此交叠的，甚至是并行不悖的。之所以要梳理出上述发展阶段，是为了把这些经典文献放在一定学术背景下来解读，但不必认为某篇文献就绝对属于哪一阶段的地理学思想。

本书编写首先面临的问题就是经典文献的选择，对西方现当代地理学思想史的把握和认知是这种选择的基础，当然不可避免地局限于我们的理解。为了更接近真实，笔者在2008年春访问美国时专门请教了蒙大拿州立大学Bill Wyckoff教授。他是著名的历史地理学者和地理学思想史专家，长期教授地理学思想史课程，对西方现当代地理学思想经典娴熟于心。Bill为我们开列了一个清单，与我们的清单互补，就形成了本书的框架。尽管如此，本书仍然是经典的"集萃"而非全部。由于各方面的局限，若干重要经典尚未包含进来，例如哈维的《社会正义与城市》和《资本的限度》，留待以后有机会时再补遗。

地理学一般可分为学术地理学（academic geography）与应用地理学（applied geography）两大部分，后者也包括具体地理问题和具体区域地理的研究。这样的划分与国内目前通行的基础研究与应用研究之分有所不同，所谓"基础研究"，其实很少甚至没有涉及学术地理学。本书收录的经典，显然皆属学术地理学，是目前我们最为缺乏也最值得借鉴的。当然，应用地理学也有相应的经典，也值得我们借鉴，但也只有留待以

---

① Harvey, D. From Models to Marx. In B. Macmillan, eds. *Remodelling Geography*. Oxford: Blackwell, 1989: 211-216.

② 温家宝："让科技引领中国可持续发展"，2009年11月3日上午在北京人民大会堂向首都科技界的讲话。

后再相机"集萃"了。

读者不难发现，本书趋向于厚今薄古。之所以如此，是因为我们认为近期的经典与当前学科发展需求的关联更为紧密，而且也传承和包含了主要的传统思想渊源。例如，特纳的"身份之争：人类—环境地理学及其学术重建含义"就直接追溯了各种地理学思想的历史脉络直至古希腊；再如，罗兹的"重新审视地貌学的动力学基础"也阐述了当代地貌学的历史渊源。

对各篇的解读也不可避免地局限于各编写者的理解，这正如"观察依赖理论，事实并非客观"一样，排除个人理解的"中立"解读不仅不可能，而且也不"科学"。读者对本书亦当有自己的"解读"。

本书的编写者都是在地理研究第一线的大忙人，能抽出时间和精力做这种不太功利的工作，实在是需要有些"学术"精神的。在此，我要向他们的参与、支持和学术精神致敬和致谢。此外，黄秋昊博士利用在哥伦比亚大学学习的机会，帮助收集了很多国内阙如的文献，也谢谢他。

蔡运龙
2010 年 8 月于北大

目 录

前言

马什　人与自然（1864年） …………………………………………………… 1

拉采尔　国家领土的生长（1896年） ………………………………………… 7

戴维斯　地理循环（1899年） ………………………………………………… 16

麦金德　历史的地理枢纽（1904年） ………………………………………… 34

森普尔　地理环境的影响（1911年） ………………………………………… 44

巴罗斯　作为人类生态学的地理学（1923年） ……………………………… 56

索尔　景观形态学（1925年） ………………………………………………… 64

维达尔　人文地理学原理（1926年） ………………………………………… 74

杰斐逊　首位城市律（1939年） ……………………………………………… 82

赖特　构想在地理学中的地位（1947年） …………………………………… 89

舍费尔　地理学中的例外论（1953年） ……………………………………… 100

索尔　地球上人的能动性（1956年） ………………………………………… 111

厄尔曼　交通的功能和相互作用基础（1956年） …………………………… 118

哈特向　作为一门空间科学的地理学概念（1958年） ……………………… 127

哈格斯特朗　创新波的传播（1962年） ……………………………………… 137

帕蒂森　地理学的四个传统（1964年） ……………………………………… 146

沃伯特　空间背景下的决策过程（1964年） ………………………………… 150

哈格特　区位模型（1966年） ………………………………………………… 156

格拉肯　从古代到十八世纪末西方思想中的自然与文化（1967年） ……… 166

哈维　地理学中的解释（1969年） …………………………………………… 176

哈格斯特朗　区域科学中的人（1970年） …………………………………… 190

布蒂默　白吕纳著作展现的新视野（1971年） ……………………………… 200

索尔　地理学的第四维度（1974年） ………………………………………… 215

段义孚　人文主义地理学（1976年） ………………………………………… 222

布劳特 异端的传统（1979年）	233
迈尼希 同一景象的十个版本（1979年）	243
贝里 创造未来的地理学（1980年）	253
哈特 地理学家艺术的最高形式（1982年）	264
玛西 劳动的空间分化（1984年）	275
哈维 论地理学的历史和现状（1984年）	281
哈维 资本的城市化（1985年）	293
约翰斯顿 地理学的未来（1985年）	299
刘易斯 超越描述（1985年）	308
格雷戈里 地域差异与后现代人文地理学（1989年）	314
哈雷 解构地图（1989年）	329
史密斯，奥克弗 地理学、马克思与自然观念（1989年）	343
马伦逊 自然地理学中的混沌理论（1990年）	354
威尔班克斯 地理学的挑战与机会（1992年）	364
多摩什 女性主义与人文地理学（1996年）	368
怀特洛克，巴特莱 过去12.5万年美国西北部植被和气候变化（1997年）	384
克拉瓦尔 区域地理学导论（1998年）	388
米切尔 文化战争（2000年）	398
格里奇 地理知识的性质（2002年）	413
特纳 人类—环境地理学及其学术重建含义（2002年）	423
约翰斯顿 空间中的秩序（2003年）	442
利文斯通 将科学置于地方（2003年）	450
古德柴尔德 地理信息科学，地理学，形态与过程（2004年）	462
斯卡格斯 美国地理学中的气候学（2004年）	471
马丁 所有可能的世界（2005年）	487
罗兹 重新审视地貌学的动力学基础（2006年）	498
再版后记	515

马 什

人与自然（1864 年）

乔治·珀金斯·马什（George Perkins Marsh，1801—1882），美国地理学家、外交家、立法委员、语言学家、历史学家以及自然资源保护论者。1801 年生于美国伍德斯托克，1882 年卒于意大利瓦隆布罗萨。曾在哥伦比亚大学、马萨诸塞州罗维尔学院任教。历任美国国会议员、美国驻土耳其公使和驻意大利大使。研究过古典文学和语言学，能操 20 种语言。在学术方面主要研究人地关系和自然保护，主张人类应保护自然、改良自然，强调人破坏自然的危险性。他于 1864 年出版的《人与自然：人类活动所改变了的自然地理》[①]一书是 19 世纪地理学、生态学和资源管理的重要著作。该书主要阐述了人与自然和谐的观念和自然保护的思想。因此，马什被称为现代环境保护主义之父，其著作也被誉为"环境保护主义的源泉"[②]。

1864 年《人与自然》的出版是公共环境保护的转折点。在这一年，美国政府将约塞米蒂公园作为一个约定受保护的公共公园转让给加利福尼亚州。几年以后，即 1872 年，联邦政府建立了第一个国家森林公园——黄石公园。美国环境保护运动的发端与马什、奥姆斯特德（Frederick Law Olmsted）、缪尔（John Muir）、利奥波德（Aldo Leopold）等伟大人物密切相关，同时也与吉福德·品彻和西奥多·罗斯福等拥有环境管理职权的自然保护主义者联系在一起。

一、《人与自然》的主要内容

在《人与自然》一书的前言中，马什简要介绍了这本书创作的目的，即他希望通过

[①] G. P. Marsh. *Man and Nature：Or，Physical Geography as Modified by Human Action*. Cambridge：The Belknap Press of Harvard University Press，2000.

[②] Daniel G. Payne. *Voices in the Wilderness：American Nature Writing and Environmental Politics*. Hanover：UP of New England，1996.

这本书来展示人类是如何改变地球的，并提出了自然保护和修复的方法。该书第一章概述了罗马帝国及世界上其他一些地区所发生的自然条件的恶化，随后他按照历史发展的时序回顾了人类在不同时期对自然的影响。书的后半部分阐述了人类活动对生物、水域、沙丘等自然要素的直接或间接影响。第二章介绍了美国和欧洲的植物、植物物种的迁徙及其对土壤等自然要素的影响、部分植物物种的灭绝；动物物种的起源、迁徙和灭绝，其中重点介绍了鸟类、昆虫、鱼类等动物的演变。第三章以森林为主，从温度和湿度两个方面阐述了森林对自然的影响，说明了破坏森林所导致的后果，如洪水、滑坡、泥石流等自然灾害的加剧等，讨论了美国和欧洲等地森林破坏的原因，指出人类应该关注森林的生态和经济价值，努力改善现有的状况，大力植树造林。第四章以水域为中心，分析了人类筑堤、排水、灌溉、修建沟渠和运河等活动所产生的气候和地理效应，并以尼罗河地区、瓦尔迪基亚纳地区和托斯卡纳马雷马地区的水文状况和人类活动之间的关系为例加以说明。第五章则重点介绍了沙漠、沙丘的起源、形态及其对地理环境的影响，讨论了加斯科涅、丹麦和普鲁士等地的沙丘，指出恢复沙丘的好处并列举了当时正在进行的政府改善工程。在分析人类活动的环境效应的基础上，马什强调人类在利用自然的过程中，往往忽视了对自然的保护和修复，极大地破坏了自然平衡。同时，他也针对不同的活动和影响，提出了拯救措施，如植树造林、排水和灌溉、修建堤坝和水坝、生物种群控制、公有制等。在文章的最后一章，马什讨论了人类活动对地球环境的可能影响，其中重点探讨了苏伊士运河、巴拿马运河、莱茵河的改道等重大工程的环境效应。最后，马什总结道，虽然个人对地球的影响不明显，但人类群体的活动可能改变地球的结构、组分和命运。

二、马什的主要观点

《人与自然：人类活动所改变了的自然地理》，这本书的副标题比正标题更能准确地描述此书的内容。马什为该书的修订版（1874年出版，1882年第二次出版，1885年作者去世后再次出版）起了一个更确切的书名——《人类活动改变的地球》，因为他注意到该书的重点并不是谈论人与自然或社会与环境的所有关系。由于缺乏对世界其他地区的地理和环境状况的认知，他仅仅对人为因素引起的部分环境变化作了评价。他讨论了土地覆盖的变化，特别是森林砍伐、湿地排水、地表及地下水资源的变化、沙漠的产生和扩散、植物和动物物种的变化等。

针对美国人对自然的肆意破坏，马什批驳道："地球仅仅给予了人类使用的权利，而不是消耗,更不是肆无忌惮地浪费的权利。人类把这一点遗忘得太久了。"马什将地球比作一座房子,他十分形象地说道:"甚至到现在,我们还在为得到取暖和煮汤的燃料而劈开我们住所的地板、壁板、门和窗框,在缓慢的科学进步能够提出一种更好的经济制度之前,世界已经等不及了。"针对人类对自然的破坏,马什警告说:"人类无知地漠视自然规律的结果就是土地退化。""人类从事的活动推进到哪里,对自然环境的负面影响就延伸到哪里,受影响地区的地表将变得像月球一样荒凉。……由于人类的破坏行为,地球正迅速变成不适于人类居住的家园。假如人类再重复走过一个同样罪恶而短视的时代,随着罪恶和短视的膨胀,地球就会陷入资源耗尽、地面碎裂、气候无常的境地,以致有堕落、野蛮,甚至物种灭绝之虞。"

马什在《人与自然》一书中描述了人类活动破坏森林所导致的恶果,其中写道:"巨大的森林已经从山坡和山脊上消失;树下腐叶和枯枝堆积形成的植物质土壤、在树林边缘形成的锯齿形高山带和高地四周的草原土壤已被冲刷无遗;由于为古运河供水的水槽和水库受到破坏,或是因为出水泉眼干涸,曾因灌溉而肥沃的草地被废弃而荒芜;历史歌谣里有名的河流变成了涓涓细流,装点和保护小水道堤岸的柳树也已消失,小溪不再终年有水,因为流入古老河道的涓涓细流在进入低地之前,不是由于夏天的干旱而蒸发得精光,就是被干裂的土地吸收殆尽;小河的河床变成了宽宽的卵石和砾石滩;通航江河的入口处受阻于沙滩,往日商务繁忙的河口港湾被河流挟带的泥沙淤积变浅;港湾底部上升,致使流入它的河流的流速变慢,把浅海和肥沃的低地变成了不能耕种的瘴气重重的沼泽。"

马什强调自然不是某种外在于人类生命的存在,人类生命乃是其自身的自然创造者。《人与自然》这本书出版之前,马什在写给他一位朋友的信中谈及了他的写作意图:"这本小册子所要说明的是人创造了地球,而不是地球创造了人。"换句话说,自然不能再被视为实际上外在于人类社会的自在世界,而是应被看作是在一定程度上经过人类改造的作品。因此,马什的这种观点使以前从未进入人类历史领域的自然议题开始成为人类历史问题,并借以警示人类改造地球的后果。马什断定:"人处处都是一种不安分的力量。无论他的脚步移动到哪里,大自然的和谐总是转变为不和谐。在所有的生物机体中,只有人在本质上被看作是一种破坏性的力量,人能驾轻就熟地使用自己的能力,而自然则完全是软弱无力的。"

三、环境伦理

　　环境问题不仅是一个技术问题,更是一个价值取向问题。环境哲学,学者称其为环境伦理学,是以人与自然的关系为中心的最基本的世界观。近现代西方世界的两次工业革命推动科学技术迅猛发展,以至于环境问题接踵而来,甚至威胁到了我们的生存,西方伦理学家们才开始关注人与自然的关系。

　　在19世纪中叶以前,许多学者都认为,人对自然的干预会使自然变得更好,这种乐观主义的情绪在布丰伯爵(Count Buffon)的《自然史》(*Natural History*)等著作中体现得非常明显。与同时代盛行的经济乐观主义不同,马什将"人"看作自然和谐的干扰者,并指出人类的许多活动,譬如森林滥伐,使文明仰赖的自然资源枯竭了,他认为这种因素导致了罗马帝国的衰落。

　　尽管马什在本书中生动地描述了人类对自然环境的破坏,但我们不能轻易地认为他捍卫的是无拘无束的大自然,因为这是误解了他的意图。正如马什所表达的,"我所能期望的一切,就是指出和说明人类行为在哪些方面、以什么方式对我们所居住的地球的自然条件业已或可能造成伤害,或带来益处,以此来激起对于富有经济重要性之论题的兴趣。"人类可能已对"所有生机勃勃的自然种群"发动了无情的战争,但也通过驯化使其中的很多种群变得温顺以为人所用。在马什看来,荒野,或者丰饶却难以利用,或者干燥而贫瘠。他期待这样一个世界:它可以容纳活力十足而欣欣向荣的人类社会,这个社会从事农业和一切的文明技艺。

　　马什最尖锐的观点是,人类在自然环境中作出的许多改变,不管是出于好意还是由于忽视了后果,都损害了自然环境的效用。他指出应将山坡上的森林维持在相对原始的状态,这不是为了森林本身,而是为了防止土壤侵蚀,并保证全年都有可靠的淡水供应。森林和山峦同样很美,美学代表着人类的一种价值观。人们可以从马什的书中认识到某种要求,即人与自然间的平衡;在这一平衡中,人类的需要得以满足,自然的和谐得以保护。他相信有这样一种可能:人类在破坏着自然,但是人类也可以成为自然的合作者,同时成为这种被干扰了的自然的恢复者。

　　与同时代的人一样,马什接受了生态中心论的部分观点,这种观点认为自然比人类重要,强调环境对人类生命和生活的重要性。不过,通过对人类破坏活动及其后果的记载,他对广泛流行的乐观的环境改变论持怀疑态度。马什倾向于把无人居住的自然界看作是和谐的、不变的,或者最多是有缓慢和逐步的变化。马什强调环境中强大的人类能动力和破坏性，只有更好地理解了这种破坏性对复杂自然进程的影响，才能制止和告知人类，最终才能避免这种破坏的发生。所以，马什认为在人类历史时期，自然所发生的任何突变或根本性变化都是人类活动的结果。

可见，马什的立场仍是人类中心主义和功利主义的。尽管如此，值得注意的是，他认为人对地球的管理不单纯是经济活动，还需要有伦理的态度。这是对后来环境伦理思想的重要贡献。而正是自从马什《人与自然》一书的出版，关于人类控制自然的乐观主义情绪才开始消解，许多有识之士已经注意到人对自然的破坏。

四、本书的影响

马什的思想影响深远。1955年，许多生态学家和经济学家聚会美国新泽西州的普林斯顿，举办了"人与自然关系状况专题研讨会"，以此纪念马什。而这次会议为以后的环境保护运动奠定了思想基础。

虽然工业化仅仅是间接地进入马什的分析之中，但它却构成了马什所描述的生态破坏的主要动力。《人与自然》这本论述地球生态破坏的先导性著作（1864年刊印），正好在马克思批判工业资本主义时代的名著《资本论》（第一卷，1867年刊印）问世三年之前出版，有人认为这不仅仅是巧合[①]。这两部著作都是对工业革命产生的影响的回应。马克思的观点启发工人阶级进行反对资本主义的革命；而马什的观点将斗争的目标放在限制人类对自然的掠夺方面，这又比恩格斯指出"我们不要过分陶醉于我们对自然界的胜利，对于每一次这样的胜利，自然界都报复了我们"[②]（《自然辩证法》，写作于1873—1883年）早很多年。

"全球环境变化"一词的广泛使用也只是近几十年的事。而目前对这种变化的关注比以往任何时候都更强烈、更广泛。不过在广泛地讨论全球变化之前，它却以比较零散的形式存在着。《人与自然》一书试图在世界范围内考察人类如何破坏自然，是第一部致力于调查和评估人类活动对地球影响的大型著作。在马什看来，罗马并非唯一的经历过环境危机的文明社会。由于马什对地中海国家、欧洲和北美洲等比较熟悉，他重点讨论了这些地区的环境问题，对世界其他地区则描述较少。尽管存在着或多或少的局限

[①] 约翰·贝拉米·福斯特："美国资本主义的经济扩张与环境保护运动的发展"，朱书刚译，《财经政法资讯》，2007年第3期。

[②] 恩格斯：《自然辩证法》，中共中央马克思、恩格斯、列宁、斯大宁著作编译局译，北京：人民出版社，1971年，第158页。

性，这本书仍不失为全球变化史上里程碑式的著作。作者通过广泛阅读国内外文献，积累和获取了最好的材料，并通过亲自考察美国北部和地中海周围地区充实了这些材料。马什自始至终都强调"次要的和间接的"人类活动的影响，其中包括无法预料的、出人意料的、遥远的以及令人失望的结果。在很多方面，他的这些强调远比现代科学观有道理，现代科学过多地强调地面覆盖物的改变在气候变化、沙漠扩散和山洪暴发中的作用。

马什对后来很多思想的产生都有重要的影响，他明确而又坚定地陈述了很多主题，这些关于人类对环境影响的主题已经成为20世纪关注的焦点。然而，现在还很难确定他对这种关注的影响究竟有多深远。由于与后来的气候观点一致，也很难确定他的观点是多久之后才被重新发现的。例如，俄国气象学家、地理学家沃耶伊科夫（1842—1916）在主题和精神上都紧跟马什，1901年，他对人类改变的土壤及其覆盖物以及气候、水平衡、沉积物等领域进行了大量深刻的评估。沃耶伊科夫和马什都很关注德国地理学家恩斯特·弗里德里希提出的"掠夺经济"或破坏性地占有和开发土地的观点。很多国家对森林和土壤保护活动都有同样的关注，由于20世纪30年代美国和其他地区发生了沙尘暴等自然灾难，这项活动得到了额外的推动和众多的支持。1955年，普林斯顿大学举行了主题为"人类在地表变化中的角色"的会议，该主题是由该会议的组织者、地理学家卡尔·索尔（Carl Sauer）和社会理论家刘易斯·芒福德（Lewis Mumford）确定的，后来这一天被定为"马什的节日"，以纪念这位《人与自然》的作者。依据近一个世纪以来诸多学者的观点并参照人为因素引起的新的环境变化，1956年出版的会议论文集和回忆录更新和补充了马什的分析。后来的学者还论述了从马什观点中发展出来的一系列更加新颖的主题，关注全球变化就是其中一个。《人类活动改造了的地球》（*The Earth as Transformed by Human Action*，Turner et al.，1990）是另一部关于人类影响的经典论著，该书大大扩展了1955年普林斯顿会议以及马什《人与自然》的内容。它的核心内容包括全球环境的主要要素与过程，记录了自1956年以来各地发生的很多未被认识的、多样的变化。

（王　羊、赵志强、李双成）

拉采尔

国家领土的生长（1896 年）

一、拉采尔其人

弗里德里希·拉采尔[①]（Friedrich Ratzel，1844—1904）是 19 世纪后期德国地理学家和人种学家，因为提出生存空间概念以及对德国高校地理学发展的贡献而闻名于世。拉采尔的父亲是巴登大公国公爵家族成员中的一个头面人物。拉采尔在卡尔斯鲁厄高级中学学习六年之后，于 15 岁那年成为一个药剂师的学徒。1863 年，他到瑞士苏黎世湖畔的拉珀斯维尔研习古典文学。从 1865 年到 1866 年，他在鲁尔区克雷费尔德附近的默尔斯又学了一年的药剂学。然后在卡尔斯鲁厄高中度过短暂的时光，于 21 岁那年开始了大学生活：先后进入海德堡大学、耶拿大学和柏林大学，成为动物学专业的学生。

1868 年完成大学学业之后，拉采尔开始了一个时期的旅行，并因此由一个动物学家（生物学家）变成了一个地理学家。他开始在地中海地区开展野外考察，并且撰写游历通讯。由于这些通讯，他获得了一份工作，那就是为《科隆杂志》撰写旅行报道，而该杂志则为他进一步的旅行提供了资金和帮助。

拉采尔从事过几次探险活动，其中最漫长也最重要的一次是 1874—1875 年的美国、古巴和墨西哥之行。这次旅行是拉采尔事业的转折点。他开始研究德国血统的民众在美洲的影响，特别是对中西部的影响；同时也研究北美其他种族的影响。1876 年，他完成了一个书面报告——《北美城市和文化概论》，这个报告开拓了文化地理学领域。根据拉采尔的观点，城市是研究众生的最佳场所，因为城市生活是"混合的、压缩的和加速的"生活，从而显示出民众的"最重要、最美好和最典型的侧面"。拉采尔曾经到纽约、波士顿、费城、华盛顿、里士满、查尔斯顿、新奥尔良以及旧金山等地旅行。1875

---

① 关于拉采尔的主要资料来源：Wikipedia, the free encyclopedia；Department of Geography and Meteorology at Valparaiso University. Available：http：//www.valpo.edu/；Wankyn H. G. Friedrich Ratzel. *A Biographical Memoir and Bibliography*. Cambridge，England：University of Cambridge Press，1961.

年他从旅途返回祖国，变成了慕尼黑高等技术学校的地理学讲师。1876 年升为助理教授，1880 年成为正教授。在慕尼黑，拉采尔完成了几本著作，据此造就了自己的学术生涯。1886 年，他进入莱比锡大学任教。从此，拉采尔在莱比锡工作，直到 1904 年 8 月他在阿莫尔兰德突然去世。

1882 年和 1891 年，拉采尔发表了两卷本《人类地理学》（Anthropogeographie），该书被认为是人文地理学的奠基性杰作。这个作品被他的许多学生误解，从而产生了一批地理环境决定论者。1897 年，他出版了一部关于政治地理学的著作——《政治地理学》。正是在这本书中，拉采尔提出了"生存空间"概念以及社会达尔文主义思想。由于其生物学的出身，拉采尔的思想受到达尔文和德国动物学家海克尔（Ernst H. Haeckel，1834—1919）的影响，并且发表过几篇相关的文章。其中之一是写于 1901 年的关于生物地理学的生存空间随笔，创造了独特的德国式政治地理学的变种——地缘政治学。

拉采尔的学术创作过程反映了德国社会经济的发展过程：普法战争（1870—1871）后，德国工业快速增长，因为争夺市场的缘故，德国与英国开始了海外竞争。拉采尔的作品为帝国扩张提供了理论依据，并因此受到德国当权者的欢迎。由于美国地缘战略学家马汉（Alfred T. Mahan，1840—1914）的影响，拉采尔的写作表达了德国海军扩张的欲望。他赞成如下观点：海权是自我维持的，这与陆权不同，因为从贸易中获得的利润可以支付商业舰队的军费开支。

拉采尔的关键性贡献是发展了地理学的生物学概念。他认为没有一个静态的国家边界概念，国家是有机的和增长的，国家的边界仅仅代表移动过程的暂时停歇。一个国家自身并不是有机体，当土地与其哺育的民众在精神上契合之后才形成真正的有机体。国家边界的扩张是一个民族健康的反映。

拉采尔的空间概念来自他的国家有机体思想。早期的生存空间概念不是一个政治概念或者经济概念，而是一个精神层面的或者种族意义上的民族主义扩张概念。空间动因是历史的驱动力，以伟大的文明为根据推动民众自然扩张。对于拉采尔而言，空间是一个含混的概念，在理论上缺乏明确范围。在他那里，德语"空间"的定义大体如下：德国人居住在什么地方，什么地方的弱小民族要在经济上支持和服务于德国人，而德国的文化要为其他文化土壤提供肥料。然而，应该注意到，拉采尔的空间概念并非公然具有侵略性，而是被简单地理论化为"强大民族向弱小民族控制的地区自然扩张"。

二、"国家领土的生长"[①] 提要

政治地理学不仅仅考虑一个国家完全控制的领土,还要考虑到其统治力量在毗邻海域的扩展,及其国土范围内不同权力之间的较量。此类事件的例证很多。一个国家的疆域不可能一成不变——国家是一个活跃的有机体,不能被禁锢在刚性的界限之内——国家的形成和力量依赖于它的居民,而它的外向性的运动则体现为其所占有领土的收缩或扩张。政治地理学认为每个民族都是一个有机体,占据着地球表面一部分空间,彼此之间由虚构边界和无人地域分隔开来。民族不断受到内部运动的扰动,一旦他们获得新的土地,抑或失去从前所有的土地,就会从内部运动转移向外部活动。正因为如此,很多作家都曾这样比喻:一个民族就像一条潮起潮落的长流。历史上很少会在无人居住的区域内出现这类活动,这类活动通常表现为侵蚀和篡夺,或者是小的领土及其居民被吞并到更大的领域。反过来,较大的国家也会分裂成不同部分。这种合并和瓦解、扩张和收缩,构成了绝大部分历史活动,在地理上则表现为地球表面被划分为大小不一的空间。

地理范围的拓展,是历代人民在物质和精神上共同努力的结果,同时也不断为国家领土扩张提供新的空间。为了获得这些新领域的政治控制权,为了融合并将这些地域团结在一起,需要不断有新生力量注入,而新力量只能随着文明的缓慢进程而诞生。文明能够源源不断地提供新的基础和连接,将一个民族融入既成关联的整体中,使越来越多的民族相互依存地交织在一起。思想和物质财富由小的中心开始向外传播,逐步扩展它们的领地。宗教和政治扩张之间存在密切的联系,但是仍然远远不及商业对政治产生的影响巨大——如今商业发展有力地推动了扩张的成效。同时不断增加的人口也促使这些原动力衍生出新的活力,新增的人口必须寻找生存空间,同时通过集聚推动文明进程,并导致进一步扩张。

虽然具有最先进文明的民族并不一定能够缔造最伟大的国家——因为国家机构是文明力量在特殊环境下作用的结果。但是,古往今来所有伟大的国家却都是文明之国。这一点在当前尤为突出,伟大的国家大部分位于欧洲以及欧洲殖民领域内。中国是唯一地域辽阔,却隶属非欧文明体系的国家,所有非欧文明中最先进的也当属东亚文明。在人类文明的初期,最大的国家都萌芽于地中海沿岸,可是,由于陆地形态以及草原地带的形格势禁,这些地方却无法形成面积广大的大陆政权。……亚历山大王朝(1 700 000

[①] Ratzel, F. The Territorial Growth of States. *Scottish Geographical Magazine*,1896,12: 351-361.

平方英里）和罗马帝国（奥古斯都辞世时为 1 300 000 平方英里）实际上都没有真正地将其霸权延伸到亚洲。中世纪的帝国都不过是罗马分裂之后的局部。封建制度有利于这种小国家的形成，因为土地被瓜分为私有财产。伴随着科学、商业等新产物的繁荣，国家也因此遭到全面瓦解，这些土地上所残存的古罗马的遗迹已经一去不复返了。在这片废墟中，新的国家机构诞生了。在其他几块大陆，首当其冲的是美洲和亚洲，统治权伴随着商业、信仰和欧洲文明开始兴起，它们所操纵的领土超过迄今为止所有庞大国家面积的两倍甚至三倍。地理大发现的飞速进步使得这些新兴国家在 300 年内迅速蔓延至整个美洲、南北亚和澳洲，并导致欧洲人口在过去两百年间的持续增长，加之新通信工具的诞生，都不断为进一步的领土扩张提供新的物质支撑和精神诱惑。大英帝国、沙俄帝国、美国、中国和巴西的版图都扩大到前所未有的程度。

国家的领土面积随着文明的进步而扩张，因而文明程度较低的民族自然就聚集在较小的政治组织中。文明程度越低，国家也就越小。……那些更强大的组织像蝗虫一般涌向北美和南非初生的殖民地，隶属于这些组织中的民族则各自创立起较小的国家。他们开垦大片荒废的土地，但是并不能将这些土地联结起来并据为己有。……欧洲人和阿拉伯人在美洲、澳洲、北亚和非洲缔造强大政权之前，这片广袤的土地一直处于政治休耕期。政治，就像农业一样，通过吸收土壤中蕴藏的资源不断发展，每个国家的成长历程同时也是地理环境不断演化的历程。原本分裂的远古民族开始认识到，只有将小块疆域联盟起来才能赢得政治权力。因此在大小不一的国家机构的需求和政策之间，就不可避免地产生了争斗，这也是导致这些民族在欧洲人到来之后走向衰败的主要原因之一。

因此，国家的规模会随着其历史的延续不断减小。纵观当今世界所有强大的帝国，只有中国堪称古老国家，并且该国近乎一大半的国土面积都是在过去的一百多年间确定的。其他的国家——沙俄帝国、巴西、美国、英属北美以及澳大利亚——都是在过去四分之三个世纪里，在本国有限的国土基础上兴盛起来。另一方面，安道尔共和国也具有超过一千年的历史，列支敦士登和某些小的德国公国都堪称所属地域内最古老的国家；相比之下，普鲁士和意大利仍然处于青少年时代。

远古政权都是基于某种狭义的民族建立的国家，它们不断清除障碍以图发展，继而成为基于广义的民族的政权。远古民族的国家都是家族政权，它们最初的发展通常都是由于外来者的出现。由于外来者的出现，同族的人们聚集在一起，直到家族领土不断扩张。尽管这些非政治性的交流促成了语言和习俗的一致，进而可能促进政治联系，但是这个联盟并不具备国家性质。进入更强大的智力发展时期之后，那些共有的财富会产生一种民族层面的感情，充当民族的吸引力和粘合力。然而，这种民族感知并没有随着宗教和商业的迅速发展而扩散，因此很快就与国家的领土扩张之间产生了冲突。但是，以罗马帝国最先推崇世界主义理念并达到鼎盛为起点，领土扩张就一直是这场较量中的最终赢家。然而，一些国家意识到民族认同感的价值，并试图通过促进民族融合将其转化为政治性的爱国精神，最终为己所用——例如泛斯拉夫主义。近代的国家都是这种扩展过程的特殊产物，它们都具有广袤的领土，却缺乏真正意义上的民族认同感。从早期狭义的国家发展到当前这类广义国家的过程中，古往今来存在着无以计数的国家，但始终没有一种足够强大的文明能够将基于种族的异质要素结合在一起。

商业和交通的发展远远超过了政治，政治只能尾随其后但不会出现明显的分离。和平往来是一个国家发展的前提。国家必须预先铺设好基本的路径网。对相邻疆域进行政治吞并之前，必须对其有足够的了解。当一个国家开始着手扩张时，交通就会成为其有利的交流方式，甚至是占据主导地位的方式。在伊朗和古老的美洲国家，铺设道路的最初目的就是为了政治扩张，而不是商业贸易。每条道路都将产生政治影响，每条水路都是国家增长的天然媒介，每个联邦都将交通布局视为国家核心权力，每个黑人酋长都是其领地上第一个，可能也是唯一的一个商人。关税壁垒的出现总是先于政治壁垒，而关税同盟则宣告了德意志帝国的到来。

地理范围的扩大与政治扩张之间的联系十分显然，值得更深入地探讨。即便是通过当前的地理探索，也同样可以获得这些伟大的成果，俄国和中亚就是最为卓越的例证。……国家领土通过吞并小块的领土单元得以持续增长，同时并入国土内的民众之间也会更加亲近。除了规模各异的领土、民众以及文明发展进程的机械合并之外，由于接近、相互交流以及居民混杂几个原因的存在，同时也开始形成一种有机的增长。依靠机械吞并所实现的增长，只能产生松散的、轻易可能瓦解的混合体，仅仅是暂时的聚集而已。罗马帝国一直都面临着分裂的危机，直到公元前1世纪它建立了必要的军事组织来维持稳固，同时商业霸权也凌驾于意大利之上，使得地中海中部这个幸运的半岛成为多条卓越的贸易航线所汇集的中心。

不同地域相互融合的过程，象征着人民与土地之间日趋紧密的联系。国家在地球表面扩张的同时也伴随着一种有助于其在当地植根的深入发展。一个民族是一个有机体，在历史前进的过程中日益稳固地植根于它赖以生存的这块土壤之上。就像单个个体奋力将处女地开垦为耕地，一个民族也不断洒下汗水和鲜血为扩大领土而奋斗，这两者彼此交融，密不可分。我们无法想象让法国人离开法国，抑或德国人远离德国。但是这种结合并不一定都如此紧密，有些国家到目前为止仍然未能和它的土地建立如此亲密的联系。和国土面积具有历史延续性一样，一个国家与其领土的关系也存在某种历史连续性。从来没有哪个国家与领土之间会出现完全隔绝的情况，但是根据一些投机主义者鼓吹的言论，这种情况标志着一种原始的生存状态。我们越往前追溯，就会发现这种联系越是趋于松散。人们的分布更加分散，耕作也更为粗放，因此可以轻易地在不同地域之间迁移。这些人群靠社会关系紧紧联系在一起，相对而言，他们与土地之间的联系则略显松散。处于这个文明时期的小国，彼此之间被杳无人迹的边界相互隔绝，这种隔绝不仅仅暗示一片广阔的土地赋闲，通常甚至国土的一大半面积都处于政治休眠期。不过，国家竞争正在试图彰显那些闲置国土的政治意义，所以，虽然印第安人和黑人不会将大的江河作为边界或者水路，但在欧洲人到达之后，这些资源就立刻获得了难以估测的价值。

　　因此，随着我们不断向前追溯，由较年轻国家到古老的国家，对国土政治价值的评价整体上呈现降低的趋势。这和政治区域的减少有着不可分割的联系。早期关注非洲生活的研究者提及如下现象：连年不断的小纷争并未导致领土扩张，因为这些战争仅仅是为了争夺奴隶。这个事实在非洲黑人史上具有极端重要性，奴隶争夺导致人口骤减，同时也阻碍了国家的发展。国家从来没有静止，不断对整个边疆地域发动远征探险，使得该地区成为征服探险者的中心，而其周围遍布着人口稀少甚至荒无人烟的土地。边疆没有明确的界限，其界限取决于远征者所付出的精力。一旦这种精力衰退，领土就会收缩。人们没有时间在某块特殊的土地上扎根。……更不稳定的当属这些土地的政治价值。那些古老的征服国家，尤其是我们一再提到的罗马帝国，对土地的渴求并不是十分突出。土地的争夺仅仅是古代重大政治剧变的一个次要因素，权力、奴隶、财富才是最为重要的战利品，在亚洲人的战争中尤其如此。所以，这些国家只能维持短暂的增长局面。在经历了与皮拉斯的争战之后，罗马开始意识到努力开拓新疆土的必要性，在这场较量中，正如帝国期望的那样，那些联盟体系以及受控于他人的傀儡政权不得不退出历史舞台。

　　领土扩大在国家外围地域上体现为边疆的不断置换。一个国家如果旨在占领某块土地，会对这块土地施予一些刺激手段，带来比其他外围地区更加活跃的生活作为。……在人口密集的欧洲国家，这种外围区域是最易受到威胁，同时也是防守最稳固的部分，它们可能受到的攻击最为令人担惊受怕。

　　大部分早期国家的边疆轮廓都很模糊，甚至完全消失。如果强行将我们对边疆的定义——一条明确规定的界限，应用到那些没有明确领土疆界的国家，只会导致在美洲国家的印第安政策以及非洲问题上产生严重的误解。非洲研究专家利希滕斯坦（Lichtenstein）认为，试图为南部非洲的卡菲尔领土划定确切的边界毫无意义，在这片土地上，没有首领的特别许可，任何人都不能穿越整个国土。这些情况下起关键作用的是位置，而不是界限。国家避免和外界接触，通过四周的政治空白区将自身团结起来。但是如果它的臣民本身想突破这些界限，他们会选择悄悄地渗入周边，而不是直接取而代之。对于远古民族而言，不同民族的首领的所有权会不可避免地交杂在一起。尽管这种混淆为殖民政府造成了很多混乱，但是它也提供了征服和殖民力量，使他们体会到边疆的不同涵义，以及干涉和侵略的完美良机。再加上对土地政治性价值的见解不一，就会以惊人的速度推动着对当地居民的掠夺。当地人的策略和他们的贸易一样，不顾一切地出卖他们最珍贵的领地，因为他们对其价值一无所知。很早以前，一个小国与另外一个国家隔绝，对这些国家造成的最惨重的后果就是该国家可能陷入发展停滞的困境，而当欧洲人踏上这片土地之后，停滞就恶化为衰退。

  国家在增长过程中会选择有利的地理区位，占据上等的土地。另外，如果国家成长过程中伴随着对别国领土的侵犯，它会选择首先占据重要的地点，然后逐渐推进到次要价值的地域。在新的领地上，当地的历史已是广为人知，新的政治机构从海上开始扩散，沿着河流和湖泊，在硕果累累的平原上蔓延开来，而旧的政治机构则退守到难以进入且诱惑较小的内部地带，或者退守到干燥的草原和沙漠、山脉和沼泽地带。这就是北美、西伯利亚、澳大利亚和南非所上演的历史。相同文明的先驱者对于土地价值持有大致相同的认识，因此20世纪整个欧洲殖民扩张过程都非常协调。但是在其他时期，不同的观念分别占据上风。……除了文明的进程之外，习惯的力量也发挥了重要的作用，这也解释了为什么政治扩张在那些生活和工作环境相同的国家推进得最快。

  在大多数情况下，为了追求政治利益，国家在很长一段时期内都会保持固定方向上的增长，因为朝着最有利的方向运动，或者更多地在这类方向进行一系列连续的运动，国家能够获得一定的优势。因此人们纷纷涌向海岸，沿河溯流而上，然后在平原上扩展。与此同时，另外一些国家则选择局限较多、人力难以通达的方向开拓，动因在于，占领自然边界广阔的内陆地区具有另外一种优势。罗马沿着沙漠扩张到北非和西亚。公元前220年，它的版图一度到达阿尔卑斯山南脚下，但是一直僵持到两个世纪之后，才能继续向前推进，此时在东向和西向的扩张都早已远远超出了阿尔卑斯山。……中欧国家的东向扩张，起始于对波兰的瓜分，究其根源，在于政治势力西向扩张长期徒劳无功，故退而转向。

  一个单一的政治有机体，如果任其自由发展，会不断地自我更新和繁衍，但永远不会创生新的国家——新生国家的诞生需要外力的推动。一个家庭会繁衍后代从而诞生新的家庭。原有的部落或种族也可以衍生出新的家族部落，如此等等。这些团体因为与土地的关系构成了国家。随着它们的增长，原先的小国家并不会无限变大，而是演变成许多相同规模的政权。为了不违反增长的惯例约束，人们采取一切可能的途径控制人口数量，甚至不乏一些可怕的手段。这样，国家就会一直维持在一个适中的范围内，从而更易于掌控。作者所了解的那些远古民族的国家，一直是外部影响推动着它们的增长。那些奉行更大地域理念的国家的子民，将他们的大地域思想传播给那些对空间的认识相对受限的民族。外来民族的观念优于本土人民，以前国民只熟悉本土民族的思想，通过民族交互作用的过程他们至少了解了两种思想。

对于有些小国家，欧洲人没有将自己的广阔地域观灌输其中，此时海洋、沙漠以及草原民族——含族人、闪族人、蒙古人和土耳其人就充当起大国观念传输的角色。如果进一步探索其发源地，答案就是地中海东海岸，那里有肥沃的土地位于广阔的干草原中间。埃及和美索不达米亚，叙利亚和波斯，都是比较适合聚居的开阔绿洲，集聚在此的民族处于一个有限地域内，而周围都是吸引其扩散的空间。这些群众的政治组织，以及将单块陆地统一起来的广阔权势，都是大草原的产物，也成为日后埃及、美索不达米亚、波斯、印度、中国以及非洲苏丹等广袤国家的奠基者。曾经统治大半个旧大陆的游牧民族的消失，带走了前欧美时期一再重演的政治动乱，国家政权也因此在一定程度上有所衰弱。

人类历史进程中存在这样一个差别，有些国家会保持静止，而另外一些国家则竭力拓展，两种情况都是由国家的本质所决定，所以国家机器从海洋和草原等便于流动的区域，进入到适合稳定定居的森林和耕地地带。在那些静态的环境中，虚弱和衰退悄然滋长。然而另一方面，扩张需要组织机构，来达到事半功倍的结果，就像鞑靼游牧部落之间的合作，抑或维京人和马来西亚人的联合舰队。我们在非洲发现一些最为极端的情况，某个好战且训练有素的民族，例如祖鲁人，却与一个如马绍那人一样历代以来都四分五裂的民族毗邻。他们如同一个整体中的不同部件，似乎一个民族的存在就是以损害另一个民族为基础。

随着土地的政治价值越来越得到认可，领土范围逐渐成为衡量国家政治力量的重要测度，以及对国家成就的回报。奥地利-匈牙利、德国、法国以及西班牙的相对面积比率可以分别表示为 100、86、84 和 80，荷兰和比利时分别为 100 和 90，美国和英属北美洲分别为 100 和 96，都是缓慢发展的结果以及连续征战之后的调节。我们发现，从最初微弱的增长逐渐发育为如今强大的国家政权，这个过程中无论是小国还是大国都在不断奋斗，较小的国家争取能够和大国平等对话，而大国也在奋力将自己置身于众国的前列。……如今，这种动力依然活跃在欧洲大陆上，欧洲人已经领悟到只有联合起来，至少是在商业贸易中实现联合，才能和俄国、北美以及大英帝国之类超级大国分庭抗礼。同样的规则不仅仅流行于最新的殖民事业中，不同政权之间一直热衷于在非洲争夺领土权，新几内亚岛东部就被英国和德国按照 125：100 的比例瓜分。

很明显，国家的成就不会仅仅被限定在领土范围之内。即使是各个大国之间也会产生各种联系。相邻的国家分享同样的区位和自然资源优势，从而表现出一致的利益和行为模式。临近美国大西洋和太平洋之间的交通干线，加拿大建造了加拿大太平洋铁路，双方运河的开通也使得大湖通航成为现实。……对于和平竞争，和武装争斗一样，规则就是侵略者必须占据对手所拥有的土地，在征服对手的同时也同化他们。

三、拉采尔及其"国家领土的生长"的影响

所有的天才都是有争议的人物，所有的天才思想都是时人和后人争论不休的话题。拉采尔的地理学渗透着意识形态的内容，这是其缺陷之一。但拉采尔的思想迸发着天才的火花，因此引起的争论至今没有停止。拉采尔的授课很有魅力，他的理论影响了一大批学生，其中最突出的学者有美国的森普尔（Ellen C. Semple）、瑞典的叶伦（Rudolf Kjellén）和德国的豪斯霍费尔（Karl Haushofer）。有人甚至认为拉采尔因为美国地理学家森普尔的影响力而举世闻名。瑞典学生叶伦进一步将拉采尔的有机国家论详细阐述，他是"地缘政治学"概念的创造者。

德国的地理战略学家豪斯霍费尔将军受到拉采尔的很大影响——拉采尔是豪斯霍费尔父亲的朋友。豪斯霍费尔将拉采尔的海权与陆权划分的思想纳入自己的理论，认为只有一个国家同时兼备海权优势和陆权优势才能克制海、陆冲突。在自己的著作中，豪斯霍费尔采纳了如下观点：国家的边界基本上没有太大意义，特别是当一个国家应当与周边民族处于频繁搏斗状态的时候。进一步地，豪斯霍费尔采用了拉采尔的空间概念，并将其作为德国地缘政治学的中心内容。豪斯霍费尔的理论因为不人道的意识形态及其服务于纳粹侵略而臭名昭著。拉采尔对二战期间德国军事行为的影响由此可见一斑。

（陈彦光、林静一）

戴维斯

地理循环（1899年）

一、戴维斯及其"地理循环"

威廉·莫里斯·戴维斯[①]（William Morris Davis，1850—1934），美国地理学家、地质学家、地貌学家、气象学家，被称为"美国地理学之父"。

戴维斯出生于宾夕法尼亚州费城的一个公益会教徒家庭，其母莫特·戴维斯是早期女权倡导者鲁克莉西亚·莫特的女儿。戴维斯1869年毕业于哈佛大学，获得学士学位，翌年又获得该校工学硕士学位（戴维斯没有完成博士学位）。他随即在阿根廷科尔多瓦气象站工作了三年，然后回到哈佛大学研习地理学尤其是自然地理学。他先做纳撒尼尔·沙勒［Nathaniel Southgate Shaler（1841—1906），美国古生物学家和地质学家，其论著广泛涉及进化论的神学和科学内涵］的助教，1878年任哈佛大学自然地理学讲师，1885年成为全职教授，直到1912年退休。他退休后被美国和欧洲多所大学聘为访问学者，于1934年84岁生日前逝世于加利福尼亚的帕萨迪纳。

在19世纪90年代，戴维斯在一个帮助建立公立学校地理学标准的委员会中是很有影响力的成员。戴维斯和该委员会主张，地理学应该是小学和中学的一门通用课程，这个主张得到采纳。他广泛而深入地参与了国家地理学会的活动，为《国家地理》杂志写了很多文章。戴维斯也帮助在大学建立地理学，20世纪美国的一些最重要的地理学家［如马克·杰斐逊（Mark Jefferson）、以赛亚·鲍曼（Isaiah Bowman）和埃尔斯沃思·亨廷顿（Ellsworth Huntington）］都是他的学生。他是1904年成立的美国地理学家协会（AAG）的创立者之一，并担任第一任主席，1905年连任，1909年第三次就任。

戴维斯发表了500多篇（部）论著，对整个地理学的发展都有影响。但他最为著名的工作还是在地貌学领域，他最有影响的科学贡献就是侵蚀循环理论，于1884年首次

---

① 关于戴维斯生平和简介的资料来自http://en.wikipedia.org/wiki/William_Morris_Davis和http://geography.about.com/od/historyofgeography/a/williamdavis.htm。

提出，建立了一个关于河流如何塑造地形的模式。1899 年正式发表的"地理循环"[①]对此理论作了更为全面系统的阐述，"地理循环"成为戴维斯的主要代表作。此后，他又发表了一系列论著，[②] 不断完善和发展这个理论。

二、"地理循环"提要

1. 地形的成因分类

各种各样的地表形态都取决于（或如数学家所说）三个变量的作用，即构造、作用过程和时间。首先，当变形和上升的力量确定了一个区域的构造和大地势时，其表面形态与其内部安排趋同，其高度取决于隆起的程度。在外部作用过程攻击下，如果它的岩石未受形变，那么其表面会维持不变，直到变形和上升的力量再次作用。在这种情况下，构造将单独控制形态。但是在大气的攻击下没有一成不变的岩石，即使是最坚硬的岩石。只要有任何山丘存在，其风化物就会向坡下蠕动和被冲刷。因此，所有地形，无论多高，无论多坚硬，都必然被削低，破坏性作用过程的作用与决定某一地块形状的构造不相上下。但是，作用过程不能即刻完成，初始形态的变化量是时间的一个函数。时间完成了地理控制的三重唱，在地理描述中，时间是三者中最频繁和最经常起作用的因素。

所有地理分类都可依据这三个控制因素，其中构造是基础。阿勒格尼高原（The Allegheny Plateau）是一个单元，一个"区域"，因为虽然它广阔，但都由遍布的水平岩层构成。瑞士的汝拉（Jura）和宾夕法尼亚的阿巴拉契亚山脉都分别是一个单元，因为它们都由褶皱地层组成。加拿大的劳伦高地（Laurentian Highlands）基本上也是一个单元，因为它们由受极大扰动的结晶岩组成。然而，所有这些地理单元完全不像数学单元那样简单，每个单元都有一定的变异。高原地层并非严格水平，而是呈现这样或那

---

① Davis, William Morris. The Geographical Cycle. *Geographical Journal*, 1899, 14: 481-504. 他的其他主要代表作还有 Geographic Methods in Geologic Investigations. *National Geographic Magazine*, 1888, 1: 11-26; The Rivers and Valleys of Pennsylvania. *National Geographic Magazine*, 1889, 1: 183-253; The Physical Geography of the Lands. *Popular Science Monthly*, 1900, 2: 157-170。

② 任美锷先生曾选编并翻译了这些论著（见任美锷译：《台维斯地貌学论文集》，科学出版社，1958 年），其中除 The Geographical Cycle 外，还包括 Complications of the Geographical Cycle. *Proceedings of Eighth International Geographical Congress*, 150-168; The Peneplain. *American Geologist*, 1899, 23: 207-239; Plain of Marine and Sub-aerial Denudation. *Bulletin of Geological Society of America*, 1896, 7: 377-398; Baselevel, Grade, and Peneplain. *Journal of Geology*, 1902, 10: 77-111; The Cycle of Erosion and Summit Level of the Alps. *Journal of Geology*, 1923, 31: 1-41; Piedmont Benchlands and Prinärrümpfe. *Bulletin of Geological Society of America*, 1932, 43: 399-440。本文的"地理循环"提要部分参考了任美锷先生的译作。

样的倾斜或波状起伏。汝拉和阿巴拉契亚的褶皱并非完全相像，它们确实非常不一样，各有其固有的特征。劳伦高地的紊乱岩石具有如此复杂的构造，以至于现在还难以描述，除非逐项观察。然而，尽管构造高原杂乱无章，作一种广泛的观察并将其看作一个构造单元还是合理而有益的。决定构造和大地势的动力并不属于地理学探究的范围，但这些动力所形成的构造是地理形态成因分类的重要基础。需要充分重视两大组构造：一是水平构造组，包括平原、高原及其衍生地形（尚未提出确切的名称）；二是混杂构造组，包括山地及其衍生地形（同样尚无确切的名称）。第二组比第一组更需进一步划分。破坏作用过程是极其多样的，如大气和水的化学作用，风、热、冻、雨、雪、河流和冰川、波浪和洋流的机械作用。然而地球陆地表面大多主要受天气变化和流水的作用，需将其看作一组常态破坏作用过程；而干旱区的风和寒冻区的冰则是需要单独讨论的常态气候变化，陆地边缘海岸线的波浪和洋流也另当别论。破坏作用完成的各种作用过程本身就是地理学特征，其中不少是众所周知的，如河流、瀑布、冰川；但是地理学者太普遍地将其排斥于他们的工作之外，出于某些不充分的理由，在现阶段让给了自然地质学。在自然地理学的工作和机构中不应该有这样的分离。

2. 作为地理学关键术语的时间

由破坏作用过程所引起的变化程度随时间的推移而加剧，但无论是变化量还是变化率无非都是时间的函数。这种变化程度首先取决于一个地区的海拔高度。在一个足够长的时期里，常态破坏力量总会将地面削低到一个最终基准面，冰川和海洋的力量也总会将地块剥蚀到海平面以下。常态作用过程下的变化率在刚开始时比较缓和，随后迅速达到最大，然后又无限期地缓慢减少到最小。显然，坚硬的地块比软弱的地块需要更长的时间才能被完全剥蚀。然而，高地被有效地剥蚀为低地所需要的时间绝非按年或世纪来计量。全部历史时间都不过是如此漫长的时期中无足轻重的片段，目前能做的是为这种不可度量的漫长周期提供一个方便的名称，对此，似乎没有什么比"地理循环"更为适当了。当有可能在地理单元和地质单元之间建立起一种比率关系时，就有可能找到一种方式来使这种平均循环周期与白垩纪或第三纪时期相对应。

3. "理论"地理学

显然，建立在构造、作用过程和时间基础上的地理分类方案必然是高度演绎的，这种方案很有"理论"色彩。但某些地理学者却不以为然，他们主张，地理学不像其他科学，地理学应该依赖主要是观察、描述和概括的那些智力技能而发展。然而，地理学长期忽视想象、创造、演绎以及其他各种对有效解释卓有贡献的智力技能，已阻碍了地理学的发展。地理学排斥了"理论"这个脑力的一半，就像走路只用一条腿，观看只用一只眼；而其他科学则像重视"实践"一样重视"理论"。确实，在地理学中，正如在其他成熟学科中一样，实践和理论不是对立的，两方面的发展必须有效地统一起来。提出正确的解释是一门学科发展的有效途径，为此就必须有认识。地理形态的成因分类实际上就是对这些形态的解释，因而此种分类只有成为一种真实的和自然的分类时，才能有助于地理学者的考察、研究和教学。实际上，迄今的地理学定义和描述都不够真实和自然，因为它们对大地的形态知其然而不知其所以然，未能作出理性的解释。

地理学者需要知道地形的意义、解释和起源。地质学研究关注地球历史；而地理学研究考察过去是为了说明现在，所关注的是与目前状况相关的历史。构造是地理研究的一个必要因素，因为它影响形态。作用过程对我们的学科同样是必要的，因为它在每一个地方都或多或少地决定了形态，并且至今仍起作用。时间肯定是一个重要的地理要素。在上升或形变力量已经开始一轮变化循环的地方，剥蚀作用过程可能尚待运作，该地形是"青年"（young）；随着时间流逝，地表受到深刻的雕塑，该地处于"壮年"（mature）；随着更多时间流逝，原来上升的地表被剥蚀成微起伏、接近海平面的低地，该地形就是"老年"（old）。这整个地形序列就是一个区域的生命史，此序列的所有地形与时间要素相关。昆虫的蛹、幼虫、成虫，橡树的幼苗、壮树、朽躯，都代表了物种生命史中的不同阶段，同样，青年山体、壮年山谷、老年山地准平原代表了地理群落生命史中的不同阶段。与地形类似，作用于其上的营力也随时间的流逝而改变着其行为和状态。青年地形如激流磅礴，而老年地形则似缓流从容。

4. 理想的地理循环

图 1 中的底线 αω 表示时间的流逝，底线以上的垂直方向是海拔高度的度量。设想任何构造和形态的区域开始抬升，从而启动了第一阶段。B 表示该区域较高部分的平均高度，A 为其较低部分的平均高度，AB 就度量了该区的平均地势起伏。表层岩石遭受风化，降雨落到风化的地表，将松散物质向坡下冲刷至两坡交汇的槽线，形成沿槽线下降方向的溪流。于是剥蚀作用过程的机械力发生作用，开始了该区域的剥蚀。较大河流起初具有 A 的高度，这时加快了对河谷的刻蚀，到第二阶段时把其主河道降低到如 C 所示的一个适当高度。分水岭较高部分仅受风化作用而无流水聚集，松散物质缓慢移动，其高度在第二阶段仅达 D，于是地表起伏从 AB 增加到 CD。然后干流在余下的生命期非常缓慢地刻蚀其河道，如曲线 CEGJ 所示。而高地的碎屑被支流肢解，其速度甚至比主河谷的下切快得多，如曲线 DFHK 和 CEGJ 的对比所示。在第三、四阶段，高地的剥蚀较为迅速，与第一、二阶段形成强烈对比，而第一、二阶段主河谷的下切较为

迅速。在早期阶段，地势的起伏量迅速增加，因为陡峭河谷被下切至初始河槽以下。地势起伏在第二、三阶段达最大值，形态变化由于侧谷的向源增长而大大加强。到了第三、四阶段，地势起伏比任何其他阶段降低得都快，河谷两侧的坡度变得比以前舒缓，这些变化比第一阶段要缓慢得多。整个地势起伏从第四阶段开始时逐渐越来越小，坡度变得越来越缓，此后该区域成为波状起伏的低地，无论其初始高度如何。这整个作用过程中的剥蚀速率正是地理学和地质学的兴趣所在。

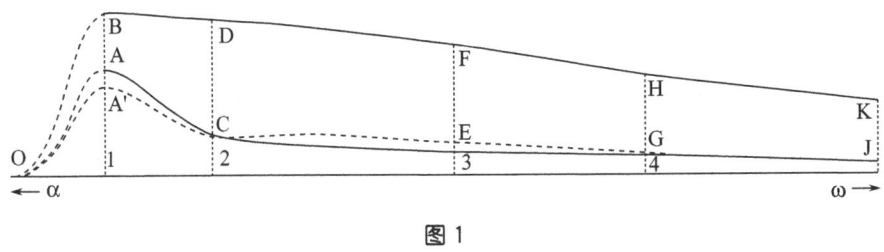

图 1

地理循环可划分为延时不同的几个部分，每一部分的地势变化强度、变化速率和变化量都有其特征。青年期地势起伏迅速加大；壮年期地势起伏达最大，形态也最多样，这是地势起伏增加从最快到放慢的阶段；漫长的老年期地势趋于平缓，此期的变化极其缓慢。当然，几个阶段之间并无中断，每一阶段都与后续阶段相连，而每一阶段都有在其他阶段见不到的重要显著特征。

5. 顺向溪流的发展

对以上简略的地理循环模式需要补充一些重要细节。首先，它并不意味着抬升或变形作用是如此快速，以至于在其作用期间不发生破坏性变化。在一次循环变化之初，从O（图1）开始至1结束的抬升就很可能包含某种破坏关系。然后，曲线OB和OA的分岔隐含着被扰动区域地表始于O阶段的抬升在某些部分高于其他部分，于是在1阶段形成具有AB起伏的高地。然而，即使在抬升期间，沟槽一旦形成，汇集于其中的水流就会起作用。因此，当接近阶段1时，青年河谷已在其沟槽底部遭到刻蚀，如曲线OA所示。高地在扰动期间也或多或少受到破坏，因而即使在阶段1之前也不可能发现绝对无变化的初始地面。如图1中隐含的那样，抬升发生时初始沟槽引致初始溪流，刻蚀被初始坡面分隔开的初始分水岭。但不必纠缠于这些细节，而应该去发现发展变化序列中那些更重要的进程，即使是在已知地形的最年轻阶段。"初始"（initial）这个术语只适用于理想模式而不是精确场合，对于后者，"相继"（sequential）及其衍生词可能是更合适的术语。直接沿着理想初始形态的线索所发生的所有变化可称为"顺向的"（consequent），于是，青年形态可以具有顺向分水岭，分为顺向坡面，剥蚀出顺向谷地；初始沟槽的形态也被顺向水流改变，从这个意义上说，初始沟槽会变成顺向谷地。

6. 谷底的坡度

大河直接按照这种循环加深其主谷，但其河床只稍高于本区的基面。谷底不可能被蚀低到绝对基面，因为河流必须流向海岸边的河口。在壮年盛期的河床上，任一点的高度取决于河流坡度及其距河口的距离。河流坡度将不小于由流量与负荷数量及成分所决定的一定最小值。可以暂时认为流量是常数，虽然它在常态循环进行过程中会有重要变化。负荷在最初较小。到青年期时，地面受陡峭河谷的切割，负荷的数量和粒径都迅速增大。在壮年初期，支谷因向源侵蚀而增长，故被蚀的山坡面积增加；因此负荷的数量继续增加，其粒径并不一定增加。壮年中期以后，负荷在数量上和粒径上都继续减小。到老年期，河流的负荷减小，颗粒极细甚至溶解于水。

大河的最小坡度是怎样决定的呢？为了使问题不至于过分复杂化，假定青年顺向河最初就具有足够陡峻的坡度，使它们除能把两旁风化面上冲下来的碎屑带走外，还有余力深切到初始洼陷的底部以下。这就是图1中所假定的情况，但这种假定与下列两种情况显然不符：第一，如地壳运动产生盆地，盆地中必形成湖泊，必发生沉积（负剥蚀）；第二，如主要洼陷中的河流坡降不大，则即使在青年期，也不能运走较强支流从长期风化的陡峭地面上带来的泥沙。但此类复杂情况目前暂可撇开不谈。

若沿着青年顺向河从上源直到河口，可以设想该河处处在加深其河谷，除河口那点外。河谷的加深在较接近上源的点进行得最快。河流在这点以上坡度增加，以下坡度减小。最迅速加深点以上的河段可称为上游，以下的河段可称为下游或干流。这样系统地产生的变化结果使河流下游的坡度和速度减小，负荷增加。这就是说，它做功的能力在减小，而所要做的功则在增加。于是，原来能力大于做功的情况会逐渐改变，当两者数量相等时，该河流就达到蚀积均衡（graded）。河流达到均衡状态后，只有在流量和负荷的关系改变时，才能改变坡度，而这类变化非常缓慢。

在结构均一的陆块上，河口将首先达到上述河流的均衡状态，然后向上游溯源推进。干流达到均衡时，地形发育进入壮年初期；上游和支流达到均衡时，进入壮年盛期；而当雨后小溪流也达到均衡时，则进入老年期。在结构不均一的陆块上，河流将被所穿过的软岩带和硬岩带分为若干段；每一软岩段将以其下游的硬岩段为基面，在一定时间内达到均衡。于是，该河就会由平静河段与湍急瀑布或急流互相交替组成。硬岩中抗蚀力较弱的部分将以其下游抗蚀力较强的岩石为基面，慢慢到达均衡。这样，急流的数目将减少，仅存最硬岩石上的急流。甚至这些急流也终将消逝，那时从河口到上源将全部达到均衡状态。

均衡时河流的坡度与流量成反比，故在下游被蚀到几乎水平以后的很长时间内，河流上游仍保持较陡坡度；但到了老年期，即使是上游也必然坡度平缓，水流速度适中，急流汹涌的现象不再。因此，上游湍急、中游和下游均衡的所谓"常态"河流实际上只是发育至壮年期的河流，青年河流通常具有瀑布，老年河流必然没有急流。

初始顺向河如果因某种原因不能带走冲入河床中的泥沙，它就不能蚀低河床，反而要加积河床。泥沙中的较粗部分堆积下来，造成泛滥平原，加积谷底，并加陡坡度，直到它获得足够流速来完成它应做的功时为止。在这种情况下，均衡状态不是由于切低初始洼陷，而是由于加积初始洼陷造成的。在有盆地的地方，盆地中会形成顺向湖泊，水位相当于盆地边缘最低点的湖泊出口。湖口成为湖盆加积的基面，湖泊成为支流均衡其河谷的基面。但正如瀑布和急流一样，湖口和湖泊的局部基面也是暂时的。

7. 支流的发展

支流可分为若干类型。第一类产生于主流谷地侧坡上的初始小洼地，形成于主要顺向河分出的侧顺向河或二级顺向河（secondary consequents），一般沿地层倾角的方向流下。第二类沿顺向河谷壁上蚀露出来的软弱构造向源侵蚀而发育，它们沿地层的走向，与初始地面的形状完全无关。这些河流可称为次成河。第三类在水平岩层或结晶岩层区常见，其控制因素尚待研讨，可称之为斜向河（insequent river）。还有其他类型的河流，篇幅所限，不再描述。

8. 河流动力与负载的关系

随着顺向次成河和斜向河的充分发育，陆块被分割，陡峭谷坡的面积从青年期至壮年期大为增加。由支流输送至主流的碎屑主要来自谷坡，因此碎屑数量随着分割的加强而增加。当新支流不再生长时，或者当受侵蚀的谷侧坡度减小到足以抵消其面积的增大时，碎屑数量达到最高点。碎屑输送量最大的时间和主流到达均衡的时间有两种不同的关系，产生不同的结果。若前者不晚于后者，则均衡的河流随着负荷的减小将慢慢地具有更平缓的坡度。但与任何一个时候所输送的碎屑数量比较起来，碎屑输送量的变化（数值）极小，故动力虽然稍微超过负荷，河流将基本上保持其均衡状态。反之，若主流达到均衡状态后负荷才到最高点，则谷底将由于增加的负荷有部分堆积而加高，这样，河流将具有更陡的坡度和更大的流速，使增加负荷的其余部分可被运走。因此，以前被切割的V形谷的谷底会逐渐被填充成砾石泛滥平地，平地表面继续加高，直至达到最大负荷为止，此后就开始了上述缓慢剥蚀。所以，壮年初期的主谷可稍微变浅（如图1虚线CE所示）而不是稍微加深，但在壮年后期和老年期，青年期开始的强烈河谷侵蚀将大大放缓。

9. 分水岭的发展

在地理循环的系统发展中，没有哪一个过程比分水岭的产生、分割流域盆地、再分裂和重新排列更为漂亮。地壳上升和变形的力量比陆地雕刻的营力作用更为广泛，因此，在一个循环的开始，有为数不多的大河流域盆地被宽广凸起或拱曲的平坦山脊不那么显著地分隔，或被断层的上升边缘清晰地分隔。在青年期和壮年初期，仅仅侧顺向河的作用就会将所有不明显的初始分水岭削尖，变成明显的顺向分水岭；斜向河和次成河的进一步作用将分割许多顺向水系的坡面，成为次级流域盆地，彼此间被斜向的或次成的小分水岭隔开。因为次成谷由河流沿软弱构造带侵蚀而成，故次成分水岭或次成山脊突起于坚硬的构造上。在青年初期，流域范围和降雨径流的划分很不完备；但到壮年中期，两者就都充分发育。河流流量从青年期至壮年期的增加或多或少足以抵消因河流负荷增加所引起的沉积趋势。另一方面，当高地的高度开始降低时，雨量必定减少，因为高地对风的阻碍是降水的一个有效因素。所以，必须考虑多种因素，才能对河流的生命史作全面的分析。

次成河及其流域面积的增加必然侵占原来的顺向河和顺向流域面积。这类变化受倾斜岩层而不是水平岩层的促进。因此，它们在山区普遍发生，在平原则属罕见。这样产生的分水岭迁移的结果，使许多河流沿着从软弱岩层带蚀出的河谷而流下，而分水岭则占据沿较硬岩层带突起的山脊。换言之，青年期的简单顺向水系已因次成水系的发育而被改变，使河流更多地适应构造，这就是地理循环中壮年期的特点。

这里所包含的过程很复杂，可以侏罗山那样的剥蚀拱曲水系作为典型案例来简略说明，如图 2。AB 是一条主要的纵顺向河，其谷底由于侧顺向河 CD、LO、EF 等供给碎屑而发生一定堆积。在较早的剥蚀阶段，在坚硬的外部岩层尚未从拱曲山顶蚀去以前，所有侧顺向河都发源于峰顶线上。但由于软弱下伏岩层的引导，次成河 TR 和 MS 发育起来，成为诸如 EF 和 LO 那样的侧顺向河的支流。于是坚硬的外部岩层坍塌，部分被冲走，而许多小横顺向河也遭断头。现在，如 JK 那样的许多横顺向河发源于横岭 VJQ 的顶部；而上游部分，如 GH，过去曾属于它们，而现在已被次成河却夺，并增大较强横顺向河如 EF 的流量。同样的变化也在拱曲山的另一坡面上进行，因此，拱曲山脊原来的顺向分水岭现在被横岭组成的次成分水岭补充。如 JH 那样的若干短促河流属于上面未曾提及的类型，它们沿横岭内侧流下，注入次成河 RT。此类河流的方向与原来的顺向河相反，故可称为逆向河。随着剥蚀作用继续进行，横岭边缘将被侵蚀而离拱曲山顶越来越远；换句话说，次成分水岭将向主谷迁移，因此，被夺的顺向河上游 GH 将获得较大的长度，次成河 SM 和 RT 将获得较大的流量。在这些变化过程中，相邻的强大顺向河 EF 和 LO 间一定会有力量不平均的情形，这就使较强的顺向河 EF 的次成支流 RT 却夺较小顺向河 LO 的上游 LM 和 SM。到壮年期后，许多横顺向河的上游被却夺，使 EF 河的流量增大，而主要纵顺向河在 F 点以上被削弱，只具有较小的流量。

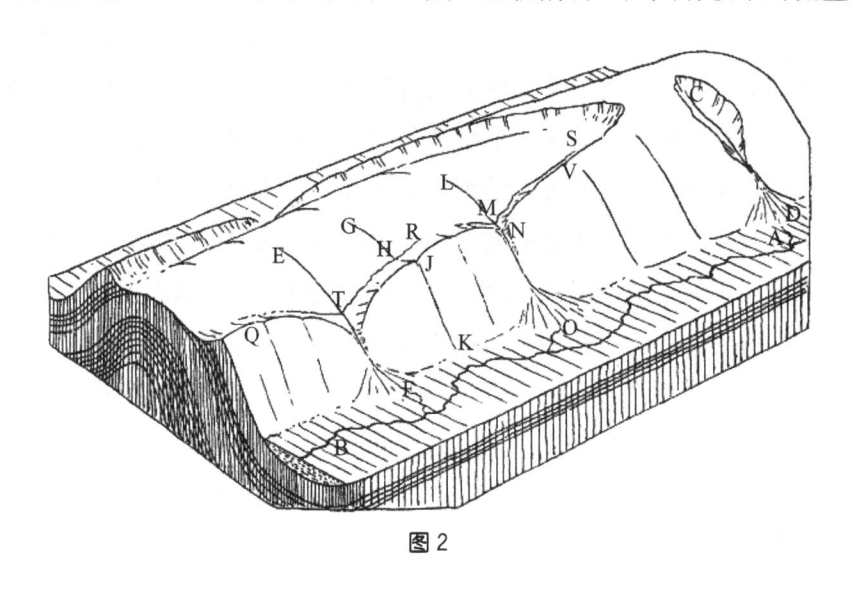

图 2

10. 河曲的发展

以上所述意味着河流只垂直地下切其河床，但这离真实情况相去甚远。一条青年顺向河河道的每一个曲折都使较强水流冲向外岸，因此每一个不规则甚至可能是类菱角形的弯曲就会被切蚀成为较圆滑的曲线。所以，河流将趋向于背离其不规则的初始路径（图 3 后部），而形成蛇形路线，在比最初更宽阔的地带内向右和左摆动。由于河流同时下切和外切，谷坡变得不对称（图 3 中部），在水流受离心力推动向前冲击的一面较为陡峻。较陡谷坡成半圆形，而较缓谷坡则以对岸高地山嘴的形式插入其间。河流达到均衡时，下切基本停止，但外切继续进行；这样，由于河道撤离较缓的谷坡，形成了常态泛滥平地（图 3 前部）。这类泛滥平地在最初阶段就很容易区别于前述泛滥平原。因为前者呈不连续的新月状，出现在河流的这面或那面，但永远位于缓斜的山嘴下面。随着时间推进，河流冲蚀每个山嘴的上游一面，而从其下游一面撤退，于是山嘴渐被蚀去。它们首先被切成尖锐的形状，成为名副其实的山嘴，然后被蚀成为短小尖角状，再后又被蚀后退成饨状凸角，最后被完全蚀去。河流自由地漫流在宽阔的泛滥平地上，偶尔冲蚀其谷坡。此时，河流的青年期曲折成为系统性河曲，其半径约与河流的流量相适应。在此后的漫长时期内，河流保持其蛇曲流动惯例。随着老年期的发展，泛滥平地的坡度逐渐变小，河曲的弧度加大，因此从任何一点到河口的河道逐渐加长。由此而产生的河道长度增加必然使流速减缓，因而使河流动力比从前较弱。但老年河流不可能长期不受干扰，故这种理论条件不可能完全实现。

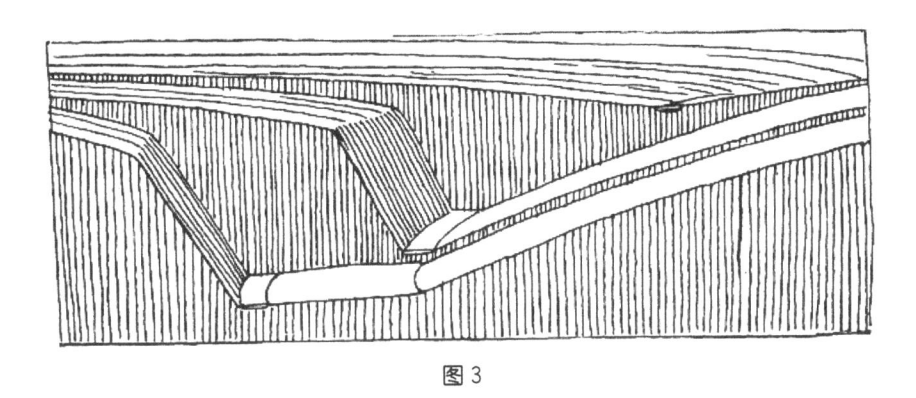

图3

分水岭的迁移必然使某一河流的流量突然增加，而使另一河流的流量相应地突然减少。发生这种变化后，受影响河流的河曲必然要适应已改变的流量。流量增加的河流其河曲增大，河流坡度变小，故将使其泛滥平地产生阶地，它需要更大的摆动自由，故将拓宽其河谷。流量变小的河流，其河曲变小，将在泛滥平地上的较小河曲中漫流。由于长度的增加和流量的减小，它将无力运走支流带来的泥沙，因此它的泛滥平地必然加积。

11. 均衡谷坡的发展

在壮年后期，分水岭停止迁移，直到上源的河流谷底都达到均衡。这时，还会产生更为重要的另一系列系统变化，即谷坡的均衡发育。河流搬运的物质主要由较陡顺向山坡和谷坡上的风化作用供给，风化物质从发源处搬运到河流谷底是由于若干缓慢营力的作用，如雨水冲刷地面、地下水作用、气温变化、冻和融、化学分解和水化作用、植物根系生长、掘洞动物活动。所有这些作用都使风化岩屑慢慢地滑下或被冲刷下山坡，此类运动与河流的流动有许多类似之处。一般性地概而言之，事实上河流是水和碎屑的不等比例混合流，以水为主；而山坡碎屑滑动层是碎屑和水的不等比例混合流，以碎屑为主。乍看起来，河流与山坡碎屑层并不相似，其实它们是一个连续序列中的两端。理解了这一概括后，就可把"河流"概念推广到整个流域，并上溯到分水岭。碎屑层和河流其实是相似的甚至相同的。

第一，碎屑层与河流一样，表面流动最快，底部最慢。可用形容均衡河流的同样语句来说明均衡的碎屑层，即搬运营力的能力等于需做的工。山坡坡度被蚀至"静止角"

时，就达到了这种均衡状态。均衡山坡以上常有的悬崖和岩壁尚未达到均衡，从其表面上运走的碎屑多于就地风化和从更高山坡上滑下的碎屑，因此，岩壁近乎裸露，它们相当于河流的瀑布和急流。初始山坡上的洼地可被高处的碎屑充填，达到均衡角度。碎屑将堆填至达到洼地边缘的最低点，此后，碎屑的流出将等于流入，这显然与一个湖泊相同。

第二，河流一般从河口向上游溯源地均衡其河谷，在主流早已均衡后，短小支流可能尚未达到均衡。碎屑层也是如此，它们一般在基部开始建立均衡状态，然后才沿供给碎屑的谷坡向上发展。如谷坡上出露不同抗蚀力的岩块，则较软岩石的谷坡以其下较硬岩石的谷坡为基面而达到均衡，较硬岩石的谷坡中抗蚀力较弱部分以抗蚀力较强部分为基面而达到均衡，或以谷坡的底部为基面而达到均衡。这与河流均衡河段的发育和瀑布急湍的消逝完全相同。在山岭间的雨后溪流河床已达均衡以后，山脊上和山腰凸出部分的岩壁仍长期未达均衡，这与小支流达到均衡要比大干流为慢非常相似。但随着进入壮年后期和老年期，即使是山脊和山腰前部上的崖壁也将消失，山坡各处将被缓慢滑动的碎屑掩覆。从这地面上的任一点，均衡坡面将使碎屑下滑到河流中。在任一点上，搬运的力量刚刚足够运走就地风化和上面移动下来的碎屑。看到这类景观却完全不认识产生它的力量，或者完全不了解河流充分适应构造、碎屑充分适应风化，那就像游览罗马时相信现代罗马人没有祖先一样愚蠢。

正如均衡河流在负荷最高时期过去以后缓慢地蚀低其河床一样，均衡碎屑层在上部岩壁消失、粗大碎屑不再源源地滑到下面谷坡时，坡度也将逐渐趋于平缓。这里，有一种最微妙的变化着的适应。均衡坡面在发育最初时是陡峭的，上面覆盖的碎屑粗大并有一定厚度。在循环的更进一步阶段，均衡坡面比较平缓，覆盖的碎屑颗粒较细，厚度较大。到老年期，山坡平缓，搬运碎屑的力量必然微弱，搬运力与碎屑供给过程间的均等只能由于后者减低到很小数量才能维持。此时，碎屑层达到巨大厚度，故风化作用几乎停止；同时，表面碎屑被蚀至极粗颗粒，因而即使在微小坡面上，某些颗粒也可被运走。由此可见，深厚土壤的存在是老年期的一个重要表现，正如裸露崖壁的存在是青年期的一个重要表现一样。

12. 老年期

当山顶、山坡以及谷底都达到均衡时，壮年期即逝去而老年期来临。这时，较大河流在宽阔谷地中自由蜿蜒，并开始摆脱壮年期的适应状态。由于雨量因高地的破坏而减少，雨水径流也受平缓山坡和深厚土壤的阻碍，最大地势时的活跃河流现在失去其最上部的支流。地形景观已由早期的剧烈起伏而渐趋缓和，成为波状平缓凸起与宽浅谷地互相交错的系列，地面处处可开发利用。一个不间断的循环接近最终阶段，其特点必然是一个几乎无起伏的平原（准平原），它与构造很少一致，而只受接近基面程度的控制。最终阶段将是一个无起伏的平原。

比较上述理论设想与观察到的事实，可以发现相符之处颇多，印证了该理论的真实性和价值。对于地理学者，它的价值并不单纯在于解释地形，更在于使地理学者能看穿其所见，并说清楚其所见。比较法则可把未知的东西与已知的东西联系起来，这样就可有意识地寻找某些重要现象，考察将更为系统化而较少随意性。无准备的考察者眼中的"丘陵区"，在有准备的考察者的语言中就是"壮年期被分割的高地"（如果事实如此）。"丘陵区"并不能给出确定的图案，"壮年期被分割的高地"则给出了各明确特征的系统性联系：所有河流除短小上源外均达均衡，较大河流已蜿蜒在泛滥平原谷底，上游支流在山腰和丘陵间分歧叉出，支流两岸坡面已开始均衡，最坚硬的岩石仍未达均衡而突露崖壁。这种理论研究的实际价值非常巨大，上述系统研究地形的方法将得到更大的收获。

地理循环原理的实际应用涉及理论性或解释性名词，彭克提出建立三类名词，一类是纯粹经验的，如"高""低""崖壁""峡谷""湖泊""岛屿"；另一类名词基于与构造的关系，如"单斜山""横谷""熔岩覆盖的方山"；第三类名词则为解释性的，如"壮年分割""适应构造的水系""均衡坡面"。解释性名词实际上并非新创，它只是把已经萌芽的一套名词加以充分而系统的扩充：沙丘不只是沙子组成的小丘，而是风力堆成的小丘；三角洲不只是河口平原，而是河流作用造就的平原；火山不只是略具圆锥形的山岭，而是喷发造成的山岭。地理学者不用这类名词，主要是由于经验和习惯。地理学不应保持经验状态，而应推进到推理和解释的地理学。地理研究的一切分支在下一世纪无疑将普遍采用基本上是解释的叙述。

13. 理想循环的间断

地壳在地质时期中升降频繁。研究了理想循环中的常态演变序列以后，需要考虑与基面有关的各种陆块运动的影响。这类运动有大有小，有简单有复杂，有偶然有常见，有逐渐有迅速，有早有晚。不论性质如何，均可称为"间断"，因为它们使前已进行着的过程或多或少完全中断，而开始了与新基面有关的一系列新过程。间断发生时，只有按照循环原理来分析研究，才能认识间断发生以前的情形，这就是似乎非常理论性的原理的最实际应用之一。当陆块上升到更高高度时，立刻受新开始的循环剥蚀营力更强烈的侵蚀，但只有研究了间断前的循环中已完成的过程，才能了解受新侵蚀的地形。有无数可能的间断，这里只能举一两个特例加以阐述。

假定一个青年分割的陆块比其过去位置平均抬高 500 尺，所有已达均衡的河流因此复活，开始新的做功，切入其谷底以发育与新基面相关的均衡河道。较大河流首先显示出这种变化的影响；较小河流也尽可能迅速地照样进行。瀑布在某一时期内又重新出现在河道里，然后又再一次被蚀消失。河流的适应构造在新循环中再度进行，故比之前一循环进行时更为彻底。均衡山坡下部受切割的碎屑滑下和被冲刷下，造成长而平均的岩石裸露坡面。该石质坡面被风化作用切蚀，成为不平坡面，最后发育为新的均衡坡面。于是，前一循环中的均衡山坡上已消逝的崖壁这时又重新出现，正如河流上的瀑布一样，它们到新循环的壮年后期又会消逝。

属于两个循环的地形组合可称为复合地形（composite topography）。例如，诺曼底（Normandy）是一个上升准平原，在新循环中尚未达到壮年期。

假如一个分割地区在上升的同时发生缓和的倾斜，那么，坡度增大的河流和碎屑层将复活而做新工，坡度减小的河流和碎屑层则将减小其活力。分水岭将移至活力减小的河流盆地中去，而复活的河流将增加其长度和流域面积。假如上升运动呈穹状，某些较弱的河流如其河道与穹隆轴成直交，就可能被切为两段。被切断河流中的一段因而将具有相反于原来的流向。但较强的河流仍可切穿上升穹隆，迅速地切低河槽，但维持其原来的流向。这种河流称为先成河。

地壳下陷而发生的间断所引起的变化很容易推论。最有趣的现象之一就是海洋侵入下游谷底，把河谷"沉溺"至一定深度，将其变为海湾。如地壳运动产生横切河道的槽形洼地，则河谷的陷落部分通常会成为湖泊或岩屑洼地。在山岭，长期地壳运动中常有多次不同的间断，理想循环就很少适用。但在古老山区，地壳运动的力量似乎几近衰竭，理想循环就成为事实。法国中部就是上述原理的很好例证。在构造间断时的发育阶段，对于间断的性质和间断后所经历的时间等因素，显然可以构想出无数可能的组合。

14. 理想循环中的灾变事件

除由陆块与基面间的运动而发生的间断外，还有两类与上述运动无关的事件阻碍常态的或理想的循环，这就是气候变化和火山喷发。两者在空间和时间上都偶然发生，故可称为灾变。气候变化可从常态变为寒冷或干燥，使常态地理发育发生显著变化。假如相反的气候变化使气候恢复常态，则非常态的灾变影响可在循环期内延续一段时间，然后才消逝。欧洲西北部和美洲东北部常见的冰川地形就属于这一类。从现在对第四纪冰期和间冰期或对大盐湖区域湿期和干期的分析来判断，必须认识到灾变性事件可以在一个循环内多次重复发生。

为了简略地说明间断和灾变相结合，可以指出新英格兰南部是一个古老的山地，它已被蚀低为一个发育充分的准平原，后来发生倾斜上升作用，地面缓缓向东南倾斜，使剥蚀间断。在新的循环中，倾斜准平原被剥蚀至壮年初期或壮年后期（根据岩石的坚硬或软弱而不同），这个壮年分割的地区后来又受冰川作用，略显下降，此后地貌就很少改变。从这个简单的描述，就可以得到本区一幅有意义的图画。

许多火山喷发产生巨大地形，值得当作新构造单位来看待。但概括地看，多数喷发所产生的地形比其下的构造范围狭小，法国中部的火山就是这种关系的好实例。火山和熔岩流在时间和空间上都是局部性的，可恰当地将其归为灾变。谷地可被生长中的火山锥及其熔岩流堵塞，即使已达壮年或老年，其上游部分也可因此造成湖泊。如果堵塞低矮，湖水将在障碍物的一侧外溢，而河流将因此部分离开原河道，即使该河道已经很好地适应了软弱构造。如果障碍物高于上源分水岭的某些地点，湖水将向后流溢，该河流系统的上部将成为一条邻近河流的支流，必然在分水岭上切穿峡谷。这样，系统性的适应构造就受到严重阻碍，灾变关系发生了。火山锥的形态和熔岩流的漫流与周围地形完全不相容，火山锥成为独特山岭，熔岩流使本应被蚀低的谷地发生加积。火山锥的分割就其本身来说是一个完全的系统过程，将会产生山嘴和溪谷的放射状排列。在未来长时期内，这种溪谷里的河流将切穿火山构造，而很奇特地迭置于下伏构造之上。熔岩流比之其侵入地区的岩石往往具有较强的抗蚀力，在周围地面被蚀低时却局部凸起，这样就产生了地形倒置，在曾经引导熔岩流的原河谷上，现在却突立出"方山"。方山可以离其来源而完全孤立，而火山锥（原为熔岩的来源）这时却已被蚀低成为一个小丘或孤峰。

15. 地表碎屑形成的地形

如把"均衡谷坡"一节中所讨论的问题加以扩展，可对陆上岩屑在向海搬运过程中所形成的地形作一般性讨论，这是最有兴趣和最有希望的研究课题之一。地理学者们对岩屑从大陆缓慢移往海洋时所成的地形注意不够，例如，像冲积扇那样普通的地形，最近才在教科书里有所提及，而冰碛平原、冰碛丘、鼓丘等地形则常让给地质学家去研究，似乎地理学者与它们无关。岩屑地形对于地理学者无疑具有极大重要性，但这里不能作详细讨论，仅指出：岩屑地形是一个地理类型，与流水地形相似，但与山岭和高原等类型完全不同，后者是构造地形，应根据岩石的排列和发育的时期或阶段来分类；前者是营力地形，应按照营力的种类和所达到的阶段来分类。

限于篇幅，这里不能充分阐述海滨线的发育。与内陆地形的发育比较起来，海滨线的发育是一个同样有趣、有意义和有用的课题，上述的一套名词有很多仍然可用。

在结束本文时，有必要第三次提及地理循环理论（包括间断和灾变）的实践方面。

地形的成因解释并非由于本身的需要而加诸地理研究，而是因为这种解释能帮助我们观察和描述现在的地理现象。循环中发展的地形序列并不是抽象概念，而是最有用的解释标志。地理循环的框架和词汇对于我近年来在欧洲的研究工作有极大帮助。苏格兰海滨的若干地段，由于冰期后大陆轻微上升，造成小规模初始沿海平原。在宽广和古老的法国中央高原，由于地面上升，河流复活，产生目前的青年河谷，已把原来的准平原分割到壮年初期。地理循环的框架和词汇可很好地应用于上述地区。由于活力增强的萨汶河（Severn）和活力减弱的泰晤士河交互作用而引起的河流对构造的适应，比1894年看到的更为显著。尼斯（Nice）和堪尼斯（Cannes）间的佛尔河（Var）巨大古代三角洲，现已被抬高200米以上，并遭受壮年期的分割，是这类地形的典型例子。热那亚以西的意大利立维埃拉（Riviera）可以认为是一个部分下沉的平缓山区，在下沉后的新循环里，海滨地形已接近壮年。可以推论，有一很好均衡坡面的山嘴在最初下沉时是很不规则的海滨线，但目前已成为崖壁岬角和较简单的海滨线。它北面的索仑托（Sorrento）半岛，过去与立维埃拉相似，但现已被抬高50米，其上升海湾平原有着崖壁前缘。泰伯河（Tiber）下游由于一个火山灾变而发生，因为该河位于西北Bracciano火山中心和东南Alban火山中心的山坡间洼陷，其壮年谷底比河曲带稍宽。更向上游，直到Orvieto，该河一般位于亚平宁山（Apennines）和Bolsena、Vico、Bracciano三个火山中心间的洼陷。列比尼山（Lepini）东北山足的一部分有青年断层崖，山嘴和溪沟的均衡坡面被它陡然切去。从罗马与那不勒斯之间的铁路火车上很容易认出这个断层崖。

植物学家和动物学家都知道，训练有素的学者很容易认识和描述生物形态的许多细节，但未受训练的人则看不到它们。在地理学中也有同样情形，问题在于如何获得必要的训练。就陆地形态而论，在地理学训练的许多方法中，没有一种方法的价值可与解释与观察相结合的方法相比拟，因为其他方法没有使用这样多的思想方法。

三、戴维斯及其"地理循环"理论的影响

戴维斯的地理循环主要指地貌侵蚀循环，这是对早期地貌学的一个重要贡献。戴维斯后来的理论多涉及景观演化，被称为戴维斯地貌学。虽然按今天的观点看，戴维斯的理论并不完全准确，但很具革命性，在当时产生了极大的影响，促进了自然地理学的现代化，而且由此创建了一个分支领域——地貌学。地貌学最初是作为地质学的一部分而发展，直到戴维斯提出系统的地理循环学说之后，地貌学才最终从普通地质学和自然地理学中独立出来。戴维斯的地理循环理论在科学家群体中得到广泛传播，对那个时代的

自然地理学也产生了极大的影响。他无疑是 20 世纪最伟大的学术性地理学者之一，他不仅以其有生之年的贡献而著称，还因为其弟子在整个地理学界的杰出工作而享誉。要不是他发表了 500 多篇（部）论文和专著，自然地理学的发展也许会大大减缓。[①]

后人一直在不断评价和反思戴维斯的地理循环理论和方法，在关于地形研究史的一部三卷著作[②]中，有整整一卷 874 页几乎全在评述戴维斯。希金斯[③]归纳了地理循环模式取得巨大成功并风行于世的 12 个理由：

（1）简洁明快；

（2）可应用于广泛的侵蚀景观；

（3）明晰、引人入胜、轻松的表达风格，以及美观的线画图和素描；

（4）以细致的野外观察为基础；

（5）补充了地质学均变论，填补了地貌学空白；

（6）借鉴和综合了同时代的地质学思想，集成了他人提出的一些概念；

（7）为预测和解释历史提供基础，使地貌学能把地形研究作为一个工具用以解读地球历史的后期阶段，并成为历史地质学的一部分；

（8）理性的，演绎了实证主义方法；

（9）与进化论一致；

（10）巩固了那个时代的地层学思想，即快速地壳变动后伴随着长期的海岸稳定和静止构造；

（11）视水、热为"常态"作用过程，对许多地球科学家具有吸引力；

（12）循环的方法启发了许多地球科学家。

戴维斯的地理循环模式不仅提供了一种解释性描述的方法，在半个多世纪里一直是景观解释的主要模板；还为一门新的术语学提供了 150 多个词汇和短语（他的学生也提供了 100 多个）。戴维斯"地理循环"广泛地吸取了同时代一些优秀地质学者和地理学者的概念，例如鲍威尔的侵蚀基准面（baselevel）、吉尔伯特的河流均衡（grade of rivers）、法国工程师的均衡剖面（profile of equilibrium），等等。戴维斯还提出了一些地

[①] Gregory, K. J. *The Changing Nature of Physical Geography*. London: Arnold, 2000: 38-41.

[②] 这部著作包括以下三卷：Chorley, R. J., Dunn, A. J., and Bechinsale, R. P. *The History of the Study of Landforms*, Vol. I: *Geomorphology before Davis*. London: Methuen, 1964; Chorley, R. J., Bechinsale, R. P., and Dunn, A. J. *The History of the Study of Landforms*, Vol. II: *The Life and Work of William Morris Davis*. London: Methuen, 1973; Bechinsale, R. P., and Chorley, R. J. *The History of the Study of Landforms or the Development of Geomorphology*, Vol. III: *Historical and Regional Geomorphology 1890-1950*. London: Routledge, 1991.

[③] Higgins, C. G. Theories of Landscape Development: A Perspective. In Melhorn. W. N. and R. C. Flemal, eds. *Theories of Landform Development*. Binghamton: State University of New York, Publications in Geomorphology, 1975: 1-28.

貌学新概念，例如溯源侵蚀（headward erosion）、顺向河（consequent river）、常态河流（normal river）、准平原（peneplain）、单斜脊（monoclinal ridge）、横向谷（transverse valley）、熔岩台地（lava-capped mesa）、均衡坡面（graded slopes）、上升谷（aggrade valleys）、组合地形（composite topography）、蚀余山（monadnock）等。

20世纪前几十年统治地理学的范式就是戴维斯的地理循环模式……这是第一个得到广泛国际认可的普通景观模式……它为地貌学几十年的发展和争论提供了试金石。[①] 戴维斯的印记在地貌学中保留的时间很可能将长于其他任何人。[②] 戴维斯在美国组建起地理学并使之系统化，而且使该学科作为一门成熟科学和一个学术领域获得认可。[③] 地貌学的地位是随着戴维斯而确立的……戴维斯在达尔文的进化概念之后形成了他的模式，因而也赞同均变论……戴维斯以达尔文为模范，作为一个雄辩的演说家和作家统治地貌学达半个世纪。[④]

现代地貌学对戴维斯的地理循环理论有继承也有扬弃，但都以他的学说为参照。戴维斯的追随者约翰逊（D. W. Johnson，1931）发表了《大西洋斜坡上的河流雕塑》（*Stream Sculpture on the Atlantic Slope*）；伍尔德里奇和林顿（Wooldridge and Linton，1939）在《英格兰东南部的结构、地表和河道》（*Structure, Surface and Drainage in South East England*）中对英格兰东南部作了戴维斯式的解释；科顿（Cotton，1922）的《新西兰地貌学》（*Geomorphology of New Zealand*）一书是戴维斯理论在特定地域应用的另一个实例。《美国东部的地文》（*Physiography of the Eastern United States*，Fenneman，1938）和它的姊妹篇——一篇关于美国西部的地文的论文（Fenneman，1931）也采用了戴维斯的方法。戴维斯的支持者把"常态侵蚀区"循环理论推广到其他类型侵蚀区，如约翰逊（1919）建立了海蚀区循环理论，科里克梅（C. H. Crikmay，1933）建立了喀斯特区侵蚀循环理论，金（L. C. King，1948）提出了山麓侵蚀面循环理论，派耳梯尔（L. C. Peltier，1950）提出了冰缘区侵蚀循环理论等，都探讨了地貌演化的青年期、壮年期和老年期的划分问题，[⑤] 使戴维斯学说得到极大的推广。

但冰川理论的发展在某种程度上是独立于戴维斯理论的。彭克和布伦克纳（Penck

[①] Sherman, D. J. Fashion in Geomorphology. In Rhoads, B. L., and C. E. Thorn, eds. *The Scientific Nature of Geomorphology*. Chichester: John Wiley, 1996: 87-114.

[②] Thornbury, W. D. *Principles of Geomorphology*. New York: John Wiley, 1954.

[③] Chorley, R. J., R. P. Bechinsale, and A. J. Dunn. *The History of the Study of Landforms*, Vol. Ⅱ: *The Life and Work of William Morris Davis*. London: Methuen, 1973: 734.

[④] Osterkamp W. R., and C. R. Hupp. The Evolution of Geomorphology, Ecology and Other Composite Sciences. In Rhoads, B. L., and C. E. Thorn, eds. *The Scientific Nature of Geomorphology*. Chichester: John Wiley, 1996: 422-424.

[⑤] Small, R. J. *The Study of Landform*. London: Cambridge University Press, 1978: 1-300.

and Bruckner，1901—1909）发表《冰期的阿尔卑斯》（*Alps in the Ice Age*）就是例证。德国地貌学家彭克在关于阿尔卑斯山峰坡面的研究中，对戴维斯的"地理循环"学说提出了颇有建树的挑战。彭克研究了内、外营力在地形形成过程中的相互作用，把地形发展推断为三种可能：在上升迅速而持久的情况下、在上升迅速而短暂的情况下、在上升缓慢而持久的情况下，从而创立了山坡梯地学说。彭克的理论本质上依赖不同的地貌基础，但仅仅探讨了冰川的侵蚀—剥蚀作用，并未得到完全的理解和应用，很长时间后才在英语世界得到认可。彭克也没有像戴维斯那样有如此大量的出版物。

戴维斯的地理循环理论合理地吸取了生物进化论的思想，从而改变了过去地理学者一般只是静止地对地球表面形态进行描述的情况。斯托达特[1]认为进化论包括四个方面：演化思想、组织思想、竞争和选择的思想、随机或偶然的思想。与戴维斯"地理循环"理论关系最近的是"演化"思想。其实达尔文也受著名地质学家莱伊尔"均变论"的影响，并观察到从岸礁、堡礁到环礁的长期演变过程，这对他形成关于生物演化的学说至关重要。戴维斯强调地形演化过程中的时间因素，演化在形态上有一个类似于"生物或生命循环"的主要观点与此非常相似。实际上，戴维斯的老师沙勒就是一个坚定的进化论者，戴维斯深受其影响。

地理循环理论最终被置于一个更广阔的关联域中而受到挑战，并被过程（或量化/动态/系统）地貌学取代[2]。

（蔡运龙）

---

[1] Stoddart, D. R. Darwin's Impact on Geography. *Annals of the American Association of Geographers*, 1966, 56: 4, 683-698.

[2] Sherman, D. J. Fashion in Geomorphology. In Rhoads, B. L., and C. E. Thorn, eds. *The Scientific Nature of Geomorphology*. Chichester: John Wiley, 1996: 107.

麦金德

历史的地理枢纽（1904年）

一、麦金德其人

哈尔福德·麦金德[①]（Halford Mackinder，1861—1947）是著名的英国地理学家，也是地缘政治学的奠基者之一。地缘政治学思想不是从麦金德那里最早萌芽的，但是，要是没有麦金德，地缘政治学不会产生后来那么巨大的影响。1956年，美国前全国图书馆协会主席、伊利诺伊大学图书馆馆长罗伯特·唐斯（Robert B. Downs）曾发表过一本书——《改变世界的书》，其中介绍了影响世界历史的16本书，麦金德的《地缘政治论》是其中之一，马汉的《海军战略》也名列其中。可见，地缘政治学是地理学影响人类社会历史的一个重要方面。

麦金德出生于英国林肯郡的根兹伯罗，父亲是一位医生。他先后在根兹伯罗的伊丽莎白王后文法学校、埃普索姆学院以及牛津的基督教会接受教育。1880年，麦金德进入牛津大学学习自然科学，跟随著名博物学家摩斯里（Henry N. Moseley）专攻动物学。后来他转而从事历史研究，他自己评论说，他转向了"一个古老的兴趣并且学习现代历史知识"，开始采用进化论思想考察人类发展。广泛的自然科学知识和历史学知识对他后来的地理学研究产生了深刻的影响。可以这么认为，要是没有深厚的世界历史学修养，麦金德就不会基于地理学视角提出影响世界历史的大陆心脏学说了。与地理学的自然—人文二元论者不同，麦金德将自然地理学和人文地理学作为一个统一学科对待，在统一地理学方面发挥了强有力的推动作用。

麦金德正式的地理学工作是从1887年开始的，那一年，他被任命为牛津大学的地理学高级讲师，并开始讲授地理学课程。在此之前，麦金德广泛宣传自己的"新地理

[①] 关于麦金德的主要资料来源：Wilkinson, S., T. Holdich, L. S. Amery, et al. The Geographical Pivot of History: Discuss. *The Geographical Journal*, 1904, 23 (4): 437-444; Wikipedia, the Free Encyclopedia; Sloan, G. Sir Halford J. Mackinder. In Gray C. S., and G. Sloan, eds. *Geopolitics, Geography and Strategy*. London: Cass, 1999; Kenzer, M. S., Halford Mackinder. A Biography by Brian W. Blouet. *Geographical Review*, 1988, 78 (3): 330-331.

学"思想，引起了一些著名地理学家的注意。著名博物学家高尔顿（Francis Galton）委托别人建议麦金德将自己的新地理学思想写出来，从而产生了"地理学的范围和方法"一文。该文于1887年初在英国皇家地理学会宣读之后，引起了热烈的争议。因为这些影响，他在牛津得到一个教职。麦金德说，那是牛津"为地理学家提供的一个讲坛"。对英国地理学家而言，这在当时无疑是一个颇有声望的学术岗位。

1895年，麦金德成为伦敦经济学院的创建者之一。在牛津，他又是1899年地理研究院创立的推动者之一。同年，他率领一支探险队攀登肯尼亚山，并根据考察结果撰写了相关的报告、游记和学术论文。1902年，他的《不列颠和不列颠的海洋》一书出版，首次全面论述了英国群岛的地貌。1904年，麦金德在英国皇家地理学会宣读了"历史的地理枢纽"一文，文章提出了大陆枢纽说的雏形。虽然麦金德没有使用"地缘政治学"这个术语，但人们却将这篇文章视为地缘政治学说的开创性作品之一。从此以后，大陆心脏论一直影响着世界大国的对外方针和政策，尽管该理论最初未太引起地理学界以外人士的注意。

麦金德在英国大学教育特别是地理学教育方面作出了许多贡献。1892年，麦金德帮助创立了里丁大学；1893年参与了地理协会的创建工作，该协会推动了并一直推动着各个学校的地理学教育。从1913年到1946年，他是地理协会的主席，并且从1916年开始，他成为协会的会长。可能因为对未获得全职讲席位置感到失望，麦金德最终离开了牛津，于1903年至1908年期间成为伦敦经济学院的院长。1908年之后，他致力于探讨帝国统一的原因，同时在学校兼职。

继"历史的地理枢纽"之后，麦金德的另一个主要作品是《民主的理想与现实》，该书于1919年出版。可以说，这部著作是根据伍德罗·威尔逊（Woodrow Wilson）的理想主义政治概念与和平发展思想，对其1904年理论所作的一个发展。在该书中，"心脏地带"概念代替了当年的"枢纽地区"概念，并且提出了"世界岛"一词。书中出现了他那著名的地缘政治学格言：

> 谁控制东欧谁就能统治心脏地带；谁控制心脏地带谁就能统治世界岛；谁控制世界岛谁就能统治全世界。

这个预言是为《凡尔赛条约》的世界政治家们而作的。东欧作为通往心脏地带的通道地位得以强调，原因是：需要缓冲国形成一个缓冲地带将德国和俄国隔开。可以通过和平谈判创建这样一个缓冲地带，但1939年的历史事实证明这样的政治壁垒并无效果。

麦金德的研究工作为地理学成为大不列颠联合王国的独立学科铺平了道路。直到1934年，牛津大学没有为地理学提供一个教授讲席，但利物浦大学和威尔士大学都在

1917年安排了地理学教授岗位。麦金德于1923年在伦敦经济学院得到一个教授职位。他在发展地理学教学方面的作用也许大于任何一位英国地理学家。

二、"历史的地理枢纽"[①] 提要

当遥远未来的历史学家回过头来考察我们所经过的若干世纪，并且缩短时间尺度，就像我们今天看待埃及的各个王朝那样，那么，很有可能，他们会将过去的400年描述为哥伦布时代，并且认为这个时代将于1900年之后不久终结。最近，人们反复提到的话题是地理探险行将结束，大家的共识乃是地理学的研究目标必须转向，追求深入考察和哲学综合。……将20世纪的开端作为一个伟大的历史时代的终结是合适的，这不仅仅是因为上述伟大的成就。紧步旅行者的后尘，传教士、征服者、农场主、矿工以及后来的工程师纷至沓来，以至于世界边缘地区一旦有新的发现，我们必须将其事实上的政治所有权登记入册。在欧洲、北美、南美、非洲以及澳洲，几乎没有留下一个区域需要对其所有权的归属进行钉桩分界——当然，那些开化、半开化国家之间的战争引起的后果除外。……一般说来，我们或许可以将哥伦布时代与其以前的时代进行对照，据此描述不同时代的本质特征：哥伦布时代欧洲的扩展几乎没有遇到强有力的对抗，而中世纪基督徒则被限定在狭窄的区域内，不断受到外来野蛮民族的威胁。从今往后，在后哥伦布时代，我们将不得不处理一个封闭的政治系统，而且这依然是一个世界范围的问题。每一个社会力量的爆发，都会在地球遥远的另一边引起强烈的反响——打碎世界政治和经济组织中的薄弱因素，而不是在未知空间和野蛮混沌的周边区域耗散。

最近十年，我们首次以某种程度的完全性来尝试较大地理归纳和较大历史归纳之间的关联性。我们首次认识到整个世界舞台特征和事件的真实比例，并且有可能发现一个公式，该公式可以表达某些确定的方面，至少，可以表示出世界大历史的地理原因。幸运的话，这个公式将会具有一种实践价值——透视当前国际政治的某些竞争力量。人们经常听到的帝国向西进军的说法就是这种企图的经验和片断的反映。

弗里曼（Freeman）教授生前指出，真正有价值的历史是地中海一带和欧洲地区各个种族的历史。从某个意义上，的确如此，因为正是在这些种族中间产生了使得希腊和罗马继承者支配整个世界的观念。然而，从另外一种也是非常重要的意义上，这种地域界限对思想存在一种限制效应。与一群衣冠动物不同，一个民族之所以形成，关键在于

[①] Mackinder, H. J. The Geographical Pivot of History. *The Geographical Journal*, 1904, 23 (4): 421-437.

一种思想，这种思想通常在两种条件下被大众接受：一是共同的忧患形成的压力，二是抵抗外敌的共同必要。……一个具有排斥力的人物在使其敌人联合起来方面发挥着有价值的社会功能，正是在这种外来野蛮入侵的压力下，欧洲建设了自己的文明。……在非常真实的意义上，欧洲文明可谓是长期对抗亚洲入侵的一种成果。

现代欧洲政治地图最为鲜明的对照，乃是俄罗斯占据了近乎半个大陆的一半，而西部各个政权控制着较小的地域。当然，从自然的观点看来，也存在一种类似的对照：东边是完整的低地；西边，在这个世界的其余部分，则是山脉、河谷、岛屿和半岛组成的、多变的复合体。乍看起来似乎是，在这些熟悉的事实中，我们得到一种自然环境与政治组织之间的相关性，这种关系是如此明显，以致不值得描述。特别是我们注意到，整个俄罗斯平原的寒冷冬季与炎热夏季对比分明，这种人类生存条件显得分外单一。然而，一系列的历史地图将揭示如下事实：不仅最近100年来俄罗斯的欧洲部分与欧洲东部平原大体对应，而且在更早的时期，在政治分组方面长期存在另外一种趋势。两种政权常常将这个国家分为南北两种政治系统。事实是，地形图并不表明特别的自然差异，这种差异最近还在控制俄国的人类运动和聚居。当大平原上的冬雪之幕向北方逐渐隐退的时候，降雨接踵而至，黑海之滨最大的降水发生在五月份和六月份，而波罗的海和白海周围则推迟到七月份和八月份。南部的夏季是一段干旱缺水时期。作为这种气候"环境"的一个后果，北部和西北发育了森林，这些森林偶尔为沼泽所间隔，而南部和东南则是无边无际的半干旱的大草原，只有河流沿岸才生长树木。这两种区域的分界线以对角的方式从东北向西南延伸——从喀尔巴阡山脉的北端到乌拉尔山脉的偏南一点。莫斯科就位于这条分界线附近靠北的地方。在俄国之外，这片大森林的边界向西延伸大致通过欧洲800英里地峡的中心，该地峡横亘于波罗的海和黑海之间。在另外一边，在欧洲半岛，北部的森林延伸于德国平原地带，而南部的草原则转过喀尔巴阡山脉的特兰西瓦尼亚堡，沿着多瑙河往上伸展，通过今天的罗马尼亚麦田区，一直到达铁门。在喀尔巴阡山和阿尔卑斯山树木丛生的边缘地带环绕的匈牙利平原地区，存在一个分离的草原区域，当地称之为普斯塔斯，现今已经大部分开垦。

较早时期的俄国和波兰整个地立国于森林林间的空地之上。另一方面，在整个第5到第16世纪期间，隶属于图兰语系的游牧民族……从不为欧洲时人所知的亚洲深处，通过大平原，穿越乌拉尔山与里海之间的通道，一波一波地以不寻常的方式来到欧洲。在阿提拉（Attila）大帝率领下，匈奴人在普斯塔斯中部——大草原的多瑙河流域外围地带——安置下来，然后由此向北、向西、向南三面出击，攻打欧洲的定居民族。大部分的欧洲近代史，简直就是对这类掠夺所直接或间接导致的变化的一种解说。很有可能，盎格鲁人和撒克逊人是在那时因被驱逐而渡海，建立了不列颠岛上的英格兰。可是到最后，新的游牧部落从蒙古草原来到欧洲，位于北部森林带的俄罗斯成为蒙古钦察汗国亦即"草原帝国"的附属国，时间长达两个世纪。

从森林地带流入黑海和里海的河流与整个大草原上游牧民族活动的路线交叉，而且时不时地出现一些沿着河流的短暂的迁移。容易注意到，这种沿河迁移路径与游牧骑兵运动路径大体上直角相交。希腊基督教的传教士就是以这样的方式沿着第聂伯河自下而上迁移到基辅的，而在此之前，北方的瓦兰吉人则沿着同一条河流自上而下抵达君士坦丁堡。更早地，条顿族的哥特人从波罗的海岸出发，以大体平行的方向往东南穿过欧洲，一度出现于德涅斯特河沿岸。但这些都是为时短暂的事件，我们并不能因此推翻更大时空尺度上的归纳结果。1000年来，一系列发祥于亚洲的游牧民族，穿越乌拉尔山脉和里海之间的宽阔空地，驶过南俄罗斯的旷野，打入并定居于欧洲半岛的心脏——匈牙利。对抗这些游牧部落的需要塑造了周围的各个伟大民族——俄罗斯人、日耳曼人、法兰西人、意大利人和拜占庭希腊人——的历史。这些游牧部落之所以激发出健康而强大的反作用，而没有在普遍的专制统治下镇压这些对抗，是因为如下事实：大草原地理条件赋予他们的力量的机动性，由于新环境周围的森林和山脉的形格势禁而无法发挥。

一支堪与草原牧民的机动性相提并论的机动力量是海上驾船的维金人（Viking）。他们从斯堪的纳维亚出发袭击欧洲的南、北海岸，并且沿着河道渗入内陆。不过，他们的活动范围受到局限，原因是，一般而言，他们的力量只有在水域邻近地带才能有效地发挥作用。这样一来，欧洲的定居民族受到两方面压力的钳制——来自东方的亚洲游牧民族和其他三个方向的海上强盗。就实际性质来看，没有一种压力不可抗拒，因此，两种压力其实都是一种刺激。值得一提的是，斯堪的纳维亚人在欧洲造型方面的影响，其意义仅次于游牧民族的作用：在海上力量的攻击下，英国和法国都采取了长期的行动，最后走向统一；而意大利的统一则因为他们而遭到破坏。在更早的时候，罗马帝国曾经借助自己的道路网来调集定居民族的力量，可是后来，罗马的道路系统逐渐毁坏，直到18世纪也没有得以重建。

然而，如果想不到15世纪蒙古人的入侵，我们就认识不到亚洲影响欧洲的全部意义；不过，在我们分析有关这些问题的基本事实之前，我们不妨先将我们的地理视点从欧洲转换一下，以便全面地考察整个旧大陆。显而易见，既然降雨的发源地在于海洋，这个最大的大陆块的心脏位置可能相对地干燥。因此，对于如下现象我们不会感到惊讶：旧世界三分之二的人口集中于这个大陆体边缘的相对狭小的区域——欧洲人口集中于大西洋沿岸，而印度和中国人口则分别集中于印度洋沿岸和太平洋沿岸。一个实际上干旱少雨从而几乎无人定居的辽阔大陆带——撒哈拉，横亘整个北部非洲，直达阿拉伯半岛。上述干旱地带几乎将中部和南部非洲与欧洲和亚洲完全切开，因此在历史上的大部分时期，中南部非洲与欧亚之间处于隔离状态，就像美洲、澳洲与旧大陆隔离一样。实际上，欧洲的南部边界过去是、现在依然是撒哈拉，而非地中海，理由是，正是沙漠将黑人与白人划分开来。于是形成了由大洋和沙漠包围的连续的欧亚陆块，如果不计算撒哈拉沙漠和阿拉伯半岛的沙漠地带，该陆块的面积约有 2 100 万平方英里，占全球大陆面积的一半。……另一方面，亚欧大陆还有一个特色，那就是非常值得注意的水系分布。在整个中部和北部的广大地区，河流对于人们实现与外部世界的沟通目的而言，没有什么实际价值。伏尔加河、奥克瑟斯河和杰克沙蒂斯河注入内陆的盐水湖，鄂毕河、叶尼塞河和勒拿河则流入寒冷的北冰洋。它们是旧大陆中北部最大的六条河流。……这样，尽管分布着零碎的片片沙漠，亚欧大陆的核心部分整体上是一个草原地区，该地区提供了一个水草不常丰足但地域十分广阔的牧场，其中还有相当多河流哺育的绿洲，而整个区域都无法通过河道从海洋渗透进去。

如同欧洲的情况一般，亚欧大陆其他的边缘地带，也有早年的外来入侵记载。中国不止一次地屈服于来自北方的进攻；印度则数次屈服于来自西北的打击。然而，从波斯的情况看来，至少有一次早期的侵略对西方文明的历史具有特殊的意义。在蒙古人入侵以前的三到四个世纪，崛起于中亚的塞尔柱突厥人（Seljuk Turks）沿着这条路径侵占了一片辽阔的、不妨称之为"五海"所在的地域——里海、黑海、地中海、红海和波斯湾地区。这些人在克尔曼、在哈马丹和小亚细亚稳定下来，并颠覆了巴格达和大马士革一带的萨拉森人（Saracen）统治政权。以惩罚这些突厥人对耶路撒冷基督教徒朝圣者们的虐待为借口，基督教国家发动了一系列大规模战役，这些战争总称为"十字军东征"。尽管这些战争的直接目标未能达到，但是它们扰动并且团结了欧洲，以致我们可以将他们视为近代历史的发端——这是另一个引人注目的例证：反抗来自亚洲心脏地区军事压力的需要激发了欧洲的进步。

现在，我们对亚欧大陆概念的认识可以总结如下：这是一块连续的陆地，北方由极地冰块围护，其余三个方向为海水包围，面积为 2 100 万平方英里，相当于北美洲大陆面积的三倍以上；亚欧大陆的中心地区连同其北部面积估计可达 900 万平方英里，亦即相当于欧洲面积的二倍还多；没有具有实用价值的、通往海洋的水道，但却具备另外一个特点，即除去亚北极森林地带之外，总体上非常有利于以马和骆驼为交通工具的民族的机动迁移。在这个心脏地带的东、南和西三面是延伸着的辽阔的新月形边缘区域，该地带可以乘船进入。从自然形态上看，边缘地带由四个区域组成，而且值得注意的是，这四个区域与四大宗教的影响范围大体一致——这四大宗教分别是佛教、印度教、伊斯兰教和基督教。第一个和第二个区域属于季风区，一个朝向太平洋，另一个则濒临印度洋。第四个区域便是欧洲，由大西洋自西而东送来雨水。这三个区域加起来，总面积不到700万平方英里，却拥有10亿以上的人口，占世界人口的三分之二。第三个区域与"五海"地区即通常所谓的近东地区一致，这个区域在很大程度上因为邻近非洲而气候干燥，除了绿洲之外，人口分布稀疏。近东地区在某种程度上兼具亚欧大陆边缘地带和中心区域两方面的特征。总体而言，该地区缺乏森林，散布着一些沙漠，故适于游牧民族的军事行动。然而，它在主要特性上属于边缘地带，因为它的海湾和外流河向海权开放，且允许海权在此发挥作用。因而，这个地区的历史表现出某种周期行为，先后出现一些实质上属于边缘系列的帝国，这些基于巴比伦和埃及之类的巨大绿洲农业人口的帝国可以借助通畅的水道与地中海和印度的文明世界交流。可是，不难想到，这些帝国受制于不同系列帝国的颠覆性冲击。一方面是来自中亚的锡西厄人（Scythian）、突厥人和蒙古人的突袭，另一方面则是地中海一带各民族占据从西部海洋到东方海洋的陆上通道的努力。这里是早期文明链条中最为薄弱的环节，原因是苏伊士地峡将海权分成东、西块，而从中亚地区延伸到波斯湾的干旱的荒芜地带为游牧民族攻入海洋边缘提供了持久的机会，并且将印度和中国与地中海世界分割开来。一旦遇到巴比伦、叙利亚和埃及绿洲地带保卫力量脆弱的情况，草原游牧民族就会将开阔的伊朗高原和小亚细亚作为驻军的前线阵地，从那里出发，通过旁遮普地区攻入印度，穿过叙利亚侵入埃及，跨过博斯普鲁斯和达达尼尔海峡打进匈牙利。维也纳位于欧洲中部的门户上，可以抵挡来自两个方向的游牧民族入侵：一个方向是穿过俄罗斯草原直接奔西，另一个方向则是绕道黑海、里海南部侧面攻击。

海洋船只的机动性堪称大陆心脏地区的马和骆驼机动性的天然对手。正是基于外流河的航行之利，形成了大河文明的历史舞台，长江流域的中国文明、恒河流域的印度文明、幼发拉底河流域的巴比伦文明以及尼罗河流域的埃及文明先后创生。萨拉森人和维金人借助近海航行而取得支配地位。

发现通往印度的好望角新航路的后果在于连接亚欧大陆东西海岸的近海航行——即便这是一条迂回的路径，其意义也非常重大；而且，在某种程度上，新航路通过后部压迫作用抵消了草原游牧部落中心位置的战略优势。哥伦布时代的伟大水手开创的变革运动赋予基督教世界以最大限度的军事机动能力——空中飞行能力除外。这个包围着分散如岛屿的陆地的连续一体的海洋，理所当然形成海权控制过程中最佳统一的地理条件，也是海军军官马汉上校和斯宾塞·威尔金森（Spencer Wilkinson）先生等作者在有关著作中所论述的海军战略和政策的整个理论赖以为据的地理条件。这种地理发现的显著的政治效应就是反转欧洲和亚洲的关系。理由是在中世纪的时候，欧洲的处境是四面受限——南面是不可通行的沙漠，西面是深远莫测的海洋，北面和东北是冰天雪地或者草木丛生的荒地，东面和东南则受到以马和骆驼为运载工具的灵活机动的游牧民族的持续威

科技部创新方法工作资助 (2007FY140800)
Innovation Method Fund of China(2007FY140800)

地理学思想经典解读

蔡运龙 主编

蔡运龙　叶　超　陈彦光　等 编著
阙维民　李双成　周尚意

商务印书馆
The Commercial Press

图书在版编目(CIP)数据

地理学思想经典解读/蔡运龙主编；蔡运龙等编著.—北京：商务印书馆,2023(2025.6重印)
ISBN 978-7-100-22399-7

Ⅰ.①地… Ⅱ.①蔡… Ⅲ.①地理学－思想评论－西方国家－文集 Ⅳ.①K90-53

中国国家版本馆 CIP 数据核字(2023)第 074730 号

权利保留,侵权必究。

地理学思想经典解读

蔡运龙　主编

蔡运龙　叶　超　陈彦光
阚维民　李双成　周尚意　等 编著

商　务　印　书　馆　出　版
(北京王府井大街36号　邮政编码100710)
商　务　印　书　馆　发　行
三河市春园印刷有限公司印刷
ISBN 978-7-100-22399-7

2023 年 7 月第 1 版　开本 787×1092　1/16
2025 年 6 月第 2 次印刷　印张 33¼
定价：159.00 元

地；初始沟槽的形态也被顺向水流改变，从这个意义上说，初始沟槽会变成顺向谷地。

6. 谷底的坡度

大河直接按照这种循环加深其主谷，但其河床只稍高于本区的基面。谷底不可能被蚀低到绝对基面，因为河流必须流向海岸边的河口。在壮年盛期的河床上，任一点的高度取决于河流坡度及其距河口的距离。河流坡度将不小于由流量与负荷数量及成分所决定的一定最小值。可以暂时认为流量是常数，虽然它在常态循环进行过程中会有重要变化。负荷在最初较小。到青年期时，地面受陡峭河谷的切割，负荷的数量和粒径都迅速增大。在壮年初期，支谷因向源侵蚀而增长，故被蚀的山坡面积增加；因此负荷的数量继续增加，其粒径并不一定增加。壮年中期以后，负荷在数量上和粒径上都继续减小。到老年期，河流的负荷减小，颗粒极细甚至溶解于水。

大河的最小坡度是怎样决定的呢？为了使问题不至于过分复杂化，假定青年顺向河最初就具有足够陡峻的坡度，使它们除能把两旁风化面上冲下来的碎屑带走外，还有余力深切到初始洼陷的底部以下。这就是图1中所假定的情况，但这种假定与下列两种情况显然不符：第一，如地壳运动产生盆地，盆地中必形成湖泊，必发生沉积（负剥蚀）；第二，如主要洼陷中的河流坡降不大，则即使在青年期，也不能运走较强支流从长期风化的陡峭地面上带来的泥沙。但此类复杂情况目前暂可撇开不谈。

若沿着青年顺向河从上源直到河口，可以设想该河处处在加深其河谷，除河口那点外。河谷的加深在较接近上源的点进行得最快。河流在这点以上坡度增加，以下坡度减小。最迅速加深点以上的河段可称为上游，以下的河段可称为下游或干流。这样系统地产生的变化结果使河流下游的坡度和速度减小，负荷增加。这就是说，它做功的能力在减小，而所要做的功则在增加。于是，原来能力大于做功的情况会逐渐改变，当两者数量相等时，该河流就达到蚀积均衡（graded）。河流达到均衡状态后，只有在流量和负荷的关系改变时，才能改变坡度，而这类变化非常缓慢。

在结构均一的陆块上，河口将首先达到上述河流的均衡状态，然后向上游溯源推进。干流达到均衡时，地形发育进入壮年初期；上游和支流达到均衡时，进入壮年盛期；而当雨后小溪流也达到均衡时，则进入老年期。在结构不均一的陆块上，河流将被所穿过的软岩带和硬岩带分为若干段；每一软岩段将以其下游的硬岩段为基面，在一定时间内达到均衡。于是，该河就会由平静河段与湍急瀑布或急流互相交替组成。硬岩中抗蚀力较弱的部分将以其下游抗蚀力较强的岩石为基面，慢慢到达均衡。这样，急流的数目将减少，仅存最硬岩石上的急流。甚至这些急流也终将消逝，那时从河口到上源将全部达到均衡状态。

均衡时河流的坡度与流量成反比，故在下游被蚀到几乎水平以后的很长时间内，河流上游仍保持较陡坡度；但到了老年期，即使是上游也必然坡度平缓，水流速度适中，急流汹涌的现象不再。因此，上游湍急、中游和下游均衡的所谓"常态"河流实际上只是发育至壮年期的河流，青年河流通常具有瀑布，老年河流必然没有急流。

初始顺向河如果因某种原因不能带走冲入河床中的泥沙，它就不能蚀低河床，反而要加积河床。泥沙中的较粗部分堆积下来，造成泛滥平原，加积谷底，并加陡坡度，直到它获得足够流速来完成它应做的功时为止。在这种情况下，均衡状态不是由于切低初始洼陷，而是由于加积初始洼陷造成的。在有盆地的地方，盆地中会形成顺向湖泊，水位相当于盆地边缘最低点的湖泊出口。湖口成为湖盆加积的基面，湖泊成为支流均衡其河谷的基面。但正如瀑布和急流一样，湖口和湖泊的局部基面也是暂时的。

7. 支流的发展

支流可分为若干类型。第一类产生于主流谷地侧坡上的初始小洼地，形成于主要顺向河分出的侧顺向河或二级顺向河（secondary consequents），一般沿地层倾角的方向流下。第二类沿顺向河谷壁上蚀露出来的软弱构造向源侵蚀而发育，它们沿地层的走向，与初始地面的形状完全无关。这些河流可称为次成河。第三类在水平岩层或结晶岩层区常见，其控制因素尚待研讨，可称之为斜向河（insequent river）。还有其他类型的河流，篇幅所限，不再描述。

8. 河流动力与负载的关系

随着顺向次成河和斜向河的充分发育，陆块被分割，陡峭谷坡的面积从青年期至壮年期大为增加。由支流输送至主流的碎屑主要来自谷坡，因此碎屑数量随着分割的加强而增加。当新支流不再生长时，或者当受侵蚀的谷侧坡度减小到足以抵消其面积的增大时，碎屑数量达到最高点。碎屑输送量最大的时间和主流到达均衡的时间有两种不同的关系，产生不同的结果。若前者不晚于后者，则均衡的河流随着负荷的减小将慢慢地具有更平缓的坡度。但与任何一个时候所输送的碎屑数量比较起来，碎屑输送量的变化（数值）极小，故动力虽然稍微超过负荷，河流将基本上保持其均衡状态。反之，若主流达到均衡状态后负荷才到最高点，则谷底将由于增加的负荷有部分堆积而加高，这样，河流将具有更陡的坡度和更大的流速，使增加负荷的其余部分可被运走。因此，以前被切割的V形谷的谷底会逐渐被填充成砾石泛滥平地，平地表面继续加高，直至达到最大负荷为止，此后就开始了上述缓慢剥蚀。所以，壮年初期的主谷可稍微变浅（如图1虚线CE所示）而不是稍微加深，但在壮年后期和老年期，青年期开始的强烈河谷胁。如今，欧洲在世界上脱颖而出，它能到达的海面和沿海地带的面积扩大了30倍以上，其势力所及包围了迄今威胁它自身安全的亚欧陆权国家。在海洋中间发现的没有主权的陆地上诞生了一些新的欧洲——今天的美洲和澳洲，在某种程度上说，甚至撒哈拉以南的非洲之于亚欧大陆，就像从前的不列颠和斯堪的纳维亚之于欧洲。英国、美国、加拿大、南非、澳大利亚以及日本，这些外围的、孤立的基地形成了海权和商业上环形区域，亚欧大陆上的陆权国家的势力难以抵达这个外环地带。

可是，陆权依旧存留，而近期的事件使得陆权重要性再次得以增强。西部欧洲的邻海民族将他们的舰队影响范围覆盖整个海洋，在各大陆的边缘地带殖民，或多或少地将亚洲的邻海边缘带变成附属国。与此同时，俄国组织的哥萨克骑兵从北部森林中涌现出来，安排自己的游牧部落对付鞑靼游牧部落，据此监管了大草原带。都铎（Tudor）王朝时代，人们既看到过西欧列强的海上扩张，也看到过俄国的军事势力从莫斯科延伸到西伯利亚。俄国骑兵自西向东扫荡亚洲大草原的事件，其政治后果的意义不亚于绕道好望角的地理发现，尽管这两种活动长期保持隔离状态。

在哥萨克骑兵之后，不同于以前的俄国人从其偏僻的北方森林中安全地涌出，俄国农民的南移可能是上一世纪的欧洲所发生的最具有一种实质意义的变化；这样，尽管从前农业聚落以森林地带为分布边界，整个俄国欧洲部分的人口中心现在已经转移至森林带边界之南——麦田取代草原成了新的人口中心。敖德萨从此崛起为重要的港市，其发展速度相当于一个美国的城市。

在一代人以前，蒸汽动力船和苏伊士运河的作用体现出来，增加了海权国家相对于陆权国家的机动性。铁路主要发挥着为海洋贸易供货的运输线功能。但是，横穿大陆的铁路目前正在改变着陆权国家的条件，而且没有哪个地方能够像亚欧大陆封闭的心脏地带那样，铁路能够产生如此的作用——在这个广阔的区域，既没有木材也没有容易获得的石块用于修筑道路。铁路在草原带产生了更大的奇迹，因为它直接取代了马和骆驼的机动性，以致公路发展阶段在这个地方最终被省略。

就商业而论，不应该忘记如下事实：海洋运输尽管相对便宜，但通常要涉及四个环节的货物处理程序——在货源地的工厂、在货物出口码头、在货物进口码头以及在为零售商发货的内陆货栈。相比而言，大陆上的铁路货车可以从货物输出地的工厂直接驶入货物输入地的仓库。因此，在其他条件相当的情况下，边缘区的海运供货商贸倾向于围绕大陆边缘形成一个渗透地带，这个地带的内部界限大体上标志着一条海陆运输成本等效的分界线：四重货物处理工序费、海洋运输费以及来自海岸附近的铁路运费的成本总和，等价于两次货物处理工序费和陆上铁路运输费的成本之和。据说，英国和德国的煤运竞争就是根据这种关系通过伦巴第而中途分界的。

从西部威尔巴伦到东部符拉迪沃斯托克，俄国的铁路畅通无阻地长贯6 000英里。俄国在满洲的驻军成为它作为机动的陆权大国的显著性证据，如同当年南非的英国军队表明英国是海权强国一样。不错，横贯西伯利亚的铁路依然是一条单一的、缺乏安全保证的运输线，可是，在本世纪的中叶之前，整个亚洲将可望铺满铁路。俄罗斯帝国和蒙古的空间范围是如此广阔，它们在人口、小麦、棉花、燃料以及金属生产方面的潜力是如此地不可估量，以致一个巨大的经济世界将不可避免地在那里发展起来，而海洋商业很难涉足这个或多或少相对分离的地域。

枢纽地区之外是两个新月形地带：德国、奥地利、土耳其、印度和中国形成一个巨大的内新月形地带，英国、南非、澳大利亚、美国、加拿大和日本则构成外新月形地带。在目前的力量制衡的状况下，枢纽国家俄罗斯与周边国家的力量并非旗鼓相当，还有在法国形成平衡力的余地。美国新近已经变成为一个东方强国，她对欧洲的力量平衡没有直接的影响，但却通过俄国施加影响，而且她将开凿巴拿马运河，以便密西西比河流域以及大西洋沿岸的资源能够用于太平洋地区。据此观点，真正的东方与西方分界线将会出现于大西洋。

力量制衡的颠倒有利于枢纽国家，其后果是其向亚欧大陆的边缘地带扩张，因为这将容许她利用大量的大陆资源建设舰队，这样一来，一个世界帝国也就成功在望了。假如德国与俄国结成同盟，则这个帝国就可能出现。所以，这种后果的威胁，将会导致法国与海上列强联盟，从而法国、意大利、埃及、印度和韩国就会变成众多的桥头阵地，外面的海军可以通过这些桥头阵地支持海权盟国的陆上部队，进而迫使枢纽同盟也配置自己的陆军部队，以便阻止对方集中全力与海军舰队竞争。

在任何具体时间的政治力量制衡，理所当然地，一方面是地理条件——包括经济条件和战略条件——导致的结果，另一方面也是竞争双方国民的相对数量、勇气、装备和组织的结果。一旦对这些数量估计的准确性达到一定的程度，我们不必动用军队就可以调整力量的差异。在计算过程中，地理数量较之于人文数量更为容易测度，其结果也更为稳定。所以，我们可望能找到我们的公式，该公式既可用于既往历史也可用于当前的政策。各个时期的社会活动都是围绕着本质相同的自然特征展开，即使已经有人证明，我也怀疑亚洲和非洲的渐进干燥是否在历史时期内已经根本改变了人类的环境。帝国军队西进只不过是边缘地区势力环绕着枢纽区域西南和西部边界的一次短期运动。近东、中东和远东的问题关系到大陆边缘内新月形地带和外新月形地带各个强国的不稳定均衡，至于边缘地带的地方势力，当前在某种程度上可以不予考虑。

三、麦金德及其"历史的地理枢纽"的影响

作为一位政治活动家,麦金德的理论也为国际政治家所利用。大陆心脏论被德国地缘政治学派特别是其主要支持者豪斯霍费尔狂热地吸收。到了20世纪30年代,地缘政治学的一些思想被德国纳粹政府信奉。为此,麦金德经常强烈地批评德国人非法利用了他的思想。麦金德是一位地理学统一论者,他将地理学视为"分布的科学",将自然地理学和人文地理学视为统一体。他指出,地理学是这样一门学科——"其主要功能是探索人类社会与局部变异中的人类生存环境之间的相互作用"。他因为为地理学词典引入两个术语——"人力"和"心脏地带",而受到学界的赞誉。

(陈彦光)

森普尔

地理环境的影响（1911年）

埃伦·丘吉尔·森普尔（Ellen Churchill Semple，1863—1932），美国地理学家。生于肯塔基州路易斯维尔的一个富裕家庭。中学时深受其姊帕蒂（时为瓦萨大学研究生）的影响，对科学研究产生浓厚兴趣。16岁时她也进入瓦萨大学学习，兴趣爱好广泛，曾学过人类学、地理学和经济学，所以学校竟不能确定其学位类别，最终她同意学校授予她历史学学士学位。此时她才19岁，是同学中年龄最小的。这种跨学科研究背景为她后来的理论创建打下良好基础。本科毕业后，森普尔回到家乡一所中学教地理。其间她深入探索文化地理，写出了非常有影响力的论文——"肯塔基山区的盎格鲁-撒克逊人"，初步形成了环境决定论的思想。后来她又回到大学学习，于1891年获瓦萨大学社会学硕士学位。此时，她听说著名地理学家拉采尔在德国讲授新的世界地理的消息，遂毅然赴德留学。1891—1895年，她在德国莱比锡大学师从拉采尔，继承并发扬了这种环境决定论的理论。当时，她是500名学生中唯一的女性，也是第一个开设经济学与地理学讲座的女性。令人遗憾的是，因为她是女性，她的突出成绩竟没有帮她获得该校的博士学位（从中也可见女权主义地理学的重要和必要）。

由德国回到瓦萨后，由于与后来成为日本皇太子妃的山川（Stematz Yamakawa）的友谊，她接触到日本的历史和文化，并成为第一个研究日本农业和社会的西方人。1906年，她进入芝加哥大学地理系任教；1921年到克拉克大学，1931年因病到佛罗里达疗养，1932年逝世于西棕榈滩。她对学术非常执着和认真，甚至1929年患心脏病期间（其后她一直受此病影响），仍然在病床上坚持工作，精神可嘉。她的第一部著作是《美国的历史及其地理条件》（1903年第一版，1933年修订版），被普遍应用于中学和高校，直至20世纪50年代仍然是美国地理学与历史学的典范之作。此外，她的主要论著还有《地理环境对日本农业的影响》《地中海地区地理及其与历史的关系》等。

森普尔还是一位很有人格魅力和教学才能的教师。在大学期间，她培养了大批美国地理学家，"好几代美国地理学家都在她的教导下成长起来"。除了突出的教学科研成就外，森普尔还具有卓越的社会活动和组织才能。她是美国地理学家协会的创建者之一，并于 1921 年被选为该协会首任女主席。1914 年,她因在"文化地理学中的突出成就和贡献",获得美国地理学会颁发的克拉姆奖(the Cullum Geographical Medal)①。

《地理环境的影响》(*Influence of Geographic Environment*)是森普尔思想和理论最具代表性的著作。在这部作品中,她分别论述了土地、地理位置、各种水域、地貌和气候等多种地理条件对人类社会和文明的影响。其中序言和第一章"地理要素在历史中的作用"是提纲挈领的部分,我们主要通过它介绍森普尔的观点。②

一、森普尔环境决定论的思想来源与方法

作为 20 世纪初期环境决定论的代表人物,森普尔致力于研究地理环境对人类的思想文化、经济发展与国家历史的影响,强调自然地理条件的决定性作用。在《地理环境的影响》一书的序言中,她介绍了这种环境决定论思想和理论的历史与方法。

森普尔环境决定论的思想主要来自拉采尔,在序言末尾,森普尔的致谢罕见地表白"本书仅感谢一个人,那就是生前是我的老师和朋友,死后依然对我有激励作用的伟大导师(拉采尔)。"(第 viii 页)在人地关系研究上,拉采尔继承和发扬了法国哲学家孟德斯鸠(Baron de Montesquieu)、德国地理学家洪堡(Alexander von Humboldt)和李特尔(Carl Ritter)等人关于人与环境的思想和学说,"将人种地理学建立在严格的科学基础之上"(第 i 页)。虽然森普尔称颂拉采尔的宽广视角和宏伟建构,但是也指出他的人种地理学并没有形成一个完整的体系,其丰富精彩的思想见识有待进一步细证(第 vi 页)。基于此,森普尔在接受拉采尔综合构建人文地理学的视角和方法的同时,拒斥了拉采尔从赫伯特·斯宾塞③那里借用的"国家有机体"概念。

森普尔所采用的方法可概括为综合比较法。正如她自己所述,是在"比较相似的地理条件下,在所有的文化发展阶段所有种族的典型人种。如果这些不同种族的民族,在相似环境中有相似的社会、经济和历史发展过程,那就有理由断定这种相似性应归因于环境而不是种族。通过广泛比较,在研究大的社会阶层和历史现象时,就可排除先前很难确定的种族这一因素的作用力量。"(第 vii 页)

---

① 作者简介及背景介绍主要参考了瓦萨百科全书的教育网站对森普尔的介绍和评价,详见 http://vcencyclopedia.vassar.edu/index.php/Ellen_Churchill_Semple;同时参考了杰弗里·马丁:《所有可能的世界:地理学思想史》(第 4 版),成一农、王雪梅译,上海:上海人民出版社,2008 年,第 441-445 页。
② 主要内容引自 Semple, E. C. *Influences of Geographic Environment*. New York: Henry Holt, 1911: i-viii, 1-32;内引该著,只注页码。
③ Herbert Spencer,英国哲学家,被称为"社会达尔文主义之父",把达尔文的自然进化理论和适者生存学说应用于社会学、教育学等。

二、人类是地表的产物

森普尔环境决定论的核心思想就是"人类是地表的产物"。在第一章的一开始,她就用优美的文笔写道:

"人类是地表的产物。这不仅意味着他是地球的孩子,是地球尘埃中的一粒,而且意味着地球像母亲那样孕育他、哺育他,为他设定任务,又指引他思想,劳其筋骨,锐其心智,虽使他在航海与灌溉时遇到麻烦,却悄声地提示解决方法。她已经融入他的骨血和魂灵。面对高山,她给予他健实的双腿去攀登陡坡;走近海边,她引导人们摆脱虚弱和疲惫,赐他宽广的心胸和灵活的双手去掌舵划桨。她赐予人们河谷地带肥沃的土地,以农业维系和限制人们的思想和雄心,并通过平静乏味的世事轮回,切实的职责使其专务本业。在狂风肆虐的高原,在一望无垠的牧场,在广阔干旱的沙漠,人们成群地从一块草原迁徙到另一块,从一个绿洲辗转到另一个,这使他知道生活艰辛从而逃遁苦难的折磨;而观察放牧则给他沉思的闲暇,赋予他宽广的视野,他的思想于是博大而纯一,宗教成为一神教,神也只有一个,不像沙漠中的沙粒或草原中的草丛,他一直如是,没有变化。人们持定这种简单的信念,就像动物反刍那样,仿佛头脑中只有一种可以咀嚼的食物。他的信念开始变得狂热,由无休无止的迁徙而产生了大的空间概念,超出了哺育他的土地,在广阔的帝国征服中,土地也成为了合法的胜利果实。"[①](第1-2页)

森普尔认为,人类的所有都是地球所赐,但是他们局限于聚居生活的一隅之地,而对更广义的问题缺乏更多的科学研究,实际上人类和他们所处环境的关系密切且复杂,就如同有高度组织的植物和动物一般。因此,这种复合体就是合理且必要的研究对象。专业化时代下,人们接受的关于人类学、社会学和历史学知识都零碎而片面,受到种族、文化发展、时代、国家和多种地理环境因素的影响。因此,所有科学,包括致力于解释事件发生原因的历史学都无法对人类所遇到的问题给予圆满的解释,其原因就在于地理因素没有被全面地分析。最终,"人类为征服自然的方式而争吵不休,自然却默默地对人类持续施加影响。在影响人类发展的因素中,地理因素常常被忽略了。"(第2页)

---

① 此段翻译参考了周尚意的译文,详见理查德·皮特:《现代地理学思想》,周尚意等译,北京:商务印书馆,2007年,第17页。

三、地理因素持续稳定地影响历史发展

地理因素强有力地、持续稳定地影响人类历史。历史上,每一个问题包含两个主要因素。其中,一类是变化着的遗传和环境以及人和地理条件,另一类是种族的内力和习惯的外力。地理因素非常重要,因为不管事件的意义和目的是什么,与那些多变的、进步的或退步的人文因素相比,自然基础相对持续不变(第2页)。

由于人很难克服距离的影响,所以地理距离对历史影响很大。森普尔举了若干例子,说明历史倾向于重复发生的部分原因在于这种稳定不变的地理因素。比如,古罗马时期,在英国的罗马执政官,由于距离本土遥远而执行独立的行动;而几个世纪后,在英国的罗马天主教仍然保持着对梵蒂冈的类似独立性,这都是由于英国与政治和宗教中心的罗马距离较远而造成。美洲的13个殖民地独立于英国的事件也与此类似。随着距离的增加,统治会被削弱,这在任何一个种族、国家和时代都存在着。

对应地,地理上临近对人类社会的政治经济也有很大的影响。比如,希腊人和希腊的历史,由于身处地中海地区,所以具有欧、亚、非三种地域文化的特色,也伴随着三种文化的冲突和融合。在希腊人所主导的从叙利亚到地中海的贸易中,显著地体现出了希腊文化中的亚洲来源;13世纪,受到地中海东部贸易的引诱,威尼斯和热那亚人将希腊一些岛屿和海角作为最靠近亚洲的贸易基地;在1396年,亚洲的土耳其帝国吞并了希腊,希腊经历了漫长的黑暗岁月,直到1832年独立。

如果地理位置不是一个影响历史进程的因素,那么自然的障碍,例如山脉或沙漠等的影响则是持续的。如高耸的喀尔巴阡山脉将向西迁移的斯拉夫人分成两部分,一部分到了德国北部和波兰的沿海平原,另一部分进入了多瑙河谷,进而到了亚得里亚海和阿尔卑斯山脚下,这一障碍同样也阻止了鞑靼人的游牧部落西进。阿尔卑斯山脉大大延缓了罗马人向中欧扩张,同样也延缓和阻碍了北欧野蛮人向南入侵。现在,虽然通畅的铁路和公路穿越山地,交通更容易了,但阿尔卑斯山仍然会通过增加发动机燃烧煤炭的数量和更高的货物运费率来征收通过者的费用。所以,"以前山脉阻碍了胆小者和体弱者,现在山脉阻碍了穷人——那些有大量的货物却没有足够运费的人。"(第4页)

有地理障碍,也有容易通行的通道,这为那些迁徙的人指明了方向,而边界也就成为了历史上重要的地区。沿着天然形成的道路,就开始了周而复始的历史。比如,西拿基力(Sennacherib)(圣经中的亚述王,公元前705年到公元前685年在位)到拿破仑时代,巴勒斯坦沿海的道路就被确立为商业和战争的通道。从野蛮的阿提拉(Attila)

(入侵罗马帝国的匈奴王，生于公元406年，死于公元453年）到土耳其人在1683年对维也纳的围攻，多瑙河谷也成为了许多野蛮入侵者进入中欧的通道。由于河流本身就是天然的通道，因此各领国都想靠近它，使之成为保卫国家的边界。有些天然形成的陆路通道被建成公路和铁路。自然条件决定了人类常用以迁移的航道，也决定了航道的方向、水流的速度和总量。每一次新的洪水，水流总会倾向回到原来的岸边，只有当原来的水道被堵塞或被抢占他用了，水流才会另寻它途。

地理环境通过持续的影响力获得了独特的意义。它的影响不是限制在一个特殊的历史事件或时期中，除了在短暂的时期内有强有力的反作用力存在之外，它在各个历史进程中发生潜在作用。地理环境是持续影响各个民族命运的主要因素。比如，英国、日本、新西兰等岛国的经济、种族、历史发展有一些共同特征；横贯旧大陆的荒漠和干草原也是一个少有的历史发展一致性的广大地带。远古时期，那里是游牧部落的居地，他们曾征服欧洲和非洲；而无论经历了多少年代和统治者，该地仍然是游牧民族的地盘。干旱的草原环境产生了与历史时期相同的生活和社会组织方式。当夏季炎热干旱，草场退化，水源干涸而使他们的生存环境恶化时，游牧民族就会组织军队向周围的农业地区寻找更好的水源地。历史就这样周而复始。

气候也是持久影响人类生活的一个因素。干旱地区只有通过灌溉才能形成农业和定居的生活。埃及在法老时代的经济繁荣完全依赖于尼罗河水源的分配。到极地地带的探险者只有通过效仿爱斯基摩人的生活，采用他们的着装、饮食、居住和旅行的方式，才能生存。严寒也阻碍了一些土著居民和俄罗斯西伯利亚地区的发展，这些地区常年均温在零摄氏度以下。加拿大一些地区与此类似，即使在殖民者闯入以后，土著居民仍然不愿改变他们原始的狩猎，同时还促使了他们的皮毛贸易更加现代化。

森普尔指出，"历史研究中比较的方法用得越多——不仅是不同国家的比较，而且还有同一个国家不同时代的比较——就越会发现人们生活的土地对历史发展的影响越明显、越长久。"（第10页）地理学对历史事件发生的自然条件进行科学研究得到了确证。康德认为历史存在于地理的基础上，两者不可分离。历史被认为是观察不同历史时期人类事件的研究，人文地理学的研究针对的是地域空间的不同区域。所有的历史事件都发生在地球表面上，因此，也或多或少地被地理环境塑造。地理学要达到更为精确的研究，必须要对在不同历史时期、不同文化发展背景下的因素进行对比。因此，历史被理解，很大程度上是通过一系列体现在事件发生背后的地理因素。马萨诸塞州失去争夺领土的热情，其背后是新英格兰地区花岗岩质地的土地不值得那样去做；南方人为维护奴隶制而长期斗争，其背后是弗吉尼亚富裕的庄园和密西西比河岸边肥沃的土壤。哲学家赫尔德（Herder）有句名言："地理推动着历史。"现今的地理环境就是明天的历史记录中的重要因素。历史与地理是自然的一体，不能强行使之分离。所有的历史问题都应该从地理的角度去研究，同样所有的地理问题都应当有历史观。每一幅地图都有它的日期，美国从1790年到1890年的人口统计地图集既体现了历史也体现着地理。法国和俄罗斯帝国的地图都有很长的历史视角。换句话说，没有种族和政治边界的变化，没有交通体系的修订，没有国境线和殖民地体系，没有领土扩张的流程，地图是无法被理解的。

四、地理因素的演化与相互作用

森普尔认为，在用科学的方法将自然环境当作历史发展一个因素的研究出现以前，这种方法由于夸张和毫无根据的阐述而变得声名狼藉。即使在今天，以人文地理学的名义所提出的原则也被认为是肤浅和不准确的。原因在于时空数据有限，证据不可靠，甚至研究者也片面地强调一种自然条件而忽视其余。因此，应当对各种因素进行综合分析（第11页）。"在复杂的影响因素中，一些因素在一处起作用，另一些因素在另外一处起作用；一些因素会逐渐失去影响力，就如同服用了很长时间的药，逐渐失去了药性，穿了很长时间的衣服不再合身了一样。而由于文明世界的扩展，随着人类发展和创造的进步，另外一些新的地理因素的力量可能会加强。"（第12页）因此，演化的观点对分析地理因素的历史作用有重要意义。如果没有演进的观点和立场，复杂的地理因素就不能被分析，其作用也不能被评价。对地理学一知半解的人虽然能构建或发现某个原理，却忽视了一个重要的事实：地理学与人类的关系（人类包括社会和政治组织）都受制于发展的规律。

地理关系的动态变化可能使有利于一种发展状态的自然环境对另外一个发展阶段并不有利，反之亦然。例如，埃及、腓尼基（叙利亚沿岸的古国）等国都鼓励生育，并且形成了早熟的文化，但后来，这些都成为了发展的阻碍。使发展受阻的人也是曾被奉为楷模的人。俄罗斯巨大的国土面积曾使其难以管理，但是当国家发展到更高的状态时，它的优势就显现出来。当莫斯科公国受到西欧诸国的启发，它在知识水平、经济、政治上逐渐成长，它的面积成为了一个巨大的国家财富，许多以前不利的地理条件消失了，而它巨大的面积也使一些欧洲邻国以前的优点相形见绌（第12页）。

地理关系的演变不仅影响当地的环境，而且还有更广世界中的人们之间的关系。比如，大航海时代的发现将欧洲各国的关系从内海转移到了大西洋边缘，威尼斯和热那亚让位于加的斯（西班牙西南部的一座滨海城市）和拉各斯（尼日利亚旧都和最大港市）。当大西洋成为了主要航线时，在12—17世纪给予德国北部吕贝克和汉萨等城市财富和历史辉煌的波罗的海贸易也失去了相对的重要性，航海港口的领袖地位也向西移到阿姆斯特丹（荷兰首都和港口）和布里斯托尔（英国港城）。在此之前，英国位于欧洲文明的边缘地带，是欧洲大陆的终端，而不是中心；当航海发现了新的横跨大洋的航路的时候，当英国集聚了用以进行殖民冒险的丰富人力后，阻碍它早期发展的边缘位置成为了力量的源泉。因此，当整合特定的地理因素时，必须要相应地理解经济、文化和世界各地人们之间关系出现的重大转折和调整，并理解它们新的相互作用（第13页）。

怀疑地理条件对人类发展有影响的人也有其合理性，原因在于潜在原因的多样性，在区分主要影响因素和次要因素，持续效应和短期效应上也存在困难。我们看到结果，但是要构造产生这种结果的方程式却比较困难。要点在于避免抓住了一种显而易见的地理因素，而忽略了其他的倾向。地理环境包括所有的自然条件，而不仅仅是一部分。地理学获得的不仅是空洞的理论。俄罗斯民族历史发展的缓慢是由于许多地理因素：过于寒冷，缺乏雨水，欧洲与亚洲的交界地带容易遭受游牧民族的攻击，最主要的是后来才获得的冰封的海岸、单一的地表、缺乏可孕育原始文明的相对孤立的地区，广大的不易防守的平原也使国家力量容易向外扩张，同时也损害了自身。尽管波罗的海和黑海有良好的海岸，乌克兰有肥沃的土壤，西部边界挨着精明的德国人也有助于发展，但缓慢移动的身躯总是显得负担过重（第14页）。

在地理学中，各因素力量转化的规律就如同天体运动的规律一般，不承认这一点会陷入对人文地理学进行肤浅的批评和激烈的争吵之中。对因素之间的相互作用需要综合分析。以沿海国家陆地和海洋的关系为例，一些领土狭小、土地贫瘠的国家总是会用令人激动的海洋去鼓励他们的国民向海外探索，而一些土壤肥沃的大国，能够使他们的国民自给自足，因此也对海洋的呼唤保持沉默。在古代的腓尼基和希腊，在挪威、法国、新英格兰，在未开化的智利等国，都有长而且破碎的海岸线、众多的港湾、散落在海洋中的岛屿以及大量用于建造船只的木材，具有难以通过陆地交流的特点，所有的这些都促使居民进行远洋生活。海洋和陆地的共同作用塑造了这里居民的生活。英国的情况与此相似，从16世纪，英国的航海就起到了支配性作用，这并不完全是由于它拥有漫长而交错的海岸以及处于欧洲和美洲贸易中排他性的有利区位，更在于它有限的土地、仅仅适合牧草生长的白垩土，以及其他自然禀赋的缺乏，使英国无法承受日益增加的人口，因此，英国转向了海洋，去发展渔业、贸易和殖民。荷兰有着海岸的优势，也有被水浸透的贫瘠狭小的牧草地构成的国土，它位于波罗的海和北海国家的中心地位，适合进入法国和葡萄牙，同时地处德国大的河流的入海口，这使荷兰吸收了来自北欧的贸易。这也体现了陆地和海洋的协作。

海洋和陆地的作用方向也是相反的。如果一个国家的地理条件有利于农业的发展，提供了人口增长的必要空间，陆地的作用就更为盛行，因为毕竟人类本质上是陆地的生命。与英国相似，法国也有着漫长的海岸线、众多的港口以及发展航海和殖民扩张的优势，但法国有更广阔的领土，同时更为肥沃的土壤推迟了人口过量现象的出现，而这种情况在英国的亨利八世时期就已经存在了。从12世纪到18世纪的一系列领土扩张以及政治上的统一，都使法国的国土有效地支持了法国人的生存，并在个别的地区开始面向海洋进行发展。但是航海没有像英国和荷兰那样受到政府的鼓励，因此，法国取得的航海贸易和殖民地较少。类似地，弗吉尼亚和马里兰半岛向海洋敞开大门，但却无力促使居民远离有利于生产的平原。在这里，陆地的影响远远超过了海洋，成为了决定人们生活的主导因素（第16页）。

两种对抗性的地理因素可能同在陆地，一个来自于国家的地形，一个来自于它的区位。比如瑞士的历史几个世纪以来都显示出两种政治力量的冲突，一种是来自州县和村社的独立的力量，他们从山区县扩展到其他孤立的地区；另外一种力量则来自政治中心，它受到处于更强大的邻国之中所必要的面对危机的合作力的支配。瑞士境内的地理条件结合地方自治的国家理念共同形成了国家的政体，尽量使地方的权利最大化，同时使中央政府的干涉最小化。瑞士有自然条件的相互分割和政治上的相互排斥，但面对法国、德国、奥地利和意大利邻国的威胁，瑞士各地虽不情愿却也必须联合以应对侵略。因此，从1798年起，瑞士政体的成长就伴随着联邦与各州拥有自治权，同时中央政府的功能扩展。

每个国家都会形成一个独立的整体，它的历史受到当地的气候、土壤、地形的起伏、岛屿或沿海的区位、水路干线、山脉、海洋或沙漠的边界的影响。但每个国家也会受到遥远的地方的影响。2000年前，西亚气候的逐渐干燥使大量的居民向外迁徙，导致了罗马的灭亡，这也是撒克逊人征服英国的一个因素。南美的历史和苏伊士运河紧密相关，它成为了葡萄牙人、荷兰人和英国人从地中海去东方的障碍，每一次历史上的危机都和苏伊士运河这个印度航线的必经之途密切相关。

历史上的地理因素现在看起来就像显著的直接环境效应。孟德斯鸠曾将印度和其他东方国家的宗教、行为、习俗和法律的不变性归结为它们的暖气候。一些已对气候全能产生怀疑和对其预测采取谨慎心理效应（这一效应容易感知却难以证明）的地理学家，更间接地触及了这个问题，并得到了一个不同的结论：正是地理条件使得印度被隔绝。在陆地上，高大的山脉限制了它与其他地方的交流；在海洋上，印度河和恒河形成了三角形沼泽和一个没有缺口的海岸线，背后是位于半岛以西的山脉和以东的海边湿地及潟湖，它们共同降低了海上的可达性。这种隔绝的效应造成了迷信和早期思想与习俗的保守，以及对待理性思维过程的不科学态度。这种态度给予想象以自由发挥的空间。与此相反，希腊的可达性和其在古世界的中心位置使其成为东地中海地区智慧的宝库。在那里收集的总体信息为广泛地比较提供了材料。它提供了雅典哲学家智慧的养料和训练有素的想象力，而这造就了希腊艺术和文学的传世之作。因此，在近似的地理条件下，不同种族之间显示出了相同的反差。在法国，某些社会现象如自杀、离婚、出生率下降、政治上的激进主义在地理分布上都显示出了惊人的一致性，而且这些都不能归于自然条件所产生的促进或抑制效应。

山区不利于天才的诞生，因为这些地区都被隔离、限定，距离人类文明和思想的洪流很遥远，这些人类文明和思想的洪流都沿着河谷移动。山区有着丰富的劳力和很少的闲暇，有着贫困的今天和令人焦虑的明天，有着得到充分锻炼的双手和很少被开发的大脑。富饶的冲积平原充满着财富、闲暇，还有商品和思想在那里交流的大型城市。这两种大相径庭的环境产生了直接的经济和社会结果，这反过来又成为了次生智慧和艺术效应的原因。比如，移民到北美、南非、澳大利亚和新西兰的英国人在生理和精神成分上所经历的巨大变化是若干地理因素通过经济和社会媒介作用的结果，但是达尔文和其他一些人将之归因于气候的效应。新的家园所呈现的竞争氛围促使殖民者有普遍的活力和主动性，这种冒险精神可以出现在每一种环境下：不管炎热还是寒冷、干燥还是湿润，在海平线上居住还是在高海拔地区居住。因而气候理论上的空白不能解释这样的例子。

在遥远的国度，殖民者必定很少，而且他们也不会乐意被强制离开家乡。由于彼此间存在着社会和文化的鸿沟，随着白种人的发展，当地人逐步被驱逐，使得这一殖民种族保持着纯正的血统而未与本土的原住民产生融合。岛国人民的同一性表明：在被隔离的条件下，遗传来自于整个民族，因而个人的变化终究也会被传递，而且在这种方式下，由于人工选择所导致的进化随变化了的环境广泛散布。由于殖民者可以处置大片土地，使得一个发展了的民族得以迅速建立，而且所带来的生活条件的提高鼓励了人口的迅速增长。维持生存的压力的减轻，个人和家庭更大的独立性，从繁冗的事务中的解放，一种几乎没有限制的扩张机会和由进取意识所产生的充满希望的心理，以及对得到大量劳动力的期望，还有对形成民族品性的期待，所有这些加起来使这一社会恢复了生机（第21页）。新的条件产生了新的问题，这些问题需要及时和创造性地给予解答，且需要基于个人的机敏和丰富的思想来解答这些问题，并且最终摒弃他原有的习俗所产生的障碍效应。由此产生了进取精神、动机、适应性和对新思想的接收能力这些年轻人的使人兴奋的品质。这些影响不是由一种刺激性或易变的气候所引起，而是由一个广袤、富饶、尚未被开发的国家所提供的丰富的机会所引起。这些年轻人的品格既是英格兰或撒克逊裔的美国人的品格，也是英裔非洲人的品格。在孤立所带来的安全感的保卫下，在新的自然条件下所产生的变化使得殖民地发生了改变，变化了的环境产生了直接效应。但是移民的新的经济和社会活动变成了一系列间接地理因素的载体，这些地理因素主要由民族性格的差异而产生。

在地理学研究中，人们往往会忽视遥远的、不甚明显的地理因素与它们的显著效应间的联系。环境主要是通过人们的经济和社会活动来影响人们的精神生活。塑造经济和政治发展的自然条件又通过经济和政治从根本上影响社会风俗、教育、文化和民族性格。比如埃及天文学、数学和水力学的发展起因就是适应阿比西尼亚山脉的季风和大雨的侵袭，同时阻止尼罗河洪水淹没绿洲。

在所有政府允许个人自由发表意见的民主的或具有代表性的政体中，历史均证明了政党的分化通常服从地理界限的分割。比如，美国内战分界线产生于南北之间而非东西之间。南部阿巴拉契亚山脉的人们支持统一，他们就像插入南部心脏的一个楔子，弗吉尼亚西部山区的人们与旧弗吉尼亚的观点就不同，因为奴隶主在高原农场赚不到钱，而在沿海低地广袤的肥沃耕地上能赚到许多钱。当土壤和地形使得公共机构变得有利可图时，这一问题的道德标准就变得模糊了。在这种情况下，地理条件通过直接经济效益产生了更多重要的政治和道德结果。

五、时间要素及其影响

由于环境的作用所导致的人类发展的改变是一个自然的过程，就像所有的自然过程一样，它包含了长期以来难以察觉的、由持久的作用所积累的效果。在考虑地理的影响时，对时间要素的忽视同样说明了许多夸大的说法和对它们力量的否定（第24页）。

进化论启发我们从较长时期思考。演化的事实强调了一旦引起这种变化的起因长时期停止作用，这种改变就具有永久性。栖息地留给人类的绝不是短暂的印象，它在较低的发展阶段以一种方式影响人类，到了后来或是一个较高的阶段就会以另一种方式来影响，因为人类自己和他与环境的关系已经发生改变了。但是早期的适应痕迹在他以后的生活中保留下来了。因此，人和环境的关系必须通过历史发展的观点来看待。

在一个接纳了外来人口的地区，或是由于迁移改变了人们居住地的区位，时间因素的重要性变得更加明显。新的联系、新的改变叠加在旧的改变之上。人地关系研究必须解决这类问题。人类一直是这样地不安分，以至于历史和人类学的证据总是存在冲突。在人类从原始社会向文明社会的漫长发展过程中，我们假设一个族群一直是从属于一种环境的，如果我们认为在特定的时期内，一个人是其居住地区的产物，则我们很可能忽略了他的祖先占据的许多以前不同的地区，从那些遥远的祖先的栖息地继承下的才能和传统风俗也给当前的族群留下了痕迹（第25页）。

在一个特定的地区，一个族群和部落会形成自己的特征，然后当迁移时，旧的风俗、社会团体和经济方法的所有累积都将一起迁移。在此过程中，一些被抛弃了，另一些由于其功用、情感或仅仅出于习惯而得到保留。比如在犹太人定居巴勒斯坦后几个世纪，他们在美索不达米亚草原放牧生活的痕迹依然可以在他们的社会和政治机构、礼节和文化中觉察到。欧洲的土耳其人经过六个世纪在巴尔干半岛最好的农田上的平静生活后，他们在亚洲干草原上的游牧生活的遗风仍然得到了保留，其中之一体现在他们对肉的选择上，主要吃绵羊和山羊，很少吃牛肉，猪肉则一点儿不吃。前两种动物喜欢贫瘠的草原，可以在草原上自由奔驰，结果它们极好地适应了贫瘠土地上的游牧生活；而后两种则很少，而且另一方面，后两种是农业生活的正常的伴随物。罗马的政治制度也和诞生伟大的罗马帝国的小小的自然疆域条件有着密切的联系。即使经过了2000多年，我们仍然能看到从这个狭窄的起源地扩散到远比起源地大得多的整个欧洲的政治印象（第26页）。

"思想是一种轻松的伴随物，它和移民一起在漫长又崎岖不平的道路上旅行；它们像长翅膀的种子一样随风飘荡，并且在似乎绝不可能生长的地区扎根；几乎没有任何思想能如此清楚地像宗教一样地带有它们的诞生地的地理标记，而且没有一种能扩散得更广泛。"（第27页）如果说神圣的犹太教和基督教的文化对西方人的思想影响还不够强大的话，这主要是因为它是以草原游牧民的象征主义的方式写就的。它的言语符号反映了草原和沙漠地区的生活，对这些符号而言，西方很少有或即使有也是些模糊的相应的思想。对于生活在寒冷贫瘠的戈壁边缘的蒙古喇嘛来说，荷花和佛教庄严的特征有什么真正的意义上的关联呢？然而，即使它们不能在不合适的土壤上开花，这些异国情调的思想也延续下来了，虽然根据现在的环境来解释它们是不可能的。

任何一个既定时期内，或者也由于其他的原因，一个民族可能对它的环境只能给出一种片面的反映。这可能是因为对于新居住地来说，他们到来的时间太短而尚没有感受到它的影响；或者因为即使是在长期定居之后，一种无法抵抗的地理因素突然地压倒了所有的其他因素。在这样的情况下，突然获得的地理优势可能会创立历史发展的一种新趋势。这种发展更多是来自激励性的地理条件而不是来自然能力或人们本身的天赋。这样的发展尽管经常是辉煌的，但也可能是短命的，以突然的不幸而结束，因为这不是通过一种深层的鼓舞所有人生气的推动力来维持的。当最初的热情消失之后，或是当外部的竞争加剧或物质报酬下降时，它们就停止了。森普尔以西班牙、俄罗斯等国的例子对此进行了解释。

一个民族的历史和文化体现了原来的栖息地和最后的地理环境的影响，而且这个环境不仅仅包含当地的地理条件，也包含着超出国界的影响（第29页）。没有一个国家，没有大陆或者海洋、山脉、河流把它仅限定于它所实施或是它所受到的影响的范围之内。奥地利的历史不能仅从奥地利的范围来理解。奥地利是地中海腹地的一部分，它在历史上一直和罗马、意大利连在一起，它是罗纳河谷上游的一部分，因此和巴伐利亚、德国的历史有很大的关系。而罗纳河下游又把它与黑海、希腊、俄罗斯大草原和亚洲联系在一起。

六、地球是一个整体

最后，森普尔总结她的观点和论证，提出了地球和人类都是一个整体的观点：

"地球是一个不可分割的整体。每个国家或海洋从物理和历史上都仅仅是作为整体的一部分来理解的。……正如地球是一个整体一样，人类也是一个整体。经过漫长的史前时期，种族联合已经达到了互相交流的层次。如果世界史不能包含地球上所有的国家和人民——不论其文明还是野蛮，那么它就不配"世界"这个名称。为了弥补正式文献的缺陷，必须借助于人类文化学和地理学，通过追寻最初人们的地理分布和活动轨迹来重新发现历史最重要的特征。"（第30页）

继而，她展望了人地关系研究："人地关系问题从来不简单。我们必须以演化和历史的长期视角来看待它们。需要考虑不同的地理因素在不同时期的主导作用，并且尽可能像地球本身的广延一样考察地理影响的范围。研究者应进行细致的分析，还应有开放的思想。"（第31页）

《地理环境的影响》一书，是地理学思想史上的经典著作，是环境决定论思想的集大成之作和代表作。环境决定论引起了地理学界和文化学、社会学界的普遍关注，产生了重要的社会和政治影响。虽然纳粹和种族主义者曾将其理论作为种族歧视和隔离的依据，但这是对森普尔本身思想和理论的严重歪曲。森普尔将地球和人类看作一个统一体进行综合分析，这种出发点和归结点是地理学至今坚持的特色和方向。更值得注意的是，森普尔建构理论所采用的综合比较的研究方法，无疑适应了地理学是一门综合性学科的基本特征。这种比较研究需要综合分析多学科的知识，结合她的跨学科研究的经历和寻找一个普遍结论的目的，森普尔强调破除学科限制，并将之比喻为"束紧成长中的儿童的衣服是不明智之举"（第vii页）。这些都是我们在理论创建和方法革新中应当予以吸取和借鉴的。

（叶　超）

巴罗斯

作为人类生态学的地理学（1923 年）

哈伦·巴罗斯（Harlan Barrows，1877—1960），美国地理学家。本科毕业于密歇根州师范学院，其后在该州大拉皮兹市的弗瑞斯研究所教历史和地理，著名地理学家以赛亚·鲍曼曾是他的学生。1903 年他获芝加哥大学地质学硕士学位，然后留校任教，1914 年成为教授。1919—1942 年，巴罗斯任芝加哥大学地理系主任。

巴罗斯是一位学识渊博的地理学家，在人文和自然领域都有建树。人文方面，他非常重视历史和区域地理研究，并将生态学引入地理学，坚持人地关系的研究传统；他还对美国的历史地理有独到的研究。自然方面，他是土地、水资源以及河流问题专家，曾为政府部门作过土地以及资源的调查，参加过国家资源局各委员会（如田纳西河谷工程委员会、水土保持委员会、土地与自然计划委员会等）的工作，主张多目标开发河流。据称在芝加哥大学期间，他曾开过 25 门课程，还与人编有《远方土地之旅》（1924）等颇受欢迎的教材，可见其兴趣与视野的广泛。巴罗斯还很有组织管理才能，他执掌芝加哥大学地理系后，大力培养和延揽人才，使系内汇聚不少著名地理学家，如惠特尔西（Derwent Whittlesey）、森普尔等，使该系成为美国非常活跃的地理学研究机构。

在地理学思想史上，巴罗斯以倡导"人类生态学"的地理研究而知名。在反对环境决定论的基础上，他重提人类对于自然环境的适应观点，认为地理学的目的不在于探索环境的性质与存在，而在于探索人类对环境的反应，人类是中心论题，其他一切现象只是在涉及人类对其适应情况时才需加以说明。他还主张地理学应研究空间关系，是社会科学的一个部门。

"作为人类生态学的地理学"[①]一文就是巴罗斯主要观点的集中体现。这篇文章最初是作为 1922 年美国地理学家协会的主席演说辞。协会的主席致辞历来受地理学家们的重视，因为它反映了地理学家们对地理学发展的重大问题的认识与代表性倾向。该篇

---

① Barrows, H. H. Geography as Human Ecology. *Annals of the American Association of Geographers*, 1923, 13: 1-14; 内引此文, 只注页码。

论文因为综合考察了地理学学科的内外联系，并提出了一个概念框架，因而引用率颇高。它的结构大体上可分为三部分：首先是对地理学与"人类生态学"之间关系的阐发，其次是阐述地理学与其他学科的关系，最后对系统地理学和区域地理学发展要点进行评述。

一、人类生态学是地理学的特征和标志

地理学是一门既古老又年轻的学科。古老，是因为人类对地球和地方的认识伴随着它们的出现，甚至在人类未出现之前，就已经有地理事实和现象；而年轻，则在于从近代地理学产生到现在，也不过两个世纪。近代地理学的奠基者洪堡和李特尔研究的对象准确地讲应该是"地球学"。洪堡将天文、植物与地理等放在一起综合研究，李特尔虽然专注于对地球表面的研究，但是他创造"地球学"一词，表明思想中还是包含对整体地球特征及运行的考虑。而在洪堡和李特尔之前，人们对地理学的一般认识也是将它等同于地球学。近代以来，由于科学技术飞速发展，专业化特征和趋势必然要求这种综合的、包罗万象的"地球学"产生分化和转化，地理学的含义和范围也随之而变化。

1. 地理学是科学之母

从地理学涵义演变的历史来看，地理学有广义与狭义之分。在广义上，巴罗斯提出"地理学是科学之母"（第1页）。随着时间的推移，天文学、植物学、动物学、地质学、气象学、考古学和人类学等都从地理学中分离出来。这些子学科形成自己完整的科学研究体系之后，就不被当作子学科看待。但是，"每一门子学科都是在继承部分母学科的基础上，对这部分进行更加详尽的研究，由此变成了这方面的专家；作为母学科，虽然放弃了很多原有的领域，并且失去了很多原有的功能，但仍然保持了它的多样性。"（第1页）从狭义上讲，若从1874年德国大学初设地理系算起，地理学形成真正意义上的专业讲授和研究队伍至今也才只有100多年的历史，至巴罗斯发表此文则不足50年，从欧洲的普遍研究到传至美国时间则更为短暂。所以，地理学作为一门学科在美国大学设立时，还是一门年轻的学科。

从地理学的历史来看，巴罗斯敏锐地看到，"学科的分化使地理学不断地接受新任务并把它作为研究的中心，这些任务增加了地理学的复杂性，并扩充了它的研究领域；因此，地理学的范围在过去不断变化，未来这种趋势也将一直持续下去。地理学的这种'活跃性'将持续数年。"（第2页）这也引发人们对地理学的研究内容、核心和范围的不断怀疑和意见的分歧。但是巴罗斯认为这些问题是将来考虑的，而不是现在。他认为与其他学科相比，尤其是在两门学科的交叉地带，地理学概念一样也有模糊和不确定的地方，但是地理学还是有其区别于其他学科的特征。

2. 人类生态学是地理学独有的领域

巴罗斯认为，人类生态学是地理学区别于其他学科的特有的研究领域。这种人类生态学思想和概念并非巴罗斯所首创，其概念系经济地理学家古德（Paul Goode）在1907年提出，而其思想无疑受欧洲地理学家比如洪堡的植物地理研究、维达尔（Paul Vidal Blache）学派人地关系研究的影响（第3页）。而巴罗斯所称的"现代科学的美国地理学"只有25年的发展历史，它是由达雷尔·戴维斯（Darrel Davis）、卡尔·吉尔伯特（Karl Gilbert）和其他地文学（或自然地理学）学者缔造的。地理学虽然是地质学的母体，但在当时美国地理界所取得的卓越成就中，地质学起了关键作用。所以在很多大学，地理学著作首先是提交给地质学系。而在几所重点院校，院系招牌也发生了变化，变成了"地质与地理学系"。自然地理学起初很少考虑人文因素，然而随着社会的发展，地理学的研究重心已经由"偏重自然"过渡到了"偏重人类"（第3页）。越来越多的地理学家开始研究人类和自然环境的关系，"自然环境"意即自然和生物环境的结合。

根据上述分析，巴罗斯认为地理学是研究人类生态学的科学，而且"人类生态学"将成为地理学发展的目标。他指出，"地理学将致力于自然环境与人类的分布和活动间关系的研究，并明确这种关系；地理学家将从人类适应自然开始着手，而不是从环境的影响开始研究。从人类适应自然的角度开始分析是认知和正确估价所有因素的结果，它可以把环境因素所造成的影响减少到最低。"（第3页）

地理学是相对固定的领域，而人类生态学不断变化，这个提法是否合适呢？针对这种质疑，巴罗斯认为，从地理学史来看，地理概念始终是动态变化的，并且受相近领域的影响。所以，"不论过去还是将来，地理学的范围取决于其追随者的建设性的工作和相近领域所取得的成果。"（第4页）

二、地理学与其他学科的关系

地理学的概念帮助我们从本质上认识人类生态学与其他学科重叠的、被大量讨论的问题。为了说明人类与某种特殊环境复杂性间的相互影响，地理学要应对各种各样的复杂因素。当然，地理学不需要解释这些环境特征的起源、特性和发生过程，也不需要解释它们之间的关系，只需了解人类对它们的反应就可以了。

就地理学与其相邻学科的关系来看，在很多情况下，作为人类生态学的地理学不会考虑某些特殊或一般地区的地貌的起源和发展，而是把人类对地貌的适应和改变作为自然环境的基本组成部分。比如，地文学是关于土地形式演化的抽象研究，被认为属于地质学，但是区域地文学是地理学的一部分。与此相同，作为人类生态学的地理学不会解释世界不同地区的气候特征与分布、自然环境中植物与动物的关系，而是把它们作为环境复杂性的一般性因素。地理学家需要吸收这些领域中的成果（第4页）。所以，关于环境特征的专业知识、起源、特性和发生过程的知识是地理工作成功的必要前提。

美国地理学家曾将重点放在自然与生物科学的联系上，这是美国主观历史遗留下的自然结果。后来，人们将焦点放在与社会科学的联系上，试图从地理角度研究这些领域是非常重要的，它们可能形成一些见解独到的、与人类生活息息相关的、清楚的、详尽的概念（第5页）。

经济学的特点在于分析社会的经济结构，形成指导个人和集体行动的法则和规律。因此，经济学家所要做的是解释人类相互间的关系和人类在利用自然资源过程中产生的问题，而地理学家所要解释的是人与自然间的关系（第5页）。

科学的历史观考虑历史发展的进程。巴罗斯认为，历史学考虑的是过去，地理学考虑的是现在。历史学调查的资料源于历史久远的残存记录，地理学调查从人类改造自然的活动中收集相关的资料；历史学家所作的研究是前人所看到的，地理学家所作的研究是我们现代人可以看到的；历史考虑的是"时间"关系，年历表是它的组织原则；地理考虑的是"位置"关系，生态学是它的组织原则。因此，历史学和地理学是从不同角度研究人类的问题，它们使用的方法不同，所反映的特性也不同。

社会学家发现很难为他们的学科划定一个领域，然而，社会学对知识体系的贡献是毋庸置疑的。社会学也会像历史学一样帮助解释社会发展的进程，但除此之外，它还涉及社会组织类型以及社会制度类别。为了揭示关联法则的运行和存在，它研究人与人、人与群体、群体与人及群体与群体之间的关系。它解释社会历史发展过程中的动力和方式，分析社会的发展及特性，并定义所涉及的阶段。社会学还为当代社会生活研究提供技术保障，通过这样的研究为社会服务提供更完善的发展准则。社会学虽然涉及社会与自然环境的关系，但这只是人类生态学的旁支，并不是系统研究。社会学处理大量的人类文化关系问题（即人类的社会环境），这一点是社会学和地理学的最大的区别（第6页）。

政治科学研究的是社会的政治结构，它通过法律和政府的行为来规范、限制并提高人类的活动能力。这种独特的研究人类的政治环境的目的，显然不同于地理学（第6-7

页)。

"任何科学都必须具有这些条件：独特的领域、以参照一般原则组织材料的方式形成一个可控制的观点。"（第7页）对地理学而言，人类生态学是一门被自然和社会科学家忽略的学科。因此，它的研究范围受到很大的限制，但它拥有一个对于"人（类）"的独特观点，通过人类适应自然环境的对比研究，形成正确、可靠的原则，所以它是一门科学。

三、系统地理学和区域地理学

1. 系统地理学的分类

作为人类生态学的地理学可分为三个部分，即经济地理学、政治地理学和社会地理学。巴罗斯对它们的界定如下（第7页）：

经济地理学要解释那些因为生计需要而适应生存环境的问题。它的子学科包括农业地理学、牧业地理学、采掘业地理学（比如采矿、渔业、伐木等）、商业地理学及制造业地理学。经济地理学无疑是这三个系统中发展得最好的一门学科，因为经济地理学家所关心的问题很多都和地球资源的利用有关，通过对这些问题的研究，可以弥补人文景观（又称文化景观，它是人类活动所造成的景观）的不足。

如果地理学被认为是人类生态学，那么政治地理学的产生就是理所应当的事情。政治地理学的主要目的是解释人类政治态度、政治活动及政治制度间的关系以及它们与自然环境的关系等问题。

社会地理学研究是人类社会生存与自然环境间的联系。从理论上讲，社会地理学肯定会在地理学中占有一席之地，但由于"生存"的很多方面都是难于琢磨的，要想用事实来证实它与自然环境的关系是件很难的事。因此，社会地理学只能作为一门潜在的学科而存在。

2. 区域地理学

巴罗斯认为，区域地理学的理论与实践涉及系统地理学的各个学科与分支，可以说是地理学中最有前途的一个分支。区域地理学研究人类与自然环境间的相互关系。任何环境因素（地形、土地、气候、植物等）都可以用实际分布的方法进行研究。不管是合成概念的介入，还是由于不同事物间关系研究的影响，在任何情况下，区域地理学的特性总是保持不变。这一观点的持有者认为，对无人类定居区域的研究仍然是地理学研究的本质。但巴罗斯认为，对无人定居区域的研究，可以反映出地理学的特性，但只有当这些存在的环境因素得到人类重视时，它才有意义（第 8 页）。只有用人类生态学概念进行解释时，区域研究法才具有地理学特点，因此，巴罗斯提出"地理学的核心是特定区域人类生态学的研究"，这个概念反映出区域地理学是一门独特的、有其完整的概念体系和有机会发展独特的法则的学科（第 9 页）。

区域经济地理学中有两个相关却不同的基本问题（第 9 页）：(1) 人类怎样和为什么使用土地和资源？(2) 人类开发区域的优缺点以及效果如何？第一个问题侧重对人类的经济行为对适应性的解释，第二个问题提出评价和解决办法，为有效调整提供了基础。对第一个问题的调查可以从人文景观开始（在此之前，没有一门科学对人文景观的发展进行系统研究）。

巴罗斯强调了这个研究过程中地图的重要性。他认为，要想严谨地解决问题需要做实际的调查工作，尤其是要准备绘制各种地图，如土地目前利用状况图、高利用率土地图、重要文化特征分布图等。人类的习性、产品与市场价格、运输工具、土地价格、劳动力的利用及价值、其他领域的竞争、法律和政策等，这些因素都会对自然适应产生影响。要解决这些地理学问题，需要从心理、经济、政治和其他因素等方面进行综合考虑。经济地理学中的细致的区域研究会为科学的发展铺平道路（第 10 页）。

3. 城市地理学

城市地理学是区域地理学中的一部分，它从人类生态学角度研究个体的城市。在城市地理学研究中有两个基本问题（第 10 页）：(1) 对城市景观的解释（它是人文景观的一个特殊种类）。研究时应当注意以下因素：城市的土地规划、街区分布、交通路线、制造业的分布特点、批发零售业和居民区的分布、公园及其他开阔地的位置等。城市中这些不同形式的划分与农村不同农作物的划分类似。(2) 从环境角度评价现有的活动以及城市的前景。在此过程中，需要综合考虑城市的区位和形势的优缺点、城市用地与周边用地的竞争关系（第 10 页）。

4. 历史地理学

巴罗斯通过他自己作为一个历史地理学家的现身说法，指出历史地理学实际上就是研究快速变化的人类对自然环境的适应性，因而实际上就是历史时期的人类生态学。历史地理学帮助我们认识过去地理因素和条件的重要性，以此来解释现在。"它为地理学的研究提供了另外的视角，使我们在人类进化中看到目前人类对环境的适应状况；让我们认识到人类的适应不是永恒的，唯一永恒的是变化。"（第 12 页）历史地理学主要处理过去的问题和现象的进化问题，因此具有历史显著性特征。它将重点放在人类与环境的关系上，因此它是彻头彻尾的人类生态学。它具有历史学和地理学双重特点。

在具体研究中，巴罗斯建议首先考虑人类与环境的关系，然后对它们进行分析、分类和解释；应当从研究现在的（人类与环境）关系开始，必要时返回历史，以便更好地解决当前的问题；在研究历史地理学时，应当从早期的人类适应开始，然后对以后各个阶段进行研究。

5. 无边界区域

除了这些有明确界限的分支学科之外，还有一些领域不能明确界定是属于地理学还是其他学科。巴罗斯认为，"既然人类活动是一个相互联系的有机体，所有的与生物群体有关的事实都或多或少与地理有关。这对日后地理学有序、科学地发展是个巨大的威胁……在没有与地球建立关系的情况下，把所有人类事实都诉诸地理学是件非常危险的事情……实际上，地理学与其说是人类事实，还不如说是人与环境关系的事实。地理学是一门'关系'科学。"（第12页）

最后，巴罗斯总结全文，得出以下六条结论（第13-14页）：

（1）地理学虽然失去了很多原有的研究方向，但仍然在追寻新方向，根据实际情况放弃地形学、气候学、植物生态学和动物生态学对地理学的发展是有益的。

（2）地理学需要一个适用整个学科的、激发兴趣的、组织严密的概念为它的子学科提供指导思想。虽受解释区域的促动，但对表面现象分布的原因解释未能满足上述条件。而人类生态学会激发兴趣并形成严密统一的概念。

（3）人类和地球间的关系最直接、最亲密，产生于人类的生存需要，其他的关系都建立在这个关系基础之上。因此，区域经济地理学应当得到进一步的提升与发展，而区域地理学的其他分支也应主要以经济地理学为基础。

（4）地理研究过于书斋化，而忽视了野外工作。田野是地理学家的实验室。对"地理学实地工作"的严谨、科学的方法的研究还处于初始阶段，迫切需要建立一种全面有效的田野工作技能。

（5）一些所谓的地理分析实际上不是地理学的，要想真实地阐述地理，应该从头至尾按照人地关系的顺序解释问题；在阐述中发展一种让人满意的方法，远不及完善田野方法重要。

（6）虽然仍有些乱，但美国地理学已取得显著的进步。通过进一步的研究和试验，终会取得成就。只要致力于人类生态学研究，地理学的前途将一片光明。

"作为人类生态学的地理学"一文，是地理学思想史上的一篇经典论文。它修正了环境决定论的概念，提出了作为"人类生态学"的地理学研究的核心思想与简略体系，集中反映了当时的地理学家对地理学研究主题以及与其他学科的关系等重大问题的态度，是思考地理学性质和发展方向的一种代表性倾向。这种以"人类生态学"为主题的地理学的核心思想着眼于人地关系和人对自然环境的适应性，在具体方法上则强调区域研究和实地考察。这种思想实际上来自于洪堡、李特尔以及拉采尔和维达尔学派的传统。所以，似乎可以说它是欧洲地理学派思想和传统在美国的翻版（几乎是原封不动的）。这毫不奇怪，对于缺乏地理学根基的美国地理学界，在开始时，基本上都是学习欧洲[①]，正如森普尔取法于拉采尔，哈特向（Hartshorne）取法于赫特纳（Hettner），巴罗斯则（可能）取法于维达尔。这种虚心、全面而择要地学习为美国地理学以后的崛起并取代欧洲而成为主流打下了良好的基础。当然，对于该文透露出的自然与人文分割的二元论倾向，哈特向早已指出[②]，也是我们应该注意的。

如果我们考虑到时代背景和发展阶段而不作苛刻要求，那么，巴罗斯的这篇论文是一个继承和发扬传统的典范。尤其值得一提的是，他指出地理学是一个动态的、不断变化的研究领域，随着地理学家工作以及交叉领域的发展而进步。这是正确的、极富前瞻性的认识。从这篇论文中，我们可以看到，当时的美国地理学家已经完全吸取和掌握了欧洲地理学传统的精髓，自己的思想和理论体系也初见端倪。这种虚心学习的精神以及把握要领的方法是同样正处在学习中的中国地理学家最应该吸取和借鉴的。也许我们对史实繁多和变革频发的西方地理学感到无从入手、无所适从，但是只要理解地理学这个领域的持续变化的本质，抓住地理学是一门综合性交叉学科的基本特征，把握地理学家群体对学科的主观创造作用增强的趋势，那么我们就会欢迎、适应并追求这种变化，并在开放和包容思想的主导之下，找准出路，形成特色，获得地位，产生影响。

（叶　超）

[①] 戴维斯在地貌学上的"侵蚀轮回说"（地理循环说）属于自创，可算个例外，但这是局域范围内的发现，尚未关系到地理学学科性质、地位、核心和方法论的突破和新发现。

[②] 理查德·哈特向：《地理学的性质》，叶光庭译，北京：商务印书馆，1996年，第133-134页。

索 尔

景观形态学（1925年）

卡尔·奥特温·索尔[①]（Carl Ortwin Sauer，1889—1975），美国地理学家。他出生在美国密苏里州的沃伦顿，1915年毕业于芝加哥大学获得理学博士学位。1923年，索尔在加州大学伯克利分校地理系任教授，一直到1957年在荣誉教授位置上退休，他对伯克利分校地理学研究生院的发展起到重要的作用。他的代表性著作除了这里的"景观形态学"[②]和后面的"地球上人的能动性"（The Agency of Man on the Earth，1956）外，还有《农业的起源与扩散》（Agricultural Origins and Dispersals，1952）等。

一、地理学的研究领域

1. 现象学的科学观

所有的科学都可以被看作是现象学。"科学"这一术语常用于获取知识的组织过程这一含义，而不是自然法则中统一体的普遍严格的意义。每一个知识领域都具有关注特定现象的鲜明特征，并依据它们的关系加以证明和规范化。这些现象被它们相互联系的知识积累连接在一起；对它们相互联系的关注就形成了科学方法。根据知识领域基于科学现象学观点的定义，首先涉及的是构成"现实部分"的现象，其次涉及决定现象间相互联系的方法。

2. 地理学作为一种"真实的特定现实部分"

地理学三个鲜明的学科领域是：

（1）对作为自然过程媒介的地球的研究，或者作为宇宙科学的地理学的部门研究；

[①] 关于索尔，本书后面的"索尔：地理学的第四维度"有更详细的介绍。
[②] Sauer, C. O. The Morphology of Landscape. *University of California Publications in Geography 2*，1925，2：19-54.

(2) 对依附于自然环境的生活方式的研究，或者生物物理学中解决向性①问题的部门研究；

(3) 对地球上的地域或物种的差异性研究，或者称为生物地理学。

这三个领域都含有现象学的部门一致性，却几乎没有关联。一般认为，知识领域的重要与否与现象的类别多少有关。人类的经验，而不是专家的质询，形成了最原始的知识分类。在相同意义上，区域或者景观是地理学的研究领域。因为它是一种真实的、特定的重要现实部分，而不是一个成熟的假设。因为普遍存在对这一主体的好奇，地理学认为其对区域的研究负有责任。

没有其他学科预先占有对区域的研究。其他学科的学者，如历史学家和地质学家，可能关心与他们相关的区域现象，如果是那样的话，他们也坦率承认运用地理事实作为他们的结论。如果某人以地理学的名义建立一个不同的学科，那么对区域研究的兴趣就被破坏了，因为在名称杜撰之前主体已经存在很长时间了。从生物地理学的意义上来讲，最初的地理学文献属于传奇和神话的一部分，生动展示着它们与地方的意义以及人类与自然的争夺。地理知识最精确的表达方式是基于地图的一种符号。希腊人在地理学这一名词使用之前的很长一段时间用航行记、周记和游记等来撰写地理学的内容。德国人借用希腊人对区域知识的话语，并以景观来命名，成为景观知识或土地知识，而另一个术语"地球科学"很快被废弃不用了。

3. 区域现象的相互依存

近期一些地理学派否认"地方是一种主体"的观点。随后，讨论从现象内容转化到现象联系的特征。我们断言，作为一门科学，就基于时代关系的重要意义而言，景观可以表现它全部的研究领域。构建一个区域的现象，不是简单吸纳，而是相互联合或者相互依存。因此，解释"现象的联系及其秩序"是区域科学的一部分。

4. 地理学的客观性总结

传统地理学很少受到准则的困惑，因为相对于批判而言，地理学通常更多的是描述。在大发现时期，由于数以万计的旅行游记，特别是宇宙志的出现，使得地理学的真实性而非无批判性获得了极大发展；同时，地图作为地理学的一种表达方式也得到了极大发展。直到17、18世纪，不仅对于景观的自然形态，而且对于景观的文化表达来说，

---

① tropism，向性属于应激性的一种，是指在单向的环境刺激下，静止型生物（植物、真菌及水螅型腔肠动物等）的定向运动反应。达尔文首次注意到植物的向光性，后人又发现向地性、向水性等。

地图依然是一种成功的表达方式。19 世纪，宇宙学和生物地理学观点的争夺开始尖锐化，地理学的地位更加受到怀疑，理性主义和实证主义统治着地理学家的工作。区域复杂性因选择特定要素（如气候、地形或流域）以及陷入因果检验而简单化。

法国的白吕纳（Jean Brunhes）、德国的赫特纳以及其他地理学家进一步宣称古典地理学传统与生物地理学的关系。也可以说，在经历了特殊的，特别是自然学科蓬勃发展的一段时期之后，我们重新回归到地理学的永久性任务的进程中。

地理学的任务就是建立一个景观现象学的评价体系，以便掌握它的全部含义，并渲染不同的大地景色，以及共同存在于景观之内的客体之间的相互关联。它们构成了一个一体化的真实世界，不需要考虑分隔其组成部分来进行表达。区域具有形态、结构和功能，根据其在一个体系中的地位而倾向于发展、变化和终结。如果没有区域真实性和关联性的概念，就只会存在一种特殊学科，而非一般意义上的地理学。

二、景观要旨

1. 景观定义

"景观"作为地理学单位的概念，用于描述事实的特殊地理联系特征。与之相近的术语有"地域"（area）和"区域"（region）。"地域"是一般性而非严格意义上的地理学术语，而"区域"一词，至少对于一些地理学家而言已经成为一种尺度等级。

历史事实是一种时间事实，时间组合导致时期概念的出现；同样，地理事实就是一种地方事实，它们的联系导致景观概念的出现。英语中的"景观"与德国地理学家们广泛和严格使用的术语意义一致，即某种土地的形态，其形成塑造过程绝不仅是简单的自然使然。因此，景观可以定义为一个地域，这个地域由一种具有鲜明的自然和文化意义的形态综合体构成。

2. 景观的一般意义和评判标准

地理景观源于对单个景色观察的概括。没有一条河谷与另一条河谷完全相同，没有一个城市是另一个城市的完全复制品。每个景观都具有个性，同时又与其他景观相互关联，并且由具有相似形态的事实构成。因此，一个人无论持有什么样的自然法则观念，单一的、无组织的、无关联性的景观定义都是没有科学价值的。

一些因素会影响个体对景观要旨的评价。事实上，对景观的一般特征选择标准仅仅依赖于地理学家个人的标准而定。将一些可以重复选择的标准或具有结构性的物质一般化就可以组合成一种模式。因此,严格来讲,景观隶属于地球上所有景致系列中的一种特殊群落。实际上,地理学家不断就其观察中所包含的物质选择自由地进行检验,同时也不断就物质选择之间的相互关系进行修正。地理学家所依据的归纳法并不完善,尽管地理学家可能不认为这些是简单的因果关系,但在处理结果时仍然是按照一种因果关系来处理的。

景观的要旨在一定程度上弱于它所有的可见要素。景观的身份首先取决于所有的引人注目的形态,而栖息地的价值是决定景观要旨的基础。人们会选择那些正在使用的,或有用的栖息地作为景观品质评判的标准。景观的自然品质取决于那些具有当前或未来潜力的栖息地的价值。

地理学的基础是以景观的自然和文化要素联合形成的现实。因此,源于地域自然品质的景观要旨,对于人类及其所利用的地域形态而言都是有意义的。景观要旨的前一部分可以用"场地"来标示,在这一标示意义下,自然地域是人类在某一地域内可以利用的全部自然资源的总和。而景观要旨的后一部分是作为双重单元的文化表述。这是一种严格意义上的基于文化思考的地理学方式,即作为凌驾于地域之上的人类活动现象。文化是一种地理学的表述,形态组成是地理学现象的一部分,从这一观点出发,并不存在一个二元景观的地方。

三、形态学方法及其应用

1. 形态的界定

现象成组与排序就像是形态与结构整合一样,因此,数据的比较研究从结构上构成了假设的形态学方法,这是一种特殊的经验主义方法。形态学依托三个基本条件:

(1) 一种有机体的或半有机体特性的单元,即一种特定要素所需的结构,这些内容要素在这篇文章中被称作"形态";

(2) 在不同结构中,因功能均衡而被认知的形态相似性,称为同质性;

(3) 结构单元可以组成系列,特别是从最初阶段到最终或完结阶段的发展序列。

2. 系统性描述

(1) 形态研究的第一步

系统性描述是以形态学的相互关联为目的,真正做到以形态学假设为前提。通过一些事先决定好的顺序对观察事实进行描述,表达了一种物质的先期组合状态。

(2) 描述的术语

如果系统性描述基于地理学考虑，那么我们仍然非常需要扩展我们描述的词汇表。我们从很多地域和多种语言中获取词汇，以丰富正在构建的形态术语表。这些词汇的使用就像描述土地表面一样，大量地用于描述土壤、流域和气候形态，而且有大量的文化形态术语在毫无准备的情况下流行起来。流行术语对于形态的意义而言是一种十分可靠的保障。

(3) 预定性描述体系

地理学家在很大程度上反对淡化对一个系统的描述。一旦出现了这种状况，地理学家对他所承担的任何一个区域研究负有责任；否则，他就可以自由地漫游、选择和离开。我们不认为地理学是一门艺术，作为一门科学，它必须接受所有可能处理其数据的方法。

3. 形态学方法应用

(1) 应用于社会研究

形态学方法不仅用于生物学，在社会学领域应用的重要性也不断加强。在生物学中，重点研究有机体的形态及其结构，或有机体系统的构建。在社会学领域，通过延续现象假设，形态学方法成为人类学最成功的方法借鉴，它主张具有耐心和技能的精英研究者从现象学视角研究社会机制，通过形态分类，从固态物质的穿、住和使用工具到群落的语言和习俗，逐步界定复杂的文化结构。

(2) 形态学引入地理学及其应用

将形态学引入地理学的第一位学者是弗里德里希·拉采尔，他最终引导人文地理学复兴，并在此基础上，开辟了比较区域研究。但由于这方面的工作太多，导致形态学研究在地理学中陷入只研究土地表面形态的窄胡同。当从以下三个方面考虑地貌形态的因果研究时，由形态学界定的地理学目的出现反常。这三个方面包括：①地貌仅是自然景观的一个分类，并且一般而言不是最重要的部分，它几乎从不为一种文化形态提供完整的基础；②地貌的原始形态和它的功能意义之间没有必然的联系；③如果从纯粹的继承性形态学来看，地貌形态的一个显而易见的难题是，地球上绝大多数实际的地貌特征都是原始形态混合而成的。在当前形态的背后是一种与远古形态相混杂的过程，并一直发生着。因此，至少就目前而言，继承性形态学不包括那些因果分析中获得的形态要素。

四、景观形态及其结构

1. 自然景观和文化景观的划分

如果没有时间关系和空间关系，我们就不能形成一种景观的理念。这是一个发展的持续过程，或是一个分解和替代的持续过程。正是在这样一种对历史价值赞赏的意义下，引导地理形态学家将当前的自然景观拉回至它的地质学起源，并一步一步地追溯。然而，从生物地理学的意义上来看，经过人类改造的地域及其对人类利用的适宜性都十分重要。先于人类活动的地域是由形态学事实的一种形式表示的，而人类已经采用的形态是另外一种形式，我们称与人类相对应的前者为原始的自然景观。作为一个整体，原始的自然景观在世界的许多部分已不复存在了，但是对它的重构和认知是正规形态学的第一步。

人类的作品表达了处在文化景观中的自身。一种文化可能形成一种景观，达到顶端的具有特殊意义的文化就是文明。正是文化的发展和替代使得文化景观易于改变。将形态划分为自然和文化的目的是为了决定人类活动的区域重要性和特征。

2. 自然景观的物质基础

（1）地球构造学基础：自然景观形态评价标准中决定地表形态的最重要的基础是地壳物质。地理学家关注的是地壳物质性质和地位的地球构造学，而不是侧重地壳历史年代断代的地质学。因此，在这一条件下，地球构造学数据常常用于地理学研究，如果没有诸如岩石圈和土壤这些地表以下物质的数据做支撑，区域研究是不可行的。

（2）气候基础：气候基础在自然景观形态评价标准中位于第二，它最大限度地将自然景观形态联系成为一个系统。自然景观之间的相似和差异很大程度上取决于气候，某种特色景观是在一定气候年代中形成的，而且在许多地方，气候最终会消除地球构造因素在景观形成中留下的痕迹。但是，如果我们从区域的气候多样性开始，我们马上就会想到季节性和冷热的差异等气候条件形成的多元化，换句话讲，我们就会将主要精力和重点放在塑造土壤、河流和地表特征的所有气候条件上。然而，对于地理学和地理学家而言，更重要的是就单个气候区而言建立一种综合的自然景观形态，而不是研究某个单一气候过程的机理。

（3）自然景观形态学的图解表达：可以尝试建立一种自然形态学特征的图表，用于解释和表达景观的相互关系、组成形态、形成时间以及要素因果联系等。

在景观的物质结构中，气候是最重要的，在图表中位于形态列表的顶端，同时也是形态分类中的主要因素。作为一种形态，气候是一种区域表达，是区域内大气圈特征的总和。

自然景观中的土地形态要素位于图表形态列表的第二列，紧随气候要素，是由与气候因素相关联的地表、土壤、河流和矿产资源这四个要素组成。对于土地形态研究，我们感兴趣的首先是历史，其次是过程，再次是与其他形态的关系。

海洋与陆地的关系组成了气候和地球构造的相同基础。海岸是地壳构造历史和气候环境最主要的一种表达。它位于图表中形态列表的第三位。

对于自然景观中的植被形态，洪堡第一个通过系统性观察认识到作为一种景观特征的植被的重要性。植被与气候之间的联系非常直接和密切，可以通过植被形态种群指征气候特征。

综上，自然地理区域是任何地理学研究的基础，它为人类建立其文化提供了非常丰富的物质基础。从本质上讲，自然地理区域的身份确定依赖于一种鲜明的物质形态联系。在物质世界，区域的一般特征及其发生起源紧密关联，以至于两者互为认知的辅助条件。

3. 形态学向文化景观的扩展

自然景观在人类的手中正在发生着变化，人类活动成为最终和最重要的形态学因子。通过利用自然形态，人类创造了自己的文化，多数情况下改变了自然形态，但也有一些情况是破坏了自然形态。

然而，对于文化景观的研究很大程度上属于未开垦的研究领域。近期植物生态学领域的研究结果可能有益于引导人文地理学家的研究，文化形态学可以称为人文生态学。

与自然景观相似，可以通过建立图表的方式解释和表达文化景观。文化景观是地理区域的最终含义，其形态是人类进行景观特征化的全部工作。基于这样一种定义，我们不考虑与人类的活力、习惯和信仰相关的地理学，而是关注景观上的人类印记。因此，如果建立一种文化景观的图表，其形态列表中的四个要素分别是人口、住房、生产和交流。

人口位于形态列表的顶部，包括人口密度和迁移；住房包括人类建筑的结构类型以及根据不同规划在城镇集聚或向乡村分散。生产形态是第一产业土地利用类型的反映。

文化景观通过一种文化群脱离自然景观而成为时尚。文化是经纪人，自然区域是中介，文化景观是产品。在特定文化影响下，景观经历了发展，其自身随着时间的推移产生了变化，并最终达到循环发展的端点。对于差异的认识，即异化文化，文化景观环境的回春，以及一种新的景观，都会对原有的景观产生极强的影响并留下印记。而调节的意义就在于帮助人类通过调整与自然之间的关系，使得人类栖息地与景观之间和谐融洽。文化表述的产生就源于那些不能强加于自然的人类意识形态。

五、景观形态学的意义

1. 形态学在地理学分支中的应用

自然景观和文化景观图表的结合提供了一个基于现象学基础的接近科学的地理学要旨，并可以用来界定地理学分支：

（1）本质上是对一般关系进行研究的形态分类以及景观形态系统，是纯粹意义上的形态学方法论研究，在法国和德国被称作普通地理学；

（2）区域地理学是比较形态学，研究单个景观与其他景观之间的相互关系，从完整的生物地理学意义来看，这是属于文化景观而非自然景观的排序；

（3）历史地理学也许被认为是文化景观所经历的系列变迁，因此，涉及旧有文化的重构；

（4）商业地理学解决生产的形态问题，以及区域生产分布的便利条件。

2. 超越科学

形态学学科让地理学研究领域的组织成为积极的科学。大量的区域意义超越了科学范畴。最好的地理学从来不否认景观的美学品质，对此我们知道，没有比主体性更好的方法。洪堡的景观"观相术"、班斯的景观"精神"、沃尔兹的景观"韵律"以及格雷德曼的景观"和谐"，所有这些都超越了与科学的联系。他们似乎发现了一种区域景色形成中的交响乐式的品质。

3. 地理学的多视角

（1）作为地理学分支的地貌学

德国地理学家特别倾向于将地貌学作为地理学分支的基础。由于地貌学源于地形测量学，地貌学家会跳出地形测量的复杂性，选择一个事实描述地球的历史；而地理学家将运用大量的事实差异描述栖息地的意义。

（2）地文学和自然地理学

当赫胥黎重新使用地文学这个术语时，他并没有进行自然地理学改革的主张。他选择托马斯盆地作为研究的区域，不是基于生物地理学的兴趣，而是为了表明任何一个区域都存在丰富的物质以说明自然科学的一般法则。因此，地文学在大机器时代来临之前的基础科学教育中起到了规范的作用。

地文学仍然是关于地球的普世科学，其自身关注地球表面以及地壳运动的自然过程。地文学被当作纯粹的机制研究，因此，在分类中不可能成为区域表述的组成因素，除非将其称作自然地理学或地貌学。

（3）地理形态学对应"地理影响"

作为一种能动性的自然环境研究近期遭到费布沃（L. Febvre）的批判。他认为，地理提供了一种综合任务的真实案例，综合的效果就是一种直接的活动。环境问题可能是地理学家感兴趣的，但并不是全部。白吕纳在他的"人与地球关系"研究中，几乎不需要调节，而只谈"或然"。这种基于理性主义思想的关系假设在当今表现得更突出。对于现在占据美国地理学研究主导地位的自然环境研究而言，所有的状态都是机制研究，甚至希望能衡量出自然环境施加给人类的力量。他们对景观没有任何兴趣。

地理形态学不否定决定论，也不需要为学术品质巩固自信。较之以往的研究仅仅增加了一个主题，即"影响"的变量。

4. 结语

在丰富多彩的现实生活中存在一种持续的对将事实局限在任何一种"简单"理论中的对抗。我们关注"直接的活动，而不是永恒的真理"，这就是形态学方法。我们所选择的现实的组成部分——景观正经历着方方面面的变革。当通过文化景观表述人类与其变化万千的家园之间的联系时，我们的研究领域就产生了。我们既关注人类场所的重要性，也关注场所的变迁。当我们想表明世界的多样性景观时，我们同时研究群落或文化与场所的相互关系。这里有不会枯竭的现实主体及其多样化的关系为质询过程提供依据，因此，不需要将其自身局限在狭小的理性主义层面。

六、索尔及《景观形态学》的影响

索尔是现代文化地理学的创始人，他关于将解释文化景观作为人文地理学研究核心的主张，在上个世纪相当一段时间内影响着美国以及世界人文地理学，特别是文化地理学的研究，并形成了地理学研究中的景观学派。

索尔自己是一个坚定的环境决定论批判者，他主张用"景观形态学"或"文化历史"的方法替代环境决定论。他所主张的方法属于归纳法，即通过收集一定时期人类活动对景观影响的事实，然后进行解释和归纳。索尔反对实证主义，他宁愿以特殊神创论和历史循环论的观点理解世界。他吸纳了人类学家艾尔弗雷德·克罗伯（Alfred Kroeber）的思想，却被指责将"超有机体"概念引入地理学。

索尔退休后，他的景观学派发展成为文化生态学派，该学派从索尔对景观的人类修正和后现代文化的研究兴趣中分立出来。

这篇发表在1925年的文章对文化地理学理念的形成具有深刻的影响，直到今天仍然被许多学者引用。索尔提出的"文化景观"的概念成为文化地理学研究的核心。他认为地理学研究的对象是区域景观，他提出的"建立自然景观和文化景观的图解"的思想以及自然景观和文化景观图解中的四个要素及其相互之间的关系，对地理学其他分支学科的研究也产生了一定的影响。作为文化地理学家，索尔在本篇文章中多次强调，因为现实是多元的、多彩的和丰富的，因此，以研究区域现实为学科责任的地理学不需要建立一种刻板的理性主义范式，而是要体现综合的任务特点，采取形态学的方法，多加一个主题是"影响"的因子，描述和解释地理区域。这一思想对今天的地理学研究来讲，仍然具有一定的借鉴意义。

有意思的是，这篇文章真正展示索尔学术远见的地方并不在他特别关注的文化景观研究，而是他所建立的现象学研究基础。1927年，索尔又撰写了"文化地理学最新进展"一文，分析了文化景观是如何形成叠加在自然景观之上的一种新形式。

（张景秋）

维达尔

人文地理学原理（1926 年）

保罗·维达尔·德·拉·白兰士（Paul Vidal de la Blache，1845—1918），法国著名地理学家，公认的法国近代地理学的创建人。法国地理学界为表示对他的尊敬，在行文中一般称呼其完整的姓，即维达尔·德·拉·白兰士，只有经常提到时，才简称为维达尔；为避免将他与另一位名为朱尔斯·白兰士（Jules Blache）的法国地理学家混淆，一般不称其为白兰士[①]。

维达尔于1866年毕业于巴黎高等师范学校的史地专业，随后在雅典的法兰西学校教学。在获得关于古希腊历史的博士论文资助之后，他游历土耳其、埃及等国并搜集资料。游学期间，受李特尔著作影响，他决定成为一名地理学家。1870年维达尔返回法国，1872年他以古希腊雄辩术教师埃罗德·阿蒂库斯（Herode Atticus）为题的论文获得博士学位。随后，他获得南锡大学的地理学教授职位，任教五年。1877年，维达尔转到著名的巴黎高等师范学校任教；在此地，他吸引并培养了一大批很有影响力的地理学家，比较著名的如白吕纳、德芒戎（Albert Demangeon）、德马东（Emmanuel de Martonne，旧译马东男）等。1898年他受聘巴黎大学（索邦校区），在那里一直工作到1918年去世。维达尔对地理学的教学研究工作培养了一代法国地理学家，对法国地理学有深远的影响，形成了有名的"维达尔传统"。曾有学者评价："在法国担任地理学教授职位的人，几乎全部是已经去世的维达尔的学生，或者是他的学生的学生。可以说，没有另一个国家的地理学像法国这样是以一个人为中心而发展起来的。"[②] 而维达尔的学生，著名人文地理学家德芒戎更是自豪和满怀敬意地宣称："有一些条件我们有，

[①] 对维达尔的简介主要参考保罗·克拉瓦尔：《地理学思想史》，郑胜华、刘德美等译，北京：北京大学出版社，2007年，第133-151页；安德烈·梅尼埃：《法国地理学思想史》，蔡宗夏译，北京：商务印书馆，1999年，第1-36页；罗伯特·迪金森：《近代地理学的创建人》，葛以德、林尔蔚等译，北京：商务印书馆，1980年，第237-254页；杰弗里·马丁：《所有可能的世界：地理学思想史》（第4版），成一农、王雪梅译，上海：上海人民出版社，2008年，第245-264页。除重要的结论、评价和直接引语外，不另注出。

[②] 罗伯特·迪金森：《近代地理学的创建人》，葛以德、林尔蔚等译，北京：商务印书馆，1980年，第237页。

而你们却不能得到，这就是像维达尔·白兰士这样的老师。"①

在维达尔的倡导下，法国地理学从 19 世纪后半叶起走向新的发展阶段，形成一个有影响力的法国地理学派，其核心思想和主张是"或然论"或"可能论"。这是一个与当时地理学界流行的"环境决定论"完全不同的理论学派。以维达尔为主的这一学派认为，自然环境提供了可能性的范围，而人类在创造他们的居住地的时候，则按照自己的需要和愿望，凭借自身的能力来利用这种可能性（维达尔本人并没有提出"或然论"这一概念）。德芒戎在他关于人文地理学定义的论文中曾明确阐述了这种思想，他指出，"人文地理学中的因果关系是非常复杂的。具有意志和主动性的人类自身，就是扰动自然秩序的一个原因……没有绝对的决定论，只有人类主动的开发利用的可能性；没有命定论，只有人类的意志。"② 在这种思想主导下，他们认为地理学家的任务在于阐述自然和人文条件在空间上的相互关系，具体则体现在区域研究上。但是，维达尔所说的"区域"，并不是一个在空间上有明确界线的地区，他主要强调地域现象之间的相互依赖关系。另外，由于维达尔是通过研究古代历史和文化进入地理学领域的，这种深厚的历史文化积淀使他特别强调人类集团（社会）和文化在人文地理学中的重要性。总之，在维达尔和他的学生的倡导下，法国地理学界形成了独具特色的传统，尤以人地关系和区域研究最为突出。

维达尔著述颇丰。1891 年，他创办了有名的《地理学年鉴》杂志。他的一些重要论文如"社会事实的地理条件"（1902）、"地理学的独特性质"（1913）等都发表于该刊。他的主要著作除了这本由德马东编辑的《人文地理学原理》之外，还有《法国地理学的面貌》等。

维达尔早在 1905 年就有写作《人文地理学原理》的计划，可惜到他逝世之前，都未完成书稿。他的弟子德马东整理和编辑了他已经发表的一些论文和未完成的手稿，于 1922 年出版。1926 年，美国学者米莉森特·宾汉姆（Millicent Bingham）将该著翻译成英语出版。就已完成的内容来看，可分为四大部分。第一部分即引言，是对人文地理学的意义和目标的阐发；第二部分是关于世界各大区域人口分布的研究；第三部分是对文明的组成部分的研究，包括人地关系、工具和原材料、建筑和人居、文明的演化等；第四部分是对交通的研究，主要包括交通方式、道路、陆路与海运等。未完成的手稿部分研究种族起源、文化区和城市等问题。从这些内容可以看出维达尔对人文地理学核心和重点的认识与把握。由于历史原因，维达尔所采用的一些事实材料和得出的结论已经过时，但是他对于人文地理学的性质、内容重点、意义和目标的阐述还是非常值得后来者借鉴的。本文重点

---

① 安德烈·梅尼埃：《法国地理学思想史》，蔡宗夏译，北京：商务印书馆，1999 年，第 30 页；略改。
② 阿·德芒戎：《人文地理学问题》，葛以德译，北京：商务印书馆，1993 年，第 9 页。

介绍该著第一部分[①]，也就是他对人文地理学意义和目标的阐述。

一、人文地理学概念的批判性检视

就整个地理学而言，虽然在其发源时期就有自然和人文两个门类和两种传统的模糊划分，但这两种分类紧密结合和统一在地理学中。康德讲授的地理学虽名称是"自然地理学"，但是他想建立的却是在狭义的自然地理学基础上的，包括商业地理学、政治地理学、风俗地理学和宗教地理学在内的统一的地理学体系[②]。李特尔也非常重视人文要素在地理现象和过程中的作用，他曾着重指出，"地球和它的居民有着最密切的相互关系；不了解其他要素，就不能了解任何一个要素。因此，历史学和地理学必须携手前进。区域影响人，人影响区域。"[③] 但是，在19世纪中后期，由于人文与自然分割的二元论盛行，很多地理学家认为自然地理学建立于自然科学基础之上，可以发展科学法则；而人文地理学因其研究对象是特殊区域而无法建构科学法则[④]。作为李特尔传统的坚定拥护者和继承者，维达尔反对这种二元论，坚持人与环境之间是密不可分、互相作用的关系，认为人地关系是地理学的主题。这是维达尔思想的立足点[⑤]。

因此，在论述人文地理学的目的和意义时，维达尔一开始就指出，"人文地理学是肃立的地理科学主干上新发的枝条。如果它仅是一个概念，那么它毫不新奇，因为人文因素是地理学的基本组成部分。人类对自身的兴趣远甚于其他事物。自陆上交通和海上航线开放的时代以来，社会和环境差异更激发了人类探索的兴趣。……虽然早期地理学者的国家概念与居民、食物供给和人口面貌密不可分，但是相对山脉、沙漠和河流构成的自然环境而言，这些人文要素尤其令外人感到新奇和不习惯。"（第3页）

这种认识成为理解和发展人文地理学的阻力，但是科学的迅速发展为人与自然，或者人地关系的研究提供了机遇。与"环境决定论"过度强调自然环境对人类的决定作用

[①] 主要内容编译自 Vidal de la Blache, P. 1926. *Principles of Human Geography*, translated by Millicent Bingham. New York: H. Holt and Company, 3-24；内引此文，只注页码。
[②] 理查德·哈特向：《地理学的性质》，叶光庭译，北京：商务印书馆，1996年，第19页。
[③] 罗伯特·迪金森：《近代地理学的创建人》，葛以德、林尔蔚译，北京：商务印书馆，1980年，第52页。
[④] Hartshorne, R. The Concept of Geography as a Science of Space, from Kant and Humboldt to Hettner. *Annals of the American Association of Geographers*, 1958, 48: 97-108.
[⑤] 如维达尔指出，"地理学之所以能从其他科学获得帮助，同时又向其他学科提供共同的财富，就是因为它的职能是不是割裂地看待大自然所聚合在一起的事实，而是从相互联系和相互作用上去理解这些事实，无论这些事实是在把它们完全包围的全球环境里，还是在它们所处的那一区域环境中。"罗伯特·迪金森认为这"几乎是逐字逐句重复了李特尔的名言"。详见罗伯特·迪金森：《近代地理学的创建人》，葛以德、林尔蔚译，北京：商务印书馆，1980年，第240-241页。

的主张相反，人们开始重视这种自然与人之间的相互作用关系。在思想认识上，将自然法则与人类生活结合形成一种综合性知识也很有必要。依此来看，"人文地理学是一个提高思想意识的领域，而不是仅靠直接的发现，或增加初级地理知识的学科"（第 4 页）。

维达尔从这种思想变化的历史角度阐述人文地理学概念的演变。他认为，可能在 16 世纪就已经有了对地表人文现象的描述，但是那时的人们由于生活方式和风俗习惯的原因，关注的只是那些"怪力乱神"的东西，而没有从中抽象出地理分类的原理。在利用自然事实来反映世界面貌方面，古希腊地理学家斯特拉波（Strabo）做得最为出色。荷兰地理学家瓦伦纽斯（Bernhardus Varenius）在 1650 年写成的《普通地理学》，则是李特尔之前最有价值的将人文现象纳入地理学内容体系的著作。而"此后整整 200 年，尽管关于人类类型的知识不断变化和增长，但是从科学分类的角度看，对人文地理学概念的认识既不清晰，也不令人满意"（第 5 页）。

实际上，关心自然对人类社会的影响是自古希腊以来的优秀传统。许多著名的哲学家、史学家、文学家也是地理学家，他们的著作包含有地理学的内容，也或多或少都有把人纳入大自然范畴之内研究的意味。维达尔举了哲学家赫拉克利特（Heraclitus）的例子，认为他首先是把人（尤其是自己）作为世界的一部分，所谓"个人是一个小世界"，然后再寻求普遍世界，也就是"大世界"的意义。哲人们从不同角度解释自然环境对人类个性的影响，并更多地看到和重视地理要素的作用。

作为地理学家的李特尔也有类似的思想和认识，但是他仍然将解释自然看作地理学的核心。许多历史学家和社会学家，则仅将地理看作参考之物，即使有人将地球作为"人类活动发生的舞台"，也没有考虑这个"舞台"实际上是活生生的世界。自然对人类的影响及其互相作用的问题不但复杂多样，而且重要和有趣，这从环境决定论对历史事件的解释中可见一斑。但是要给出准确的答案则需要拓展和深化我们现有的对世界的认识（第 6 页）。

二、地域统一性原理和环境的概念

维达尔明确指出，"地域统一性（terrestrial unity）是促使地理学进步的主导思想"（第 6 页）。这种"地域统一性"指将地球看作一个整体，其各部分之间是互相联系的，现象的发生有其必然结果并且遵循一般法则。

维达尔认为，"地域统一性"的概念长期被局限于数理上的认识；从自然地理角度，比如气候全球变化的影响去理解它也比较容易，但是从人文地理层面上，人们对此认识不足。拉采尔的名著《人类地理学》重新将人纳入地理学的分析体系，并将人与环境相互作用的关系作为立论之基石。因此，"人文地理现象也以它们的方式显示出与地域统一性的关系：人与环境的关系无处不在，而且他们自身就是自然环境联合作用的产物。"（第 7 页）

与植物地理学反映"生命组织对其周遭环境的适应关系"类似，人类与自然环境之间也存在这种关系，但是，人的智力优势使其也能改变环境。环境的这种重要性，使任何生命组织都难以摆脱它的影响（第 9 页）。在举植物地理学实例比较论证的基础上，维达尔提出了人文地理学的"环境"定义。他认为，"环境是地理学的一个基本概念，它包括人类和其他种群，反映它们之间重要的相互作用和复合关系。"（第 10 页）

维达尔将这种地域统一性联系到区域层面进行阐发。就人文地理学主要研究对象——区域而言，尽管每个区域的人各不相同，但是都会适应他们生存的周遭环境。而且，"虽然考虑其他不同类型的动物和因素使得环境难以准确定义，但是在生存竞争层面上，它们有着内在的联系。这些组织调整自己以适应整个环境，虽然它们之间有着或多或少的敌对，它们却是以互相依赖而共存……动物学家曾将它称之为'生存共同体'或'动物种群联系体'（faunal association）。这表明对动植物而言，每个区域都是在一定的信念、区位和气候条件下，由各种各样的因素（无论是土生土长的还是来自异乡，也无论其生命长短）出于共同的对环境的适应而集中和统一作用的产物。"（第 10-11 页）

三、人与环境

在将这种地域统一性原则应用于考察人与环境的关系时，维达尔展示了其深厚的古代历史和文化素养。他从史前时代说起，认为史前时代的人类已经掌握取火、初级的渔猎、农作等技术，并在全球各地有分布，这说明人类的影响比我们设想的更长久和广大（第 12 页）。环境对他们的影响在漫长的历史过程中，通过大量历史事件体现出来。作为系统地考察那些分散的人类种族家庭的结果，直接观察生物与其环境之间的互相作用的方法现在仍被采用（第 12 页）。

维达尔非常重视人口分布和密度的研究。他认为人文地理学的一大进步在于更多地、更准确地掌握了人口分布的详细情况和大体的估计数字。人口密度不同的原因是值得进一步探索的关键问题。人口持续不断变化，但是通过比较地图上人口分布和自然条件分布的地图，我们能够得出人与环境之间的一些关系法则。比如，他认为人口并不是油状扩散，而是一丛丛的类似珊瑚状，所以，人口增长是一个类似珊瑚结晶为珊瑚礁的过程。人们起初依靠其智力利用自然资源，开发土地，使得后来者不管是出于自愿还是强力，都能分享和继承他们的劳动果实（第15页）。另外，他还建议从人类学的研究（尤其是数据和事实）获取材料。

在分析人类与环境的关系时，维达尔首先强调应该将这些错综复杂的种群构成的复杂社会组织看作一个整体的单元。他认为，人类社会像动植物群落一样，由那些深受环境影响的要素构成。这些要素或组成部分，按照某种"生活方式"（mode of life）组成一个整体。生活方式，比如狩猎、农业以及牧业，它们互为补充、相互协作（第17页）。"生活方式"概念是维达尔思想的一个核心词汇。综合他的相关论述来看，这个"生活方式"实际上指文化，是国家或民族的制度、风俗、价值观以及技能的复合体，是决定某一特定的人类集团将选择由自然提供的可能性的基本因素。

四、作为地理要素的人

经历了一个必然的认识过程之后，关于人地关系的更为广泛的、一般的概念已经形成。而且，现实世界也显示人与环境的交互作用程度日益加强。比如，土地大量开垦、开发和集中引导着人口分布；人类分布在地球各处；根据人们的认识和目的，陆地可以被分为山地、林地、干旱地区，等等。相比而言，人类以其集体的努力从环境中获益颇丰，其他动物则没有形成这种"集体的"文明。所以，概而言之，"文明就是人类同自然条件限制作斗争的过程"。"总体来看，地球的各部分互相联系；分离和孤立是异常的，对生存也是一个挑战。这种联系不仅存在于连续和毗邻的地区，而且存在于许多不邻接的区域之中。"（第19页）

维达尔反复强调自然因素与人之间相互作用的原理。他指出，自然因素对人类社会肯定有影响，而且也有必要研究气候、海陆位置对人类社会的影响。但是应该着重观察它们对人类以及整个生物界的影响。从这一点出发，我们更应该把人当作一个重要的地理要素。而且他是活生生的，充满热情的（第19页）。在人与环境相互作用过程中，人不仅利用自然所赐，而且与其他生物联合改变了自然条件，比如人类通过驯化动植物为其服务而变得更加自由。总体来看，"人类加入了自然的游戏"（第20页）。但是这个游戏并非"免费"，人类对环境的影响也有破坏性的一面，也会招致自然的报复。

最后，维达尔以饱含热情的语调阐发了人文地理学的目标，并展望了未来：

"在人类对自然环境发生影响的过程中，对地球表面造成的伤痕也必然长期存在。人文地理学有双重目标：不仅要解释人类对动植物环境产生破坏的因果……而且要发现那些作为整个生物界一个单元的人类在现在和未来同环境产生密切联系的知识。从这个角度看，人类肩负现在和未来的重任，要克服距离障碍，以科学武装头脑，将会产生超出我们的远祖和先辈的影响。让我们祝福自己，因为如果自然只是设定僵硬的界线，而不是留下空间让人类竭尽其力地劳作，那么，完成了所谓移民拓殖的任务是我们时代的荣耀就将只是一个假象。"（第23-24页）

《人文地理学原理》一书，系统阐述了维达尔对于人文地理学的性质、核心和主要内容的观点，是了解地理学中的法国学派传统的必读之作，也是地理学思想史上的经典之作。维达尔继承并发扬了李特尔、拉采尔等人强调人地关系相互作用的传统观点，从广泛的视角出发，将地理学与人类学、生态学等结合起来考察地理现象，通过生活方式、人口密度与流动等概念，形成并阐发了"可能论"的思想和理论，对法国地理学影响深远；在近代地理学上也独具特色，占有重要地位并有广泛的影响。一位比较正统的地理学思想史学者[1]曾评述这种现象并惊叹道："地理学在德国有几个不同的思想流派，但法国的地理学却并不如此，它是按照一个人，即维达尔·德·拉·白兰士的思想发展下来的。维达尔学派统治了一代人的时间；在今天，虽然这位奠基人的目标显然已经远远落后了，但是法国的地理学家仍然提到维达尔的传统。"[2] 即使从现代的角度来看，维达尔具有综合特征的方法、强调人与环境相互作用以及文化对人文地理学重要作用的观点，仍然值得我们重温、反思和借鉴。

但是，正所谓"成也萧何，败也萧何"。在维达尔及其继任者之后，尤其是二战以后，法国学派虽不乏个别杰出者，但无论个人理论水平还是整体学术影响在国际地理学界都渐趋式微，已不复昔日之荣耀。究其原因，固然是地理学思想和理论创新的基地已经转移到美国的大势所趋，根本上却在于维达尔学派的内在局限。正如法国地理学思想史学者保罗·克拉瓦尔所指出，"法国学派的基本局限并非来自许多维达尔的追随者无力了解他的某些观点，它的主要弱点正在于维达尔学派的范畴内。"[3] 因此，当维达尔的继承者对他的崇敬达到无以复加的地步，认为地理学的理论问题已被维达尔完全解决，他们的任务只是遵循并应用它时，危险的种子已被种下。结合整个地理学思想史进行深入反思，我们看到，维达尔的人地关系及其相互作用理论只是对李特尔传统的引申和强调；他从人类学中借用过来的"生活方式"概念，只是适合传统社会，而对工业化

---

[1] 即认为地理学的核心在于区域的学者。
[2] 罗伯特·迪金森：《近代地理学的创建人》，葛以德、林尔蔚译，北京：商务印书馆，1980年，第237页。
[3] 保罗·克拉瓦尔：《地理学思想史》，郑胜华、刘德美等译，北京：北京大学出版社，2007年，第150页。

和城市化为主题的现代社会，他并没有作出展望，他的理论思考不多①，触动也不大。因而，现代人对他也渐渐流于名称上的记忆和实际思想的遗忘。可是，维达尔本人是一个坚定地认为"地球是一个不断变化的有机体"的演化论者，而且他也特别强调思想意识在人文地理学研究中的巨大作用。那么，是什么原因导致一个本是求新求变的学派变得固步自封、思想守旧呢？这是一个复杂的话题。但无论如何，"维达尔传统"的历史既诠释了一种思想何以成为经典和传统的过程，又揭示了一种传统何以过时和消沉的深刻原因。这个事例警示我们，突破自身是最重要、最痛苦，然而又是最必然的事情。因为若不如此，则只有一个结果，那就是丧失已有的光荣和位置。

（叶　超）

---

① 可算例外和较有影响的，是他对交通的阐述引起了著名地理学家厄尔曼（Edward Ullman）的推崇。

杰斐逊

首位城市律（1939年）

一、杰斐逊其人

马克·杰斐逊[①]（Mark Jefferson，1863—1949）在美国密歇根东南的伊普西兰蒂州立师范学院负责地理学工作大约40年，对美国地理学的发展做出了显著的贡献。他的影响来自于教学和科研两个方面。在他早年的教学生涯中，先后培养了以赛亚·鲍曼等杰出地理学科研和教育人才。

杰斐逊的一生大致可以分为五个时期。20岁之前，他生活在波士顿郊区，17岁那年进入波士顿大学，主要学习语言学和天文学。年岁稍长之后，他应邀成为阿根廷科尔多瓦国家天文台的天文学家助理。他接受这个邀请标志着他的人生进入第二时期：1883—1889年。

杰斐逊在南美洲度过了六年光阴。这六年对他事业的发展非常重要。他认识并欣赏南美，学会了当地人的生活知识，这对于他后来的地理学工作大有裨益。在那里有三年的时间他担任一个食糖生产庄园的部门经理，在食糖收获的间歇期，他曾返回波士顿，利用两个月的时间，通过考试等途径，于1889年获取了波士顿大学的学士学位。在南美期间，杰斐逊还到智利、巴西、欧洲和北非等地旅行。

1890—1901年是杰斐逊人生的第三个时期。这一时期他主要是在马萨诸塞州的高中教学。然而，有两年和两个暑期，他到哈佛大学学习。在哈佛，杰斐逊于1897年获得了（第二）学士学位，1898年获得了硕士学位。1892年，他结识了被誉为"美国地理学之父"的威廉·戴维斯。在戴维斯的引导下，杰斐逊成为一名地理学家。1898年和1900年，杰斐逊在哈佛任教两个暑期。

杰斐逊生活的第四个时期是1901—1939年，这一时期他在伊普西兰蒂负责地理学

[①] 关于杰斐逊的主要资料来源：Visher S. S. Mark Jefferson. *Annals of the American Association of Geographers*, 1949, 39 (4): 307-312.

教学和科研。虽然在 1901 年之前不久他发表了三篇关于潮汐的文章和两篇地质学论文，杰斐逊的大多数作品是在他 38 岁开始的第四时期出现的。他早年的兴趣在地文学方面，在《美国科学人》一书的第一版中，他的地文学兴趣被归结为"潮汐、河道曲流和海滩嘴"。1904 年，他当选为美国地质学协会特别会员，并且终生保留会员资格。此后他的兴趣日渐拓宽。1902 年，他成为《地理杂志》的副主编，为此杂志贡献了许多文章和若干评论。1909 年，他成为《美国地理学会公报》的供稿编辑，这个《公报》就是后来的《地理学评论》(*Geographical Review*)。在这一阶段的后期，他的主要兴趣被《美国科学人》总结为"人类分布、气候分布、人口增长以及城市地理"。杰斐逊的"首位城市律"[①]就发表于这一阶段的最后时期。

1904 年、1911 年和 1935 年，杰斐逊先后到欧洲开展现场研究；1918 年和 1926 年，他则在南美开展现场研究。1911 年，他陪同戴维斯去欧洲，在 30 位当地地理学家的引导下，他们看到了很多想看的地理现象。1912 年，杰斐逊牵头美国地理学会组织的国际旅行，有 45 位欧洲地理学家参加了这次活动。从 1918 年 11 月到 1919 年 6 月，他是巴黎第一次世界大战和平委员会的绘图员，先后在密歇根（1903 年）、耶鲁（1907 年）、芝加哥（1917 年）、加利福尼亚（1920 年）和哥伦比亚（1934 年）开展暑期教学工作。从 1901 年到 1939 年，他为《地理学评论》及其前身贡献了 20 篇论文、31 条人物介绍、31 个评论以及三篇专题研究。他的南美研究部分来自由美国地理学会资助的阿根廷、巴西和智利的探险活动。

第五阶段，1939—1949 年，杰斐逊退休但过着退而不休的生活。在其人生的最后阶段，他每天至少步行一英里，他是如此之忙以致连片刻午休的时间都没有。

二、"首位城市律"提要

大都市伦敦不仅是世界上最大的城市，它的规模是英国第二大城市利物浦的七倍还多，因而，伦敦在城市的规模和重要性等级序列中鹤立鸡群，遥遥领先于英国所有其他城市。最优等的货物、最稀有的商品、最伟大的天才、技艺最为精湛的各门科学和艺术的工作者总是可以在那里找到。雄心勃勃的年轻人源源不断地涌向那个地方，追寻财富和名望，那个地方也让他们对名利追求的梦想如愿以偿。伦敦是这个王国最优等的脑力和物质生产的消费市场，它作为一个市场的超级地位与其在规模上的超级地位相得益

---

① Jefferson, M. The Law of the Primate City. *Geographical Review*, 1939, 29: 226-232.

彰。伦敦是英国的首位城市。

在丹麦,人口不足 100 万的首都哥本哈根具有更大的首位度——它是丹麦第二大城市规模的九倍。为什么雄心满怀的丹麦人要去哥本哈根?去读大学,去学习绘画或音乐,去为媒体撰稿,去参观博物馆、逛剧院,去交换不寻常的商品——如果他们有不寻常的物品要交换或者想要获得不寻常的物品的话。因为一直通过耳闻目睹和阅读了解住在那里的人们,他热切地希望能一睹当地人的真容。或许他的意图是和那里的人们比试一番智慧,或者他的事业能力已经超出了原先所居住的城市,他希望去首都寻找更多的机会,创造更大的财富。

墨西哥城有 100 万居民,是第二大城市瓜达拉哈拉的五倍。在墨西哥——一个拥有原汁原味的美洲土著文化、环境完全不同于欧洲的地方,首位城市代表民族生活的一个巅峰。为什么一个来自马萨特兰的人如今待在墨西哥城?因为他对小城市机会的匮乏非常不满。如果他在当地干得不好,他认为自己在首都可能会做得好些;如果他干得很好,他知道首都的机会更多。当下最著名的墨西哥人住在那里,他想去见他们;或者在那里他可以有更好的买卖,或许在那里他能赚到钱。

这是三个不同寻常的大城市,它们彼此并不相像却有如此之多的共性。不过它们的差异性更显得独特。在全世界普遍存在首都定律,即最大的城市不仅在人口规模上,而且在国民影响方面都出类拔萃。

通过出生率超过死亡率以及就业吸引力两种方式,城市实现人口增长。驱使人们涌入某些城市的就业机会有时来自区域的丰产——在农田,如芝加哥;在林地,如西雅图;在矿区,如匹兹堡。有时则来自在交通线上占据的优势区位,如 1830 年的新奥尔良,位于进入西部地区的南方入口;如铁路兴起前的圣路易斯;如有着持久优势的纽约。有时增长动力来自人——有一些人知道如何将思想转变为现实,比如底特律的发展。通常,这些力量会共同作用。由于这些因素因地而异,随时变化,城市增长不规则,相对规模时常发生变化,所以在 1890 年,芝加哥已成为我们的第二大城市,宾夕法尼亚排第三。在此之前,宾夕法尼亚一直位列第二。1877 年以前,芝加哥比波士顿小,1872 年前比圣路易斯小,后者在铁路出现之前非常重要,是沿密西西比河进入西部的门户。但是,一旦一个城市比这个国家的任何其他城市都大的时候,它就获得了优越于其他城市的增长动力,在城市特点和规模上超越所有其他城市。它是所有上等货最好的市场,它成为首位城市。

在世界上 28 个主要国家中,第一大城市的规模是第二大城市的两倍多,其中有 18 个国家达到三倍多——这种现象的不断复现使这一关系成为一条定律。如果我们把这 28 个国家中规模最大的城市的人口设为 100,第二大城市的数值平均就是 30,第三大城市为 20。

根据一个国家规模最大的前三位城市的人口，可以确定该国家的城市首位度指数。当然，为了更好地说明问题，数据及其所在年份的选择要恰到好处。

奇怪的是，英国自治领——加拿大、南非、澳大利亚和新西兰，以及印度却是明显的例外。丹麦的城市指数是 100—11—9；英国是 100—14—13；墨西哥是 100—18—13。而加拿大是 100—77—30，第一大城市只比第二大城市略大一点；南非是 100—80—29；澳大利亚是 100—80—25；新西兰是 100—70—62；印度是 100—79—44。这种对法则或定律的一致性偏离，让我们有理由推测自治领是把伦敦作为它们共同的首位城市。

虽然并非所有城市人口数量都可以精确取得，但对于所要说明的问题已经足够了。比如，中国的数据是根据中国邮局的信息估计得到的，不是基于真正的人口普查。但是错误大得足以影响到分析结果也不太可能。

在分析样品中，所有城市都是大都市，其中有 16 个达到百万规模。加拉加斯最小，有 13.5 万人口，但它是年轻、有能力的委内瑞拉人的目标，是全国的风格、时尚、教育、商业的中心，像伦敦一样，只不过程度上逊色一些而已。规模是第二大城市三倍以上的 18 个首位城市是维也纳（1934 年）、哥本哈根、布达佩斯、伦敦、墨西哥城、利玛、布宜诺斯艾利斯、布加勒斯特、哈瓦那、拉巴斯、赫尔辛基、智利的圣地亚哥、布鲁塞尔、布拉格、马尼拉、柏林、巴黎和伊斯坦布尔（1935 年）。规模是第二位城市两倍以上的 10 个首位城市是索非亚、里约热内卢（1892 年）、奥斯陆、雅典—比雷埃夫斯、里斯本、维也纳（1910 年）、纽约、巴格达、上海和斯德哥尔摩，不过东京只差一点而没有入围。

那些去首位城市追求事业进取的人们，如朝圣者一样不买返程票。他们要留下来。大多数居民是这样来到首位城市的。他们中的多数来自五湖四海，最终变成了首都的一员。这个国家的每个角落都贡献出其最富活力的精神构件，因而，首位城市比其他城市更能完整地表现这个民族的性情。由于个人不大可能与自己的家乡完全脱离联系，首位城市对国家的联合凝聚有很大贡献。奥罗休（M. Aurousseau）指出："纽约是美国的前台。"同样，巴黎是法国的前台。其他较小的次级城市不具备首位城市这样的统一效应。另一方面，出生在首位城市的本地人往往目光狭隘、见识短浅——如伦敦佬，如纽约客。他们以为由他们自己塑造了这个城市的品质，殊不知很多情况下，他们甚至成为实质上的局外人。他们是真正的首都以外的居民，却未能认识到这片土地上各个区域对首都的贡献。在这种意义上，城市领头雁的首位度是民族主义强烈程度的识别标志。这里有民族的精神和灵魂。美国南北战争让这个国家共同的民族感变得紧张起来，战争刚一结束，年轻人就离开南方，到瑞士或法国接受教育，成群涌向加利福尼亚的新西部开始生活。他们宁愿去融入一个有待兴起的旧金山，也不愿生活在没有他们民族认同感的纽约。

有什么人能比爱尔兰人萧伯纳（Shaw）、威尔士人劳合·乔治（Lloyd George）、苏格兰人卡莱尔（Carlyle）具有更强的英国共同民族感吗？他们到处宣扬本地出身的优越性，究其原因，他们已经被不列颠民族意识浸透。前面已经提到，伦敦是英国自治领国家的首位城市而不仅仅是英国本身的首位城市。在某种程度上，这也适用于外国人——那些并非生于不列颠的人。其实，巴黎也是这样，罗马也是如此。

小的邻国的城市状况在世界级首位城市的吸引力下有些黯淡。荷兰的阿姆斯特丹，78.3万人，鹿特丹，59.9万人，这是因为有伦敦、巴黎和柏林在其300英里的半径范围内。荷兰没有一个明显的首位城市。可是，不那么爱移动的比利时人却有一个非常突出的首位城市！

瑞士说德语的北部地区持久地离心于瑞士，被德国和奥地利吸引；说法语的西部地区向法国偏离；说意大利语的南部地区大概是向意大利偏离了。于是地理学家白吕纳在小城弗莱堡——地处瑞士法语区——写作《人文地理学》，并因此赢得声誉。巴黎召唤着他，他已不属于瑞士。类似地，伯尔尼的布鲁克纳（Brückner）去了奥地利的维也纳。瑞士自己的首位城市苏黎世只有25万人，并没有明显地大于人口14.8万的巴塞尔或者人口12.4万的日内瓦。要赢取首位城市的地位，苏黎世必须能把瑞士人从西部和南部地区跨越语言障碍吸引过来，而维也纳和柏林不存在这样的障碍。

为了揭示首位律，所选取的城市必须处于这样一个时期：城市所属的国家已经充分成长起来。战后新兴的国家可能还没来得及增长。在城市的生命中，20年毕竟太短了。这些国家甚至还不能表明它们有能力长期存在下去。研究中把它们按其前身——战前的帝国进行考察，以尽可能地保证所使用的数据令人信服。不过，新兴国家给城市首位度以很好的例证。在1930年，布拉格、布尔诺和摩拉维斯卡俄斯特拉发相应的人口数是84.9万、26.5万和12.5万，捷克-斯洛伐克是100—31—15的人口比例。在波兰，华沙（123.3万）、罗兹（65.3万）和利沃夫（31.7万）的人口比例为100—53—26。在匈牙利，布达佩斯（105.2万）、赛格德（14.0万）和德布勒森（12.5万）的比例为100—13—12；在芬兰，赫尔辛基（28.4万）、维普里（7.3万）、土库（7.1万）的比例是100—26—25。它们丝毫不在规律之外。

基于同样的考虑，罗马尼亚选择的是1912年的数据，土耳其选择1914年的数据；巴西则选择1892年的数据，对应于其帝国时期，那时里约热内卢的首位地位还没有被圣保罗威胁，作为首都的圣保罗事实上还是一个新开拓的区域。巴西1892年前三大城市的规模比例为100—38—36，到1936年变为100—66—28。对俄罗斯选取的是1912

年，意大利选取的是 1914 年，奥匈帝国是 1910 年，不过以后的数字也给了出来。

上海案例有一个缺陷，即人口包含了 150 万的外国人，他们当然不是来自国家低层的、去首位城市寻找财富机会的中国年轻人。中国人当然没有如 100—44—37 的指数所显示的那么强的共同民族感，如果排除上海的外国人，这一指数就变为 100—78—65，……这样更合理些。

大柏林的数字无疑是太大了，它对应的地域范围包含原野和林地。在 1895 年被称为"大"柏林前，德国的城市柏林—夏洛特堡（181.0 万人），汉堡—阿尔托纳（77.3 万人）和慕尼黑（40.7 万人）的指数为 100—43—22。……这样可能更恰当些。

来自世界城市记录的事实似乎证明了首位律：一个国家的领头城市总是不成比例地大得出奇，它是国家能力和情感的集中体现。

三个例外情形强化了首位律，因为每一个案例中共同民族感都是微弱的或者不存在。战前的俄国和意大利，战后的西班牙，地方风尚比国家统一感要强很多。

实际上，西班牙从来都不是一个统一的国家。它长期以来有两个民族和两种语言：卡斯蒂利亚人（语）和加泰罗尼亚人（语）。尽管比利牛斯山西部的巴斯克人与这两个相邻民族的差别更大，但他们在数量上太少，不是十分重要。马德里研究院自称皇家和西班牙研究院，出版了一本精良的语法著作和令人钦佩的卡斯蒂利亚语词典。两个省的人毫不犹豫地称自己是卡斯蒂利亚人或者加泰罗尼亚人，而非西班牙人。两个首脑城市马德里和巴塞罗那互相争夺领导权。可能是皇家宫廷成功地把一部分野心勃勃的加泰罗尼亚人吸引到了马德里，但是没有什么力量将卡斯蒂利亚人吸引到巴塞罗那。根据这种影响的差异，西班牙人制定了他们的民族分界。当君主立宪政体垮台后，立即要求安排和授予加泰罗尼亚以自治权。

意大利的情况也是这样。诞生于 1860—1870 年的意大利由一组不同的公国和王国联合组成，直到 1914 年，清楚的共同民族感还没有形成。阿根廷共和国的意大利殖民者在 1918 年还宣称自己来自威尼斯、那不勒斯或者罗马，而不是说来自意大利。他们中的多数是不能读写的，学校没有教授他们托斯卡纳语——当时意大利的国语。在意大利西部的姊妹岛科西嘉和撒丁岛，人们说着差别很大的意大利方言。不过，在法兰西国民教育的普及下，科西嘉人说一口流利的法语，岛上的意大利方言降格为私下使用的语言；但在撒丁岛，方言让只懂托斯卡纳语的人语言交流起来十分困难，官方语言的教育还没有普及到撒丁岛。

当一战开始的时候，那不勒斯还像 1870 年以前那样，是意大利最大的城市。尽管 1870 年罗马被设为首都，直到 1931 年，它才在规模方面赶上那不勒斯。1936 年，罗马有 115.6 万人，米兰 111.6 万人，那不勒斯 86.6 万人，100—96—75 的比例说明首位度并不比 1914 年强多少，尽管墨索里尼致力于国家统一；但罗马和那不勒斯的位置发生互换，后者自 1928 年起人口减少，这一年颁布了新的选举法。罗马现在应该可以在规模上将米兰和那不勒斯甩在身后了，因为它现在享受特权地位。

突出的首位度需要全国各地都有一种对共同民族性的强烈感受，一般教育和方便交流是这种感受得以发展的重要因素。在俄国，人们不到学校接受教育，交流总是被限制。圣彼得堡不是这个帝国各个地方有雄心的年轻人蜂拥而至的地方，它是沙皇的首都，那里官僚机构云集。莫斯科现在是苏联专制主义更大的中心，它是否表现了俄罗斯人的性格和能力可能要遭到怀疑。

德-瓦勒拉（De Valera）称老的爱尔兰自由邦为爱尔兰（Eire）——整个岛屿的爱尔兰语名字——以表达他对南北统一的企盼。根据 1926 年的人口普查，都柏林（Dublin）有 41.9 万人，贝尔法斯特（Belfast）有 41.5 万人。不管未来会带来什么，现在岛上没有首位城市，但是两个城市长期以来对应两种不同模式的民族观念。首位城市是民族主义的缩影。

三、杰斐逊的影响

杰斐逊为人特别热情，精力充沛，具有独创思想。他的许多文章见解超群，他的文明、铁路和城市分布研究被广泛引用。他的成就为他带来了很高的荣誉回报，包括美国地理学会克拉姆奖（1932 年）、芝加哥地理协会卡尔弗奖（Culver，1932 年）、国家地理委员会杰出服务奖（1939 年）等。在地方上，他是密歇根科学、艺术和通信研究院的主席，他在基瓦尼斯（Kiwanis）具有很高的影响力。

（陈彦光、韩雅飞）

赖　特

构想在地理学中的地位（1947年）

　　J.K. 赖特（John K. Wright，1891—1969），美国地理学家。哈佛大学历史学学士（1913年）、硕士（1914年）和博士（1922年）。第一次世界大战期间，先后任职于美军步兵情报机构与美军驻法国总参谋部历史处。战后，他获得哈佛大学的访学资助，赴法国多所大学讲学。他是美国科学史协会成员，也是美国近、现代地理学界知名度最高的地理学者之一，曾经在美国三大地理学科组织[①]之一的美国地理学会工作长达36年，历任图书管理员、会长和历史年鉴编纂者。1946年，他出任美国地理学家协会主席，一生获得多项学术成果大奖，是美国地理学界著述最丰富的学者之一。赖特一生共发表各类论文近300篇、学术著作12部，其中相当部分涉及历史地理学[②]。1976年，D. 洛温塔尔（David Lowenthal）和 M.J. 鲍登（Martyn J. Bowden）与另外八位赖特的学生、同事和朋友，合编并出版了纪念他的论文集《理智的地理学：纪念J.K. 赖特历史地理知识论文集》。

　　"未知领域：构想在地理学中的地位"[③] 一文，是赖特1946年任美国地理学家协会

---

　　① 美国地理学界有三大地理学组织。美国地理学会（The American Geographical Society），1851年与1852年之间成立于纽约，最初称美国地理与统计学会（The American Geographical and Statistical Society），1817年改为现名，有出版物《美国地理学会公报》（*Bulletin of the American Geographical Society*），自1852开始发行，至1915更名为目前的《地理学评论》（*Geographical Review*），目前学会工作主要为美国商业和政府服务。国家地理学会（The National Geographical Society），1888年成立于华盛顿，面向公众与教育，有普及性的《国家地理杂志》（*The National Geographical Magazine*）。美国地理学家协会（The Association of American Geographers，简称AAG），1904年12月29日成立于费城的宾夕法尼亚大学，以学术研究为主，有学术杂志《美国地理学家协会年刊》，每年召开一次学术年会。此外，还有在原青年地理学家学会（Young Geographers Society）基础上于1943年9月16日成立的美国地理研究学会（American Society for Geographical Research），该学会于1948年12月29日合并入美国地理学家协会。（参见James, P.E., and G.J. Martin. *The Association of American Geographers: the First Seventy-five Years*. Association of American Geographers，1978。）

　　② Lowenthal, D. John Kirtland Wright. *Geographical Review*，1969，59：598-604；Bowden, M. John Kirtland Wright. *Annals of the American Association of Geographers*，1970，60：394-403；Mullins. L., and M. Laird. John Kirtland Wright. A List of Publications. In Lowenthal, D., and M. J. Bowden, eds. *Geographies of the Mind: Essays in Historical Geosophy in Honor of John Kirtland Wright*，1976.

　　③ Wright, J.K. Terrae Incognitae: The Place of the Imagination in Geography. *Annals of the American Association of Geographers*，1947，37（1）：1-15.

主席的就职演讲，全文分为十个部分：未知领域的塞壬们；未知领域的多样化；地理学中的构想；艺术构想；艺术主观性中的合理性与可取性；借用的构想效果；地理学与人类知识；地理制图的地理知识学；历史的地理知识学，或地理学史；强烈意愿。赖特阐述了地理知识论（geosophy），这是他对地理学科的最大贡献之一，也是本文的核心所在。

赖特以古希腊神话中的塞壬（半人半鸟的海妖，常以美妙歌声诱惑经过的水手而使航船触礁沉没）开题引入正文——未知领域。这个词组激励了构想。在历史的长河中，人们被塞壬的歌喉吸引到未知领域，而当我们今天在现代地图上看到被标注为"未探索的"区域、用断线表示的河流以及注记为"存疑"的岛屿时，塞壬歌喉的回音仍然缭绕在我们的耳边。

一、未知领域的塞壬们

在较远古的历史时期，人类活动中心的周围，都是确确实实的未知领域。对于石器时代的人类祖先，天际线的蓝色山脉，也许已经标志了他们的疆界。他必定经常希望穿越（也许是邪恶灵魂的）领域，但又不敢。最后，如果勇气战胜了恐惧并有一些强壮伙伴相随，他就能穿越那禁界，很可能他会发现一块与他自己的领域差异迥异的地域。这样，环绕他的边界被推后一些，他在人类的进程中迈出了一小步，但仍然没有达到其终极。但是，虽然我们石器时代的祖先及至近代文明前夜的后继先辈们使未知领域的圈一点一点地推后，但他们的"所知世界"仅仅是无限阴暗中心的一片光，所有一切都一概不知或有待证明。进入这片阴暗的旅程，成了诗人与小说家喜好的主题，如古希腊神话阿尔戈英雄、荷马史诗《奥德赛》，以及阿拉伯民间传说辛巴德与圣·布兰丹等。在黑暗之外，原始的东欧与亚洲游牧部落（如锡西厄人部落、匈奴人部落与鞑靼人部落）不时地涌来，举着火把与弓箭穿越欧洲。这曾是一个不可思议的阴暗时代，当时出现了奇人与巨人的传说、祭司王约翰祭司帝国的传说、歌革与玛革启示部落的传说，直至（在正义的时代）它们会冲出来劫掠世界时，才被关闭在亚历山大的城墙之后。未知领域与已知世界并非没有关联，在绝大多数历史时期内，对其威胁势力的意识，必然引发持久的奇迹，几乎没有一点构想。

也许这种奇迹根植于敏感民族可继承的潜意识中，并一代一代地传承至我们的今天，但是无论如何继承，在地理研究中使我们满意的最深层推动作用，似乎近似于促使我们石器时代的祖先走向疆界之外域的驱策力。在野外工作或在暑假过程中，我们都要登山，并凝望不毗邻与不熟悉的乡野。在我们的身后，躺伏着我们攀缘而上的山谷、我们曾经逗留的农庄与牧场。我们的前方，如果不是联邦地质调研局未知的地域，也至少展现了我们自己个人的未知领域。在山顶所引起的令人沉思的心境中，我们的思维超越了我们的视野，思考着所视地域的地理形势、体验着神秘环境令人愉悦的感知——也许甚至感触到了不祥之兆。我们听到了塞壬的声音。

当然，对不同的民族，塞壬们唱着不同的歌词。有些是诱惑人心的物质报偿：如黄金、皮毛、象牙、石油，以及定居与探索的土地。有些是引人期盼的科学发现。还有些是呼唤人们去冒险或避险。她们尤其吸引地理学者用地图去再现她们领域的地形，为将只言片语形成完整的清晰概念而解惑释谜。但基于所有类似者对她们呼唱的所听所闻，她们编织了诗歌般的咒语。

今天的地理学者极少或不再有机会进入确确实实的未知领域（完全未被探索的领域），乍看上去，这些领域中未知事物的诱惑力，似乎比不上那些吸引我们确实必须关注的区域与问题的诱惑力相比较。然而，哥伦布、麦哲伦或利文斯敦听到的塞壬歌声，仅仅在强度上有些差异，而在音调与音质方面没有区别，它们呼唤我们去探索在我们看来更为平实单调的未知领域。

二、未知领域的多样化

显然，特定地域被称之为"未知的"与否，取决于所考虑的知识与知识类型。词组未知领域确实被用于早期欧洲地图，地图绘制者将其标注在他可能参考了所有已有信息资源之后仍然未知的地域上，但这样的"未知领域"超越了西方文明的地理学者与地图绘制者的知识范围，即便如此，它们却被它们的居住者熟悉，也很快会被其他文明的民族熟悉。在罗马人心目中，中国处于未知领域的绝对中心，但对于中国人来讲，罗马帝国同样渺茫于"未知土地"。我们对那些在不同时代描绘不同程度的"未知世界"的地图并不陌生，这些地图多数（有些简陋地）体现了单一（西方）文化传统中地理知识发展的不同阶段。据现有记载，也可以获得其他文化传统的类似地图，表明了中国、日本、阿拉伯、印度、玛雅以及其他欠发展民族的区域知识的成就。它也将被揭示这样进程的动力是否能被地图再现，例如，16世纪欧洲与远东所建立的联系，产生了西方已知世界与中国地理学已知世界的部分融合。

当我们说"就史前埃拉托色尼时代的希腊人所知的世界"或"公元1945年美国人（所知的世界）"时，我们是指这样的两块地区，即当时当地的希腊人与当时当地的美国人无须刻意探险就能了解该地区的事物。事实上，绝大多数古希腊人或美国人所知的世界是较小的。

就所有实际目的而言，山地民族中孤立村落的未知领域远远大于山地民族中所有村落的未知领域。因此，依据我们的观点，存在着个人的、社区的以及民族的未知领域；存在着不同文化传统与不同文明的未知领域；也存在着当代地理科学的未知领域。

未知领域的含义竟然取决于我们将要考虑的知识种类。存在着两个层次的地理学知识：被观察事实的知识与从被观察事实中合理推理出来的知识。例如，基于合理推理，我们知道，人类从未见到的南极地区因气候太冷而不足以提供热带雨林的生长，而在未被探索的南部阿拉伯内陆，气候因太暖热干旱而不存在冻原与冰地。因此，如果未知领域被绝对地认为是一块人类对其完全无知的地域，那么今天的地表就不存在未知领域。在地球这颗行星上，不再有一处不明之地像其以往时代那样完全黑暗。科学已经达到了我们可以插入声音的尖端，即使不完全，地理知识已经填补了每一处空白。

我在缅因州海岸有一处避暑地。地理学者除了能够从对该避暑地所在地域的大致了解中推断出常识外，对其一无所知。你们可以推断有关其气候的情况，至于该地没有的事物你们也可以想象出一些结果，就如我们思考南极内陆那样；但至于该地的地形、流域、土壤、植被、房屋、道路，以及其内部地理的其他方面，没有出版材料提供给你们。你们可能会理所当然地推测，植被包括冷杉、云杉与美洲落叶松，但是，所有那些都是地理科学的常识，而我的土地上却没有一棵树。因此，如果未知领域被认作是一处在科学文献或地图上对其内部事物未作记录的地域，那么，我在缅因州避暑地的内部，正如南极内陆，也是一处未知领域，即使是极小的一块地。的确，如果我们观察得足够细致，换言之，如果我们考察的地图绘制尺度足够大，整个地球就显现成为微型未知领域的巨大拼盘。即使一块地域被一群微观地理学者仔细地研究并通过地图再现，有关该地域地理的许多事物仍会保持未知状态，因此，今天不存在绝对意义上的未知领域，也不存在绝对的已知领域。

三、地理学中的构想

当然，我们地理学者之所以建构与传承，还不是因为地理未知领域对我们有魅力般的吸引，而是出于其他动机。我们对事物的知晓并向他人传授方面的满足感，与我们对不知晓事物的好奇心不同，它常常是一种有力的因素。我们享受在野外或在图书馆搜集资料的吸收过程、思考复杂问题的智力过程、向我们同时代的人贡献我们希望会有用

（或有益）的事物的利他主义过程。但这些动机是我们作为地理学者的特点，因为受到激励的是他人而不是我们自己。纯地理学者与纯化学家或纯牙医的区别似乎在于，我们对地理学识前沿之后所有隐秘的未知领域的兴奋，具有特别敏感的直觉构想与更特殊的象征构想。的确，我们对一块地域或一个问题的探索越多，该地域内部或其整个区域的隐秘就越吸引我们。

地理研究是寻求将科学的未知领域转化成科学的已知领域，而地理教学是将个人的未知领域转化成个人的已知领域。无论是地理研究还是地理教学，未知事物激励着构想去将对事物的心理想象设想成在事物中的探索，发现得越多，构想对深入研究的建议就越多。因此，好奇心是构想的产品。而好奇心一词，看来有些令人遗憾，它通常是指猴子、幼儿与长舌妇好管闲事与荒谬的特征，但也用来表示受更崇高与更非个人的力量所推动，它促使天文学家探索宇宙的深处，激励地理学者洞察未知领域的奥秘。对于地理学者，"奇妙"会是一个更恰当的术语，不寻求理解所关注的事物，我们就不可能在其中体验奇妙。无论如何，我们构想得越少，奇妙与好奇心的大门就开得越小，缺乏构想的地理学者（必须承认，的确存在着一些）是被不同的动机驱使的。如果没有标注新的途径，他们就在其他人身后亦步亦趋，仿效刻板的模式，如果他们的勤奋与模仿能力尚可，他们也会在教学甚至研究中获得成功，很好地维持本已存在的地理学，并使其沿着习以为常的轨迹前行。

构想不仅本身投入未知领域并为我们提供了后继之途，而且作用于我们所发现的那些事物并在此外形成了我们寻求与他人共享的构想观念。已故的道格拉斯·纽博尔德先生认为："学识必须进入想象，即头脑与心灵，它们不仅是浅显的证据，而且显示判断、鉴别和一个国家现实图像的变化。"与我们仅来自记忆的精神想象（诸如对我们曾经见过的景致的回忆）不同，构想观念本质上是一种新概念、新创造，因此，我们的构想越少，我们撰著与教学的新意与原创就越少，激励他人构想的有效性就越少。

但强烈有效的构想是地理学中的危险方法，除非被小心运用。的确，构想最好被喻为性情化的骏马，而不是需要精密并客观地操作的仪器。精神的高度敏感功能，容易受主观影响所左右，并因此而名声扫地，而其中的主观性在科学界是经常持有的。

由于我将在下文认真地探讨主观性，在此对它的分析最好打住。我认为，其中具有主观性成分的名声扫地不可一概而论，可能是由于主观性是客观性对立面的错误观念。我们可能都赞同，客观性是现实地构想事物的精神倾向，倾向部分地取决于意愿，部分地取决于观察、记忆以及正确推理的能力。因此，客观性的对立面就是非现实地构想事物的精神倾向，但显然，这并不是主观性的恰当定义。就一般理解而言，主观性意指构想有关个人事物的精神倾向，也就是说，那些事物要么是显现给个人，要么是影响或被某人的个人兴趣或愿望所影响。事实上,当这样的倾向经常导致错误、错觉或蓄意的欺骗时,所构想的事物,就完全有可能不仅有关个人而且是现实的。如果这不是事实,人类在很久以前就已经灭绝了。因此,我们可以区别:(1)严格的不受个人感情影响的客观性、(2)幻觉的主观性,以及(3)现实的(有人甚至会说,客观的)主观性。举例来说:我对臭鼬作为小型毛皮动物所具有的特殊能力(在此情况下,不是构想观念)的认识,是不受个人感情影响的客观性;疏于观察者把特殊的臭鼬认作猫的一厢情愿的观念,就是幻觉主观性的结果。谨慎的观察者对与其邂逅的特殊臭鼬所做的精确定义,就是客观主观性的产物。

四、三个构想过程:原动构想、直觉构想与艺术构想

存在着与地理学重要相关的三个构想过程,在每一过程中,一种形式与另一种形式的主观性起着很大的作用。它们可称为原动的、直觉的与艺术的构想。

原动构想,是由提升或保护任何个人利益或事业的愿望所控制,而非为了自己的利益而寻求客观真实。这是由诸如偏见、成见、偏爱、贪婪、恐惧,甚或爱情那样的情感所主宰的主观构想,所有这些情感都会使构想产生虚假的或欺骗的观念去符合人所喜欢的事物,而不必符合真理。然而,现实主观性也会影响原动的构想。对于个人或社会事业的情绪化虔诚,竟然会导致去情绪化地寻求有利于促进或保护事业的现实观念。作为副产品,人类对财富与权力的贪婪以及人类对于宗教教义特殊形式的偏爱,已经产生出客观地理学识的丰硕成果。

直觉构想,其目的是客观的,其含义是要获得现实观念。然而,这是主观过程,因为它利用了人对所选择事实的个人印象,而非对所有相关迹象进行不受个人感情影响的思考与权衡。世界上的许多智慧就是这样积累获得的,不是来自于科学研究的严格实施,而是通过哲学家、预言家、政治家、艺术家与科学家熟练的直觉构想(或洞察力)。

艺术构想,只是情绪构想的一个分支,其中主要而原动的个人兴趣是一种期盼,期盼欣赏构想本身的过程,期盼以文字与图表形式传输结果的方式给予他人满足。因此,其最终目的,不是创造一件独立的艺术作品,就是将艺术性引入实用的或科学的研究。……地理学者对一个地区或区域的阐述,要么认真地而非构想地去关注一切细节,要么在选择与强调区域的特性与特征方面运用艺术构想。

地理学者对于直觉的与艺术的构想的倾向是什么?有人相信,我们应该仅仅探索诸

如能够使他们根据严格的科学规范去探索的未知领域，这样的探索的目的是确切地查实那些"未知领域"所包含的事物，在向他人展示结果方面，我们应该追求严格的、不受个人情绪影响的客观性。这样讲，也许是让艺术家、诗人、哲学家、小说家与政治家去发展他们头脑中的艺术与直觉的天赋；地理学者应该保持在笔直而有局限的路径上。

另有人认为，地理学研究的许多形式不可沿着严格的科学道路去追寻，要是没有艺术构想，地理学就将长期成为熟练的直觉构想的天地。在很大程度上，地理学是有关人类的科学，而有关人类事务与动机的研究还没有超越只能使其中很小部分被发展成为一门确切的科学的地步。只有超越了那样的地步，许多地理学研究才必将在极大的程度上带有直觉主观性。但持这种观点的人，对地理学艺术构想的盛行倾向持怀疑态度。

不幸的是，对艺术浪漫冲动的这种根深蒂固的怀疑，也经常使我们去压抑它们，用凡事琐经去掩盖它们，并因此使我们对地理学界带有艺术风格的任何事物的看法，变得枯燥僵硬。

我们对谛听塞壬歌声的过分害怕特性来自传播甚广的三个观念：首先，艺术主观性总是非科学的，它导致幻觉与错误；其次，艺术主观性存在于地理学之外，它没有必需的功利性目的；再次，一般情况下，地理学者并不熟练于表达艺术主观性，并因此而避免试图表达。

考虑到这三个观念的有效性，我要将这些并没有妨碍科学地理学进展的习惯思维称之为"正当的"，尽管它不必是所有地理学者唯一关心的问题，但它确实是绝大多数地理学者所关心的主要问题。

这样，尽管对持不同看法者尊敬至极，我并不认为科学观念与艺术观念在地理学中不是相互排斥就是相互对抗。我们构想天赋中的浪漫受到压抑，就不能使我们达到地理学研究本应达到的许多满意程度，并使我们的教学与著述达到它们本应有的良好水平。如果我们给予我们自己构想的艺术作用以更大空间的话，美国地理学在结构与名声方面都会得到发展而不是萎缩。如果我们能够抑制住扑灭艺术火花的诱惑，我们就能看到它点燃了我们地理学研究生与地理学同行的构想。

五、地理学与人类知识

赖特在阐述"未知领域"及其多样性、"地理学中的构想"及其三个构想过程的基础上，着力论述了"地理知识论"。

一般认为，人类知识是地表十分重要的现象。它也许形成了两种地理学研究的主题：我们不是研究任一知识形式的地理就是研究所有知识形式的地理，否则，我们就会研究来自任一或所有观点的地理知识。

知识的地理学具有系统地理学的形态，它潜在地研究所有类型的知识与信念，无论是宗教的、科学的、哲学的、艺术的、日常生活的知识类型，还是其他知识类型。因其分布与区域关系而被研究的各种知识形态与知识表现形式，恰如在系统地理学的其他分支中被研究的地形、城市、语言或各种其他地球现象。当然，在许多其他分支学科与区域地理学中，也会附带地考虑到人类的知识。然而，集中关注的结果是，知识产生于地表，而非产生于知识本身的地理性质上。

虽然知识的地理学与文化地理学紧密相关，但它不同于文化地理学；在一定程度上，知识本身不同于文化，知识比文化更不固定，经常快速地从一个文化领域传播到另一文化领域而基本不改变其确定的形式。较之于我们发展知识的地理学，社会学者已经更有意识和更系统地发展了知识的社会学，并可能认为，知识的地理学只是知识的社会学的一部分。这无须自我烦恼，因为地理学有许多方面，我们可以从他人而非我们自己进行的探索中获益。

虽然研究进入知识的地理学的可能性是令人诱惑的，但赖特更希望所特别强调的第二种研究形式，即地理学知识的研究。较之于音乐知识或历史知识的研究分别有"音乐学"或"历史研究学"，地理学知识的研究领域还没有一个专用术语，因此，要顺从地理学者的长期诱惑而造出一个来。其专用术语是地理知识论（geosophy），它由表示"地球"的 geo- 与表示"知识"的 -sophia 复合而成。虽然这使人联想到神智学，但与其并没有关系；地理知识论也不会与地理诡辩法（geosophistry）和地理玄学（geopedantry）相混淆，后两者都已知到达了全盛期。为了不至于误解，赖特没有引用这些术语词，而是通过生物地理学（biogeography）、动物地理学（zoogeography）等进行类推，将知识的地理学称之为"知识地理学"（sophogeography）。

地理知识论之于地理学，如同历史研究学之于历史学，涉及古今地理学知识的性质与表述，具有惠特尔西所称之为"（地球）空间的人类意识"[①] 的内容。因此，它的研究范围远远超出地理科学知识或被地理学者系统化的地理学知识的核心范围。就其整个外围而言，它涵盖了人（不仅是地理学者，还包括农夫和渔民、商人与诗人、小说家与画家、阿拉伯游牧民族贝都因人与非洲南部的霍屯督人）的所有行为方式的地理学观念，包括正确的与错误的观念；因此，在很大程度上，地理知识论有必要具有主观意识。的确，即使地理知识论中涉及科学地理学的那些部分，也必须考虑人类的愿望、动

---

① 参见 Whittlesey. D. The Horizon of Geography. *Annals of the American Association of Geographers*，1945，35：1-38。

机与偏见，因为在地理学者对科学地理学是什么以及应该是什么的讨论中，不存在地理学者可能更受主观影响的地方。

虽然主观意识确实会被客观地研究成为一个具体观点，但地理知识论必定不是这样的研究领域：一个人可在其中运用可能在自然科学与自然地理学运用得更严格的分析方法。然而，由于这一原因，任何地理学者在其意识中都会认为，地理知识论要么是不正当的，要么就是不合理的。对于我们自己以及我们寻求服务的人来讲，其价值几乎不需要保护。地理知识论能为我们的研究提供背景与必不可少的观点。它能为我们显示何处是我们适于更大规模地观察与思考的途径。通过帮助我们更好地理解科学地理学与其得以产生的历史文化环境之间的关系，当其成为我们的目标时，地理知识论就能使我们成为更全面的科学地理学者。许多美国地理学者乐于参与方法论讨论，尤其是索尔、布朗、惠特尔西，以及其他地理学者对来自地理学史的价值的强调，已经意味着对地理知识论在这些方面的功能有了认识。

地理知识论的研究存在着许多合适的方法，地理制图方法与历史学方法，是其中的两种。

地理知识论的地理制图方法包括绘制表现有关地理知识分布信息的地图。显然，每幅地图都以这种方式向我们传递了信息；地理知识地图就是为此目的而科学地编绘的一幅地图。这样的地图有两个主要分类。第一类地图所表现的事实，与有关不同地域的已知现象相关。……第二类地图表现的事实，与今日或往日的、不同地域之内或不同地点的地理学知识相关。……无论如何，这种特殊的地理知识论地图将不是可行的就是可取的，地理知识论地图通常在无知的阴暗与知识的光明之间形成鲜明的对比。不同形式与不同程度的未知领域显然基于这些地理知识论地图而唤起我们的好奇心。

地理知识论的历史研究是指地理知识史的研究，或是习惯所称的"地理学的历史学"。这门学科，通常被认为是有关地理知识记录的学科，地理知识是通过探险或野外工作所获，并形成一门学科，在此领域内所做的大多数工作已被限制在地理知识的核心领域。……

六、强烈意愿

赖特的意愿是，有朝一日，在某些大学或学院中，会设立地理知识论或知识地理学的教学科研职位。其目的是以扩展地理研究与教学的范围来加强地理研究与教学的有效性。

已有一个思想流派认为，地理学的有效性仅以限制其范围的方式就能获得增加，但这一流派混淆了作为一门学科或职业的地理学的有效性与个别地理学者或已有大学系科的有效性的区别。今天更普遍的趋势，是强调地理学与其他学科（尤其是生态学、土壤学、农业经济学与工业经济学以及文化人类学）之间更紧密联系的需求，而不是对与地质学以及地球物理学不同分支学科联系松弛的遗憾。值得企盼的是，在建立与再建立这种联系的愿望之中，要加上重新建立与历史学和人文科学更紧密联系的愿望。

在科学地理学核心之外，存在着迷人的未知领域。如果我们自己不进入未知领域去亲身感受或探索，我们会将它们从我们的感应范围中剔除吗？虽然我们多数人坚定地认为，科学地理学应当沿着笔直而有局限的道路前进，不要偏离主题太远，但我们至少要扩展我们的兴趣并鼓励他人去大胆地开辟其他途径。

虽然所有科学都应该是学术的，但不是所有学识都能够是严格科学的。而且，学识不仅包括自然科学与社会研究，而且包括不亚于研究外部现实世界的探索主观经验与构想表述世界的人文科学（艺术与文学）。科学地理学外周边的未知领域拥有肥沃的土壤，期待着用人文科学的方法与精神去耕耘。

有些专家专门探讨科学地理学的地理知识论——其历史、其方法，也许还探讨与地理学更大进步有关的个别地理学者的生平传记。另一些专家关注地理学的科学观念与其他观念，他们会影响或受影响于特殊的人类活动与动机，或具有与原理和观点的变化趋势有关的特殊地理知识类型。

赖特最后希望，至少应有一两位专家真正献身于被称之为艺术地理知识论的学科，研究地理学观念在文学与艺术中的影响。文学历史学者，但很少有地理学者，已经循着塞壬的歌喉进入这些未知领域。我们非得要将对它们的探索完全让给文学专家吗？我假设的艺术地理知识论专家（虽然上帝禁止他们被以这样糟糕的头衔所称呼）的一项功能，是避免地理学界新辈们太固执于平凡之中，并在激励学生与公众的艺术构想与诗性构想方面，使地理学的研究比其现状更为强劲。这些专家们应该是具有人文主义观念的学者，即饱览地理学经典著述、一般文献以及文学批评与历史的人。虽然具有一种风格的大师们，其风格不仅单一而且艺术性也受限，但作为一个整体，具有各种风格的大师们的著述可以有助于提升地理学著述的水准。他们的研究与教学会直接发现并研究地理学的真理、信念与错误，如同他们发现和已经发现文学与艺术的表述方式一样。由于他们并没有自认为是地理学应具特性的真正代表者，因此，他们带给科学地理学的魅力与推进中的不利影响几无危害。在保持我们的听力留心塞壬们的歌喉，并使我们进入地理未知领域的旅行成为长期满意的冒险方面，他们可以做许多工作，也许，在所有未知领域中，最有魅力的未知领域，还是存在于人类的头脑与心灵之中。

赖特提出的地理知识论，是被人逐步接受的，1983年出版的第一版《人文地理学概念词典》[①]中尚无"地理知识论"这一词目，但在1994年出版的《人文地理学词典》[②]中已被收录，至今仍有影响。2005年，I. M. 基夫仁撰文分析了赖特的地理思想产生的过程及其地理知识论的产生背景[③]。

（阙维民）

[①] Larkin, R. P., and G. L. Peters. *Dictionary of Concepts in Human Geography*. Westport: Greenwood Press, 1983.

[②] Johnston, R. J., D. Gregory, and D. M. Smith, eds. *The Dictionary of Human Geography*. Third Edition. Oxford: Blackwell Publishers, 1994: 230. （柴彦威等译：《人文地理学词典》，商务印书馆，2004年，第269页。）

[③] Keighren, I. M. Geosophy, Imagination, and Terrae Incognitae: Exploring the Intellectual History of John Kirtland Wright. *Journal of Historical Geography*, 2005, 31: 546-562.

舍费尔

地理学中的例外论（1953年）

弗雷德·舍费尔（Fred Schaefer，1904—1953），德国地理学家。1904年出生于德国柏林，14岁念完中学后做了三年金属制造业学徒工。1921—1925年在社会民主党贸易组织青年部任秘书，其后曾在夜校修习政治学和政治地理学。1928—1932年进入柏林大学继续本科学习，但是纳粹上台后，作为活跃的社会民主党人的他被投入集中营，后来逃脱并流亡欧洲的一些国家。1938年到纽约，并于1939年初到衣阿华州，战时曾在军队教一些培训计划。1946年，衣阿华大学地理系成立，他获得一个教职，至1953年逝世前，他一直在该校任教[①]。

在衣阿华大学期间，舍费尔主要教授地理学思想史、政治地理学以及欧洲和苏联地理。就后一研究领域而言，他除了在美国地理学家协会的年会上作过苏联地理规划内容的报告之外，再没有更多的学术活动记录。舍费尔非常推崇古典区位论和数学、统计方法。在思想上，他与同为德国流亡来的衣阿华大学哲学系的伯格曼（Gustav Bergmann）教授结为好友后，深受其逻辑实证主义哲学的影响。实际上，"地理学中的例外论：一个方法论的检视"（后文简称"例外论"）的立场就是这种哲学理念。在准备写作专著《政治地理学》中的一章"地理学的性质"时，通过与伯格曼等友人的交流，他愈发感觉和确信地理学方法论问题的重要性，并认为写一篇独立的论文比只是作为专著中的一章更有意义。于是，地理学史上最具争议的论文就此诞生。

在地理学史和思想史上，因为一篇论文而奠定学术地位的屈指可数，而且仅凭一篇论文而影响整个学科历史发展的地理学家，可能仅只舍费尔一位。颇具传奇色彩的是，在发表"例外论"之前，舍费尔一直是一个名不见经传的学者和教师，所以对其生平事迹关注者甚少；在该文正式发表之前，他又因心脏病复发去世，甚至论文的校订也是伯

[①] 本文对舍费尔的生平事迹及思想的概括介绍主要参考了 Martin, G. J. The Nature of Geography and the Schaefer-Hartshorne Debate. In Entrikin, J. N., and S. D. Brunn, eds. *Reflections on Richard Hartshorne's The Nature of Geography*. Occasional Publications of the Association of American Geographers. Washington DC: the Association of American Geographers, 1989。

格曼教授代为完成的。因为该文矛头直指当时地理学界如日中天的赫特纳—哈特向的区域学派，称他们所持的地理学的研究对象是区域，地理学不同于其他学科的主张是"例外论"，因而论文在编辑部讨论时就引起很大争议。但是，《美国地理学家协会年刊》(*Annals of the American Association of Geographers*) 的主编亨利·肯德尔（Henry Kendall）最后力排众议，决议刊发该文。这篇论文发表之后，果然引发地理学界的"大地震"。哈特向的反应自然最为强烈，他致函编辑部和一些著名地理学家，猛烈驳斥、批判和抨击舍费尔的观点，甚至愤怒地声讨编辑部刊发舍费尔对他和赫特纳以及康德等地理学家的错误评述是"史无前例的犯罪"，并力图澄清自己和赫特纳等并非"例外论者"。其后，哈特向在《美国地理学家协会年刊》上发表了"地理学中例外论的再检视"（1955）一文，引注达百余条，几乎是对舍费尔文章的逐行逐条回应；在 1959 年，他又出版《地理学性质的透视》，对舍费尔进行全面、系统的批驳[1]。哈特向凭借其深厚的地理学思想史功底和在地理学界的权威地位，获得了许多传统地理学家的支持。然而，虽然他在当时的争论中占了上风，但是在根本上，舍费尔挑战权威的勇气和犀利的论证方式，更重要的是他提出的完整一贯的方法论纲领，既顺应了当时的科学发展趋向实证主义的大势，又瞄准了地理学界亟需新的理论和方法论营养的内部需求，因而他的论文被年轻一代地理学者遵奉，成为二战后地理学理论革命的奠基之作。

"例外论"总体的结构和论证方式是先立、后破、再立。具体而言，就是先提出和分析方法论的定义和性质，然后在联系和比较其他科学发展与地理学区别的基础上，指出地理学存在方法论讨论滞后的严重问题；通过分析，指出其原因在于赫特纳—哈特向区域学派的"例外论"，而其哲学根源在于康德，随即延伸批判了历史主义的方法论；最后，舍费尔指出了地理学建立法则的三个主要领域，并展望了地理学的未来走向[2]。

一、方法论的性质与地理学方法论的现状

方法论是关涉一门学科性质和发展走向的关键问题，但也是难点问题。不同学者因其理论基础和立场不一，所采用的方法论也存在差别，因此难以达成共同的认识。困难还在

---

[1] 上述文献详见 Hartshorne, R. Comment on "Exceptionalism in Geography". *Annals of the American Association of Geographers*, 1954, 44 (1): 108-109; Hartshorne, R. Excepthonalism in Geography Re-examined. *Annals of the American Association of Geographers*, 1955, 45 (3): 205-244; 哈特向：《地理学性质的透视》，黎樵译，北京：商务印书馆，1963 年。

[2] 以下主要内容编译自 Schaefer, F. K. Exceptionalism in Geography: A Methodological Examination. *Annals of the American Association of Geographers*, 1953, 43: 226-249; 内引此文，只注页码。

于，人们往往容易混淆方法论和方法，并产生困惑。针对这种状况，舍费尔直接指出：

"一门学科的方法论不是一个专门技术的工具包。在地理学中，这种技术如制图、教学方法或者学科发展的史实等常被误认为方法论……方法论就是要明确一门学科在整体科学系统中的地位和范围以及学科概念的特征和本质。"（第226页）

方法论的一个基本性质是动态演替性。科学和学科发展是一个动态过程，不断需要并追求新的概念、法则和假设或者理论。方法论必须适应和反映这个变化过程，并指出它的内在逻辑和因果关系。

科学总是在争议中发展，因此舍费尔认为，"在新兴学科中，方法论争论是学科健康发展的标志"。但是，相比其他自然科学和社会科学激烈地讨论方法论并取得很大进展的状况，当时西方地理学的方法论讨论却非常沉寂。地理学家对方法论讨论漠不关心，并坚持认为地理学和历史学是"综合性学科"，完全不同于其他学科，它们独一无二的重要性在于必须用独特的方法得到深奥的结果。这导致地理学很难出现抽象的理论和新的认识。结果是地理学发展甚至滞后于一些社会科学，比如经济学。

舍费尔认为地理学理论和方法论发展滞后主要是由于两个原因：一是在独特的综合性学科体系下，不清晰的思想和独特的方法论引致的不现实的抱负，实际上就是地理学在本体论上的误区与目的论上的自大；二是地理学家甚至对常常延迟的夸大言辞不抱歉意，实际上也就是指地理学家缺乏哲学批判和自我批判精神。因此，他着重指出，"一门科学的出现毕竟主要是劳动分工的产物，实际上需要'无方法论'的公正性。"[①]（第227页）

地理学方法论发展滞后最值得注意的例子当是，截至舍费尔这篇论文发表时，哈特向在1939年发表的《地理学的性质》是西方地理学界的权威方法论著作，14年未遇到挑战。如果再上溯到前赫特纳时期就已奠定的传统，这种着重区域研究的理论范式和方法论基调长期主导着地理学，对学科发展非常不利。因此，有必要分析其理论根源。

二、地理学中的"例外论"及其根源

1. 从现象到法则：系统与区域地理学之争

自然科学在18、19世纪获得迅速发展，理性的解释成为科学的主要趋势。对于地

[①] 应该注意，这个论断与美国著名科学哲学家保罗·法伊尔阿本德（Paul Feyerabend）的"怎么都行"的方法论原则的精神是相似的。但是法伊尔阿本德却是实证主义和唯理主义科学方法论的主要批判者，认为最成功的科学研究从来不是按照理性方法进行的，不应要求科学家遵从一种方法论从事科学活动，而应以知识论的无政府主义取代理性主义。可比较和参照法伊尔阿本德：《反对方法——无政府主义知识纲要》，周昌忠译，上海：上海译文出版社，2007年。因此，虽然舍费尔的方法论立场是逻辑实证主义，但是其具体观点却并不能完全用这个"主义"去套。

理学而言，根据传统的经验去描述地理现象显然已经不能满足科学发展的要求，然而地理学却仍然沉浸在系统与区域地理学的争论中，这阻碍了学科的发展。

系统地理学和区域地理学是地理学的两个主要类别。在系统地理学研究中，地理学家往往热衷于分类，而轻视和忽视解释。不像其他社会科学家，许多地理学家仍然忙于分类而不是寻求法则，舍费尔认为这是学科发展迟缓的重要原因，并警告说，"如果科学调查和研究止于分类，那么它将会了无生气"。（第 228 页）

区域地理学和系统地理学孰轻孰重的争论此消彼长，有较深的历史渊源，其原因在于学科发展史不同阶段的地理学家有不同的偏好。舍费尔简要地分析了系统研究和区域研究的两个代表性阶段。一个是 19 世纪晚期，自然地理学受自然科学发展的影响，感到需要许多专门的工具去阐释功能、规则和法则，因此以牺牲区域研究为代价，而倾力于系统性的工作；一些极端观点甚至认为，既然区域研究不能直接建立法则，那么它就不值得去做而且最好放弃。另一个是 20 世纪初期以来，出于对过分强调系统研究的自然地理学家的反应，研究兴趣开始转向社会和人文地理学，社会地理学者谴责系统研究缺乏足够的社会科学内容，他们试图以区域描述为主要手段，发现促使社会变量的空间状况改变的法则，但在认识论上却走向另一个极端，认为任何寻求一般性的、清晰性的认知活动都是空洞的和不实际的。虽然区域描述地理学留给我们大量有价值的描述材料，但放弃对一般法则的追寻却使他们走向科学方法的对立面（第 229 页）。

区域和系统地理学的门户之争仍然继续，但是其实质却类似鸡与蛋的问题，实际上并没有争论的必要。争论的另一个原因在于个人感情和心理因素。以物理学为例，不是每个好的理论物理学家都是试验专家，反之亦然。而且一般而言，擅长理论组织者并不一定对数据收集感兴趣和擅长，将法则用于具体的情形也需要特殊的才能。但是，将这些掺杂个人情绪的分歧具体化，并赋予它伪方法论的地位是毫无道理的。也就是说，区域与系统研究之争实际上也是一种意气之争，实际上毫无必要。争论结果只是反映出"没有人再认为区域或系统研究完全无用而应当废弃"（第 230 页）。

地理学的主要变量和研究对象是地表空间及其关系。舍费尔认为地理学是关涉掌握地表特定的空间分布法则形成的科学，他强调"地理学必须注意地域现象的空间排列，而非现象本身。空间关系是地理学家的专门领域，非空间关系则是其他领域的专业"（第 228 页）。舍费尔把这种思想溯源到洪堡和李特尔，认为他们都指出过研究自然和空间关系法则的重要性。

舍费尔认为区域学派并未认识到这一点。赫特纳提出地理学的核心在于区域，哈特向虽然认为系统性研究对区域工作绝对是不可或缺的，但是他仍然坚持地理学的核心毫无疑问是区域。赫特纳曾补充强调建立使地理学区别于其他科学的"二元论"。事实上，很明显，地理学并不比其他科学特殊多少。如果这个术语意味着对立和冲突，那它就很有误导性。这个所谓的"二元主义"被哈特向引用来支持地理学是一门方法论独特的科学的论调。在某种意义上，地理学家仅仅提供了其他社会科学家进一步研究的某种背景。因此，认为地理学家只是在整合异质现象方面区别于其他科学家是荒唐的。舍费尔又诉诸洪堡和李特尔，认为他们不会被这些"伪问题"困扰，因为系统地理学建立的规则和法则能应用于区域地理学，区域地理学同样能为系统地理学提供具体素材，所以它们实际上是并列的、互相联系却平等独立的学科（第234页）。

总之，舍费尔认为"例外论"就是这样一种不断变化却始终围绕一个共同主题的群体意识：地理学不同于其他科学，而且相应地其方法论也独一无二（第231页）。它的产生和形成，有较深的哲学和历史根源。

2. 例外论的哲学根源在康德

舍费尔将例外论的根源直指德国哲学家伊曼纽尔·康德。他认为，虽然康德是18世纪伟大的哲学家，但是他的地理学相比他同时代人，甚至比早他150年的瓦伦纽斯[①]都要逊色很多（这种观点明显褊狭）。

舍费尔首先归纳了他所认为的康德的地理学的要点："我们可以通过概念或者时间和空间的方式谈论我们的认知。前者是逻辑上的分类，后者是物理上的。前者让我们得到自然的系统观念，后者本质上是地理描述。自然的系统类似于整体的注册表，可以按其特殊性归门别类；物理分类在于确定事物在地球上的位置。历史和地理都是描述，不同在于，前者是对时间，而后者是对空间。地理学是对自然和整个世界的描述。地理学和历史学填充了我们认知的整个领域：空间和时间。"（第233页）

据此，舍费尔认为康德的例外论不仅针对地理，而且针对历史。在他看来，正是康德提出了历史和地理不同于所谓的系统性科学，在科学体系中处于独特地位的观点；这种将历史与地理相提并论的方法吸引了后来的学者，他们为了探究地理学的性质而致力于考察这种所谓的相似性。我们现在所持有的地理学是独特学科的论调，无疑是历史独特论的变体（第233页）。

舍费尔认为康德的地理学对后世产生了长期的不良影响，但他同时认为洪堡与康德是不同的：

"康德讲授自然地理学大概50次，他的讲座和笔记在1802年出版（他逝世前两

[①] Bernhardus Varenius，荷兰地理学家，1650年写成《普通地理学》。他把地理学分为普通（或通论）地理学和特殊（或专门）地理学两部分。认为普通地理学研究整个地球上的总情况，并解释各种现象的性质；特殊地理学则单独地描述每个国家的结构和位置。这可以说是最早的系统与区域地理划分思想。

年）。就是这部著作中关于历史和地理的理论被人们满怀敬意地、反复地引用，并将之视为地理方法的基石。李特尔如此，赫特纳如此，最后哈特向也如此。有趣的是，洪堡从未引用和持有康德的观点，克兰福特也没有（第 232 页）……康德只停留在分类，洪堡则追求法则；康德的地理学类似于洪堡的宇宙学，洪堡只是涉及地理学；洪堡的宇宙是描述性的，而赫特纳和哈特向却错误地将其应用于地理学的方法论。"[①]（第 233 页）

在具体分析和批判康德的这种例外论的科学主张时，舍费尔则出现了失误。比如，他归结了康德将物理学分离出来以及忽视所研究对象的时空不可分割性的观点是错误的，其原因在于青年康德还未接触到牛顿力学，因而其地理学思想是不成熟的；但是康德的地理学讲座手稿是在 1802 年出版的，而且康德接触并认真学习了牛顿力学，因此，舍费尔的这个指责显然与他前面的论述自相矛盾。另外，舍费尔认为康德在社会科学方面没有吸收英国古典经济学和法国启蒙运动思想家的观点，因而其地理学概念从狭义上讲只强调了描述。这也是不确实的。事实是，康德非常关注启蒙运动并系统地吸收了卢梭（Jean-Jacques Rousseau）等人的思想，并将其充实到自己的哲学著作中。

3. 历史主义是反科学的

首先，在舍费尔看来，康德—赫特纳—哈特向一脉相承，形成地理学"例外论"的历史链条。赫特纳不但没有跳出康德的圈子，而且因独立地获得与康德相同的地理学观点而感到欣喜。他们的权威和巨大声望使"例外论"渐渐根深蒂固。舍费尔对这种状况的后果深表忧虑，认为"例外论"的哲学使地理学遭到了非科学，甚至反科学思想的入侵（比如"来自独特性的典型的浪漫论调，大量整体论的关于变量之间相互作用的陈词滥调，与地理学的特殊综合功能有关的谬断，严肃、客观的标准科学方法甚至遭到了调查者要求诉诸直觉和艺术情感的挑战等"）（第 235 页）。从我们今天的观点来看，舍费尔显然是"科学主义"的坚定拥护者，而在他之后，地理学的实际发展历史否定了他这种极端的"科学主义"的论调（比如人文主义地理学）。

其次，舍费尔还认为哈特向推崇"例外论"的一个原因在于他将德语中科学的概念直接套用在英语中，因而就误解了赫特纳的意思。赫特纳所用 wissenschaft 在德文中比英语中的涵义更宽泛，具有任何"被组织的知识"的意思。这导致哈特向对"科学"认识不清，进而使他对地理"科学"的性质产生错误认识（第 236 页）。

最后，"例外论"者的历史主义是反科学的。舍费尔认为，仅当历史学家不再是狭

[①] 舍费尔对洪堡和康德学术观点之间联系的论证不确切，甚至有自相矛盾之处。详见哈特向的文章"地理学中例外论的再检视"，即 Hartshorne, R. Exceptionalism in Geography Reexamined. *Annals of the American Association of Geographers*, 1955, 45: 205-244.

义的历史学家并且尽力将史实发展为一种模式时，才能称其为科学；也就是要从史实中抽象出规律。然而，赫特纳在方法论讨论中对历史的观念却复杂多变而令人困惑。但总体来讲，舍费尔认定赫特纳倾向于反科学的历史主义，也就是认为有一个演替的、根本不同的理解过去的方法，现在只是过去的产物。相信过去事件的时间模式是有意义的模式、循环、进展或者其他。历史方法，实际上除了"遗传"，再无其他（第239页）。而无论好坏，反科学的历史主义是19世纪的主要学术思想。它经由赫特纳引入地理思想，并产生强大影响（卡尔·索尔是美国历史主义的代表）；它是好的读物，但不是地理学（第238页）。虽然哈特向像其他活跃的思想家一样具有调和才能，但他拒绝所有社会科学而且尤其怀疑社会学的未来，其长篇大论只是追随康德和赫特纳的论调。赫特纳也有强调法则重要性的论述，却被美国地理学家普遍忽视。

舍费尔强调他并不想指责哈特向误读了赫特纳，赫特纳虽然在不同时期不同地方倡导描述和建立法则的同等重要性，但由于其思想的复杂性和难以捉摸，他并没有成功地整合二者。因此，需要逻辑和历史地看待这一问题。逻辑上，区域和系统地理学不是对立和冲突的；从历史角度看，赫特纳之不清晰思想的根源可能在于当时占据优势地位的历史主义学术环境。赫特纳和他的地理学不是实证主义和历史主义之间残酷斗争的唯一牺牲品（第240页）。舍费尔甚至把马克思的所谓"历史主义"也顺带进行了批判，若他能知道后来地理学还发展出以马克思主义为理论指南的激进地理学，真不知会如何看待他的结论！

三、地理学建立法则的三个主要领域

或许是觉得批判的语气和论调过于激烈，舍费尔接着讨论了方法论争论的态度，认为正是"例外论"的深远影响导致他过激的批判，而实际上，"方法论的讨论基本上是辩证的，对各自主张的相互批判更能澄清事实；它不是残酷的，也不是像初次相见那样热衷争论"（第243页）。而有"破"还需有"立"，舍费尔紧接着阐述了他对地理学建立法则的相关问题的看法。

1. 与地理学建立法则相关的一些重大问题

舍费尔提出了与地理学建立法则相关的七个方面的问题（第243页）：

(1) 纯科学或应用科学的一般问题。

(2) 地理学和其他社会科学共同遭遇的一些困难。

（3）一些地理学特殊工具的论断应适当。

（4）地理学的主要兴趣在结构，而不像其他社会科学有某种逻辑面貌。

（5）上述四点导致第五点，即对区域和系统思想的重新审视。

（6）比较地理学和类型学的本质认定。

（7）再度认识令人担忧的地理决定论。

关于第一点，舍费尔从对一般的理论科学与应用学科的关系的阐述过渡到区域与系统地理学的关系，再一次重申了区域与系统地理学并不存在孰轻孰重的观点，并批判了将偏重应用的区域地理学视为地理学核心的例外论。他如此论述：

"根本性的要点在于，只存在科学及科学的应用，而不存在纯科学和应用科学的明确划分。无论这种划分的根据是否实际，是出于个人兴趣还是研究重点等理由。'纯'科学家寻求与他的'应用'科学家同事所用的的法则并无区别……作为纯科学和应用科学的对应例子，如果误导系统和区域地理学相互进入相反方向则是错误的……'应用'这个概念也不是像人们想当然的那样清晰。它至少有两层意思。区域地理学家应用法则解释一些区域特征，而区域规划者或土壤保护专家则应用同样的法则工作，但他的'应用'含义与区域地理学家不同，他是一个社会工程师。"（第 243 页）

在论及地理学与其他学科的关系时，舍费尔认为地理学不是绝对独立并无视他者的学科，它与其他社会科学存在许多共同的方法论特质。地理学与其他社会科学的重大不同在于，后者更多致力于过程法则的发现，在给定状态下对未来变化作出预测；而地理学则基本是形态学。社会过程实际上也是和地理要素交互作用的过程。因此，舍费尔反复强调地理学与其他学科交叉互动的重要性和必要性，并着重指出，"地理学家若想取得丰富的解释性成果，他们应当联合其他社会科学家。无论地理学家是继续坚持他们独特的形态学方法还是相机而动，联合其他社会科学家不是理论问题而是一个实践问题。"（第 244 页）

地理学的形态方法特征在于它独有的工具：地图和相关制图法。舍费尔认为地图技术也存在一些缺陷或短板，比如地图应该不仅仅是速记表述，而且应该是一幅机械画面的蓝图；制图时，人们会只选感兴趣的，因而忽视实体和标示物的不同；一个人很难方便地把握使用它；地图表达的方式，其他社会科学家也可用图表方式替代，等等（第 244 页）。

制图相关性导致两个相关问题：所谓的比较地理学和形态学。李特尔和赫特纳偏好比较大的、复杂的地理现象，而舍费尔则希望发展一门比较地理学，成为联系系统地理学和区域地理学的中介。形态仅仅是一种分类。如果类型的概念被澄清，那么地理学中最基础性的概念、区域的思想也就触手可得（第 245 页）。

舍费尔认为，区域思想需要重新审视。区域被许多地理学家作为整体主义和完全形态主义者的教条，在这种意义上，它是部分的总和；然而，在它是多变的、不能应用科学标准方法去解释它的复合部分及其关系的个体意义上，它又是独特的。哈特向没有区分二者，因而存在失误。舍费尔同时强调，"无论谁在自然的任何领域内拒绝了科学方法，他也就是拒绝了可能性和可预测性的原则。"（第 246 页）

在对"决定论"的分析上，舍费尔区分了几种决定论并表明了他的立场（第 247 页）：

（1）坚持科学决定论。他指出，既然决定论意味着自然整体上遵循的法则，不允许有例外，那么这种科学决定论是所有现代科学的共同基础。

（2）拒斥经济决定论。舍费尔又一次地反对马克思主义的经济决定论，并宣布要与它划清界限，认为它是那种知道社会的经济和技术条件的所有知识并据此预测"超结构"及其未来的教条。这反映了舍费尔对马克思主义的不正确的、粗浅的认识。

（3）质疑地理决定论。舍费尔认为地理决定论与马克思主义的经济决定论是相似的，他还是欣赏并认同拉采尔研究有利或有限条件下自然环境对社会进程影响的法则，但认为后来的地理学者把地理决定论上升到前所未有的、令人晕眩的高度以致产生了大量恶果。

2. 地理学建立法则的三个领域

在分析上述重要问题的基础上，舍费尔再一次重申了"科学寻求法则"的方法论立场，并通过指出未来地理学建立法则的三个主要领域，展望了地理学的未来（第 248 页）：

（1）自然地理学的法则。它们许多是建立在自然科学基础上的专门法则。我们发现它们，拿过来，然后系统性地应用它们来解释多变的条件下的地表现象，最后用它们所包含的空间变量进行分析。从专业化角度看，气候学家更多应用物理学（气象学），农业地理学家应用生物学（农学）。

（2）经济地理学的法则。它研究经济要素的空间关系及其法则，更多地关注空间形态学，从一般区位演绎整体原则。这个领域的先驱是经济地理学家克里斯塔勒（W. Christallar）。

（3）空间关系的法则。舍费尔对此法则的阐述非常含糊，因而也遭到哈特向等人的质疑。他只是说，它是在社会经济过程中起作用的、并非空间形态的其他空间变量相互作用的法则；地理学家的任务就是明确地理变量在社会发展进程中所扮演的角色。这一过程，只有联合其他社会科学，才能持续地追寻法则。

在文章结尾，舍费尔总结全文，重申论点并展望了地理学的未来：

"人们可以从以上论述推导出什么？对我而言似乎是，只要地理学家在系统性上多下工夫，对地理学自身的学科发展就的确有益。我们所区别的三个层面的法则无疑是有趣和重要的。在一定程度上，它们都含有空间要素，而揭示它们需要专业技能以及值得花时间去造就它的专业工作。我们地理学家，就是这样的专业工作者。如果地理学拒绝寻求法则，仅以提升区域研究为目的而把自身更多地局限在描述上，我对其发展前景不会乐观。结果只能是，系统地理学家将互相靠拢并最终加入系统科学。"（第249页）

四、"例外论"一文的影响与评价

在地理学思想史上，就一篇论文的争议程度和影响来看，"例外论"一文无出其右者。西方地理学家曾经长期地讨论"舍费尔—哈特向争论"，立场不一，褒贬各异，态度差别非常之大。"例外论"一文所要讨论问题的复杂性与该文内容的复杂性交织在一起，使得讨论清楚它也成为不亚于讨论方法论本身的一个难题。但是，还是有一种代表性的倾向，可作为对这场方法论大争论的一个较好透视：

"在不了解争论者的动机、心理、性情和抱负等条件的情况下，透视争论是一件错综复杂的麻烦事。分享知识的过程也是传递谬误的过程。这一过程产生于热情、逻辑和非逻辑，却不会带来一个确切的结论。地理学家通过他们自己的性情喜好从争论中获益。有人认为舍费尔的论文只是一种学术骗术，有人从中择取所需并以它为源头和方向，还有人将舍费尔对哈特向和他人著作的不准确论述置之一旁，想要继续沿着这条路走下去。但是，这场争论已经变得陈旧，我希望它只是作为《地理学的性质》发表50周年的一个插曲。"[①]

这位地理学家对这场大争论的分析及其效应的表述是比较准确的，但是，他最后表达的价值偏向和结论却是维护正统的，因而也就丧失了公正。在地理学史上，哈特向的《地理学的性质》无疑是地理学思想的集大成之作，而且正因如此，它同时意味着地理学以区域为核心研究对象的理论范式的终结。我们不能想象地理学成为一种只遵守既定理论和方法的、一劳永逸的、没有理论突破的"实用"学科。地理学实际的发展历史也不是这样。科学需要不断地发展认识并形成理论。任何学科都摆脱不了理论创建的最高

[①] Martin, G. J. The Nature of Geography and the Schaefer-Hartshorne Debate. In Entrikin, J. N., and S. D. Brunn, eds. *Reflections on Richard Hartshorne's The Nature of Geography*. Occasional Publications of the Association of American Geographers. Washington DC: the Association of American Geographers, 1989: 86.

使命和最终任务。批判是理论和方法论重构的必经之路。但是，对经典理论和方法论的批判并不是，也不会灭失经典的价值，而是指出了历史时期某个伟大的个人或群体必然存在的局限性，由此使后来者对他们的不断完善和替代也成为必然。然而，打破一个既定的思维框架、原理与工作模式是非常困难的，再进行重新构建则尤其困难。从这个角度看，舍费尔批判地重构与哈特向继承地发扬两种工作方式至少同等重要，"例外论"也绝不是《地理学的性质》历史中的插曲。从历史来看，任何新思想都会陈旧黯淡，但是追求并实现突破的勇气和精神将永远放射光芒，并激励着后来者继续奋斗和进取。

"例外论"一文不但是"计量革命"的先锋和奠基之作，而且开二战以来地理学重理论探索和变革传统的先河。遍检此文发表之前的整个地理学学术史和思想史，从无一人敢于对地理学哲学和方法论进行这样一个彻头彻尾的批判，也从无一人能够胜任这样的工作（即使有，也至少没有表现出来），更从无一人在一篇文章内就能对涉及大哲学家的学科史和方法论的大问题下如此直截了当而有力的结论。然而，借二战后至 20 世纪 50 年代初这一特殊的时代契机，还有一些个人运气（比如遇到了有眼光和魄力的主编肯德尔），舍费尔却兼有了这三者。某种程度上说，他和他的这篇论文及其影响简直可以用"前无古人，后无来者"来形容。正如马润潮先生所指出，"最主要的意义并不在于它将计量方法带进了地理学，而在于它是一场大型、猛烈及影响深远的思想革命。"[①] 正因如此，当该文部分内容和观点随着"计量革命"的衰落而过时的时候，其在地理学思想史上"开风气之先"的重要意义却彰显出来。

然而，在一篇论文中进行这样一个艰巨的、史无前例的批判和建构工作的性质，注定了舍费尔观点和内容的偏颇与错误之处也是必然的。客观地看，舍费尔认识和引证上的错误与疏漏，以及每个论断所引发的争议几乎比比皆是。对此，哈特向和其他学者有详细的考证和论述。舍费尔的观点和论证因涉及历史、哲学和地理学思想史等诸多重大问题，所以仍有进一步辨析、澄清、拓展和深刻认识的必要。方法论的争论是学科列车前进的驱动轮。在方法论争论中，一定要警惕个人意气和学术之外的争论。因此，似乎特别需要强调舍费尔真正（想要）批判的对象并不是哈特向个人或区域学派，而是"例外论"（主义）。而对于什么是方法论争论中应持的态度，我们还是再度温习舍费尔的强调以为警示："方法论的讨论基本上是辩证的，对各自主张的相互批判更能澄清事实；它不是残酷的，也不是像初次相见那样热衷争论。"（第 243 页）

（叶　超）

---

① 马润潮："西方经济地理学之演变及海峡两岸地理学者应有的认识"，《地理研究》，2004 年第 5 期。

索 尔

地球上人的能动性（1956 年）

一、背景

本文作者卡尔·奥特温·索尔已在前文"景观形态学"中有所介绍，这里是他的另一篇代表作，文章发表在《人类在改变地球面貌中的作用》（Man's Role in Changing the Face of the Earth）一书中[①]。

关于人类—环境关系的论题始终是地理学研究的一个核心，但直到 20 世纪中期才将人类对环境变化的影响给予充分的重视，其标志是《人类在改变地球面貌中的作用》的问世。该书被认为是关于此论题的第三个里程碑。第一个里程碑是马什 1864 年出版的《人与自然：人类活动所改变了的自然地理》（见本书前文），先知式地提出了人对地表的改变，成为环境保护运动的先驱，也对看待和利用土地的方式产生了重大影响。第二个里程碑是谢洛克的《作为一种地质营力的人类》（Man as a Geological Agent，Sherlock，1922），其焦点是地质过程，关注人类挖掘、磨损等活动引起的剥蚀，以及沉积、堆积、海岸蚀变、水循环以及气候和景观，还涉及地质过程中的生物学方面，重点放在人类影响上，强调自然剥蚀和人为剥蚀的差异。而《人类在改变地球面貌中的作用》是更为重要的第三个里程碑。该书是在韦纳—格伦人类学研究基金会（The Wenner-Gren Foundation for Anthropological Research）于 1955 年组织的普林斯顿大学跨学科国际学术研讨会的基础上编著而成的。卡尔·索尔和社会理论家刘易斯·芒福德是这次研讨会的组织者，并确定了"人类在地表变化中的角色"的会议主题。这一纪念碑式的巨著有 52 章，共 1193 页，被组织成三大部分：第一部分是回顾，详细描述了人类改变地表面貌的方式；第二部分评论了地表过程被改变的途径；第三部分展望了人类作用的极限。索尔的"地球上人的能动性"就收录在该书第一部分中。

---

① Sauer, C. O. The Agency of Man on the Earth. In *Man's Role in Changing the Face of the Earth*. Edited by William L. Thomas, Jr.. Chicago: The University of Chicago Press, 1956: 49-69.

二、提要

1. 主题

在一个世纪之前，乔治·珀金斯·马什就思考过人类行为改变地球的方式。人类在任何时候都需要评价自己所在的栖息地的经济潜力，从技术可能性方面组织与自然环境相匹配的生活和它能接受的价值观。就环境的文化发展而言，从原始的或史前的变迁来看，伴随着职业范围延长、人口增长和技能增加，景观已然发生了改变。因此，作为一个基于地理学视角的普遍主题，即是人类出于习惯性占据栖息地的结果造成的不同文化的传播。我们需要更好地认知人类如何干扰和替换越来越多的生命世界，如何在越来越多的区域形成生态优势，以及如何影响生物演变的过程。同时，也要认识人类如何引起地形、土壤和水的表层变化，如何开采矿产。最后，我们至少还要认识人类的城市活动和向心集聚如何影响地方的大气变化。我们试图检验由人类产生和引起的地球变化，而且我们尝试从我们多样的兴趣和经历中找寻关于文化行为和影响的相关问题。因此，我们也要适时地考虑人类行动的品质，因为这些品质似乎影响了人类未来的福祉。

2. 关于人的本质

从其他灵长类分离出来的人类进化的原始条件不仅仅包含手、大脑和直立行走，还包括其他近亲属没有的能消化混合食物的消化器官，这为人类的发展提供了广泛的潜在食物来源。所以，人类的生物本质，似乎趋向于将地理扩张、大力繁殖以及社会发展最大化，而妇女在照顾家庭方面具有的主导和持续作用值得进一步研究。我们也许将妇女的"本质"描述为一种原始的社会分组，由一组拥有亲属关系的家庭组成，而照看婴儿可能是一种最古老的人类习俗。正如基于人类的定居和集群生活趋势，这种隐含人类本质和原始社会的解释就是地域性。

同此，人类的文化被认为是从人类产生之时就持续存在。如果文化像考古记录显示的那样随着时空转化和发展的话，那似乎就是一段人类的联系历史，它包含自然人类学所有特殊的和通用的原始人分类。因此，人类可以被想象为一个巨大的物种复合体，从古老到现代的形态，总是能够杂交繁殖和相互交流。由地理环境产生的差异也会在碰撞时融合在一起，当然对于这一点，一些学者是持反对意见的。

我们追溯历史是为了更好地认知贯穿人类历史的文化发展，这是一种发现、借鉴和学习融合的过程，而不是人脑进化的过程，除非我们掌握更多人类生物进化的知识。当原始人类开始在地球上扩散时，他几乎什么都不知道，但可以通过尝试和传播经验学会很多；他不是没有恐惧，但至少在他成功的经验中，冒险使他了解自己适应新环境的能力。逐渐地，他使自己成为其他动物的竞争对手，并在他定居的土地上铭刻上印记。

3. 气候变迁及对人类的影响

人类进化的时代也是冰河时代。人类也许见证了它的开始，我们也许依然生活在一个间冰期阶段。无论怎样，人类知识的增长和人类扩散都发生在气候极端不稳定的冰川时期。这一时期大气经常变化，陆地和海洋为可塑的、移动的和多产的生物提供了有利条件，为动植物在陆地上繁衍新的有用的物体提供了条件，这些繁衍的后代顶住了气候变迁的压力。

没有对冰河时代及其阶段给予明确的界定。原来 100 万年的猜测仍然是实用的，人们普遍认为存在四个冰川期和三个间冰期。目前新的气象学研究对气候变迁的动力机制感兴趣，推断大气环流模式的变化发生在冰川发育期间，越来越频繁地向高纬度地区输送大规模潮湿而相对温暖的空气，由此形成厚厚的云层。作为谨慎重构人类历史环境大气候的学生，我认为应该谨慎，理由在于：概括冰川期是寒冷期而间冰期是温暖期的说法是一种误导。冰川的发展阶段可能需要相对温湿的空气，遇到冰缘的干冷空气后减弱。因此，气候变迁的时代不可能与从冰川前进到冰消期的变化相一致。我们只需要注意大陆冰川中心的差异，叶冰生长方向的差异，终碛垅以及冰床结构和河湖冰川的物质差异，由此看出冰川时期气候的特性。

人类向新大陆的渗透同样涉及过去和现在的气候问题。尽管后冰期，西半球第一批移民的主导原则的产生和发展已经超越了我们现在的目标，但它并不是以气候历史的应用知识为基础的。后冰期和当今气候模式是一种极端，在地球过往历史时期是不可能达到和超越的。新大陆的人类在不到千年的历史时期，取得了与旧大陆比较跨度很大且相当独立的一种文化发展。由此推断，我们最古老的土著人在和煦的气候时期穿过高纬度来到新大陆，创造了一种新的文化，而不是后来遗失了大量有用的技能。

4. 火

我们认为从最开始，语言、工具和火就构成文化之鼎。就像壁炉设置在家和工作室的墙壁中心，社会生活形态产生了，培育了观念的交流。燃料的可用性已经成为集聚栖息地区位选择的主要因子。

正如采集和狩猎的工具的使用一样，炊具不知不觉中成为一种改善动植物产量的设备。对于从事农业和牧业的人来说，炊具是为种植和增加的牧场准备的。人类通过不断积累的经验，对动植物进行驯化和改良，增加产量和品种，而炊具的使用让人类可以加工储存食物。最终，由人类成功占据的土地，无论是什么文化水平的人类，都转向能利用种子或者根茎和块茎进行繁殖的一年生和短期多年生植物的耕种。

草地的气候起源假设不充分，因为大片草地可以从湿到干跨越很长的气候梯度，延展到最干旱的边缘后转入灌木丛和矮树林。如果防火好的话，木本植物可以在草地上自由生长，因此，一片草地可以扩展到各种各样的亲本植物。火可以穿越地势低的地方毫无章法地蔓延，但会受到破碎地形的短暂阻挡。可推知烧荒是草地的本源及其保护的主要途径，实际上这是古代文化的一个显著特征。

有烧荒习惯的区域会达到一种新的生物平衡，通过相似的重复性人类干扰维持一种生物重组，而不是破坏性开发。而我们今天的文明从保护人类财产角度需要消防控制。林农是第一个建立灭火原则的人。实际上，现在的问题是不管这个火是不是有规律，都不能像古代那样有一种给当代人以恩惠的生态作用。

5. 农民和牧民的方法

人类对自然序列另一个具有革命性的干预是对其选定的植物和动物的驯化，并产生了新的生命进化的序列和过程，扩展了野生和家养形态的界限。以至于生物群、地表和土壤等自然条件开始变形为不稳定的文化景观。

农业起源有三个必需的前提：(1) 新的生活模式——定居以及由此形成的社会早期形式；(2) 种植与驯化的动力不是由于饥饿，而是由于剩余和空闲；(3) 原始农业的区位是林地。

最早的耕作方式是锄地，经常被不是很恰当地称为"锄头文化"，这也只是在新大陆、非洲和太平洋岛国了解到的方式，而后在其高级阶段发展成为季风性气候的亚洲式的或者地中海式的园艺。锄头的作用是为了将在干旱时期被焚烧后的死树灰很快地变成肥料，并锄去坏根重新栽上新的植物。此类耕作制度的确不应得到那些令人反感的术语，像"刀耕火种"或"迁移农业"。放弃耕种后一段时间，重新抽条和补种野生木本是一种轮作方式，这样土壤通过植被根系输送的养分可以得到补给。由于我们自身文化的近期影响，这一制度受到一些指责，如生计作物被经济作物替代，世界范围的人口膨胀等。我并不认为在这种原始耕种下人类可以不消耗土壤而永远种植他所需要的东西，而是认为在其基本程序和作物组合耕种的条件下，这一制度是保持高产水平的最保守的生产方式；而且，由于保护和集约，这种方式是完全适应自然和文化条件的。当然，我们西方的诀窍是在较短年限之内定向利用土地，而不是照搬固定在他先辈土地上的原始农民的智慧。

像牛、羊、马、驴和骆驼这样的放养动物也是这一制度的最早组成部分。动物的看养是根本，这些动物都需要挤奶。挤奶是一个基本的实践，具有驯化的特点，并在多数情况下成为驯化它们的首要经济目的。与园艺文化形成强烈对比的场景是：为了最小化拉犁动物的转身次数而形成规则的、长长的农田；农田休耕而不是放弃；收获季节被挤到生长期结束的时候。此后，是在马背上放牧和休耕，而不适合耕种的土地成为牧民放牧的地方。

这种混合方式从近东摇篮沿三个主要方向扩散：（1）传入欧亚草原，在文化上失去了耕作文化的特点，而成为彻底带有真正游牧性质的田园文化；（2）凯尔特人、日耳曼人和斯拉夫人通过北欧平原向西漂移，由于夏天气候冷湿，小麦和大麦播种收获少，而黑麦和燕麦播种多，成为饲养牛和马的最具影响的历史群落；（3）播种和放牧文化沿着地中海两岸向西扩散，因为没有大的气候变化，小麦和大麦能够持续稳定的收获，绵羊和山羊较之牛和马更具有经济重要性。

由此，相对于人类分布造成的地表损耗和不断增长的旱生植物，尤其是北非"沙漠化"和撒哈拉沙漠的扩散，我们又回到气候变迁问题。另一个观点，是由于人类活动导致植被覆盖的不断减少，已经使土壤和地表气候往不利的方向发展。

6. 古代和中世纪文明的影响

文明的起源经由权利的发展得到实现和维系，并伴随疆域的扩张而巧妙地组成国家；同时，文明也受到商贸往来、货币经济以及城市增长的影响。首都、河海港口城市以及军事重镇拉动城市的人口和产品由近到远扩散分布。国家成为城市需求的隶属形式，公民有别于平民。地方通过对商品，特别是食品在购买、配置和税收等方面的规范提供有效的资源来遏制聚落扩张。

因此，资源从原产地向市场的流动，势必对古老乡村聚落边界内维持的生态平衡产生不断干扰。古代的经济历史表明，原料供应地的重复转移不仅可以用政治事件进行解释，还引发了难以回答的问题，即土地肥力的下降、植被层的破坏以及明显的土壤侵蚀。

7. 定居者的最后疆域

19世纪涌现的大量移民对我们很多人来讲就是一部家族历史。白种人从18世纪晚期开始到第一次世界大战结束的短时间内扩大了他们的定居地范围，这在以前没有发生过，在以后也不会再发生。18世纪的移民前奏不仅是因为英格兰的工业革命，而且多少预示着遍及西欧和中欧的农业革命。土豆种植扩散，开发甜菜和萝卜成为农作物，首蓿轮作，耕作革新，改良家畜品种，所有这些都推动西欧农业生产进入新的水平。随着大规模的技能型欧洲农民的迁移，将这些新型农业带到了美国中部殖民地，并且依据当地条件，将玉米加入到谷物—苜蓿轮作制中。从而，在北大西洋两岸构建了一种平衡的、能同时为人和动物提供食物的畜牧业。在18世纪之交，城市和乡村一样进入了快速增长阶段，年轻的郊区汇入冉冉升起的工业城市，吸引了大量中欧移民。

世纪之交，对工业文明适时资源开发的严重关切产生了保护运动。它起源于美国，因为在这里，最后处女地的枯竭为人们敲响了警钟，我们正在毫无节制地消耗自然资本。

8. 永远充满活力的经济

19世纪早期我们担心我们不能勤俭使用自然资源，然而很快，随着没有尽头的技术进步，我们轻易获得了自信。自然科学家依然具有保护意识，而今天的自然科学家和工程师都是代达罗斯的亲戚，不断大胆地进行事物重组和社会制度的革新。社会科学家亲眼见证自然科学家的成就，嫉妒并希望在重新构建世界秩序时自己具有同样的才干和权威。进步是我们这个时代共同的口号，伴随着不断增长的能量输入，进步意味着不断的技术创新，不断发展的"充满活力的经济"目标；并将源于英语的"生活水平"作为世界范围内衡量进步的指标用语。

尽管如此，我们仍需要扪心自问：现在是否仍然存在有限资源的问题？是否存在干扰生态平衡并无视未来危机的问题？我们推动世界不断改变的目的是什么？

就目前而言，"超越自己"的方式生活已成为公民美德，增加"产量"成为社会目标。源于物质进步的新世界预言止步于物质实体的经济限制。预言的失败可能由于人们不断增长的对把获取和消费作为指标和生活模式的厌烦；对预言的反思是由于人类开始害怕超越个人和社区的必然增长的政府权力。历史的新高度不在于人类最为关心的舒适的实现和强健肌肉的展示，而在于精神的升华。我们也许更需要一种基于道德和审美的人类，它具有审慎和节制的品质，确实可以传递给后代一个好的地球。

三、意义和影响

索尔的这篇文章运用大量实例说明人类的起源与发展，说明人类文明的产生与传播扩散，特别是从气候变迁、动植物的驯化以及新大陆移民等视角评述人类对地球的作用和影响。他还关注工业文明进程中资源限制、技术革新与政府权力对经济社会的意义，并指出自然资源保护的重要性。

正如索尔在文章中所提出的"是否存在干扰生态平衡并无视未来危机的问题？我们推动世界不断改变的目的是什么？"这也是我们当今需要回答的问题。人类的进步，生活水平的提高不仅仅在于物质的极大丰富，还在于精神的升华。

《人类在改变地球面貌中的作用》启蒙式的工作后来在《人类活动改造了的地球》中得到继承。马龙[①]评价了这个工作的重要贡献："地理学家群体再次表现出特有的学术综合能力。这个世界迫切需要并热切期待他们为这一越来越重要的使命再次做出贡献……或许，包括工程师、伦理学者和价值学者在内的一种新学科组合，站在写出这本取得与 1864 年和 1955 年学术先辈一样令人尊敬地位之巨著的学术巨人肩上，可以达到一个新的高度。"

《人类活动改造了的地球》成为人类影响环境研究的第四个里程碑，而第五个里程碑当属现在的全球环境变化的人文因素计划（International Human Dimensions on Global Environmental Change，IHDP），把索尔和其他先驱者的思想发展到一个新阶段。

（张景秋）

---

① Malone, T. E. Geographers Explore the Road into Twenty first Century. *Annals of the American Association of Geographers*, 1994, 84: 725-728.

厄尔曼

交通的功能和相互作用基础（1956年）

一、厄尔曼其人

厄尔曼[①]（Edward Louis Ullman，1912—1976）是美国著名的城市和交通地理学家，在区域发展方面的研究也比较突出。由于父母双方的影响，厄尔曼很小就喜欢地理学。七岁那年，他们家从匹兹堡迁移到爱荷华，13岁那年迁移到罗马，14岁那年又迁移到芝加哥。在此期间，他对城市人口、区域和交通产生了兴趣。

厄尔曼有三个主要的学术之家。1930—1934年以及1938—1941年在芝加哥大学，先后获得学士学位和博士学位；1934—1935年以及1937—1938年在哈佛大学，获得硕士学位。1946—1951年成为哈佛大学的一名助理教授，不久成为哈佛大学的区域规划副教授。1951年，他成为华盛顿大学的教授。他在华盛顿大学一直工作到1976年去世为止。1941年，他还在华盛顿州立学院（现在为大学）以及印第安纳大学工作，同时作为华盛顿大学经济地理学讲师以及圣路易斯大学的经济地理学客座教授。厄尔曼见多识广，担任过众多学校的客座教授或讲师，其中的著名学校包括加拿大麦吉尔大学（1950年夏）、意大利罗马大学（1956—1957年）、奥地利萨尔茨堡在美研究会（1965年）、苏联莫斯科国立大学（1965年），以及以色列耶路撒冷的海法大学和希伯来大学（1973年）。

1948年，哈佛大学地理系在内外交困中解体。自1951年开始，厄尔曼进入华盛顿大学地理学系任教授，并且担任地理图书馆委员会的主席。进入华盛顿大学不久，他与鲍尔（Harry C. Bauer）一起界定了地理图书建设的操作性参数。1962—1965年担任华盛顿大学研究生院副院长。1965—1967年，担任华盛顿城市研究中心主任。1968—1969年担任城市区域研究中心的代理主任。1970年担任西部区域科学协会的第十一届

[①] 关于厄尔曼的主要资料来源：参见 Harris, C. D. Edward Louis Ullman, 1912-1976. *Annals of the American Association of Geographers*, 1977, 67 (4): 595-600。

主席。1974 年，尼克松总统任命他为美国铁路客运公司即所谓美铁的理事会成员。

厄尔曼一生主持或者参加完成了大量的研究课题。厄尔曼来到华盛顿大学地理系之后，带来了由美国海军研究局资助的三年研究计划。随后，他参加了有关菲律宾的斯坦福项目，并在撒丁岛开展更为广泛的研究工作。他指导了圣路易斯的美拉美克盆地研究项目，以及华盛顿特区的华盛顿都市中心研究。厄尔曼最重要的学术贡献主要围绕三个要素：城市、交通和区域开发。他的多数作品同时涉及上述两到三个要素。厄尔曼的毕生研究兴趣可以概括为城市及其支撑范围（交通和区域），特别是商品和服务的现实流动。

厄尔曼在城市地理学方面的贡献包括三大方面：（1）城市分布广义图式分析，特别是中心地和交通城市的广义图式，他是第一个系统研究此类问题的美国地理学家；（2）城市内部图式分析；（3）美国城市经济结构的基本和非基本元素分析——特别是通过最小需求途径开展研究。

1933 年，德国学者克里斯塔勒发表中心地学说，但该理论没有引起德国地理界的足够重视。厄尔曼是最早将中心地理论引入美国学术界的学者之一。1938 年，他在哈佛遇到中心地理论的另一奠基人廖什（A. Lösch），从而得知克里斯塔勒的南德中心地研究工作。1941 年，厄尔曼撰写了题为"关于城市的区位理论"的倡导性论文，这是第一篇全面、清晰陈述中心地概念的英文文章。该文简洁地总结了克里斯塔勒的理论贡献，并且论证了其他学者的相关贡献，其中还包括厄尔曼本人的一些原创性思想。从那时开始，地理学家开始检验中心地理论的有效性。爱荷华和威斯康星是开展中心地理论经验研究的两个主要场所，这两个地方最接近克里斯塔勒的理论假设。

1945 年，厄尔曼与哈里斯（Chauncy Harris）合作，提出著名的城市形态的多核心模型。此前的 1925 年，伯吉斯（E. Burgess）提出城市土地利用的同心圆模型，1939 年，霍伊特（H. Hoyt）进一步提出了扇形区模型。哈里斯—厄尔曼的"城市的性质"一文发表之后，人们对城市内部结构的拓扑认识就表现为三种图式：同心圆、扇形区和多核心。

厄尔曼对交通有着强烈的兴趣，以至于他将地理学定义为"空间相互作用"的科学。他研究过美国铁路，绘制了第一张简明的铁路容量图，随后绘制了美国、加拿大铁路交通流量图。在不少课题中，厄尔曼的研究都涉及美国铁路的批量商品州际流动。这方面的代表性论文有"作为空间相互作用的地理学"（1954）以及"交通的功能和相互作用基础"（1956）。厄尔曼率先将空间相互作用概念化，提出商贸活动是基于三种现象的相互作用：互补性、中介机会和距离或者可迁移性。至于相互作用水平，则可以使用贸易活动的引力模型测度。

在区域发展方面，厄尔曼发表了"宜居是区域增长的因素"的著名论文。厄尔曼注意到当时加利福尼亚和佛罗里达州的人口迅速增长以及区际人口大尺度迁移。这种人口迁移的主要原因在于：(1) 温和的气候；(2) 较高的退休金，较长的平均寿命和普遍的高收入水平；(3) 旅游业的上升；(4) 由于第三方雇佣导致的自由工人的增加；(5) 工业向商业的转型，如此等等。1958 年，厄尔曼发表"区域发展和集中地理学"一文，强调区域开发的集中在于核心地域的装配业和市场优势。

二、"交通的功能和相互作用基础"[①] 提要

交通在塑造地表方面，比任何其他的力量都更富有影响力，但是它本身也受着种种其他力量的影响。交通在地表描画了一条条线路，我们容易理解这些线路对于当地的重要性，但它们的意义远远不止于此，它们甚至对于地球上聚落的分布有重要影响。

为了定位交通的功能，一个富有启发性的办法是将"交通"（transportation）的概念拓展为法文中的"流通"（circulation）。"流通"涵盖了所有的运转和相互作用，继而成为空间上的相互作用和地理术语中的"位置"的基础。"位置"特指一个地域内发生的现象对于另一个地域的影响，具体说来，与"位置"相关的过程有扩散、集中、迁徙以及交通。"位置"与"地点"不同，后者指当地的、地区性的状况，比如与农业类型相关的土壤类型。"地点"体现的是一种纵向的关联，"位置"则体现水平的关联。

交通运输和流通上的改善会引起两种互成对比和矛盾的效果：(1) 许多社会学学者强调的一个重要观点是，在很多情况下，不同区域及其居民在各方面开始趋同，因为交通运输和流通的改善使人们可以交流思想，共享产品和服务。(2) 同时，在很多情形下，不同地域间的差异在拉大，因为上述两者的改善使他们得以选择自己在土地、劳动力、资本或者和经济规模等某个方面有优势的生产活动，来进行专业化生产。

交通的改善使得生产地与遥远的市场区紧密地联系起来，庞大、专门性的商品生产地整片整片地诞生了。在现代贸易中，农业中的小麦生产带、玉米带、卡车专门区域和工业中的专业加工带的存在是土地利用上的特点。这里面所包含的用地模式彻底颠覆了在没有交通运输的早期自给自足的经济中的用地模式，甚至与 1826 年杜能（Thünen）在其《孤立国》中提出的、土地利用强度由交通费用支配的、围绕中心城市市场形成同心圆状的土地利用模式也有差异。

杜能环的一些性质依然存在，市场附近的区位仍旧很重要。美国邻近大都市的各郡

---

① Ullman, E. The Role of Transportation and the Bases for Interaction. In *Man's Role in Changing the Face of the Earth*. Edited by William L. Thomas, Jr.. Chicago: The University of Chicago Press, 1956: 862-880.

县往往具有较高的人口密度以及比边远各郡县更大的发展。这部分是因为便利程度造成的，但也和城市往往靠近高产地区的中央有关，这也符合中心地理论。而且，沿着主要交通干线两侧地区发展较好，这个观点在世界各地的人口分布图上可以得到印证。

19世纪蒸汽火车和蒸汽船飞速的发展引起了世界大部分地区居民分布的强烈变化。在欧洲，很多地区的小麦生产者由于来自海外的竞争而被迫改行。从1830年开始，新英格兰的农民离开了他们的山区农场，转而去经营中西部更优质的农田或去城市从事新的手工业。在新英格兰的大部分地区，农村成为了全国人口密度最小的地区，那些田地变成了林地，只有那些坚不可摧的石墙提醒着人们，这里曾经是田野。

相反地，在另一些时候，交通运输使自然环境变成了农田。在法国，由于铁路的建设，石灰可以便宜地运到贫瘠的田地，由此增加了农业的产量。现在，化肥可以被广泛运送到世界大部分地方，从而成为现代农业的标志。

交通运输使分工细化成为可能，分工的细化也产生了诸如单一作物耕种以及分工过细的问题。但是，总体来看，这种分工细化所带来的生态上的好处大于弊端。因为不再需要去开垦离市场很近的陡坡或是贫瘠的土地，在美国东北部，森林得以在这些地方生长起来。

在西方世界，城市是人口的主要聚集区，它们长期以来都和交通有着密切的联系。城市的存在很大程度上是由于运输剩余农产品方式的发展。这些都是依靠农业技术水平的提高实现的，这个过程现在仍然在继续，世界大部分地区农民数量的不断减少可为佐证。对城市形成构成影响的因素中，不仅仅有汇集到一个城市的道路，还有货物从一种交通方式到另一种交通方式的转换，比如水陆运输间的中断。在这些地方，常会发展一些需要处理、储存或进一步加工的产品。

人们很久以前就认识到城市对交通的依赖，不断地尝试去提高城市间的交通中转。城市花钱资助开向它的或者经由它的交通路线已经司空见惯。一些城市甚至建设自己的线路，比如辛辛那提，它拥有辛辛那提、新奥尔良、德克萨斯太平洋线路，这些线路将该城市与南部地区连接起来。现在它们租给了南方铁路。自独立战争之后，美国东海岸的历史地理事件常常与争夺主要港口以期获得与内地的联系有关。

在一些新兴地区，铁路建设常提前于大规模的聚落发展，这实质上是交通创造了城市；在另一方面，有些铁路在和许多其他线路竞争的过程中占下风，以致未能经由重要的人口中心。一个有些混乱的铁路分布呈现出来。新英格兰避免了上述情况的发生，铁路的分布相对合理。新英格兰的城市中心已经形成，其中大的城市可以比小的城市筹集更多的钱，从而获得更多铁路线路来加强它们的主导地位。在欧洲的大部分地区，政治中心的主导地位也通过铁路的建设得以加强。

人们通常认为交通运输费用制造了人工的、非自然的经济版图。在许多特定的例子中，这在某种程度上是对的。举例来说，一个运行很好的体系，会对不能承受高额运输费的廉价商品收取比总费用少的钱（当然还需要足够高的费用来支付预算外的开支或变动），而向高价品收取高价来弥补损失的部分。由此产生的结果就是，数量巨大的低价商品往往运输很长的距离，而高价商品则往往运输相对短的距离。

垄断价格到底在多大程度上影响着美国主要的商品流向实际上很难判断。例如，在美国，最大规模的货物运输是将煤从西弗吉尼亚和弗吉尼亚向中西部和东部沿海运送。三个主要的煤运商从煤的运输中获得了丰厚的资金回报。因此，很可能的情况是，从他们那里收取的运输费用足以支付总费用，毕竟这三条线路是全美最盈利的线路。

关于货物运费的影响，不妨提出一个广义假说，即运费往往加强并延续了地区间的初始差异。至少在美国，大部分的货物交通都是在所谓的"商品价格"线上从起点运行到目的地。运输费低的物品被大批量运输，在这个过程中专门化诞生。新增地区或者新的生产者会感到很难进入。从土地肥沃、种植经济作物的伊利诺伊州中部地区到其重要的市场的铁路，对谷物运费低，对牲畜运费高。而在牛的主产区，土地不那么肥沃的西伊利诺伊州情况正好相反，谷物铁路运输费用相对于牲畜运费要高。可以说，费用结构加强并延续了在不同自然条件下的地区之间原有的分工。

交通运输上的进步往往提高了集中度和远程运输，由此改变了世界各地区的范围。运费结构包括以前的"基点"定价系统和应用在汽车、火车、轮船以及远程运输上的相对较低的吨英里单位运费定价系统。这两种运费结构都在促成大的城市和大的偏远产区的发展的同时，使得小港口、小产区消亡、减少。

然而，某些近来的发展，却在相反的方向上进行，交通运输中的汽车和通信中的电话，都是重要的短距离连接者。汽车的一个主要影响就是提供了一定区域内均衡的运输服务，由此敞开了全部区域与外界的联系。在当今美国的城市，汽车打通了一个个存在于过去城市边缘交通"辐条"（spokes）中的间隙，由此增大了通勤的距离，也增大了城市的居住面积。如果城市的半径扩大一倍，到市中心的最大行程距离也将扩大一倍，而可供居住的区域却会扩大到原来的四倍。城市周围地区的可达性均等化，城市间的距离也变得更加均匀。至今，我们仍然在适应交通工具带给我们的这种革命性的、无所不在的影响。

不同的运输方式克服地形和其他环境特征的能力是不同的。使用牲畜的时候，饲料是最主要的，因此所走的线路必须是可以提供牧草的。非洲的第一条铁路从开普敦穿越了干燥的开普敦平原，这条线路得以建立的部分原因就是这里没法为牲畜提供饲料。……在不包括运河的所有陆路运输中，铁路对坡度最为敏感。因此，铁路的建造比起公路要受到更多的限制。

交通运输的发展改变了自然环境对人类的影响。对于船、蒸汽机车、内燃机车、汽车、卡车、吉普、马、犁牛、管道、电线、飞机或者无线电，一条山脉会带来的影响大不相同。建筑技术的进步极大地改变了地形对交通的影响。早期由人和牲畜建造的铁路，为了避免大规模的挖掘只能额外增加曲线或陡坡。近年来尽管人力和其他费用有所提高，挖掘技术革命性的进步极大地降低了挖掘成本，这使得铁路和公路正在重新调整它们的路线，创造新的更清晰的地标。

随着交通运输的进步，现代社会的相互作用程度得到了很大的提高。过去流量较大的贸易线路的运输规模已经没法与今天的大规模运输相比。将大规模的原材料每天通过航运从很远的地方运到现代钢厂是过去不可能实现的。那时候，每一个人口集中的地区，必须在燃料、食物和其他生活必需品上自给自足，贸易主要被限制在能承受高额远程运输费用的奢侈品上。可以肯定的是，即使在帆船时代，相对低廉的水路运输也促成了一些作物的专门化生产，雅典对曾经位于现在乌克兰地区的小麦地的依赖，和罗马对从埃及和北非其他地方由海路运进谷物的依赖都向我们证实了这种观点。在现代交通问世之前，英国对海外农产区也存在部分的依赖。

交通运输消耗了世界能源中很重要的一部分。在一个现代工业国，譬如美国，据估计有20%的劳动力直接或间接地从事着与交通或通信设施有关的操作、服务、生产和销售。在一个根本没有工具或没有多少工具的原始社会里，每天的能源输出仍然巨大，在一个很小的区域里，一个人必须费力地把东西从一个地方运到另一个地方。但是运量较小运送距离较短；空间联系的规模也相应较小，辐射距离相应地较短。

没有需求，交通很难有任何改进。许多移民者在蒸汽船得到完善之前就来到美国，在伊利运河和铁路建成之前定居者就已经开始涌向阿巴拉契亚山脉。交通运输方面的进步固然重要，但单凭它是不能带来地区间相互作用的全面提升的。什么才是相互作用发展的条件呢？下面提出的三因子系统给出了很好的解释。

1. 互补性（complementarity）

区域差异被认为是造成流通和相互作用的原因。在一定程度上，这是对的，但是仅有差异不一定有交换的过程。世界上很多存在区域差异的地方彼此之间并没有联系。

为了使两个不同的地区间进行相互作用，必须在一个地方存在某种需求，而另一个地方存在对这种需求相应的供给，就像在一个地方的汽车工业需要用到另外一个地方提供的轮胎而不是马鞭一样。这种匹配的互补性是交换的前提。

对于互补性至关重要的是大量价格相对低廉的商品的全世界流动，它们通常是利用相对便宜的水陆运输，当然，在遥远的内陆，一些低廉商品也进行远距离运输。建在芝加哥的钢铁厂，会从西弗吉尼亚运来炼焦煤，尽管陆路运途长达 500 公里，而且运来的煤纯度不高。

互补性是地区间自然和文化差异以及规模经济差异三者共同作用的结果。一个大型工厂比几个小型工厂更具经济效益，从而它能够支付进口原材料和远距离运输成品的费用，比如将专业的伐木设备从华盛顿运到南部森林地区的费用。在这种情况下，两个地区在其他方面的类似性提供了它们之间的市场，激发了相互作用。但是一般而言，这还不足以对总体的相互作用产生显著影响，因为某些专门产品支配许多地区的总体贸易。从华盛顿到南部州的海运由于森林产品在两个地区内的支配地位而相对便宜。在另一方面，在爱荷华州与互补的工业带以及加利福尼亚地区之间的动物和工业品贸易很盛行，尽管它们之间距离很远。

2. 中介机会（intervening opportunity）

只有在供给方面没有中介机会的情况下，互补性才能引发两个地区间的货物流通。60 年前，由于有大湖地区提供的中介机会，内陆东北部地区所需的森工产品很少由西北太平洋地区提供。佛罗里达从东北部吸引来的移民要比从遥远的加利福尼亚吸引的移民多得多。如果没有纽约的话，从纽黑文到费城的人会更多。这就是斯托弗（Stouffer）的中介机会律在现实中的反映，中介机会是跨空间相互作用的决定因素之一。

在特定情况下，中介机会甚至可以最终为遥远但有互补性的两地区之间产生相互作用提供帮助，因为它的存在使得构建两地区中间交通路线有利可图，它通常也会为一部分中间路线的建设支付费用。在小尺度上，这在伐木产品的铁路运输上有所体现：一条线路，随着木材产地材源的枯竭，一点一点向更远处延伸，如果一开始这条线路就得修到远方的地点去，可能就没人去修它了。在大一点的、更复杂的尺度上，州际铁路上也体现了中介机会：人们都在努力发展沿路商务，他们开展的商业活动反过来也对降低远距离相互作用所需的修路固定成本有所贡献。

3. 可移动性（transferability）

相互作用所需要的最后一个条件是可移动性或者称为距离，以运输和时间成本来衡量。如果市场和供应地的距离很远以致成本过大而不能克服，就算有很好的互补性并且没有中介机会，相互作用也不会发生。如果可能的话，其他的产品会取而代之，比如，人们会改为使用砖头而不是木头。

因此，我们应该考虑两种因子：一种因子是中介机会导致的地区替代，另一种因子是可移动性导致的产品替代。

关于世界上每一个地方都和世界上每一个其他地方有相同的联系的假设肯定是错误的。对国际贸易持乐观态度的人总愿意强调那些远距离的联系，实际上，距离和中介机会切断了相当数量的这种联系。英国和美国就为我们提供了可供对比的例子。为了获得足够数量的补充资源，英国需要和世界其他地方进行贸易。可是，美国大多数的互补性商品交易是在国内各地区之间进行的。除了在国内交易外，尽管美国也有些从地球的另一端运来的商品，但更多的商品还是来源于邻近的加拿大和加勒比地区。只有在美国耗尽了自己拥有的原材料后，才会选择从遥远的地方运进更多商品。

总结一下，一个解释物质相互作用的系统可以建立在三个因素之上：（1）互补性——地区之间的差异促进了空间的相互作用；（2）存在于地区或者地方之间的中介机会或中间补充；（3）可移动性，可用运输的费用和时间以及配套设施改进的效果来度量。

上述系统适用于基于物质移动上的相互作用，主要用于货物的移动，有时也可以用于人的移动。但它不能应用于思想的传播或是大部分其他形式的相互作用，除非这些是附着在人或货物的相互作用上。中介机会看起来似乎是促进了思想的扩散而不是妨碍其扩散。在某些情况下，尽管差异或者互补对思想扩散而言很重要，但是，通常来说，区域间的相似性会比差异性或互补性更容易推动地区间的思想扩散。

重力模型经常被用来描述相互作用的过程，它所表示的是两个地方之间的相互作用强度和它们的人口（或是其他关于体积的测度）之积呈正相关，和它们之间的距离（或者在距离上加上指数）呈负相关。这种测量方式常被表示为 P_1P_2/d，这里 P 代表地方人口，d 代表两地之间的距离。可是也有许多相互作用过程没法用这个模型描述，因为它假设了完美的或近乎完美的互补性，这是在物质流通中很少出现的情况。这个模型的一些改进形式（修改 d 的指数 n）可以更好地描述实际相互作用的情况甚至是一些物质流通，但是很明显，这种模型还是主要地应用于描述普遍的无差别的相互作用，比如人在城市间的迁移或者城际电话。

互补性、中介机会、距离组成的这个三因素系统可以解释所有关于人和物质实体的相互作用。研究者应该把这三个因素铭记在心，以避免在解释过去或者预测未来条件有所不同的相互作用的时候，只关注三个因素中的某一个因素，忽视了其他两个，从而误入歧途。

错误的单因素解释比比皆是。本文之前已经有人在关注交通和配套设施中哪一个因素更能促进相互作用。纽约在伊利运河建成前就已经是美国最大的港口了，纽约港的规模外加西部聚落的交通需求使得运河的建立成为必要；运河建成后，大大缩减了从纽约到西部的地理距离，在推动相互作用的同时，纽约得到了进一步的成长。同样地，航海探索在很大程度上是为了引发东方和欧洲之间的交通需求而进行的。在这两地之间没有中介机会的存在，随着路线的打通，一些中介机会才逐渐出现。

还有一种关于某种特点的环境状况在相互作用中的功能的单因素分析也是错误的。我们通常认为山脉会阻碍相互作用，但是在很多情况下，它们对相互作用的促进作用要远大于妨碍作用，因为它们能给地区带来差异与互补性。山脉两侧不同的气候条件就可以带来相互作用的可能性，更直接一点儿，山脉自身的不同也可以带来相互作用，比如季节性的牲畜移动。冬天在低地草原的动物到夏天会移动到山间草原。对于现代社会而言，更重要的是山脉中的矿产资源，这些资源与褶皱、断层、水系冲刷过后残留的表层沉积物以及其他地理过程或现象有关。阿巴拉契亚山脉中部盛产煤矿，为美国产出了最大宗的单一商品流。尽管在科罗拉多的落基山脉铺设铁路十分艰难，但是该地区为了运送煤炭而铺设的铁路线比附近平原地区的密度还要大。

交通对地表最重要的改造体现为大规模专业化农业和工业地区的出现，当然，交通也能带来一些均匀性。最主要的变化体现在区域分异的规模方面。

单凭交通的发展不可能带来现代世界各种相互作用的增加，而可以以一个含有互补性、中介机会、移动性（或距离）三因素的系统为基础解释物质的相互作用。相互作用的过程只连接了一些特定的区域，通常都是以专门的方式，而另一些地区相对地很少被涉及。但是，这些至今仍未被涉及的区域的相互作用的基础因素正伴随着邻近市场资源的损耗、技术进步带来新的资源和交通设施的发展及延伸而发展起来。

相互作用研究是探究人类改造地表过程的卓有成效的途径。相互作用也同样是探究自然界中各种变化的有效途径；当然，自然界的形成是不同过程的结果，还需要更多的精奥理解。对于像"被驯服的动物和植物的起源和扩散过程"这样的自然与人文的交叉领域的问题，研究其中的相互作用过程将会得到有益的回报。

三、厄尔曼的影响

厄尔曼所处的时代，是地理学面临巨大变革的时代。由于地理学区域学派导致的方向性错误，哈佛大学的地理系最终走向崩溃。厄尔曼等人曾为地理学的生存奋力而战，但力不从心。1953年，地理学"计量革命"发生，地理研究强调理论、规律和实证研究。作为中心地理论的美国最早介绍人，厄尔曼在地理学研究转轨方面作出了显著的贡献。厄尔曼的管理成就也得到有关方面的认可和赞誉。华盛顿大学地理系将地理图书馆命名为"厄尔曼图书馆"，并且以他的名义建立了一个资助研究生学业的捐赠基金。

（陈彦光、相云柯）

哈特向

作为一门空间科学的地理学概念（1958年）

理查德·哈特向（Richard Hartshorne，1899—1992），美国著名地理学家。1899年生于美国宾夕法尼亚州，1920年获普林斯顿大学理学学士学位，1924年获芝加哥大学哲学博士学位，同年任教于明尼苏达大学，1940年到威斯康星大学，1941年成为教授[①]。

哈特向具有广博的地理学思想史知识和深厚的地理学哲学素养。他在地理学领域内涉猎甚广，早期所发表的论文包括农业区域、运输和城市发展、气候以及工业区位、种族和政治地理等方面，主要成就却在地理学思想和方法论方面。广博的知识面和研究兴趣也为他写作地理学方法论论著打下良好的基础。哈特向1938—1939年来到欧洲，在各大图书馆收集了许多文献资料，并会晤了许多著名地理学者。恰好《美国地理学家协会年刊》的主编惠特尔西特约他对地理学方法论进行评述，于是，哈特向对其原先在学校写就的方法论初稿进行了修改和扩充，最后于1939年写成《地理学的性质》[②]。惠特尔西对该文评价甚高，并力促将其发表在《美国地理学家协会年刊》。作为鸿篇巨制，《美国地理学家协会年刊》史无前例地用整整两期刊载该文，美国地理学家协会也随即于当年将其出版成书。该著很快成为风行欧美，甚至可以说影响世界地理学界的方法论著作[③]，由此奠定了哈特向在地理学思想史和地理学界的学术地位。

《地理学的性质》被地理学界奉为经典，其思想"统治"西方地理学界十多年，即使在舍费尔1953年发表"地理学中的例外论：一个方法论的检视"对其全面批判的情况下，其影响仍然延续不止。1959年，应一些地理学家的要求，在回应和反驳舍费尔的方法论论文的基础上，哈特向进一步精练地总结和修正了原来的观点，出版了《地理

[①] 本文对哈特向的生平及学术活动的介绍主要参考了其好友、地理学思想史家马丁的纪念文章，详见 Martin, G. In Memoriam: Richard Hortshorne 1899—1992. *Annals of the American Association of Geographers*，1994，84（3）：480-492。
[②] 见理查德·哈特向：《地理学的性质》，叶光庭译，北京：商务印书馆，1996年。
[③] 比如我国人文地理学的前辈李旭旦先生曾撰文高度评价该著，详见李旭旦："评哈特向著地理思想史论"，《地理学报》，1943年。吴传钧先生也深受其影响。

学性质的透视》，系统阐述了他的主张①。1989 年，为纪念《地理学的性质》出版 50 周年，美国地理学家协会发起并组织一些地理学家特地出版一本关于哈特向及《地理学的性质》回顾和反思的论文集——《哈特向〈地理学的性质〉回顾》（*Reflections on Richard Hartshorne's The Nature of Geography*，1989），全面评述了哈特向著作与思想的学术地位、他所引起的争论以及对当代产生的影响。有学者指出，"哈特向综合了前人的工作，成就非凡……虽然地理学在二战后方向改变，但哈特向的论著不会过时……他一直提醒我们思考学科的本质，地理学在科学发展历史中的地位以及地理学与其他学科的关系。"② 有学者们倾向于认为，哈特向是地理学思想史上的关键人物，他对地理学性质和方法论的研究继承、综合和发扬了大部分地理学家的思想，因而成为一个集大成者。这篇论文就是一个考证地理学概念历史渊源的经典论文。

哈特向写作此文，部分目的仍是"回击"舍费尔提出的挑战，而主要目的，正如他自己所称，是"作为一个地理学思想史的研究，主要关心地理学概念的（可能的）起源，及其在随后的一个半世纪的影响和意义……追溯从地理学概念的缘起到赫特纳在 1895—1905 年的重要阐述这一阶段的历史，不仅关心学者的生平事迹，而且关注在普遍的科学氛围中，学科概念的问题在当时何以被同时代人所忽视，又何以被后来者重视的一般问题"（第 98-99 页）。

"作为一门空间科学的地理学概念：从康德和洪堡到赫特纳"③一文的结构除了提出问题和结论部分，大体上是按照所论证主题的历史演进阶段依次论述的。哈特向把这段历史分为六个阶段：1750 年前，康德和洪堡时期（1756—1859），19 世纪前半期的其他地理学家，19 世纪后半期，赫特纳（1895—1927），康德和洪堡概念的重新发现（1905—1939）。根据其内容详略，我们把它整合成三个阶段，康德和洪堡时期，19 世纪的其他地理学家，赫特纳及经典概念的重新发现。

一、康德和洪堡（1756—1859）

自从舍费尔发表"地理学中的例外论：一个方法论的检视"一文后，许多学者开始

---

① 见哈特向：《地理学性质的透视》，黎樵译，北京：商务印书馆，1963 年；也可见本书中对舍费尔的"地理学中的例外论：一个方法论的检视"一文的介绍。

② Souza, A. Series Editor's Preface. In Entrikin, J. N., and S. D. Brunn, eds. *Reflections on Richard Hartshorne's The Nature of Geography*. Occasional Publications of the Association of American Geographers. Washington DC: the Association of American Geographers, 1989.

③ Hartshorne, R. The Concept of Geography as a Science of Space, from Kant and Humboldt to Hettner. *Annals of the American Association of Geographers*, 1958, 48: 97-108; 内引此文，只注页码。

重新关注和反思地理学的性质和范围以及它与其他学科的关系。虽然哈特向和舍费尔的方法论主张差别较大，但是他们都把地理学概念和性质的理论源头归于康德、洪堡时期。因此，有必要追溯地理学概念起源时的状况。

在18世纪以前，几乎没有学者关心自己学科在科学体系中的特征和地位，一门学科的重要性往往是通过大众兴趣和有用性来体现。然而，越来越多的学者开始试图使地理学成为一门完整的学科领域，而不仅仅作为服务商业和政府需要的工具，或者历史学的"侍婢"（第99页）。这些不同国家的学者把地理学与历史学相比较，认为它们有相似之处，有关文献散见于各处，可溯源到古希腊学者的历史和地理著作。最早将地理和历史的概念进行比较的是法朗士（J. M. Franz，1747）（第99页）。

大哲学家康德最早从整体科学体系的角度，将历史和地理，以及系统科学并置比较并论述。他对地理学的主要观点反映在他持续多年的地理学讲座中，但是他本人并没有将其正式出版，因而有许多关于他讲稿的版本流传。其中，他的学生林克（Rink）编辑的版本最为真实可信（虽然林克有一些适得其反的修改，但并未违反康德的原意）[①]。康德的地理学思想形成于1775年的讲座，但到1802年才正式出版。对于康德与地理学，我们还应该注意的是，自然地理是康德最喜爱的一门课程，他是第一个把地理学作为独立课程讲授的人。当时康德承担繁重的教学任务（同时担任逻辑学、形而上学、数学、伦理学、物理学和自然地理学的教师），而地理学却没有教材和综合性著作可以参考，这也是使得康德从整体科学的角度对地理学进行定性研究的原因之一。康德的地理学成就在当时已获得承认，彼得堡科学院在选举康德为院士时，首先考虑的就是他的地理学著作[②]。

1793年，24岁的亚历山大·洪堡在其出版的著作中提出了类似的地理学概念，这是最早的讨论地理学概念和性质的出版物。虽然在青年洪堡和老年康德之间并没有什么生活上和书信上的往来，但是有一些其他途径证明洪堡曾经受到康德概念的影响。在大学期间，他和他的哥哥威廉·洪堡（Wilhelm von Humboldt）都曾听闻康德的哲学和著作。威廉是康德的崇拜者，"几乎读了康德的全部著作，并引入自己的体系"，但是亚历山大对康德的哲学不感兴趣，甚至有些反感。[③]亚历山大在大学任教期间，很可能看过康德讲座的传抄本，但在1793年前，没有确切证据证明洪堡注意到了康德的地理学

[①] 关于康德的《自然地理学》手稿版本的详细介绍和评价，见理查德·哈特向：《地理学的性质》，叶光庭译，北京：商务印书馆，1996年，第19-24页；尤其注意脚注部分。康德的地理学观点还可参见本书对舍费尔的"地理学中的例外论：一个方法论的检视"一文的介绍和评述。

[②] 详见阿尔森·古留加：《康德传》，贾泽林、侯鸿勋等译，北京：商务印书馆，1981年，第29-31页。

[③] 关于洪堡兄弟的一个有趣评论，也可参见本书中对段义孚及其"人文主义地理学"的介绍，从威廉对亚历山大的评论中可以看到亚历山大的立场和好恶。

思想。通过比较所使用的术语以及内容上的异同点，哈特向认定，洪堡[①]在 1793 年后几乎可以确定引用了 1802 年林克编辑的康德地理学讲稿，只是没有注明参考文献来源。

经过文献比对和历史分析，哈特向得出洪堡和康德之间地理学观点联系的结论（第 101-102 页）：

(1) 1793 年后的洪堡研究了 1802 年出版的康德地理学著作，并作了重要的引证；

(2) 在洪堡 1793 年的地理学性质论述中，几乎没有提及当时风行德国的康德讲义；

(3) 洪堡早期完全有可能听闻康德的地理学概念，尽管没有片纸为证，但其受到康德影响的可能性较大；如果不是，那就是两人独立地得出相似的结论。

二、19 世纪的其他地理学家

尽管两位巨人对地理学概念作了相似而重要的阐发，但是后来关注者寥寥，几乎很难描述他们的影响。康德的讲稿版本过多，令人生疑，而且因其描述性内容的过时使读者丧失兴趣，致使一个世纪无人问津。洪堡的最初论述尽管被重印三次，但每次都是在脚注中，而且还是拉丁文；这些论述在其 1827—1828 年的讲义中没被印刷已有百年之久（第 102 页）。所以，两人的理论阐述遭遇了相同的被人遗忘的噩运。康德和洪堡都是从自然研究而不是历史研究被吸引到地理学中的，他们都有宏大的视角因而关心澄清一门学科在总体学科体系中的地位和性质的问题。然而其后，包括现在的地理学者，几乎没人认为这是必要的。李特尔也没有觉察出这种必要性，他也没有相关的论述。

无论如何，许多 19 世纪的学者发现进行地理学与历史学的简单类比可以体现地理学的特点。在这一方面，李特尔积极响应康德，作出相似的阐发。从分析地理学也对现象感兴趣的角度看，李特尔表现出与洪堡相似的方法论。

19 世纪上半期，只有一位学者关注到了洪堡和康德观点的相似性，那就是弗勒贝尔（Julius Frobel）。1834 年，弗勒贝尔使用的概念比洪堡更清晰，比康德更全面，他指出地理学是一组"空间科学"。尽管弗勒贝尔的这段论述没有注明参考文献来源，但在其他类似文章中却间接引了康德和洪堡的著作。因此可以说，弗勒贝尔是 1939 年前发现康德与洪堡概念相似性的第一位学者（第 102 页）。他的自传告诉我们，他早年曾与洪堡讨论过类似问题，然而没有人关注他的论述。40 多年后，赫尔曼·魏格纳（Hermann Wagner）注意到他，却只是把他作为对地理学思想史毫无影响的例子，而

[①] 本文中未注明姓名全称的洪堡均为地理学家亚历山大·洪堡，他的哥哥威廉·洪堡是语言学家。

根本没管他对地理学概念的论述。此后,他几乎被人完全忘记。

19世纪下半期,康德和洪堡对地理学在学科体系中地位的论述被完全忽视。其中一部分原因是大学地理学教育的不连续性。康德和洪堡都在1859年逝世,他们都没有在大学留下继任的教席。但是李特尔的学生众多,他的讲座据载常有三四百人去听,一些优秀的学生把他的思想传播到各国[①]。所以,当1871年德国的许多大学设立地理学教席时,大部分地理学教授在方法论方面依靠的是李特尔的著作。但是李特尔的概念系出自康德和洪堡,他并没有在著作中直接表述这些概念,而且也没有提示读者参考康德和洪堡的相关论述。洪堡的著作产生重大影响,但是人们关注的是他对国家的描述,而不是方法论的只言片语;同时因为他的《宇宙》(*Kosmos*)将地理学和天文学放在一起,因而不被看作地理学著作。

对于康德关于地理学性质的论述在19世纪不受重视的原因(第104页),哈特向认为首先在于学者们觉得有了李特尔和洪堡的论著就够了,没必要关注哲学家康德;这也是因为李特尔和洪堡在采用康德的思想和论述时,常不注明来源。

其次,现代地理学的创建人反对哲学家的地理研究。他们认为地理研究应该采取实际的方法和知识,而不相信自然哲学的理论推演。林德(P. von Lind)指出,洪堡在《宇宙》中引用康德,是为了攻击康德,对于康德精心计算推理出的天文学理论,洪堡持怀疑态度,并认为它像占卜(divined)或幻想(dreamed)。但哈特向认为林德将其原因归于洪堡对康德的嫉妒仅是揣测,并且似是而非。那么,洪堡对康德避而不谈并且有意地贬低他的科学贡献的实际原因是什么呢?

哈特向认为主要原因在于洪堡的哲学基础和立场。他分析洪堡早年深受歌德(Goethe)的自然哲学和哲学家谢林(Schelling)的系统哲学影响,但对于纯粹理性和抽象思维将代替观察实验的自然哲学的发展结果,他刻薄地予以谴责,因而通过贬低这些哲学家的突出成就来表示其立场。

无论出于什么原因,康德对地理学性质的论述在其逝世后几乎一个世纪无人关心。19世纪下半期的这种事实证明,在经验科学家(empirical scientists)和先验自然哲学家(priori natural philosophers)的冲突中,前者大获全胜。但后来当康德的天文学理论被认为是重大贡献时,一些地理学家受此激发去研究康德的地理学,却难以发现有意义的实际知识。他们因而也丧失了进一步考察康德对地理学在学科体系中的地位的相关论述的动力。

康德和洪堡的著作公开发行,并且流传已久,到底还是有些学者注意到他们。所

---

① 杰弗里·马丁:《所有可能的世界:地理学思想史》(第4版),成一农、王雪梅译,上海:上海人民出版社,2008年。

以，与其说没有人明白他们的著作，倒不如说人们不能正确地响应他们。这并非 19 世纪下半期地理学发展的特征，而是整体科学发展的特征（第 105 页）。

从历史发展的角度看，当地理学在德国大学建立之初，研究者的学科背景五花八门，结果一方面导致方法论的困惑，另一方面也产生热烈的方法论讨论氛围。一个重要的困惑就是人文与自然武断分割的二元论，但是早期的学者并不接受它；另一个就是短视的、认为科学就是建构科学法则的狭隘目的论。

新一代地理学者在他们的教育背景之下有过之而无不及，竟发展出二元论和狭隘目的论的二重变种。他们认为自然地理学建立于自然科学基础之上，所以可以发展科学法则，而人文地理学不仅游离于自然基础之外，而且其研究对象是特殊区域而无法建构科学法则。拉采尔虽然通过建立系统的人文地理学的基础说明这种对比是不必要的，但是他根本上还是一个二元论者。只要这种二元论占优势，康德和洪堡的概念就无容身之地。

这些争论最后导致一种代替二元论的统一观点。李希霍芬（Richthofen）1883 年在莱比锡大学就职演说中对此加以阐发。其后，对地理学性质和范围的讨论延续。他和他的学生赫特纳都广泛阅读了洪堡的著作，他们可能都受到洪堡方法论的影响。当统一地理学建立之后，问题必然转向地理学如何逻辑地确定其在整体科学体系中的地位。作为具有哲学和地理学双重背景的地理学家，赫特纳成为回答这一问题的不二人选。

三、赫特纳（1895—1927）及经典的重新发现（1905—1939）

赫特纳在地理学思想史和方法论研究上具有重要地位。哈特向对他的评价是，"无论（地理学）概念起源于什么，它在现代的重要性系出于地理学方法论的缔造者——德国人赫特纳。"（第 97 页）赫特纳在大学时期就决定终生从事地理学研究，他曾经学习并接受了李希霍芬的地理学观点，但是后来发现李希霍芬并没有对地理学的地位给出答案。他由此联系实际考察并对方法论进行长期的深入思考，这种对方法论的思索贯穿了赫特纳的整个学术生涯。正如赫特纳自己所述，"按我的思想禀赋，我乐于从理论上对各种不同的见解进行分析研究，因此一开始我就竭尽心力钻研方法论的问题。"[1]

赫特纳最早的方法论论著发表于 1895 年，在他自己创办并编辑了 40 年的刊物《地理

---

[1] 赫特纳：《地理学——它的历史、性质和方法》，王兰生译，北京：商务印书馆，1983 年，第 1 页。

杂志》（*Geographishe Zeitschrift*）上。在此之前，地理研究就是庞杂的研究材料和事实的堆积，以至于许多人怀疑它是否能被整合成一个独立的学科。但是赫特纳指出，地理学与其他学科的区别在于方法，而不是事实；地理学从空间变量的角度研究地表现象。十年之后，他又发表两篇论文，将地理学与研究整体的自然和人类现象类别的"系统科学"相比较，认为地理学与历史学一样，是研究特定时间和空间现象与联系的学科。从这个角度看，空间科学包括天文学、地理学和地球物理学，三者之间因有交叉重叠内容，所以没有绝对的分界，但基本观点还是不同。

赫特纳的观点并没有遭遇大的挑战，发表之后在德国地理学界被普遍接受。但是在其他国家，除了个别几人外几乎无人引征。即使在1927年赫特纳发表了他流传甚广的地理学方法论著作之后，也很少有人注意到他此前对基本概念的阐述。仅有的一个例外是维也纳的克兰福特（Victor Kraft），他在1929年撰文讨论并接受赫特纳的观点。作为赫特纳观点的延续和扩展，1939年哈特向发表的《地理学的性质》也广为人知，并被英美地理学家作为论述地理学在学科体系中的地位的经典之作。

赫特纳并不是地理学性质和概念的创始者，而且他也没有这样宣称。相反，他虽则独立地提出了自己的方法论观点，但是后来注意到康德早就提出了相似的看法，他以这种与康德的不谋而合感到高兴。在其1927年的专著中，他专门增加了注释并引证康德的观点以说明这种相似性①，但并没有指出之间的联系，而且也绝没有提到与洪堡观点的联系。赫特纳虽然研读了洪堡的著作，但他与洪堡对地理学的认识存在较大差异：洪堡试图建立统一天文学和系统地理学的宇宙学，赫特纳则认为地理学与天文学是两个独立的学科；洪堡的宇宙概念包括整个地球，赫特纳则遵循李特尔及许多其他地理学家的划分，认为地理学的研究对象在于地表；洪堡将系统地理学从区域地理学中分离出来，而赫特纳则遵循自瓦伦纽斯到李希霍芬的传统，将区域和系统地理学统一于地理学之下。基于以上重要区别，哈特向认为，虽然赫特纳坚信他的地理学理论继承和延续了洪堡的工作，但可以确信他对地理学性质和地位的阐述独立于洪堡的认识（第106页）。

赫特纳对他自己的方法论贡献作了恰如其分的评价："我在地理学方法论建设中的重要性实际上被夸大了，我仅是确信我已经清楚地表述了地理学发展的事实和从方法论的角度进行了建构。"（第106-107页）

在赫特纳的强调之下，康德对地理学概念的经典论述自20世纪初期起开始重被重视。弗里德里希·哈恩（Friedrich Hahn）在康德逝世百年纪念时重新检视了这位伟大先辈的著述，他和他的学生卡名斯基（Kaminsky）特别强调康德对地理学的贡献不应

---

① 赫特纳：《地理学——它的历史、性质和方法》，王兰生译，北京：商务印书馆，1983年，第133页。

在其事实叙述中寻找，而应该在其教学过程中，特别是对地理学地位及其与其他学科的关系的阐述中寻找。卡名斯基的博士论文受到赫特纳的重视，并在相关论著的脚注中被提及。1931年，多瑞（Lothar Doring）曾在其博士论文中指出洪堡和赫特纳之间的相似性，但没有溯源到康德。1939年，哈特向进一步指出康德、洪堡和李特尔三者之间对地理学概念的认识存在相似性[①]。这种观点已经被一些德国学者接受（第107页）。

四、结 论

统观全文，哈特向的总结论是：康德、洪堡和赫特纳关于地理学的地位和特征的观点基本上是一致的（第107页）。

就地理学范围和性质的概念起源来看，哈特向认为康德是阐述现代地理学概念的第一人，但是他的论述对现代地理学思想并未产生直接影响，更不用说被人首肯。通过部分的和不太确定的联系，它可能有一些间接的影响：对李特尔的影响较轻微，可能更大程度上是通过影响洪堡的思想，由此影响到李希霍芬和赫特纳。然而，也可能每个人事实上没有联系。整体而论，洪堡最早的论述于1793年出版，它独立于康德早在1775年讲座中形成，却到1802年才出版的论著中的概念（第107页）。

现代地理学思想的发展，在很大程度上应该归功于赫特纳。赫特纳等地理学家在形成他们的地理学概念之时，没有掌握任何特殊的资料来源，也没有把他的概念追溯到康德和洪堡。如果我们可以演绎他的思想，那么学科史发展过程中形成的概念，早就有一些或者许多学者独立地提出（第107页）。

由这篇涉及漫长历史的考据性论文延伸，哈特向阐发了他的地理学方法论的精髓（第108页）："不管被谁以及何时发现，当地理学家借用其他学科，尤其是某个自然科学或社会科学的观点来考察地理学时，概念本身被忽视了。地理学家只有从学科本身固有的特征出发考察学科，才能得到更多的响应。而地理学的固有特性在于：它是世界上生活在相互关联的区域的人们努力认知和理解现象之间联系的产物。与其说这些特性形成了与其他学科不同的特殊概念，倒不如说它们构成了一个正确的概念建立基础的实际事实。接受概念当然不是地理工作的根本，但是对于那些希望理解学科本质和以之与其他学科进行比较的学者是有价值的。

---

① 康德、洪堡和李特尔之间的联系除了本文，还可参见理查德·哈特向：《地理学的性质》，叶光庭译，北京：商务印书馆，1996年，第35-82页。实际上，这种联系在这部著作中论述得已经非常详细，所以，我们在本文的介绍侧重于结论。

特别地，早期时代以来的地理学家的工作不同于其他学科之处在于：

（1）因其特殊的研究主体，地理学家没有一个特定的客体或现象的分类体系，而是研究被整合在一个区域内的多数异质事物的事实；

（2）地理学不能被归入自然科学或者社会科学的某一类，也不是简单地在它们中间起桥梁作用，而是必须研究紧密联系在一起的各种现象之间的联系；

（3）研究地理学需要两种不同方法：系统的和区域的；

（4）像其他学科一样，地理学关心一般概念、普遍原理和科学法则的发展和应用；像历史一样，它在很大程度上也关注单个的、独特的事例的知识及其理解。"

最后，哈特向作了一个最能概括他本文内容的一般化结论："形成于康德和洪堡，并被赫特纳深化拓展的地理学概念，给我们提供了地理学实际事实的一个合情合理的解释……它并不是某个人或少数学者的发明，而是无数地理学家为寻找一个可供借鉴的一般框架而形成的集体认识。"（第108页）

"作为一门空间科学的地理学概念：从康德和洪堡到赫特纳"一文，围绕地理学性质和学科地位这一主题，在深入的前期研究的基础上，借助丰富的历史文献资料，进一步梳理出地理学概念演变的线索，是一篇观点鲜明、思想一贯、逻辑严密、脉络清晰的地理学方法论历史的考据之作，也是地理学思想史上的经典论文。在该论文发表50周年之际[①]，我们选择它而不是哈特向的两部更有影响的专著进行评述，既是以此为纪念，更重要的，是通过综合分析哈特向在地理学概念的历史考据这个横断面的工作，我们依然能够看到其完整的方法论立场与根据。后来者不但应该学习这种将历史和逻辑相结合指导思想史和方法论研究的方法，更应该注意，方法论的根本任务在于对学科性质的反思与认识。在这一点上，哈特向与反对他的方法论主张的舍费尔的观点是相同的。

一个延伸的话题是哈特向的地理学方法论的当代影响。二战以后，地理学界频发的理论"革命"和思潮似乎远远超出了哈特向的预期。哈特向强调地理学区域传统的声音在实证主义、结构主义、人文主义和后现代主义地理学等此起彼伏的钟声撞击之下，渐渐变得微弱。导致这种剧烈变化的根本原因，也许正如一位学者所指出，在于哈特向关注的是"地理学是什么？"，而二战以后，地理学者们则更多地考虑"地理学应该是什么？"[②] 价值观的嬗变随着时代和社会的急剧变化对地理学家提出了更为切实的要求，也使地理学更多地面向现实和未来，而不是沉浸和滞留于传统。从历史来看，尤其从哈特向这篇论文看，这一点更加明显：任何经典都会成为传统，这种传统甚至是一门学科区别于其他学科的标志，但也面临着被后人遗忘的命运。哈特向同时也指出优秀的传统

---

① 编译初稿完成的时间是2008年。
② 约翰斯顿：《地理学与地理学家》，唐晓峰、李平等译，北京：商务印书馆，1999年，第74页。

在后世必然有回归的可能，显然他对那种数典忘祖的、迟滞的认识结果极为不满。哈特向沿袭和发掘的传统是否会在某时某地重新复归呢？无论如何，我们可以明确的是，这种传统绝不会原封不动地再出现在后来者的认识诉求当中。任何传统的复兴都包含着复兴它的时代的命题，并在它的激发和制约下进行。所以，若说哈特向此文超出地理学思想史和方法论之外的意义，那么，就在于它提出了一个涉及历史与现代，传统与变革以及地理学家选择的永恒话题。

（叶　超）

哈格斯特朗

创新波的传播（1962年）

一、哈格斯特朗其人

哈格斯特朗[①]（Torsten Hägerstrand，1916—2004）是我们这个时代最有影响力的瑞典人文地理学家，也是他那个时代世界上最为杰出的地理学家之一。他的学术研究始于1930年代的隆德大学地理系。从1957年到1971年，他是该系教授；从1971年到1982年，他拥有个人研究席位；最后他作为荣誉教授退休。哈格斯特朗一生致力于在自然科学和人文学科之间的鸿沟上搭建桥梁。他的突出贡献表现在三个方面：迁移、文化扩散和时间地理学。由于哈格斯特朗的巨大影响，隆德大学地理系在世界地理舞台上具有突出的地位，隆德研究院也因之变得国际驰名。

哈格斯特朗有着不同一般的学术专长。他的知识领域囊括地理学科的全部基础，但同时也横跨乃至超越学科边界。他的非凡才干在于能够从别人看起来随机和混沌无序的现象中发现模式和秩序。他的教学和研究包含两个中心主题，这两个主题平行延伸，但他却可以在这两条"平行线"之间自由移动。一个主题是概念的发展和创新的基础研究，另一个主题属于直接关系到社会实际问题的应用研究。

现在看来，哈格斯特朗早期发展的有关迁移及其定量分析的研究，其核心成分具有范式意义。他在1953年完成的博士学位论文"创新扩散的空间过程"已经成为地理学科的经典之作。"瑞典南约特兰的耕作人口传播创新的方式"成了世界范围内博士论文和教科书的一个典范。运用蒙特·卡洛仿真方法模拟这种传播模型开拓了人文和经济地理学发展的新思路。20世纪六七十年代，当国外研究人员和博士研究生来到隆德大学，更进一步接触哈格斯特朗，并从他那里获得灵感的时候，他已经根据自己的兴趣走得更远了。

[①] 关于哈格斯特朗的主要资料来源：Lenntorp, B., G. Törnqvist, O. Wärneryd, et al. Torsten Hägerstrand: 1916-2004. *Geografiska Annaler B*, 2004, 86 (4): 325-326; Mead, W. R. Torsten Hagerstrand 1916-2004. *Geographical Journal*, 2004. 参见 The Find Articles.com. 06 Apr, 2009. http://findarticles.com/; Wikipedia, the free encyclopedia. 更详细的介绍可见本书"哈格斯特朗：区域科学中的人"一文。

如前所述，哈格斯特朗具有非凡的仔细观察我们的世界以及日常生活的能力。他的独特天赋使得他具有如下学术优长：联系具体事物与抽象理论，借助简明的日常现象阐明关于自然和社会的基础概念。我们可以从他的时间地理学模型中看到他才能最为明确的表现，该模型包含了哈格斯特朗持续、一致发展的世界观念。时间地理学的理论是基于瑞典三百年纪念基金会银行资助的一个主要研究课题发展起来的。但是，哈格斯特朗曾经指出，早在20世纪40年代中期，时间地理学的基本思想已经在其大脑中萌发。随着概念组成和符号系统的发展，思想模型逐步形式化了——演变为理论模型。其中符号系统也许是时间地理学最著名和最持久的成分。在哈格斯特朗教授职务任期的最后十年，时间地理学的符号系统基本形成，并在此后继续发展。正如哈格斯特朗早期的创新波研究一样，时间地理学演变为新一代研究者学术灵感的重要源泉。

哈格斯特朗的应用研究主要是关于瑞典的规划，这在两个层面为地理学家创造了发挥才能的领域：一个是中央政府层面即国家层面，另一个是地区和城市层面。举例说来，坐标方法创造了一个潜在的可能，就是将20世纪60年代发展起来的、性能不断增强的计算机用于高级空间分析。在由哈格斯特朗和其他地理学家承担的官方研究任务中，主要工作是为城市边界调整、新的地区描绘以及范围广阔的区位问题提供基础分析。一个著名的国际工程是通过松德海峡建设来连接丹麦与瑞典的厄勒桥，哈格斯特朗等地理学家在工程论证阶段发挥了作用。

在1965年至1974年间，哈格斯特朗作为区域开发专家组成员和顾问研究地方化问题。在瑞典三百年纪念基金会银行和内务部的基金资助下，哈格斯特朗参与并主持了一个大型国家项目研究城市化过程。由阿尔瓦·缪尔达尔（Alva Myrdal）领导的关于未来研究如何开展的调研的结果之一，是1974年创造了两个并列的委员会：一个是面向未来研究的准政府秘书处，另一个是关于长期促进研究的非政治探索代表团（SALFO）。

哈格斯特朗被任命为SALFO委员会主席，其职责就是建立各个学科优秀研究者之间的协作关系，并在这方面形成典范。在此期间，他在时间地理学中发展了生态概念。SALFO的工作变成了科学合作项目的胚芽，并且有助于放松传统学科之间的边界。

二、"创新波的传播"[①] 提要

在先前的隆德地理研究中，哈格斯特朗介绍了一份关于斯堪尼亚地区汽车引入的简

---

① Hägerstrand, T. The Propagation of Innovation Waves. In *Readings in Cultural Geography*, edited by Wagner, P. L., and M. W. Mikesell. Chicago: University of Chicago Press, 1962: 355-368.

短调查报告——"斯堪尼亚是瑞典最南端的一部分"。以下是对于该主题的更完整的报告。此外，本报告进行了关于汽车与无线电的传播的比较。本报告是关于当今文化元素扩散的广泛研究的一个环节。

通过历史上的现象，民族、民俗学家仔细描述了文化元素扩散的过程。但关于当代的研究却很少见。然而，历史的事例只有在偶然情况下才符合统计处理。在过去几百年中，只有在某些有利的情况下，文化因素分布的改变才可能被精确地研究。有关文献通常能够确定某一种文化特质发生的地点，但无法判断发生的程度。空间分布随时间的变化不得不通过文化边界的移动表示出来。

如果仅仅根据边界线绘制一幅关于文化元素分布的完整地图，这些元素应该会出现在彼此相互隔离的地区。但与此相反，我们发现了由文化元素密度高的中心向元素稀少的边缘地区过渡的过程。如果没有经过大幅度的简化，我们在研究变化时既不能绘出边界也不能观察其转移。然而我们可以探知某种比率的空间分布。据此，我们可以通过比率和梯度的变化处理分布的变化。

文化要素的空间分布变化（即其比率和梯度的变化）符合某些尚且不为人知的原理。在探寻这些原理的过程中，我们无须考虑观察现象本身在地理学中是否有一个传统的位置。事实上，这些事物本身并非观察的中心所在。这些事物被用来作为一些居住地相关区位的人们行为方式的指标。这项研究较少提及具体的文化要素地理学，而是更多地涉及"文化行为地理学"。

关于"指标"，首先声明一点：指标的选取不在于它是否具有"地理重要性"，而在于有关数据是否完整且可以进行定量分析。因此，我们必须能够接受那些偶然记录的事物。进一步地，数据的完整性体现在时间上——不仅仅有某个时刻的记录，还要有不同时间的记录。我们必须能够画出多个不同时刻的空间分布情况。更进一步地，这个研究要求数据采集时间相隔较短并且前后连续。当我们打算观察比率和梯度的变化而非边界的变动的时候，完整性乃是先决条件。至于较短的间隔，则可以更高程度地显示变化进程中的次序和连续性。

创新传播的扩散在两个领域进行——空间和社会。我们仅仅考察空间领域的情况。

汽车——自从第一次世界大战以来，斯堪尼亚地区的汽车发展可以很容易地通过一系列在国家行政部门强制注册的汽车名单来体现。这些名单详细地记载了汽车拥有者的姓名、职业以及邮政地址。这使得我们可以从社会、空间两方面开展研究。

实际上，一些研究应该借助1923年之前的名单进行。由于登记的规则等原因，这个名单也包含了一些重型摩托车。没有必要区分这两类车型，因为作为创新，重型摩托车与汽车的关系非常密切。

此外，名单包含某一时期注册的车辆。这并不一定意味着在调查的时候它们都仍然处于使用状态。到 1923 年征收汽车税的时候，这种汽车注册却不使用的不协调现象消失了。不过，每年汽车的增量才是问题的关键所在。

从 1918 年至 1930 年，各邮区的汽车列表每两年执行一次，登记的数目超过 6.2 万。还有少量汽车在斯堪尼亚注册，但却是在瑞典的其他地区使用，这部分记录在这项研究中忽略不计。

无线电——不幸的是，人们很难密切跟踪并记录无线电的发展。历史上只有 500 至 1 500 平方公里大小的地区有统计数据。本研究所使用的数字来自官方的统计。

这个方法的目的是通过等值线地图理解汽车分布密度与人口（千人）的关系。

地区细分——在绘制比率地图之前，通常使用具有居民分界线的数据。在瑞典，这样的分区大小不一且形状不规则。因此，比率不能有效地比较：如果一个地区的调查是以小的单元进行，而另外一个地区以大的单元进行，那么在比率地图中，前者会比后者更详细。这样一来，大的分区之内的不规则会被消除，从而可能得出错误的区域对比结论。

本次研究中的数据是指一个相对密集的点（邮政局）的分布。这一事实使得我们放弃了上述方法，而是尝试在区域的几何定义的基础上计算比率。幸亏两个关于人口分布的地点图显示了 1917 年和 1940 年的人口状况，任何边界内的居民人数估计都因此而变得相对容易。

为了绘图表示上述问题，在方形与六边形中，我们选择六边形图式，理由是：（1）六边形近似圆形，因此网格的实际方向与数据之间仅有较小的偏差；（2）在六边形的格点中插入等值线可以减少任意性。换言之，在等值线插值过程中，基于六边形可以避免在方块系统中时常遇到的对角点的矛盾。

一个六边形相当于一个元胞，元胞单位面积相为 100 平方公里。没有出现一个城镇聚落同时被多个元胞划分的情况。

高度点的位置——如果只有中央的点被选定为"高度点"，那就会在一些地方造成像普通地形图一样的扭曲。人口的集聚往往在比率图上形成高峰值。如果一个元胞包含一个偏心的集聚，那么预期的峰值将会忽高忽下，而不是在其旁边。因此，我们选择的高度点是元胞的人口中心而非几何中心。

有几种方法可以用来确定一个人口中心。我们选择最容易获得的中值点，利用子午线或卯酉线对每单元的人口点进行左右和上下对分（每点代表 100 名居民）。重复相同的操作方法就确定了很多彼此平行的直线。这些垂直线（子午线）和水平线（卯酉线）的交叉点即为所求点。

等值间隔——等值间隔常是公比为 2 的几何数列（0.25、0.5、1、2、4、8、16……）。这意味着，在对数刻度上，等值线的间隔是常数。因此，基于对数刻度在图纸上进行插值将有明显的优势。纵坐标的变换将导致非线性的纵剖线，表现为高点附近的陡度快速增加。为了避免难以解决的、插值趋近于 0 的情况，空的元胞就让它们空着。一般来说，等值线数值的下限为 1。比率较小的地区在图中以阴影显示。

在研究的时间段内，汽车的分布是持续变化的。一系列的地图表明我们应该避免讨论转型中的文化边界。最初的离散分布后来变得更加集中。六边形元胞的发育表现为车—人比率的变化。关于汽车拥有量发展的简短描述，采用城市等级图作为本研究的一般背景颇能说明问题。

到 1918 年，预备阶段已经持续了大约 14 年。直到第一次世界大战末期，加速阶段还没有启动。在初期，一些中心超越了周边地区。1918 年的时候，我们注意到海岸线上的于斯塔德、马尔默和赫尔辛堡以及区域内部的赫尔。到了 1920 年，特雷勒堡、兰德斯克鲁纳、安琪尔霍姆、隆德、艾斯诺夫、克里斯蒂安斯塔德以及其他一些小镇相继隆起为峰。所有这些中心一直保持这种态势，持续了很长时间。

整个地区主要是自西向东发生过渡。克里斯蒂安斯塔德地区是一个例外，那里形成了一个单独的中心，之后扩大到北部和西部，与主要地区汇合。

城市等级引导了扩散的渠道。除了影响等级体系中心的周边地区，我们发现扩散无法影响到远处的地方，因此便有次级中心的出现。

在 1918 年有三大集聚地区：（1）斯堪尼亚南部，于斯塔德的北部和西部；（2）斯堪尼亚西部，由马尔默、赫比和赫尔辛堡形成的一个三角形地区；（3）克里斯蒂安斯塔德地区。在斯堪尼亚西部我们找到几个次级集聚地区，这类区域的相当部分暂时空着。

1920 年，每 1000 名居民拥有两辆汽车的地区在扩大，但尚未连片。马尔默南部的低密度地区值得注意。

到 1922 年，单独的集群不复存在了。这个地区的比率首次全面渗透、持续增加。空白的地区只存在于中心偏东部和北部的地区。由于廉价福特车的出现，1920—1922 年车辆拥有量全面大幅度增加。

1924 年，整个地区只有少数空白元胞。斯堪尼亚西部的优势地位一直显而易见。

1926 年，斯堪尼亚西部的优势开始下降。

1928 年，出现在内地的高峰值甚至超过了那些西部沿海区。

1930 年，汽车的拥有量在该地区均匀地分布。然而，还存在发展缓慢的空白点。我们应该看到，汽车扩散到所有的地理元胞中是一个相当漫长的过程。

发展过程始于斯堪尼亚的南部和西部是一个特殊的问题。毗邻丹麦和欧洲大陆对这些地区的汽车拥有量有很大的影响。

当然，没有恒常的规则，强制创新只能通过这种形式自西向东地展开，在古代有其他的图式。因此，我们必须考虑推力的来源和不同地区的易感性。

平均等值线，即"正距平区"——希望仅仅通过一系列的地图而获得更深入的思路是不切实际的。我们必须理解和分析其中隐藏的数字。

这种被选择的等值系统是一个任意样本，这一样本可能包含无限可能的等高线。这其中有一个特殊的值，它可以从给出的数据中显示出来。如果将某一年的总和除以地区居民人数，我们可以得到当年的平均比率。在平均比率等值线的帮助下，我们可将所有地图分为两类地区：一类是其比例大于总的平均值，另一类则比平均值小。在与原始地图的比较中，我们必须注意两个问题：比率从中心向外的过渡以及比率的普遍增加。通过平均等值线，我们排除了后一种情况。斯堪尼亚的平均比率计算如下：在地图中，用阴影表示被平均比率等值线包围的地区。这些地区存在正的异常值。我们借用气候学的一个概念，将它们称为"正距平区"——每千人拥有汽车量高于平均比值的地区。

1918—1922年，正距平区的数量和位置的变化是微不足道的。然而，1920—1922年出现了融合成较大片区的趋势。唯一的例外是克里斯蒂安斯塔德中心——该地区的东北部分没有正距平区。1924年，东北部开始出现较小的正距平区。到1926年，这些中心的人口规模增加，同时南部和西部的正距平区连接在一起。1928年出现了东、西部相连的两个条带。尽管汽车的数量大增，1930年的情况似乎没有变化。

正距平区面积随着时间而扩大，这一事实表明了分布的拓宽。

这种稳定的图式引人注目。很显然，城市和城镇将保持领先。但是，某些乡村地区也将持续表现为正距平区。

时间滞后——汽车的发展明显地显示出不同地区间存在着相对固定的时间滞后。每一个元胞都有自己的增长曲线，将全部曲线绘制在同一张图片上没有意义。我们不妨选取其中的一些作为例子。

在关于斯堪尼亚的地图中，整个地区比率的增加由代表平均状况的虚线表示。伴随这条平均曲线的还有三个选定的元胞曲线作为例子：斯堪尼亚地区的西南部分、中央部分以及东北部分。这些曲线都在一定程度上与其他曲线相同，且相当好地平行于平均曲线。主要的差别在于时间滞后，在斯堪尼亚地区的西南部分至中央部分之间时滞相当于2—3年，而在斯堪尼亚地区的西南部分和东北部分之间时滞约为五年。

为了比较，我们考虑1925—1939年无线电的扩散。然而这里的资料来源不是十分详细。基于可用的统计资料，我们选择斯堪尼亚西南部（马尔默区）的数据。直到1931年，马尔默地区每千人的无线电拥有量一直平稳地维持在相对较高的比率。其间，赫斯勒霍耳姆地区的比率迅速增加。在这里，我们也可以发现一个时间滞后——1931年至 1939 年，我们可以估计该时滞大致为五年。

当然，不能仅仅通过不同地区经济状况的差异来解释这一现象。经济条件——例如收入的分布——并没有出现很大的变化。总的来说，不妨假定在某一元胞内，至少在 1930 年拥有汽车或无线电的人有能力在五年前购买这些东西。如果只有经济条件起作用，那么无法解释为什么没有时间滞后的单元并未紧随一般比率的增加，达到它们各自的不同高度的饱和水平。然而，"比率表面"的统一提高要求信息的均匀分布，这些信息看上去只向某些新奇事物已经存在的地区伸张。信息流似乎主要是通过社会联系的网络传播。

变化的纵剖曲线——现在我们需要更深入地思考"比率表面"在上升时的真实表现。最简单的办法是截取一系列的纵剖曲线。

在等值线由中心向外置换的变化中，有几种变化可能被掩盖了。我们可以预先在理论上考虑一些其他的可能性。

为了配合特殊格式的地图空间分析，哈格斯特朗绘制了相应的坐标图。在一些坐标图中，纵坐标的比率（F）以对数刻度的形式表示。实质性的变化是相对的变化而非绝对的变化。横坐标表示距离（D）。

三个地区的中点 a、b、c 是剖线相交的点。其中点 a 是创新的中心。我们忽略这样的事实：在现实生活中这类中心有完整的等级体系。较低的曲线表示的是在某一特定时间（t）的情况。对于替换选择Ⅰ、Ⅱ和Ⅲ，情况完全一样。

现在，假定经过很短的时间间隔（Δt）。在 $t+\Delta t$ 这一时刻的三种不同趋势可以被描述如下——它们分别代表三种类型的变化过程：

Ⅰ. 点 a 的相对增加最大，且增量由内向外（从 a 到 c）递减。

Ⅱ. 点 a 的相对增加最小，且增量由内向外（从 a 到 c）递增。

Ⅲ. 点 a、b、c 的相对增加量相同——时刻 $t+\Delta t$ 的变化剖线相当于时刻 t 的变化剖线的平移。

虽然情况有所区别，但所有的这些可能性均体现了等值线的向外移动。

进一步地，我们将考察上述类型的变化在多大程度上可以在现实中找到。在地图上，关于汽车拥有量的纵剖线选取方法如下：一条由马尔默起始，向东北方向延展；另一条由赫尔辛堡起始，向东方延伸。它们交叉在赫斯勒霍耳姆。为了能够通过重要的元胞的中心，其他纵剖线不是直线，而是有一定程度的弯曲。

马尔默向东北延伸的汽车分布纵剖线——这条线从马尔默到隆德，到艾斯诺夫，到赫尔，到赫斯勒霍耳姆，然后继续向东北伸展。1918—1920 年在马尔默到艾斯诺夫两地之间，以及 1922—1924 年在安琪尔霍姆东，我们发现了 I 类的变化。如果我们将 1922 年及以后的曲线趋势作为一个整体来考虑，而不考虑曲折的细节，则连续的变化与第 II 类对应。马尔默仅维持较小的相对增加，仿佛关键点马尔默周围的曲线束一直在循环出现，直至达到马尔默的水平。通过更详细的分析，我们发现在第 II 类变化中，曲线的"波谷"越来越接近高峰。最后阶段的变化接近于类型 III。1928—1930 年的变化与这一类型高度一致。随着发展的逐步深入，中央元胞赫尔和赫斯勒霍耳姆的比率已经超过了原来的中心马尔默。

赫尔辛堡往东延伸的汽车分布纵剖线——这条线相当水平地伸展，与第一条纵剖线相交后，向东南折射。1918—1920 年，赫尔辛堡和克里斯蒂安斯塔德之间发生了 I 类的变化。以这些顶点作为关键点，介于关键点之间的部分表现的是第 II 类的变化。在 1930 年，这些部分超越了起点赫尔辛堡元胞。1928—1930 年的总体变化符合第 III 种类型。一种 I 类变化再次出现的动力在赫斯勒霍耳姆点和克里斯蒂安斯塔德点之间显现。

每个元胞的居民点数量在横坐标上以两条剖面线的形式体现。最初，比率和居民数量有很明显的正相关。随着时间的推移，这一相关性逐渐弱化。

马尔默－赫斯勒霍耳姆的无线电纵剖线——这一纵剖线与从马尔默向东北延伸的汽车分布纵剖线大体上对应，但是因为数据反映较大的区域，曲线显得比较平滑。

1925 年，马尔默建成了一个无线电站。之前提到的变化的第一个阶段已经完成，直到 1928 年，变化接近于第 II 种类型。1929 年，整体环境有所改变。在赫比新建了一个无线电发射中心。这增强了信号的接收条件，同时，居民对无线电的兴趣被激发了出来。根据 I 类的变化，我们发现在赫比附近的一种新的创新中心。两个关键的高点表现的是 II 类的变化。很快，马尔默重新占据优势地位。直到 1944 年，变化的第 III 种类型还不明显。我们因此发现了无线电和汽车扩散在阶段顺序中表现出的某些相似特征。

在前期研究的基础上，我们可以试图解释不同类型的变化。

第 I 类是扩散过程的基本阶段，中心快速地崛起。

第 II 类属于基本中心的延迟。相反，在其他地区发现了离心的增长，它们可能超越中心点，形成新的中心。这是严格意义上的扩散阶段，此时，更为明显的区域对比变得不再那么突出。

第 III 类是收缩阶段。这一现象已经广为人知。

另一点特征是时间过程上的普遍延迟。我们假设比率表面渐进于一个饱和阶段，这时在给定条件下不可能进一步增长。1947 年无线电的分布在特征上很近似于这个阶段。

如果我们想象 I、II、III 三个阶段电影似地连续地表现为一个动画过程，曲线增长速率逐渐变缓，那么，我们就可以认识到创新波在一定人口中的传播方式。

当然，在概括出一些原理之前，我们应该对扩散中的很多文化元素进行定量观察。总而言之，我们应该思考我们做过的观察的重要性。

在上述研究中，到达第Ⅲ阶段是一个相对快速的过程。很多文化元素可能会经历一个更慢的过程，尤其是当它们并非开始于城市等级体系的顶端，而是发源于边缘地区时。

此外，在到达第Ⅲ阶段之前，扩散可能就已经消失，而形成一种难以通过现有因素说明的分布形式。在对于某种分布进行陈述的过程中，我们常假设第Ⅰ、Ⅱ阶段的现象被同样分布的有利条件决定，这是有风险的。因为相反地，一个更好的解释可能是：很偶然地从某个地方开始，之后扩散机制开始通过社会联系的网络发生作用，因此形成了一个分布（区域），而这个分布或者区域也可以在其他地区发生——假定一切条件均等。这一论点或许适用于很多具有令人难以理解的地方化特征的工业区域。

借助诸如此类的指标开展详细的扩散机制研究，有助于我们处理以上问题。

三、哈格斯特朗的影响

哈格斯特朗一生获得无数的荣誉和光环。可是，他对这些身外之物一直保持低调。他是瑞典皇家科学院院士，皇家文学、历史和古迹研究院院士，瑞典皇家工程院院士，挪威和芬兰科学院院士，美国艺术和科学研究院院士，英国科学院通讯院士，法国地理学会会员。他是欧洲科学院的开创者之一，对欧洲科学基金和国际地理联合会具有影响力。他获得瑞典国内外无数的奖励，他是挪威卑尔根大学、挪威特隆赫姆大学、英国布里斯托尔大学、爱丁堡格拉斯哥等大学、美国俄亥俄大学的荣誉博士。1992年，哈格斯特朗与美国地理学家吉尔伯特·怀特（Gilbert F. White）一起，获得了具有地理学诺贝尔奖之誉的瓦特林·路德地理学奖（Prix Vautrin Lud）。

哈格斯特朗独撰或者与人合作完成了大约300篇（部）论文和著作。他的科学作品通过期刊和图书在众多领域中广泛传播，而且他的确使得自己学科的综合潜力得以有效体现。作为总结，有必要强调，他的影响和启发不仅仅是通过书面材料，也许更多的是通过私人对话以及与来访研究人员的面谈，而且他本人是很多大学和研究机构的客座教授。他的学生和同事感叹，哈格斯特朗的智慧光辉常常照耀他身边的人们。

（陈彦光、任　帅）

帕蒂森

地理学的四个传统（1964年）

　　W. D. 帕蒂森（William D. Pattison，1921—1977），1957年毕业于芝加哥大学地理系，获博士学位，博士论文题为"美国矩形土地测绘系统，1784—1800"[1]，曾于加州大学洛杉矶分校地理系与圣费尔南多谷州立学院工作，是美国高中地理教学计划的首任主席（1961—1963年）。帕蒂森一生著述不多[2]，多涉及高中地理教学，但其"地理学的四个传统"一文具有重大影响，是他于1963年11月29日在俄亥俄州哥伦布市召开的美国国家地理教育委员会年会开幕式上的发言稿。

　　1904年，美国地理学家协会（AAG）成立，使职业地理学在美国获得了一定的社会认可，但当时社会对地理学还存在着误识，认为地理学仅仅是未科学化的知识"大杂烩"。1905年，威廉·戴维斯以AAG主席的身份首先回应了社会的误识，他阐述了一种方法，认为这种方法可将"地理特性"传递给某些知识，并说明别处不存在地理特性的原因[3]。此后有多位AAG主席在就职演讲中阐述了地理学的定义，并由此产生了哈特向的《地理学的性质》与《地理学性质的透视》两著[4]。

　　帕蒂森认为："自AAG成立以来，每一次地理学科的界定都取得了一定程度的成

---

　　[1] Pattison, W. D. *Beginnings of the American Rectangular Land Survey System, 1784-1800*. Department of Geography Research Paper No. 50. Chicago: University of Chicago, 1957.

　　[2] Pattison, W. D. On Behalf of the Old Lantern Slide. *The Professional Geographer*, 1960, 12 (1): 3-4; Geography in the High School. *Annals of the American Association of Geographers*, 1962, 52 (3): 280-284; Goode's Proposal of 1902: An Interpretation. *The Professional Geographer*, 1978, 30 (1): 3-8; The Cemeteries of Chicago: A Phase of Land Utilization. *Annals of the American Association of Geographers*, 1955, 45 (3): 245-253; Use of the U. S. Public Land Survey Plats and Notes as Descriptive Sources. *The Professional Geographer*, 1956, 8 (1): 10-14; High School Geography Project Begins Experimental Year. *Journal of Geography*, 1962, 61 (8): 367-369; High School Geography Project Newsletter. *Journal of Geography*, 1962, 61 (3): 132; Regional Geography in the American School: Clarification of an Opportunity. *Journal of Geography*, 1968, 67 (7): 398-402; The Star of the AAG. *The Professional Geographer*, 1960, 12 (5): 18-19; Harold W. Fairbanks, California Geographer. *Journal of Geography*, 1960, 59 (8): 351-357; The NCGE: An Interpretation. *Journal of Geography*, 1970, 69 (8): 452-453.

　　[3] Davis, W. M. An Inductive Study of the Content of Geography, *Bulletin of the American Geographical Society*, 1906, 38 (1): 71.

　　[4] Hartshorne, R. *The Nature of Geography*, AAG, 1939; *Perspective on the Nature of Geography*, AAG, 1959.

功。如果一一轮流展示，则每一个定义都阐释了地理学的一些事实。但从 1964 年的优势观点来看，人们能够看出，每一个定义也都存在片面性。如果与许多持续地在广泛的地理学研究工作中进行创造性实践的专家保持联系，则用一种方式或一元化观点（偏好的专一）所采纳的所有定义一定会被删去。""美国地理学者的著述，虽然并不符合这些定义中的任何一种所包含的限制，却展示了广泛的一致性，这种基本的统一可归因于一小部分不容忽视而相关的传统，作为地理学专业人员思想联系发挥作用的因素。这些传统都具有悠久的历史，作为西方思想总体遗产的一部分而进入美国地理学界。"为此，他阐述了地理学的四个传统："通过充分调和地理学者所做的工作以及直言不讳的表述，作为判断结果的多元化基础，有可能极大地发展保持职业地理学与教学地理学之间结盟的任务，同时促进与非专业人士的交流。"[1]

一、空间传统（Spatial Tradition）

地理学的空间传统包括两个方面。一方面要追溯到古希腊对事物位置的详尽记录，诸如航行距离、海岸线以及地标等的记录，这些记录材料的不断增长，最后成为公元 2 世纪托勒密（Claudius Ptolemy）所撰巨著《地理学》的原始材料。

另一方面，是地理事物与地理现象的地图再现，包括几何学与移动。几何学涉及地理事物的定位与布局、区域边界、人口密度、耕地模式、中心地理论等。移动涉及地理事物移动的地理现象，如加拿大与美国之间的铁路货物运输[2]。地理学就是地图以及与地图相关的事物。

二、地域研究传统（Area Studies Tradition）

地理学的地域研究传统包括三个方面。首先是有关地域性质、地域特征以及地域差异的研究传统。可追溯到斯特拉波撰述的巨著《地理学》，该著研究了古罗马奥古斯都时期的政治活动，试图总结并规范有关地域性质、地域特征以及地域差异的知识，而不是有关地点位置的知识。赫特纳在其《地理学的性质》一著中，也详尽地探讨了与斯特

---

[1] Pattison, W. D. The Four Traditions of Geography. *Journal of Geography*, 1964, 63 (5): 211-216.
[2] Wallace, W. H. Freight Traffic Functions of Anglo-American Railroads. *Annals of the American Association of Geographers*, 1963, 53 (3): 312-331.

拉波相关的"令人关注的属性"(interesting attributes)。

其次是有关地域历史的研究传统。因为地域及地域特征的变化是在时间过程中进行的。

再次是有关地域各种混杂信息的接受与合理解释的传统。即地域特性研究与地域历史研究综合于地域的"天然赋予的真实性"(naively given reality)。

三、人—地（关系）传统（Man-Land Tradition）

地理学的人—地关系传统包括两个方面。首先是公元前5世纪由希腊医生希波克拉底（Hippocrates）所著的《空气、水与场所》，该著探讨了人类健康所反映的外部自然环境，重点阐述了风、饮用水以及季风变化对于人类的影响。

其次是环境论（environmentalism）。20世纪20—50年代，美国文化历史学者与文化地理学者的研究提出了如下观点：在人—地关系中，"人"是一个独立的因素，而"地"则是人类行为的承受者。主要体现在《人类在改变地球面貌中的作用》论文集中。

四、地球科学传统（Earth Science Tradition）

地球科学涉及地球、地表水、地球大气层、地球与太阳之间关系等的研究。地理学的地球科学传统包括三个方面。

首先，地理学更侧重于自然地理学，因为现代美国高校地理学系多从地质学系分离出来。因此，通常没有能力处理在社会历史研究中所涉地学问题的历史学者、社会学者与其他学者，往往求助于地理学。

其次，"地理学是科学之母"这句名言完全建立在地球科学传统的基础之上。

再次，这一传统源自古希腊亚里士多德对地表与近地表的自然过程所进行的广泛研究。而瓦伦纽斯于17世纪将这一传统更新为"地理学概论"。

总之，地理学是（或许永远是）一门多元化的研究学科。帕蒂森最后认为："四种传统虽然在逻辑上各自独立，但它们共同作用。可以说地理学同时追求四种传统。将四种传统进行各种结合，地理学者可以解释地理学领域的常规分类。人文或文化地理学包括了运用于人类社会的前三种传统；自然地理学是在第一种与第二种传统制约下进行的第四种传统。进而，可以揭示'系统地理学''区域地理学''城市地理学'，以及'工业地理学'等地理学分支的内涵。"

自该文发表以后，帕蒂森有关地理学四个传统的观点被广泛引用，有效地回答了用一两句话来定义地理学广域范围的问题，并被公众、教师以及职业地理学者所接受与理解。帕蒂森并不试图建立一个被普遍接受的定义，而是建议将地理学的观念与主题集中于极少数观念中，这些观念在地理学以往成百上千年的发展历程中已经稳固。因此，他定义了地理学的空间、地域研究、人地关系以及地球科学四个传统。许多人已经罗列出地理学的主要观念与原则，每一位地理学者或地理教师也许都有他或她自己的观念与原则，但在整理一份十几或数十个地理学"主要观念"的名录，与记忆令人头痛的单句定义之间的知识尺度方面，帕蒂森的四个传统是一个巧妙的折中方案[1]。

（阙维民）

---

[1] J. Lewis Robinson. A New Look at the Four Traditions of Geography. *Journal of Geography*，1976，75（9）：520-530.

沃伯特

空间背景下的决策过程（1964年）

朱里安·沃伯特[①]（Julian Wolpert，1932—　），美国地理学家。1963年获哲学博士，博士论文题为"瑞典中部的农业政策：空间和行为分析"。其后，他在普林斯顿大学伍德罗·威尔逊公共和国际事务学院任教至今，现为该校亨利·布莱恩特[②]教授。因其在空间和行为科学以及非正式组织研究方面的贡献，被选为美国国家科学院院士和美国科学促进协会会员，同时是美国国家科学基金会和国务院以及许多其他组织的顾问和成员。

沃伯特涉猎广泛，在区位理论、行为地理学、城市地理学和公共事业与非营利性组织研究方面卓有成就。除了博士论文之外，其代表作还有"适应环境压力的迁移"（Migration as an Adjustment to Environmental Stress，1966）、"区位分析中的通常环境发端"（Departures from the Usual Environment in Locational Analysis，1970）、"打开封闭的空间"（Opening Closed Spaces，1976）、"慈善地理学：捐赠和支持福利设施的都市差异"（The Geography of Generosity：Metropolitan Disparities in Donations and Support for Amenities，1988）、"远谋与节俭：区域视角"（Prudence and Parsimony：a Regional Perspective，1989）、"美国的慈善格局：谁掌控安全网络？"（Patterns of Generosity in America：Who's Holding the Safety Net? 1993）等。他的学术生涯大致以1980年为界分为两个阶段，前期侧重于运用数量分析方法研究行为、决策与空间的关系及作用过程；后期积极开辟慈善事业的地理学研究这一新领域，对非营利性组织的地理学研究非常具有特色，以至于被称为"唯一致力于非营利性组织研究的地理学家"[③]。

[①] 对朱里安·沃伯特的介绍除参考他发表的一些文章外，还参考了美国大学交通研究中心的网站资料，详见 http：//www.utrc2.org/directory/people.php? viewid=54。

[②] Henry Grier Bryant（1859—1932），美国探险家和旅行家，美国地理学家协会的发起者之一。普林斯顿大学为纪念他，以他的名字命名地理学教授。

[③] Paul，M. *A Scaled Examination of the Relationship between a Nonprofit's National Mission*，*Regional Structure*，*and Local Fundraising Efforts*，A thesis submitted to Kent State University in partial fulfillment of the requirements for the degree of Master of Arts，2008.

"空间背景下的决策过程"[1] 一文，系沃伯特博士论文之精华，是他前期研究的代表作。该文通过考察瑞典中部农民的行为决策及其空间变化状况的实例，对经济学和管理学中的"经济人"和"完全理性"等假定进行了重新验证和批判，提出并重新构建了行为决策的空间模型。该文结构是典型的三段式，即先明确论文的背景和目标，然后进行案例分析和数学模型推演，最后得出结论。本文重点介绍该文的主要观点和论证过程，而略去详细的数学推导、证明过程和案例地的情况。

一、空间行为决策模型的背景和目标

人类决策与行为是科学领域尤其是社会科学领域关注的焦点。古典经济学形成的两大假设前提之一就是经济人，主要是指理性的、寻求自我利益最大化的人，这可以说是整个经济学的基础或公理性假设。它最早由古典经济学体系的创立者亚当·斯密予以系统的阐发。斯密指出，我们在交换中所获得的食物和饮料，"不是出自屠户、酿酒家或面包师的恩惠，而是出于他们自利的打算"[2]；而且，"由于每个个人都努力把他的资本尽可能用来支持国内产业，努力管理国内产业，使其生产物的价值能达到极致，它就必然竭力使社会的年收入尽量增大。确实，他通常既不打算促进公共利益，也不知道他在什么程度上促进那种利益……他只是盘算他自己的安全……他所盘算的也只是他自己的利益……他受着一只看不见的手的指导，去达到一个并非他本意想要达到的目的。也并不因为事非出于本意，就对社会有害。他追求自己的利益，往往使他能比在真正出于本意的情况下更有效地促进社会的利益。"[3] 几百年来，这段名言被各领域的人们反复引用，以"利己"为特征、追求利润最大化的"经济人"成为研究人类行为的一个最基础的概念。

二战后的社会科学在行为研究上取得很大进展和突破，一个突出成果就是对"经济人"假定的反思与批判。其中，诺贝尔经济学奖得主、著名经济学家西蒙（Herbert Simon）把以往人们所认定的全知全能的"无限理性"（omniscient rationality）规约并发展为"有限理性"（bounded rationality），从而使其更加贴近现实

---

[1] Wolpert, J. The Decision Process in Spatial Context. *Annals of the American Association of Geographers*, 1964, 54 (4): 537-558；内引此文，只注页码。
[2] 亚当·斯密:《国民财富的性质及其原因的研究》（上卷），郭大力、王亚南译，北京：商务印书馆，2002年，第14页。
[3] 亚当·斯密:《国民财富的性质及其原因的研究》（下卷），郭大力、王亚南译，北京：商务印书馆，2002年，第27页。

的行为决策过程[1]。经济学和管理学在行为决策研究上的发展也影响到地理学，在一定程度上激发和引致了行为地理学的产生。沃伯特是早期行为学派代表人物之一，他的研究将西蒙的"有限理性"概念作为重要研究工具，并大量参考和借鉴了西蒙的研究成果，进一步将其引入区域和空间专题研究领域，并检验其中的行为决策过程。

有鉴于此，沃伯特陈述了此论文的三个目标（第 537 页）：第一，建立一个反映非"经济人"的、实际行为的样本人口。第二，阐明行为决策的空间变化及影响变量和影响程度。第三，总目标是构建一个可行的空间和行为模型，以替代无论据的古典理论。

二、实证分析

1. 样本选取及样本概况

之所以选择农民行为作为研究案例，沃伯特认为主要是因为农民行为更易观测。另外，相比城市工商业，农民的生产行为在空间上分散，农民对自然条件的依赖较大，农民行为的目的可能更加多样（类似于一个经理人那样）；所有农民大都面临相似的问题，但是因为有着不同的目的、知识水平，以及对风险和不确定性的态度不同，实际行为也就不同；这些变化存在空间维度，它们并非随机分布（第 537-538 页）。

样本设计的目的在于考察瑞典中部农业人口决策行为的空间特性（第 538 页）。在快速工业化和城市化的带动下，瑞典中部的农业变化很快，而且该区域的农业活动型式（规模、经济、分布和居民点特征）多种多样，因此是一个具有典型性的案例区域。该区域包括八县 68000 户农民。沃伯特选择了 211 平方公里土地的 45 个样本单元，总样本占了整个区域面积、耕地和农民数量的 12%。

2. 规范分析和行为分析

沃伯特主要采用将样本区人口行为决策与"经济人"模型相比较的方法进行分析。他首先界定了一些关键指标和变量的含义（第 539 页）：

农业组织：配置可用资源的管理决策群体；

技术：粮食和农牧业应用的工艺和知识水平；

农业资源：在一定技术条件下能带来产出的土地、劳动、资本和建筑设施。

在此后的分析中，沃伯特指出，与劳动生产率相关的是三种空间分布：实际的农业

---

[1] Simon, H. A Behavioral Model of Rational Choice. *The Quarterly Journal of Economics*，1955，69 (1)：99-118.

资源技术和组织，最优（或潜在）的同样资源的技术和组织，以及在实际和最优分布之间的差距。其中，最优生产率值可通过建立设定样本的线性规划模型获得（第 540 页）。对 500 多个样本的实际和最优劳动生产率的比较发现，在既定的资源条件下，个体目标、知识水平和实际生产率能反映劳动的收益状况，而最优劳动生产率则由资本对劳动和土地资源的比率决定。比率低的地方，由于结构失衡导致其效率低下；而资本比重高的地方，有更高的最优劳动生产率（第 542 页）。这种资本对土地和劳动比率失调的结构引致实际和潜在收入的差距扩大，这种差距在空间上的变化反映了样本人口的行为决策与经济人的最优化决策是相背离的，完全信息的假定也应放宽（第 543 页）。

在空间上，根据劳动生产率指数可将中部地区分成五个不同区域，不同区域反映了因变量（dependent variable，如劳动生产率指数值）与自变量（independent variable，如知识、目的等）的内在同质性的程度（第 544 页）。

3. 影响劳动生产率的主要变量

个体的目标导向是决定其行为的一个重要因素。通过与现实状况的比较发现，样本人口并未达到利润最大化的目标，在资源所能提供的条件下，平均每个农民的劳动生产率只是最优水平的三分之二，这也说明完全信息和最优行为的经济理性存在欠缺之处；"较优"（optimizer）和"较满意"（satisficer）两个概念是核心的争议问题（第 544 页）。而西蒙等人的研究认为，满意度是普遍采用的目标取向，较优度则只在特殊情况下存在，而且需要更为复杂和充分的条件。沃伯特认为瑞典中部地区的农民的实际情况也证明了这一观点，满意度或有限理性的概念比较优度更能表述该区域的现实。但是因为个体的期望水平很难度量，所以满意度也不易得到确证（第 545 页）。

相比其他产业和行业，农业与知识和信息资源的关系非常松散，农民对信息很依赖但无法控制，信息经由专业技术人员转化成直接可用的技术的时间就变得迟滞。而且，信息革新在区域间存在差距，在一些地区农民接受和使用新信息和新技术要比其他地区快，也就是信息或知识的空间分布不均衡也影响了他们的决策行为（第 546 页）。

环境的不确定性也是影响个体决策行为的重要因素。不确定性也因空间而异，这不仅因为地方的情况各异，而且是由于信息扩散渠道和程度在各地不同。在样本实例中，产生不确定性的因素主要有：个体因素（农民的健康和个人能力等）、制度安排（政策、土地所有制关系等）、技术变化、市场结构、自然因素（天气、灾害或其他环境变量等）（第 547 页）。不确定性的存在彻底消除了利润最大化的可能，即使意图最大化，不完全信息也使其无法实现（第 549 页）。也存在一些因素影响人们对风险和不确定性的态度，比如年龄、可支配资金、农业规模等（第 550 页）。规避风险的一些主要手段包括弹性积累（比如持有现金或存款以备不时之需）、转换（比如从一种风险大的作物到另一种较小风险的作物）、多样化等（第552页）。

由此可见，决定样本人口收入和劳动生产率的变量主要是四个：一系列农业资源、一系列可选决策中的期望目标、农民的认知水平，以及环境不确定性带来的风险（第553页）。根据这个思路，为了估计农户知识水平和收入目标的相对效果，沃伯特建立了一个反映劳动生产率与影响它变化的变量之间关系的线性回归模型，验证结果表明资本对劳动生产率指数有着非常显著的影响，那些在资源比例上保持平衡或者资本保持较高比例的农户将更有可能达到潜在或较优的劳动生产率（第554页）。对五个区域的回归和相关分析结果表明劳动生产率的变化极大程度上是由资本强度的变化引致，资本决定了实际的劳动生产率（第556页）。对回归模型进行的重新检验结果也显示，区域的劳动生产率规模能够被影响它变化的六个变量很好地解释，资本强度是理解农业技术和组织的空间变化的最为突出的变量（第557页）。

三、结 论

最后，沃伯特总结了整个研究的结果（第557-558页）："为解释瑞典中部农民劳动生产率的空间变化，必须放宽经济理性的假设。"总体来看，样本人口没有实现利润最大化，利润最大化也不是唯一目标。由于不可预知的变化、信息和通联方式滞后，完全信息的假定也被否定。决策行为不仅反映了客观、有效的变化，而且反映出人们对这些变化和它们的结果的认知水平，对风险和不确定性的厌恶程度以及他们的价值观体系。

相比规范的"经济人"概念，"空间较满意"（spatial satisficer）概念能更准确地描述样本人口的行为模式。个体理性是调适的、有目的的，而不是全知的理性。从他所接受的信息中做出选择是显然的。为避免不确定性，他试图强调对信息反馈和安排谈判环境的短期反应。

如果考虑到个体农民的分布状况，对信息沟通过程中的空间滞后问题以及期望值、环境的内在不稳定性、规避风险的态度等变量给予考虑，那么农业活动的空间变量、生产率和收入情况就能得到更清晰的理解。

设计瑞典中部农民和理性的经济人之间比较的研究框架有如下几个目的：首先，它表明了用理性模型解释生产率变化是不合适的。其次，区域发展出现"失调"（maladjustment）或"失衡"（disequilibrium）在于它的资源有限，或者组织和技术差距限制了收入的均等化。最后，也是最主要的一点就是，为替代经济人、最优化行为和无限理性的假设，应建立一种更具解释力的、虑及一系列行为决策和决策环境的空间变量的行为理论。

"空间背景下的决策过程"一文，是行为地理学的代表性论著。通过引入并批判地吸收经济学和管理学对行为研究的成果，该文既以地理学空间分析和区域分析的视角和方法重新考察了"经济理性"概念的适用程度，又验证了"有限理性"在实际的空间行为中的合理性，因而将行为研究与地理学很好地结合起来。行为地理学的形成和兴起，与地理学借鉴和吸收其他学科（如经济学、管理学、心理学等）的成果有着密切的关系。实际上，二战以后地理学发展的一个突出特征和趋势就是交叉化。因此，在围绕和把握"空间"这一核心概念的基础上，地理学家通过广泛地了解、批判地吸取其他学科的理论，看来已经成为促进未来地理学理论和方法繁荣发展的必由之路。

（叶　超）

哈格特

区位模型（1966年）

彼得·哈格特（Peter Haggett，1933— ），英国著名地理学家。1933年出生于英格兰萨默塞特郡的乡村，因在家乡周围地区远足和骑自行车旅行的经历而对地理学产生兴趣。他后来指出，"（作为一个地理学家），旅行（locomotion）要慢，越慢越好。"[①]他的学士、硕士和博士学位均获自剑桥大学。其博士论文以巴西的林业为考察对象，采用数量和模型方法进行区位分析，成为他后来学术研究的主要方向。1955—1957年和1957—1966年他分别任教于伦敦大学和剑桥大学，1966年后在布里斯托尔大学城市与区域地理任教授，1995年荣誉退休，但一直坚持学术活动至今。他还是美国加州大学、明尼苏达大学、宾夕法尼亚大学等的客座教授。他曾获得英国皇家地理学会和美国地理学会颁发的金质勋章，瑞典人类学与地理学会的安德斯·利兹（Anders Retzius）金质勋章，以及法国和国际地理联合会的奖章。除学术成就外，他还曾任布里斯托尔大学副校长、英国大学拨款委员会委员（并任该会社会科学部主席）、英国科学院（British Academy）副院长（主管人文和社会科学），同时还是欧洲科学院（European Academy）的创立者之一。

哈格特著述丰富，影响深远。其研究领域和学术贡献主要体现在以下三个方面：

（1）地理学的学科性质。这方面的代表作有《地理学中的模型》（*Models in Geography*，与地理学家Richard Chorley合作，1967），出过四版并被翻译成六种文字的《地理学：现代的综合》（*Geography：A Modern Synthesis*，1972），《地理学家的艺术》（*The Geographer's Art*，1990）、《地理学：全球综合》（*Geography：A Global Synthesis*，2001）等。

（2）人文地理学中的数量方法和区位分析。代表作有《人文地理学中的区位分析》

[①] Robin, F. Peter Haggett. In Hubbard, P., R. Kitchin, G. Valentine, eds. *Key Thinkers on Space and Place*, London: SAGE Publications, 2004: 155-159. 对哈格特的生平及思想简介除参考该文外，还参考了布里斯托尔大学地理科学学院主页对哈格特学术活动的介绍，详见 http://www.ggy.bris.ac.uk/personal/Peter Haggett/haggett_biog.html。

(*Locational Analysis in Human Geography*，1965)、《地理学的网络分析》(*Network Analysis in Geography*，1969)、《区域预测》(*Regional Forecasting*，1971)，以及本文介绍的《区位模型》(*Locational Models*，1977)，它实际上是《人文地理学中的区位分析》的第二版。

(3) 医学地理学，特别是流行病的地理分布与扩散。作为亚特兰大疾控中心和世界卫生组织等机构的客座科学家，他将地理学应用于疾病分析，成就突出。这方面，他和克里夫 (Andrew Cliff, 他的研究生) 教授合作发表了《空间扩散》(*Spatial Diffusion*，1979)、《流感的空间状况》(*Spatial Aspects of Influenza Epidemics*，1986)、《疾病分布地图》(*Atlas of Disease Distributions*，1988)、《流感的世界地图》(*World Atlas of Epidemic Diseases*，2004) 等论著。

《区位模型》[①] 原为《人文地理学中的区位分析》中的一部分，1977 年再版单独成书，有其时代背景。以 1953 年德国旅美地理学家舍费尔的著名论文"地理学中的例外论：一个方法论的检视"的发表为标志，在西方地理学界，区域研究渐趋衰落，美国地理学界逐渐强调系统研究、追求普遍法则和重视空间分析。20 世纪 60 年代初，美国地理学的理论革命和计量革命的风潮也迅速影响并传播到英国。剑桥大学是革新的中心，乔利 (R. Chorley)、哈维 (David Harvey) 和哈格特三位出身剑桥并有访学美国经历的地理学家是英国地理学革新运动的领导者。哈格特于 1965 年出版的《人文地理学中的区位分析》则是新地理学的重要范例[②]。但至 20 世纪 70 年代，计量化因其忽视个人、个性以及社会差异，遭到了人文主义和马克思主义的双重批判，因此，哈格特在第二版序言中指出，"虽然地理学家得到了很好的'武装'，但面临着更严酷的战斗；虽然能力增强，但期望更大，区位问题也变得更难以解决，必须付出比十多年前更多的时间和努力、实现更高等级的应用，才能克服难题。"（第 ix 页）在必须进行修订的压力之下，以及具备了有利条件——正好有时间和合作者（克里夫和弗雷都是布里斯托尔的教师，前者的兴趣和特长是统计和模型方法，后者专长方法论和概念问题），哈格特决定再出新版。

第二版的《人文地理学中的区位分析》分为"区位模型"和"区位方法"两部分，总体结构为先界定基本的区位概念，再进行检验和拓展，最后将其应用于区域发展。据哈格特说，新版实际上是新旧交叉的混合物，旧的方面，基本思想和概念并未改变（第 ix 页）；新的方面，第二版在空间形式上增加了"扩散"(diffusion)，在方法上利用新

[①] Haggett, P., A. Cliff, A. Frey. *Locational Models* (*Locational Analysis in Human Geography* 2nd edn). London: Edward Arnold Ltd, 1977: i-xiv, 1-24; 内引该文，只注页码。

[②] 杰弗里·马丁：《所有可能的世界：地理学思想史》（第 4 版），成一农、王雪梅译，上海：上海人民出版社，2008 年，第 289 页。

材料对区位分析的统计模型进行了大的修订，在应用方面则强化了最优化和预测的方法（第 x 页）。虽然考虑到人文主义地理学和行为地理学的影响，但总体上哈格特的这种新旧折中依然偏向于实证主义。而对哲学思潮、地理学概念和方法的综合考虑，集中体现在第一章，即对地理学的学科认识上，这具有普遍意义，是本文介绍的重点。该章阐述了地理学的内部结构、外部关系与发展趋势三个方面。

一、地理学的内部结构

对于把"空间"作为主要研究对象的地理学家来说，寻求空间及其变化的"秩序"是他们最重要的任务。由于不同研究方向的地理学家有着不同的研究目的，因此，他们对空间秩序和规律的理解也不尽相同。这种对待自然的有序性和目的性实际上渊源已久，对此，著名地理学家克拉伦斯·格拉肯（Clarence Glacken）在其关于西方自然和文化思想历史的名著中指出：

"抱有目的和追求秩序是自然概念，甚至带有神秘色彩的自然概念最显著的特点。一般来讲，这些有关秩序的概念可能和人类活动的秩序性和目的性类似：在大道上，在纵横交错的村路上，甚至在弯曲巷道里，在花园或牧场里，在住宅及其邻宅的设计方面，都体现了秩序性和目的性。"[1]

哈格特也强调了目的性对秩序的重大影响。他认为，秩序（或混沌）在于人们的眼光，正如万有引力规律的发现，并不是因为落到牛顿头上的那个苹果，而是牛顿的思考一样。地理学家对居民点分布、土地利用类型及其增长方式的分析和判断，很大程度上取决于他们准备发现和接受什么作为有序。因此，地理学著作像其他著作一样，必然反映作者的立场和经历（第 1 页）。

1. 地理学的定义和传统

地理学作为一门独立学科的历史已有 200 多年，但其思想渊源可追溯到几千年前。人类早期文明包含了许多地理的思想和知识，地理学思想和知识也常见于古希腊等国的文学、艺术、历史和哲学著述中。地理大发现极大地拓宽了人们的视野，激发了人们的探险兴趣。19 世纪欧洲一些地理学会的建立，更促进了这种考察探险活动，

---

[1] Glacken, C. *Traces on the Rhodian Shore: Nature and Culture in Western Thought from Ancient Times to the End of the Eighteenth Century*. Berkeley: University of California Press, 1967: 3.

并使之成为地理学的基本方法。

哈格特指出，每个时代的地理学定义都不同（第 2 页）。他列举了若干代表性观点，如哈特向强调区域描述与解释，阿克曼（E. A. Ackerman）强调人地关系，格里奇（Reginald Golledge）强调空间变量分析等。而他认为虽然没有一个令所有地理学家满意的定义，但多数观点存在共同之处：地理学关注地表的具体"空间"（而不是抽象"空间"），以社会科学视野看待区域；地理学关注人的空间组织及其与环境之间的生态关系；地理学对地球的丰富性和多变性比较敏感（第 3 页）。

美国地理学家威廉·帕蒂森归纳了地理学的四个传统：地球科学、人地关系、区域研究与空间分析[1]。哈格特将后三个传统视为方法，阐述了他在此著中所涉及的问题。

2. 区位传统和空间概念

哈格特指出，地理学是一门有关分布（即空间分布）的科学，这是此著的主题，但"承认区位概念在人文地理学中的基础作用并不是低估它在系统科学中的重要性"（第 3 页）。区位和分布并不是地理学的专门研究领域，作为辅证，哈格特转引了哈特向引证的赫特纳的阐述："依地点分布形成对象的一种特点……必须由系统科学（而不是地理学）把它包括到它们的研究和描述范围中去。"[2]

空间是地理学科的主要概念和研究对象。康德曾将地理学与历史学并列，视地理学为"空间"科学。哈特向详细考证了从康德到洪堡和赫特纳对地理学作为空间科学概念的发展过程，并进一步强调了地理学主要是空间科学[3]的观点。戴维·哈维则强调了空间的"文化约束性"，认为"不参照空间概念在特定文化中的语言、艺术和科学方面的发展状况，就想理解地理学的空间概念是不可能的。因此，地理学特有的空间概念植根于更为广泛的文化经验中……空间一词可以不同的方式看待，空间概念本身就是多维的……不论是出于哲学还是实证研究的目的，都无须将空间视为一个僵硬的概念"[4]；哈维还指出，从康德的绝对空间（空间作为"容器"）到区位论的相对空间（侧重于空间引起的运费、距离、成本、地租、社会联系等变化），反映了地理学的两种哲学观的对立与发展。哈格特认同哈维的这种观点。

哈格特认为，区位理论发展的推动力来自于社会科学，尤其是经济学，而不是人文地

---

[1] Pattison, W. The Four Traditions of Geography. *Journal of Geography*, 1964, 63: 211-216.
[2] 理查德·哈特向：《地理学的性质》，叶光庭译，北京：商务印书馆，1996 年，第 139 页。
[3] Hartshorne, R. The Concept of Geography as a Science of Space, from Kant and Humboldt to Hettner. *Annals of the American Association of Geographers*, 1958, 48: 97-108.
[4] Harvey, D. *Explanation in Geography*. London and New York: Edward Arnold, 1969: 227-228. 中译本见戴维·哈维：《地理学中的解释》，高泳源、刘立华、蔡运龙译，北京：商务印书馆，1996 年，第 249-275 页。

理学（第4页），因为早期的区位论也就是古典区位论的创立者基本上都是经济学家，如杜能的农业区位论、韦伯的工业区位论、廖什的市场区位论等。作为地理学家的克里斯塔勒的中心地理论也参考并大力提倡经济学的理论和方法。后来，胡佛、艾萨德等进一步发展区位论，使之成为一门区域科学。二战后地理学发生计量革命时，地理学家也积极加入并拓展了区位论的研究。区位论利用几何学方法，从地理空间角度提出了人类社会经济活动的空间分布规律，揭示了各区位因子（因素）在地理空间形成发展中的作用机制，对人文地理学的理论建树和应用领域的拓展，起到了非常重要的作用。哈格特同时也强调了几何学方法必须与地理现象和地理学问题结合起来才能产生真正的地理学法则（第4页）。

3. 生态传统和系统概念

生态分析主要是分析和解释人与环境变量之间的相互关系（第5页）。这种思想的渊源是讨论人与地球的关系，洪堡、李特尔是这种思想和方法的奠基者。此后，以德国地理学家拉采尔、法国地理学家维达尔、美国地理学家森普尔为代表提出的地理环境对人类影响的学说形成风潮，并形成了"环境决定论"和"或然论"的生态传统和人地关系研究范式。

1923年，美国地理学家巴罗斯认为，地理学应该是一门"人类生态学"。人类生态学是地理学区别于其他学科的特有研究领域，"地理学将致力于自然环境与人类的分布和活动间关系的研究，并明晰这种关系；地理学家将从人类适应自然着手，而不是从环境的影响开始研究"；地理学的目的不在于探索环境的性质与存在，而在于探索人类对环境的反应，人类是中心论题，其他一切现象只有在涉及人类对其适应情况时才加以说明[1]。他还主张，作为社会科学的一个部门，地理学应研究空间关系。在法国，以维达尔·白兰士及其学生形成的"或然论"或"可能论"（possibilism）学派认为，自然环境提供了可能性的范围，而人类在创造其聚落的时候，则按照自己的需要和愿望，凭借自身的能力来利用这种可能性。

现代地理学的生态传统，是与系统理论结合而发展形成的生态系统理论（第6页）。系统由各个单元和不同的组成部分所构成，比如水循环系统、侵蚀系统等；根据结构、功能的大小，系统也有对应的层级关系。

4. 区域传统和尺度概念

哈格特指出，区域传统与空间和生态传统紧密联系，但是历史上，由于德语中的

---

[1] Barrows, H. H. Geography as Human Ecology. *Annals of the American Association of Geographers*, 1923, 13: 1-14.

"景观"（landschaft）被作为描述地表的核心概念，区域地理学研究被忽视（第6页）。对于景观和区域的概念在地理学中的地位和作用，哈特向和索尔观点相左。索尔于1925年发表的"景观的形态学"认为，景观比地域（area）和区域（region）更适合成为地理学的主要概念，英语的景观与德语的景观涵义一致，景观可定义为通过不同的自然和文化联系而形成的区域[1]。哈特向在《地理学的性质》中专门讨论和辨析景观概念的具体涵义与应用，但倾向于使用"区域"概念，而将景观定义为地球表面的某种形态[2]。

哈格特通过结节区的空间型式分析拓展了区域概念，即被广为引用的结节区系统分析的六阶段理论。该理论的主要内容是，一个结节区经历了从最初的无序相互作用力到空间扩散的六阶段空间模式，这六个阶段是（第7页）：

（1）相互作用阶段，即聚落内人、物、信息、金融流等相互影响；
（2）网络阶段，即上述各种"流"联结形成一个网络；
（3）节点形成阶段，即在联结的聚集和集中处形成节点；
（4）层级体系阶段，即大小节点构成一个等级体系；
（5）区域面阶段，即前四种空间模式作用形成一个区域表面；
（6）空间扩散阶段，即区域面动态向外扩张。

其中，城市因高度的集中和等级体系，成为结节区研究的重点。根据集中和等级体系的程度，哈格特等在书中详细分析了节点单元的尺度。相比天文学和物理学极大或极小的尺度，地理学的区域尺度处于中等规模。尺度的范围可能从全球、国家、大区域、城市、中心区到地点等。空间模式的尺度依赖性是此著探讨的主要话题之一。

二、地理学的外部关系

地理学的学科地位和归属关系，因其综合性而不易理清。各个国家对地理学在学科体系中的归属的定位也不一样。哈特向认为，"地理学不能被归入自然科学或者社会科学的某一类，也不是简单地在它们中间起桥梁作用，而是必须研究紧密联系在一起的各种现象之间的联系。"[3]

---

[1] Sauer, C. O. The Morphology of Landscape. *University of California Publications in Geography*, 1925, 2（2）: 25-26.
[2] 理查德·哈特向:《地理学的性质》，叶光庭译，北京：商务印书馆, 1996年，第167-201页。
[3] Hartshorne, R. The Concept of Geography as a Science of Space, from Kant and Humboldt to Hettner. *Annals of the American Association of Geographers*, 1958, 48: 97-108.

哈格特以地理学的几个传统为核心，绘制了一幅地理学各个分支及其与其他学科之间错综复杂的关系图。地理学可以分为五大研究群体：地球科学、生态、区域科学、地域研究和城市研究。它们的内容及其与其他学科的关系如下（第11页）：

（1）地球科学（包括气候学、地貌学、第四纪研究）：与地质学、大气科学联系紧密。

（2）生态科学（包括生物地理学、自然资源学及资源保护与规划等）：与生物学联系紧密。

（3）区域科学（包括人口地理学、区域经济学、区域发展、区域规划等）：与经济学和规划学联系紧密。

（4）地域研究（包括语言、种族、历史地理学等）：与语言学、历史学、人类学联系紧密。

（5）城市研究（包括城市社会学、城市地理学等）：与社会学联系紧密。

此外，在地图学方面，因遥感等手段的使用而与工程学联系紧密；因数理统计技术使用而与数学和计算机科学联系紧密；空间优化和可能性分析方面与计量经济学联系紧密。

哈格特等的研究兴趣在区域科学，主张用数理统计方法和计量工具进行空间分析。这一领域与经济学和数学的关系最为紧密，模型化方法在哈格特的论著中比较突出。

三、地理学的发展趋势

自19世纪以来，地理学学术期刊及著述文献的出版发表一直呈上升趋势。专业学会、研究机构、研究学者数量的增多，也反映了地理学科的进展（第12-13页）。此外，地理学分支学科的分化趋势也比较突出。哈格特指出："通过致力于研究某个专题，每位学者才能实现规模报酬递增；他只能利用有限的时间和资源集中于某个限定的主题或区域。"（第13页）地理学科的发展特征与趋势还与范式理论、模型化、决定论与可能论的解释、实证主义与现象学的哲学观念，以及地理学批判的科学性质息息相关。

1. 范式理论与地理学的关系

范式理论自科学哲学家托马斯·库恩（Thomas Kuhn）在其《科学革命的结构》及一系列相关论著中提出后，迅速风靡于科学和哲学领域。库恩把范式定义为"公认的科学成就，在一段时间里为实践共同体提供典型的问题和解答"，由不同范式之间竞争而发生的科学革命则使"常规科学传统发生了变化，科学家对环境的直觉必须重新训练——在一些熟悉的环境中他必须学习去看一种新的格式塔。如此学习之后，他所探究的世界似乎处处都会与他以前所居住的世界彼此间不可通约了"[1]。凭借范式、科学革命、不可通约性等核心概念和格式塔的比喻，并辅之以科学史的事例，库恩建构的理论首次对科学发展给出了一个总括性的解释架构，因而被认为"是20世纪科学哲学的转折点，开创了科学哲学的新时代"[2]。乔利和哈格特是范式理论的积极响应者，他们将范式理论与地理学联系起来，哈格特根据范式理论的涵义将地理学表述为三维结构的信息矩阵范式（data matrix paradigm）：空间维（区域地理学）、时间维（历史地理学）、系统维（系统地理学），他们认为这是地理学范式的一般结构（第15页）。

2. 建模与检验

哈格特认为，二战后的20年，地理学研究的突破主要在于方法而不是哲学。这就是所谓的"计量革命"时期。模型是现实的简化版本，是为揭示现实状况的实质而建立。概念模型因对现实的高度抽象，因而被称为"理论的"模型，而基于实证考虑的模型抽象度不及概念模型，所以被称为"操作的"模型。在模型的建立和检验之间建立一种本质的联系，是他们此著的主要目的之一（第17页）。

在人文地理学中建模的原因是（第18-19页）：

（1）必要性，能区别事实和观念。模型是理论化的、法则的、方程式的，或形成我们所视现象的普遍性构架。

（2）便利性，高度抽象而具有一般性。

（3）激发性，能促进更进一步的研究。

总之，地理学中的模型能集成以往的研究成果并启发新的思考。在此过程中，数学、统计和计算机是帮助建模的良好工具。

3. 决定论与可能论的解释

从今天来看，地理学中的早期范式，如宣称人类由其所处环境决定的"环境决定论"，与主张人与环境交互作用的"可能论"，反映了观察和区别研究的轻率。对这两种理论的反应有积极的和消极的两种：积极方面，地理学家开始谨慎地建立因果关系的区

---

[1] 托马斯·库恩：《科学革命的结构》，金吾伦、胡新和译，北京：北京大学出版社，2004年，第9页、第85页、第102页。

[2] 金吾伦："译后记"，见托马斯·库恩：《科学革命的结构》，金吾伦、胡新和译，北京：北京大学出版社，2004年，第197页。

域系统分析；消极方面，地理学拒绝任何理论，以至于虽然文献表述较以往更确切但却没有一点新意（第20页）。哈格特等还利用海森堡的"不确定性原理"说明：更精确地测定区位，将必须放弃时间方面的精确性；准确估计速度变化，将损失位置的精度（第22页）。相比"决定论"，"可能论"所包含的机会与不确定性思想，使我们现在能够尽可能准确地模型化并理解世界（既不是理性的，也不是无序的）为一个选择、计算和机会的混合体（第22页）。

4. 实证主义与现象学

地理学到底属于自然科学范畴还是人文（科学）范畴？对这一问题，人们争论不休。就地理学自身而言，对地理学的科学—非科学争论远没有地理学家想要建立一种什么性质的科学重要。舍费尔提出的地理学是"独特"科学还是"一般"科学的问题[1]，已经通过解释的模式得以解决（第22页）。这实际上反映了实证主义哲学的思想。

实证主义认为事实必须是通过观察或感觉经验，去认识每个人所处的客观环境和外在事物；虽然个体有差异，但他们用来验证感觉经验的原则，并无太大差异。所以，实证主义的目的是建立知识的客观性。而现象学属于存在主义哲学，主张把人的问题（人的生存方式）置于研究的核心，认为"存在"的意义就在于人自己的生存方式；它可以诉诸直觉，不存在独立于人类经验之外的客观世界，"现象"是一切在我们直觉中呈现的事物，是我们意识的产物，即"纯粹意识"；要建立可靠的认识，必须追根寻源到"纯粹意识"[2]。

在地理学中，实证主义具有非常重要的作用，它使地理学理论系统化并且更具科学性。现象学提供了非常重要的视角和方法，人文主义地理学即因此而兴起。但没有一位地理学家是纯粹的"实证主义者"或纯粹的"存在主义者"，在地理学科领域，系统地理学研究更接近于实证主义，区域地理学更接近于现象学（第23页）。

5. 作为批判科学的地理学

科学与社会、政治等的关系非常密切。与其他学科相比，地理学受社会、经济和政治诸条件变化的影响较大。美国地理学家詹姆斯·布劳特（James Blaut）指出，"地理学不是一门社会和政治中立的学科，它从不会如此，也不可能如此；具有支配权的社会政治集团通过建立劳动分工来确立地理学家的地位，它们虽非绝对，但必定会强烈地影

---

[1] Schaefer, F. K. Exceptionalism in Geography: A Methodological Examination. *Annals of the American Association of Geographers*, 1953, 43: 226-249.

[2] 黄颂杰：《西方哲学名著提要》，南昌：江西人民出版社，2002年，第391-405页，第446-462页。

响科学工作。"[1] 为了说明地理学作为批判科学的传统和作用,哈格特还引证了两位无政府主义地理学家皮特·克鲁泡特金(Peter Kropotkin)和埃利兹·雷克吕(Elisee Reclus)关于地理学与社会和政治关系的论述。

20世纪70年代,体现地理学作为批判科学特性的标志就是马克思主义地理学的诞生,因为实证主义方法论对社会、政治与经济结构及其关系的考虑不够,不足以解释和应对当时严重的危机局面,所以,一部分地理学者如戴维·哈维、理查德·皮特(Richard Peter)等,转向并诉诸马克思主义理论,希望通过研究资本主义制度和意识形态与城市、贫困、经济、社会危机等问题之间的关系,阐释资本主义政治、经济、社会和文化结构变化的空间效应和结果。这使地理学作为批判科学的特征得到强化。

最后,哈格特总结并表明他们这部专著在方法上侧重于人文分析而不是环境分析,定量分析而不是定性分析,实证主义分析而不是现象学分析,以及空间总体分析而不是个体分析(第24页)。他们隐约感觉到该著的倾向会引起某些人的关注与谴责,所以直陈他们的方法只是发掘人文地理学空间秩序的多种视角中的一种(第24页)。

《区位模型》一书对地理学传统方法的解释,对地理学外部结构与发展趋势的分析具有典型性。作为一位侧重数量技术和空间分析的地理学家,哈格特没有被工具和技术限制,而是以广泛的视角和深入的分析将地理学理论与哲学和方法论紧密结合,这种总括的思想对全书起到了提纲挈领的作用。深入分析哈格特的学术历程可以发现,他的三个研究领域实际上是紧密相连的:从自身对数量方法和模型的兴趣与特长出发,他进行"前向联系",即将其所运用的方法与地理学理论和地理学方法论紧密结合起来,从而发展了地理学理论;"后向联系",即将方法和地理学思想、理论应用于医学领域,从而拓展了地理学的应用范围,扩大了地理学的影响。从地理学发展史看,能将方法—理论—应用三者有机地联系且作出很大成就的地理学家极少,因此,哈格特是二战以后地理学家的杰出代表之一。他的研究态度、思路和方法在地理学家中也具有代表性,值得我们思考和借鉴。

(叶 超)

---

[1] Blaut, J. M. The Dissenting Tradition. *Annals of the American Association of Geographers*, 1979, 69: 157-164.

格拉肯

从古代到十八世纪末西方思想中的自然与文化（1967年）

克拉伦斯·格拉肯（Clarence Glacken，1909—1989），美国地理学家。在加州大学读本科时，深受他的老师弗雷德里克·梯加特①教授的影响，从而确立了通过跨学科方法进行研究的学术旨趣。毕业时恰逢"大萧条"最严重的时期，他因此从事过多种公共服务工作。20世纪30年代，他在加州中央峡谷接触了很多流亡者的工作经历，使他时常看到土地侵蚀和人口流离失所的状况，深切感受到人与环境关系的脆弱性。1937年，他旅行考察欧洲和亚洲一些国家（包括中国），有感于区域发展被不同的历史和地理状况限制，决心了解世界整体状况以及景观和文化的具体特征。后来他曾说起，如果没有这次开阔眼界的旅行，他将不会对思想史研究有强烈的热情。第二次世界大战时期，他曾参军并成为一个日语专家，战后被军方派往日本、韩国等福利机构任职，其间曾研究过文化问题。上述经历使他有志于学术研究。于是，在40岁时，他进入约翰·霍普金斯大学攻读博士学位，1952年，他的以"人居世界的思想"（The Idea of the Habitable World）为主题的论文使他获得哲学博士学位。随后他在加州大学伯克利分校任教，一直到逝世②。

进入赫赫有名的加州大学地理系以后，格拉肯继续探索自然和环境思想的变迁，成果也颇受当时学者的重视和推崇。20世纪50—60年代，他与著名文化地理学家卡尔·索尔同为该系的领导者。1967年，当他的《罗得岛海岩的痕迹：从古代到十八世纪末西方思想中的自然与文化》出版后，更是引起学界的轰动，得到了广泛赞誉。当格拉肯在学术上声誉正隆，并且已经搜集、整理了许多19—20世纪的资料，打算进一步补充和延伸这部著作时，噩运却降临他身上。由于极强的个人敏感性，并且同时被繁多的学

---

① Frederick Teggart，美国历史学家，著有《进步的思想》（The Idea of Progress）、《历史的理论》（The Theory of History）等，中译本有《罗马与中国——历史事件的关系研究》（丘进译，北京：人民交通出版社，1994年）。

② 作者简介及背景介绍主要参考了 Hooson, D. Clarence Glacken 1909—1989. *Annals of the American Association of Geographers*，1991.81（1）：152-158。同时，也参考了格拉肯的《罗得岛海岸的痕迹》的序言。

生事务干扰，1970年他的精神崩溃，随后又得了心脏病，几乎与死神擦肩而过。与另一位同样有过精神崩溃却靠顽强意志克服困难的大思想家——马克斯·韦伯（Max Weber）不同的是，格拉肯的疾病完全中断了他的学术研究工作，而且他的余生也深受这种病痛折磨。这是令学界和后人甚为惋惜和遗憾的。虽然如此，这部著作足以使他配得上"伟大的地理学家"这个许多学者难以企及的称号。

《罗得岛海岸的痕迹：从古代到十八世纪末西方思想中的自然与文化》[①]（后文将简称为《罗得岛海岸的痕迹》）一文题目的主标题出自一个典故。相传古希腊苏格拉底派的大哲学家阿里斯提波（Aristippus）乘坐的船只失事于罗得岛地区，众人被困；但哲学家看到沙地上的几何图案，就大声招呼他的同伴："我的确看到了人的足迹，所以我们应该振作起来。"依靠正确的观察判断，他率众到达了罗得城，并在那儿的竞技场讲授哲学。根据这个典故，再结合副标题（实际上它概括了书的内容），我们可以体会格拉肯以此命名的深意。它一方面指出了哲学家及其思想对人们的巨大鼓舞和指引作用，另一方面也暗含了必须循着蛛丝马迹艰苦追寻才能有所发现和建树的思想。这个题目既反映了格拉肯对思想和哲学（研究）的态度，也是他本人工作的写照。

从整个题目也可以看出，该著的大体结构是根据时间序列进行安排的。它主要分为四大部分：古代、中世纪、现代早期、18世纪。之所以只写到18世纪末，除了思想史是一个涉及庞杂史料、艰巨而繁重的工作这一原因之外，主要原因则在于格拉肯认为18世纪前的人与自然关系的思想是有内在联系的整体，而其后思想史发生变化，虽然他搜集了很多资料，还是感觉分支太多，散乱而难以下手（第 xii 页）。就全书而言，序言和第一部分的引言最具概括性，也体现了作者思想史研究的整体观点和思路，是我们介绍的重点。

一、三种代表性的西方人与自然关系的思想

在序言中，格拉肯开宗明义，提出西方对于人类与地球关系的研究主要集中于三个问题（第 i 页）：

(1) 适宜于人和其他生物生活的地球，是有意创造的吗？
(2) 气候、地势以及大陆结构等对个人道德和社会文化个性的形成有影响吗？
(3) 在长期享有地球的过程中，人类以什么方式改变了一定的原始自然条件？

[①] Glacken, C. *Traces on the Rhodian Shore: Nature and Culture in Western Thought from Ancient Times to the End of the Eighteenth Century*. Berkeley: University of California Press, 1967: i-xvi, 3-33；内引该著，只注页码。

在西方思想史上，对应于这三个问题，有三种具有一般性的代表思想：

（1）人类支配论：认为人类作为万物之灵，是地球的设计者，地球为人类所主宰，不仅是生命繁衍之地，也是文明进化之地。

（2）环境决定论：认为气候、水和地理位置等决定了人们的生活习惯和文明程度，主要来自药物学。

（3）人类代理（agent）论：认为人类只是地球的代理人，人们的工作是为了建设一个更加美好的地球，而不是为了满足个人的需要并因此破坏地球。这一点在格拉肯之前只被少数人重视，在他之后则形成了环保主义以及人与自然和谐的思潮和运动。

格拉肯认为，西方从古代到 18 世纪末关于人地关系的思想主要属于这三种，它们是理解西方文明关于人、文化和自然关系的重要途径，其影响一直延续至现代（第 ii 页）。他接着批判了西方思想中人与自然分割的二元论，认为它贻害历史，造成了人类对自然的破坏。这种划分体现在人们的生活方式上，就是城市与乡村的划分及归属。乡村被视为贴近和象征自然的，而城市则是人创造的，这种二元论思想也流传甚广（第 x 页）。

在对人与自然关系的实际考察活动和思想积累的基础上，格拉肯开始着意写一部关于这种关系的思想史的著作。在此过程中，他深切感受到起源时的或最早的思想是重要的，并且造就了现代的观点（第 xii 页）。

格拉肯辨析和说明了若干关键词汇的涵义。其中，"人"与"自然"是两个有着丰富内涵的词汇。人，包括人类、社会、文化等范畴，词汇的抽象掩藏了它错综复杂的内涵。而"自然"，在古希腊语、拉丁文和现代语言中分别有不同的含义，有时可指外在的自然环境，有时又指宗教、哲学、理论化的东西，而"自然的"（natural）和"物质的"（physical）又可以互相替换（第 xiv 页）。格拉肯指出，这些涵义模糊的状况经常发生，必须在目的论和摒弃目的的自然法则之间寻求平衡（第 xv 页）。

二、古代人与自然关系的普遍思想

1. 有序性和目的性是自然概念的突出特征

现代的人与自然关系的思想与古时候有着非常紧密的联系。格拉肯很重视古代思想的基础作用，并专门写了一篇较长的导言进行概括介绍。在序言中，他指出这样做的目的有两个：一方面是给出三种思想的形成背景，另一方面且更重要的则是阐明虽然后世条件和环境变化引发一系列变动，但是它的思想和学术基础仍然牢固地，或者至少部分牢固地建立在经典思想的基础之上（第 xvi 页）。

无论现实世界是否有序，人们追求"有序"的世界并形成"有序"的认识却是一个普遍的想法。对此，格拉肯开门见山地指出：

"抱有目的和追求秩序是自然概念，甚至带有神秘色彩的自然概念最显著的特点。一般来讲，这些有关秩序的概念可能和人类活动的秩序性和目的性类似：在大道上，在纵横交错的村路上，甚至在弯曲巷道里，在花园或牧场里，在住宅及其邻宅的设计方面，都体现了秩序性和目的性。"（第 3 页）

格拉肯主要以古代文明的代表之一——苏美尔人（Sumerian）为例来解释。苏美尔人认为宇宙秩序由神所创造和维持。神外表像人，拥有超人的能力且永恒存在，依据天条统治宇宙，人看不见他们；每一个神被认为掌管着宇宙的不同部分（日月星辰等）；而在地球上，神掌管自然（比如河流、山脉和平原）和文化（城市和国家、堤坝沟渠、田地农场甚至鹤嘴锄、砖模和犁）。这个神话显然来源于类似的人类活动。因为在现实中，人类已经建造了城市、宫殿和寺院；如果没有人，这些建筑就会轰然倒塌，良田成为荒漠，因此宇宙也一定被人类控制（第 4 页）。

这种观念可能来自"神创论"，即认为神创造和设计了自然。亚里士多德也曾指出，"神拥有整个自然界"。以此来看，地球可能是神为人类创造的，或者为所有的生物创造的，即使它们没有觉察神的意图。这里面有一种人与环境持续相互作用、互相影响的思想。但从历史来看，苏美尔人发达的文明建立在他们长期的奋斗和建设的基础之上，他们对神的职能划分实际上体现出农业社会文明的特征，比如水神和智慧之神是恩基（Enki），神王是恩里力（Enlil），这表示出他们已经有强烈的秩序感。这种拟人化的神的出现，是对人和自然关系的理性思考的发端。

2. 影响三种代表性思想的其他思想

文化发展和自然理论的进步不断修正和丰富了人类支配论、环境决定论和人类代理论这三种思想。推动这三种思想发展变化的主要思想是生物多样性（plenitude）、文化历史的解释、人类制度效应的思想（比如宗教和政治）、国家盛衰与自然类比学说。

（1）生物多样性

"生物多样性"这个词，据它的提出者拉夫乔伊（LoveJoy）考证，在古希腊大哲学家柏拉图的《蒂迈欧篇》（*Timaeus*）里就已出现。他认为世界就是由所有可能的、短暂和不完善的生物所构成，一切生灵都应该尽显其本性，而造物主完全实行这种原则……让各种各样的事物来创造世界。拉夫乔伊采用和柏拉图一样的前提得出了范围更广的结论。比如，宇宙被可能的各种各样的生命充满；如果生物创造的广度和丰度以及动而无穷的生产力量与生物存在的可能性一样伟大，那么世界将更美好、更丰富（第5页）。

生物多样性就是以丰富多样的生命和它们对自然空间的填充为前提，自然空间为生命的繁衍生息提供基础，这是自然发展的趋势。联系生物多样性和亚里士多德的连续统一体思想，生物多样性被发展为一种自然从低级到高级演化的有序性。在自然史上，将这个原则推向完美的是布丰伯爵的著作，这暗含着早期生态学理论中自然平衡与和谐的观念，并成为马尔萨斯（Malthus）人口理论的基础。从历史来看，柏拉图和拉夫乔伊的假设和推论很有意义，因为现代生态学家也主张生物种类越丰富，生态系统越稳定。

(2) 其他思想

古代思想家通过推测自然以及人类起源思考文化。一种观点认为只有偶尔地参照自然环境才能理解文化，他们主要强调人类，他的心灵、情感、技术、发明创造、科学和艺术等。虽然所有文化思想发展至今已比较完善，但早在古希腊历史学家修昔底德（Thucydides）、柏拉图、哲学家第凯尔库斯（Dicaearchus）和农学家瓦罗（Varro）等的著作里就已经隐含着历史方法。如作为亚里士多德的学生的第凯尔库斯，第一次提出文化已经从游牧发展到了农业阶段。但这些理论没有反映严整的历史，因为阶段划分只是依据大的事件，通过个人或者风俗演化推测历史阶段，忽略了特定的人在特定的时间对自然环境的改变，忽略了不同的人生活在不同的自然环境中这个事实。

除文明阶段理论之外，还有关于国家和政府有机循环发展的理论。与有机体的生命循环相似，朝代更替和国家盛衰周而复始的思想在古代也很普遍。比如，著名的古罗马哲学家卢克莱修[①]将生物有机循环应用于地球，认为地球就像普通人一样，会随着岁月的增加而趋于衰竭。这种思想非常重要。自然在整个时间中的恒久不变性被否定，下降的自然产出被认为是一个重要的过程，对这种思想的支持和反驳在18世纪还能经常发现。

在古希腊和古罗马思想家的著作中有时也有这样的主张，认为地方和地理位置对一个民族特点的形成有影响。他们有的强调环境，有的强调文化；与世隔绝的环境产生勇敢和大胆的人，不文明的人远离文明的影响；海洋位置的不利影响很容易引进令人厌烦的外国习俗；政府、宗教、法律和社会习俗对自然和人类社会有巨大影响，等等（第7页）。

古希腊人并未将人和地球分开来看，也没有脱离人们的日常生活。希腊的医学和人种学理论有很大进步，比如，在医学传统中，自我意识脱离了早期的"神发起疾病"的

---

① Lucretius，他具有朴素的唯物主义观点。他认为物质的存在是永恒的；反对神创论，认为宇宙是无限的，有其自然发展的过程，人们只要懂得了自然现象发生的真正原因，就可消除宗教偏见；他也承认世界的可知性，认为感觉是事物的影像作用于感官的结果，是一切认识的基础和来源；认为幸福在于摆脱对神和死亡的恐惧，得到精神的安宁和心情的恬静。

观点，为健康和疾病的存在寻找合理解释；解释需要考虑其他因素，从风向、沼泽和潮湿的地方的影响、光线和太阳在天空的位置关系对房屋和村庄坐落的影响，扩展到包括调查空气、水和地点对自然特征的影响。早期的希腊文学作品揭示了人们对个性和习俗的浓厚兴趣，其中隐含一些不同种族和文化差异可能是由气候引起的观点。

（3）"四元素说"和"体液说"及其影响

爱奥尼亚（Ionian）哲学家认为自然最基本的组成是物质，并指出"秩序就是斗争的双方"。他们的"四元素说"[①]从更加宽广的角度解释地球以及人与物质的关系，并且含有辩证的思想，比如注意到事物的相反相成：寒冷的空气对应炙热的火焰，干对湿，土对水等。四元素理论影响了许多理论的形成，也修正了许多理论，它是希腊科学和中世纪解释自然的重要基础，它促发了18世纪化学理论、土壤理论、农业实践和物理理论。阿那克西曼德（Anaximander）的哲学早期试图理解自然和解释世界是由多样的物质组成。阿那克西曼德的宇宙观认为宇宙被律法统治，但它还不是一个目的论的概念。

人们将这种物质构成与人的精神和生活进行类比。比如用空气的性质类比人体的血液；火类比胆汁；水类比人体的黏液；土类比忧郁。这就是"体液说"，它可能来源于四元素理论或者古埃及的医学。有一些例子如恩培多克勒（Empedocles）提出了人体组成部分对应的元素，希波克拉底的著作对体液有描述，盖仑（Galen）后来以更加复杂的形式重述了体液，阿尔克梅翁（Alcmaeon）坚持健康的关键是各种力量均等的平衡，希波克拉底试图发展一种理论来调和抽象的生理学理论和人类文化的差异。

"体液说"引发了"环境决定论"。由于良好的健康需要体液的合理配置，在自然环境上，常常是气温造成一种体液超过了其他体液的影响，这种支配性体液会随不同地区气候或同一气候的不同季节而变化，这会影响个人或整个民族。这实际上就是孟德斯鸠（Montesquieu）的主要论调。体液学说具有漫长的历史，直到18世纪晚期，它还是气候影响理论的基础。四元素理论强烈影响了土壤理论、化学等的历史，体液学说影响了生理学和心理学理论（第12页）。

（4）自然的统一性与星相学

格拉肯强调，"如果没有解释自然的激情，人地关系思想就不会发展。"（第12页）他引证希腊历史，指出所有希腊神圣的建筑都在一个探究和赞美神的特定地方，它是神

[①] "四元素说"是古希腊关于世界的物质组成及其辩证法则的学说。这四种元素是土、气、水、火。这种观点在相当长的一段时间内影响着人类科学的发展。现在认为亚里士多德是系统提出这一学说的第一个人。在中世纪，"四元素说"曾经作为炼金术的理论依据。"四元素说"承认了世界的物质性，是其进步的一面，但是却使化学的发展长期受到了阻碍。

圣的，在神庙建好之前这个地方要体现神性；随着神庙建成，象征神的雕塑在神庙里面的形象就具有了双重意义：既要体现自然的神性还要让神成为人的想象。因此，任何一个希腊圣地的正式的要素首先要存在特定的神圣景观，其次要有神庙在其中。希腊人试图让景观和神庙共同形成一个建筑整体，因此它们之间一定要有联系。以此来看，"反映古人对自然态度的最重要的通则是，随着漫长的历史演变，人们对自然的态度也随之剧烈变化，但是关于自然的理念和对自然的态度主要是在希腊化时代（Hellenistic age）成熟的，它不同与前希腊时代，而且确实对后来理解这一自然与人的关系非常重要。"（第13页）

人们不仅仅欣赏自然，还向自然学习。人们通过对自然的探求学会了获取食物、开凿运河、掌握农业技术，等等。地球"哺育"了人类，因此形成了将地球比喻为母亲的思想。同时，从柏拉图和亚里士多德以及更远时代哲人的著作中，人类开始追寻人在社会和宇宙中的意义。这种目的论主要有两种表现：宇宙是统一的整体还是被建造的（第14页）。造物主也许就像一个工匠，他按自己心里所想进行建造，最后创造了一件艺术品。但是，最需要重视的是自然是一个统一整体的思想。人生活在地球上，地球是宇宙的组成部分，如果有一个统一的宇宙，那么这个宇宙应该是有规律和秩序的。比如月相的阶段性和周期性，太阳旋转和季节交替，行星运动和昼夜更替。

永恒的天体的运动最后导致了星相学的产生，也形成了宇宙是统一整体的概念。星体和地球上的自然现象和人的生命过程有紧密联系。天空和地上的任何东西好像都是不断变化的，由此存在相应的神来让下面发生相应的变化。古希腊天文和地理学家托勒密（Ptolemy）的著作既是宇宙环境论科学，也是占星术。他认为星体影响地球上所有的生命，而地球上的环境可以解释基本相似的内部差异。后来在罗马帝国形成了星象宗教。星相学是一种完全信奉宇宙统一与和谐的哲学。"夸大星相学在人类思想史上的作用的确是困难的，但理解它在人类历史上的意义同样很困难。"（第15页）重视它并不是因为人们一直称赞它，而是因为它影响了个体和民族的个性与生活，它在历史上的作用远比这些深远得多，它是伟大的自然统一整体原则和宇宙环境论。

牛顿的原理消除了优劣之别，但是在牛顿宣扬万有引力之前的漫长科学发展时期，已经有了被大家普遍认可和接受的另一种不同的宇宙自然法则，这种宇宙自然法则就是占星术，它具有古老的历史。比如苏美尔神学家就从人类社会得到一些线索：神圣的众神也是由"人"组成的，他们有人的外表，只是他们有超人的能力且永恒存在。依据所建立的规则和规章来管理宇宙，观察人类事件的秩序或许可以推动占星术在有机世界的应用，然后把它推广到整个宇宙。在《荷马史诗》和早期的其他文学作品里，字句是用符号来表示人们对所喜欢的身体部分的一种有效排序。最初的思想就是要身体上的简洁而不是道德或者社会上的正确。然后字就有了装饰品的意思。词语的符号化也就结合了完美的安排或者有用性，还有更抽象的道德思想和社会秩序的意思。它的社会寓意尤其重要，宇宙意味着万物井然有序，而其中每种自然力量都有其功能和局限（第16页）。语言暗含了多样元素结合为一种系统的过程，它不仅意味着宇宙秩序，也被应用到结构、形式和人体的功能上，还推动宏观上整体思想的形成。

（5）总结

基于上述的分析和引证，格拉肯指出，"生命特征多样性中的整体性存在目的论的强大诱因……古代哲学家的类比思想，像柏拉图的'宇宙起源类似于人类起源'等思想，使人们认为多样性既不是幻觉，也不是想象的整体……自然界整体与和谐的思想有可能是最重要的思想，它影响了地理学……作为人类和其他生命的环境，地球是一个整体，人是地球的一部分，我们要注意地球的'合宜性'；自然环境分布不均和差异存在其中。人们生活在不同的环境中，有相似性，但更多的是差异。如果把人和环境看作一个整体，那么它们的实际关系要具体问题具体分析，否则就容易堕为教条主义和对理论的空洞演绎。"（第17-18页）

三、希腊化时代和它对自然的独特态度

格拉肯认为希腊化时代是一个比希罗多德，甚至比柏拉图和亚里士多德更关键的时代。因为西方现代文明建立在希腊文明的基础上。古希腊时代的划分是从公元前323年亚历山大大帝时代到公元前30年奥古斯都建立罗马帝国这一段时期。格拉肯反对将古希腊与文艺复兴或地理大发现对比（表面上相似，但影响不同），但这一时期的人有了新的自我认识，生活在一个新的不同环境中。

"一个人不能单独细想差异，对比也非常重要。"（第19页）格拉肯旁征博引，举了很多例子来说明世界各地景观的异同。希腊人有比他们的祖先更加全面的关于地中海世界的知识，而且亚历山大的活动把希腊文化带到印度、中国和土耳其斯坦。古希腊地理学家埃拉托色尼（Eratosthenes）的著作不但总结了前辈的理论，而且有新的发现。斯特拉波设计了精彩的测量地球周长的方法并且很精确，他对不能居住的世界和地球的对比也有浓厚的兴趣，想要再创造一个和前者一样的准确结果。在他的文化地理学里面，他通过一段文章来判断塞浦路斯的森林砍伐，也能看出政府政策和土地变化之间的关系。

通往印度海上航线的发现，罗马征服和殖民西班牙、北非、巴尔干半岛和高卢，这

些活动极大地扩展了对民族和环境的知识。希腊殖民政府、罗马境外省和主要盟国是城邦经济或罗马市政的新地址，通过这些当地的村民才逐渐认可了古希腊和罗马的农业技术。在这个希腊罗马式的开发中，在"如此广阔的地球表面上规划殖民、计划经济、形成资本、进行投资与货币兑换，世界货币的出现也成为可能；城市的外貌发生了变化，甚至从西班牙和高卢到印度和土耳其斯坦农村的外貌也发生了变化，最重要的是原始居民知识的增长"（第20页）。人类学因而发展。在文化扩散和交融的过程中，古老的土著文化甚至和希腊文明一起存在。希腊文明具有整体性而且对原住民的习俗和宗教规则很尊敬。格拉肯列举了若干事例来说明希腊文化的多样性和包容性，这使得对地理环境的理解除了单纯的地理意义之外，还发展出文化含义。

希腊化对后世的影响主要在于文化教化和传播。在亚历山大征伐和殖民的过程中，曾用教育改变风俗习惯。比如教化亚洲时，《荷马史诗》是普通读物。他不仅在亚洲建了70座城市，而且传播希腊的管理体制，这样就改变了愚昧和野蛮的生活方式。虽然现代很少有人读过柏拉图的《律法》（Laws），然而人们都在使用亚历山大的法律，并且将继续使用。被亚历山大征服使他们变得文明：如果没有被征服，埃及就不会有亚历山大港，美索不达米亚就不会有罗城（Seleuceia），等等。这些拓宽的概念与亚历山大的征服相关，部分世界的希腊化和斯多葛派哲学（Stoicism）的出现也与亚历山大的征服有关（第23页）。斯多葛学派哲学家认为世界上的居民不应该被各自不同的法律规定分为不同的城市和社区，而应该只有一个社区，一种政体，一种共同的生活和秩序，甚至一起养羊，分享牧草等；他们强调普遍的统一：人和自然是神设计的一部分，神是世界的主宰，个人只不过是神的整体中的一分子。根据普鲁塔克（Plutarch）的说法，亚历山大努力地使人们一起生活："一个人应该融入大众，人们的生活、特征、婚姻和生活习惯都是一样的。"（第24页）希腊的文化思想和地理知识得到广泛的传播，其盛况正如一句名言所说，"有好多城市，但它们有一个希腊名字"。

古希腊时期不仅对自然和文化环境有清醒的认识，而且在审美、哲学、诗歌和艺术方面对自然的态度也在发生变化。但这方面的研究颇为缺乏。现代人对自然的态度可溯源至古希腊时期。有学者认为古希腊时代以前的自然环境是非常好的，人偏离自然是因为大量希腊式城市的出现。人强烈地依赖自然，而城市规模的扩增产生了乡村和城市对比的意识。罗马人对待自然的态度和观念受希腊人的强烈影响。格拉肯列举了卢克莱修对自然的观点，以及古罗马诗人贺拉斯（Quintus Horatius Flaccus）、提布卢斯（Albius Tibullus）以及瓦罗等对乡村的观点以佐证。他们大都认为乡村是神赐的礼物，是自然的象征，它比城市更古老。

前希腊化时期，人们对自然的感觉是生动的，但只是把它归于神的意志和活动，而希腊化时代，人们倾向于揭开自然的真实面纱。此一时期对于各种地理状况的描述散见于许多文献，关于自然的诗作和描述也是前所未有地多。

最后，格拉肯总结道："对自然的兴趣，随着早期城市化的发展，引发了西方文化对城市与乡村的区分和极端的比较。……希腊化时代的城市发展促生了这种思想，城市中的花园和林荫道等反映了人们在城市中创造一个小的自然王国的渴望……希腊化时代在西方城市化历史上有重要作用……不管人们怎样反对城市，却很难否定这种强大的城市传统，它是地中海地区人们的伟大创造并被希腊化时代的人们享有。难以置信亚里士多德认为城市是人造的而不是自然之物，就像他认为人是一种社会动物，政治属性是人的自然本质。可以说此一时期的城市化是一种特殊的自然：这种现象在小亚细亚的很多地方也很明显。"（第 32-33 页）

《罗得岛海岸的痕迹：从古代到十八世纪末西方思想中的自然与文化》一书，是西方（地理学）思想史上的经典著作。人们赞誉它"对古老的伟大思想进行了前所未有的整合，是一部里程碑式的巨著，是由地理学家写就却超出地理学范畴的伟大著作"；并评价格拉肯"是一位有着非同寻常的视野和智慧的学者，他对地理学思想的研究激励了一代人，他的这部著作为后来的环境保护运动建立了历史和学术基础"[1]。该著以历史时期对自然和文化两大主题及其关系的认识为主线，通过细致的思想梳理和观点提炼，为我们展现了西方世界思想史中非常重要的几个历史阶段及其演变轨迹。它代表了现代地理学家对整个思想史和哲学的贡献，是地理学、思想、历史和哲学完美结合和统一的典范。

自然、文化与人的关系是人类世界最重要、最宏大的命题，无数哲学家、思想家为此进行殚精竭虑的思考和建构。格拉肯通过历史重申了现代（思想）仍然建立在历史基础之上的观点。如果我们把自然看作一个囊括一切的、不断发展演化的概念，那么在人与自然的关系上，追求历史与现代、东方与西方以及思维与实践的统一是一个必然的要求和结果。因此，虽然该著主要关涉西方自然与文化关系的思想史，却完全可以放到所有人类与自然关系的整体历史角度去审视。也许，自然的本质在于统一性和完整性，历史的本质在于连续性，那么，人类的本质和任务就是在统一的自然和连续的历史中继续创造吧。

（叶　超）

---

[1] Hooson, D. Clarence Glacken 1909-1989. *Annals of the American Association of Geographers*, 1991, 81 (1): 152-158.

哈 维

地理学中的解释（1969年）

戴维·哈维①（David Harvey），1935年生于英国，1957年获剑桥大学地理系文学学士，1961年以"论肯特郡1800—1900年农业和乡村的变迁"一文获该校哲学博士学位。随后即赴瑞典乌普萨拉大学访问进修一年，回国后任布里斯托尔大学地理系讲师。布里斯托尔大学地理系是当时地理学革新的一个中心，一批世界著名的地理学新派人物聚集于此，哈维在该系讲授地理学方法论，1965—1966年到美国宾州大学主讲此课。1969年后他移居美国，任约翰·霍普金斯大学地理学与环境工程系教授至2001年，其间的1994—1995年曾回到英国在牛津大学任教，2001年至今为纽约城市大学人类学系杰出教授，2007年被选为美国艺术和科学院院士（American Academy of Arts and Sciences）。

哈维论著多，影响大，这里介绍的专著《地理学中的解释》②，以及他的其他专著《社会正义与城市》（Social Justice and the City，1973年初版，2009年修订版）、《资本的限度》（The Limits to Capital，1982年初版，2006年修订版）、《资本的城市化》（The Urbanization of Capital，1985）、《意识与城市经验》（Consciousness and The Urban Experience，1985）、由《资本的城市化》和《意识与城市经验》两书删节修订成的《城市经验》（The Urban Experience，1989）、《后现代性的状况》（The Condition of Postmodernity，1989）、《正义、自然与差异地理学》（Justice, Nature and the Geography of Difference，1996）、《希望的空间》（Spaces of Hope，2000）、《资本的空间：走向批判的地理学》（Spaces of Capital: Towards a Critical Geography，2001）、《新帝国主义》（New Imperialism，2003）、《新自由主义简史》（A Brief History of Neoliberalism，2005）、《全球资本主义的空间：走向不均衡地理发展的理论》（Spaces of Global Capitalism: Towards a Theory of Uneven Geographical Development，2006）、《世界

---

① 关于哈维，材料来自http://en.wikipedia.org/wiki/David_Harvey_(geographer)。
② Harvey, D. Explanation in Geography. London: Edward Arnold Ltd., 1969. （中文版《地理学中的解释》，高泳源、刘立华、蔡运龙译，北京：商务印书馆，1996年。）

大同主义与自由地理学》(Cosmopolitanism and the Geographies of Freedom, 2009)，论文"人口、资源与科学观念""论地理学的历史和现状：历史唯物主义宣言"[①]"资本积聚地理学"等，都是当代地理学的经典之作，也在其他学科领域产生了显著影响。

一、《地理学中的解释》的写作背景

地理学中的地学传统和人地关系传统历史悠久，19世纪德国地理学家洪堡和李特尔分别是这两种传统继往开来的大师，开创了地理学群星灿烂的时代。后来德国地理学家赫特纳将这两种传统综合起来，形成地理学的区域研究传统。美国地理学家哈特向于20世纪40、50年代先后发表《地理学的性质》和《地理学性质的透视》，从经验主义哲学高度总结了区域学派的理论和方法，形成一大主流，统治了20世纪40—50年代的西方地理学。正如哈维在《地理学中的解释》中指出："地理学执着于目的的特殊（独特区域的描述）和解释形式的特殊（独特的方法），结合成一个强大的正统派，使地理学者们难越雷池一步。"到了20世纪50年代后期，新一辈地理学者再也不满足区域学派与现代科学的格格不入之状，舍费尔在"地理学中的例外论：一个方法论的检视"[②]一文中率先对这种地理学传统发起诘难。同期，美国华盛顿大学的地理学者们提出了"空间科学"的概念，认为地理学的主题是"地球表层的空间维"，强调探究空间分布规律、应用数学技巧和发展理论。于是出现了"数量革命"和"空间科学"运动。20世纪60年代，数量研究的潮流遍及整个西方地理学界，英国大有后来居上之势，布里斯托尔大学的哈格特、哈维和剑桥大学的乔利成为这一新潮运动的开路先锋，被称为新地理学的"三剑客"。数量运动冲破了地理学理论和方法上多年沉闷、停滞的局面，是地理学发展史上的一次飞跃。然而，其中也出现了偏离地理学主旨、玩弄数学技巧、滥用甚至误用数学方法等错误倾向，传统派抓住这些把柄，新老两代发生冲突，以致一时阵脚混乱。对此，哈维意识到必须从哲学和方法论的高度来总结数量运动，以明确地理学的发展方向。于是，他在进行多年地理学方法论教学和研究的基础上，写成了《地理学中的解释》，1969年初版，以后又多次重印。

---

① 见本书"哈维：论地理学的历史和现状"一文。
② 详见本书中"舍费尔：地理学中的例外论"一文。

二、《地理学中的解释》内容提要

关于本书的主要内容,作者本人简明概括(第 83 页)如下:第一编和第二编试图参照物理学、社会科学和历史科学中的解释来概略地说明解释在地理学中的地位;第三编考察诸如理论、假说和法则这样一些概念的意义,也考察地理学理论的性质;第四编关注解释语言的意义,对数学语言给予一般注意,对在地理研究中显然非常重要的空间语言(几何学)和概率语言则加以详细考察,检验与非本质特征语言相对的空间坐标语言之性质,对康德在空间和实体之间所作的二分法给予较现代的解释;第五编和第六编进一步详细地考察前面已勾勒出的解释模型框架,并在地理学的背景上考虑每一种模型的性质和作用。

以上六编共 24 章,译成中文共约 45 万字,内容相当丰富。主要有两个方面,其一是介绍逻辑实证主义者和科学哲学家关于科学解释、理论和模型之性质的观点,并以此来评价地理学研究;其二是通过模型的应用研究建构地理学理论的策略。

第一编的标题是"哲学、方法论与解释",包括"地理学的哲学和方法论""解释的意义"两章。作者论述了哲学与方法论的关系,评价了构建解释的三种途径,即演绎—预测法、联系法和类推法,介绍了库恩关于范式和科学革命结构的理论,还分析了解释的要素——知觉表象、概念、术语以及自然语言和人工语言。

第二编名为"方法论背景与地理学中的解释",分四章,即"地理学与科学——方法论背景""科学的解释——自然科学的模式""社会科学和历史学中的解释问题""地理学中的解释——几个一般性问题"。

作者分析了自然科学(以物理学为范式)、社会科学和历史学方法论的发展及其对地理学的影响。他把通往科学解释的途径进一步总结为归纳推理和演绎推理两种。演绎法的优点是:若对前提信任,则对逻辑地演绎出的任何结论亦有同样程度的信任,但困难在于其初始陈述只能由归纳法确立。归纳推理的致命弱点是:将对前提的信任延伸为对结论的信任并无逻辑上的保证,所以命题准确不一定结论准确。在一门科学的早期发展阶段,要用演绎推理框架来组织其命题是不现实的,此时归纳法更为重要。然而,即使演绎的理论结构已臻完善,归纳法对于理论结构的关节衔接和验证仍有重要作用。在论及证实问题时,作者介绍了亨普尔(Carl G. Hempel)的以统计决策理论来证实假设、波普尔(Karl Popper)的以可证伪性来代替证实,以及库恩的行为观点。在论及演绎系统内的归纳陈述问题时,作者分析了归纳的系统化,并指出不完全的理论系统只有依赖归纳法。

哈维把科学解释看成一个语言系统,它由语用(pragmatics)、语义(semantics)、句法(syntax)三方面构成。在句法上,社会科学的解释与自然科学应是相同的,社会科学中的解释之所以不能在深度上发展,部分要归因于不能利用逻辑的力量作严密且前后连贯的普遍陈述。地理学科学方法论的建立必须考虑与科学哲学的关系、与地理学实践的关系和与其他学科解释形式的关系。科学哲学已发生变化,不再只关注物理学中的解释,而是力图将科学方法扩展到社会科学和历史学中去。地理学与科学哲学和整个科学进程的隔膜导致其在某种程度上的孤立;不能从正面承受时代精神潮流就只有从旁门左道吸取方法论,这又导致地理学专业分支的增加和方法论上的分离。地理学历史悠久但没有用更多力量去探索理论——演绎法,至今仍是"长于事实而短于理论",这不仅使大多数地理学思考和活动只简单地归属于资料的整理和分类,而且也限制了我们整理和分类的能力。

第三编的标题是"地理学解释中理论、定律和模型的作用"。共列六章,分别为"理论""假说和定律""地理学中的定律和理论""模型""地理学中的模型""地理学解释中的理论、定律和模型——小结"。

作者论述了科学理论的结构和主题。根据理论结构的形式化程度可将理论分为四种:演绎完善的理论、先决条件包括另一套理论有关部分的理论、半演绎理论和未形式化的理论,并一一加以评论。然后指出:目前地理学理论多属未形式化的理论,充其量不过属半演绎理论。作者论述了定律陈述的普遍性,又论述了定律和理论的关系,认为定律正确与否,除了参照事实来确定外,还需要已建立的定律(即理论)的支持,这种诉诸"事实"和"理论"的双重性可能会产生矛盾,这是科学知识发展的特征,是刺激更新、健全理论结构发展的动因。

在论及地理学中的定律时,作者认为不能否认地理学者们经常需要普遍性水平很低的陈述,因为地方性原理易于应用。然而科学不能始终满足于这种陈述,因为它缺乏鲜明性和精确性。作者接着评述了地理学中的五个专题及其理论:区域分异、景观、人与环境、空间分布和测地学。认为只有后二者中的理论较为清晰,开始了形式化探讨,其他专题则主要是描述。作者把地理学中的基本原理(即符合理论公理的概念)分为派生概念和原生概念两大类。派生概念是从相邻学科中引入的,概念的派生并非轻而易举。在地理学固有的原生概念中,作者特别论述了有关"空间结构"的概念,认为它们可以为地理学理论的发展提供一套原生原理。作者认为,地理学理论的综合可以理解为派生的(时间)过程原理与原生的形态学原理(空间结构)的结合。作者又论述了发展地理学形式理论的两种方式,一是阐述基本定律并发展相宜的运算,二是在研究地理问题中应用模型技术。本世纪以来的地理学家们趋向于前者，但只有掌握了基本原理的性质，形式化才有用武之地，在目前地理学理论大部分不明确的前提下，模型建构技术的意义更为重大。作者接着论述了模型的作用、模型的定义、模型应用的逻辑、模型应用的程序和模型应用中应遵循的指导规则。在评论地理学中的模型时，作者认为地理学思想史中充斥着先验模型的滥用，戴维斯学派和环境决定论的出格与其归咎于创立者，不如说责任在其信徒，后者在证据不足的情况下就把先验模型当作完善理论，或滥用以类比，或是在模型发挥中逻辑性不足。地理学中应用模型具有如此的困难和危险，但我们别无选择，地理学理论薄弱，论题又极端复杂，模型应责无旁贷地在地理学解释中起一份作用，但在应用时要永远保持警惕。

第四编名为"地理学解释的模型语言"，包括"数学——科学的语言"、"几何学——空间形式的语言"和"概率论——或然性语言"三章。

作者论述了解释语言的结构，即语用—语义—句法。纯数学可看作句法系统，应用数学则是语义系统。接着论述了应用数学语言时的若干步骤，其中第一步（即用数学概念和命题代替经验性概念和命题）最为关键，这又要求经验性概念和命题的精确性。作者还论述了应用数学时要遵循的若干规则。

在论述空间形式语言时，作者先指出空间概念因文化背景而异，介绍了绝对空间概念、相对空间概念以及相对论的时—空概念。因此空间概念本身是多维量纲的，这意味着可用多种几何学表示。接着介绍了欧氏几何学、双曲几何学、椭圆几何学和拓扑学。作者认为地理学中的大部分空间哲学都源于牛顿和康德的绝对空间思想，但几乎没有检验这种观念在地理学中的合理性，也未认识其概念的全部涵义。只是近来对区位论的探讨才导致了相对空间概念在地理学中的发展。作者又专门论述了相对空间概念中的距离度量问题，认为欧氏几何学的度量已不是唯一的距离度量了，距离只能用过程和运动来度量，可以而且必须以费用、时间、社会交往等来量测。然后论证了拓扑学（尤其是图论）投影几何学及其交换、欧氏几何学、明科夫斯基几何学在地理研究中的作用和可行性。

对于概率的涵义，有古典观点、相对频率观点、逻辑观点和主观观点，作者均予介绍和评论，指出它们的共同基础是概率运算，然后论述了概率运算和非演绎推断特别是统计推断，指出概率运算的经验意义取决于我们解释运算的能力。在论及地理学中的概率语言时，作者认为关键是将地理现象映入概率运算，并指出地理学中忽略了主观概率，而它是有潜力的，可以提供在不确定条件下的规范决策理论。作者还论证了地理学中应用概率推断应注意的若干问题。

第五编论述"地理学中的描述模型"，分为"观测""观测模型——定义和度量"

"分类""地理学中数据的收集和表示"四章。

作者回顾了传统地理学中的感性经验观测方法，也论证了主观想象力和创造力在地理观测中的作用。但科学的地理学应控制想象力，要通过对现象加以定义、度量和分类的途径，并发展特别的表达方法，以保证描述的严密性和合理性。作者对下定义的几种方法，即直接法、间接法、操作主义方法，一一作了介绍和评论。接着论证地理学理论的数学化要求精确的定义。度量是将观测数量化。定量并不是定性的对立面，而是定性的高级形式。社会科学和地理学中好多方面之所以难以计量化，并非这些事物本身不可计量，而是由于我们对它们的认识还不深入，不能将它们充分概念化。作者详细考察了几种度量方法的性质和作用，它们是名称标度、排序标度、区间标度和比率标度，以及以之为基础发展而来的多维标度。接着介绍了对具体问题构筑相宜度量的方法——量纲分析法。然后考察了度量方法的有效性、度量误差估计和地理学中的度量问题。

分类方法取决于研究目的，所以可以是灵活的。但为了保证分类的内在一致性和连贯性，需要有一般的逻辑法则。作者用集合论语言讨论了分类所要遵循的逻辑法则。接着论述了分类指标的选择和分类步骤。选择分类指标离不开理论和目的。分类步骤有"自上而下"（演绎划分）和"自下而上"（归纳组合）二种，作者详述了这两种步骤及各自在逻辑上的困难。为解决这个困难，计量方法应运而生。接下来便评述了目前地理学中常用的各种数量分类方法。

在论述地理数据的收集和表示时，作者指出地理个体在属性和尺度两方面都有很大差异，数据收集必须十分注意，以保证研究对象的可比性和成果外推的可靠性。数据采集时还需要从无限多属性中选择与研究目的有关的重要属性，这又要依靠理论。作者接着介绍并评价了各种方法，并特别详细地评述了地理学中"案例研究"这种判断抽样法和概率抽样的方法，评论了目前所用抽样框架的作用和存在的问题。然后论述了地理学数据表示方法，包括地图和地理信息系统，转而论及地理空间图式的数学表达问题，详细评述了有关的技术。

第六编论述"地理学中的解释模型"，共列五章，分别为"因果模型""时间模型""功能解释""系统""结论"。作者在论述了因果分析的逻辑结构后，又分析了因果模型的应用。接着介绍了在因果分析中如何把必要但不充分，或充分但不必要，或部分必要和部分充分这几类原因重新定义为与必要且充分的原因一致的方法，用这些方法就可使因果分析"维持其最强有力的形式"。实际问题中的因果关系错综复杂，常常构成复杂因果系统，作者介绍了研究复杂因果系统的递归因果系统分析、互逆因果系统分析和概率因果系统分析诸方法。因果模型的误用曾导致环境决定论，作者从哲学方法论高度剖析了有关的争论后指出："若能避免此类形而上学的陷阱，因果模型在寻求地理学解释中可以起极其重要的作用。"

在论述时间解释的方法论时，作者先回顾了关于时间解释在地理学解释中作用的争论，然后从哲学角度讨论了时间的性质。时间概念是在各种文化背景上形成的，关于时间的理论众多，但对地理学解释而言，注意时间具有顺序和方向性这两点就够了。这就联系到过程，而对不同的过程应当用不同的时间尺度来考察。作者指出，"若不涉及过程则不能发展严格的解释模式"，于是转而讨论各种时间解释模式，尤其是过程解释模式。

对于功能解释，作者讨论了功能分析方法的逻辑困难及在解释中的作用，又剖析了作为一种哲学观点的功能主义在解释中的作用和缺陷，然后评述了与功能主义哲学观点有关的"总体"概念；最后指出，功能主义既不足以成为一种哲学，也不足以成为一种逻辑分析形式。作为一种方法论，它可以成为一种启发工具，但有待上升为成熟理论。

作者强调，"系统概念绝对是我们在地理学中认识解释的关键，系统分析将证明是20世纪后半叶主要的方法论之一"（第449页）。接着讨论了系统的定义，包括系统的结构、行为、界线、环境、状态和参量。然后论述了系统研究中的一般问题，包括系统的类型、系统内的组织和信息、系统内的理想状态。在讨论地理学中的系统分析方法时，作者认为目前地理学的系统分析多限于按照系统术语思考，并没有起到应有的作用，最重要的原因是地理学理论薄弱，以至于对运算化系统分析所涉及的系统闭合、元素定义、关系确定等方面不能作充分的判断。因此，在应用系统分析方面，地理学必须通过自己的实质问题来探索发展道路。接着作者评述了系统模拟方法，包括普通系统模型、不完全系统模型、黑箱和白箱，又评论了作为方法论的普通系统论和作为哲学的普通系统论。

在最后一章中作者指出：本书旨在讨论地理学方法论，试图提供一些科学规则，但这些规则不应成为约束思维、阻抑直觉、妨碍想象力的清规戒律。方法论与哲学常不可分，方法论提供解决问题的动力，哲学引导学科发展。作者以对理论的再次强调结束全书："广泛而富想象力地构筑理论必然是今后十年中我们的首要目标。正视这个任务需要勇气和独创性，但这并没有越出当代地理学家的才能和智慧。"

三、《地理学中的解释》的基本思想

哈维说："传统上，地理学知识是零零碎碎的，你不能对地理学作概括性的结论，你不能对该学科提出完整的知识体系。我想要做的就是要打破地理学领域的这种观念，坚持以更系统的方式理解地理知识。《地理学中的解释》力图追寻地理学核心问题的答案。"[1] 正如哈特向的《地理学的性质》总结了地理学区域派的经验主义哲学和方法论一样，哈维的《地理学中的解释》总结了作为空间组织研究的实证主义地理学的哲学和方法论。

贯穿全书的基本思想是构筑地理学理论。哈维指出："寻求解释就是寻求理论。理论的发展是一切解释的核心"（第 87 页），"理论成为一门学科水平的标志"（第 74 页），"理论的发展对于作出满意的解释和确定地理学作为一个独立研究领域这两方面都是极其重要的"（第 18 页）。因此，本书通篇倡导理论，探讨建构理论的策略，并以对理论的再次强调作为全书的结论："地理学者们应当创造理论结构，这些理论结构反过来又将给我们的学科以它目前如此迫切需要的特性和方向。没有理论我们就不能指望对事物作有控制的、前后连贯的与合理的解释，没有理论我们就很难声称了解自己学科的特点。"（第 486 页）

如何构筑理论？哈维认为：第一，要有科学方法；第二，要建立地理学的法则和抽象命题，只有在恰当抽象的基础上，数量化、模型化才有地理意义，才不会背离地理学的主旨；第三，要打破地理学方法论的孤立主义，把当代科学哲学思想系统地引进地理学的方法论思考中；第四，要借助模型建构途径进行理论建设。这四条成了贯穿全书的四条主线。

1. 地理学的实证主义方法论

哈维比同时代地理学者的高明之处，在于他把当代科学哲学思想系统地引进了地理学方法论的思考中。哈维自称他在《地理学中的解释》中的科学方法观依赖于分析哲学家和逻辑实证主义哲学家，事实上，《地理学中的解释》也确实是"对地理学解释所作的彻底的逻辑实证主义分析"[2]。

实证主义的基本观点是：第一，一切关于事实的知识都以经验的实证材料为依据；第二，在事实的领域之外，则是逻辑和纯数学知识，也就是关于观念关系或纯形式的科学。实证主义从孔德（Auguste Comte）开始，经历了社会实证主义、经验批判主义、逻辑实证主义和逻辑经验主义等不同发展阶段，到 20 世纪中叶则与分析哲学和语言哲学合流。逻辑实证主义是在本世纪 20 年代由于维也纳学派的活动而兴起的。此后陆续

---

[1] 记者与哈维的访谈录："再造地理学"，英刊《新左翼评论》，2000 年第 4 期（7—8 月），载中文期刊《国外理论动态》，2001 年第 3 期。

[2] Guelke, L. Geography and Logical Positivism. In Herbert, D. T., and R. J. Johnston, eds. *Geography and the Urban Environment: Process in Research and Applications*. London: Wiley, 1978, 1: 35-61.

转移到美国，并缓和了某些极端的见解。《地理学中的解释》旁征博引逻辑实证主义主要作者的著作，足见其明显的逻辑实证主义倾向。逻辑实证主义着重科学理论结构的逻辑分析，但在解释科学的概念和理论时又是从经验主义出发的。这样，就把科学形式的逻辑分析和科学内容的实证（经验证实）结合在一起了，从此称逻辑经验主义。逻辑经验主义方法论的中心是证实原理，即科学解释的演绎—法则模式和科学理论的假设—演绎观点。这就是20世纪五六十年代地理学者们所神往的"科学方法"，其目的就是"建立普遍的法则来概括所论学科关注的那些经验事件或客体行为，从而使我们能将关于孤立的已知事件的知识联系起来，并对未知事件作出可靠预测"[①]。

传统地理学方法论以经验论归纳主义为基础，其基本途径就是各地事实的调查、收集、归纳整理、表述，这就导致了例外论哲学。但是随着所收集事实的增加和人们认识的发展，进而要求深入了解事实的内在本质和事实之间的相互联系，需要认识事物的普遍规律从而预测事物的发展，经验主义显然不能为此提供锐利武器。另一方面，随着地理学中系统研究的发展以及分支学科的增加，地理学者们与相关学科的接触更为密切了，最先作为物理学然后作为整个自然科学最后也成为经济学甚至社会学研究框架的实证主义被介绍到地理学中。总的说来，地理学采纳实证主义的原因与对传统方法的不满，以及经济学、社会学、心理学、政治学等相邻学科中实行"科学方法"的诱惑有关。

在地理学者们看来，实证主义科学观的特点在于确定和精准，这正好对传统地理学起到纠偏补缺的作用，因此受到地理学方法论者的青睐。西方地理学在20世纪60年代的发展是以逻辑实证主义方法论的盛行为特征的，它以一个强有力的替代运动使经验主义方法迅速衰落。实证主义方法论的引入，使地理学（尤其是人文地理学）发生了以下革命性的变化：第一，地理学作为空间科学重建了研究内容和理论主体。传统地理学关注地方（place）特点因而是独特的，理论发展受到抑制；空间科学的地理学则寻求用空间（space）分布的普遍规律来解释各地方的独特事件。例如人文地理学就确立了中心地方法论、农业区位论、工业区位论、城市社区论、空间相互作用论等理论主体。第二，在空间科学的理论框架内更多地采用假设—演绎方法。第三，强调实证研究所需的技能，尤其是数量化技术，以数学或统计学的形式表达研究成果，追求精确性、可重复性和确定性。实证主义方法论的引入加强了地理学的科学化，但实证方法论也不能解决地理学所要研究的一切问题。

"地理学者们在应用数量方法上的失足完全是试图将新酒注入旧瓶的结果……数量

---

① Braithwaite, R. B. *Scientific Explanation*. Cambridge：Cambridge University Press，1953.

化最重要的作用是迫使我们符合逻辑地、前后连贯地思维，所以问题的核心是地理学中的科学方法。"（第 5 章）如果地理学还是一门年轻学科，那么，它倾向于经验—归纳法是很自然的事；但地理学历史那么悠久，却没有用更多精力去探索理论—演绎法（第 6 章）。因此，哈维主张更多地采纳理论—演绎法，他在总结地理学数量方法时，并不孤立地分析各种数学技巧，而是放在这一方法论背景上给予评价，颇有高屋建瓴之势。在论及地理学中解释的模型语言、描述模型和解释模型时，都根据这一方法论立场来考察它们应用于地理学的合理性和局限性。

2. 倡导抽象命题

"因为科学方法的操作需要一些适当的法则（普遍性陈述），如果我们掌握了更带普遍性的陈述，解释就会是一种更为胜任的过程。"（第 483 页）作者在论述地理学中运用数学（第 13 章）、几何学（第 14 章）、概率论（第 15 章）、数量化观测（第 17 章）、数量分类（第 18 章）、抽样（第 19 章）和系统分析（第 23 章）等方法时，总是强调不能为数量化而数量化，地理学自身必须首先具有精确的概念和命题，要有明晰的法则，要在语义上形式化、严密化，才能运用应用数学的语义系统和纯数学的句法系统这些科学工具来解决地理学问题。"长期以来，理念、构想、抽象、概念的世界对多数地理学者还是陌生的领域。"（第 481 页）现在，地理学中破除了哈特向的例外论，也开始寻求普遍法则，但不能否认其普遍性陈述的层次还很低，科学不能始终满足于这种陈述，它缺乏尖锐性和精确性（第 9 章）。若经验性概念和命题本身含糊，则难以确定适宜的数学语言，也难以将其转化为数学概念和命题。因此，运用数学语言的先决条件是概念的形成和命题的精确性（第 13 章）。社会科学和地理学中好多方面之所以难于数量化，并非这些事物本身不可计量，而是由于我们对他们的认识尚不深入，不能将他们充分地概念化（第 17 章）。《地理学中的解释》通篇强调理论、抽象命题和普遍法则，使读者得出一个重要结论：科学方法必须以精确的概念和理论为基础，地理学中任何数量方法和其他新方法的应用都要以地理学本身的概念、理论及其哲学和方法论的眼光来检验。

3. 引入科学哲学和其他学科中的概念、理论和方法

哈维指出，地理学受相邻学科的方法论影响，这种影响一般来源于自然科学（以物理学为范式）、社会科学和历史学（第 3 章）。地理学方法论争论必须考虑与科学哲学的关系、与地理学实践的关系和与其他学科解释形式的关系。在与科学哲学格格不入的若干学科中，地理学可以名列前茅。哈特向方法论的哲学支持看来只与 19 世纪下半叶的历史哲学关系密切，却与 20 世纪中叶的科学哲学漠不相关。地理学与科学

哲学和整个科学进程的隔膜导致某种程度的孤立主义，这已遭到年轻一代地理学者的反对。不能从正面承受时代精神潮流就只有从旁门左道吸取方法论，这又导致地理学专业分支的增加和方法论的分离主义。因此，单靠研究地理学者的工作来确立地理解释的性质并从中得出地理学方法论的统一观点是很困难的（第6章）。地理学在建立自身理论体系的过程中，必须探索元理论即关于一般理论的理论。现代科学哲学研究科学性质、科学方法和科学发展动力问题，这就是一种元理论。哈维将科学哲学引入地理学方法论思考中，为把地理学理论和方法建立在一个坚实基础上开辟了一条光明大道。

哈维考察了地理学者们从相邻学科中引入的概念、模型、方法和理论。他指出："从相邻学科派生概念并不是轻而易举的事，搞不好会使地理学者们陷入根据对相邻学科一知半解的肤浅解释来赶'知识时髦'的陷阱。"（第122页）借用派生概念应当促进相邻学科的理论发展，如天文学之于物理学，"或许过去半个世纪以来地理学孤立主义的最大缺陷就在于未能向其他学科提出挑战性问题"（第124页）。哈维特别地用了很多篇幅介绍科学哲学和逻辑学、数学、控制论、系统论、模型建构和人工语言等普通科学方法，有关论述在书中随处可见，使人耳目一新。

4. 重视模型建构

哈维认为可以通过两种方式发展地理学理论，一是阐述基本定律并发展相宜运算（逻辑推理）；二是将建构模型的技术直接应用于地理问题。在目前地理学理论大部分不够明确的情况下，模型建构技术的意义更为重大（第9章）。模型具有发现、表达、证实和检验、扩展或重建新理论、新假说和新法则的作用，也可为他们建立应用范围，还可用于预测，并将地理学者们熟悉的模型——地图——理论作了类比。哈维如此重视模型，以致本书的主要部分（后三编）都是在模型的标题（模型语言、描述模型、解释模型）下展开的，其中第六编（地理学中的解释模型）最重要，可以说是这部分的主脊骨，也是全书的压阵之作。

作者把地理学的解释模型归纳为因果模型、时间模型、功能模型和系统分析四种。因果模型的误用曾导致环境决定论，作者从哲学和方法论高度剖析了有关争论，介绍了各种因果系统分析的方法及其应用。时间模型中最重要的是过程解释，"若不涉及过程则不能发展严格的解释模式"，而对不同的过程应当采用不同的时间尺度来考察。功能解释对所研究的系统性质不可避免地要作出某些断言。哲学功能主义在先验的形而上学基础上作出这种断言，这面临若干逻辑上的困难；而方法论功能主义则依赖可从经验上评价的断言，这可以成为一种启发工具。

四、哈维及其《地理学中的解释》的影响

《地理学中的解释》出版后，立即在西方地理学界引起了强烈的反响，一些有影响的地理学家和重要地理期刊纷纷发表评论，给此书以很高赞誉[①]，称之为"新（理论）地理学的圣经"，是"对地理学实证主义方法论第一次作出的充分说明和论证"，"是自哈特向的经典著作《地理学的性质》发表以来，关于这个主题的最权威、最富教益的论述"，"是地理学中若干年来最重要的著作……不愧为这一领域向理性化发展的里程碑……不仅对地理学者，而且对任何'软'社会科学和历史学中关心理论建设的学者，都是一本必读书"。西方迄今凡论及地理学理论和方法的文献，无不把它作为引经据典的对象。该书已有了多种语言的译本，其中1974年的俄文译本改名为《地理学中的科学解释：普通科学方法论和地理学方法论》，索恰瓦为之作跋，萨乌式金还专门写了书评[②]，都高度评价此书的意义。还有人著文在哲学杂志上介绍此书，从而把它的影响扩展到了科学哲学界[③]。

《地理学中的解释》集地理学实证派之大成，但哈维本人对此书的看法却独显个性："这部似乎多少与时代不相称的大部头著作"[④]。后来当人们要与哈维讨论此书时，他却说"从来没有读过"。这固然是玩笑话，其实反映哈维已放弃了实证主义立场，他成了地理学实证派的终结者。"昔人已乘黄鹤去，此地空余黄鹤楼。黄鹤一去不复返，白云千载空悠悠"。

"科学方法"无疑加强了地理学的科学化。可是以地理学研究对象（人类社会与地理环境的关系）之复杂，适用于物理学的方法未必能胜任。过于看重形式的"科学化"，

---

① Peet, R. The Development of Radical Geography in the Unite States. *Progress in Human Geography*, 1977, 1: 240-263; Amedeo, D. Review of D. Harvey (1969), Explanation in Geography. *Geographical Review*, 1971, 61: 147-149; Bireh, J. W. Review of D. Harvey (1969), Explanation in Geography. *Geography*, 1971, 56: 262-263; Gale, S. On the Heterodoxy of Explanation: A Review of David Harvey's Explanation in Geography. *Geographical Analysis*, 1972, 4: 285-322; Sopher, E. M. Review of D. Harvey (1969), Explanation in Geography. *Journal of Regional Science*, 1971, 11: 124-127; Yates, E. M. Review of D. Harvey (1969), Explanation in Geography. *Geoforum*, 1971, 8: 65; Zelinsky, W. Review of D. Harvey (1969), Explanation in Geography. *Professional Geography*, 1971, 23: 75-76.

② Saushkin, Y. G. Review of D. Harvey (1969), Explanation in Geography. *Soviet Geography: Review and Translation*, 1975, 16: 538-546.

③ Kennedy, B. A. Review of D. Harvey (1969), Explanation in Geography. *British Journal for the Philosophy of Science*, 1970, 21: 401-402.

④ 记者与哈维的访谈录："再造地理学"，英刊《新左翼评论》，2000年第4期（7—8月），载中文期刊《国外理论动态》，2001年第3期。

往往会脱离实际。哈维后来在其《城市经验》一书中指出："严格的科学绝不中立于人类事务；试图将自身置于历史之外，最好不过就是产生出严格意义上的善意的伪科学，实证主义便是最好的例子。"所以关注人类社会实际问题的很多学者常常放弃逻辑实证主义，而寻求其他哲学武器。哈维的兴趣转向了实际社会问题，关注福利分配、贫困、社会正义、城市化、农村发展、妇女地位、规划决策、人类精神和知识与发展困境的相关等问题；他的思想立场转向马克思主义，分析方法诉诸历史唯物主义。哈维在地理学中把实证主义方法论推上顶峰，然后反戈一击，否定了实证主义方法论的科学性质。按哈维自己的说明，正是对严格方法的追求，使他终于认识到，地理学的对象其实是连续的历史－地理进化流，很难运用实证主义的证实或证伪方法。这迫使他进一步反思地理学的"科学性"。他意识到地理学的对象是"地理的生活世界"，是一种不断地进化着的主体创造。于是把目光转向日常生活，这就使他接近马克思主义，在理论上抓住了社会关系这个线索，而这正是历史唯物主义的基本关注点。

哈维从逻辑实证主义到马克思主义的立场变化，似乎重蹈了马克思的历程。马克思青年时期也神往数学方法，甚至写过《数学手稿》，认为一门学科的最高境界是能用数学方式表达。但成熟时期的马克思放弃了单纯的数学迷恋，用恩格斯的话说："自然界不是数学。"人类社会也不是数学，地理学研究的对象更不是数学。后来马克思创立的历史唯物主义，其境界已超越数学。更重要的是，马克思认为"哲学家们只是用不同的方式解释世界，而问题在于改变世界"。哈维和马克思一样，走的正是从"解释世界"到"改造世界"的道路。

哈维的论著被广泛地翻译成中文、西班牙文、意大利文、日文、韩文、阿拉伯文、土耳其文、挪威文、葡萄牙文、俄文、德文、波兰文、罗马尼亚文等。哈维对地理学的贡献得到广泛的赞扬。1972年，英国皇家地理学会授予他吉尔纪念奖（Gill Memorial Award），以表彰他"对理论地理学的诸多贡献"。1982年，哈维得到美国地理学家协会杰出贡献奖，嘉奖他"在发展人文地理学分析方法和行为研究的哲学基础方面，以及在应用古典政治经济学原理对城市地理现象提供新的解释方面所作的杰出贡献"。哈维在1995年又获得瓦特林·路德国际地理学奖，此奖被认为是地理学的诺贝尔奖，评选也严格按照诺贝尔奖的程序进行。哈维还获得其他一些荣誉，包括瑞典人类学与地理学会安德斯·利兹金质勋章、伦敦皇家地理学会赞助人（Patron）勋章、阿根廷布宜诺斯艾利斯大学荣誉博士学位、丹麦Roskilde大学荣誉博士学位、纽约城市大学人类学系杰出教授荣誉等。

哈维虽然扬弃了逻辑实证主义，但在写作《地理学中的解释》的过程中形成的逻辑严密的风格，却始终体现在他后期所有的著作中。哈维论著思想之深刻，论题之尖锐，逻辑之严密，文笔之老到，令人深为叹服。他是严格意义上的地理学家（他本人多次强调这点），而他在地理学外也产生了巨大的影响，获得其他地理学大家都不具有的殊荣。1981年，英语国家出版了一本名为《戴维·哈维的地理学》[①] 的书，2006年又有一本名为《戴维·哈维》[②] 的书问世，《空间和地方重要思想家》[③] 也有专文"戴维·哈维"，均介绍和评论他的学术思想和观点，哈维影响之大，由此可见一斑。他不仅是一位以思想见长的杰出地理学家，也是一位社会理论大家；其论著不仅在地理学界，也在社会学、人类学、政治经济学、城市规划理论、哲学和社会理论等方面产生了显著影响。

（蔡运龙）

[①] Patersol, J. L. *David Harvey's Geography*. London: Groom Helm, 1981.
[②] Castree, N., and D. Gregory. *David Harvey: A Critical Reader*. Oxford: Blackwell Publishing, 2006.
[③] Castree, N. David Harvey. In Hubbard, P., R. Kitchin, and G. Valentine, eds. *Key Thinkers on Space and Place*. SAGE Publications, 2004.

哈格斯特朗

区域科学中的人（1970年）

　　哈格斯特朗是20世纪瑞典著名人文地理学家，计量革命时期的代表人物以及时间地理学的开创者。1916年10月11日生于瑞典南部的一所偏远乡村。父亲是一名小学教师，幼年时期父亲的教育对哈格斯特朗日后的学术生涯产生了一定影响[1]。高中毕业后，哈格斯特朗服兵役一年。1937年，进入隆德大学地理系学习。此后他在隆德度过大部分人生：1953年，获得隆德大学博士学位；1957—1971年，担任隆德大学地理系教授；1971—1982年，任瑞典人文与社会科学研究理事会资助的个人研究机构教授；退休后，作为名誉教授仍然与国内、国际研究团体保持联系。2004年5月3日，哈格斯特朗在瑞典隆德逝世，享年88岁。哈格斯特朗精通欧洲主要国家的语言，在许多国际组织中担任要职，如经济合作与发展组织（Organisation for Economic Co-operation and Development，OECD）、欧洲自由贸易联盟（European Free Trade Association，EFTA）、国际地理联合会（International Geographical Union，IGU）、欧洲科学基金会（European Science Foundation，ESF）、欧洲委员会（the Council of Europe）等。在地理学界，由于贡献杰出，他曾获得瑞典、欧洲及美国的许多奖项和荣誉，其中包括英国皇家地理学会颁发的维多利亚勋章（Victoria Medal）、美国地理学家协会授予的杰出成就奖等。他被誉为当今最有影响力的思想家之一[2]。回顾哈格斯特朗的学术生涯，他在所涉足的两个主要研究领域——地理计量方法与时间地理学方面，均作出开创性贡献。

　　哈格斯特朗早期关于人口迁移与空间扩散的数学模拟对地理计量方法产生了重大影响，使其成为计量革命时期的代表人物，也令其所在的隆德大学与美国华盛顿大学一起成为计量革命的中心。20世纪30年代末期至40年代初期，他研究了其家乡所在教区的人口迁移，在妻子的耐心协助下手工绘制出教区中一万人从1840年以来长达一个世

---

[1] 哈格斯特朗的父亲在乡村小学教授乡土地理、历史以及当地民俗。他的教授方式受到了瑞士教育家Pestalozzi所提倡的实物教学法的影响，通过教授孩子们绘制地图、考古学、地质学、观察事物、本地农业经济等知识，使孩子们对"乡土知识"以及生活的直接环境形成综合的认识。儿时的教育培养了哈格斯特朗关于小尺度地域的"综合视角"。

[2] Allan, L. Research, Performance, and Doing Human Geography: Some Reflections on the Diary-photograph, Diary-interview Method. *Environment and Planning A*, 2003, 35 (11): 1993-2017.

纪的时期中，每人每年的空间运动轨迹。1953 年，他以瑞典文完成了博士论文"作为空间过程的创新扩散"（Innovations Förloppetur Korologisk Synpunkt）。论文对创新的空间扩散及模拟进行研究，认为瑞典中部农民对农业新技术的获取是一系列扩散波形，能够对波形的传递进行绘图、模型化、模拟以及有条件的预测。然而，由于论文用瑞典语撰写，其影响也仅局限在瑞典。1957 年，其专著《迁移与地域》（Migration and Area）以英文出版。1959 年，受华盛顿大学加里森（Bill Garrison）之邀，他在地理计量方法春季研究班上讲授创新扩散模型以及迁移场的构建与分析方法。1960 年，瑞典作为北欧国家承办了国际地理学大会，哈格斯特朗在隆德成功主办了以"城市建模"为主题的专题研讨会，并发表了三篇与扩散和模拟相关的论文。这次会议上，哈格斯特朗关于扩散的空间模拟研究开始为世界所了解，隆德也逐渐成为青年学者崇尚的学术圣地。20 世纪 60—70 年代，一些美国青年地理学者来到隆德大学追随哈格斯特朗学习，这其中包括当今著名地理学家普雷德（Allan Pred）和莫里尔（Richard Morrill）。1967 年，普雷德完成了哈格斯特朗博士论文的英文翻译（Innovation Diffusion as a Spatial Process），该书成为地理学中的经典之作。在此之后的 20 年里，哈格斯特朗关于空间扩散的模拟对美国地理学者们产生了广泛的影响，诞生了诸多实证及应用研究。尽管与地理学中的其他模型研究一样，空间扩散研究也遭受到严厉的批判，然而，人们无法否认空间扩散过程正是景观变化的本质所在。哈格斯特朗对空间扩散的创新性研究虽然不是景观变化分析的唯一方法，但仍然是一个有力的工具[1]。

就在 20 世纪 60 年代末期至 70 年代初期，哈格斯特朗的研究兴趣发生了转移，逐渐形成了时间地理学的理论与方法。时间地理学的基本构想起源于 20 世纪 40 年代哈格斯特朗在人口迁移研究中产生的一些地理学疑问[2]。其一，传统地理学研究中人类活动的地图学表现有欠缺。其二，在人口迁移研究中忽视个体差异性。而时间地理学的真正形成主要是在 20 世纪 60 年代末期到 70 年代初。一方面，20 世纪 60 年代起，地理学以及外部学科逐渐开始对计量革命进行彻底的反思与激烈的批判。在此背景下，人文主义、行为主义、结构主义与后现代化主义等观念不断涌现，西方人文地理学不断多元化发展[3]。哈格斯特朗也在这场批判与反思中逐渐构建了时间地理学的理论体系与表示系统。另一方面，进入 60 年代后，瑞典等高福利国家中的社会发展目标由经济增长转向生活质量的提高，而时间地理学方法对区域规划中如何实现时空间中社会资源与福利公

---

[1] Morrill, R. Hägerstrand and the Quantitative Revolution: A Personal Appreciation. *Progress in Human Geography*, 2005, 29 (3): 333-336.
[2] Lenntorp, B. Torsten Hägerstrand 1916-2004. *Geografiska Annaler*, 2004, 86B (4): 325-326.
[3] 马润潮："人文主义与后现代化主义之兴起及西方新区域地理学之发展"，《地理学报》，1999 年第 4 期。

平配置的有效性，使其得到政府的高度重视与支持①。此外，还有另一个客观因素，自1971年起，哈格斯特朗担任瑞典人文与社会科学研究学会资助下的个人研究机构教授，他开始有时间和资源实现个人研究兴趣的转移，即从以往对时空汇总行为的大尺度研究转向对较短时期个体运动的细致剖析。1969年8月，在哥本哈根召开的国际区域科学学会第九次欧洲大会上，作为会长的哈格斯特朗作了题为"区域科学中的人"（What About People in Regional Science）的演讲。次年，该学会机关刊物刊登了他的演讲稿，国际地理学界对此反响极大。该文是最早的完整阐述时间地理学思想与方法并以英文发表的论文，可以说，该文的发表标志着时间地理学的形成。在这篇论文中哈格斯特朗重新审视了"区域科学中的人"，在对关于"人"的基本假设的深刻思考中构建起一套不同于传统区域科学研究方法的概念及符号系统——时间地理学模型。

此后，时间地理学在规划实践中广泛应用，在与社会科学相关学科的深入交流以及与GIS技术结合的过程中不断得到发展。20世纪70年代，哈格斯特朗及隆德学派将时间地理学的思想与方法引入瑞典的规划实践中，产生了广泛的社会影响②。20世纪70年代末至80年代，在卡尔斯泰因（T. Carlstein）、普雷德和思里夫特（N. Thrift）等人对时间地理学的大力介绍和推广下，欧美地理学界掀起了相关学科领域应用时间地理学方法的热潮③。20世纪80年代，社会学家吉登斯（Anthony Giddens）在对时间地理学批判和深入思考的基础上提出了结构化理论，这使时间地理学的思想对社会理论产生了一定的影响④，并广为地理学以外的其他学科研究者所了解。20世纪80—90年代，时间地理学在与社会学及其他社会科学的广泛交流中得到拓展和深化⑤。1990年代后，伴随着与GIS技术的结合及对虚拟空间行为的研究，时间地理学进入全新发展阶段。新的研究对时间地理学的早期理论假设、空间表达方式提出修正，"新时间地理学"开始出现端倪。随着地理可视化与地理分析技术的发展，时间地理学方法在城市交通规划、女性研究、城市空间结构及通讯技术等领域的应用范围逐步扩大⑥。

尽管如此，哈格斯特朗于1970年所提出的人的基本假设以及时空观，仍然是我们理解城市社会与人类行为模式的重要视角，"新时间地理学"在某种意义上并没有超越

---

① 柴彦威等：《中国城市的时空结构》，北京：北京大学出版社，2002年。
② Sture Oberg. Hägerstrand and the Remaking of Sweden. *Progress in Human Geography*, 2005, 29 (3): 340-349.
③ 柴彦威、王恩宙："时间地理学的基本概念与表示方法"，《经济地理》，1997年第3期。
④ Thrift, N. Torsten Hägerstrand and Social Theory. *Progress in Human Geography*, 2005, 29 (3): 337-339.
⑤ Lenntorp, B. At the End of its Beginning. *GeoJournal*, 1999, 48 (3): 155-158.
⑥ 柴彦威、赵莹："时间地理学研究最新进展"，《地理科学》，2009年第4期。

哈格斯特朗最初的理论框架。以下将介绍这篇首次完整提出时间地理学基本思想与理论框架的经典之作——"区域科学中的人"[①]。

一、关于人的根本假设

1. 关注生活质量的区域科学

哈格斯特朗指出，生活质量的问题应当被列入区域科学的研究范畴。这不仅因为20世纪60年代的区域科学比较注重应用研究，而且因为在欧洲，区域科学更被视为一种有着明显政策导向和规划导向的实用性工具。关于生活质量的问题在60年代的欧洲是一个非常实际的问题。更重要的是，区域科学应当是关于人的科学，而不仅仅是关于区位的科学。然而，此时的区域科学却明显缺乏对人的需求的关注。

2. 微观个体的重要性

哈格斯特朗在理论层面提出疑问，区域科学家究竟对人作了哪些根本的假设？他指出了区域科学理论构建中的一个致命问题，即在模拟宏观汇总结果时，并没有对于影响个体行为的社会组织方式、制度安排、技术水平、文化背景等进行明确的微观层面的描述。然而，他认为，在个体的微观情景和宏观尺度的汇总结果之间存在着根本的直接联系；如果不清楚个体所处的微观情景，便无法得到真实的宏观汇总规律。首先，他以购物和通勤研究为例进行说明。在通勤研究中，习以为常的是男性离开居住地出售劳动力而挣钱，女性则离开居住地用男性的劳动收入去购买食品及其他商品。然而，这只是特定文化地域中、特定时代下的特殊解释。试想如果在双职工家庭较为普遍的社会中，通勤模式又会怎样呢？或者，撤去众多的零售设施而代之以在住宅内安装冰箱，在信箱旁设置储存室，并且有运输车源源不断地为储存室送货，而无须顾客出现，这又会怎样呢？家庭层面上基本假设的变化多大程度上会影响到中心地理论或者交通发生模型的原则？实质上，哈格斯特朗想要说明对人的基本假设的不同会直接影响到理论构建以及宏观层面的汇总规律。

其次，哈格斯特朗又以人口迁移的研究例子来说明目前区域科学研究中在构建宏观和微观两个尺度的连续性方面的欠缺。他指出，尽管区域科学研究者已经认识到微观环境因素对于迁移决策非常重要，然而，几乎所有的模型仅涉及对当前汇总结果的推断。

[①] Hägerstrand, T. What About People in Regional Science. *Papers and Proceedings of the Regional Science Association*, 1970, 24: 7-21.

因此，非常有必要关注个体所处的情景，这样才有助于将微观尺度影响行为的因素与宏观尺度的汇总结果进行关联，以实现微观和宏观尺度的连续性。区域科学研究中在对个体进行汇总时，就像处理金钱和商品一样对待人的做法是不正确的。为了阐明这个观点，他描述了自己儿时学习银行储蓄的经历。在他三四岁的时候，父亲试图让他理解银行工作的原理，于是带他拿着自己存钱罐里的钱去当地的银行进行储蓄。存钱罐中有一枚闪闪发光的银冠。而第二天当他去检查银行职员是否真的帮他看管自己的钱时，却发现虽然银行职员给他出示了一堆数目相等的硬币，但是那枚闪亮的银冠已不在其中。由此，哈格斯特朗提出质疑，目前区域科学研究在大多数情况下，就是将人口视为大量的可以自由交换、任意划分的粒子，而根本没有考虑人的个性。正如区域科学研究者在进行人口分析时，通常将人口细分为劳动力、通勤者、迁移者、购物者、观光者、电视机观众、机构的成员等，对各种细分人群孤立地分析。我们实际上并没有把总人口当作个体的总体，而是当成了各个子群体的总体。因此，也就从根本上无法在汇总过程中关注到单一的个体。

总之，哈格斯特朗提出区域科学中对人的根本性假设这一问题，其实是想强调在理论构建过程中研究个体的重要性，是想说明汇总模型中并不能忽略个体的特性。

二、哈格斯特朗的时空观

1. 时空间

哈格斯特朗指出，当我们在考虑人的问题时，须将时间与空间进行关联来考虑，时间与空间不可分割。区位的含义不仅包括空间坐标而且包含时间坐标。例如，在一个一般均衡模型中，我们假定每个人可以从事多个角色，这也就隐含地承认了空间中的区位无法与流动的时间进行有效的分割。尽管有时一个人能够同时承担多个角色，但更常见的是个体在从事某个角色的时候是不可以同时从事另一个角色的，每个角色都需要在某个时间、某个地点持续一定的时间。这就意味着每个人从事的不同角色将形成不可变更次序的活动序列。因此，在考虑人的行为的时候，时间与空间不能够分离开来处理。

对于个体而言，时间和空间都是实际存在的一种资源，人在一定的时间与空间存在就意味着这些资源的消耗。人的一生是有限的，人们无法回避时间的流逝，不能把时间储存起来以后再用。所有的活动都需要一定的时间、一定的空间。空间内的移动要消耗时间。人需要一定的空间来维持最基本的生存需要。然而，空间的容纳能力是有限的，因此，空间存在着排他性。空间中的某一点一定是与更早之前的某一点相关联的，现状必然受到过去的状况的制约。

2. 时空间中的路径

哈格斯特朗认为，正是由于每个人在某一时刻、某一地点大都只能完成一种行为，因此，时空间中的个体描绘着时空路径（path）。路径的周期长短不同，可分为生命路径、日路径、周路径等。生命路径则始于出生点，终于死亡点。同时，哈格斯特朗构建了一套创新的时空间地图表示方式，即将三维的空间平面用二维平面甚至是一维直线来简化，同时以与该平面或直线正交的轴线表示时间。从而可以在三维的时空地图上直观地表示出生命路径或日路径、周路径等。现实生活中，人们的时空路径并不可能是随机的曲线。由于现实社会中存在着文化与法律的规则，以及每个人不可避免地要与其他个体进行相互作用，因此，个体在时空间中的潜在的可能行为都要受到一系列的制约，从而使得时空路径呈现出一些非随机的程式化的特征。

通过对时空路径进行抽样，可以对个人生存其中的社会经济网络进行探索。比如在那些有着连续更新的人口登记的国家，借助于电脑计算对生命路径进行抽样是可行的。同样，也可以通过日志调查的方法，对短期的日路径或者周路径进行抽样和观察。然而，通过对个体真实发生的时空路径进行汇总描述，依然无法真正有助于理解系统如何作为一个整体的运行机制。因此，哈格斯特朗指出，更有意义的是探寻那些决定时空路径空间形态的制约的时空机制。

3. 制约

哈格斯特朗指出，尽管大多数的制约被阐述为总括的、抽象的行为规则，但他所构建的制约是可以通过空间中的区位、面积的延展以及时间的持续来描绘出具体的物质形态的。他提出了三类制约，即能力制约（capability constraints）、组合制约（coupling constraints）、权威制约（authority constraints）。

（1）能力制约

能力制约是由于个人的生理构成以及其所使用的工具而受到的个体行为的制约。一些能力制约有着明显的时间指向。例如，人需要固定间隔、一定时间的睡眠，以及必需的用餐。由于活动的连续性，这些需求决定了其他活动的时间界限。其他的能力制约有着明显的距离指向，这使得个体所在时空环境被分割为一系列同心的管子或者可达的圈层，个体移动或传达的工具，以及他如何与休息居所相联系的方式等决定了可达圈层的半径。哈格斯特朗认为，在人的行为系统中，人们需要家或者类似的基地，在那里他们需要有定期的休息，存放一些私人物品以及作为接受信息的地点。一旦家或者类似的概念被引入，那么个体则不可避免地需要在不可分割的时空间中综合地考虑时间与空间的利用。例如，假定某人需要在家进行固定时间的休息，并且需要离开家去某处工作，那么当他离开家移动时，他的移动范围便存在一条界线。如果他必须在某个时间之前返回家，那么他的活动范围不能超出这条界线。尽管个体可能的活动范围取决于他所使用的交通工具，但是这条规则是不会改变的。在此规则下，时空间中的个体在一定时间内可能移动的空间范围，便是可达范围。几个世纪以来，交通技术的进步使得个体可达范围显著扩展。步行者、机动车出行者以及乘飞机出行者的可达范围呈现出显著差别。在交通技术相对原始的时代，人们在一日可达范围方面呈现出相对同质性。然而今天，由于交通技术的进步，人们一日可达范围之间的差异是非常巨大的。

在三维的时空间中考察可达范围时，发现它呈现出棱柱的形状。因此，哈格斯特朗用时空棱柱（prism）在三维时空间中表示个体可能的移动范围。时空棱柱有着明显的地理边界，这取决于个体停留的空间位置以及停留的时间。时空棱柱的形状可以每天变化，然而个体的活动不可能存在于时空棱柱之外。在某个停留点进行停留，就意味着剩余的时空棱柱的体积将不断缩小。在西方社会的工作日中，通常人们的时空棱柱被分割为三段，早上离开家到工作地上班外出的时空棱柱、中午离开工作地外出就餐的时空棱柱，以及晚上下班后从工作返回家的出行的时空棱柱。无论是在时空棱柱中的哪一点，也无论在那点停留多长时间，个体的路径总是在时空棱柱内呈现出一条不间断的，并且不后退折回的线。

（2）组合制约

日常的时空棱柱中的个体路径，很大程度上受到组合制约的限制。组合制约规定了个体为了完成某项活动，如生产、消费及社会交往等，而其他人或某种工具、材料等在某时、某地同时存在并持续一段时间。几条路径的组合称为活动束（bundle）。在工厂中，工人、机器以及原材料等形成活动束以实现产品的加工和生产。在办公室里，人们也要形成活动束以传达信息。在商店中，销售员和顾客形成活动束来买卖商品。在教室里，学生和老师形成活动束以传达知识和信息。

很多活动束遵循着事先确定的时间表，它们可能在每个工作日都一样。比如在工厂或者学校，固定的时间表决定了活动束发生的时间。工人的自由仅存在于是否选择工作，或者在哪里工作，一旦他开始工作，其活动时间就必须遵循一定的时间表的限制。学校的学生也是一样的，他们没有太多的自由选择。因此，家庭也不得不根据这些固定的时间安排来进行调整。个体以家庭作为活动基点，那么他只能参与那些活动束的起点和终点都在他一日的时空棱柱内的，并且活动束在空间上的分布使得他有时间能够从上一个活动束的终点到达下一个活动束的起点的活动束。这就意味着，如果诊所开放的时间恰好是在病人工作的时间,那么除非这个病人能够在工作时间得到请假批准,否则他去诊所就医的活动束就无法形成。又例如,使用小汽车的人,由于在交通工具使用上有更大的灵活性,相对于那些依赖步行或者公共交通出行的人而言,可以参与相对更远的活动束。与其说这种差异是由出行速度的差异造成的,不如更准确地说是由在中转站或者连接处的时间花费造成的。

另一种值得一提的活动束,是无线电通信技术如电话、广播、电视等,使人们形成"同时异地"存在的活动束。但是,哈格斯特朗指出,这样的活动束尽管没有出行时间的损耗,但是它占用了其他活动的时间。尽管电话能够节约时间,但是它打断了其他的活动。

(3) 权威制约

权威制约来源于哈格斯特朗称为"领地"(domain)的概念。领地可以定义为一个时空复合体,其中的事物及事件的发生受到特定个体或者团体的控制。领地的存在是为了限制过多的人进入,以保护自然资源或人造资源,并且使得活动组织更加有效率。在三维的时空中,领地表现为柱体。在领地当中或者是非其成员不得进入,或者是获得了邀请才能够进入,抑或是在支付了一定费用或者通过某种仪式或斗争之后才能够进入。

领地小到歌剧院中的座位,大到整个国家,呈现出一定的等级性。那些高等级的领地中的权利拥有者决定着次级领地中各种活动的可能性。而同等级的领地中的决策者不能够相互命令。他们必须通过协商、贸易或者战争等手段来影响对方。

哈格斯特朗指出,时空中的三种制约以各种直接或者间接的方式相互作用。例如,高收入者相比低收入者更有条件进入那些收费领地,因此他们可进入的领地更多或者更高级。低收入者因为没有钱在就业地附近租赁住房,首先将直接导致他们承担很长的通勤时间;其次,更加隐蔽的结果是,通勤时间的增加还将导致他们参与其他活动的时间减少。又如,很多人无法参与文化活动,并不是因为他们对此不感兴趣,而是受他们的住所、工作地以及文化活动设施的时空配置的限制。同样的原因,即使在那些医疗保健免费的国家,仍然还是有很多人因为时空资源配置的限制而无法享受到免费医疗保健服务。因此,在谈及福利国家以及发达国家出现的贫困问题时,他指出,这一问题的解决方式应该由对钱的分配转向对时空资源的分配。

家庭成员之间的联合行为体现了各种制约之间的复杂的相互作用。儿童有限的一日时空棱柱,往往预示着他未来很长的生命路径中的选择机会。这意味着,本地教育设施的覆盖率与质量,以及邻里中社会交往的层次,将对孩子的生命路径产生较为长期的影响。因为教育以及社交网络将对孩子的日后生活产生长远的影响。很有可能,为儿童服务的设施配置的方式，将影响未来人口构成以及劳动力市场的空间结构。

三、哈格斯特朗的行为观

哈格斯特朗认为，社会主要是由高度制度化的权利系统和活动系统构成的。大多数的领地与其中的活动束，在空间上存在于相对固定的区位，在时间上持续相对较长的时间，并且有着习惯性预先设定的程序。哈格斯特朗并没有否定人的能动性，但是在他的时空间制约机制中，个体所能做的非常有限。他承认社会系统会对人的反馈行为作出较慢的响应，这就意味着，社会系统中的领地与活动束在较长的时间尺度上会发生变化。

哈格斯特朗对时空间中的人所作的基本考虑，反映出时间地理学在研究人的行为时的基本态度，即强调人本身的制约以及围绕人的外部客观条件。因为哈格斯特朗认为，人的行为常常是随意选择的，不能以过去的行为观察为基础来说明和预测将来的行为，而是应当认识那些围绕行为个体的制约条件，并尽可能地阐明产生这些制约的主体。而制约人们时空间活动的因素有些是生理上或自然形成的制约，有些则是由个人决策、公共决策及集体行为准则造成的制约。

哈格斯特朗在"区域科学中的人"一文中所提出的对人的基本假设、时空观、行为观以及时间地理学的概念体系等，是20世纪60年代末至70年代地理学家对计量革命进行批判与反思、从认识论与方法论上另辟蹊径的重要探索，也是二战后人文地理学研究范式转型的重要里程碑。哈格斯特朗所提出的时空概念，以及将时间与空间相结合的观点，突破了以往将时间内含在历史地理学中的研究范式；它注重微观个体研究的思想，开拓了个人日常行为分析的方法论基础。

然而，时间地理学在其发展过程中也受到了各种批判。由于哈格斯特朗初期关于时间地理学的阐述以及其他人对其所进行的解说，均注重对路径的研究，因此，有些人认为时间地理学属于行为地理学，有着实证主义风格，并将"物理主义方法"误解为时间地理学研究的主干。而哈格斯特朗并不满足于此，他认为，单纯研究路径很难揭露相关联的事情背后的"目的和意义"，企划产生路径，相交的路径形成状况、情景。从探讨情景的意义上看，哈格斯特朗的研究在哲学层面是属于人本主义的[1]。此后，由于20世纪80年代地理学方法与社会理论的相互借鉴，时间地理学对以吉登斯的结构化理论等为代表的社会理论产生了重要影响。场所（locale）与区域化（regionalization）的概念构成了

---

[1] R.J. 约翰斯顿：《地理学与地理学家》，唐晓峰、李平、叶冰等译，北京：商务印书馆，1999年。

联系吉登斯对时空的概念化与超越哈格斯特朗的时间地理学背后的实证主义的桥梁①，使人们把哈格斯特朗的工作更多地看作是现实主义的研究而不是人本主义的研究。可见，时间地理学的思想和研究范式也在批判与融合中不断地发展。

（柴彦威、张　艳）

---

① Dyck, I., and, R. A. Kearns. Structuration Theory: Agency, Structure and Everyday Life. In Aitken, S., and G. Valentine. *Approaches to Human Geography*, edited by Stuart Aitken and Gill Valentine. SAGE publications, 2006: 86-97.

布蒂默

白吕纳著作展现的新视野（1971年）

一、布蒂默向法国地理学致敬

"白吕纳著作展现的新视野"是《法国地理传统中的社会与环境》的第一章[①]，该书是布蒂默（Anne Buttimer）的第一部学术著作。这部专著被收录在"美国地理学家协会专著系列丛书"中，由芝加哥兰德·麦克纳利公司出版。安·布蒂默的学术著作有近20部，主要是关于社会空间、城市规划、历史观和环境政策的论著。她的著作具有很强的理论性，其中一些被翻译为荷兰文、法文、德文、日文、拉脱维亚文、波兰文、葡萄牙文、俄文、西班牙文、瑞典文出版，具有广泛的学术影响。因此她也在十余个国家获得多项奖励和荣誉称号，其中包括美国地理学家协会的荣誉奖、福布莱特-海斯访问学者等。布蒂默的学术兴趣广泛，涉及科学哲学史、城市与社会地理学、移民与认同、环境经验、自然与文化、环境与可持续发展、全球变化中的人类因素等方面。这里所介绍的是布蒂默的第一部著作，该书奠定了其一生的学术研究风格，即以探讨地理学思想及思想史为主。在布蒂默的著作中，除一本专著是具体的区域研究外，其余均为理论性著作。这里所介绍的这部著作在布蒂默的学术生涯中具有重要意义，它奠定了布蒂默的人文主义的地理学研究认识论取向。洛杉矶加利福尼亚大学的人文主义地理学家恩特里金（Nicholas Entrikin）指出，人文主义地理学的理论方法与实证的自然主义方法（naturalism）形成鲜明对照，实证主义的自然主义，是在自然科学和人文科学之间的方法的统一，它支持对因果关系的解释；而人文主义地理学则是反自然主义的，它寻找的是"知性"，而不是对因果关系的解释[②]。布蒂默的人文主义地理学的研究起点就是从这部著作开始的。

[①] Buttimer, A. *Society and Milieu in the French Geographic Tradition*. Chicago: Rand McNally, 1971: 59-72.
[②] Entrikin, N. Humanism, Naturalism and Geographic Thought. *Geographical Analysis*, 1985, 17: 243-247.

布蒂默被地理学思想史研究的学者定义为人文主义地理学家[①]。她有着丰富的教学、工作经历。她在爱尔兰寇克大学获得学士学位，1965年在美国华盛顿大学获得博士学位。其后她曾在比利时、加拿大、法国、苏格兰、瑞典和美国任教及从事研究。1973年她第一次被邀请到瑞典工作，自那以后她一直与瑞典的学者共事。1974—1977年她任美国地理学家协会理事。1976年她在瑞典的隆德大学做富布莱特访问学者；1977—1979年以及1982—1988年她在瑞典做全职研究员。2000—2004年她任国际地理联合会主席。自2003年，她成为爱尔兰都柏林大学的地理学荣誉退休教授。她有一本80页的小册子，名为《伊拉斯谟的觉醒：中世纪诺顿的圣人、学者和学科》[②]。德西德里乌斯·伊拉斯谟（Desiderius Erasmus），史学界将之称为鹿特丹的伊拉斯谟，生于约1466年10月27日，卒于1536年7月12日。他是中世纪尼德兰（今荷兰和比利时）著名的人文主义思想家和神学家。布蒂默之所以被冠以人文主义的地理学家的称号，也是因为她从伊拉斯谟那里继承了部分人文主义的传统。

布蒂默这本专著是向法国地理学致敬的作品。法国地理学派之所以赢得布蒂默的敬意，原因有两点：第一，不盲从主流、不迷信权威。受到布蒂默敬仰的法国近代地理学代表人物维达尔·白兰士和白吕纳的主要学术贡献是或然论，或然论在当时的学术界独树一帜，这个认识论视角与20世纪初叶占据统治地位的决定论相左。这种不盲从主流、不迷信权威的科学态度无疑赢得了布蒂默的认同，同时也值得每一位学者敬佩。第二，法国地理学派独特的区域分析方法被历史学采纳。白吕纳的学术观点后来被巴黎师范学院的雅各宾地理学派（géographie jacobine）不断发展，并影响到法国乡村历史学和法国历史学的年鉴学派。年鉴学派的代表人物布罗代尔（Fernand Braudel，1902—1985）也曾多次说明这一点[③]。

早在20世纪初，就有英美学者向法国地理学家致敬。最早将维达尔学派的著作翻译为英文的时间是在1920年，第一本为白吕纳的《人文地理学》[④]，美国明尼苏达大学的法语教授，时任美国地理学家协会的主席以赛亚·鲍曼主持了该书的翻译，参加译后编辑的是哥伦比亚大学的资深教授道奇（Richard Elwood Dodge，1868—1952）。在

[①] Peet, R. *Modern Geographic Thoughts*. London: Blackwell, 1998: 35.
[②] Buttimer, A. *The Wake of Erasmus: Saints, Scholars, and Studia in Mediaeval Norden*. Lund: Lund University Press, 1989.
[③] Braudel, F. *On History*, translated by Matthews, S. Chicago: The University of Chicago Press. 1980: 17, 51-52, 114-116, 147.
[④] Brunhes, J. *Human Geography: An Attempt at a Positive Classification, Principles and Examples*; translated by T. I. C. Le Compte; edited by Isaiah Bowman and Richard Elwood Dodge. Chicago: Rand, McNally & Co., 1920.

1926 年，美国学者又翻译了后人为维达尔·白兰士编辑的《人文地理学原理》[①]。在中国大陆，学术界对法国地理学及地理学思想的介绍不但少于对英美地理学的介绍，还少于对德国地理学、前苏联地理学的介绍。这里引介布蒂默的《法国地理学传统的社会与环境》，可使中国大陆读者能更多地了解法国地理学，以及法国地理学界赢得学术界尊重的原因。

白吕纳是法国著名人文地理学家、法国科学院院士。1892 年他在巴黎高等师范获得历史与地理学学位后，在白兰士[②]的指导下获得基金资助，于 1893 年在西班牙从事湿地研究。1896 年他主要研究北非和伊比利亚半岛。毕业后他曾任瑞士弗里堡大学和巴黎法兰西学院教授。在瑞士洛桑大学，他成为世界上第一个人文地理学系主任，他在那里开办了欧美第一个人文地理学讲座。他继承和发展了导师白兰士的人文地理学思想，认为人文地理学应着重研究人在地表所做的事业，他把这些事业称为人文地理学的基本事实（basic fact）。他主张人地关系的或然论，认为人可能自由地选择人与自然的关系。白吕纳著有《人文地理学原理》[③]、《历史地理学》[④]、《法国人文地理学》（*Géographic Humaine de la France*，1920）等。从白吕纳同事的文字中，我们还可以看到这位学者的另外一面：他不仅是一个极富才华的学者[⑤]，还是一名优秀的老师、热情洋溢的旅行者和善良的社会工作者[⑥]。

中国著名地理学家胡焕庸在法国巴黎大学和法兰西学院学习时，曾师从白吕纳等名师。他于 1928 年回国，在南京中央气象局工作。1930 年张其昀翻译了白吕纳的《人生

[①] Vidal de la Blache, P, edited by Emmanuel de Martonne, translated from the French by Millicent Todd Bingham, PH. D. *Principles of Human Geography*. New York：H. Holt and company，1926.

[②] 下文中所称白兰士，皆指维达尔·白兰士。

[③] Brunhes, J. *La Géographie Humaine*, *Essai De Classification Positive*, *Principes Et Exemples* (2. éd.). Paris：F. Alcan, 1912. Brunhes, J. *La Géographie Humaine*, *Essai De Classification Positive*, *Principes Et Exemples* (3. éd.). Paris：F. Alcan, 1925. 在威斯康星麦迪逊大学图书馆查到第二版的内容较第一版增加了 66 处新的内容；在威斯康星麦迪逊大学图书馆查到的第三版内容为：Ⅰ. 地理事物分组及分类；Ⅱ. 著作．与相邻学科的联系．Ⅲ. 文本外的解释（I. Les faits essentiels groupés et classés; principes et exemples. —Ⅱ. Monographies; liaisons avec les disciplines voisines. —Ⅲ. Illustrations hors texte）. 布蒂默原文中所有引用该书的文字均为第三版。遗憾的是没有查询到 1910 年第一版的文献信息。

[④] Brunhes, J. *La Géographie De L'Histoire*. Paris：Delagrave，1914.

[⑤] 参见"向白吕纳致敬"（Hommage a Jean Brunhes），刊于《国家宣传》（*La Propagande Nationale*），1928 年 12 月，第 1-8 页；M. S. 夏雷蒂："白吕纳生活工作之记事"（Notice sur la vie et les travaux de M. Jean Brunhes）；E. 德马东尼："白吕纳"（Jean Brunhes），《地理学年刊》第 39 期（*Annales de Géographie 39*）1930 年（白兰士在去世前一直是该刊物的编辑；R. H. A. 库尔斯："白吕纳的地理想象"（De Geografische Gedachte bij Jean Brunhes），乌得勒支大学博士论文，1942 年。

[⑥] 法兰西学院：《1930 年 8 月 28 日白吕纳葬礼上的悼辞》（*Discours prononces le 28 aout 1930 aux obseques de Jean Brunhes*），里尔：1931 年；德拉玛丽和皮埃尔·德方坦：《白吕纳的人生和思想》（*Jean Brunhes：sa vie et sa pensée*），未出版的手稿，此处引用经作者同意。

地理学》①（La Géographie Humaine），该译本 1940 年、1966 年先后在长沙商务印书馆和台湾商务印书馆重印。该书篇幅不长，是 20 世纪 80 年代初中国大陆读者在文津阁北京图书馆可借阅到的唯一一部译成中文的人文地理学名著②。1933 年湛亚达译述了白吕纳的《人文地理学》③（La Géographie Humaine）。1935 年李旭旦和任美锷在"中央大学"就读时，全文翻译了白吕纳的该部著作，本次是从英文版翻译的，估计该书是根据在美国出版的英文版《人文地理学》翻译的④。本译稿的篇幅远长于湛亚达版，译作中文名字为《人地学原理》⑤，胡焕庸在卷首作有长序。白吕纳的女儿 M. 德拉马尔（Mariel Jean-Brunhes Delamarre，1905—2001）也是一位地理学家，她曾到中国的农村进行人文地理学的调查⑥。可以说在民国初年，中国地理学家也向法国地理学派致以崇高的敬礼。

二、白吕纳的继承与创新

白吕纳学术思想主要来源于他的导师白兰士。白吕纳是白兰士最初的追随者之一，也是白兰士观点的拥趸和坚定的支持者。白兰士著述丰富，他一生出版了 17 部专著，发表了 107 篇论文，撰写了 140 多份报告和评论。其中最有影响的是《法国地理图表》⑦和《人文地理学原理》⑧。与白兰士相较，白吕纳关于人文地理的认识并没有那么广泛，但白吕纳著作的结构更加严谨。

白吕纳除继承白兰士衣钵外，其学术专著体现的哲学思想还来自与他同时期的学者。第一位是在法兰西学院任职的亨利·伯格森（Henri Bergson，1859—1941），他是法国哲学家，其思想影响了 20 世纪前半叶的法国哲学界，他研究的内容之一是因果论。

---

① 白吕纳：《人生地理学》，张其昀译，北京：商务印书馆，1930 年。
② 白吕纳：《人生地理学》，张其昀译，北京：商务印书馆，1940 年；白吕纳，《人生地理学》，张其昀译，商务印书馆，1966 年。
③ 白吕纳：《人文地理学》，湛亚达译，上海：世界书局，1933。本文后面各部分中如出现此书，均统一使用《人文地理学》。
④ Brunhes, J. translated by Le Compte, I. C., edited by Bowman, I., and R. E. Dodge. *Human Geography: an Attempt at a Positive Classification, Principles and Examples*. Chicago, New York: Rand, McNally & company, 1920.
⑤ 白吕纳：《人地学原理》，李旭旦、任美锷译，钟山书局，1935 年。
⑥ Brunhes, J [EB/OL]. http://www.speedylook.com/Jean_Brunhes.html.
⑦ Vidal de la Blache, P. *Tableau de la Géographie de la France*. A table in the book of the first volume of the monumental Histoire de France (1903—1922) Ernest Lavisse in 28 volumes. 1903.
⑧ Vidal de la Blache, P. *Principes de Géographie Humaine*. publiés d'après les manuscrits de l'auteur par Emmanuel de Martonne (published after the manuscript of the author by Emmanuel de Martonne). Paris: Editions Armand Colin. 1922.

1900年伯格森在巴黎举行的第一届国际哲学大会上，发表了简短但振聋发聩的论文"相信因果法则的心理根源"（Psychological Origins of the Belief in the Law of Causality）。伯格森坚决反对实证主义寻求法则的分析方法，白吕纳与伯格森在认识论上具有强烈共鸣。第二位是勒普莱（Pierre Guillaume Frédéric le Play，1806—1882），法国社会学家、经济学家，同时还是一名工程师。他曾任国家矿产统计委员会的主任，因此有很好的统计功底。他的一个典型研究案例就是利用统计资料，在法国不同产业、不同的家庭中选取样本，分析法国工人的社会状况[①]。这样一套分析方法带有很鲜明的经验主义特色。白吕纳的著作中也使用了经验主义的方法，只是这种经验主义的归纳是在每个研究区域内的，而不力图推广到多个区域或更大尺度的区域中。

在19世纪末和20世纪初，地理学界因果分析的主流是"决定论"（determinism），主要是"环境决定论"（environmental determinism）和"文化决定论"（cultural determinism）。地理环境决定论是当时地理学研究的流行"范式"，该范式下的人文地理学的研究主要是寻找人文现象背后的自然地理因素。维达尔·白兰士和白吕纳的"或然论"就是对应"决定论"出现的。"或然论"强调人与自然是有关联的，但是在人文现象和自然环境之间的因果对应关系是或然的。在白吕纳的著作中反复出现或然论的主题："人类是主观能动的，但不是完全自由的。一个人有其选择的权利，但他的选择要受自然资源和自然环境的限制。"这样的观点与当时的主流极不和谐，也被当时一些社会学家当作决定论加以指责。这些质疑之声，不断促进或然论的完善。

当时欧洲地理学主要是受赫特纳区域地理流派的影响，法国地理学家的主体也是从事区域地理研究。尽管白吕纳是从区域研究开始其学术生涯的，但是他所作的区域研究与他的地理同行所做的工作不同。白吕纳在与白兰士策划和商讨后，选择系统分析的线索进行研究，例如以灌溉、种族、劳动力迁移以及疾病等主题为线索，分析区域特征。白吕纳《人文地理学》的框架体现了这样的研究特色。他的一系列著述是"或然论"在区域研究中的具体体现。

布蒂默认为，白吕纳在瑞士弗里堡大学工作期间，也受到了一些德国地理学思想的启发。而我们发现，弗里堡大学是瑞士唯一一所双语（法语、德语）教学的国立大学。甚至在欧洲也是唯一一所坚持使用双语教学、管理的大学。这样的环境为白吕纳接受德国地理学思想创造了条件。德国地理学的一些观点，尤其是系统严密、条理性强的特点都显现在白吕纳的著作中。白吕纳一方面学习了德国学者利用景观说明地理现象，另一方面还敏锐地关注着相关社会科学的发展，用人类学和社会学的方法来研究人文地理学

---

① Le Play，Pierre Guillaume Frédéric［EB/OL］. http：//www.1911encyclopedia.org/Pierre_Guillaume_Frederic_Le_Play.

现象。白吕纳认为在自然条件相异的土地上，正是人类活动构建了其统一性。后一种研究方法在现在是非常流行的，但在当时与传统的、经典的法国主流地理学相比，就成为了非主流。白吕纳与其弟子德方坦（Pierre Deffontaines，1894—1978）的研究都处于相对边缘的位置。

布蒂默通过查阅白吕纳的个人信件、演讲以及政治活动记录，分析出白吕纳是一个极具个人魅力的学者。他既是倾向严谨分类的学者，还是一位富有激情的学者。白吕纳密切关注人权和社会公正问题，因而他可被视作第一个介入当代问题的法国地理学者和应用地理学的先锋。奥塞勒为白吕纳关注社会的激情所感染，他写道："白吕纳已经把地理学精神化了"[1]。罗斯金[2]的观点也大量体现在白吕纳的著作中。他自己也成为了一名"新事通谕"[3] 的狂热的宣传人和《法国社会周刊》（Semaines Sociales de France）的热情的支持者。纵观白吕纳的一生，他始终关注着青年运动，他的家成为了许多智者思想交锋会的聚集地或举办地。而他在田野工作中遇到的社会问题，燃起了他对补救式规划的热情。

白吕纳在汲取了地理学家、哲学家、社会学家的一些思想营养后，也作了自己的学术创新。其创新有三点：（1）人与自然的或然关系；（2）用系统分析的方法分析区域人文地理学问题；（3）强调人文地理学与其他学科的互补性。布蒂默在其书中引用了白吕纳的一段文字：

> 值得我沾沾自喜的一点……那就是我扩大了地理学的视野。就像是我对历史学的史前时期，还有民俗学中的社会学充满兴趣一样，我盼望着地理精神能够渗透到各个领域中去……这种地理精神是空间精神中最卓越的一种，它能够挖掘在地球表面同一块土地上的现象的共存。[4]

也正是从白吕纳开始，法国地理学出现了"人文地理学"分支。白吕纳主张人文地理学要基于经验分析，其研究可以应用于经验性的社会科学。

通过比较白吕纳的《法国人文地理学》和白兰士的《法国地理图表》，我们可以清

---

[1] Ancel, J. La Géographie de L'histoire, La Géographic, 1922, 36: 493-516.
[2] John Ruskin（1819—1990），英国著名的社会评论家和艺术评论家。除评论文章外，其散文和诗歌也广为流传。他的作品对维多利亚时期和爱德华时期的英国人文和社会科学有极大的影响，也影响到欧洲其他国家。
[3] Rerum Novarum. 19 世纪下半叶，西欧国家工业的发展带来劳资之间的激烈冲突，天主教中关心社会问题的人士举办各种创举活动，为工人伸张权利，但都遇到天主教内主张经济自由者的反对，这些主张经济自由的人一向反对任何形式的工人组织。此外，就连这些关心社会问题的人士之间，意见也不一致。为了这个原因，有些人希望罗马教宗出面干预，支持社会工作者的见解和思想，并指出大家共同的思想与行动原则。就在各方殷切请求之下，第十三世教宗终于在 1891 年 5 月 15 日颁布了一道取名为"新事"（RERUM NOVARUM）的有关社会问题的通谕。这是天主教 1900 年历史中，第一道有系统讨论社会正义问题的重要文献，它被视为"劳工大宪章"。
[4] Lefevre. Une Heure Avec Jean Brunhes, p. 6.

晰地辨别出二位学者在方法论运用上的本质不同。白兰士向我们描绘的农村是一个马赛克式的自然区域;白吕纳把农村视作一种发展中的过程和系统的元素,比如道路、城市、产业、农作物等,这些元素被逐一研究。白吕纳的得意门徒德方坦,不但与白吕纳一起著书立说,还撰写了多篇介绍和评价白吕纳人文地理学思想的论文。例如,1925年他发表了"白吕纳与人文地理学"[1]。翌年他又发表了"白吕纳的人文地理学"[2]。德方坦在"白吕纳"一文中评价道:"正是白吕纳构建了法国的完整性,就像地理学使得法国更加多样化一样"[3]。在忠于白兰士的基础哲学原则的同时,白吕纳还开创了人文地理学的两个先例:第一,对社会和自然环境的系统研究,例如他的灌溉研究和有关法国的专著;第二,引入"应用的"研究。以上两者,都与白吕纳的人文地理学的基本构思息息相关。

三、白吕纳人文地理学研究的三个时期

布蒂默根据白吕纳著作的先后发表顺序,将其人文地理学研究分为三个时期。第一时期是毕业前后的时期。这个时期的代表作是 1904 年发表的《灌溉:伊比利亚半岛和北非灌溉的地理条件、方法和组织》[4]。该时期的研究已经显露出白吕纳系统地理学的研究方向,以及他把研究结果迅速应用于实践的冲动。第二个阶段的代表著作是《人文地理学》。在这个时期,白吕纳致力于以观察或实验为依据的"个案研究",使《人文地理学》成为里程碑式的巅峰之作。第三个阶段的代表作是与加米勒·瓦路(Camille Vallaux, 1870—1945)合著的《历史地理学》以及《法国人文地理》。在这两本书中,白吕纳贯彻了他的区域地理学的研究主张。

1. 第一阶段

白吕纳的《灌溉》是以伊比利亚半岛和北非为研究区域的,这些区域属于半干旱的地中海气候,由于水资源缺乏,农业经济要依靠社会组织将人们组织起来修建灌溉设

---

[1] Deffontaines, P. Jean Brunhes and Human Geography. *Bulletin de la Société de Géographie du Québec*, 1925, 12.

[2] Deffontaines, P. The Human Geography of Jean Brunhes. *Annales de Géographie*, 1926: 268-271.

[3] Deffontaines, P. Brunhes, Jean. *Journal of Youth*, 1925: 335-337.

[4] Brunhes, J. *L'irrigation, ses Conditions Géographiques, ses Modes et son Organisation Dans la Péninsule Ibérique et Dans l'Afrique du Nord*. Paris: C. Naud, 1904. 布蒂默原文的参考文献信息不全,这里利用美国威斯康星-麦迪逊大学图书馆,补充了相关文献信息。下文则简称为《灌溉》。

施，分配水资源。因此，社会因素左右着地方发展。白吕纳的研究集中在灌溉途径和社会组织两个方面。这是一个值得后人学习的区域个案研究。正如许多学者一样，白吕纳学术生涯中最为深入的个案研究都出自博士和博士后时期的研究。在白吕纳的研究中，我们可以看到他对人与自然之间关系的自由选择，而不同的自然环境，会产生相同的社会组织，相同的经济类型。布蒂默认为，"毫无疑问，在最初的研究中，他（白吕纳）突出了社会地理学中生计与社会组织的关系理念的核心地位。"这个时期的个案在白吕纳后期的著作中也被反复提到。布蒂默引用了白吕纳《法国人文地理》中的两段文字，用以说明相同的自然环境下，社会文化却不一样：

> 不同地区的绿洲社会各不相同，哪怕它们都在同样的地理系统中。有些时候，正是摒弃了共同利益，才产生了瓦伦西亚①令人赞叹的"提水灌溉的社区"。还有的时候，一个省自身就能很巧妙地调节每个个体之间的利益。就像在今天的埃及一样，人类必须遵循活动的秩序，才能延续这些活动的组织形式……或者，所有的活动已经充分融入相应阶段的地理环境之中。②

> 在（阿尔及利亚）苏夫地区，物产权只限于种植的树木。而物产权是由有效的、原始劳动创造的……在全然不同的自然环境中，人们却有着相同的观念。毋庸置疑，这些观念都是为了支配财产和享受生活。不要忘记在热带雨林中的芳族人③以及众多迁居的部落，相比其他定居的民族，他们的风俗就是迁移，且永不停歇。过着流浪生活的芳族的财产观念与欧洲农民的财产观念大相径庭。至于欧洲农民，土地就是一切，土地在一代代人的继承中被赋予了真正的价值。对于芳族人而言，土地并不属于任何一个人。当村庄被烧毁的时候……他们要留下的就是打点行囊的一点时间，面对燃烧的屋子和噼啪作响的火焰声，他们也就是一笑了之。④

在白吕纳早期的学术生涯中，他的学术贡献有两个：（1）选一个线索分析地理问题（如灌溉），而不是将区域所有地理学现象描述一遍；（2）将区域社会组织与生计联系在一起研究。这两点对后来许多学者产生了持续的影响。例如在鲍曼⑤的《拓荒者边界》⑥

---

① 位于西班牙的东南部。
② 原文注释写明引自 Brunhes and Deffontaines. *Géographie Humaine de la France*，Chap. 29. 但是没有查到该书其他具体信息。
③ 芳（Fang）族人分布在非洲许多国家，以几内亚湾沿岸国家为多。
④ 引自 Brunhes. *La géographie Humaine*，3rd ed.，243。
⑤ 上文提到的美国地理学家协会主席，他主持翻译了白吕纳的著作。
⑥ Bowman，I. *The Pioneer Fringe*. New York：American Geographical Society，1931.

中，在达里尔·福德（Daryll Forde，1902—1973）的《生态、经济与社会》[1]中，在1930年代的英国社会地理学，以及卡尔·魏特夫[2]近期的很多著作中。例如，他在1957年的著作《东方的专制统治》中分析了古埃及和美索不达米亚灌溉社会的影响，他把这些地区称为"水力帝国"[3]。

2. 第二阶段

在这个阶段，白吕纳的研究有三个特点：（1）尝试把系统的研究应用到区域个案研究的框架中，例如他对瑞士安尼维尔山谷的研究。（2）关注"社会整体"，而不是对整体中的各种力量的主题的分析，例如对灌溉的研究。（3）强调对区域的生态系统的描述，遗憾的是并没有对生态系统的状态进行评判。

中国大陆学者一直在寻找著名地理学家的小区域研究案例，这就是一个很好的样本。白吕纳通过对瑞士安尼维尔山谷地区[4]的调查，对那里了若指掌，他对该地区的分析是一个区域社会地理学研究的经典案例。该案例与帕特里克·盖迪斯爵士[5]的"山谷地带说"（Valley Section）有很多相似之处。"山谷地带说"的大致内容是，地方（place）、生计（work）和民俗（folk）之间彼此是整合的。在白吕纳对安尼维尔山谷的描写中，我们可以看到田园诗歌般的半游牧"生活方式"。其空间韵律是：山谷底部的斜坡地带是"聚落带"，那里分布着村庄；山腰是"山地低草原聚落"；山的上部是"高山聚落"。每年的不同时期，人们居住在不同的聚落。三个地带房屋的式样和空间朝向都不一样。它们受自然条件（坡度、光照和水源）、社会条件（家庭、土地所有制、季节性的土地利用方式）、经济条件（生产方式）的影响。布蒂默摘选了白吕纳的一段引文：

> 在罗纳山谷，葡萄成熟的季节又来临了，这是安尼维尔人今年第三次下山收葡萄。这次并没有任何庆祝仪式。直到圣凯瑟琳节（11月25日）牛群自山上下来了，人们重聚在一起。这时塞拉集市（Sierra Fair）开市。然后人们赶他们的牲口再回到中部的低草原聚落地带过冬。……到圣烛节（2月2日）前

---

[1] Daryll Forde, C. *Habitat, Economy and Society: A Geographical Introduction to Ethnology*. New York: Harcourt, Brace and Co., 1937.
[2] Karl Wittfogel（1896—1988），美国德裔历史学家，也是一位汉学家。
[3] Wittfogel, K. A. *Oriental Despotism: A comparative Study of Total Power*. New Haven, 1957.
[4] 原文没有标是哪个国家，在网络查询后发现该地区是瑞士法语区的一个滑雪度假胜地。
[5] Sir Patrick Geddes（1854—1932），苏格兰生物学家，赫胥黎的学生。他主张社会与其空间形式相关，空间形式变化了，社会就随之变化了。这个观点与英国社会评论家约翰·罗斯金是一样的。

的一周，人们才又下山。对于罗纳山谷的居民来说，这象征着春季的到来。①

白吕纳还注意到，在该地区的罗纳山谷，自然条件决定着土地利用类型（如坡向与光照）；同时，人口的增长也增加了对自然资源的压力。安尼维尔人的"生活方式"有三个主题：追寻光照、遵守灌溉渠道的社会规则、季节性的迁移。山谷中的土地所有制和领地制度很复杂，但最有趣的莫过于年复一年的周期性活动，这些活动是提升和培育安尼维尔人团体精神的方式。

这里需要着重介绍《人文地理学》。白吕纳在书的前言中定义，人文地理学是研究"人类活动与自然地理现象之间的关系"②，在后面又指出"所谓的人文地理学，就是人类物质成果的地理学"③。这个定义较白兰士的"地方的地理学"（geography of place）和"生活方式"（genre de vie）更为具体。人地关系的研究主题为白吕纳提供了更加明确的分析对象。这样的研究不但反映了一个地区的自然地理条件，还反映了一个复杂的人地关系因果链。正是这条链使得地理学成为名副其实的与社会相关的地理学。但在实际研究中，白吕纳更倾向于分析文化的、历史和价值观的因素，这些因素或塑造或阻碍了"研究对象"在不同地区的发展。

我们看到，后人引用《人文地理学》中最多的部分是白吕纳的人文地理学现象分类。白吕纳认为，每个地理现象都有其独特性，这些独特性基于它的起源、发展和错杂性，并在社会层面、数据层面和心理层面中表现出来。他把这些现象分为三组六个不可或缺的种类：（1）占有非再生土地资源的现象（公路和房子）；（2）征服动植物的现象（耕地和牲畜）；（3）破坏性的经济活动（开矿和侵害动植物）。人们普遍认为这个分类很全面，为地理分析提供了准则。在每一个区域研究中，这六个要素都缺一不可。在白吕纳研究所涉及的沙漠绿洲、海岛和相对封闭的山谷地区都可以找到这些要素，它们是人类占有土地的"缩影"。

在上述分类中，没有包括一些非物质的人文现象，例如语言、种族等。这些在李希霍芬眼中的确也是地理学要研究的要素。而白吕纳在书中认为那是其他学科研究的内容。但是在实际研究中，白吕纳却超越了自己定义的范围。在他和女儿德拉马尔合写的

---

① 布蒂默抄写自白吕纳引用的文献：H. Girard. *Geologische Wanderungen*, vol. 1 "Valais, Vivarais, Velay". Halle: 1855, 51-90。

② Brunhes. *La Géographie Humaine：Essai de Classification Positive, Principes et Exemples*. Paris: 1910, translated as *Human Geography：An Attempt at a Positive Classification, Principles and Examples*. New York, 1920: reference-xi.

③ 见 *Human Geography：An Attempt at a Positive Classification, Principles and Examples*, 第71页。

一本小册子《人类种族》① (Human Races, 1930) 中已经涉及了这些非实体的人文地理要素。

布蒂默认为，白吕纳人文地理学研究对象的内部结构包括"四个复杂的层次"，前三个与上面提到的六个种类一致。第一层是人类基本需求地理，研究诸如食物、睡眠、住所和防御等人类基本需要；第二层是垦殖地理，指针开发地球的地理学；第三层是社会地理学；第四层是政治地理学和历史地理学。在研究这些层次的人文现象时，白吕纳跳出了传统的窠臼，不再仅仅回答"一系列的社会现象"是"开发地球的结果"。这是一个学术思想上的飞跃。而白吕纳是否跃过了物质形态决定论，转向一个更微观的生境决定论呢？社会组织是不是物质形式的产物呢？很显然，白吕纳不愿意把它们上升为教条的、泛化的理论，而是通过详尽的个案研究来阐释它们。他甚至不愿意为社会地理学建构一个分析框架。在《人文地理学》"存在的目的"（raison d'être）这部分，白吕纳辩解道：

> 我们可以把这些现象都归在社会地理学下，但我们不应忘记：尽管这些现象与某个特定的地理环境有着关系，但更多地取决于人类的自主和意识。从地理学的角度去看，分析这些现象是一件需慎重，且有远见和批判洞察力的工作。②

白吕纳第二阶段的工作成果可被归纳如下：从一个系统地理学的主题去分析区域的生活，从而发现区域的动力机制。他认为，生计的社会层面可以在人类活动的每一角落被洞悉，譬如文化、仪式和传统。白吕纳的"区域研究"充分体现了他的社会地理学方法论。

3. 第三阶段

《历史地理学》一书的研究风格与前两时期的作品风格截然不同。这本书的副标题为"发生在海陆之上的战争与和平的地理学"（Géographic de la Paix et de la Guerre sur Terre et sur mer），从题目上我们可以马上明白，白吕纳的这部著作关注的区域尺度扩大了。从全书整体来看，社会地理学主题依然是白吕纳主要关注的内容。此外，白吕纳还尝试划定历史地理学与社会地理学的界限。白吕纳认为，社会地理学与历史地理学相较，前者与众不同的特性如下：

---

① Brunhes and Delamarre. *Les Races*. Paris：1930. 目前只查到白吕纳女儿出版的六部著作，最早的是1947年的，因此没有更详细的文献信息。
② Brunhes. *Human Geography*, 43.

总的来说，历史地理学专注于本土化的区域性研究，而社会地理学则是更多地探索那些影响人们土地利用类型的因素……历史地理学总是带有地方的、区域的或者国家的特性，相比之下，社会地理学则在寻觅那些不受局部变动影响的结论。如此，社会地理学便可服务于人文地理学的总目标。我们期盼看到这样的人文地理学，它虽然是以详细地研究地方性现象的个案分析为基础，但它依旧区别于区域地理学……正如形态学和自然地理学独立于区域地理学一样。[①]

历史学详细的个案研究，为社会地理学提供了研究材料。白吕纳在其著作《法国人文地理学》中，特别是在第二卷《生计中的政治地理学》（*Géographie Politique et Géographie du Travail*）中就使用了历史学的个案研究材料。生计作为白吕纳最初的研究焦点，在此书中被归入了"生活方式"，这种生活方式被看作法国地方生活的动力机制。而白吕纳研究的焦点不但有物质文明对景观的影响，也开始注意到物质文明对生计形式的影响。在第三阶段，白吕纳似乎不再就某个个案展开分析，但是我们看到整体的分析是基于广泛的个案研究基础上的。在这一时期，他重拾对材料进行分类和组织的旧好。

四、白吕纳对后来法国地理学家的影响

白吕纳的最大贡献在于，他作为法国学派中的一员，毫无疑问地对后来法国的地理学有很大影响。德芒戎是受白吕纳影响最大的学者，他是一个高产的区域地理学家和经济地理学家。他的最有代表性的著作是《欧洲的衰落》[②]、《大英帝国》[③] 和《英伦诸岛》（*Les Iles Britanniques*，1927）。商务印书馆 1993 年出版了他的《人文地理学问题》[④]并收录于"汉译世界学术名著丛书"。第二位是人文地理学家梭尔（Maximilien Joseph Sorre，1880—1962），他也被人们划归维达尔学派的门徒（Disciple of Paul Vidal de La Blache）。梭尔是一个非常聪颖的人，1899 年他进入大学，仅用五年时间就获得了艺术学士学位、历史学士学位和巴黎大学的文学博士学位。第一次世界大战之后，梭尔在波

---

① 布蒂默翻译了白吕纳的文字，原文文献来源：Brunhes. *La Géographie Humaine*，3rd ed.，280-281。
② Demangeon, A. *Le déclin de l'Europe* 2. éd. Paris：Guenégaud，1975.（第一版是在 1920 年。）
③ Demangeon, A. *L'Empire Britannique：Étude De Géographie Coloniale*. Paris：A. Colin, 1923. Demangeon, A., translated by Row, E. F. *The British Empire：A Study in Colonial Geography*. New York：Harcourt, Brace, 1925.
④ Demangeon, A. *Problémes de Géographie Humaine* 3. éd. Paris：A. Colin, 1947.（第一版为 1942 年版。德芒戎：《人文地理学的问题》，葛以德译，北京：商务印书馆，1993 年。）

尔多大学地理系任副主任、主任，在文学学院任院长，后在巴黎索邦大学任人文地理学教授，在巴黎地理研究所工作到学术生命的最后。在他的一生中，他担任了许多社会学术机构的重要职务，这些职务为他宣传其学术思想起到了作用。他的代表性著作有《地中海比利牛斯山地理的生物学调查》[1]、《人文地理学的生物学基础》[2]。他的学术贡献之一是将地理学与生物学结合，其二是将文化地理学作为人文地理学的代名词。这些努力也体现在他的区域地理学研究中。第三位受影响的学者是前面提到的德方坦。在1918年他遇到白吕纳之前，他研究史前史；师丛白吕纳后，他转向地理学，白吕纳后又将其收为义子。德芒戎也是其老师。1922年到1925年，德方坦遇到了法国"文化运动"的发起人罗伯特·加里克（Robert Garric，1896—1967），德方坦开始崇信人类权利和人类进步。这些都融入德方坦的人文地理学研究中，从而与白吕纳的地理学为社会服务的目的统一起来。他一生任教于许多大学，如南斯拉夫、巴西、阿根廷等国家的多所著名大学，并整理了白吕纳的诸多著作。

白吕纳对法国地理学界的影响有两方面：第一，他划分的人文地理学研究对象逐渐为后人接受；第二，白吕纳的个案研究方法。布蒂默认为，白吕纳的所有个案研究为区域地理学提供了新的视角，为区域地理学增添了活力。在法国人文地理学的分布学和社会学的形态学的大讨论之后，法国人文地理学的"认同转折点"随之而来。经过讨论，白吕纳愈加清晰地认识到地理学者和社会学者的学科功能区分。

白吕纳研究的不足之处在于他过分乐于划分地理学与其他学科的界限，他致力于定义一个富有逻辑的内部结构，但这些条条框框很显然限制了白吕纳的创造力。因此，白吕纳的作品中除了精确的、泛基督教主义的特点外，缺少了前辈著作中的活力和可能性。读者会留恋白兰士创作中的闪光点，同时也会对白吕纳截断法国地理学界早期思想萌芽的鲁莽行为感到愤怒。白兰士"文明的地理"（géographie de la civilisation）涉及了一个有很多可能性的、边界模糊的领域，但白吕纳的"社会地理学"（géographie sociale）就像一条清晰的、带有明确的任务的准则。白兰士的"生活方式"（genre de vie）是文明与环境的对话，区域特色的核心中介就藏于景观之中，白吕纳著作的韵律则如同一段晦涩的人类与物质之间的对话。白兰士很明显是一个从事综合研究的富有思想的、精通文学的学者和笔耕不辍的起草者，白吕纳则是物质现象的归类者、政治活动家和潜在的策划人。

回溯维达尔·白兰士和白吕纳这两位地理学先驱的学术脉络，可归结为两个截然不

---

[1] Sorre, M. J. *Les Pyrenees Mediterraneennes. Etude de Geographie Biologique*. Paris: Armand Colin, 1913.

[2] Sorre, M. J. *Les Fondements Biologiques de la Geographie Humaine. Essai d'une Ecologie de l'Homme*. Paris: Armand Colin, 1943.

同的视角：(1)"文明的地理"以环境、文明、生活方式为核心概念；(2)"社会地理学"聚焦生计和社会组织。前者的视角包含性质上的内容，比如价值、"心态"和与生计相关的传统。这是一个开放的视角，犹如一封给研究者的邀请函，而非一个教条的公式般的纪律。第二个视角则关注特定的心理现象，试图界定它们的地理意义，或把它们划入其他的学科。

在 20 世纪即将结束的时候，一些法国学者开始回顾法国 100 年来人文地理学的发展[1]，在回顾文章中也提到布蒂默对法兰西地理学派（École Française de Géographie）的高度肯定。该学派为地理学界留下了宝贵的学术遗产，既有思想史（histories of ideas）方法的遗产，也有科学史（histories of science）方面的遗产。维达尔学派的出现是法国和欧洲地理学发展的重要转折点。即便是在今天，"维达尔·白兰士"也就是"多样性分析趋势"的同义词。白兰士的影响一直持续到 20 世纪 50 年代。

第二次世界大战后，在地理学界中逐渐开始有人对法国地理学派不满。不满者认为，法国人文地理学家仅仅是描述不同区域呈现出的地表多样性。地理学界不满足这种对世界的一般性描述，更不满足分析方法和技术的裹足不前。战后，西方国家的经济发展和技术进步呼唤着地理学新知识的发现，在法国，这种呼声尤为响亮。由此，地理学的学术兴趣点和研究领域也发生了变化。学术界于 20 世纪 70 年代开始对地理学的计量革命进行反思，布蒂默的这部著作就是这个时期出现的。当发现计量方法并不能解决人文地理学的出路问题时，法国地理学家又开始从其他学科寻求对地理学发展的指引。有两个学者努力将他们的观点与当下的哲学联系起来，其一为兰诺[2]，他将地理学建立在人类的基础上；其二为达德勒[3]，他将现象学与人地关系研究结合起来，他认为地理学应研究具有意义的地球。后来又有学者关注胡塞尔[4]、海德格尔[5]、萨特[6]的现象学、存在主义与地理学的联系。现在有些学者开始关注福柯[7]。胡塞尔和哈贝马斯[8]"生活世界"的概念与白兰士"生活方式"的概念之间有许多相通之处，白兰士的"生活方式"

---

[1] Benko, G. B., and U. Strohmayer. A View on Contemporary French Human Geography. *GeoJournal*, 1993, 31(3): 227-238.

[2] Maurice Le Lannou（1906—1992），思辨的地理学家，因常常在报纸上发表见解，成为一个有社会影响的地理学家，他先后在法国雷恩大学和里昂大学任教，1969—1976 年他在法兰西学院任教授，在那里他担任欧洲大陆地理系的主任。

[3] Éric Dardel（1899—1967），获得历史学和地理学的学位，因此教授地理学与历史学。主要学术兴趣为人地关系研究。翻译过海德格尔的著作，并与人类学家合作进行区域研究。作为新教徒，他的区域人地关系研究有其独特视角。

[4] Edmund Hussel，德国哲学家。

[5] Martin Heidegger，德国哲学家。

[6] Jean-Paul Sartre，法国哲学家。

[7] Michel Foucault，法国哲学家。

[8] Jürgen Habermas，德国哲学家、社会学家。

是指人类群体日常活动的复合体，它提供该群体得以生存的基础，并呈现出该群体的独特性。这一复合体包含文化中各种物质和精神的要素，也就是在特定区域中实际应用自然资源维生的技能和习俗，并经由世代相传，使该群体的成员有能力在特定的环境生存。[1] 因此，举凡一个民族的风俗、制度、态度、目的、社会结构、经济组织、宗教信仰、价值思想、心灵意识以及适应自然环境技能的稳定性和延续能力……等等，都是"生活方式"之复合体构成的一部分。[2] "生活方式"是人类活动与当地自然环境整合的产物，是人文、自然、历史在一个区域中整合精辟展现出的积累。[3]

（周尚意、赵　婧、蒋　巍）

---

[1] Sorre, M. J. The Concept of Genre De Vie. In *Readings in Cultural Geography*, edited by Wagner, P. L., and Mikesell, M. Chicago and London: The University of Chicago Press, 1967: 399.

[2] Sorre, M. J. The Concept of Genre De Vie. In *Readings in Cultural Geography*, edited by Wagner, P. L., and Mikesell, M. Chicago and London: The University of Chicago Press, 1967: 400-409; P. E. 詹姆士：《地理学思想史》，李旭旦译，新北：台湾商务印书馆，1982年，第140-144页。

[3] Buttimer, A. Charism and Content: The Challenge of La Geographie Humaine. In *Humanistic Geography: Prospects and Problems*, edited by Ley, D., and M. S. Samuels. London: Croom Helm, 1978: 58-63.

索 尔

地理学的第四维度（1974 年）

有学者认为，"在任何学术领域内都有那么极少数学者，他们因其形象和影响而吸引了我们超越一般常识、思索和考据范围的关注。我们想要知道不仅是作为学者，而且是作为人的他们；我们对他们作为教师、同事和行政官员的个性而好奇；我们想要知道他们的出生地、他们的经历，以及对他们的成长起到作用的影响、文化与智识。索尔毫无疑问就是这样一位学者。"[①]

索尔 1989 年 10 月 24 日出生于美国密苏里州沃伦顿镇[②]，1975 年 7 月 18 日逝世于加州伯克利。索尔毕业于芝加哥大学地理系（1915 年），获博士学位，先后任职于美国伊利诺伊州地质测绘局（助理地质师，1910—1912 年）、Rand McNally 公司（地图编辑，1912—1913 年）、马萨诸塞州立师范学校（塞勒姆）（讲师，1913—1914 年）、密歇根大学地理学系（讲师，1915—1918 年；助理教授，1918—1920 年；副教授与田野调查课主任，1920—1922 年；教授，1922—1923 年）、美国农业部农田管理办公室（政府代表，1919—1920 年）、美国土壤保护部门（高级顾问）、密歇根土地经济测绘局（奠基人）、加州大学伯克利分校地理学系（地理学教授与系主任，1923—1954 年；地理学教授，1954—1956 年；地理学教授与代理主任，1956—1957 年；1957 年荣誉退休）。索尔的学术任职还有美国地理家者协会主席（1940 年）；苏格兰皇家地理学会、荷兰皇家地理学会、芬兰地理学会等国外学术机构的荣誉成员；美国哲学学会会员；《伊比利亚美国史》（芝加哥大学地理系出版的期刊）的创始者与早期编辑。索尔所获的荣誉博士有：海德尔堡（Heidelberg）大学博士（1956 年）、锡拉丘兹（Syracuse）大学法学博士（1958 年 6 月）、加州大学伯克利分校法学博士（1960 年 3 月 21 日）、格拉斯哥（Glasgow）大学法学博士（1965 年 6 月）。索尔所获的荣誉与奖章有：美国地理学会荣

---

① Solot, M. Book Review: Martin S. Kenzer. *Carl O. Sauer: A Tribute*. Corvallis: Oregon State Univrsity. Press, 1987; *Journal of Historical Geography*, 1988, 14 (1): 96-98.

② 摘自 http://www-geography.berkeley.edu/PeopleHistory/History/60YrsGeog/Sauer, %20Carl%20O.html; Honn, L. Carl Ortwin Cauer. 1889—1975. *Annals of the American Association of Geographers*. 1976, 66 (3): 337-348; James, J. Carl Ortwin Sauer, 1889—1975. *The Geographical Review*, 1976, 66 (1): 83-89; Stanislawski, D. Carl Ortwin Sauer, 1889—1975. *Journal of Geography*, 1975, 74 (9): 584-554。

誉主席（1955年）、瑞典人类学与地理学学会织女星奖章（1957年4月）、柏林地理学会洪堡奖章（1959年5月）以及英国皇家地理学会维多利亚奖章（1975年）。

索尔一生共出版专著23种、文章86篇。而"地理学的第四维度"[1]，是索尔生前发表的最后一篇文章。他注意到地理学进入美国大学的方式，地理学被概括和接受为一门地球科学。他认为：地理学的内容要像涉及地点一样涉及时间，即非一再发生、非循环而不断向前的时间。偏离这一实质方向就会导致无效的结果。

一、从中小学地理基础课程到大学地理学科研教学

20世纪初之前，地理学在美国只是中小学的一门基础课程。中学地理学教材强调自然地理与自然过程，只是训练中学生记忆地名及其位置、河流系统、山体高度、州的首都与疆界，这样死记硬背式的地理教学逐渐受到一些学者的批评，他们在师范学校开始对地理学进行学术指导。

美国大学的地理学职位最早设立于普林斯顿大学〔始自瑞士裔学者古约特（Arnold Guyot）〕与加州大学〔始自英裔大地测量学家戴维森（George Davidson）〕。1892年由当时国家最杰出的地理学家、威斯康星州大学校长钱伯林（T. C. Chamberlin）为主席的一个国家委员会开始调查全国学校的地理教学状况，而调查报告由哈佛大学地理学系主管自然地理学的威廉·戴维斯执笔。该报告建议，地理学包括自然的地球科学，地理教学要从小学、中学进入大学。

钱伯林于1893年调到新的芝加哥大学，并在那里形成了强势的地质学派，他的高级助手索尔兹伯里（Rollin Salisbury）作为地理地质学教授，有机会开设了大学层次的地理学课程并形成了地理学系。地理学与地质学共享大学博物馆。这种地理学与地质学的共生延续了近30年，在自然学科、动力学与地质史学方面，索尔兹伯里对地理学与地质学的研究生给予了共同的指导。而戴维斯作为地质学系的自然地理学教授继续在哈佛从事教学和研究。

---

[1] Sauer, C. O. The Fourth Dimension of Geography. *Annals of the American Association of Geographers*, 1974, 64 (2): 189-192.

二、从地质学基础到自然地理研究

美国的地理学最初是由地质学者给予学术意义的，地质学者们多年来一直保持着地理学倡议者与指导者的身份。新一代地理学者始学于地质学，然后被吸引到将地表研究与人类居住相联系的新方向。因此，新一代地理学者具有观察与鉴定地貌种类与起源的背景，尤其是对那些更新世及近代地质时期的地貌有研究的兴趣，习惯于外出观察、命名和解释地表形态，然后再学习如何去认识人类活动的模式。

1910年，索尔在一年研究生学习后，被索尔兹伯里教授委派研究伊里诺斯河上游，并独自确定野外调研的方式与范围。索尔的第一份研究报告是"伊里诺斯流域上游的地理与发展历史"[1]，从此开启了索尔持续不断的探索的大门。

美国地理学最初的学术研究，受到戴维斯与索尔兹伯里两位性格迥异的地质学家的极大影响。索尔兹伯里认为地球科学是一门相互依赖的学科。当索尔在接受地理学训练时，受惠于与古生物学家的联系，他们对古地理学具有深刻的见解。而另一方面，戴维斯则寻求将地理学建设为一门摆脱了有关时间与变化的年代学科。地质学家研究地球的历史，命名地史的章节与段落。戴维斯系统地阐述了周期性地理循环理论，即隆起、侵蚀、风化而成准平原，经历青年、壮年和老年阶段后，再生于新一轮循环。循环周期或长或短，其时间长度与时间相位不相关。

同时，亨廷顿提出，气候变化是人类发展过程的决定因素，并形成气候循环与其他循环的主张，为此他试图通过树的年轮来建立一个年表。森普尔提出了另一种环境决定论，他将从近代美国到古典时代的历史视为环境优势与否的持续表现。两位天才都以自然环境的恩惠与制约来解释人类历史，在被解释的对象中，亨廷顿还增加了人种选择；而在芝加哥的巴罗斯承袭了森普尔有关美国历史及其地理影响的思想，他区分出他所称的地理因素与非地理因素，而非地理因素是由人类增加的。

三、从自然地理研究到区域文化地理研究

在美国大学地理学形成的数十年内，年轻的地理学子被鼓励去研究一块选择区域。

---

[1] Sauer, C. O. Geography of the Upper Illinois Valley and History of Development. *Illinois Geological Survey Bulletin*, 1916, 27: 148.

他们具有良好的地貌背景与景观偏好,希望通过观察人类与自然环境的相互关系来获得地理认识。区域文化地理研究被列为地理学的主要分支学科,其基础训练就是自然与文化的空间分异。戴维斯在米尔(Mill)的《国际地理学》(1908年版)中撰写的有关美国地理学的章节,以地形与气候为特征划分出一个自然区域系列,每个自然区域都具有适合于其自然性质的经济。自然区域被作为人文地理研究的基本单元。

四、从区域地理研究到人文地理研究

区域研究包含了时间的积累,至少可远溯到殖民初期。由不同的文化选择所决定的不同方向的人类作用重塑了自然环境。人文地理学开始被理解为特殊空间的文化经历。

在本世纪初,生活方式方面的变化继续改变着人们的住所及生活方式。第一次世界大战带来了重大变化。由工程师、化学家以及相关专家参与的技术革命,使流水线代替了技术工人,国民总产值成为公共财政义务的议案与目标。城市急剧增长,乡村人口开始下降,并延续至今。通过轮作制生产不同农田作物,种植庄园与果园以及饲养牲畜与家禽的家庭农场开始走向专业化与机械化农业。除非发展工业,乡村小城镇开始变得可有可无。

五、从人文地理研究到时空量化研究

在第一次世界大战期间,大量的地理学者参与了战时服务,诸如根据特殊航线与港口分配货物的船运委员会。他们计算从始源地到目的地的各种吨位。战后,他们回归学术生涯,在计算商业货物的容积与货币价值方面非常在行。大学增加了商贸学院来利用这种信息,而地理学者有资格从事这样的教育课程。他们收集数据、绘制专题地图、制作图表,所有图表都要不断地校正以与数据保持一致。事物、人群、场所都是相关的数量集成。它们的空间分布数量是一个共同的问题。在时间进程中,它们在空间序列理论上变得复杂化,与现实场所和时间无关。新的研究类型几乎没有经验,需要借鉴地球自然、生物和文化多样性方面的地理学传统。虽然量化研究在统计系列初期并没有引起人们的兴趣,但它关系到对未来的规划。与商业世界相关的应用地理学者学习运用数理统计去绘制贸易的流通变化,有些应用地理学者开始推断假设空间与时间的抽象世界。

六、从时空量化研究到地理时间维度的认识

为了获得不同国家的体验,索尔于 1932 年从密歇根州迁到加州,脱离了东部地理学者正在从事的研究。索尔对狭窄的职业化研究越来越没有兴趣,开始认真地阅读德国、法国和英国地理学者有关人类行为改造世界的研究著述。为了解释什么是欧洲传统中的共同进取心,他撰写了《景观的结构研究》一书。

与索尔一起到伯克利的,有撰写瑞典中部历史古镇博士论文的赖利(John Leighly),他们与土著加州人鲁塞尔(Richard Russell)、伯克利分校的学生波斯特(Loren Post)、梅格斯(Peveril Meigs)、尼芬(Fred Kniffen)与特恩罗特韦特(Warren Thornthwaite)共同组成了一个青年地理学研究群体,探寻研究作为一门地球科学的、用往日知识可以诠释现代的地理学。

索尔认为:地理学的第四维即时间,是阶段、循环、模式或环境影响都无法替代的。为了理解地理学的第四维,需要阅读一系列由马什、科尼什(Vaughan Cornish)、布吕纳、哈恩(Eduard Hahn)、拉采尔、格拉德曼(Gradmann)、施吕特尔(Schlüeer Otta)等对人文地理学作出贡献的学者撰写的著作,也包括由皮克(Peake)与弗勒(Fleure)撰写的《时间廊道》。因为人类在世界各地的分布要追溯到遥远的文明初始。

七、自然与人文地理的伯克利田野学派

为向相关学者学习,加州大学提供了一个令人愉快的场所。地质学者从事地貌研究,土壤科学起源于此,土壤的地图再现深入探究了土地形成的过程。一群自然研究者研究历史时期生物区系的分布与聚集,即历史生物地理学。历史学者研究加州美国人与西班牙人的往日,并深入研究了北部西班牙的广泛土地。在认识文化差异与变迁方面的人类学者就是索尔的指导教师洛伊(Robert Lowie),洛伊向索尔等青年学子介绍了哈恩与拉采尔的著作,他们是当时索尔还不知道的人类地理学创始人。[在芝加哥大学,斯塔尔(Frederick Starr)是孤独的人类学家,他的住处就在索尔所在的楼内,索尔知道他是一个快乐的人,但不知道他是一个值得学习的人。在密歇根大学没有人类学家。]伯克利为索尔等青年地理学者开启了更广泛的视野,也许比他们所发现的任何其他地方更广。`

加州是自然区域的一个非同寻常的例子,其重要性在于生物的演化与生存。其中居住着不同的印第安人部落。由于加州的研究已很透彻,索尔他们就要寻找加州之外极少被认识的土地。那是在邻近,穿越墨西哥边境。索尔他们第一次探险是到南下加州(Baja California),那里是西班牙时期传教士与水手描述的早期加州。自那以后,除了野外生物学家外,几乎没有人关心他们的工作。索尔他们进行了大量的野外考察,足迹范围抵达长期罕有人居住的半岛最南端。这就是索尔他们的自然与人文地理学田野学派,从中产生了各种各样的研究。较早期的任务是如何重建往日环境,因而包括零星分散但仍然存在的土著居民生活。索尔他们也开始沿着墨西哥太平洋沿岸往南,在那里研究印第安人的作物与农业。他们有幸遇上了被遗忘的史前高级文化,年代跨度到新石器考古时代。人类及其劳动的存在确定了人文地理学的范围。索尔他们深入地研究了墨西哥以及更大范围的中美洲与南美洲的文化地理。

八、结论:时间维度是地理学认识的一部分

时间维度是(并已经是)地理学认识的一部分。人文地理学视人类为地理因素之一,人类会根据人类的技术与需求,在已往的历史时期内利用和改变其环境。我们现在知道,人类并非无限环境的主人,但人类在自然世界中的技术干预及其人类的生活,已经成为人类以及与人类共生者的共同危机。

1993年,威廉斯(Michael Williams)在"我的特别爱好:C. O. 索尔与历史地理学"[1]一文中,力图通过对索尔已出版或发展的著述,尤其是通过对其迄今为止尚未发表的来往信件的评价,探讨索尔对地理研究中有关时间要素的看法。威廉斯在该文中谈到:许多历史地理学者都会认为,索尔是他们中的一员。然而,自从1941年发表"历史地理学序论"一文后,索尔就再也没有宣称他的学术兴趣是历史地理学了。事实上,索尔在他漫长的学术生涯中改变了他的思想,要想将索尔有关地理学时间要素的哲学从他有关生活的哲学,尤其是从他在美国大学圈内、美国社会的生活哲学中区分出来,是不容易的。1936年,索尔曾对其学生讲,历史地理学"当然是我的特别爱好"[2],这句名言已经由于他此后的历史地理学研究实践而得到充分的证实。

---

[1] Williams, M. The Apple of My Eye: Carl Sauer and Historical Geography. *Journal of Historical Geography*, 1993, 9 (1): 1-28.

[2] That historical geography (is of course the apple of my eye), quoted from the Note 13 in Williams, M. The Apple of My Eye: Carl Sauer and Historical Geography. *Journal of Historical Geography*, 1993, 9 (1): 1-28. Sauer Paper to Morris, 9 Jan. 36.

但索尔对历史地理研究的"特别爱好",是针对地理学的第四维即时间维度而言的。索尔的历史地理著述(著作 11 种、文章 23 篇)仅占其著述总数(23 种、86 篇)的 30%,其中以"历史地理"为题的仅两篇。因此可以认为,索尔的历史地理著述,主要是以时间维度为媒介的自然与人文地理学研究。他生前最后发表的"地理学的第四维度"一文,即可为证。

(阙维民)

段义孚

人文主义地理学（1976年）

段义孚（Yi-fu Tuan，1930—2022），美国人文地理学家，人文主义地理学的开创者。1930年生于中国天津，受过11年的中国教育；1941年后随家辗转澳大利亚、菲律宾、英国，并在牛津大学读完本科。1951年入美国加州大学伯克利分校读研究生，1957年获博士学位。此后，他在美国多所大学任教。在明尼苏达大学的16年中，他发表了大量有影响力的人文主义地理学著作，奠定了他在地理学思想史上的重要地位。1984年起任威斯康星大学麦迪逊分校教授。因他在倡导和建立人文主义地理学方面的突出成就，1973年，美国地理学家协会授予他地理学贡献奖，1987年，美国地理学家协会授予他克拉姆地理学奖；2001年他成为英国皇家科学院院士，2002年被选为美国艺术与科学院院士[1]。

段义孚本来从事的专业是地貌学，早期著作包括《新墨西哥州的气候》《亚利桑那州的碛原》等。从20世纪70年代开始，他转向对社会文化地理现象的研究。1976年发表在《美国地理学家协会年刊》上的"人文主义地理学"[2]一文，提出了人文主义地理学的概念体系，倡导从哲学、心理学、历史文化、伦理道德等角度来认识人与地理环境的关系，围绕人文主义这一核心概念，并与地理学传统概念紧密联系和结合，演绎出别开生面而耐人寻味的地理世界，开拓了人文主义地理学的研究方向并形成热潮。段义孚著述颇丰，仅专著就有15部，其中具有代表性的如《恋地情结：环境感知、态度和价值研究》（*Topophilia: A Study of Environmental Perception, Attitudes and Values*，1974）、《恐惧景观》（*Landscapes of Fear*，1979）、《逃避主义》（*Escapism*，1998），后者已有周尚意、张春梅译的中文版本（河北教育出版社，2005）等。

人文主义地理学，既是对实证主义地理学深刻反思的产物，也是对哲学领域现象学

---

[1] 段义孚的生平及思想简介参考了 Rodaway, P. Yi-fu Tuan. In Hubbard, P., R. Kitchin, and G. Valentine, eds. *Key Thinkers on Space and Place*. London: SAGE Publications, 2004: 306-310.

[2] Tuan, Yi-fu. Humanistic Geography. *Annals of the American Association of Geographers*, 1976, 66: 266-276; 同时参考了该文的李旭旦译稿（汤茂林校）。Humanistic Geography 可译为"人本主义地理学"或"人文主义地理学"。从段义孚的思想及其内容看，译为"人文主义地理学"更为贴切。

和存在主义哲学的地理学响应。以胡塞尔为代表的哲学家创立了现象学，现象学认为不存在独立于人类经验之外的客观世界，"现象"是一切在我们直觉中呈现的事物，是经由我们意识的产物，即"纯粹意识"；而要建立可靠的认识，必须寻求根源到"纯粹意识"。曾师从胡塞尔的哲学家马丁·海德格尔在现象学的基础上，以"存在"（being）为核心概念，发展出存在主义。"存在"这一概念包括意识活动，却不局限于意识活动，因而存在主义哲学实际上就是把人的问题（人的生存方式）置于核心，认为"存在"的意义就在于人自己的生存方式[①]。而在地理学科内部，以计量方法为主导的实证主义因无视和忽视人的主体、感情、能动作用，遭到一些学者的批判。于是，知识界对于新的人文地理学概念和理念、理论和方法的需求变得愈发强烈。上述两个方面的变化，使学者们开始尝试引入并利用现象学和存在主义的哲学工具来改造人文地理学。多伦多大学的雷尔夫（Edward Relph）在1970年首先提倡一种基于人们生活经验的、与实证主义不同的地理学方法论。段义孚（也曾在多伦多大学工作）对此积极响应，并于1971年发表《地理学、现象学和人的本质研究》，指出地理学犹如镜子，反映人类本身的状况，认识世界就是认识人类自己〔实际上源于海德格尔的"存在于世"（being-in-the-world）的思想〕，对景观的研究就是对景观的创造者——人类本身的研究，就像文学艺术是研究人类生活那样。

段义孚学术创新的基础在于他特有的思想敏感性、东西方文化兼修的知识背景以及取材的不拘一格。现象学和存在主义是他的认识论来源和理论依据，他以这种从历史和哲学中抽象凝练出的"人文主义"为核心，通过批判地扬弃，将之与地理学中的主要概念（如空间、地方、景观等）和核心问题（人与环境）紧密地联系起来，并通过历史、文化、心理学等方面知识的旁征博引，使"人文主义地理学"成为一种重要的，甚至是超出地理学界的社会思潮。

一、人文主义的含义

理解人文主义地理学的前提是理解人文主义。人文主义是一个有悠久历史的概念。虽然在不同的国家、时代，人文主义有不同的内涵，但还是具有一些共同特性。段义孚以著名的哲学家伊拉斯姆斯（Desiderius Erasmus，1466—1536）和动物学家朱利安·赫胥黎（Julian Huxlley，1887—1975）为例，指出文艺复兴时期的学者与现代科学家

---

① 黄颂杰：《西方哲学名著提要》，南昌：江西人民出版社，2002年，第391-405页、第446-462页。

之间的共同点在于：他们都渴望扩展人类的个体概念。文艺复兴学者通过借助于古典研究和希腊理想来反对狭隘的宗教神学，而在20世纪，像赫胥黎这样的科学人文主义者也认为需要摆脱宗教式的教条束缚。

什么是人文主义？"历史方法允许我们将人文主义定义为一个不断扩展的、关于什么是人和他能做什么的概念"（第266页[①]）；而"科学主义"倾向于认为要在科学而不是宗教的范畴内来讨论人的话语权，这就歪曲了事实，段义孚讽刺它是"先前的解放者变成了检察官"（第266页）。人文主义的特点在于包容性。正如文艺复兴时期的学者并不否认宗教教义，现代人文主义者也不否认科学，并以科学为基础之一。人文主义对"科学主义"持批判态度，但并不否定和抛弃科学。

段义孚认为反映人文主义核心思想的学科主要是历史、文学、艺术和哲学。"它们都集中反映独一无二的人类思想和活动"（第267页）。尽管历史、文学、艺术和哲学研究的侧重点不同，但是它们都在探究人类的创始能力，而这种能力很难在其他生物身上发现。所以，人文主义关注人特有的活动及其产物。

二、人文主义地理学的内涵

对于人文主义地理学的内涵，段义孚给出了简短清晰的解释："人文主义地理学以对人与环境关系的深入理解为终极目的而考察地理现象。从这一最终目的看，人文主义地理学不是一门地球科学。从希望提供准确的人类世界的图景这一目的看，它属于人文或者社会科学。什么是人类世界的本质？人文主义集中关注人类艺术和逻辑思维的最高成就并从中吸取营养。社会科学通过考察既是人类创新又限制个人自由的社会制度，来获取关于人类世界的知识。人文主义地理学则通过研究人与自然的关系，探讨人的地理行为以及关于空间和地方的情感和思想，以此来增进对人类世界的理解。"（第266页）

从人文主义地理学的涵义出发，段义孚分别从其学科归属、研究主题、研究方法、与科学和历史地理学的关系、学者素养、功能等方面简洁而全面地阐述了人文主义地理学。他认为，人文主义的引入、渗透和结合使地理学变得饶有趣味，从而使人文主义地理学成为地理学的一个分支。人文主义地理学的主题包括地理知识、领地与地方（territory and place）、拥挤与私密（crowding and privacy）、生计和经济（livelihood and economics），以及宗教。人的经历、意识和知识是讨论这些主题的基本途经。人文主义

[①] 原文页码，下同。

地理学不是游离于科学之外，而是通过揭示这些事实而对科学有所贡献；在强调人类创造他们的历史故事方面，它不同于历史地理学。人文主义地理学家应该具有系统思想和哲学训练。人文主义地理学的主要任务在于通过提高认识水平而服务社会。

三、人文主义地理学的主题

科学方法倾向于将人的意识和先入之见减小到最低程度，而人文主义地理学则重视人的意识和感情的作用，并将人的认识、感情与地理活动和地理现象之间的关系作为中心论题。在论证人文主义地理学的主题时，段义孚并没有采用"经济人"模型，而是通过科学的动物行为学模型来透视人文主义观点，并指出学术发展过程中某些背离人文主义之处。通过探究五个地理学家感兴趣的重要论题：地理知识、领地与地方、拥挤与私密、生计和经济、宗教，人文主义地理学期望提供一种看待地理现象的新视角。

1. 地理知识

"人文主义地理学的任务之一是研究地理知识"（第 268 页）。广义地看，地理知识对生物生存是必需的；从某种意义上说，它是动物本能，各种动物都有与之相适应的地理敏感性。而文化和学术部门推动的地理知识则是高度自觉和专业化的。在这两极端之间存在有关空间、区位、地方、资源的各种观点。在理解和掌握地理知识能力上存在个体和文化的差异，职业地理学家很少关注这种空间感知能力和空间知识之间的关系，而这却是人文主义地理学的核心论题。

2. 领地与地方

动物行为学揭示出动物有领地意识。人类对领地与地方的态度与动物相似。人与动物的区别在于，动物的领地不是有界空间，只是路径和地方的网络；而人却能够将领地概念化，并用"思想之眼"想象它的形式，包括那些他们当下不能感知的地方。也就是说，人的抽象思维使他们统领和控制的"地方"远超过其他动物。另外，对附属地的情感和思想在人与动物之间也有不同。动物在一个地方停歇只是满足它们的重要需求（主要是保护和防卫功能），它们通常不会有关于过去和未来、生与死的思考；但生死追问及其意义探寻对人来讲非常重要。

关于地方的规模，人类与动物也极为不同。人的地方小到炉边摇椅，大到国家、世界。小的地方概念可以通过直接经历感知，大的地方概念则是通过关注对艺术、教育和政治等所象征的忠诚转化而来。段义孚特别指出，人文主义地理学家的任务在于"解释纯粹空间如何变成了高度人性化的空间，研究兴趣在于经验的实质、维系于实体之上的情感质量、概念和工具在创造地方特性中的角色等"（第 269 页）。

3. 拥挤和私密

现代城市生活的压力主要由高人口密度引起。拥挤对人和动物都有负面影响。动物受到拥挤会比较痛苦，而且有反常和自虐行为。人在生活中都有私密性的需要，虽然程度和种类不同。由于外界干扰，私密性被打破，人受到拥挤会产生生理和心理的双重压力。但与动物不同之处在于，人类的文化会协调人口密度和行为之间的关系。例如，拥挤的中国香港居民并不比宽松的美国城市居民更倾向于犯罪。

文化与人口密度和行为之间的关系是社会科学家和人文学者关注的论题。而人文主义方法可以通过描述特定情境下的情感质量来把握。拥挤和私密性的物理学解释强调空间和无数人的填充，其生物学解释强调人口密度与压力体征的关系，而人文主义的关注和解释与此二者不同。人文主义认为，拥挤和私密的关系需要文化的理解而又不受文化思想限制。社会生活中不乏这样的例子：那些几乎没有立足之地的人，却可以互相敞开智力和情感的空间，以致"拥挤"成为一种"温暖"；而敌意产生令人窒息的感觉，即使再广大的生活空间也会成为狭窄的囚笼。所以，除了物理和生理上的讨论，应该重视文化在协调拥挤和私密之关系中的作用。

4. 生计和经济

一切生物的生活几乎都是特别经济的。但动物活动的目的可能是保护和延续物种，这只是服务于生命的本能行动。这种生物模式常常被拓展到人类世界，而人类活动却维系着某种社会制度。段义孚以对牛的利用为例来说明这种普遍性。无论是对神牛的尊敬（比如一些宗教），还是作为献礼的祭品（牺牲），牛都显示出重要的经济功能，因此都没有超出经济理性的范畴。但是人类活动的经济目的有别于其他动物的特征，它体现在人文主义对关于经济生活的两个问题的回答上。

（1）"可持续生计"意味着什么？动物界的所有活动都来自生命营养的供给。然而，对于人类世界，即使在严酷的自然环境下，生存消耗的也仅是人类能量消耗的一部分。人类的生计并不仅仅是延续群体的生存活动。甚至在原始人那里，生计也意味着非动物性的目的和多姿多彩的价值观。在高级社会，经济活动的非动物性本质则更加突出。

（2）人们在何种程度上区别经济和非经济活动？这种区分能力暗示一种世俗的和实际的生活态度。一方面，经济运行并不以人们是否意识到它为转移；另一方面，意识对多种决策有影响，因而也就影响经济系统的运行。虽然方式和方法的精细程度不同，但所有人都做计划，都关心决定和结果的好坏。知识怎样影响行为是人文主义的中心问题（第271页）。

5. 宗教

宗教是一种普遍的人类特征，不同程度地存在于所有文化中。在宗教上，人类显著地区别于其他动物。某种程度上，宗教是一种特殊的认知，然而它又如何区别于其他认知活动呢？人文主义地理学关心宗教的意义。对人文主义与宗教之间的关系，段义孚从词源学的角度谈起，然后推而广之，进行了精彩的阐述，特援引如下：

"宗教一词来自拉丁文 religare，意为捆绑，也就是把自己紧紧地和一套信念、信心和道德捆绑起来。广义来讲，一个有宗教的人寻求他的世界的统一和意义，一种宗教文化就是一种清晰的、有结构的世界观。宗教的动力在于将事情维系在一起。维系什么事情？'什么'就是神学家所指的'终极关注'，因民族而异。终极关注是一系列体现信仰的主要人物，或维系世界观各部分核心原则的富有感情色彩的表述。中心原则可能是上帝，是'上帝不会掷骰子'的信念，是一种社会或生态伦理，或者一种正义或历史发展的概念。依此观点，佛教和基督教一样是宗教，无神论的共产主义与不可知论的儒教同样也是宗教。就个人而言，爱因斯坦与托马斯·阿奎那（Thomas Aquinas）一样具有宗教性，虽中心原则不同，但寻找宇宙意义的热情一致。"（第271页）

段义孚把宗教解释为一种寻求统一和意义的动力，因而泛化、推广了"宗教"的深意。这种将宗教和人们的生活与精神信仰联系起来的做法，重实质、轻形式，因而超出了一般意义上人们对宗教的理解。因此，宗教的名称、教派、教义、教徒，以及它们形成的隔阂和分歧，都可能是次要的；而对一个人和一种文化而言，找到并建立维系自己生活的价值观和信仰体系，就成为最重要的。依此来看，每个人实际上都是，而且应该是宗教的，或至少有某种"宗教情结"。这种宗教情结或动力对文化和人格的塑造有非常大的影响。相反，与宗教相对应的世俗社会或世俗者，他们没有动力去将知识和经历整合为一个大系统；他们有许多短期计划，但没有一个终极目标。在宗教方面，人文主义地理学要求我们认识人类在谋求统一性上的不同，并且指出这些不同如何显著地反映人类的时空组织和对自然的态度（第272页）。

四、人文主义地理学与历史、区域研究和科学的关系

因涉及众多学科，人文主义地理学具有某种系统性。如何界定和处理它与相关学科及科学的关系就成为一个重要的问题。

1. 与历史和区域研究的关系

"历史"是人文学科的支柱，"历史的"地理学还是人文主义地理学的一个支柱。段义孚认为"历史"与"历史的"存在区别，"历史"关涉事件，而"历史的"指过程。人们有意识地重建历史是为了现在的目的，历史又在领域和地方的人文意识中起重要作用。但是，过去的事件不能决定现状，现状是人们通过对过去加以选择而创造的，历史的地理学关注此类过程。因此，人文主义地理学显然需要历史和历史的地理知识。

区域地理学既有科学描述和解释的成功之例，也有称得上文学艺术成就的景观描绘和勾勒。描述一个区域就像描绘一个人那样，得综合多方面的因素。一个人既是生物意义上的和环境意义上的，也是历史意义上的和偶然性意义上的，他有自己看待世界的视角，蓄意塑造自己的公共形象。而地方的身份标识既是它的自然特征，也是它的历史，人们利用它的历史来培养区域意识。艺术注重细节，它高度特殊化，但能呈现事物的普遍印象。从这个意义上讲，一个村庄就是一个微宇宙。对一个区域的生动描述可能是人文主义地理学者的最高成就。段义孚强调这种区域描述和刻画不存在"完美"之作。他认为人文主义地理学在区域刻画的艺术创造上应该打破限制，指出"人文主义地理学不需要统一的版本或者某个总结出最高秩序的天才"（第273页），这种延展性或系统性正是人文主义地理学的优点。

通过这种类比解释，段义孚不仅将人文主义地理学与历史和区域研究联系起来，而且透射出一种人与地方相互印证、相互参照的人文主义地理学方法论，形成了人文主义地理学的论证风格和特点。

2. 与科学的关系

人文主义不是与科学背道而驰或决裂，相反，它是要补充和纠正科学主义的方法误区和其价值观缺失的重大弊病。因而，人文主义地理学试图建立批判性的科学知识。科学主义者过分重视科学中形成的定律或规则决定人类命运的一面，忽视了人类被其玩弄的另一面。所以，人文主义地理学家必须敏锐地认识到那些束缚人类自由的东西，并将

之与科学知识和规则联系起来，进行深入思考和比较分析。比如进行动物的空间密集行为与人拥挤状况及其反应的比较，经济中个人力量和非个人力量的作用比较等。

人文主义地理学与科学有直接的联系。例如，从关注人类认知和学习的质量这一角度来看，人文主义地理学家可共享发展心理学的知识；尽管在现象的复杂程度和规模上侧重点不同，但它们所关注的问题相似。需要强调的是，人文主义地理学对科学的贡献在于，它揭示了科学家被他（她）可能没有意识到的概念框架所限制的"原料"（material）。这些原料包括人类的经历和思想的本质与范围、情感的质量和强度、价值和态度的矛盾与模糊、工具的本质和力量以及人类的事件、意图和渴望的特征。人文主义地理学家的一个角色就是学术中介人：将从艺术中捕获的珍闻趣例，分解成系统的、有序的相似主题。一旦被简化并有一个清晰的结构，它的组成就能得到科学的解释。

五、人文主义地理学面临的问题

1. 风险和机遇

人文主义地理学因聚焦于人的意识和认知活动而含有某种风险，同时也存在一些机遇。这主要体现在三个方面：理解设计（design），思想与行动，在意识到目的指导行动时过分注意起始状态。

在理解设计上，人文主义者倾向于把已完成的建筑当作人头脑中设计的完全实现，但是没人有足够完全的设计，即使预测者和总建筑师也不能。知识零散在各处，然而摩天大楼终被建成。虽然城市体系是可以设计的，但事实上很多城市体系却是很多非整体性个人决策的结果，是通过集体经济力量实现的。科学家倾向于认为人类模式不以人类意愿为转移；相反，人文主义者则在客观力量起作用的地方也观察意愿。人文地理学者的机遇在于，认识这种风险，并甘冒这种风险去探究哪一种认知和设计进入了不同规模下人类环境的创造活动。

在思想和行动方面，科学家和人文主义者都主张知行一致，但知行有时并不一致。因此机遇在于：人文主义者可以尽力深入地理解信念、态度和概念的本质，它们一旦被接受时的力量，它们包含的犹豫与矛盾，以及它们对行动的直接或间接影响。

在起始状态方面，人文主义者的风险在于，他们过分地注意起始状态，并有意识地增大目的和规划对行动的影响。他可能忘记习惯法则，一旦某种满意的活动模式形成，人们倾向于保持它。从客观角度看，活动模式可能是复杂和高度主观的；但事实上，从决定到执行只有很小的停顿。如果能认识到习惯在所有人类活动所及范围内的力量，人文主义者就能够更好地鉴赏直觉、打破习惯模式的能力和有意识思考的指引作用。

2. 训练

理想的人文主义地理学家应该具有广博的知识和教育背景。这些背景知识包括自然地理学、动物行为学，社会科学概念和知识等。这些学科的知识在为他提供一个出发点的同时，也提醒他注意非个人的经济力量对人的束缚。还可以从动物行为学中学到观察技术；另外，人文主义地理学家必须掌握语言学技术，提升写作能力，应该掌握词语的细微差别，例如关键词模棱两可的含义（诸如自然和自然的，行与知，平衡和发展，生活质量等），他必须培养对语言的敏感性以使他能从字里行间读出、说出和听出谈话中的潜台词。他应该精读历史和有想象力的文学作品。

人文主义地理学家必须热切关注哲学，因为哲学提出他能在现实世界找到例证的最基本的认识论问题，哲学提供能整体评价人类现象的统一视角。科学家不需要掌握哲学的框架和观点。相反，人文主义者必须寻求一种哲学以适应其目的。没有这个基本立场，他的工作将是零散的谈玄论虚。同时，应该承认限制而不是抱有偏见。如果我们对已经扎根头脑的哲学观念浑然无知，如果我们坚持无所不包的体系观点，就会产生偏见。

3. 用处

地理学提供有用的知识。著名的古希腊地理学家斯特拉波曾宣称，"它服务国家的需要"。段义孚从三个层面阐述了地理学的不同用处。

（1）如果一件工作有酬劳，则它是有用的。

（2）对人们生活和土地有可辨别的影响。

（3）从人生的目的定义：如果对人类福利有贡献，则它是有用的。

相比其他地理学科，人文主义地理学的用处主要体现在第三点。但是段义孚也对当时的人文主义研究的学术环境和氛围表示了担忧。因为除了宽松自由的艺术院系，人文主义地理学家很难在传统部门谋得一席之地。虽然人文主义学者可以通过教学活动来扩大其影响，而且以影响他人为标准来判定，人文地理学者在教室里比那些在规划办公室里、讲究实际的同事更有用，但事实上人们对它的重视程度还是不够的。

在论及人文主义地理学家对人类福利的贡献时，段义孚举了一个城市设计的例子来说明人文主义地理学家与其他学者的分工和联系。人文地理学家的科学家同事能够建议修建更有效的交通系统，选择理想的新产业和下水管厂房的区位；而"人文主义者的特长在于解释人类经历的模糊、矛盾和复杂。作为地理学家，他的主要作用在于澄清那些属于空间和地方的概念、工具和渴望。这包含一个他如何去做的暗示。人文主义的作用之一就是揭示文化的美德和缺陷。他应该能够建议规划者,同种文化的人倾向于生活在一起;他应该能够提醒人们,尽管抱团令人渴望,但是它必须付出某种人生价值的成本。人文主义地理学者将展示,地方是怎样一份共享的感情,就像区位和自然环境一样是一个重要概念。他能够指出提升地方感的方式"(第275页)。

尽管人文主义是对人本质的重新发掘和认识,人文主义地理学提供了人们认识传统的人地关系的一种新视角,并成为一种思潮,但在当时学界,人文主义并非主流,而且其持续影响力也有限,所以段义孚紧接着分析了原因。一个表层原因在于,与那些直接可用的自然环境控制和管理方法相比,它很少有效率;也就是说,与工程、规划、技术类的行业相比,人文主义对人类世界的改变首先是通过改变思想意识和文化价值观念,进而渗透到其他学科和人的实践活动,因而它不能明显地、很快地收到效益。但是,一个更基本的原因在于,很少有人关心深入剖析自己。据此,段义孚重提了"知识为己"的号召。知识为己,本是对人文主义事业的最初奖赏,在西方文化中却常被怀疑,因此也就不难理解真正的人文主义很难流行。从"知识为己"的目的出发,学术的出发点、立足点以及归宿可能指向这样一个过程,即自我出发,以此铺陈、展开、观照、反思"普遍自我"(文化),最后再回归自我。而人文主义地理学,就在于把空间和地方等关键的地理要素纳入这一过程,坚持追寻地理事实的意义与事实本身至少同样重要,并认为人的意识、情感、价值观等与地理环境交互作用,构成和形成了本质意义上的人类生活。

这篇名作的一个有趣和耐人寻味之处在于它的结语。段义孚在这里除了重申人文主义地理学的重要意义之外,还将洪堡兄弟作了一个比较,并引用了著名教育学家和语言学家威廉·洪堡对他的弟弟,也就是著名地理学家亚历山大·洪堡的评论:

"你知道亚历山大的观点与我们的向来不同,尽管我爱他。我和他在一起简直可笑。我常让他说,让他独行其是,因为我们对所有原则的用处以及首要基础的主张皆不同。亚历山大不仅有独一无二的学识和真正广泛的视角,而且有可爱的个性:热心肠、乐于助人、具有自我牺牲精神、不自私。他所缺乏的是对自身和其思想的平和满足。这就是为什么他既没有理解人(尽管他与别人有亲密的联系甚至乐于关心自己和别人的感情),没有理解艺术(尽管他很容易就理解技法并且是一个好画家),也没有(这样说他有点

冒失和可怕)理解自然(尽管在自然科学上他每天都有新发现)的原因。"① (第 276 页)

段义孚认为这个评论是"不公正的",但既然如此,为什么还颇费笔墨加以援引呢? 主要原因在于威廉·洪堡对亚历山大·洪堡的关键性评价"他所缺乏的是对自身和其思想的平和满足",是中肯而且具有警示意义的。段义孚在另一篇论文中直接指出了这种"默默地自足和自省"是现在的地理学者仍然欠缺的②,而且如果没有对自身的深刻反思,人文主义就无从谈起。所以,若说人文主义地理学的用处可能在于经由人与地理环境的关系认识自身,这个用处到底是大还是小呢?

"人文主义地理学"一文,是二战以后(人文)地理学发展的一个里程碑式的文献,是人文主义地理学的纲领和宣言。它整合了地理学中关于人文主义的分散思想,正式地提出了人文主义地理学的概念和简要体系,清晰地阐发了人文主义地理学的内容及与之相关的重大问题,因而统领和带动了地理学中人文主义方法和思潮的勃兴,并在景观设计和规划等领域产生了积极的实践作用。当然,人文主义地理学也存在一些争议之处,例如,它到底是一种方法论,抑或仅是一种思潮?是一种批判形式,还是存在某种建构?而且由于人文主义地理学的包容性和宽泛性,甚至人文主义地理学家对上述问题的态度和回答也不尽一致。也许这是因为人类个体的差异就如区域差异一样是一种"自然禀赋",虽然文化具有某种调和功能(同时也会促生冲突),但是人与其生存环境之间的关系终究是复杂多变的。因此,应该将人文主义看作地理学中一个动态的、相对持久的研究理念和行动。从这个层面看,尽管西方人文地理学中人文主义的热潮早已褪去,但是这种"经由人与地理环境的关系认识自身"的人文主义地理学理念和指向,却成为一种优秀的传统和一个重要的标尺,在时刻提醒着后来的地理学家不断反躬自省。

(叶 超、周尚意、蔡运龙)

---

① 段义孚 2005 年在北京师范大学的演讲中指出,"如果理想化一点,人文主义地理学家应该既像亚历山大·洪堡那样掌握丰富的事实……;也像他哥哥威廉·洪堡那样能感悟自然并寻求其意义。'它意味着什么?它究竟意味着什么?'这个问题必须永远藏在人本主义地理学家的意识里,从而使他同时能成为一个道德家和哲学家。"见 Tuan, Yi-Fu. Humanistic Geography: A Personal View, 2005。

② 段义孚(志丞、左一鸥译,周尚意校):"人文主义地理学之我见",《地理科学进展》,2006 年第 2 期。

布劳特

异端的传统（1979年）

詹姆斯·布劳特（James Blaut，1927—2000），美国地理学家，著名的地理学思想史学者和马克思主义地理学家，激进地理学（radical geography）的发起者和倡导者之一。布劳特是路易斯安那州立大学哲学博士，曾任克拉克大学地理学教授，后在伊利诺伊州的芝加哥大学任教[①]。

布劳特的主要研究领域和兴趣是地理学思想史、地理学哲学与方法论。在接受马克思主义之后，正如这篇文章结尾自述的那样，他在学术思想和理论建构上发生根本性的变化，即由原初的传统的思想史、微观农业地理、心理地理学研究者迅速转变为一个马克思主义地理学家。他运用马克思主义的理论与方法重新考察原来的研究领域，成果不但为地理学界所重视，而且影响扩展到其他人文社科领域。比如他的代表作之一，已经有中译本的《殖民者的世界模式：地理传播主义和欧洲中心主义史观》（1993年）（谭荣根译，社会科学文献出版社，2002年），就被历史学者和社会文化学者广为引用。除了这篇"异端的传统"，他的其他一些主要论著还有《帝国主义的地理模型》（1970年）、《资本主义从哪里产生?》（1976年）等。

与其他学科相比，地理学受社会、经济和政治诸条件变化的影响较大。第二次世界大战以后，这种学科演化的时代特征更加明显，尤其表现在人文地理学中（研究主题和焦点几乎每隔十年一变）。激进地理学就是这种特征的一个突出代表。因此，从某种意义上，激进地理学可以说是20世纪60年代末期资本主义经济、社会和政治危机直接催生的产物。

从第二次世界大战结束到20世纪60年代末期，资本主义国家盛行主张国家干预经济的凯恩斯主义，实行国家对经济的宏观调控，并取得了较大成就，出现了资本主义经济发展的"黄金时期"。但从20世纪60年代后期开始，资本主义国家发生了大的社会经济变动和政治事件，随之出现了一系列社会、政治和经济危机。比如，美国国内的民

[①] 布劳特的生平及学术活动介绍主要参考了 Mathewsonk, S.D. James M. Blant (1927—2000). *Annal of the American Association of Geographers*, 2003, 93 (1): 214-222。

权运动和反对越战的呼声高涨，1968 年法国巴黎学生和工人起义，北美和西欧经济衰退导致失业率和通货膨胀率居高不下，昔日繁荣的产业区域（如美国中西部、德国鲁尔区、英格兰中部等）变得萧条，等等。这些重大的社会、经济、政治变化也深刻影响到思想文化领域和科学研究工作。地理学界自然也不例外。

在地理学界，第二次世界大战后掀起了"计量革命"浪潮，在它的推动下，地理学的空间分析和区域科学分支发展迅速，实证主义方法论成为地理学的主导。但是，一方面，实证主义忽视和无视个体意识和价值判断的重大作用，遭到了人文主义的强烈批判，因而产生了人文主义地理学；另一方面，实证主义的方法论对社会、政治与经济结构及其关系考虑不够，不足以解释和应对严重的危机局面。针对后者，一部分地理学者转向并诉诸马克思主义理论，打出了"激进主义地理学"的旗号，通过研究资本主义制度和意识形态与城市、贫困、经济与社会危机等问题之间的关系，阐释资本主义政治、经济、社会和文化结构变化的空间效应和结果，并发起了一系列重要的实践活动。在地理学思想史上，人们把这个思潮、学派及其运动称之为"激进地理学"。这篇论文就是对激进地理学的概要介绍。

"异端的传统"[①] 是为庆祝美国地理学家协会成立 75 周年而作。正如作者所说，"一个目的在于考查美国 20 世纪的地理学家集体"（第 159 页）。布劳特将地理学家群体作为研究对象，从阶级和文化分析的角度，通过剖析激进地理学如何从"异端"成为传统的历史，简要地阐述了激进地理学的理论基础、发展历史及其影响、理论根据与来源等。本文的一个有趣看点还在于，在文章结尾，作者通过叙述自己从传统的地理学者到激进地理学家的转变历程，现身说法论证了马克思主义是激进地理学家的主要理论选择。可以说，这在他对激进地理学的内容分析之外，又提供了一个颇具参考价值和借鉴意义的论证方式。

一、激进地理学产生的理论前提

任何一种理论都有其前提条件和基本假设，在此基础上，才能进行归纳、演绎、推论并下结论。地理学理论自然也不例外。地理学家是地理学理论的最大发明者和应用者。然而一个至关重要的问题是，地理学理论并不像一些地理学家一厢情愿的那样"纯粹"和"客观"。这方面比较突出的实例是，实证主义地理学曾经试图通过计量分析的

[①] 本文主要编译自 Blaut, J. M. The Dissenting Tradition. *Annals of the American Association of Geographers*, 1979, 69: 157-164；内引此文，只注页码。

工具摒除个人感情和价值判断因素,以追求"科学"的结论,但最终被证明与真实世界存在相当差距;而且它过分强调单一工具的作用,在某种程度上也背离了科学发展指向真理的目的论。西方地理学有句名谚——"地理学就是地理学家所做的事",这并非笑谈。然而,地理学家到底怎样决定地理学理论和学科发展,却存在多种观点。布劳特认为在地理学家和地理学理论之间起决定作用的因素是文化。因此,地理学家的思想受文化约束这一观点是布劳特分析激进地理学的理论前提。

地理学家与文化的关系是怎样的呢?布劳特首先从地理学家说起。一般而言,地理学家的身份常常是双重的,即作为普通人和专业科学家。地理学家并非脱离现实的群体,所以作为普通人,其思想必定是某种文化基质的反映;然而作为科学家,他们却宣称自己研究的是"纯粹、客观的科学"(第157页)。这就产生一个矛盾。布劳特的观点是地理学家应该承认这种文化的约束作用。

从强调文化约束作用的人类学角度看,布劳特指出,我们有组织的陈述、表达等称之为理论的东西,其实是一套信念体系,它们可以通过两个方面得到确证:一个是科学工作中的实际证据,另一个则来自于我们头脑中根深蒂固的文化观念。文化集中反映了我们在种族、阶级和性别基质中的地位。因此,一个真的信念的基础在于得到科学和种族—阶级标准的双重确认。

文化是一个很宽泛的概念,布劳特主要从种族、阶级和性别三个方面进行分析。这三个方面也是互相联系的。其中,种族—阶级与信念之间的关系也是相互的,一般我们寻求两者的"一致性"。也就是说,一方面,种族—阶级地位提供和赋予我们一套信念准则,我们以此检验实际的事例是否与它相符;另一方面,只有通过我们自己的科学和种族—阶级标准认定,我们才接受这个信念并认定它是真实的。在科学确证和种族—阶级确证之间,在科学和意识形态之间,常常存在旷日持久的拉锯战,但是地理学家局限于片面的"科学",常常无视这种矛盾状况。所以,布劳特着重指出,"种族—阶级价值观影响科学信念,但是它们却并非发自我们的精神和灵魂,而是反映了我们这个群体牢固的现实利益和实际目标。"(第158页)

从地理学与社会、政治以及利益集团的关系来看,文化,尤其是种族—阶级对地理学研究的影响是巨大的。其原因和结果是:

首先,地理学不是一门社会和政治中立的学科,它从不如此,也不可能如此。

其次,具有支配权的社会政治集团通过建立劳动分工来确立地理学家的地位,它们虽然不是完全地决定,但必定是强烈地影响科学工作(批准研究者获得职业资格、获准研究,研究的问题、理论与概念图等)。

结果是,异端将很难生存。

在资本主义占据支配和统治地位的阶级和利益集团把持和控制下，持有异见的学者面临诸多困难。他们在专业中难谋一席之地（理由诸如：他竟然不理解某个理论，他的论题没有现实意义），很难在重点院校任教和在重要期刊上发表论文，被完全驱逐出行业，甚至被流放。例如两位无政府主义的地理学家皮特·克鲁泡特金和埃利兹·雷克吕，某种意义上，乔治·福斯特（Georg Forster）、洪堡、拉铁摩尔（Lattimore）、邦奇（William Bunge）也是（第158页）。

虽然异端成为传统的阻力很大，但布劳特还是对其未来发展的前景抱有信心。他指出，"虽然地理学总体上盛行种族—阶级的顺应性，但是异端地理学者只要迎流行的逆流而上，就可到达成功的彼岸。"（第159页）

二、激进地理学产生背景

1. 主流与异端

少数精英占据支配地位的现代资本主义社会是美国地理学发展的最重要背景。主流地理学关注和顺应资本主义的存在形式并为之辩护，而异端地理学不是这样。异端地理学家的立场与主流不同，其任务自然不同。异端地理学者的任务在于"顺应或试图顺应不同阶级、不同种族文化和女性的利益，也就是强调工作者和受压迫者的利益"，而且，布劳特重点强调，主流与异端之间的区别"不在于主流地理学的根基是科学而异端的根基是政治或意识形态，而在于两种传统代表了不同利益，但是它们都有科学和意识形态两种成分"（第159页）。

2. 异端与传统

异端的传统，也就是激进主义异端确实存在。激进主义地理学家主办了刊物《对立面》（Antipode），并积极建立开展激进运动的两个组织："社会和生态响应的地理学家"（Socially and Ecological Responsible Geographers，SERGE）和"社会主义地理学家联盟"（Union of Socialist Geographers）。《对立面》约有2000人的专业读者群，刊物与两个组织的成员也达到500人左右，因此，至少可以说有一个激进主义运动。不管是否将它视为一个传统，激进主义的理论已经开始应用于解释和解决学术和实际问题，并初步显示了它的作用和效果。

就传统而言，美国地理学家威廉·帕蒂森曾在"地理学的四个传统"一文中归纳了地理学的四个传统：区域研究、地球科学、生态或人地关系、区位论空间分析。布劳特认为还存在地图学、行为地理学两个传统。帕蒂森已经指出，每个传统都可溯源到一次科学革命，即理论的建立和爆发涌现时期，并成为地理学史上的一个重要节点。每个传统起初都是一场运动，不仅是学术运动，而且是社会运动；调动职业地理学家尽其所能去解释，并考虑可能解决的那些发生在特定时空条件下的特殊的社会危机[①]。

激进地理学也是在这样一个大的危机背景下出现的。但是激进地理学传统与其他老传统的起源有一个不同之处，那就是，它不是为少数精英服务，而且它的解释和解决办法既不会有助于精英，也不会让他们舒服。因此，激进地理学最好被描述为"异端的传统"。

3. 为什么 60 年代之前没有产生激进主义？

激进主义传统历史不长，它始于 20 世纪 60 年代。但是，为什么在此之前没有产生激进主义地理学呢？主要有三个原因。

首先，根本原因在于，每一代都会有一些激进主义者，但是他们并不会让学科摆脱"一致性"（指受统治阶级支配和约束）的轨道，他们虽然与主流地理学不相合拍，也并不听命于精英阶层，但是却没有像激进地理学那样直截了当地将问题根源的矛头直指资本主义制度及其精英阶层。他们可以被称为学术上的异端地理学家，他们质疑并抛弃那些传统模式，从他们专门领域的兴趣出发，通过种族—阶级标准而不是流行的科学标准来确证他们的研究。布劳特举了著名文化地理学家索尔的例子，认为索尔和他的一些学生对前资本主义和非都市化的资本主义地区有浓厚兴趣，避免和跳出了文化精英主义，或者欧洲中心主义的陷阱，是非常好的科学家（第 159 页）。还有一些文化学者，对普通的乡村人民的生计进行研究，同情心和科学的严格标准使他们免受文化精英主义和阶级精英主义之害。但是，学术异端没有直接的批判性，也没有抓住问题的根本并试图改变，因而并不能解决种族—阶级"一致性"的问题。

其次，这与地理学专业人员的社会历史结构有关。第二次世界大战前，从事研究的地理学家在文化上比较单一，1904—1945 年，美国正式组建地理学家协会，推举了 90 名地理学家，他们被认为代表了全美地理学家群体，他们的业务比今天的协会具有更强的学术性。但是 90 人当中，只有一个女性，没有黑人、西班牙人、原住民或土生土长的美国人。从他们的名字看，都是西欧、北欧移民，而阶级背景显示，他们主要来自中产阶级或上流社会。因此，这个机构成员的阶级和文化构成显示，第二次世界大战前不可能有异端的传统。

---

① Pattison, W. The Four Traditions of Geography. *Journal of Geography*, 1964, 63: 211-216.

最后，第二次世界大战后麦卡锡主义（McCarthyism）对异端的压制和打击。第二次世界大战以后，学术团体组成开始变化，尽管不是很快。因为此时美国精英普遍感觉受到国内外共产主义的强大威胁，更主要的是由于麦卡锡主义和冷战，所以仍然几乎没有异端。在学术上，麦卡锡主义不但强烈压制激进主义运动，而且要将激进教师和学生斩草除根；在意识形态上，这种做法杀鸡儆猴，对其他人士也产生强烈影响，甚至自由主义分子和社会民主人士也掉头只关心内部问题，而鲜有学者去读或者想读马克思的著作。随着左翼力量被极端地压制，右翼势力空前强大。整体来看，麦卡锡主义彻底扫除了社会主义异端分子和知识分子异端，因此也就不难理解，直到20世纪60年代初，仍然没有异端。

三、激进地理学运动

激进运动的伟大意义体现在两个方面。第一，它是突发的；第二，它的主要发起者不仅包括青年地理学家、研究生和一些本科生，而且也有许多访问学者。20世纪60年代是一个社会危机频发的时代，布劳特认为它是第一个危机全面爆发和蔓延的时期，国内外反压迫的斗争和运动此起彼伏。地理学家必然被卷入这个运动。最后，美国和加拿大的多个大学和团体出现了对"应用地理学"的扭转。就在1969年美国地理学家协会举办的安·阿伯（Ann Arbor）会议上，底特律地理考察队[①]和克拉克大学的《对立面》期刊团队互相理解了对方；而且就在这次会议上，激进主义运动正式固定下来，激进主义的传统也就随之诞生（第160页）。

在接下来的五年，这个运动稳定发展，通过一些激进主义的正式的或非正式的会议（包括美国和加拿大的地理学家年会）进一步宣传其思想和扩大影响，并以《对立面》杂志为阵地，进行学术研究和推动这个运动。《对立面》杂志影响迅速扩大，从1969年的一卷11篇文章到1974年的六卷41篇文章；截至1974年，超过100位地理学者为其撰稿，撰稿人包括研究生、全职教授、美国地理学家协会成员及主席等。1974年，社会主义地理学家联盟的建立是一个分水岭。在此之前，许多人的共同目标只是将激进主义扩展为关注社会正义或激进的社会变革的科学。到1974年，实际上激进主义的阵营

---

① 20世纪60年代末，一些地理学家，其中比较著名的如邦奇，主张地理学家的研究方式应该是到贫穷的地方进行考察，为当地作贡献；与当地居民一起制定规划，而不是给他们作规划。据此，为响应底特律黑人社区的要求，地理学家组织了一个考察队，就学校种族隔离、城市扩展等问题写了研究报告，并进行了人员培训等社会活动。由于活动的"流动性"而受到一些条件制约，考察队于1973年停止工作。但这个活动扩展到加拿大多伦多、澳大利亚悉尼和英国伦敦，影响持续十多年。

产生分化。分界线并不是很清晰，但是可以分为两派：一派相对比较左，另一派则比较一般化（《对立面》对此都有报道）。两派的区别在于对"一致性"的事实态度不同。激进派认为主流（人文）地理学是非常一致的，它的模式和假定牢牢地扎根于资本主义社会的上层阶级精英，地理学家不能脱离它们，因此需要构建一个完全不同的理论基础。激进主义地理学寻找可更替的新的理论基础，因为他们的事业目标不仅仅是"激进"，而且是社会主义，所以最后建立并形成了"社会主义地理学家联盟"。

四、激进地理学与马克思主义

1. 马克思主义是多数激进地理学家的理论选择

传统地理学不能解释和解决两个问题：一是空间拓展和生态变化过程助长了不公平，二是这个过程倾向于加剧社会不稳定，而不是有助于社会平衡。激进地理学家开始进行新的理论寻找和探索，大多数激进主义地理学家选择了马克思主义理论作为他们的理论基础和依据。马克思主义是一个非常庞杂的思想集，在一些方面很难完全令人满意，同时也存在不同的学派（比如对帝国主义、封建主义、阶级社会起源、资本主义起源、阶级文化和国家的概念、文化变革中意识的作用等问题存在许多争论）。其中能立即应用于地理学的，是关于资本主义高级阶段的结构，特别是经济结构的理论。然而，事实证明，将马克思主义理论应用于欠发达区域、前资本主义社会形态、人类思想的地理分布，简而言之，也就是文化地理学传统的研究对象，是比较困难的（第161页）。马克思主义文化地理学家的一个主要任务在于丰富马克思主义理论本身的基础。

并不是所有的激进地理学家都选择马克思主义理论作为其基础。一些学者坚持采用原先保守的一致性模式和假定的理论框架；另一些人则选择无政府主义理论（如理查德·皮特）所称的"中间路线"（在马克思主义和无政府主义之间），自称是克鲁泡特金的继承者（某种程度上，所有激进地理学家都分享了这位伟大的无政府主义地理学家的遗产）；还有一些人寻求激进的人文主义道路，立足于现象学、存在主义或法兰克福学派[①]的"马克思主义的人本主义"。布劳特虽然不否认非马克思主义的方法对激进地理学是有效和有用的，也不否认马克思主义地理学从传统和主流地理学中吸取了许多营养，但是，他认为激进地理学最基本的任务在于研究"种族—阶级一致性"的问题。以

---

① Frankfurt School，当代西方的一种社会哲学流派，被视为"新马克思主义"的典型，并以从理论上和方法论上反实证主义和主张批判的社会理论著称。由法兰克福社会研究所的领导成员在20世纪30—40年代初发展起来，其代表人物如阿多诺（Theodor Adorno）、马尔库塞（Herbert Marcuse）、哈贝马斯（Jürgen Habermas）等。

此来看，马克思主义方法是反映穷人和被压迫阶层利益的最好代表和希望所在（第 162 页）。

2. 现身说法

激进地理学的文献已经非常之多，但布劳特并没有去直接分析这些文献从而进行论证，而是采取现身说法，以自己的转变经历来阐明马克思主义对激进地理学的决定作用，这样显得更为真切和坦诚。

在激进运动之前，布劳特的主要研究兴趣在于地理学哲学和思想史、农作的微观地理学、儿童的环境认知变化等。激进主义在两个方面影响了他的研究：改变了研究的价值观，从而改变了他的研究目的，并使他意识到先前的错误掩藏在"一致性"的假定和模式之中。因此，布劳特对传统研究模式进行反思，认为传统研究模式，或主流的文化地理学不会考虑一些重要变量，比如资本积聚和阶级冲突，而它们可能是最根本和最重要的。同时，激进主义的自我反思和批判的行动还改变了原先的地理学家以专家自居的优越性。

地理学的本质和哲学是布劳特最早和最感兴趣的主题。在未接触激进主义之前，他认为严格意义上讲没有地理哲学，只有科学哲学（例如，空间思维不是地理学的专利，在社会学、物理、历史、艺术和木制品行业都存在）。因此，他推断地理学与其他学科的区别在于它的主题事实或问题，并依此得出地理学是为构建理论而聚集的群体共同事业的结论。这种只基于学科内部事实的概括是不完全的，比如很难在地形学和心理地理学之间发现共同点。在激进运动和阅读马克思的著作之后，布劳特开始以一种完全不同的方法，也就是从资本主义的社会功能演化角度，去看待原先的研究领域和研究对象。他开始意识到，地理学的本质是由外部引起的，不是内生决定的。但考虑到职业地理学家确实有其专门的领域，所以，布劳特认为只有将二者联系起来，才能认清学科的本质，并构建地理学理论的大厦。

布劳特还追踪和透视了地理学起源时就具有为殖民主义和侵略活动提供条件和基础的一面。他指出，地理学的社会起源的关键命题早在 19 世纪的德国就已提出。在那种时空背景下，乱七八糟的科学思想、问题和理论的知识体被精雕细刻为整体的科学，也就是德国精英为他们阶层的利益进行学术划分。两种利益产生学术地理学：一种是科学地确证一个地域，乃至一个国家的文化理论，作为构建德国民族主义的基础（黑格尔的"精神"维系于土地和给定的边界）（第 162 页）；另一种是教育学，培训老师和编写课本。因为地理学在学校科目中变得非常重要，它服务于精英阶级殖民掠夺的需要，而不是教给儿童自然地理的美学、革命性和自然科学的法国思想。因此，在虔诚而雄辩的李特尔的帮助之下,地理学具有了专业和科学特征。但是一旦成为劳动中学术分工的一部分,地理学在结果上就变得邪恶。当它的原初意义失去,地理学家转而从事相邻的、对现在更重要的主题—事实领域,如自然地理学。但为避免伤害老的传统,自然地理学不被允许分解为一个新的子分工。因此,形而上学被唤醒以验证柏拉图曾指出的一个地理学的现实〔因此,赫特纳主义者(Hettnerian)寻求"地理哲学"〕。旧的"李特尔—黑格尔"理论被代之以"人地关系",以适应当时的德国精英,也包括后来加入的法、英、美等国的以占有和掠夺自然资源为目的的殖民主义者及其活动。

综合来看,布劳特认为,地理学的历史是在内部力量(在共同的兴趣和能力之下,围绕一系列关联问题创建关联理论的一群学者)和外部力量(阶级精英的实际的和意识形态的利益)的辩证运动中形成的。依此观点,地理学思想史是一个重要的研究领域,但是对地理学"本质"和"哲学"几乎乏善可陈。

微观的农业地理是布劳特的第二个研究领域,同样,马克思主义思想也对他和他的研究产生了根本性的影响。他原先是利用发展的结构主义观点,为贫困的农民"开药方"。虽然这种知识是需要的,但是所开的药方却屡屡失效。这使他意识到必须同农民一起生活,观察他们,并最终发现给他们以技术建议就像教授爱因斯坦数学一样愚蠢;另一方面,农民贫困的问题全然不是微观农业地理学的,而是掠夺问题,与资本主义密不可分。可是直到运用马克思主义的理论,他才彻底明白。

在文化微观地理学研究中也是如此。研究环境认知和从认知角度解释土地利用是不同的事情。布劳特以对牙买加的研究为例,认为牙买加农民贫困的原因不在于其认知水平,而在于资本主义掠夺和剥削。作为一名激进地理学家,虽然他仍然认为心理地理学是一个重要的研究领域,但它不能够解释更重大的社会和历史过程,因为它只是在某种程度上有实际和理论的用途,如研究儿童的环境认知可以提高教育和环境设计。但职业地理学家的种族科学研究可能是发现文化维系的最好方法。

激进主义运动还使布劳特重新发现、审视并改变了研究兴趣。他认为民族主义的文化地理学和殖民主义的历史地理学是他今后需要进一步研究的主要问题。他同时谴责了欧洲中心主义的研究范式。

"异端的传统"是了解和理解激进地理学的观点、历史以及理论渊源与依据的重要文献,并且因其紧密联系地理学学科性质和历史演变来阐发激进地理学的内容,在地理学思想史上也颇为重要。"异端"往往可能就是"创新",而且现时的"异端",可能成为以后的"传统"。实际上,这种现象和特征不止发生在地理学界。因此,异端与传统的话题和命题的意义超出了激进地理学和地理学的范围,值得学者们深入思考和探讨。

总体来看,在"异端的传统"一文中,布劳特对激进地理学的理论基础、产生背景、发展历史和影响、理论根据与来源进行了出色的阐述和总结,并结合自身认识与实践活动的深刻体会论证了马克思主义对激进地理学的理论支撑作用,有很强的说服力。这种自我分析和自我批判的精神,同样值得中国地理学家和其他学者学习。从思想渊源来讲,激进主义的理论与实践对同为马克思主义指导下的中国及中国地理学有许多值得反思和借鉴之处。需要反思的是,作为马克思主义研究和社会主义运动的主要国家,我们不但对激进地理学的理论与实践活动介绍甚少,而且也没有堪与激进地理学相提并论的中国的马克思主义地理学,这岂不值得深思?需要借鉴的,首先在理论上,应该在理解激进地理学和马克思主义的基础上,开展中西马克思主义地理学发展(或不发展)的比较研究和对话,鼓励中国马克思主义地理学的研究,形成马克思主义地理学的中国学派;其次是在规划和实践活动中,根本的立场在于面向底层社会和低层阶级,融入并透彻理解我们的研究对象,响应马克思所提倡的"问题在于改变世界"[1]的号召,切实地开展服务社会(尤其是底层社会)的实践活动,使地理学与人民大众的生活与利益紧密地联系和结合。对中国地理学而言,无论从主客观条件和形势还是从社会需求都反映出,开展马克思主义地理学的理论研究和实践活动不但极为必要,而且非常重要和迫切。

(叶 超)

---

[1] 《马克思恩格斯选集》第 1 卷,北京:人民出版社,1995 年,第 57 页。

迈尼希

同一景象的十个版本（1979年）

唐纳德·迈尼希（Donald Meinig，1924— ），美国地理学家，主要研究领域是历史地理和区域地理。华盛顿大学哲学博士，长期任教于锡拉库扎大学（Syracuse University），已退休。著有《大地边缘和美国的形成》等。

"注视之眼：同一景象的十个版本"[1] 一文主要讨论十种重要的理解景观概念的视角。"景观"（landscape）是地理学乃至规划领域普遍使用的一个重要术语和概念，最初起源于德语 landschap，后来被 landschaft 一词替代，原本被画家用来表示乡间景色或风景画[2]，这个意义点出了景观概念的美学和自然实质。在现代地理学中，最经典、最有影响的考察景观的文献莫过于索尔1925年发表的"景观形态学"[3]。在此文中，索尔认为景观比地域（area）和区域（region）更适合成为地理学的主要概念。英语的景观与德语的景观涵义一致，景观可定义为通过不同的自然和文化联系而形成的区域[4]。哈特向在《地理学的性质》中曾专辟一章讨论和辨析景观概念的具体涵义与应用，也可见其重要程度。但哈特向是从纯学术和地理学的角度考察概念，试图将景观定义为地球表面的某种形态[5]。

传统的注重景观形态学的设定受到其他观点的挑战，主要有两种：寻求以社会过程和实践解释景观变化，以及分析景观概念的文化建构[6]。实际上，景观已经不仅是一种"客观的"视域对象，而且反映了我们的意识活动，并且可能有情感和其他因素叠加其上。所以，"即使我们在一起，从同一个方向以同样的距离去看，也将或可能看到不同

---

[1] 本文主要内容编译自 Meinig, D. W. The Beholding Eye: Ten Versions of the Same Scene. In *The Interpretation of Ordinary Landscapes*, edited by Meinig, D. W. New York: Oxford University Press, 1979: 33-48; 内引此文，只注页码。

[2] 尼克·斯佩丁（Nick Spedding）："景观与环境：生态物理过程、生物物理形态"，选自萨拉·霍洛韦、斯蒂芬·赖斯编：《当代地理学要义》，北京：商务印书馆，2008年，第221页。

[3] 见本书"索尔：景观形态学"一文。

[4] Sauer, C. O. The Morphology of Landscape. *University of California Publications in Geography*, 1925, 2: 25-26.

[5] 理查德·哈特向：《地理学的性质》，叶光庭译，北京：商务印书馆，1996年，第167-201页。

[6] 约翰斯顿编：《人文地理学词典》，柴彦威等译，北京：商务印书馆，2005年，第370页。

的景象"(第33页)。景观的概念存在模糊和多义之处,似乎也是必然的。虽然景观中能够看到许多相同的元素:房舍、道路、树、山,或者数量、形式、尺度、颜色等表征,但是它们只在彼此联系时才有意义,它们必定是被某种内在的意识组织起来;因此,迈尼希指出景观认识的核心问题在于:"任何景观不仅反映眼中所见,而且反映心中所想。"(第34页)

迈尼希强调理解景观的不同价值观和主导思想,也就是我们一般称之为意识形态的东西。所以,他认为,"理解景观,我们不必钻进视觉、心理、认识论或文化等技术的灌木丛,来自专业术语的这些解释简直太至关重要和令人迷惑,以至于很难留下哪怕零零碎碎的、模模糊糊的东西。景观应该从更广的视角,从一般的语言角度去分析。我们关心的不是元素,而是它的本质,是那些组织我们所看到事物的意义的思想。"(第34页)

迈尼希的这篇文章收录在他本人主编的关于景观的论文集《日常景观的解释》中。这个文集同时收录了其他一些著名人文地理学家的论文,如皮尔斯·刘易斯(Peirce Lewis)、戴维·洛温塔尔(David Lowenthal)、段义孚等人的文章。有学者认为,"该论文集展示了英语国家文化地理学对日常景观(如教堂和房舍)以及对景观如何揭示社会与个人口味、志向与意识形态的持续兴趣。"[1]

"注视之眼:同一景象的十个版本"一文的题目也反映了它的结构,主要是从十个视角分析和理解景观概念。这十个视角分别是:自然、人居、工艺、系统、问题、财富、意识、历史、地方、美学。我们分别述之。

一、作为自然的景观

对自然景色的描绘是景观最初的含义。因此,景观首先反映自然,而且从终极意义上讲,景观最终应归于自然。一些极端强调自然重要性的"自然主义者"认为,人类的劳作与自然的力量相比微不足道,自然是主要的、基本的、长久的、决定性的;天地万物时刻在影响我们的认识,无不显示自然的伟力;人与自然相比,显得虚弱无力、渺小肤浅;无论他[2]在地上建造什么,即使是摩天大楼、桥梁工程在自然面前也是微不足道

---

[1] 卡伦·莫林(Karen Morin):"景观与环境:对世界的描述与解释",选自萨拉·霍洛韦、斯蒂芬·赖斯编:《当代地理学要义》,北京:商务印书馆,2008年,第251页。

[2] 这种"他"实际上不分性别,也包括女性"她"。只为方便应用,并不具有性别区别意味,而是一种整体指代;后文相关用法同此。

的（第 34 页）。这是一种朴素的关于景观的自然观，在东西方文化中都有体现。

这种观点的缺陷在于将自然与人对立起来，试图把人从自然景观里移除，而回到所谓的自然的太古时代。这种人与自然的二元对立论由来已久，根深蒂固，其思想渊源是 18 世纪晚期盛行的浪漫主义[①]，认为自然是真、善、美的统一和完整体现。浪漫主义观点也很有生命力，它对 19 世纪的科学，尤其是所谓的"自然科学"有深刻影响。自然的美和力无处不在，人们把它视为神圣，并充满敬畏。当时的很多学者将人的所作所为视为对自然的掠夺和破坏，他们更多地将太古时代的自然视作完美的标准，并以此来衡量人类是否堕落。因此，浪漫主义通常或必然以怀旧的方式表示，迈尼希引用景观园林学家加勒特·埃克博（Garrett Eckbo）的语句以证："有一个时代，那是人类甜蜜的儿童时代，人贴近自然……自然的世界与人类世界是同义。"（第 35 页）

如果从统一而不是对立的角度看，那么景观在现代更可能被看作人居的景观。

二、作为人居的景观

这种人居景观的思想起源于作为人类家园的地球这一观念。人类不可避免地持续与自然产生联系，无论是改变生产方式还是生产人造资源，都反映了人类以地球为家的事实。

这种人居景观模式，体现在连绵的田地、牧场和林场、宅院和村落、城市和郊区中，所有这些都是在自然提供起初的基址和路线的基础上，人类有意识地选择土壤和坡面，进行开发利用的结果（第 35 页）。事物的形式、颜色、质地和其他质量，建筑物的栅栏，树木花朵，鸟兽等等，无不反映了人类拜地球所赐，并进而重新加工、驯化和重组成想要的模样。在人们每天的工作和生活中，他们自身常常在很多方面，比如饮食穿戴、象征仪式中，显示出一种微妙的、无意识的对自然的适应。

每一种景观都是自然和人的混合产物。人类常会犯错，破坏自然并危及自身，但长期来看，人类总会认识到错误，自然也会自愈。因此，即使人类有所破坏，也仅仅是自然与人共生的历史长河中的一个短期阶段（第 36 页）。

人与自然应该是和谐的。作为自然家园的经营者、创造者和耕作者，人类必须调适自身以顺应自然。因为一旦正确地理解自然，自然基本上是友善的，她将提供给我们舒

[①] 浪漫主义起源于中世纪法语中的 Romance（意为"传奇"）一词，"罗曼蒂克"一词也由此音译而来。在文艺上，与现实主义相对应。浪漫主义宗旨与"理"相对立，主要特征是注重个人感情的表达，形式较少拘束且自由奔放，试图通过幻想或复古等手段超越现实。

适的、长久的家园。迈尼希引用了埃伦·森普尔的经典著作《地理环境的影响》的开篇一段广为传颂的优美文字以证：

"人类是地球的孩子，是她尘埃中的一粒；地球像母亲一样哺育他，并为他设定任务和指明方向，让他面对困难……向他提出问题……同时暗示他答案。"[①]

这种被命名为"环境决定论"的主张逐渐成为一种流行的意识形态，影响了许多领域，特别是早期的人类生态学和人种地理学。农业文明的景观在欧美大陆被作为人与自然和谐的象征，而有着古老的农业文明传统的中国，也有着"道法自然"和"天人合一"的深刻而朴素的传统思想。从这一点看，东西方文明对人与自然的和谐以及自然的决定性力量的认同存在一致性，它们往往建立在农业文明的基础之上。随着人类科技和文明的发达，人类改变和控制自然的力量逐渐增强，于是，他与自然之间的关系更多地由被动地适应转向主动地改变，因而产生了作为工艺的景观。

三、作为工艺的景观

人们对自然的改造随处可见，无处不在；所以，说自然是基础就变成一个口头上的概念（第36页）。在强烈的人类活动作用之下，"纯净"的自然无处可寻。土壤、树木、河流、甚至天气等受人类活动的影响，也与原初大不一样。人们在土地上精耕细作，灌溉收获，改变河床，砍伐森林，因而改变物种的状况。地球表面已经被人类活动改变，甚至天气也被污染和光热效应改变，但是天气对人也不再那么重要，人们更加重视家居及其氛围的营造。

在此影响之下，那种认为人应该适应自然的言论在现代美国社会被视为空谈。高楼街道和高速公路绝不是自然应有的形状，僵硬的线性几何形状无情地取代了自然多变的曲线。人类已经全面而有力地改变了自然，并用工艺塑造景观。

"这种观念的认识根源在于人类把自己当作自然的创造者，不仅仅是解放者，而且还是征服者。"（第37页）尽管它有长久的历史根源，但是它的兴起无疑与现代科学有关。科学技术促进了生产力的大发展，而且增强了人对环境的控制能力。科学的一个特征就是强调人类认知对生态环境的控制。珀金斯·马什早在一个世纪前就指出了人类影响的重要性，但在20世纪，人类在技术上的优势使他产生支配和改造地球为自己服务的冲动。工程师改变地球的物理表面，生物学家则改变生命的组织形式。

[①] 此处引文参照原文翻译，详见 Semple, E. C. *Influences of Geographic Environment*. New York: Henry Holt, 1911, 1. 也可参见本书中对森普尔的《地理环境的影响》一书的阐述和评价。

但是科学的动机比功利主义和工具主义更深刻。对科学家来说,他们受认识和理解自己的任务所驱使,而对我们生活的世界进行永无休止的探索,因此可以把景观看作一个系统。

四、作为系统的景观

迈尼希借用系统论的观点对景观进行了论述,指出"可以将眼前的景观视为一个一个广大而复杂的系统,或者多个系统……土地、高楼、树木、道路和人不再是单一的对象,多种元素的集合,现象等级,而是一个动态过程……景观就是这个相互作用过程的动态平衡体"(第 37-38 页)。

人类是这个过程中不可缺少的一部分。他的功能是保证这个过程合理进行。系统的方法要求进行综合分析。理解事物不是通过未经训练的肉眼,而是通过考察其内部关系。首先是分析,就是划分事物的组成;然后是综合,就是给出理解事物之间相互关系的新的、整合在一起的方法。一些效仿自然科学的社会科学家认为现实不在个人或行为乖张的艺术上,而是一种整体的群体行为。他们认为我们一般看到的只是表面,而实际上景观是一个复杂的网络、流等相互作用下形成的输入—输出的大系统。某种程度上,"现实"是一些图表、表格和公式。这种意识形态暗含人无所不能的信念,坚信人通过严格的专业思维将理解眼前的景观,最终通过科学知道真相(第 38 页)。

景观这个系统是个复杂巨系统,它提供给我们大量的信息以及事物发生和演化的状况。"当然,我们实际上无法做到全知,所以景观被视作一个图书馆或试验站;科学从本质上需要高度的专业化,但是没有一个人的视角能够尽善尽美,也就同样没有对各行各业的专家都合适的景观图书馆。"(第 38 页)迈尼希举例说,流域地貌学家和社会心理学家观察的眼睛有相似的选择性:寻找特殊中的一般,建立达到同一目标的抽象。结果需要重复试验,但任何一个景观可能都不是这样一个样本区域。

这可能是科学家考察景观的基本方法,但是使用同样分析工具的一些人对景观的看法却不同,他们将景观看作问题。

五、作为问题的景观

　　这种观念的持有者对景观的态度不是由知之甚多到理解得更好，而是将其作为正确认识和行动的条件。显然，一个"成问题"的景观让人感觉到危机和压力重重，那些表现，如洪水暴发、水土流失、森林减少、农田荒芜、工业污染、城市蔓延、垃圾堆积、烟雾弥漫和拥挤不堪，等等，使生活于其中的人无论身体还是精神都受到损害（第39页）。因此，景观不再被认为只是一个客观的像图书馆那样的研究对象，而是与人类需要紧密相关的东西。景观引起人们的危机意识，它被看作我们社会病态的反应，也是对这种剧变的哭诉。

　　作为问题的景观具有综合性。"这种观点可能含有前述几种对景观的理解，它唤醒人们去尊重自然，深切地使人感受到仅仅将地球视为人居之所和确信科学的力量完全正确都是错误的。"（第40页）我们需要拓宽认识去了解所产生的问题及其原因。人文主义是对抗那些无情的、自私的和僵死的景观建构的一个好方法。这方面最好的例子是蕾切尔·卡逊[①]的《寂静的春天》。

　　一些人认为景观问题的出现在于设计，比如功能性的（拥堵和不合理利用）、美学（杂乱无章或不对称）问题，或者两者兼而有之。他们期望发现和想象不同的景观，并把它设计出来。不是每个景观都处在危机之中，但每个景观的设计都是一个挑战；它需要强烈的创意并追求更和谐与有效的形式。

　　从意识形态上看，将景观视为问题的观点代表着强烈的基于科学基础的人文主义，它也与那种将专业技术应用于改造地球的美学有联系，因此，它显然与作为工艺的景观有联系。它们的根本区别在于对控制和理解规划的范围界定不同。这牵涉一系列问题：谁来控制？通过什么方式？在什么程度上控制？达到什么目的？（第40页）

　　然而，可能社会行动者的宣传单突出了真实景观的最坏的一面，而设计者通过提高艺术和技术的应用层次来筹谋规划，勾勒框架和展望远景。持这种想法的设计者在"提升"景观这个层面上，与那些将景观视为财富的人是一致的。

[①] Rachel Carson（1907—1964），美国海洋生物学家，她最有影响力的作品是《寂静的春天》，在书中她指陈滥用滴滴涕等杀虫剂带来的严重的环境危害，引起强烈争议，引发了美国以至于全世界的环境保护事业；现在该著已经成为环保运动的经典。

六、作为财富的景观

持这种观念的人是从景观的经济价值的视角来看待和评估景观。这种观念与市场经济的盛行密切联系。古典经济区位论曾经将产品、市场及其区位分布联系起来,寻求能获得最大利益和最大利润的区位。很多景观比如屋舍、庭院甚至周边的树木等被以一种私有产权的形式固定下来,被分配给某人,它也代表着某种经济权益。甚至公共产权(比如图书馆、公共交通设施、大型体育场等)也被纳入这一价值评估体系之中。

这种观点是未来导向的,因为市场价值经常变化,人们必须估计其趋势。这显然是投机商的角度,同时也是开发者和景观设计者的角度(第41页)。开发包含强烈的创造利润的渴望,在满足开发商个人财富积累的私欲的同时,设计者和建设者也达到了他们的目的,我们应该对此小心地予以区别。

在意识形态来源上,这种将景观视为财富的观念扎根于美国人的文化价值观中。它的体现是:土地首先是一种资产,家庭和谐倒是其次;价格合适,所有土地和资源都可售卖;土地投机是光荣的赚钱方式。这种观点反映了强烈的商业化、动态化、程式化和数量化倾向,景观本身也必然反射这些特征。因此,如果坐在山顶,俯瞰我们的整个景观,就会发现景观是一种意识形态。

七、作为意识的景观

当科学家透过景观的外在形式与构成而看到其演变过程时,一些人可能将同样的形式视为一些线索,将景观视为价值观的象征,占统治地位的思想,或某种潜在的文化哲学。这种意识形态具有辩证性和历史性。比如,对人们视为"问题"的景观形式,可能同时也是美国人宣称的自由、竞争、现代性、力量等的象征。这并不意味着他们忽视这些问题,而是他们更关心如何理解景观从一种哲学到复杂特征的转化。

因此,"景观概念被视为一种社会哲学或某种特殊方式的更宽广的哲学思考。他们坚持认为,要改变景观,重要的是改变我们创造和发展它的思想。景观生动地反映了社会系统深远变化中的那些基本的思想"(第42页)。

作为意识形态的景观考虑景观怎样被创造,作为历史的景观概念则更反映这种哲学和详细的情况。

八、作为历史的景观

持此观点的人认为眼前的景观是在特殊的地点发生的人与自然变化的复杂的累积记录。这种思想通常把景观的历史当作自然和地形学的历史，更一般地可追溯到早期人类产生时期，在美国则是第一批欧洲人定居的时期（第43页）。

组织系统的原则是按时间顺序的，这不是景观本身的历史，而是建构其历史的脚手架。因此，每个对象都被追溯到起源和有重大影响的结果和变化。景观历史学家综合许多材料，通过区别不同历史时期的景观特征，将历史可视化。

景观历史可视化不是对历史的完全记录，但是它产生了大量眼睛看不到的东西。历史学家从支离破碎的过去材料中重构模式。举例来说，房子的大小尺寸、形式材料、庭院装饰等告诉我们人们曾经的生活方式，而且，从这种景观中我们能够看到建造者和生活于其中的人的真实状况（第43页）。

这种观点可能与作为过程的景观有相似之处，但与那种科学家强调的过程有重要的不同。"科学家从过程中推理一般性，并期望预测未来变化；历史学家则希望从特殊的地方元素考察看到这一过程的特殊的累积效应。历史学家从他的目的出发将特殊和一般联系起来，一般而言，他们坚信过去对现在有重大的影响，我们被我们的历史塑造。每个景观都是一个累积物。景观是一个巨大的、丰富的、创造它的人类社会的信息库，但只有将其置于相应的历史背景中才能得到合理的解释。因此，景观也是结果的大展示，尽管在特殊态度、决定、行动和特殊的结果之间的联系难以追踪。"（第44页）无论如何，不论历史学家的观点意味着破解好奇和反思，还是引导，景观为我们提供了无限的可能性。

历史是从时间的角度看待景观，与之对应，从空间的角度看待景观就是作为地方的景观。

九、作为地方的景观

持此观点的人认为景观具有地方性，是一块块镶嵌在地球上的无限变化的马赛克。这种观察者刚开始看到的是综合的和粗浅的：需要通过压缩或接受他看到的每件事情。

我们对作为地方的景观的认识往往通过严肃的游记作者，他们用图片和草图为我们展现对一个地方的深刻印象。相似地，为这种环境打上强烈个体烙印的是那些"本地"或"区域"小说家，他们唤起我们对一个地方特性的感觉。

地理学曾被定义为研究地方特性，因此，作为地方的景观概念对地理学而言是古老的传统和核心基础。一个地方是由区位、环境和区域组成的部分，最好是把它显示在地图上，那它就是对于地方要素的空间排列。就构成而言，地理学家把景观视作一些区域关系和模式：簇群、节点、散布、分层、混合。只有联系一定的历史和意识形态，联系过程、功能、行为以及大的地理背景去理解，才能使这些概念有意义。如历史学家一样，地理学家追求一般性和特殊性（第45页）。

迈尼希认为，各种不同的地方是地球的最大财富，每个地方都是有趣的，地方个性是这种观点形成的意识形态；个人必定受到他生活的独特地方的多个方面的影响，在不同地方却有同样的人是不可思议的（第46页）。

这种地方的个人感情特性与作为美学的景观有相似之处。

十、作为美学的景观

存在多种关于美学景观的看法，但共同点在于"艺术质量"（artistic quality）的特性和功能。"艺术质量"一词也饱受争议。景观的风景画和素描是一种重要的表现方式。从景观的风景画中我们可以看到自然的力量与神圣，人与自然的和谐，历史过程中土地的变迁，地方的细节特征等。这种观点是无限的。

它寻求一种意义而不是表现外在形式，它依赖真善美的信念。当我们穷尽其意义时，景观变得神秘，但艺术家能以他的方式消除这种神秘，并展示他的发现（第46页）。这种观念超出科学，在联系我们个人的灵魂和精神与无限世界中显示其意义。

最后，迈尼希作了一个总结，认为景观是一个复杂的仍需探讨的概念：

"十种视角并未说尽景观的可能面貌，它们只是提示了这个问题的复杂性。指出我们所见的不同变量变化的不同基础是实现有效沟通的首要一步。对那些将景观看作镜子或事实的人们来说，它既反映了我们的价值观又影响了我们的生活质量，有必要对关于景观的印象和思想进行更广泛的探讨。"（第47页）

"注视之眼：同一景象的十个版本"是一篇关于景观概念的多角度分析论文，对地理学、规划学和环境学等学科有重要的参考价值和借鉴意义。这篇论文侧重于对形成景观的意识形态进行总结和阐发，视角广泛，语句凝练，甚至可以当一篇优美的哲理散文来读。随着现代社会的发展,景观概念已经从原初直观地反映视域所见的内容变得更为复杂。这种概念趋于复杂演化的主要原因在于环境与人之间持续的、多变的交互作用。这种作用的突出特征是辩证的,即在景观这种环境影响和塑造人们的同时,人们的意识及其变化也相应地塑造和改变景观。随着人类认识能力的增强和活动范围的扩大,抽象思维和文化结构对我们眼中景观现象的认识与改变也显得格外重要和突出。因此,一个统一的景观概念似乎不太可能形成。如果把景观当作一个自然的(不一定客观的)外界对象来看待,要对以后的景观研究有所展望和提示,那么我的看法是,将我们的眼睛、头脑和心灵三者统一起来是自然景观和人文艺术景观统一与和谐的首要条件。

(叶　超)

贝 里

创造未来的地理学（1980年）

贝里[①]（Brian J. L. Berry, 1934— ），美国地理学家，1934年出生于英国。先后就读于英国伦敦大学（1955年，获经济学学士）、美国华盛顿大学西雅图分校（1956年，获地理学硕士；1958年，获地理学博士）。并先后在芝加哥大学任助教（1958年）、教授（1965—1976年）；在哈佛大学任城市地理学I. B. 哈雷斯教授、地理学系主任、城市研究中心主任、城市与区域规划F. B. 威廉姆斯教授、城市规划博士生计划主席、计算机图像与空间分析实验室主任、社会学系教授以及哈佛国际发展研究所研究员（1976—1981年）；在Carnegie-Mellon大学任公共政策与管理学院城市与公共政策教授（1981—1986年）；得克萨斯大学达拉斯分校任社会科学学院创建教授与政治经济学教授（1986—1989年）、UTD's Bruton发展研究中心首任主任（1989—1991年）、得克萨斯大学Lloyd Viel Berkner教授（1991—2005年）、社会科学学院（现改称经济、政治与政策科学学院）院长（2005年至今）。

贝里早期的城市与区域研究，触发了20世纪60年代发生在地理学与城市研究领域的科学革命。20世纪60年代早期，他成为世界上被引用最频繁的地理学家，他的排位持续时间超过四分之一世纪。迁到得克萨斯以后，他的研究转向经济、社会与政策的长波节律。他关心桥梁理论与实践，并致力于发达国家与发展中国家的城市与区域规划。作为建议者、咨询者与专家，他不停地呼吁；他在城市方面所作的贡献体现在芝加哥、加尔各答、雅加达、墨尔本等各种各样的城市之中；他的区域发展理论已被应用在从阿巴拉契亚山脉到麦哲伦海峡再到印度尼西亚群岛的广泛区域。

贝里的著述超过500种，获得许多荣誉。在地理学方面的荣誉有：1978—1979年任美国地理学家协会主席，1987年被美国地理学家协会授予詹姆斯·安德森（James R. Anderson）荣誉奖章，1988年获英国皇家地理学会维多利亚奖章，1989年当选为英国科学院院士，1999年成为第一位当选国家科学院委员会委员的地理学家，2005年获

[①] 关于贝里的资料来自http://www.utdallas.edu/~bjb012800/。

美国地理学家协会杰出地理学家50周年奖、法国国际地理学瓦特林·路德奖。

"创造未来的地理学"[①]一文,是贝里作为美国地理学家协会第76届主席的就职发言稿。他认为,作为职业地理学者,我们的共同任务,就是创造未来的地理学,去重新评价往日创造的知识,生产新的知识;去教育继我们之后的数代地理学者;去保持或改造我们的私人行为与公共活动。有必要时时评估地理学的发展现状、趋势以及实现预想的目标路线图。

贝里的"创造未来的地理学"分四个部分:(1)近代历史的个人观点(A Personal View of Recent History),论述美国地理学的近代发展史;(2)聚焦未来的基本要素(Essentials for a Focussed Future),阐述未来地理学的基本要素;(3)关于实践领域的旁白(An Aside on the World of Practice),叙述地理学实践的三个基本要求:真实的观点、可获成功的视野以及知道如何去做;(4)创造性主流的多种想象(Images of a Creative Mainstream),探讨未来地理学的创造性。

一、美国地理学的近代发展史

贝里将自1904年美国地理学家协会成立以来的美国地理学发展史称为近代史,并以25年为一个阶段,将1904—1979年的75年划分为三个阶段,分别称之为第一个、第二个与第三个四分之一世纪。他以对美国地理学近代史的回顾,作为阐述"创造未来的地理学"的基点。

1955年,在贝里赴位于美国西部西雅图的华盛顿大学地理学系留学前夕,他参加了为牛津大学的美国富布赖特奖学金获得学者召开的有关英美研究的讨论会。时为华盛顿大学教授的坎贝尔(Robert D. Campbell)用新出版的《美国地理学:创新与展望》作为教材,为与会者描述了美国地理学的状况。

贝里在赴美留学的大西洋航程中阅读了坎贝尔所送的这本新教材,这使他知道了用系统专业与区域来划分的地理学科。系统地理学者对存在于自然与人文地理主要区域中的广泛现象的空间分布进行地图再现与描述,从"系统科学"获得了这些现象的理论。区域地理学者探索特定区域现象的关联性,描述一个区域与其他区域差异的基本特征。野外的直接观察受到重视,所有地理学者的基本工具是地图,最高艺术形式是区域综

[①] Berry, B. J. L. Creating Future Geographies. *Annals of the American Association of Geographers*, 1980, 70(4): 449-458.

合。一个结构合理的地理学系，应该具有涵盖每一个系统分支与每一个世界区域的课程，理想化的每一位地理教师都同时具备系统专业知识与区域专业知识。当贝里抵达西雅图时，他发现华盛顿大学地理学系主任赫德森（G. Donald Hudson）已经在按这样的结构重组地理学系。

贝里在从纽约到西雅图的火车旅途中，从新近翻译出版的廖什的《区位经济》中，知道了廖什的观点：仅仅描述是不够的。一位学者必须用理论去解释空间分布。恰当的理论的作用不仅仅是明确肯定地去解释，而且应该规范性地规定什么是应该解释的。当贝里抵达西雅图时，他发现华盛顿大学地理学系正在探讨这些同样的问题，正酝酿着地理学的方法论。

人文地理学是否能够或应该超越系统描述与区域综合而成为一门探讨经济的社会科学，具有人文地理学自己的理论、统计方法与实践应用？这是当时吸引华盛顿大学地理学系师生的一个热门话题。以加里森（William Garrison）为中心，形成了一个喜好这一观点的集体，他们面对着地理学系内部的怀疑与校外部分地理学者的强烈反对，从集体的团结一致迅速达到了空前的热情。被误名的"计量革命"开始体现出与区位理论、统计方法与应用政策研究的链接，借助它，开发了一系列的国家高速公路建设计划，将新的思想建设研究与空间布局理解联系在一起。当加里森的"空间派学生"开始进入某些地理学科领导院系的教员职位，而他们的研究成果也通过期刊杂志、他们的学生、年会与更专业的研讨会，以及由国家科学基金资助的夏季研究会等渠道开始扩散之时，他们想要的革命的胜利看来有了保证。当然，存在一些争执与论战，但事件发展的趋势，是朝着偏好于区域差异观念的、继环境决定论者之后的计量地理学家的方向发展的。

戴维斯于1905年美国地理学家协会第二届年会上发表的主席就职演讲[①]中，表达了他对未来地理学的梦想。美国地理学的第一个四分之一世纪，是由共享戴维斯之梦与哈特向《地理学的性质》综合理念的地理学者所主宰，就像第二个四分之一世纪是由那些以空间分异研究为中心的地理学者所主导一样。然而，为庆贺学会15周年而准备的《美国地理学》一著，比大家所期望的更具创新性，因为该著出版不久，计量革命的种子就已经开始传播。然而，当计量革命在地理学的第三个四分之一世纪中成为主要力量的时候，计量运动已经无法被认为与前两个模式具有同样充实的发展过程。没有大量的转变的观念，只有需要去适应的强加的意志；没有新的训练核心作为学生的强制性学习内容；没有出现成为主导地理学者研究的新思想倾向。的确，计量革命的传播被20世纪60年代地理学科的快速发展与拓扩淹没，地理学的快速发展为具有建设性的地理学

---

① William Morris Davis. An Inductive Study of the Content of Geography. *Bulletin of the American Geographical Society*, 1906, 38: 67-84.

者提供了大量的机会以避免冲突。计量革命也被社会激进主义的潮涌压抑，社会激进主义吸引了许多新一代地理学者进入社会地理学领域，也吸引了不少老一辈的地理学者。环境保护主义运动为文化与自然地理学添注了新的活力，有希望作为已经扩展的生态系统观念进行重新统一。基于公民权利的谋福利概念，与当时的反战行动主义相结合，其结果是：经典区位理论被拒绝，而马克思主义对社会主义地理学进行了系统阐述。行为地理学、人文地理学以及众多的其他地理学，都发展了它们的拥护者群体。地理学界听任于新的宗派主义。

有可能被主流价值的一套新观念主导而开始的第三个四分之一世纪，在首先提供了进行纯理论性的新探索的自由之后，立刻退化成放纵的四分之一世纪。教学的标准与学术行为的标准都受到了侵蚀，而这种侵蚀却被例外论与现象主义的新形式证明为合理。

二、未来地理学的基本要素

贝里阐述了美国的自由神话，并认为美国地理学已经并应该是一个创造性的美国社会的组成部分。而未来的美国地理学，需要应用于地理学的实践领域。

虽然在第三个四分之一世纪中，美国地理学受到了侵蚀，但地理学的观念仍然在渐变，仍然对地理学科之外的变化中的哲学具有反应性适应：从作为外在设定的创造性环境理念到作为相互独立的自然与文化过程的生态系统观念；从场所的唯一性理念到空间的相互独立性意识；从假定时间、空间与物质具有可分性的哲学到提出时—空相对论；以及从事实存在会被发现的假定到它们是被创造的社会结构与事物的认识。最后的认识是重要的，因为它强调了科学的社会认识论的必要性。正如弗莱克（Ludwik Fleck）所指出的那样，科学思想具有全面的特征。

弗塔多（Celso Furtado）认为，我们都被我们的神话制约。他说："神话，具有照亮社会科学家感知领域的灯塔功能，使他对一定的问题具有清晰的看法，而同时看不到其他任何东西，如同它们给了他精神安宁，因为他所作的价值决定出现在他的精神中，如同对客观现实的反映。"

但神话的根源是什么？帕森斯（Talcott Parsons）认为，所有的社会如果要保持稳定，必须满足一些基本的功能需求，需要采纳以下满足基本需求的系统方法：适应环境，整合社会不同的阶层，解决被接受的标准的偏差。总之，要达到目的，不仅需要满足生命种类的保护与生存，而且需要满足具有文化影响的需求。这样的需求转而出现在嵌入社会的价值中——那些成为每一位社会成员心灵一部分的价值，以及有助于区别不同社会的思想风格、世界观与行为过程的价值中。这是证明其行为的基本价值，它提供了基本的驱动力（美国的个人成功就是一个实例）并创造了其产品的独特性。

另有人评论美国社会的持久神话（个人主义、流动性、新型爱恋、亲近自然、天命观）是如何起源于一套特殊的价值，并产生出美国背景下的美国形象的。贝里认为，根据这一点，为了有效地调整与恰当地汇聚我们美国地理学科的未来，美国地理学者要勇敢地面对美国神话的现实，清楚地认识存在于美国社会中并存在于美国人日常行为方法中的这些价值的持续特征。只有到了那时，美国地理学者才能够有创造性地对适应环境、社会整合与规范的特殊模式的维持作出贡献，并取得成功。反言之，这是对有特色的美国地理学的责任。

在人类的事务中，在追求半约束的自治与追求不顾自由的秩序之间，存在着持续的对话。我们今天所面对的问题（既作为一个地理学家协会，也作为在此协会中的一项事业，等待面对所有人类的所有事物），是我们在一个由对选择的合法追求退化为自扫门前雪（尽管如此，无论对于自我实现还是对于公众利益，这都是正当的）的自由时期内，去主张我们基本与永久的价值。因此，创造未来地理学的必要性是迈出关键的一步。我们必须要作一个肯定的承诺，承认我们特殊的"思想集合"必然是我们生活于其中的社会的基本与永久价值的延伸：美国地理学已经并应该是一个创造性的美国社会的组成部分。

一个公共专题的重新发现应该没有那样复杂。博尔丁（Kenneth Boulding）在其著述中认为：

> 人脑有一个庞大的"自我生成"想象（或自我结构）变化的潜在性。人脑所创造的想象无须与现实世界的结构相符。的确，人脑的主要事务是构想……一个广泛传播的有关科学的错觉，其基本理论的想象与范例是从观察与实验进行归纳推理的结果。也许这样表述更为真实一些：科学是有关现实世界的、通过必要性的内在逻辑与公共期望的外部记录进行长期试验的有机构想的产物，它既是现实的也是令人失望的。理论就是在这种精神的内心形象中演变生态系统中的盛衰；通过逻辑试验或通过"失望的期盼"试验，这是一个选择的过程。

总之，我们所需要的就是这样的方法：重新追踪美国地理学的方法，如此来组织我们的特殊思想，集合构想以至于"失望的期盼"的实验基地导致预期演变盛衰的方法。这样一个实验基地是实践的领域——有人会称之为"应用地理学"。与某种程度上的"纯"学术地理学相比较，应用地理学并不算什么，学术地位也不高；然而，由于在推断、应用与理论想象方面具有不可避免的相互依赖性,只有那些胆怯的隐居者才会拒绝它。我们大家有必要回顾英尼斯(Harold A. Innis)对公共教育实践的谴责:"大量有关知识的保护,转而成为严格保守的……趋于维持已经获得的知识并体现出对进一步发展的完全阻碍。"[1] 一个有用的对比是毛泽东有关实践价值的一句格言:"你要有知识,你就得参加变革现实的实践。你要知道梨子的滋味,你就得亲口尝一尝。"我们必须扩展而不是拒绝我们对实践领域的承诺与依赖——有些人更为确切地将之称为没有专业指导的领域——因为对于未来地理学的探索者而言,这一领域必定是对于往日地理探索而言的野外观察。

三、地理学实践的三个基本要求

贝里阐述了地理学实践的三个基本要求:首先要有真实的观点;其次要有可获成功的实践视野;再次要有实践的技能、技术与方法。并在此基础上指出,要有实践的行动。

传统思想有它们习惯于行为领域的实践者。他们是"实践者"——运用他们学到的技能解决实践问题的"不同色彩的马匹",他们被学术地理学赋予了特征,但很少赋予学术地理学以特征。这一普通观点并不比其简单思考更为固执。当然,实践部分地是作为学术阐述与思维的体现,但它也要根植于更为复杂的包括公共舆论、政治管理、实践必需性以及实践者本身心理复杂性在内的环境之中:即具有特殊的真实观点,能够达到预期目标的视野,知道如何行动以及承诺去行动。

真实的观点涉及实践者观察世界的方法,用于谈论世界的语言,以及附于所见所论的相对重要性。因此,此著包括了价值评估的概念。在最普通的术语中,它包括实践者对什么是真实的与什么是重要"外在"的问题的回答——大范围的共同感应、符合盛行在社会中并被我们共享的神话的范围。实践者获得这一观点的方式如同观点本身那样复杂。许多方法源自于生活的一般经验,一部分可归因于专业训练,另一部分归因于平凡工作。学术研究是如何贡献的这一问题本身是值得严肃研究的。许多被实践者运用的概念确实具有其学术研究之源,但甚至更为大量的这种概念已被运用并被发现存在缺失、错误引导、或者离题的问题。这种实践的评价应该是学术变革之源,因为孤立发展的学术计划容易很快成为学究的、误导的,或是平庸错误的。

---

[1] Innis, H. A. *The Bias of Communication*. Toronto: The University of Toronto Press, 1951: 204.

可获成功的视野不仅涉及是什么的问题而且涉及将会是什么的问题。包括了用目的、目标以及期望终端来表述的未来观点。一切有目的的行为都意味着这样一个视野。将实践者区分开来的不是他们具有有关未来的思想，因为我们都在实践，而是他们想要用范围足够宽广的方法，明确表达抱负以便形成政策与鼓励奉献行为。当教育者讲到良好市民的培养或福利工人谈及帮助消除社会不公平时，他们赞成这一视野的一部分。

当然，视野本身是不够的。除了用一定的方式观察世界、用目标与目的形式展望未来之外，实践者显然必须准备付之于行动。他们必须知道要做什么以达到他们所想象的目标。这种知道如何去做的技能、技术与方法，对于实践者的工作是如此的关键，以至于他们非此就一无是处，就像如果不是力促怀着热情去实践的行为者的话，他们就一无是处。当被一种感召鼓舞，实践者就不仅成为一位行为者，一位发挥部分作用的人，而且成为一位有原则的人，一位如同大学地理学者应该在共同的尝试中实践所构想的未来那样，渴望从"失望的期待"的试验领域中获得学习的人。

这是否意味着要建议地理学的基础研究对以下诸项作出贡献：以比迄今所期待的更为宽广的途径实践，培养地理实践者的使命意识，完成构想行为的承诺，创造新地理学？如果认为支持富有建设性和上进心的实践者进入地理学，是为了深刻理解（即表述目的更为严谨与改进行为的承诺）的话，那当然不是。这样的严谨与承诺可培育其他人的严谨与承诺，正统的学术可为所有人提供最丰富的食粮，因为以此为基础的辛勤劳动者显示了值得效仿的承诺程度：正统的学术本身是一个已升华到艺术层次的严谨模式。

同样地，是否可以认为相反的意见也是真实的？许多人提出重新追溯美国地理学的核心。这在此时是必要的吗？如今在严谨与承诺的实践的第一线所固有的这种观念，对于加强或者改变我们的现实观、改变我们的成功概念、向我们提供更好的研究工具来讲，具有潜在的力量；对于我们的行为来讲，具有改进的理论基础；对于我们的事业，具有深刻的承诺。总之，对于将发生在学科第四个四分之一世纪中的美国地理学转型的有效实践来讲，具有基础的本质。我们必须帮助构筑它们，因为不行动的结果就是被遗忘。

四、未来地理学的创造性

贝里从哲学、生物学、物理学、社会学的角度，探讨了未来地理学的演化过程。

创造性地理学包括于正在创造的地理学之中，因为地理学者所追求的就是完善地理学的潜力以及完善作为地理学者潜力的途径。因此，地理学者比关心现存状态更关心的是创造性地理学的形成过程:它将会是什么,而非它是什么[①]。

贝里寻求的是比未来的地理学更重要的、在刚过去的四分之一世纪中为贝里(一位乐意而成功的移民)所提供的创造性机会。其前提,是个人的学术基础研究。而其先决条件,是政策(以及源自于政策的规划与行为),它表述了嵌入社会中的价值。从中可推导出如下结论:塑造了并继续塑造着美国社会舞台的美国式偏好倾向,形成了地理学职业生活的实践应用方面[②]。这是由功利主义信念占主导的对必然需求的解答,因为在很大程度上,它是超越了私人部分的个人努力。在保持这一信念方面,存在着强劲的主要方向:扩展个人机遇、增加有关这些机遇的信息、消除阻碍某些人参与主流的障碍,以及增强灵活性,同时努力抑制过度的权力集中,避免使消极外形的内在化,缓和或者超越那些受市场波动折磨的命运。

对于与更大社会的这些价值相一致的地理学来讲,如此揭示的优先权意味着信念,它存在于地理学自身不断发展的、由许多辛勤工作的个人不断积累的成就所构成的主流之中。如果具有足够的灵活性与少量增长的话,这种主流现象能够自由地基于某些选择去有效地分配资源:获利激励努力工作,这是任何人想要成功的基础;同时,热爱能有所发展的研究领域的专业意识,保证了恰当的责任与关心。然而,即使我们确信未来的地理学者既受到良好的教育也得到完善的培训,即使我们保证我们自己能为那些愿意努力去获成功的人创造机遇,这样的主流也只能被维持。因为大学的增长是松懈的,学术的灵活性是减缓的。因此,承认地理学者的实践应用存在着个性,无疑是重要的。将来,地理学的主流将必然包括一大群非教学地理工作者,大学地理学者最后不得不认识到,实践应用的贡献就像那些传统学术一样,激励着主流内部的变化,应该得到相应的认识与评价。

贝里认为,抵达未来地理学的基本过程,即演化过程,是潜伏在地理学实践前沿的宏观地理学观点。

从哲学上讲,这是怀特海(A. N. Whitehead)的观点。他认为,宇宙是一个永久演化的问题,是一个并非以经验为根据的存在,因为每当一个事件从先前事件中产生之时,它也被现代或期望的未来环境形成。已出现的事实导致了概念化与想象:现象的变化必定产生旧与新的意识,接着产生了未来的意识以及有关未来的期望。怀特海相信,这样的过程超越人类的智能而进入了完全的宇宙,例如,有形物质的演变具有类似的特

[①] 此言是安·布蒂默在 Gale, S., and G. Olsson, eds. *Philosophy in Geography*. Holland: D. Reidel, 1979. 中观点的回响。

[②] Winch. P. *The Idea of a Social Science*. London: Routledge and Kegan Paul, 1958, 83; Lichtenberger, E. The Impact of Political Systems Upon Geography: The Case of the Federal Republic of Germany and the German Democratic Republic. *The Professional Geographer*, 1979, 31: 201-211.

征，其中未来事件也许是受内在机制的制约而构成，内在机制已经作为先前事件与过程而出现，并走向某些长期目标[①]。如果我们接受了这一扩展部分，出现在有关未来地理学范围中的基本概念，是相互独立的自然与文化过程之一，产生了包括试图实现期望的事件模式；反之，这些事件将回馈并修饰不断发展的过程。换言之，这一观点是预期的演变之一。

在生物学中，适应有两层含义。第一层含义是必须与基因演变一起，将与环境的相互作用回馈给遗传基因库，而环境导致了有利于人口生存的模式的固持或发展。第二层含义是有关生物体的生命期的行为，能够使生物体解决环境条件。这种处理行为需要通过认识过程与感知过程而发挥作用，尽管通过基因演化过程所选择的适应会为更长时期内更有效地处理提供一个基础。

在有关人类行为的科学中，适应的第二层含义已具有传统基础，例如生物体在其生命期所利用的处理机制。在人类中，这种行为易于被价值解释，将判断的尺度引入处于支配地位的生存功能与必定满意功能。但基于我们研究的演变过程的基本持续性，事实上是由适合于人类而不是个体生物体生存的足迹模式，由常规行为（特别是时间的程式化利用）的宏观结构所保证，它同样产生了程式化的行为结果与空间利用。这种程式化综合了社会的许多部分，甄别出异常的成分，因此能够使个体平等地竞争并成功。

哈格斯特朗是呼吁要注意短暂压抑影响局部行为的第一位地理学家，普雷德进一步发展出"时间地理学"。然而有必要进一步了解基本的时间地理学的概念[②]。只有从这一概念，我们才能更深刻地理解常规的波动是如何综合特殊社会的不同部分，它们何以是环境判断的基本机制，以及它们是如何产生并维持我们在自然与人文地理学中一般的处理形态、结构以及模式的。在日、星期、月、季与年（人类构造的星期符合自然周期）层次方面的时间利用的不变性，产生了空间利用的不变性。有人所称的空间的时间包括了过程，事实上，这些过程是相互作用与交换的常规体系，它们包含了"有约束力的机制"，诸如转换、工作日与工作周、用餐与休眠的时间、休闲与生殖的时间，通过"交换机制"（需求与供给必须均衡），被保持在一定的范围（例如在静止状态）之内[③]。

与更普遍的长期文化相适应的第一层含义，即现代演化理论的一个方面。现代演化

[①] Boulding, K E. The Human Mind as a Set of Epistemological Fields. *Bulletin of the American Academy of Arts and Sciences*, 1980, 33: 14-30.

[②] Parkes, D. N., and N. J. Thrift. *Times, Spaces, and Places: A Chronogeographic Perspective*. New York: John Wiley and Sons, 1980.

[③] Carlstein, T., D. Parker, and N. Thrift. *Timing Space and Spacing Time*: Vol. 1, *Making Sense of Time*; Vol. 2, *Human Activity and Time Geography*; Vol. 3, *Time and Regional Dynamics*. New York: John Wiley and Sons, 1978.

理论能够包容那些专长于自然过程的人、专长于文化过程的人,以及研究方法途径的人。在方法途径中,他们的相互独立性形成了他们各自的景观。现代演化理论认识到了价值的重要性。它能够容纳有关个人选择与处理行为的研究,也能够容纳有关这种选择与行为构建过程的研究。

马克思认为,就一个人而言,人是自然的一部分,即新陈代谢关系之总体的一部分,包括与自然环境的持续相互作用;而另一方面,人是社会的一部分,具有创造组织形态的社会关系的总体的能力,能够自我规范与自我转变。在这一观念中,社会能够创造其自己的历史;在这一过程中,社会通过社会成员与环境的相互作用而能够改变环境。

演化的观念几乎同时发生在物理学、生物学与社会学中。在物理学中,演化与不可逆性的概念相联系。在生物学与社会学中,演化以某种方式与较大的组织、增长的复杂性与专业化相联系。普利高津(Ilya Prigogine)指出,在有非线性反馈的开放系统中,自我组织可能发生,包括高级宏观的建构与功能结构的出现。这种宏观结构服务于组织低等的组成部分,因为许多用于协调与调整的极度脆弱的机制必定是共生的。对于组织的新结构与新形式来讲,宏观结构也处于明显的(甚至革命性的)变化状态。

如果一个开放系统既具有由常规功能所组成的微观结构,也具有时—空组织的宏观结构,那么它也是由波动流所组成。如果一个波动导致了(其常规机制无法控制)微观结构行为常规的局部改动,那么,在宏观结构中就会有一场迅速而具革命性的变化[①]。在变化的不稳定性之间,常规功能是由宏观结构的时空组织来协调的,而消极的反馈阻抑了更次要的波动以维持这种系统的自我调节。

在行为常规中的变化可能被认为是变异。没有变异,革命性的变化就不可能发生;反之,变异是创新,是研究新事物的结果,而新事物在社会系统中是由个人营利、利他或辩证过程所激发的。如果变化的确发生了,它也许意想不到地发生在持续倾向的条件下,在这种情况下,我们所能做的就是反应;它或许被刻意寻求去实现想象中的未来的理想者操纵,在这种情况中,将会出现所期待的演变。埃齐恩尼(Amitai Etzioni)提醒我们,任何这样的被成功操纵的转化,必定是控制论的,在此意识中,必定包括了知识的实践运用和继续学习那样的知识;也必定是能动的,在此意识中,知识财产必定是为了目标明确的集体利益而被使用整理的。

今天,我们正在进入一个既不断增加强制又不断扩展机会的时期。两种选择中的哪一种会在我们的未来中胜出,取决于我们自己。将有其他人为了说明新的神话而与我们

---

① Prince, S. M. *Catastrophe and Social Change*. New York: Columbia University Press, 1920.

竞争。的确，某些刻意突破固步自封的努力，近年来已导致了有关地理学与整个社会发展方向的多元变化，它们为对跖的选择创造了一个富有创造力的培养领域，而这种对跖选择具有共享的价值。

最后，贝里建议，地理学者要团结一致，以新的强有力的努力，去创造与我们的永久价值相一致的未来地理学；扩展自由、充满选择与机遇的环境，使继我们之后成为未来地理学者的学术实践者与实践学者感到可以实现愉悦的有机构想。

贝里的学术研究以 1981 年为界分为两个阶段：1981 年以前，在哈佛大学地理系工作，以地理学研究为主；1981 年离开哈佛大学以后，以社会经济研究为主。"创造未来的地理学"一文，是贝里离开哈佛前一年（1980 年）发表的，可以说，是他在地理学研究领域的成熟的理论之作。

（阙维民）

哈　特

地理学家艺术的最高形式（1982 年）

约翰·哈特[①]（John Fraser Hart，1924—　），美国地理学家。1924 年出生于弗吉尼亚州的哈普顿-悉尼（Hampden-Sydney，Virginia）地区，二战期间在美国太平洋战区海军服役三年。战后进入西北大学学习，1950 年获该校地理学博士学位，其后在明尼苏达大学地理系任教至今。1970—1975 年为《美国地理学家协会年刊》（以下简称 AAG 年刊）的编辑，1979—1980 年任美国地理学家协会主席。他获得过许多教学科研奖励与荣誉，其中比较重要的有古根海姆奖（Guggenheim Fellowship），美国国会为地理学教育颁发的杰出教师奖（Distinguished Teacher Award），美国地理学家协会颁发的杰出学术成就奖（Honors for Distinguished Scholarship）等。

哈特的主要研究兴趣和方向为乡村景观与农业地理，学术成果也颇为丰厚。他发表论文（包括书评等）250 多篇，专著超过 12 本。其代表作有《滋养我们的土地》（*The Land That Feeds Us*，1992）、《美国农业的变化尺度》（*The Changing Scale of American Agriculture*，2003）、《谷物带的变迁》（*Change in the Corn Belt*，1986）和《乡村景观》（*The Rural Landscape*，1998）等。

"地理学家艺术的最高形式"[②] 一文，系出自哈特 1981 年在洛杉矶召开的美国地理学家协会第 77 届年会上的主席就职演讲。由担任主席的地理学家所作的就职演讲，随即发表于 AAG 年刊，它往往代表着当时地理学家对地理学性质、范围和方法的一般阐释，因而具有重要意义。但是，与其他大多数主席演讲不同的是，哈特的这篇演讲形成的论文引起了很大争议。哈特重申了地理学重在研究区域的传统观点，之所以称为"传统"，是因为从洪堡和李特尔直到赫特纳和哈特向，都把区域作为地理学的主要或核心的研究对象。哈特指出，地理学是一门综合学科，地理学研究区域是社会的定位，即它

[①] 对哈特的生平及学术活动介绍主要参考了美国地理学家协会的相关介绍，详见 http：//www.aag.org/Membership/Profiles/Hart_Fraser.cfm，2009-10-4；另外参考了明尼苏达大学地理系网站对哈特的介绍，详见 http：//www.geog.umn.edu/people/profile.php? UID=frase002，2009-10-4.

[②] John，H. The Highest Form of the Geographer's Art. *Annals of the American Association of Geographers*，1982，72（1）：1-29；内引此文，只注页码。

是为了满足人类对哪里有什么、为什么等问题的好奇心；地理学必定既是艺术也是科学，因为理解区域的意义不是一个形式化的过程；地理学广泛的研究范围为各种实践者提供了一个志趣相投的家园；地理学应该避免"科学主义"的误导，不能为了过分地追求"科学"而失去地理学的生命力；系统地理学提供了区域研究的一般理论，区域地理学则从实际中验证这种理论基础。区域的思想是综合地理学不同分支的基本主题；地理学家艺术的最高形式是产生便于理解和评价区域的生动的描述；区域是主观的艺术设计，区域地理学必须有时间意识，它无法忽视自然环境；它从研究地表的可视特征开始，但立刻超越它们而试图理解促使人类在地表活动的价值观；实地考察或田野工作是地理学家的一项基本技能，绝大多数地理学假设都是通过野外观察与地理制图分析而产生。有效的交流虽然困难，却是区域地理学家必须掌握的艺术；区域地理学的前沿在于大城市问题（第1页）。

哈特此文发表后即引起很大争议。加州大学圣芭芭拉分校以雷金纳德·格里奇（1999年美国地理学家协会主席）为首的十位地理学家，在AAG年刊上发表了一篇对该文的评论文章，他们严厉地指责哈特此文会"使地理学返回30年前非科学的黑暗时期……使地理学成为一门不入流的高中课程，而不是强有力的大学课程"，并表示不同意哈特对地理学中运用分析模型、数学方法等科学方法的"攻击"[①]。哈特回复了这一评论，认为格里奇等误解了他的论文；他只是对地理学中极端的"科学主义"进行批评，并非对地理学采用科学方法的批评[②]。其他地理学家也从不同角度评论了哈特的论文及其引起的争论[③]。总而言之，哈特此文及其引发的争议说明二元论（科学与艺术、区域与系统）始终是地理学关注和争论的核心话题。

一、地理学的不稳定性

1. 社会对地理学的定位

哈特首先指出，社会对地理学的定位是进行区域研究，这是由于人们对其所处地方及以外地方的好奇心，而地理学家的责任是满足人们的这种好奇心（第1页）。这也是很多地理学家的观点，比如哈特向曾指出"人类对视野以外的世界（这个世界与本国具

---

① Golledge R., R. Church, J. Dozier, et al. Commentary on 'The Highest Form of the Geographer's Art'. *Annals of the American Association of Geographers*, 1982, 72 (4): 557-558.

② John, H. Comment in Reply. *Annals of the American Association of Geographers*, 1982, 72 (4): 559.

③ Healey, R. G. Regional Geography in the Computer Age: A Further Comment on 'The Highest Form of the Geographer's Art'. *Annals of the American Association of Geographers*, 1983, 73: 439-441.

有不同程度的差异）的普遍好奇心是所有地理学的基础"[1]；杰弗里·马丁也认为，地球表面的差异性是地理学的关键，区域差异是地理学传统的甚至可以说是特有的研究对象[2]。

2. 地理学的不稳定性

所谓地理学的不稳定性（insecurity），系指与许多其他学科相比，地理学无法围绕特定的一系列现象而组织知识，而是像历史学一样，具有特殊性。这种观点最早是由大哲学家同时也是地理学家的康德提出。康德将地理学与历史学并列，认为历史学是关于时间的科学，地理学是关于空间的学科，是对空间中发生的事件的描述[3]。由于这种不稳定性，一方面公众与地理学有很大的隔膜，另一方面地理学家也常常会抱怨社会或公众对地理学的认知不够。这就是哈特指出的地理学具有"可怜的公众形象"的问题（第2页）。

哈特认为，不应该抱怨地理学具有的所谓的可怜的公众形象，而应该为之行动，改变这种状况。尤其是在校园、会议的演讲以及课程的讲授中，一些地理学家演说的质量较低，已经不能吸引公众，这甚至使许多接触地理学的学生失去了学习地理学的兴趣和享受地理学的机会；所以，哈特认为，地理学可怜的公众形象系自己所造成（第2页）。他讲了一个有关意大利酒进口的故事：起初意大利酒，也就是它的"公众形象"在美国并不受欢迎，直至1968年，一位进口商有了一个革命性的观念，即他决定找到美国人喜欢什么，而不是试图告诉他们应该喜欢什么。于是他强调这种酒是一种饮料而不是通常的酒，并用人们能够理解的语言而不是酿酒业的行话进行宣传，从而使酒卖得更简单。最后，意大利酒的进口量从1967年的260万加仑迅速上升至1978年的3980万加仑，几乎一多半意大利酒都进入了美国市场（第2-3页）。

借用这个故事，哈特对地理学家进行谆谆告诫："如果在一个民主社会的地理学家渴望有一个更好的公众形象，我们必须要询问大众想从我们这里得到什么，而不是告诉他们应该要什么——尽管我们作为教育者也有责任尽力提升我们所认为的太低的期望。因此，我们必须用他们能够理解的、简洁易懂、直截了当的语言去阐述地理学，而不是试图用难以理解的术语与不必要的、深奥的数学工具使他们（对地理学）望而生畏。"（第3页）

---

[1] 理查德·哈特向:《地理学性质的透视》，黎樵译，北京：商务印书馆，1963年，第16页。
[2] 杰弗里·马丁:《所有可能的世界：地理学思想史》（第4版），成一农、王雪梅译，上海：上海人民出版社，2008年，第1页。
[3] 赫特纳:《地理学——它的历史、性质和方法》，王兰生译，北京：商务印书馆，1983年，第133页。

二、地理学中的科学主义

1. 地理学中的科学主义

因为地理学的不稳定性,导致一些地理学家试图通过效仿其他学科的方法来改善地理学的形象。其中,就有使地理学更"科学化"的倾向,比如有些地理学家试图把地理学装饰得像地质学那样,或者借用计算机等工具使地理学像计量经济学那样,仿佛这样就能使地理学变得"科学",哈特认为这是自欺欺人(第3页),并着重指出:

"我们必须相信自己的学科。我们必须有勇气显示自己的本色并且以地理学实践者的身份宣告我们自己的价值。……正如挥舞手术刀并不能使一个人成为外科医生,会用显微镜并不意味着就是生物学家。我们既不能寄希望于借用其他学科的声望和地位,也不能躺在它们的荣光里安详度日。我们必须以地理学家的身份立足。我们将通过我们的创造为人所知,而不是那些外在的装饰和程序,也不是通过华而不实的美德宣言。优秀的学术成就使我们获得所渴盼的认可,同时我们必须揭示那些拙劣之作。作为地理学家,我们应该十分满足,我个人对此感到非常自豪;为其他人是否认为地理学是一门科学而费心劳神实无益处。我们尤其不应该受到那些称地理学不是社会科学主流的指责的困扰,因为所谓的主流社会科学有一个令人生厌的、动辄就变的陋习,并且今天的主流明天可能就过时。"(第3页)

在此基础上,哈特批判了地理学中的"科学主义"。哈特首先分析了名词本身,认为名词只是人们归类和便于理解现实特征的手段,它并不代表着名词与现实事物的一一对应,更不意味着这个名词就具有某种"专有权"和"优越性"。因此,"通过称呼地理学为'科学'而提高其地位的假定是一种谬误,它只是一套大的诡辩术而已"(第3页)。地理学曾经有过这种追求"科学"而排除学科的一些分支或组成部分的历史;相比之下,现在地理学中的"科学主义"有过之而无不及。

科学主义的自我优越感和排他性使其显得狭隘和自私。所以,"许多科学的定义具有很强的自我服务性,他们就像假牙一样,除了对使用者有用而对他人则毫无用处,他们主要的用处是排除异己"。地理学中就有这种以意识形态的完整性为理由而排除一些分支领域和活动的做法(第4页)。

2. 科学主义的两个根源

哈特认为,地理学中的科学主义似乎有两个明显不同的根源:一个是现实的,另一个是理论的（第4页）。现实根源来自特定机构的课程分配的要求，比如，自然地理课程与其他学科课程进行竞争时，它经常面临着证明其"科学性"的要求，它可能被迫采取一些巧妙的论据；但是，这种生存需要和专业竞争不应该产生一种迫使地理学成为一门自然科学的倾向（第4页）。

在理论方面，地理学中的科学主义表现不一，但对学科影响最大和最突出的还是计量革命。哈特认为计量革命不可避免，并且肯定了它的功绩，比如采用数学工具、模型方法等极大地推进了地理学理论的发展；但是后来的发展却走向一种比较极端的教条主义，即狭隘地认为只有一个正确的方法，只有一件正确的事情，这就走向了科学主义（第4页）。所以，追求理论当然是学科发展最重要的事，但是理论并不仅仅是数学模型形成的理论。认为理论只能通过数学模型推演而获得，是狭隘的、僵化的科学主义的观点。哈特认为，优秀的理论只不过是表示事物可能的运行方式的一种思想，它试图简化复杂的现实生活并使其看起来有序，其价值在于推动了我们对现实世界的认识（第5页）。

3. 科学与学术

哈特强调了他所批判的是"科学主义"，而不是科学。科学主义是那些自以为优越和坚持唯一尺度与方法的主张。科学在理解我们所处的世界时无疑发挥了重大的作用，但是科学发展过程中的最佳进步也仅仅产生了这种理解的一部分，一部分地理学家所做的工作无疑是一流的科学工作，但是另一部分地理学家的突出成就可能不属于某些人所定义的"科学"（第5页）。

哈特将科学与学术联系起来，进行了精辟的阐发（第5页）："优秀的科学成就是基础性的，令人敬仰，优秀的学术成就也是如此，后者的范畴比前者更广。科学在学术范畴之内，反之则不然。一个人要成为优秀的科学家，必先成为一名优秀的学者；但一位平庸的科学家，绝不会成为一名优秀的学者。我们地理学家的目标应该是追求高水平的学术成果，我们不应该为优秀的学术成就是否适应某些特定的科学定义而劳神。"

因此，有必要强调多样化的地理思想。哈特紧接着指出，"对于学科，我们需要更加宽松和绝不武断的方法。我们必须向那些想要进入地理学领域的人敞开大门。我们必须尊重任何类型的学术成就，我们不能被那些打着科学旗号的人吓倒。我们必须为那些想成为地理学家的人提供一个适宜的家园，而不是迫使他们成为科学家。不是所有人都希望成为科学家，也不是所有人都渴望成为艺术家，但是我们应该尊重人们选择自己做什么的权利，我们应该和那些想成为地理学家的人共同耕耘，携手并进。"（第5页）

由于地理学所涉专题的广泛性，因此，一名地理学家不能忽视其他地理学家的工作，而应该寻找各分支领域的相关性，并力求相互理解，而不应该互相拆台；那些宣称自己的方法才是唯一正道的地理学家是不足取的（第6页）。所以，一名地理学家应当尊重其他地理学家的哲学立场、价值观和信仰，避免强迫他人；地理学和地理学家应该更加宽容，而不是强制，应该欢迎并鼓励一切有益于学科发展的兴趣尝试和工作，而不是抱有门户之见（第6页）。地理学史上曾经有一些科学主义的、武断地割裂整体地理学的做法，比如哈特向所举的19世纪德国地理学发展的例子；比如环境决定论受达尔文主义的影响，一些地理学家甚至提出了完全消除人类活动的影响以使地理学"更科学"的观点；索尔的景观学派也有将景观作为地理学的唯一研究对象而排除其他的偏向，但事实上景观本身就是多义的（第7页）[1]。可以说，现代地理学的发展也仍然面临这种风险（第6-7页）。

三、从区域主义、计量革命回到区域地理学

1. 地理学中的区域

以区域概念取代可视的景观概念，产生了使地理学成为一门"区域的科学"的思想，持这种主张的人认为，"区域"是地理学独有的研究领域和理想的研究对象；因为区域是现实的、"客观的"，而且世界也就是由区域构成的网络（第8页）。但是在区域研究中，由于过分强调了区域的划分，忽视了理解区域这一区域研究的目的，从而成为一种不良倾向（第8-9页）。

二战结束后，产生了将区域"视为技术和工具而不是形而上学概念"的主张。比如，AAG的区域研究专业委员会关心区域的统计面貌，他们划分了多种多样的区域，但没有讨论单一或多维的功能区、结节区、完整区等区域形式；后来，他们也认识到区域不是一个强大的技术工具，而仅仅是一个有用的组织和表现信息的知识载体（第9页）。

2. 区域主义

区域主义（regionalism）是一个标语、行话或代码，用来标示或蔑指那些反对当代世界的人。许多区域主义者是反都市、反技术、反中心化、反21世纪者，等等。

---

[1] Meinig, D. W. The Beholding Eye: Ten Versions of the Same Scene. In Meinig, D. W., eds. *The Interpretation of Ordinary Landscapes*. New York: Oxford University Press, 1979: 33-48. 该文提出了景观的十种涵义。参见本书"迈尼西：同一景象的十个版本"一文。

区域主义代表着在快速的社会变革和压力时期对以往秩序的眷恋和对稳定性的追寻，它不是一个连续一贯的运动，而是许多人和思想的大杂烩。它既包括一些感伤怀旧的浪漫主义情调，也包括那些希望通过重新调整无休止的都市蔓延和人口增长，以花园绿化重建城市社会的乌托邦幻想等（第10页）。后来，区域主义逐渐演变成一种从中央政府那里提取不同份额比例的资金和得到援助的政治机制，或旨在复苏一个国家的经济，纠正社会和政治不平等的计划。田纳西流域管理局（The Tennessee Valley Authority，简称 TVA）也许是第一个和最好的例子（第10页）。

区域主义有反城市的偏见，但是不能因此而认为区域地理学也是如此，因为区域地理学中有关城市的内容并没有对城市发展持偏见的例子；但是因为城市问题更为复杂和极大地不同于乡村问题研究的模式，而区域地理学家也往往较多地关注地域的自然特征和乡村特征，导致了区域地理学家对城市问题关心不够（第10页）。对城市问题的研究必然引出功能区的概念，功能区以城市为导向，由城市及其腹地组成。因此，与传统匀质的区域相比，功能区是统一但非匀质的，其内部存在着多样性；传统区域强调模式与形成地方特征的模式之间的内部关系，而功能区侧重于地方之间和空间相互作用的联系，即过程。有人据此提出研究过程的功能区概念比研究形式和模式的传统区域概念更"科学"，但这种观点不正确，因为对区域的两种理解对地理学都是重要和必要的（第11页）。

3. 计量革命与系统地理学

计量革命是使地理学"更加科学"的另一尝试，计量革命的拥护者认为，必须打破传统的本体论观点，由于年轻人在掌握数学等工具上优于老一辈，所以他们将取而代之，之后通过吸收传统或重新命名使革命合法化，他们进行大量的工作并试图重建一种"科学的"方法论（第12-13页）。计量革命使地理学的重心从区域地理学转向了与科学同源的系统地理学，然而，这两者只是学术分工的不同，不存在谁"更科学"的优越感（第13页）。

作为一门综合性学科，地理学庞杂的研究对象和主题绝非个人能力所能掌握，所以，地理学家就像历史学家一样强烈依赖其他学科所提供的信息；地理学的这种综合性也要求地理学家在各相关学科与地理学的边界上自由漫步。事实上，"地理学家的巨大作用之一正在于他处理众多变量的能力"（第14页）。

那么，应该如何把握地理学与其他学科的界限呢？哈特指出，"优秀的地理学家在任何时候都容易知道他们的所处之地，他们应该对地理学的系统子学科与其他同源学科的关系具有特别的敏感性。……我们对跨学科对话抱有极大的期望，但是学者们必须敏锐地体察不同学科修辞的不同要求……地理学家的兴趣主要是过程的结果,而不是过程本身,他们的兴趣主要在于那些影响地域的其他特征分布或与之相关的一些结果"(第14页)。由于地理学家个体的兴趣、价值观等的差异,他们的研究偏好也有很大不同,有人侧重区域地理,有人喜欢系统地理,我们需要各个层面的地理学人才,因而争论孰优孰劣是荒唐和空费力气的(第15页)。以科学性而具有优越感的实证主义地理学,其单一化思想忽视了现实世界人与地方之间复杂的关系,从而使地理学走入迷途(第15页)。

4. 回归基础

计量革命以忽略区域地理学为代价大力提倡系统地理学,是必要和不可避免的。计量化使地理学家熟练掌握了数学、统计和计算机的工具和技术,但与实际的脱节也成为其发展的致命弱点。因此,有必要在传统和创新的博弈中筛选出一个共同接受的目标(第16页)。虽然区域地理学遭到了计量革命以"科学"名义的沉重打击,但是哈特认为,区域地理学是而且应该是地理学的重要组成部分,它"值得我们为之奉献;不论我们是否想要它,我们都需要它。(区域地理学)并非像许多地理学家认为的那样'死去',而是'死而复生',因此努力培育这一领域正是我们的当务之急"(第17页)。

四、为什么我们需要区域地理学

1. 整合地理学各分支领域的需要

计量革命后,地理学家有脱离整体的趋势和很少关注共同目标和相互理解的倾向。学科发展的这种分化(比如分支学科接近相关的其他同源学科,而不是它的母学科时)是一种严重的威胁(第17页)。为了理解地理现象的多样性和复杂性,需要一个统一或综合的主题将各分支领域的内容联系到一起,而没有比"区域"更合适和更令人满意的主题了。我们需要结合系统地理学和区域地理学,"忽视其中一个,就像单足行走的乞丐"(第18页)。

认为区域研究只是提供经验证据的传统观点已经站不住脚,但一些人认为区域地理学不能解释系统地理学的结果,还有一些人认为区域地理学对新理论比较消极。哈特认为,前者混淆了区域的抽象和实际差别;而对于后者,区域地理学家应该努力接受新的理论挑战,并热情地接触和接受新理论(第18页)。

2. 社会的需要

区域思想提供了一个整合不同地理题材的哲学主题，而且它在验证系统地理学理论方面的作用也很大，但选择区域作为研究目标的主要理由则是社会的需要。因为社会各界人士对地理的期望基本上都指向满足人们的好奇心，即回答如下问题：哪里有什么？为什么？土地如何被利用和滥用？等等（第19页）。

另外，地理学有了新的受众群体，其中主要包括来自商业或政府部门的管理者和决策者，他们的需求基本上是经济务实的（第19页）。但总体而言，大众是地理学的主要和传统的受众群体，社会期望地理学能够提供一个他们理解和评价大千世界的框架（第20页）。区域地理学正是提供了这样一个框架。区域是一个教学"装置"，它不是局限在狭窄的教室进行传授，而是组织起最有效的演示和理解；这种教育是一门艺术，它开启心智；当然，区域研究与教学一样重要，它们是不可分割的（第21页）。区域研究的著述很少，地理学家还应该警惕具体化区域的倾向；另外，区域研究既然是主观的艺术设计，它必定经由个人形成，因而在区域研究中没有普遍规则可循（第21页）；对区域研究而言，理解比分类更重要，核心比边缘更重要（第22页）。

即使最好的、最紧密的区域也有异质性（heterogeneity）的因素，因此，毗邻地区的要素重叠不可避免；这在逻辑上虽不合理，但却符合区域地理学的实际。地理学的一个原则是任何给定区域的特征事实上在某种程度上都是相互关联的，区域地理学家必须发现和解释不同地域相互关联的事实和原因（第22页）。区域地理学家特别关心模式以及模式之间的相互关系，只有在过程对理解模式非常必要时才关注过程；区域地理学家必须对地理联系和偶然联系的区别高度敏感（第23页）。

3. 三个关键主题

由于区域之间的差异，在区域研究中没有普适性的评价标准，但有三个主题是每个区域都涉及的（第23-24页）：

其一，区域地理学拥有一种"时间感"。因为只有在时间变化中才能理解区域，必须了解一个区域的过去和现在，并依此推测未来。

其二，区域的规模、尺度和数量之间的关系。传统的区域地理学未能认识到每个城市有它的区域地理，而现今区域地理学的新领域可能在于大城市。已经有少数人在此领域有所建树，我们需要对此领域进行更多、更好的研究。

其三，提供和设定人类工作和发展阶段的自然环境的重要性。乡村和城市的自然环境都很重要，任何地理学家都应该走出书房，观察大千世界，他们将会得出大自然母亲仍然对人类生活产生重大影响的结论。

4. 田野考察与了解价值观的重要性

哈特指出了田野考察对区域地理学的重要性。他认为，成功的区域地理学始于野外，野外考察是最基本的技能，不像其他学科专注于有限变量，地理学家对地方的总体状况感兴趣；只有经过亲身考察和检验，地理学家才能理解一个区域（第24页）。田野调查和地图分析促发我们的假定，然后再回到实地验证。当代地理学最重要的一个技能是与人交流（第25页）。

了解不同人的价值观及其行为是了解区域的必要途径。生活价值观是非常重要的，它并不是凭单纯的经济动机所能理解（第25页）。价值体系因人而异、因群体而异、因区域而异，比如郊区与内城居民的价值观不同；没有人能决定一种价值观比另一种好。所以我们必须尊重不同的价值观，区域地理学则通过帮助学生认识和理解不同地域不同人的真实状况而对教育作出重要贡献（第26页）。但是文化地理学家，至少美国的文化地理学者在处理价值观的方法上缺乏想象力：他们关注那些"穿名牌的人"（有闲阶级），而忽视了出生地、社会阶级地位和其他细节的重要性（第26页）。有关区域的价值观中最细致和重要的一个部分是人对地方的感情，区域地理学家必须敏感地捕捉和把握这种变化；他应该尝试理解驱动一个区域的人行动的价值观（第26页）。对地理学家而言，强烈关注和选择他所研究的区域是一个一生的承诺，他应该选择那些他感兴趣以至于愿意拿出大部分精力致力于此的区域，把它研究清楚并与别的区域进行比较（第27页）。此外，哈特还积极倡导对国外区域的研究（他认为美国地理学家在此方面有所欠缺）。

5. 进行有效的交流

哈特指出，"对世界任何部分的理解、评价和解释的见解，如果不能有效地与别人交流，则可以说毫无价值。交流是学术的唯一目的。"所以，地理学家必须学会如何清晰有效地写作，深入浅出地表达（第27页）。有效的交流是一门艺术，它需要将词汇、地图、图片和数字整合为一个内在的、可理解的内容；数学工具等能够非常严谨和有逻辑地表达思想，但这种精度可能消除了许多细微差别和可能用文字表述的东西。哈特强调："优秀的地理研究成果肯定是艺术，地理学家艺术的最高形式是进行引人入胜的描述，以便于理解和评价地方、地域和区域。"（第27页）

哈特认为，优秀的区域地理学研究成果应该是富有想象力、充满个性、生动活泼、热情洋溢并具有趣味的读物。当然，要达到这种成就很难，而且可能需要天赋，但是一个人可以通过实践的锻炼，以及培养和训练来增进这种技能（第28页）。出色的区域地理学必定是建立在对生活在一个区域的人的需要、期望和价值观的高度敏感的基础之上的，区域地理学家不应墨守成规，而应积极地接触和追求新的思想（第29页）。

最后，哈特向地理学家呼吁：

"区域地理学家必须从实践中确证他们的数据资料，而不是以事实去迁就模型或理论；必须认识到一般的智慧常会过时，理解世界的唯一方式就是走出去，敏感而共情地考察它。优秀的学者除了阅读文献资料，还必须观察现实世界；他必须学会同普通大众对话，而不是仅仅向其他学者叙述。总之，如果他希望理解或帮助其他人理解这个迷人的世界，那么他必须学会听，而且是仔细倾听。……我希望所有的地理学家都能认识到区域地理学的至关重要性，至少一些人将接受我提出的选择一个区域的挑战和邀请，沉醉于区域的文化，对它有独到的见解，并把关于我们所居的这个令人惊奇和激动的、复杂而美轮美奂的世界的一些细微片段的知识奉献给大家。"（第29页）

"地理学家艺术的最高形式"是一篇地理学经典文献。它主题明确、论述谨严、热情洋溢、发人深省，正如该文的论题——"作为艺术的地理学"所示。哈特此文也极富艺术性。地理学从起源至今的历史，昭示了地理学既是科学也是艺术。就艺术层面来讲，它的起源可追溯到《荷马史诗》。哈特从"作为艺术的地理学"这一主题出发，在批判地理学中极端的"科学主义"的基础上（但并不否定地理学采用科学方法），提出了复兴区域地理学的命题。他反复强调地理学要面向并服务大众，关注并理解现实世界。他以区域地理学整合地理学的观点和倡议，值得广大地理学家深思，尤其值得我国地理学家借鉴。

（叶　超、阙维民）

玛　西

劳动的空间分化（1984 年）

一、玛西的学术生平

朵琳·玛西（Doreen Massey，1944—　　），英国人文地理学家。生于曼彻斯特，曾就读和毕业于英国牛津大学、美国宾州大学。早期在伦敦的环境研究中心[①]工作。在中心工作期间，玛西的主要研究领域是英国区域经济。20 世纪 80 年代该研究中心关闭后，玛西进入英国著名的高等教育推广机构"开放大学"[②] 工作，担任地理学教授，讲授经济地理、城市地理学等方面的相关课程。玛西于 1998 年获得瓦特林·路德奖[③]。朵琳·玛西被誉为 20 世纪最为重要的人文地理学家之一，也是最早将马克思主义理论运用于地理和城市研究的地理学家之一。她的研究涉猎广泛，涉及全球化、区域差异与区域发展、城市空间与地方（place）等多个方面。她的研究对象不仅包括西方资本主义社会，而且涉及发展中国家如尼加拉瓜和南非等地。玛西不仅是一位地理学家，而且广泛参与诸多社会实践与运动，是伦敦媒体的座上宾，是各类城市政策咨询的常客。

朵琳·玛西的核心研究领域是对"劳动力空间分布"的研究，她认为社会的不平等是由资本主义的不均衡引起，在不同的社会阶层之间以及不同的贫富区域之间造成积重

[①] Centre for Environmental Studies (CES)，1967 年成立，1980 年中期关闭。CES 是英国政府的智囊机关，以对英国当代经济研究著称。

[②] The Open University，是依据皇家法令于 1969 年 6 月正式成立的一所有权授予学位的独立自治大学。1971 年开办正式招生，2004 年在册学生达 20 万人。目前，开放大学是全英最大的大学，总部有 4000 多名教职员工，在全英共有 8000 多名兼职辅导教师。经过短短 30 年的发展，开放大学已经成为目前世界上唯一的一所以 Distance Learning 为主要教学方式的研究型大学。

[③] Prix Vautrin Lud，被认为是地理学的诺尔奖，评选也严格按照诺贝尔奖的程序进行。自 1990 年后，一年一度的国际地理节在法国圣迪耶举行，并颁发以瓦特林·路德的名字命名的地理学"诺贝尔奖"。获奖者先后有：Peter Haggett（英国），1991；Torsten Hägerstrand（瑞典）and Gilbert F. White（美国），1992；Peter Gould（美国），1993；Milton Santos（巴西），1994；David Harvey（英国），1995；Brownish Roger and Paul Claval（二人皆法国），1996；Jean-Bernard Racine（瑞士），1997；Doreen Massey（英国），1998；Ron Johnston（英国），1999；Yves Lacoste（法国），2000；Peter Hall（英国），2001；Bruno Messerli（瑞士），2002；Allen Scott（美国），2003；Philippe Pinchemel（法国），2004；Brian J. L. Berry（美国），2005；Heinz Wanner（瑞士），2006；Michael F. Goodchild（美国），2007。

难返的差异。朵琳·玛西的近著包括《为了空间》（*For Space*，2005）和分析伦敦的《世界城市》（*World City*，2007）。此外，她还是《探索：政治与文化期刊》（*Soundings: A Journal of Politics and Culture*）的共同创办人与编辑。

二、《劳动的空间分化》[①] 写作背景与内容提要

20 世纪 80 年代以来，人文地理学家重新对区域产生兴趣，其原因有二：一是专注于空间分布所带来的解释力局限日渐突出，地理学家们对单纯空间分布的展示与分析兴趣锐减。对空间分布的分析在一定程度上丰富了学界对职业或工业本身的认识，但在空间政策上，空间的"核心—边缘"结构被视为可以通过正确的干预而改观。第二个原因归因于"福特制"生产体系的终结，典型的如英、美两国，传统经济地理格局因而改变。新的观点认为，特定地理空间与经济行为之间的关系是产生地理差异的主要原因，而不再将之单纯视为与理想化均衡发展格局的偏离。由于跨国生产模式的兴起及其所带来的激烈竞争，生产不再局限于区域（福特制），而是跨越多个区域。玛西指出，空间的劳动分异通过经济生产的组织进程带来区域差异，而区域的状况则由跨区域的生产布局、区域投资的历史构成及其未来社会结构等要素所决定。以此为基础，玛西"另辟蹊径"地将马克思理论"空间化"，指出地理组织不是资本主义生产的一种战略［如戴维·哈维的"空间安排"（spatial fix）理论］，抑或总是表现为特定的空间格局［如索加（Edward Soja）的"核心—边缘"模式］，而是内在于资本主义生产本身。朵琳·玛西的诸多理论如"劳动的空间分化""空间力量的几何学""地方的'地方政治学'"等，对当代人文地理学，特别是在经济地理学、城市地理学和政治地理学等领域影响巨大。作为当代人文地理学最有影响的经典著作之一，《劳动的空间分化》以英国为实证对象，详尽阐述了玛西的理论和观点。

20 世纪 60 年代以来，英国工业地理发生了一系列重要变化，包括产业转型（制造业退减、服务业增长）、女性从业者增加以及新的地理差异格局的出现（繁荣区域的衰退与新的增长极的出现并行）。《劳动的空间分化》的任务在于分析这一进程出现的原因，分析这些劳动分工转变现象的深层机制。传统上，对于劳动分工的解释主要归因于

[①] Doreen Massey. *Spatial Divisions of Labour: Social Structures and the Geography of Production*. New York: Methuen, 1984.

"工业区位论"①，但在新的背景下，"工业区位论"的新古典主义经济学假设并不成立，需要进行新的理论探索。在此背景下，可能性与或然性理论开始抬头，行为主义研究亦大量兴起，但此类新尝试和新探索并不成功。例如，二者都无法成功衔接微观个体行为与宏观经济格局，都未能真正解决结果与过程的联系问题。在更为一般的意义上，新的区域差异研究实际上面临一个更高层次的问题："空间"与"社会"的联系问题，特别是如何将二者联系起来的问题，因为空间现象实际上也受到诸如国家政治经济、全球化乃至国际关系的影响。为此，玛西以英国 20 世纪 60 年代空间经济（特别是工业地理）的变化为研究对象，对新的理论范式展开探索。以马克思主义视角为核心，玛西将工业与就业的地理分布视为资本主义生产进程下社会联系的空间组织，将区域问题归结为资本主义运行逻辑本身，因而直指英国区域政策仅仅着眼于空间表象的逻辑性错误。玛西指出，工业研究和生产研究不仅是一个经济问题，它们与更为广泛的社会、政治和意识形态相联系。空间现象本身只是一种表象，其真正解释来自对其背后的国家政治、社会格局乃至性别关系的解析。因此，劳动的空间分化源自资本主义生产的空间组织的变化，是生产的空间结构重组的结果。这一空间重构是对经济和政治的、国内和国外阶级关系变化的响应。

《劳动的空间分化》共分为六章，第一章为引言部分，玛西对工业地理学的理论范式进行评价，指出其研究问题与视角需要转型，传统的"工业区位论"已经不再适用。之后，第二章和第三章均为理论部分，作者分别对社会与空间的辩证关系进行了解析，对资本主义下的空间失衡现象进行了分析，并探讨了"地方"的重要性。在此基础上，玛西对英国的空间结构问题展开解析，分别在第四章对英国电子设备制造业、制衣制鞋业和服务业的空间状况进行了分析。在第五章则对英国矿区的阶级与性别关系变化进行了研究，以此探讨劳动的空间分化的影响。之后，玛西在第六章对全书论点进行了总结。此外，在补充说明部分，玛西从政治角度分析了以上研究的政策内涵，将空间重构视为不平等的再生产过程。全书主要围绕四个主要内容展开，分别是空间的概念化、社会与空间联系、空间过程与空间格局的关系以及性别及其空间政治。

在空间的概念化方面，玛西十分强调空间的社会性、政治性、联系性与开放性。为此，她特别关注"地方"这一概念，认为"地方"相比"空间"更能指代其中所蕴涵的社会与政治属性。各类生产活动的联系在空间上的地理分布并不均衡，进而塑造了社会阶级结构与群体。

---

① Industrial location theory，是研究工业布局和厂址位置的理论。可分为宏观经济和微观经济两个内容，前者指一个地区或国家的工业布局；后者指厂址的选择理论。1909 年，德国经济学家阿尔弗雷德·韦伯在其《工业区位论》一书中首次系统地论述了工业区位理论，认为运输成本和工资是决定工业区位的主要因素。

玛西指出，空间不均衡普遍存在，而"不均衡"这个词通常具有两类所指，一种是特定地区中主导形式的经济活动吸引力的不均衡；另一种是社会福利指标的不平等，一个是起因一个是结果。而本书关注的是第一种，即经济活动吸引力程度和适合度的地区不均衡。玛西指出，对于追求利润和竞争性的生产活动，生产条件的地理分布差异在任何时候都是必要的。地理不均衡是两个历史过程造成的现象。一方面它回应了生产需求的地理分布变化，被视为空间、区位或地表的变化，如人口或资源的分布变化、交通和通信发展引起的相对距离变化。另一方面，空间不均衡的模式会因生产过程本身的需求改变而变化，或者说是由追求利润的经济活动的区位需求改变引起的。然而，生产需求的变化本身是整个生产过程必然发生的积累的结果，而不是中间技术的进步。不过，在任何特定的时期，经济活动的新投资在地理上的分布是根据特定的空间分异模式进行的。

"劳动的空间分化"这个术语由此出现——任何经济活动都是为了追求最大利润而被生产条件的地理不均衡支配。玛西认为，这种观点虽正确却缺乏意义，因为它忽视了不同形式的经济活动会采用不同的方式利用空间不均衡来追求最大利润。这种对于空间差异的响应随不同的部门或某部门的不同生产条件而不同，也可能随不同所有权结构而改变。如果不同工业采取不同方式利用空间差异，那么又将进一步加剧各种形式的地理不均衡。总生产过程中的劳动力空间分异体现出的行业的不用回应方式，可能会形成不同形式的区域问题。玛西指出了分析这个历史过程的研究框架，把新的投资想象成一系列的圆圈，每个圆圈代表一种新的劳动力空间分异形式。事实上，变化的过程是多样化的和增长性的。而且，在任何特定的历史时期，所有的劳动力空间分异都不断地在不同分支的工业部门影响下深化。因此，在任何实证研究中，分析这种复杂性并分离出某些主要控制空间结构重组的空间分异是非常有必要的。基于劳动力分异形式的发展，经济活动的地理分布将结合过去时期不同形式的劳动力分异而进一步发展。这种连续的结合将产生随空间变化的影响，最终产生新形式且空间分配不均衡的生产条件，并成为新投资的基础。任何特定地区的经济都是一系列更广泛的国家甚至国际的劳动力空间分异的复杂结果。

《劳动的空间分化》强调了社会与空间的密切联系。玛西将"社会"与"空间"视为不可分。玛西指出，空间确实是社会的建构，但是，社会关系也在空间上建构，甚至造成了差异。它不是生产关系绘布其上的消极区位表面，也不单纯是一种限制条件（像距离）。空间不只是社会的建构，社会也是空间的建构。也就是说，空间不只是社会的反映，而是社会之所以为社会的一种建构元素；空间并非社会的反映，而是社会的表现。

玛西详细分析了英国电子装备业、衣服鞋袜业、服务业等的产业特征、劳动需求与空间结构（第四章）。19世纪大部分时期，专业化的空间分工构成英国产业空间主要特征。这是英国早期现代化工业成长的优势，也是在国际分工中所形成的专业化，以煤炭、造船、钢铁和纺织品为基础的主要出口工业得以发展。在其发展进程中，这些产业面临一个差异化的地理格局，由出口港口的通行、原料（如棉花）的输入、熟练劳动力的供应、煤炭等要素决定。生产要求和地域差异相结合，由此产生劳动的空间分化。例如，克莱德赛德集聚了船舶和重型机械工业，东北部集聚了煤炭、钢铁、船舶和重型机械的出口，兰开夏郡集聚了棉花业，西部牧场集聚了煤炭和粗纺，南威尔士集聚了煤炭和钢铁的出口。可见这一情形类似于中国珠三角地区当前的专业镇。玛西指出，区域差异的出现是英国整个经济关系变化乃至国际分工的结果。基于工业优势和自由贸易的国际专业化政策的崩溃，是真正导致区域衰退、区域差异严重等问题的原因。"区域问题"是在行业变化、英国本身在资本主义世界经济地位下降等背景下发生的。作为结果，产业衰退带来了失业率增加、制造业就业数量减少、人均收入下降和人口迁出，进而对地方产生了新的负面影响。

玛西指出，产业通过改变生产条件来达到利用空间分化的目的。由于产业对于空间分化形式的利用越来越建立在新的基础上，表现为控制、研究、发展功能与需要熟练劳动力的直接生产过程在地理上的分离。私人企业规模的扩张对这个过程至关重要：一方面，规模的扩大对于支付研究和发展费用十分必要；另一方面，它提高了一个公司的产品的数目，而这些产品是以特定规模来生产的，在这样的规模下，一定程度的自动化是非常必要的。因此，这反过来使得劳动力的总花费降低，使得个别劳动生产率得以提高。最后，私人单位规模的扩大能提高整个生产过程对于不同生产阶段实现区位分化的可行性，使得区位等级得以建立，以达到有效利用空间差异。玛西在有关英国电子装备业、衣服鞋袜业、服务业等产业的论述中，对此进程均有极为清楚的表述。

作为结果，大规模生产和生产过程中的装配阶段的区位，越来越趋向于那些不但有充足的半熟练劳动力提供，而且工资低廉的地方，趋向于那些没有工人组织和反抗传统的地方。这就意味着它们往往定位于一些特定区域，而这些区域的工人之前几乎没有稳定工作的经历。例如诺森伯兰郡先前开采煤矿的区域，或者苏格兰煤矿开采和页岩开采的区域。在这些情况下，劳动力的对象主要不再是以往主导产业专业化部门的工人，而更多是女性。其他适宜这个生产阶段的区域还包括那些工人（又一次主要是女性）不完全依赖稳定工作（也没有组织在稳定工作周围）的地方，如海边旅游胜地就是典型例子。尽管在这样的区域（经常是萧条的）里对生产设施投资的引进是新现象，常被认为是有利的而受欢迎，但它的积极影响可能并不多。他们几乎没有与本地的联系，没有刺激到地方联合生产的形成。这样的投资不会扩大地方的技术、研究或者管理阶层。劳动力分化再一次使得现存的不平等进一步恶化。

为了阐明"劳动力空间分异"这个术语的内容,玛西详细说明了通过什么样的方式,空间分化资本的利用形式被描述为产业空间专业化的形式。显然,它不是产业间的地理分化,它是在独立资方的整个生产过程里出现的产业内劳动力分工。正如上面所提到的,地区差异具有固着性,区域不平等是产业空间转型所带来的结果。特别地,这种分布的不平衡不仅只在它消亡时出现——它们是空间组合自身形成的构成部分。这种分布形成的演变和影响不仅取决于经济部门的繁荣与衰退,也是部门内部生产组织形式改变的结果。

三、《劳动的空间分化》的影响

《劳动的空间分化》一经发表,即成为当代人文地理学历史上最具影响,也最多被引用的经典文献。《人文地理学进展》(*Progress in Human Geography*)中的一篇书评写道,"如果经典意味着被广泛地引用,那么玛西的《劳动的空间分化》当之无愧。毋庸置疑,这部著作是数十年来地理学文献中最为重要的文献之一。"的确,《劳动的空间分化》的出现一举奠定了朵琳·玛西在人文地理学、经济地理学和城市地理学中的大师地位,其中所倡导的对空间展开联系性、开放性分析的视角、将过程与结果密切结合予以分析的思路,以及将马克思主义理论运用到城市与区域和产业演化的成功尝试,已对几代人文地理学者产生了深远影响。作为结果,《劳动的空间分化》也很快成为各高校地理学专业的必读书目。以现代性为基础,利用马克思主义原理,朵琳·玛西成功地发展了一整套针对城市、区域、空间和产业的政治经济分析方法。近年来,玛西更将其空间理论、空间政治学与全球化研究进一步发展成型,巩固和完善了"劳动的空间分化""力量的几何学""地区政治学"等概念与理论,其理论与方法论影响仍在不断持续。

(李志刚)

哈　维

论地理学的历史和现状（1984年）

英刊《新左翼评论》（*New Left Review*）2000年第4期（7—8月）上刊登了记者与戴维·哈维的访谈录，题目是"再造地理学"①。访谈从哈维的《地理学中的解释》②谈起，哈维回答道："我那时的政治思想接近费边社（Fabian Society）的渐进主义，因此我接受了计划、效率和理性的观点……在用理性的科学方法解决地理学问题和有效地运用计划的方法解决政治问题之间，实际上不存在冲突。我如此专注于撰写这部著作，以至于忽视了周围世界是如何坍塌的。1968年5月当我将这部著作提交给出版商时，政治温度的剧烈变化使我感受到了深切的不安，我对哈罗德·威尔逊的社会主义的幻想彻底破灭了。恰在此时，我在美国得到了一份工作，在马丁·路德·金被谋杀一年之后，我来到了巴尔的摩。在美国，反战运动和民权运动如火如荼；而我就是在这时的美国，完成了这部似乎多少与时代不相称的大部头著作。我认识到我必须对我在60年代认为理所当然的许多事情进行反思。"下面介绍的这篇"论地理学的历史和现状：历史唯物主义宣言"③可以看成是哈维这种反思的集中表现。

实际上，哈维的反思也体现在他的研究实践中，在发表此文之前，他已出版了《社会正义与城市》（1973）、《资本的限度》（1982）等论著。哈维在上述访谈录中还说："撰写《社会正义与城市》时我得到一个重要的经验，可用马克思用过的一段话来说明。他说，我们可以通过不同概念的碰撞来点燃智慧之火。在这种摩擦冲突中，人们绝不应完全放弃自己的出发点。只要原有因素还没有完全被吸纳为新思想，思想之火就会燃烧。当我阅读马克思的著作时，我清楚这是一部政治经济学的批判性著作。马克思对斯密和李嘉图的学说深表尊敬。但是，在思想的创新过程中，他也把他们的概念同其他人如黑格尔或傅立叶的概念进行比较分析。于是，这成为我从事研究工作的一个准则……你应该努力把冲突的理论结合起来，看看有什么新东西诞生。"看来，"论地理学的历史

---

① 记者与哈维的访谈录："再造地理学"，英刊《新左翼评论》2000年第4期（7—8月），载中文期刊《国外理论动态》，2001年第3期。
② 参见本书"哈维：地理学中的解释"一文。
③ Harvey, D. On the History and Present Condition of Geography: an Historical Materialist Manifesto. *The Professional Geographer*, 1984, 36 (1): 1-11.

和现状：历史唯物主义宣言"充分体现了他的这种"准则"。在同一访谈录中，记者问道：《资本的限度》……与你以前的著作相比是惊人的一跃，这一转变的历史是如何发生的？哈维回答说，"撰写完《社会正义与城市》后，我认识到，我还不了解马克思，需要加强学习（于是就有了《资本的限度》）……此书构成了以后我每个研究的基础。它是我最喜爱的著作，但也可能是最少被人阅读的著作。"这段话也有助于理解"论地理学的历史和现状：历史唯物主义宣言"一文。

一、地理学史与社会史

地理学的现状及其改革设想必须牢固地建立在历史认识的基础上。地理知识的功能和结构总是随着时代而变化，与社会形态和社会需要的变迁密切相关。地理学实践根植于社会历史，要认识我们学科的历史就不能脱离社会历史。在西方资本主义从商业形式到工业形式再到金融形式的过程中，西方政治经济霸权下世界经济的空间整体化日益加强，这就要求地理学不断更新其知识形式，并不断进行劳动职业分工和学科分化。地理学者们目前面临的困难和抉择也同样根源于社会变革的冲突过程。不管我们愿意与否，对我们学科改革或稳定化的任何建议都必须采取与更广阔的社会变革过程相联系的立场。

地理知识记录、分析和积累关于那些为社会生活的再生产提供物质基础条件（自然存在的或人类创造的）的空间分布和空间组织的信息；与此同时，它也促使人们自觉地认识到：经过人类活动的作用，此类条件是易于不断变化的。

这种知识的形式和内容都依赖于社会背景。一切社会、一切阶级、一切社会集团都掌握某种独特的"地理知识"，某种关于他们的国土、关于与他们有关的使用价值的空间形态、关于他们本身的行为的实用知识。它可能采取一种不明确定义的空间和环境意象的形式，或采取一种正式知识主体的形式——地理学，一切社会成员或特权精英都从中受到启迪。在把人民从"自然"的祸害和限制中、从外部压迫中解放出来的斗争中，可以用到这种知识；也可用它来寻求另一种支配自然和支配其他人、塑造自然环境和社会环境的地理学。

地理知识的形式和内容都不能脱离产生和利用这种知识的社会基础。例如，前资本主义社会曾产生过高度发达的地理知识，但常常是独特的和地方性的，与我们现在所了解的地理学大异其趣。希腊、罗马、伊斯兰和中国等贸易帝国，都产生过关于他们所知世界的精致的地理学。此类地理学典型地反映了商品的运动、人口的迁移、征服的路线以及帝国政权的更迭。

西欧从封建主义到资本主义的演变过程，致使地理学思想和实践的结构也发生革命。从希腊和罗马继承下来的，或从中国和伊斯兰吸收过来的所有上述地理学传统，都按照西欧独特经历的眼光来借用和改造。商品交换、殖民征服和殖民地成为其最初的基础，但随着资本主义的发展，资本和劳动的地理迁移变成了焦点，新的地理知识构架也就随之演变。在资产阶级时代，地理学的实践有六个方面较为突出：

（1）对航海精确性和地权确定性的关注，意味着制图和地籍调查成为地理学者技艺中的基本工具。例如，在帝国主义时代，制图学的基础是为了将资本主义地权形式强加于世界上原先没有这些形式的其他地区（非洲、美洲、澳洲和亚洲大部）而建立起来的。这种行为又为霸权阶级在精心选定的空间内占有自然和劳动成果的特权奠定了基础。另一方面，这种活动也为合理地组织空间和自然以谋求人类的普遍福利提供了可能性。

（2）世界市场的产生意味着"全方位勘测地球"以发现"事物新的、有用的特性"，并促进"所有不同气候和土地条件下产品的广泛交换"。按照自然哲学传统工作的地理学家，如亚历山大·冯·洪堡和卡尔·李特尔，着手系统地描述地球表面，并将地表看成是人类财富的宝库，是为人类活动所利用的自然过程存于其间的动态领域。自此，准确地描述自然环境和生物环境便一直是地理学的核心。

（3）密切观察生活和经济社会再生产形式的地理变化，也一直是地理学者工作的组成部分。这种传统（尤其是 19 世纪后期的商业地理学）后来蜕变为"人类资源"的单纯罗列，这就为通过不平等或强制性交换而实现的唯利是图的掠夺，为通过原始积累而强加于雇佣劳动的压迫，为通过强制性移民而实现的劳力资源再分配，为精心操纵本土经济和政治权力结构以榨取剩余财富，敞开了方便之门。地理学实践由于参与帝国管理、参与殖民地控制、参与寻求商业机会而深受影响。在资本主义条件下，对自然的掠夺与对人民的剥削显然是经常联系在一起的。另一方面，按照自由精神和尊重他人的精神建立起的这种知识，例如埃利兹·雷克吕[①]的杰出著作，又为创造以互重和互利原则而不是与剥削政治相结合的地理学实践的可能性敞开了大门。

（4）19 世纪结束时，主要资本主义列强已把世界划分为若干势力范围，这导致了严重的地理问题。控制原材料、劳动力供应和市场通道的斗争就是争夺领土的斗争。像弗

[①] Elisee Reclus（1830—1905），亦译为埃利兹·邵可吕，卡尔·李特尔的学生，法国地理学家。1851 年因参加革命活动被逐出法国，1871 年又因参加巴黎公社革命而被监禁和流放。这里提到的著作是他的六卷本《人类和地球》。

里德里希·拉采尔①和哈尔福德·麦金德②那样的地理学家，面临着政治空间有序化及其后果的问题，他们是从生存、控制和支配的立场来处理这个问题的。他们致力于为主要资本主义列强间进行的政治、经济、军事斗争，或者为镇压人民对帝国主义或新殖民主义侵略的反抗，提供有效的地理战略。这种倾向因卡尔·豪斯霍费尔的作为而威信扫地，这位德国地缘政治学者积极地支持并帮助形成纳粹扩张主义战略。然而即使是今天，地缘政治的思想依然十分重要，特别是在五足③鼎立的军事对抗下，以及在那些关心外国政策的人们心目中。一切民族解放运动要借助历史环境之势取得成功，就必须在地缘政治方面表明自己的立场。

（5）对利用"自然资源和人文资源"的关注，以及对（人口、产业、交通设施、生态复合体等的）空间分布的关注，使得地理学者要考虑二者的"合理"结构问题。这方面的地理学实践是随着早先的生态、土壤和土地利用调查而突然出现的；最近若干年来，当资本主义政府被迫更积极地干预人类事务时，这方面就有了显著的发展。关于实际分布的实证知识（信息的收集、编码和表示）以及关于区位和优化的规范理论，已证明在环境管理和城市、区域规划中很有用处。此类技艺在很大程度上需要接受资本主义对合理性的特定理解，同时与资本的积累和劳动力的社会控制联系在一起。但这样一种思维方式，也为根据合理性的多面或多层次理解来规划环境和空间的有效利用敞开了大门。

（6）资产阶级时代的地理学思想总是保持强烈的意识形态内容。作为科学，它把自然现象和社会现象当作服从操纵、管理和利用的事物来处理；作为文学，它常常反映并明确表达出个人和集体的希望或忧虑，尽量以他们应有的历史确定性描绘各种物质条件和社会关系。例如，地理学文献常常专注于讨论离奇古怪的问题，而对于那些人们十分渴求研究的事情却并不重视。虽然追求普遍了解地球上生活的多样性，但对这种多样性的理解却常常形成一种狭隘的种族中心主义情绪。这可能成为一种传播种族优越感、文化优越感、性别优越感和民族优越感教义的活性媒质。"地理"宿命论和命"定"说的思想、"天然"地理权（如美国对巴拿马运河的控制）的思想、"白人责任"的思想以及资产阶级或美国民主的文明内涵，肆无忌惮地充斥于地理教科书中，并深刻地影响着大众的地理知识。冷战期的诡辩、"东方化"恐惧症等也到处弥漫。不仅如此，常常表达为自然事实的地理学"事实"也可以用来为帝国主义、新殖民统治和扩张主义辩护。地理信息也可以用那种造成恐惧和培养敌意的方式来表现（在这方面，地图学的滥用特别

---

① 参见本书"拉采尔：国家领土的生长"一文。
② 参见本书"麦金德：历史的地理枢纽"一文。
③ 指 20 世纪 80 年代的美、苏、中、日和西欧。

引人注目）。但是，也有光明的一面，地理学文献可以表达希望、渴求和忧虑；可以寻求以互相尊重和互相关心为基础的普遍了解；可以明确表达人类在一个以人文多样化为特征的世界上的合作基础；还可以成为表达要创造另一种地理学的乌托邦幻想和实际计划的媒介。

二、作为一门科学学科的地理学

劳动分工在接近 19 世纪结束时已明朗化，地理学者们力图把从那些多样化实践中获得的经验整合为劳动科学分工中一门条理清楚的学科，但这一目标并未完全实现。开始时，他们在日益被分析性的专门事业支配的学术环境中，常常固守折中的万金油态度（涉及环境决定论、社会与自然的关系、地理学在历史中的作用等重大问题）。此外，由于拒绝将历史唯物主义当作参照框架的基础，他们也缺乏方法来达到综合和克服其学科内无数的二重性：自然地理学与人文地理学、区域专门化与全球变化的系统研究、独特观点与普遍观点、定量认识与定性认识。学科内的主要组织对实例研究、自然单位和管理技术的关心，远胜过对创造一门条理清楚的科学学科的关心。其结果是，科学地理学提出了若干重大问题，但其答案却常常是平庸浅薄的。

面对外部压力和内部混乱，地理学在最近的年代已趋向于分化，企图以其各部分更为狭窄的专业化来挽救自己。然而，这个方向上越是成功，其方法越是投合铁板一块的、教条的实证主义，其各个部分越是容易被吸收进某些同性质的分析性学科（自然地理学者进入地质学，区位论者投奔经济学，空间选择论者靠拢心理学，等等）。这样，地理学者们失去了他们作为知识的空间方面的综合者而存在的理由。同时，他们越是变得专业化，他们离构建大众地理知识的过程越远。曾经是地理学者重要独占品的东西，现在落到了通俗杂志手中，落到了商业性旅行纪录片和小册子、电视片、报纸和纪实小说生产者的手中。不能帮助建立适当的通俗知识来对待迅速走向地理整体化的世界，这实在是对责任心的惊人疏忽。

一方面缺乏科学特性和学术深度，另一方面通俗化基础又很薄弱，处于这两难之间的科学地理学，就不能在劳动的科学分工中建立起强有力的、显赫的和受人尊敬的地位，其生存就越来越依赖于培训专门技术（如遥感），或为强力特权阶层生产其感兴趣的专门知识。政府、公司和军事机构提供了一系列槽口，地理学者们可以方便地爬行进去。学科的学术发展受到向强大特权阶层利益和兴趣全面屈服的威胁。

然而，自觉意识到地理学的这些事实，意味着要唤起对这些事实的责任感。如何表现这种责任感？取决于社会背景以及地理学者们个人和集体的自觉性。某些人在学术自由和客观性的名义下，试图把地理研究提高到某种通用的知识水平上，试图创造一种超乎任何世俗特别利益之影响的实证科学。另一些人则试图直接面对权力和知识之间的关系，试图制造各种解毒药，来医治地理学片面认识的疾病，并因此成为本国人民或受压迫集团合理渴求的辩护者。还有一些人力图建立关于人类历史之地理方面的历史唯物主义科学，力图创造一种能帮助被统治的人民、阶级和集团获得力量的知识，以塑造并且控制他们自己的历史。

60 年代后期实证主义可靠性的衰败，为承袭激进传统或马克思主义传统敞开了道路。地理学者们面对着一种长处和短处的奇妙混合。老派的地理学——全球研究、综合研究以及不同自然、社会环境中生活和社会再生产方式的研究——很容易就使自己接近历史唯物主义方法，但却被依附于帝国意识形态或参与国家利益机构的顽固思想家支配。然而，在这种传统中也潜伏着一种激进因素。雷克吕和克鲁泡特金[1]在 19 世纪后期把无政府主义与地理学联系起来，以表达他们共同的社会关注。近年来，像欧文·拉铁摩尔[2]和基思·布坎南[3]这样的作家，都力图从本土人民而不从超级大国的立场来描绘世界（拉铁摩尔的典型论题是"从中国看外界"）。这些思想家遭到激烈镇压，尤其是在冷战和麦卡锡主义[4]期间，这反而使很多进步地理学者在表面上看来十分中立的"实证主义盾牌"后面，表达出他们对社会的关注。因此，60 年代后期的主要焦点是：在实证主义盾牌之后是否能够充分地表达各种社会关注，或者说那个盾牌是否确实像它开始所表现的那样中立。

60 年代后期地理学中的激进主义和马克思主义抨击批判的焦点，集中于那时占至高无上统治地位的实证主义之意识形态和实践。批判力图揭穿实证主义的遮羞布，揭露潜伏在其内的各种隐蔽假设和阶级偏见。越来越把实证主义看成是资产阶级管理意识的一种表现形式，说难听点是把人民当作操纵和控制对象，说好听点最多可以表达为一种家长式的仁慈。也抨击地理学者们在帝国主义图谋中、在旨在完善社会控制和资本积累的城市和区域规划过程中所起的作用。对很多地理学教科书传播的种族歧视、性别歧

---

[1] Крпоткин，Петр Алеёвеч（1842—1921），俄国无政府主义革命者，地理学家。因受沙俄拘捕逃亡国外，著有《亚洲山岳志》《1789—1793 法国大革命》等。

[2] Owen Lattimore（1900—1989），美国作家、教育家和研究中亚的著名学者。1930 年代曾是《太平洋事务》（*Pacific Affairs*）杂志的主编，1938—1963 年在约翰霍普金斯大学任教。第二次世界大战期间曾任蒋介石的顾问。他最有影响的著作是 1940 年出版的《中国的中亚边疆》（*The Inner Asian Frontiers of China*）。

[3] Keith Buchanan（1931—2009），新西兰地理学家，惠灵顿维多利亚大学地理系第一位教授，《亚太观点》（*Asia Pacific Viewpoint*）杂志的创办者之一，多产作家。著有《第三世界》（*The Third World*）（1963）、《中国的人民和土地》（*The Chinese People & the Chinese Earth*）（1966）、《东南亚世界》（*The Southeast Asian World*）（1967）等。

[4] Mccarthyism，美国参议员麦卡锡于 1951—1954 年一度操纵参议院常设调查小组，搜集黑名单，进行非法审讯，迫害民主进步力量，称麦卡锡主义。

视、种族优越感和政治偏见提出了质疑。

但是，这种批判必须以新的观念创造地理学思想和实践。马克思主义、无政府主义、辩护论、地理考察队①和人本主义就成为寻求这些变革的振作点。每一个主义都必须鉴明并保持与其目标有关的那些地理学方面。较为通俗的技术，例如地图、信息编码和资源贮备分析，看来都可重新启用，甚至对于地理学实践的任何重建都不可缺少。问题在于要使它们摆脱纯粹实证主义的面目，并把它们综合进别的框架中。长期以来，资产阶级地理学家们一直试图理解不同的人群如何塑造出自然景观和社会景观以反映他们的需要与渴求；他们也曾揭示出不同的社会集团（儿童、成年人、社会阶层、整个文化）具有不同而且常常是不可对比的地理知识，这些知识取决于他们的经历、地位和传统。这些思想看来也可重新启用来作为新地理学实践的基础。历史地理学者和文化地理学者们，关注空间整体化过程、区域转型和地理结构随时间的变化，并提供了有重要意义的原始材料。

在这些摸索和探寻中出现了地理学的新议程，它深植于传统中却有独到的眼界，虽在实践中累累受挫反而更加振作。研究物质环境（自然的和社会的）的能动建设和改造，关于地理知识在那种能动性关联域内的产生和运用的批判见解，成为其关注的中心。研究集中在"形成"（becoming）过程上，人民（和地理学者们）在这个过程中通过改造他们的自然环境和社会环境也改造他们自己。对人文主义者来说，这种形成过程可以通过海德格尔②和胡塞尔③的哲学透镜，从宗教上或从世俗上来观察。马克思把人类劳动描绘成一种过程，人类通过这一过程而得以存在，而且人们在对外部世界起作用并改造它的同时，也改变了他们自身的性质。无政府主义者可以诉诸雷克吕，他认为"人类生来就具有自我意识和自我负责的天性"。积极参与的人都感到他们是社会改革过程的组成部分。

虽然新议程的共性常常模糊不清，但人们关注的核心却是一致的。然而，存在一些更深刻的问题阻挠其实现，并使之受到实证主义沉默压力下被压垮的威胁。这些问题部分是学科外部的，是一定社会条件下的产物。这种社会条件不利于实验性、创新性的理智探究，却力图把桀骜不驯的学者们导向更为狭窄的、由特权阶层利益和兴趣直接框定的内容上。当然，问题也有内在的一面。如果一个团体的得就是另一个团体的失，而不是像环境保护论者那样可以不论得和失地振振有词，那么，为团体辩护的人不可能就"团体对或错"表明正确态度。人文主义者若要避免掉进自我陶醉的极端主观主义陷阱，

---

① 见本书"布劳特：异端的传统"一文注 3。
② Heidegser, Martin (1889—1976)，德国存在主义哲学家。
③ Husserl, Edmund (1859—1938)，德国哲学家，现象学创始人。

就需要一种更有力的理论而不是机构和组织来对付金钱的力量、通货膨胀和失业等重大问题。无政府主义者们对生态问题和社会问题十分敏感，然而却缺乏社会理论来认识与国家权力相联系的资本主义动态变化。马克思主义者有强有力的理论武装，但却发现它很难对付生态问题，很难考虑空间和地方的特性，很难把个人和社会团体极其不同的行为作为关注的主题。

所缺乏的正是一种明晰的关联域，一种理论参照框架，一种既能说清当代社会经济和政治生活重建之全球过程，同时又能说清在特定时间、特定地方各种个人、团体、阶级和社会发生之事物细节的语言。从地理学中实证主义盾牌后面夺框而出的人们不再保持政治沉默，而是让良心和觉悟更自由地驰骋。但是他们过于七嘴八舌，制造了一些争相教训的不和谐音调，不能规定一种共同的语言来表达共同的关注。

在实证主义沉默的安全与虚无主义溃散的危险之间，有着使地理学恢复元气、成为一门理性学科的道路，这门学科应能在社会变革中起极为重要的创造性进步作用。如何通向这条道路？这正是此时我们的问题所在。

三、创建人民的地理学

地理学对地理学者们自然很重要，但对将军、政治家和社团领导人更是重要得不能须臾离开。"应用"地理学和"参与"（relevant）地理学的概念提出了服务对象和利益的问题。我们向利益集团贩卖我们自己和地理学，就是参与形成他们的地理学，制造一种被社会不平等分裂，并对地缘政治紧张局势火上加油的人类景观。向政府贩卖我们自己就更是一种意义不明确的交易，在一个长期力量不平衡和权利争夺的世界里陷入了虚幻的"公共利益"泥沼。对公民权的剥夺（当归结到利率、核战略、秘密行动和地缘政治战略划分时，也涉及我们当中的大多数）通过我们制造的那种地理学得到认可。地理学作为商品可供出售给高价买主的东西，远比其产生的知识和研究人员要多。

我们必须创造人民的地理学，它不是基于道貌岸然的普适性、理想和良好意图，而是一种更为实用的事业，要反映大众的利益和要求，正视各种意识形态和成见并揭示其真相，忠实地反映变动着的社会景观和自然景观中由竞争、斗争和合作构成的复杂编织物。必须说明、分析和认识真实的（而不是我们所希望的）世界，必须以社会再生产这个强有力的冲突过程来解释导致人类希望和恐惧的物质形态。

这种人民的地理学必须具备大众基础，必须深入到日常生活中，把其主根深深地扎在大众觉悟里。但也必须开放交流渠道，弱化地方主义世界观，正视甚至削弱统治阶级或政府的权力。必须冲破各种障碍，通过鉴明共同利益的物质基础来达到共同的认识。在不存在这种物质基础的地方，必须坦率地承认并明确地判别各种均等权利和竞争权利的冲突。通过检验各竞争集团之间的实力，以化解各种权利的冲突。就这个意义而言，我们学科的理智力量是一种有力的武器，应该自觉地调用，甚至将这种权力冲突观念变成学科自身的一部分。我们的地理研究必然是各种社会冲突过程的一部分，可以催生新的地理景观。

地理学者不能保持中立，但他们可以向科学的严谨性、正直性和诚实性方向努力。必须认识这两种约定的区别。观察世界的窗口很多，但科学的正直性要求我们忠实地记录和分析我们从任一窗口中看到的东西。"从中国看外界"或从下层阶级向上看，与从五角大楼或华尔街看到的截然不同；但是所有看到的情况都可以用一种共同的论述框架来表达，遵从内在诚实性和可靠性的评价。只有按这种方式，才能剥去虚假的冲突面具，揭示各种相争权利和主张的真实结构；也只有按这种方式，才能保证把我们创造的地理学用于而不是误用于我们的时代。

因此，地理学的理智任务是建构一种共同的语言，建构共同的参照框架和理论认识，从中可以恰当地表达各种竞争着的权利和主张。实证主义虚假地声称保持中立，因而削弱了自身客观唯物主义的优势。历史唯物主义适合于此类构建，但因政治正统派的僵化行为而常常受到束缚，这些正统派将反映世界的窗口抹上一层黑色，用主观设想的政治幻想去代替精明实用的客观唯物主义。在这样的情况下，要建立一个共同的描述和论理框架就成了一个艰巨的任务。

然而，正是过去这些年来所积累的知识的性质，使得地理学者们的贡献具有潜在的重要性。例如，把空间、地方、场所和环境的概念嵌入任何社会理论中，对那种理论的中心命题都会有一种刺激作用。于是，研究完全竞争的微观经济学者发现了空间垄断；宏观经济学者发现了一些新的经济理论，也发现了中心系列及其间交换关系的特殊波动；注意阶级关系的马克思主义者发现了邻里、公社和国家。马克思、马歇尔[①]、韦伯[②]、涂尔干[③]都有一个共同点：把时间置于比空间优先的地位，在必须考虑后者的地方则把它看作历史活动的场所或背景。无论什么类型的社会理论家，每当他们需要探究地理学范畴和地理关系的意义时，不是被迫对其理论作出如此之多的调整以致使之分裂得不连贯，就是被迫放弃他们的理论以迎合某种从纯几何学中派生出来的语言。空间概念尚未成功地嵌入社会理论，忽视实际地理结构、关系和过程之重要性的社会理论仍旧

---

① Marshall, Alfred (1842—1924)，英国经济学家。
② Weber, Max (1861—1920)，德国社会学家、历史学家和经济学家。
③ Durkhim, Emile (1883—1917)，法国社会学家。

乏善可陈。

于是，存在一种诱惑，试图放弃理论，而退却到想象的地方特殊性和时间特殊性，并诉诸朴素经验主义，有多少实例就产生多少独特理论。这样就很难进行交流，而以模棱两可冒充理论，就使理论陷入意义含混的泥沼。模棱两可可能比刻板固执的正统教条可取，但它不能成为科学的基础。从明晰理论上倒退，就是面对地理学创新的挑战而退却。因此，地理学与社会理论的接合，是至关重要的闪光点之一。

消除地理学与社会理论之间高度紧张的智力困境，具有多方面的政治含义。例如，就无政府主义与马克思主义在政治上和地理学史上的抵触观点而论，雷克吕和克鲁泡特金对其研究所揭示出的生活、文化、社团和环境的显著差异令人印象深刻。他们尊重这种差异，并试图通过一种政治方案，把全世界人民联合进各自主、自治社团的广泛联邦，来保护这种差异。这就提出了关于"社会该是什么样"的另一种地理学观点。它高度分散却意义深远，它曾帮助弘扬了那种关注工人自我管理、团体控制、对生态敏感并尊重个人的政治传统。19世纪地理学中这种激进要求不是通过马克思主义而是通过无政府主义表达出来的，这是偶然的吗？对地方、生态、环境和地理特殊性诸问题的敏感，使无政府主义观点仍有吸引力，但由于缺乏任何关于资本主义动力构成的有效理论而具有严重缺陷。雷克吕在他最后的著作中承认：他曾经如此尊重的地理差异性，即使在那时也被淹没了，在资本积累和资本循环的重压下被摧垮了。这个经验启示我们，对资本主义动态变化的认识，应比雷克吕的认识更为有力和普遍，从而作出完备的政治回答。

在这方面，马克思处于社会理论力量的顶峰，他宣告了一种建立在无产者普遍觉悟和团结基础上的广泛阶级斗争政治学，但却把地理差异当作一种"不必要的复杂化"而排斥掉。诚然，马克思常常承认空间和地方的意义（例如，指出英国和爱尔兰工人阶级利益之间的对立与城乡对立、内部变革与外部变革的对立等是相对应的），但并没有把这种意义彻底地综合进他的理论体系中去，其理论在时间方面有力而在空间方面薄弱，未能形成一种系统而明确的地理尺度。这正是列宁和其他论帝国主义的理论家们力图纠正的"错误"，他们揭示了在马克思主义传统内作某种替代说明的可能性，指出中心国家剥削边远国家，第一世界征服第三世界，资本主义列强为控制利益空间（市场、劳动力、原料）而争斗，一个地方的人们剥削和反对另一个地方的人们。在空间结构上的这种特别认识，导致对剥削的重新定义，而新定义与马克思关于"一个阶级对另一个阶级的剥削推动着资本主义发展"的观点是很难共存的。因此，马克思主义—列宁主义的理论基础就变得模棱两可，激起了关于民族自决权、国家问题、社会主义在一国内的前途、在政治实践中地理分散化的意义等问题的剧烈争论。

马克思主义者在原则上宣称地理不平衡发展的意义,在某些社会理论中结合了空间概念或增强了对地方和环境的敏感性,但却固守时间概念。无政府主义理论虽在地理差异方面富于敏感性,但在理论上和政治上缺乏连贯性。这就激发了一个看似荒诞却十分有趣的想法:如果马克思是一位优秀的地理学家,而无政府主义者们是优秀的社会理论家,那么我们的政治世界和学术世界会是什么样?

前面提到的那个"替代说明"问题,说明在当代政治中,将地理敏感性和地理认识与历史唯物主义普通社会理论相结合的理论方案是何其重要。这种理论方案胜过纯粹的学术训练,是向社会主义转变的思想基础。

四、历史唯物主义宣言

现在可以较明确地规定我们的任务了。我们必须:

(1) 建立一种大众的地理学,摆脱偏见,要反映真实的冲突和矛盾,还要能够为交流和共同认识打开新的渠道;

(2) 创造一种人民的应用地理学,不专注于狭隘的、强权阶层的特别利益,而是具有广泛的民主概念;

(3) 接受科学诚实性和非中立性这双重的方法论原则;

(4) 把理论敏感性结合进源于历史唯物主义传统的普通社会理论中;

(5) 寻找一个用历史—地理术语来认识从资本主义向社会主义转变的政治方案。

我们有能力通过地理学者的集体努力,来建立新的历史学和地理学。不言而喻,我们很难超脱于所处的历史条件和地理环境,我们要认识到这种局限性。但是我们也必须有一种导向性眼光:探究物质必然性以外的自由王国,开辟创建社会新形式的道路;在此新社会里,人们能够自由思想,并彼此尊重对方的利益,由此创建他们自己的地理学和历史学。如果我对当代资本主义规律的分析是正确的,那么另一个唯一可选择的行动方向只能是:维持建立在阶级压迫、国家统治、不必要的物质剥夺、战争和人性否定基础上的现状地理学。

哈维以马克思主义的立场,从理论高度阐述了地理学的历史、现状和未来发展方向。通篇贯彻他后来一直坚持的几个核心观点:社会正义,联系社会发展的学术构建,对现实社会的批判,关注空间概念及地理结构、关系和过程。他后来将历史唯物主义发展为历史—地理唯物主义,在这篇文章中已见这种努力的端倪。

"论地理学的历史和现状：历史唯物主义宣言"一文对推进地理学新思维起到重要的积极作用，被列为学习地理学思想史和人文地理学的必读文献之一[①]。

（蔡运龙）

[①] 例如，已列入 Agnew, J., D. N. Livingstone, and A. Rogers, eds. *Human Geography: An Essential Anthology*. Blackwell Publishers, 1996。

哈　维

资本的城市化（1985年）

一、《资本的城市化》的写作背景

戴维·哈维是二战以后最有影响、最具代表性的地理学家之一[1]。他在社会科学的很多领域作出了突出贡献，其影响已经超出地理学界而广为人知；在地理学内部，他既是实证主义地理学的集大成者，又是激进地理学、马克思主义地理学的代表人物和后现代地理学的先锋，因而最具代表性。《资本的城市化》[2]，则是其理论转向马克思主义并趋于成熟的代表作之一。

在完成实证主义地理学的集大成之作——《地理学中的解释》后，哈维在学术道路上发生很大转变，成为激进主义和马克思主义地理学的代表人物。1973年，他出版了《社会正义与城市》，该书主要讨论城市规划、城市的社会问题（如社区隔离、中产阶级的郊区化等）、城市贫困与马克思主义的政治经济理论之间的关系。有评论者认为它"作为城市研究领域的一种主要'异端'而震动学界……是左翼风格地理学的首要范例；哈维作为一个先驱，开启了马克思主义地理学持续发展的大门"[3]。1982年，哈维又出版了他自己最为看重的另一本专著——《资本的限度》（1982、1999年再版），力图补足马克思主义理论中空间维度和地理尺度欠缺的短处，全面和深入阐发资本主义生产的地理过程，并指出空间发展不平衡是资本积累和运动的先决条件[4]。这两部著作分别代表着从马克思主义和地理学结合的角度研究城市问题和资本主义生产的两个重要方向，标志着哈维在构建马克思主义地理学理论上正在趋于成熟。但是，城市问题和资本积累

---

[1] 关于哈维生平及学术活动的详细介绍见本书中"哈维：地理学中的解释"一文。
[2] 主要内容编译自 Harvey, D. *The Urbanization of Capital: Studies in the History and Theory of Capitalist Urbanization*. Baltimore: the John Hopkins University Press, 1985；内引此著，只注页码。
[3] Noel, C. David Harvey. In Hubbard P., R. Kitchin, and G. Valentine eds. *Key Thinkers on Space and Place*. London: SAGE Publications, 2004: 182.
[4] Harvey, D. *The Limits to Capital*. Oxford: Blackwell, 1982.

与循环并不是不相关的两个问题,相反,资本主义生产过程在很大程度上以快速的城市化为特征,因而也是城市"空间的生产"。这就使得对资本与城市化问题的综合考察成为必然。

"空间的生产"是法国马克思主义思想家亨利·列斐伏尔(Henri Lefebvre)提出的一个重要概念。列斐伏尔将其理论聚焦于资本主义城市化问题,提出了"(社会的)空间是(社会的)产物"的核心观点,并指出城市空间的生产被剥削空间以谋取利润的资本需求和消费空间的社会需求驱动,最终建构了以城市空间是(资本主义生产和消费活动的)产物为核心的"空间的生产"理论[1]。虽然空间的生产理论并非只着重于城市问题,但城市(化)问题在其中处于核心地位。正如戴维·哈维在其为列斐伏尔《空间的生产》英文版所写的后记中所指出的,"城市化和空间的生产是交织在一起的"[2]。由于在观点、立场和方法上的一致性,戴维·哈维较早地引用和传播了列斐伏尔的观点(在本书中多次提及列斐伏尔及"空间的生产"这一术语)。在其早期运用马克思主义理论研究城市和资本问题的基础上,他力图"对资本主义的城市化历史进行确定的、马克思主义的解释"(第 x 页),这本《资本的城市化》和其姊妹篇《意识与城市经验》(Consciousness and the Urban Experience,1985),就是哈维这种学术抱负的突出体现。

哈维对城市化历史的马克思主义解读和剖析不但是对马克思主义在空间维度上的有力补充,而且还发展了马克思和恩格斯,以及列斐伏尔的城市理论,从而使其成为新马克思主义城市学派的代表人物。哈维从马克思主义角度对资本主义城市化历史重新进行解释的另一个原因,是很多学者对空间的生产以及资本主义城市化问题不太重视,而且持有学科偏见。"空间"在传统的社会科学研究中往往不受重视,而"时间"却是学者们共同关注的焦点。这似乎对应于地理学曾长期处于历史学的"侍婢"地位的历史。虽然马克思也注意到了地理要素以及"空间问题",尤其是资本主义政治经济发展不平衡的问题,但是哈维认为马克思对空间的关切远不如时间,这甚至使得20世纪70、80年代主要的马克思主义刊物也大都不关注空间问题,而历史唯物主义也忽视了资本主义"生产"的地理(第 xi-xii 页)。虽然列斐伏尔和哈维等人促进了马克思主义与地理学和城市问题的紧密结合,并将"空间的生产"发展为一种较为系统的理论,从而引起了许多社会科学学者对空间的关注;但是城市问题却并未引起他们的真正重视,如著名社会学家桑德斯(Peter Saunders)和吉登斯等都不太看重资本主

---

[1] Lefebvre, H. *The Production of Space* (Translated by D. Nicholson-Smith). Oxford: Blackwell, 1991. (Original work published in 1974).

[2] 戴维·哈维:"列斐弗尔与《空间的生产》",黄晓武译,《国外理论动态》,2006 年第 1 期。

义城市化问题（第 xvi 页）。因此，哈维指出，"通过聚焦于城市化，我并不想把它当作一个与'资本主义是什么'分离的、理论化的特殊分析对象。正如马克思所强调，资本不是物而是一种过程。研究城市化就是研究资本主义通过自然和社会景观以及意识形态的生产而展现自身的过程。研究城市化不是研究一种法律和政治实体或者加工物。它（城市化）关乎资本循环的过程，劳动力、商品和货币资本的流动，生产的空间组织和空间关系的转换，以及信息流动和基于领土形成的阶级联盟之间的地缘政治冲突，等等。"（第 xvi-xvii 页）

二、《资本的城市化》的主要内容及其架构

《资本的城市化》一书共分八章，其中七章都是来自于已经发表但经过重新修订的文章。经过修整的各章节内容逻辑严整，既结合为一个整体，也可以相对独立地看其中任何一章。前七章分别从理论重构和具体阐述两个层面，阐述了资本城市化的形成过程和作用机制；最后一章为总括论述。另外值得注意的是序言部分，哈维在对马克思主义空间维度欠缺和对当时社会学者不重视城市问题进行批判的基础上，特别强调了写这本书的目的和意义，也就是将城市化与资本主义生产结合起来并当作同一过程进行考察，这是哈维写作此书的一个总体思路和方法。

第一章和第二章是哈维论述的重点。他深入发掘了马克思关于资本运动的理论，并延伸和拓展了资本理论的空间内涵及其与城市化问题之间的关系，最终形成一个资本城市化的理论框架。第一章侧重于提出一个资本主义城市化的分析框架，从资本主义的两大矛盾入手（单个资本家与资产阶级之间的矛盾，劳动者和资本家之间的阶级斗争），总结马克思关于资本运动三次循环导致资本过度积聚的法则，进而分析资本集聚、阶级斗争与城市化之间的关系。第二章则继续阐发这种资本集聚的地理学，并试图以此重构马克思主义理论。哈维主要是从资本投资促使交通运输产业发展从而使得"时间消灭空间"（annihilation of space by time），国外贸易产生新的国际分工和资本主义世界性的危机，这种危机的地理特征以及解决方式的"空间修复"（spatial fix，指资本趋向高利润、低成本的外围地区从而缓解其内部危机的现象）三个方面分别阐述，最后将它们进行综合。

第三章到第七章主要围绕资本主义的地租及其所导致的阶级斗争、不平衡发展的地理过程中的城市政治、规划和规划中的意识形态三方面问题展开论述。首先阐明了垄断地租、金融资本和城市革命的关系，接着对资本主义地租的实质进行了分析，并阐述了

居住分异与阶级结构的关系；其次分析了资本主义在劳动力市场和技术上的竞争所引起的阶级联合和冲突，从而使城市成为资本主义地理不平衡的一个重要单元；最后从规划者与城市规划的角度，论述城市规划成为国家统治的工具，从而成为意识形态的规划的问题。

第八章标题与全书标题一致，为总括的一章。首先分析资本主义生产模式下的城市化生产过程，接着论及城市、剩余和资本主义城市的起源以及这种城市化的产业型式，从福特制到凯恩斯主义下的城市在剩余吸收上的特点，以及向后凯恩斯主义转换过程中城市剩余生产和吸收之间的平衡，最后对资本城市化进行了总结和展望。

三、《资本的城市化》要点

《资本的城市化》内容复杂抽象，要透彻地理解它，需要具备马克思主义政治经济学的基础知识。对不熟悉马克思主义政治经济学的读者而言，认识并把握该书的核心和要点，是对它有初步了解，并深入和细致地理解整个理论体系的首要一步。从资本城市化的过程和动力机制分析中，哈维力图论证的主要观点如下：

（1）城市化是资本主义的一个重要组成部分和发展过程。

在《资本的城市化》中，哈维的主要目标是从马克思主义角度剖析资本城市化的过程和机理。他并不是将城市化单独列出来或就城市化而论城市化，而是通过分析资本运动及其引起的阶级和意识形态的相应变化来阐述这一问题（这本书主要关注了资本与阶级两方面），所以，他从这个视角和方法看待的城市问题既不同于那些不太注重城市问题的社会学家，也不同于只关注城市问题本身的学者。一方面，只有从资本主义社会关系空间生产的前提出发，才能理解资本城市化和地理发展不平衡等问题的实质，并进行理论重构（第61页）；另一方面，从空间角度看待城市化与资本主义发展之间的关系，资本主义的城市化具有其他社会所不具有的特点（第221页），而且，"资本主义再生产必须通过城市化才能实现"（第222页）。

（2）资本城市化是资本主义空间生产的产物。

哈维秉承并发扬了马克思主义关于资本主义发展不平衡的理论以及列斐伏尔的"空间的生产"理论，从城市这一主要地域单元出发，论证了资本主义必须通过空间的生产才能存在和延续的核心观点。由于高度发达的资本主义国家已经通过城市化逐渐减小甚至消除了城乡差距，而且"实际上，大量的资本流向环境建设（built environment，指对基础设施和物质环境的建设）和绝大多数各种各样的社会消费被吸收的地方，这种地方就叫'城市'"(第14页)。所以,城市成为资本主义空间问题的核心。哈维对城市(化)的研究表明,资本主义通过对空间的掌控或者"以时间消灭空间"而使其延续和发展,最终形成以城市为主延伸到区域—国家—全球的空间生产体系。

(3) 资本城市化是资本集聚和阶级斗争互相交织的过程。

正如哈维在第一章开篇所言:"在资本主义框架之下,我从(资本)集聚和阶级斗争两个主题对城市发展过程进行解释。这两个主题互相关联形成一个整体,是同一硬币的两面,是我们观察资本主义整体活动的两扇窗户。"(第1页)在此基础上,哈维借助马克思关于资本三次循环(circuits of capital,分别是资本对生产和消费资料,基础设施和物质环境,科教文卫和福利三个层次的投入)的理论,对资本城市化进行了具体剖析。他指出,资本第二层次的循环是城市发展变化的决定因素,也就是,城市的地理位置和资源、土地及其之上的建筑物等基础设施可以不断地为资本创造价值,而房地产和土地投机给私人资本带来丰厚利润,吸引了更多的过剩资本进入次级循环;当城市中心商业区利润趋于饱和时,资本开始投向郊区豪华住宅区的建设,这导致中产阶级的郊区化和城市中心区(低收入阶层聚集区)的衰落,于是城市化就成为资本积累与阶级斗争矛盾作用的过程。

(4) 资本城市化形成的矛盾不可调和。

资本主义所采取的"空间修复"和"以时间消灭空间"的做法,"并不意味着空间变得无足轻重,相反,它引发了空间以什么方式和怎样被利用、组织、创造和支配以适应非常严格和暂时的资本循环的需要"(第37页)。所以,资本城市化不但不能从根本上解决因为过度积累而形成的经济危机,反而会使经济危机的规模更大,并发展成为一种从城市到整个世界的危机。这归根结底是由于两个矛盾:一是资本主义只有通过空间的生产才能征服空间,另一个是可以通过"空间修复"解决资本主义的内部矛盾(第60页),"但是在这样做时,资本主义只是把它转移到了更广的外围地区并且加重了这种矛盾。所以,资本主义寻求解决内部矛盾而进行'空间修复'的动力越强,它通过空间的生产而克服空间的矛盾就越深"(第61页)。资本主义城市化的矛盾不能在根本上得到解决。所以,在全书的结尾,他特地引用了《社会正义与城市》结尾的语句:

"一个真正的城市化还没有产生。它需要用革命的理论勾画一幅蓝图,来实现从以剥削为基础的城市化到适宜人类的城市化。而且它需要革命的实践来完成这一转换。"(第226页)

最后,哈维告诫:"如果不面对资本城市化和它的后果,任何朝向社会主义的运动都必将失败。正如资本主义城市的兴起对维持资本主义是必要的一样,一种社会主义城市化模式的建设对社会主义转换也是必要的。考虑社会主义城市化的多种路径将发现可供选择的一条道路。这是革命的实践必须完成的任务。"(第226页)。

在《资本的城市化》一书中，哈维成功地将马克思主义应用于地理学和城市（化）问题，演绎出城市空间组织和结构是资本生产的需要和产物的总结论，揭示了资本主义城市化是资本集聚和阶级斗争矛盾作用的过程的实质，并将其延伸到对整个资本主义政治经济的批判和分析，从而发展了马克思主义关于地理和城市的理论。该书也成为马克思主义地理学和新马克思主义城市学派的代表作。哈维对"空间的生产"这一理论武器的运用和发挥，更使其卓有成效地补足了马克思主义在城市问题和空间维度上的缺憾，从而极大地丰富了城市空间生产理论的内涵。将个别城市以及城市的个别现象上升到普遍的城市化问题（资本主义空间问题的焦点），并从历史过程（时间）与资本（资本主义物质形式的集中体现）运动相结合的角度予以阐发，这意味着哈维建构了一个三位一体的"历史—地理唯物主义"。这部著作也是哈维的"历史—地理唯物辩证法"应用于城市化的具体体现。哈维的理论也遭到一些批判，比如，女性主义地理学家批判了哈维的马克思主义视角不能反映真实的或杂乱无序的现实世界，因而不能协调各种差异等[1]。作为一个马克思主义者，哈维的理论对社会主义国家更是有着重要的借鉴意义。中国地理学家对马克思主义地理学和新马克思主义城市学派尤其应该予以积极的关注和研究[2]。

（叶　超）

---

[1] Noel, C. David Harvey. In Hubbard, P., R. Kitchin, and G. Valentine eds. *Key Thinkers on Space and Place*. London: SAGE Publications, 2004, 186.

[2] 叶超、蔡运龙："激进地理学的形成与演变"，《地理科学》，2010年第1期。

约翰斯顿

地理学的未来（1985年）

一、背景

《地理学的未来》[1]是罗恩·约翰斯顿[2]的代表作之一，包含1篇导论和17章，标题分别是："导论：探索地理学的未来""自然地理学与自然环境科学""地理学的整体论途径与还原论途径""地理学既不存在也无未来""地理学视角的价值""作为一种科学事业的地理学""地理学的科学方法""关于人文主义地理学的论争""现实主义与地理学""个体行为与政治权力：结构的视角""空间分析有何空间？""数量化与关联性""服务社会的地貌学""认识和预报自然世界""地理学的自我映像是否使你盲目？""地理学与基础教育""地理学、文化与自由教育""走遍天涯海角"。

约翰斯顿在该书的导论中开篇就指出，一个健康的学科就像一个健康的社会一样，必须时刻把自己放在显微镜下经受检视和批判。本书就是关于地理学思想、概念、哲学、研究内容、研究方法、科学地位和社会地位等方面的反思和争论。下面介绍最后一章，该章原来的标题是"走遍天涯海角"（To the Ends of the Earth），是全书的结论部分，可以看成是对实证主义（人文）地理学的一种反思和对复兴区域地理学的期待。

二、偏离主题的地理学

1. 离题

地理学是对地球的描述。作为一门科学，它的起源和早期发展反映了19世纪获取有关地球表层上极其多样环境、人民和地方的信息的兴趣。它在某种程度上为商业冒险

---

[1] Johnston, R. J., eds. *The Future of Geography*. London and New York: Methuen, 1985.
[2] 对约翰斯顿的简介见本书"约翰斯顿：空间中的秩序"一文。

的需要服务，但在更大程度上是为了满足受过良好教育之富有阶级的好奇心。现在，这种好奇心莫名其妙地消失了，它（尤其是在人文地理学中）已被一种对假想普遍规律的关注取代。这种规律是人对环境、空间、地方和人民的反应，却忽视了自然与人文的多样性，而正是这种多样性构成了地球表层压倒一切的特征。地理学者这种取向的转移是目光短浅的，也是有害的。紧迫地需要重新激起对于地球上所有部分的地理好奇心，这并非出于片面的窥视癖理由，而是因为，如果没有一门重要的教育性和学术性学科来揭开它为之服务的社会的面罩，那么对世界的认识甚至于世界和平都将比现在更为危急。

地理学者，特别要指出不仅是人文地理学者，在最近几十年里已变得心胸狭窄又目光短浅。他们的眼睛对天涯海角已不屑一顾，他们的注意力只是集中于自己的国家和区域。当然，这种说法不仅针对英国和北美的地理学者，也可以针对其他国家（但西德看来不属此列）那些语言、文化背景、学术联系及哲学基础上与我们有共同之处的地理学者。

英国和北美的地理学已持续好几十年脱离了与大部分世界的紧密联系。外国区域研究正经历从繁荣到萧条的转变。例如，英国地理学家协会有18个研究组，其中无一关注地球表层的任何特定区域。同样，美国地理学家协会有35个专门组，其中只有五个关注地球表层的特定部分（非洲、亚洲、加拿大、拉丁美洲、苏联和东欧）；全部专门组有5619个成员，但那五个专门组只有420个。最近对该协会作了一次"区域精通"情况的调查，结果显示其5474个成员中有3000个对国外有兴趣。

以上材料似乎有点矛盾。一个可能的解释是：虽然很多地理学者都对关于海外国家的教学有兴趣，尤其是在北美万金油式的大学课程背景下，但研究兴趣却要小得多。分析一下发表的文章就更清楚了。最近对美国三家主要杂志《美国地理学家协会年刊》、《经济地理学》和《地理学评论》的分析显示，1960—1964年论述外国区域（不包括加拿大）的文章占49％，而在1978—1982年只占24％；1980—1983年的美国地理学家协会年会上，只有13％的论文论及外国区域。由此可以得到一个结论：美国地理学者们对他们的工作有一种"危险的狭隘关注"，他们相信地理学应探索各种与特定地方无关的模式。而在英国地理学者中，关注海外研究的百分比看来一直很低。对《英国地理学家协会会报》的分析显示，在1963—1965年，所发表的论文中有26％关注非英国的地区；十年后（1973—1975年）这个比例变成了18％，而最近期间（1981—1983年）为17％。有人把英国海外研究倾向的衰落大部分归咎于经费不足和缺乏机会，但这仅仅是部分原因。显然，这种衰落在很大程度上反映出"在理论和实践中鼓励普遍性，区域所显示的特殊性在这里是毫无用处的"。

追随着研究兴趣，教学计划尤其是大学的教学计划也表现得明显脱离外面的世界。

30年前，大多数英国大学地理系都提供广泛的区域课程，它们涉及世界的很多地方乃至全部；在某些系里，区域课程是必修的，尤其是在大学课程的最后一年。那时认为区域研究综合了各种系统研究，并赋予地理学在科学中的特殊作用。可是现在的区域课程已很少了，而必修的区域课程——尤其是研究外国区域的课程——更是几近于无。地理学者脱离天涯海角，造成目光短浅，这可能导致排外症的发展。地理学以其学科历史之光辉，在教育人民成为世界公民方面一直起着某种先锋作用，并揭示了环境状况的多样性。但学术上的脱离已经伴随着教育上的脱离，尤其是在至关重要的中学和大学层次上。地理学不再扮演其传统角色了，大学、专科学院也不再培养长于解译外国事物的毕业生了，中学教育的性质也因此变化了。更有甚者，由于学术训练对学校课程的支配力量，教学大纲也被改写，使这种地理短视得以制度化。学校的地理教育再也不为世界社会的生活提供知识基础，相反，它认为世界是少数几条简单地理规律的一连串实例，每一个人都像我们一样。

2. 我们为什么会离题？

当远游的能力已显著增强，当世界已迅速地组合为大经济集团和政治集团，当对世界和平和生存的威胁空前危急，这时却发生了这种向狭隘本土的撤退，这岂不荒谬？那么，我们为什么会离题呢？我们用什么来取代我们的传统关注呢？近几十年来，关于区域地理学的衰落已提出了各种各样的解释。有些人归诸区域地理学实践的贫困，另一些人则归诸于系统研究的吸引力，一些国家对海外研究的财政、后勤支持已大为减少（虽然现在跨大西洋的相互作用空前繁荣），而地理学重点已发生了某种重大转移。

当代（即20世纪60年以后的）人文地理学以系统研究为特色，很少有人以构建特定地区或国家各种地理要素的详细知识为业。其实他们的大多数工作都继承着传统（即1920—1960年间）区域地理学的经验主义传统，其重点在于观察。但是那种区域地理学是例外论的，强调每个地方的独特性；而当代地理学却是实证论的，强调普遍性，认为行为服从因果关系普遍规律的作用，而这些规律的性质可以通过与经验证据相对照的假设检验过程来鉴明。在这种背景下，人文地理学者们就把他们的注意力集中在空间行为和空间分布的规律上。

这种对规律的实证主义关注加强了目前绝大多数地理研究的基础。甚至在这种关注并不明确的场合，也常常把特定情况的描述解释为可推断过程的案例研究，并用作概括其他地方乃至全世界的基础。在那些非常向往能把人类行为囊括在几个方程和模型之中的社团里，这种实证主义方法非常显著。

实证主义模型是从自然科学中引入人文地理学的。它含有强烈的普遍性原理：在一个地方观察到的行为被设想为所有行为的范式。虽然这作为研究自然和生物（非人文）科学的基础无可非议；但它对于研究具有深奥文化和历史、智慧生灵决策的人类社会是否贴切，却是大可置疑的。然而它却充斥于学科文献，特别是作为大、中学教育基础的教科书。系统人文地理学教学围绕着与空间行为和空间组织有关的普遍性论题建立起来，而用以说明这些论题的"有关"实例来自何处则完全无关紧要。很多作者一直认为英国的情况与北美的情况并无不同，以至于多年来城市地理学的文献总是假设：适用于芝加哥、塞达拉皮兹和多伦多者也必定适用于其他任何城市，北美城市地理学的课本中居然包括了英国的实例！如果也能找到非洲或亚洲的实例来说明普遍性论题，也总是照引不误。

自然科学的教科书都明确地指出普遍性原理。这些教科书解释已被接受的理论，介绍其成功的应用，并将这些应用与典型实验加以比较。换言之，这些教科书限定研究范围，总结出什么东西已知（什么疑问已经解决），什么疑问还有待解决，释疑过程是如何进行的。这种总结在人文地理学中通常意味着我们的知识和方法都具有普遍性。之所以如此，主要是因为接受了实证主义哲学；也由于受到唯利是图的出版商的鼓励，出版商要求尽可能大的市场，因而鼓励作者写作适用于一切地方的书。但从某种意义上看，这些书却什么地方都不适用。

这种普遍性假设近年来已日益受到持各种哲学见解的地理学者的批评，他们认为这种方法没有道理。他们希望促进的是另一种学科，它承认并重视人类对不同环境、空间、地方和人民之响应的多样性，它把世界表达为不同地方的一种复杂镶嵌而不是某些普遍性行为模式的一系列实例。但他们还是少数派，实证主义方法仍然支配着研究文献和教科书。

3. 离题、不成熟和不祥之兆

如果不重新回归世界的复杂性和多样性，那么地理学者们对这个世界的最终崩溃是要负责任的。这个论点以如下信念为根据：实证主义人文地理学中的普遍性原理所增进的并不是知识，也不是信息，而是无知，尤其是对国土界线之外世界的无知。作为这种方法之核心的空间行为和空间组织模型，都假设每个人都像我们一样，或应该像我们一样；如果他们不像我们一样，那他们就是反常，因而应受"教育"以改正他们的错误。这样，对于构成世界地理之文化和其他镶嵌物的多样性，我们不是从意识上消除了，就是把它篡改了，产生一种"他们和我们"的"纯化"印象，这就使形势两极分化并激化了冲突。

在里查德·申勒特的《无序的作用》[①] 一书中，这种"纯化过程"是其分析城市冲突之原因的核心。各种个人和社团都领悟到需要同一性，需要一种自我形象。在创造这种自我形象时，也创造了"他人形象"，这就强调了"我们和他们"之间的不同。这已成为一种重视组内共同性和组间差异性的刻板化和标签化过程：一个人要由他或她在某一特定的刻板组织中的成员资格，而不是由他或她本人的特征来鉴定。

申勒特把这种刻板化过程与青春期和个体的不成熟联系起来。他认为青春期一般都以"彷徨和探索"为特色，但同时也包含着"逃避未知棘手经验的策略，从而导致要求纯洁和一致的愿望"。我们企图把一种一成不变的秩序强加于我们的生活，限制我们个人的自由（并通过我们团体和社会的认可也限制我们同伴的自由），以避免"生活中未知的因而也是具有潜在危险性的经历"。此外，为了创造自己纯洁又一致的特性，我们就把自己与他人疏远开来，这就为冲突创造了条件。这些都是以无知和成见为基础的。

申勒特应用这种青春期纯化同一性的模式来分析城市社区中的冲突问题，特别涉及美国1968年夏季的种族骚乱。他认为，社区中的各团体都通过疏远过程（尤其是城市居住区格局的创造过程）来避免与其他团体接触的潜在不愉快经历，因而也逃避接触未知事物，代之以常常是既消极又错误的印象。这样，人们就共同行动起来创造一种公认的纯化同一性，以避免经历其他同一性时有可能产生的混乱。

"人们描绘出一幅他们自身的图画，把他们全体捆绑成具有一套限定的好恶和目标的一个人……经验的框架崩溃了，为了创造一种一致的集体同一性，社会生活中全部形形色色的经验都被缩合为一。"这种同化理想的结果是：纯化团体之外的参与没有了，各种差异之间的对抗也消失了，由于拒绝任何交往或由于固执其一致性，各种异常的事项也被抑制了，却助长了可能逐步升级为暴力行为的冲突。

"由于共同之处而使其内的人们感到相互关联的那些团体，实质上也是两极分化的。当问题在团体之内或之外产生而又不能按常规过程解决时……他们就感到团体的存在处于危急之中……团体中的人们只是为了避免恼人的经验、无序的对抗，就产生了他们是一致的感觉……对他们自己生活中的无序如此缺乏忍受力，自我封闭又使他们对无序如此缺乏经验。在这种情况下，社会张力的爆发就势所必然，侵略、暴力和报复这样一些极端手段似乎不仅是正当的，也是维护生存所必需的。"

申勒特的论述涉及城市中社团的两极分化，涉及在如此分离的地域结构内创造的纯化同一性，涉及对其他社团成员的成见和对"他人"消极方面的挑剔，还涉及在各社团进入接触和冲突时所产生的反作用力。这种疏远助长了居住区的分离，分离又加剧了黑

[①] Sennett, R. *The Use of Disorder*. Harmondsworth: Penfuin Books, 1970.

人与白人间的相互恐惧，美国城市社会中财富分配的不公平使这两个集团发生冲突和暴力，最后导致 60 年代美国城市的种族骚乱。按照申勒特的意见，解决的办法是消除纯化的同一性，并由此促进接触与和解。其途径是创造出不是以纯化的社团而是以无政府式的无序为特征的城市。"具有多样化集团的生活经验是有其机能的。由于人们每天都看见如此众多的形形色色的人，敌人的形象也就不清楚了。"

申勒特的分析可应用在更大的空间尺度上，虽然不能照搬其解决办法。民族国家的产生就曾经是一种制造纯化同一性、助长"我们"的感觉并强调我们与"他们"之区别的一种尝试。"他们"被看成是威胁，是一种共同的危险，"我们"必须防御"他们"。近几十年来，这一点已不像东西方关系的"冷战"时期那样明显了，那时铁幕两边的每一个大集团都把对方描绘成敌人，描绘成对民族同一性和国家安全的威胁，这种局面在各种地区规模上都会发生。世界人文地理就是相互不信任甚至相互敌对的若干国家和地区的拼盘。加剧这种对抗会导致暴力行为，暴力行为持续下去则是两败俱伤。

这里不讨论申勒特对城市尺度上此类问题的无政府式解决办法。需要有另外的机制来打破纯化同一性，来消除不信任和恐惧并代之以和解与相互尊重。为此，我们需要信息和理解，我们必须懂得人类的多样性，接受它并与它共存，而不要企图以抹煞所有的差别来作为一种消除潜在威胁的手段。

在国际尺度上，寻求调解对抗时也会有类似过程，有时是通过公开的"穿梭外交"进行的。但是在问题已经产生时才试图解决问题，并不能防止问题的发生。如果能打破目前的这种愚昧的障碍并使各社团（国家的、区域的和地方的）更加互相了解，那么就有可能防止问题发生。对于这个根本的社会任务，人文地理学可以发挥极其重要的作用。它必须增进知识、理解和信任，必须自觉地呈现出世界的全部多样性。地理学是实现国际理解和世界和平的主要教育途径。

三、怎么办？

1. 避免两种陷阱

地理学存在的理由在于增进对构成当代世界之文化多样性的鉴赏；在于揭示多样性文化作为对环境、空间、地方和人民的特定响应，在每一社会中是如何演化过来又将如何演化下去。所有教育层次上的学生都不应被剥夺经历（虽然常常是间接地）这个世界大拼盘之丰富性的权利，也不能给他们留下这样的印象："我们"总是正确的，某些人跟我们一样因而也是正确的；而另一些人则有不同的行为，这是错误的，应该改正他们的错误。为了增进这种活生生的知识，应当鼓励研究人员去探索地球的多样性并予正确评价，而不是把这种多样性约减成克里斯塔勒和冯·杜能[①]的当代实例。

这并非主张地理学成为旅行见闻录，更不是要倒退为备受指责的"呷湾地理学"及其继承者"传统区域地理学"。最近的文章中已出现这种倒退的主张，这些文章虽然有合理的动机，但并没有为复兴区域地理学提出明确的观点，所主张的只不过是回复到例外论传统。例外论是地理哲学连续统的一个极端，而实证主义是另一极端，后者主张一切事物都有普遍性，前者主张任何事物都无普遍性。通常需要持一种中间立场。

这种中间立场必须以一种既增进理解又不会误入某些陷阱的方式，把普遍性与特殊性结合起来。那些陷阱中为首的一个就是独特性陷阱。按照这种观点，每一个区域——有其环境、文化、经济、政治和社会特征的集合——都被表达为一种独特的现象，只有如此才能认识它。拿其他地方来作类比是不合适的，不存在到处适用的普遍规律。因此，每个区域都有其自己的专家而无需多面手。与此相对的是普遍性陷阱，它把每一个区域的特征都表达为几条普遍规律的某种特定组合的结果，其他地方虽然不会表现出同样的规律组合，但通过首先鉴定普遍规律然后鉴定规律的特定组合如何形成（后者本身又可能是"较高层次规律"的结果），就能够获得对每一个地方的认识。

要避免这两种陷阱，就要把每一个地方和区域看成是"特殊"[②]的，看作是对普遍性过程的个别响应的产物。这种响应由个别或集体起作用的若干自由动因造成。它们响应的过程是普遍性的，但对它们的解释却是个别的。这种响应不会进入无准备的过程。整个社会化过程提供了一个背景，在这个背景下各种过程都可以得到解释，明显的响应可以鉴识；响应本身又成为将来社会化背景的一部分，为各成员行动于其中的局部社会增加基础。

在当代世界，大多数地区的普遍性过程都与资本主义生产方式的运转相联系。这为个人和社会的日常生活提供了一个唯物主义基础，它由聚积财富（通过售出物品和服务获得利润）的需要所驱动，并建立在（少数）财富聚积者与（多数）劳动力出卖者之间冲突的基础上。资本主义社会的整个运行就是围绕着这种规则及其基本人口的阶级分化建立起来的。

虽然对资本主义生产方式的某些解释掉进了普遍性陷阱，但它并不是一种决定论机制。各种代理人对其规则作了多种解释，在资本主义社会的性质方面——即作为国家、

[①] 指克里斯塔勒的"中心地理论"和杜能的"农业区位论"。
[②] 这里的"特殊"（unique）与前文出现的"独特"（singular）是有区别的，作者在另一篇文章中有如下解释："独特现象是不能用任何普遍原理来说明的；而特殊现象则由若干普遍原理特定的相互作用所引起，因而可以通过认识这些普遍原理并认识它们如何在那一特定场合中结合起来而加以说明"。

地区和地方特征的个别社会构成方面——提出了众多变种。这些解释都铭刻在社会的记忆里，作为其文化的一部分，并提供了一个使未来的决策在其中社会化的背景。这些解释也被当作企望，形成一个既限制社会构成的演化又使决策得以作出的关联域。

地理学的目的，是要按世界的全部多样性促成对社会构成的正确评价。但绝不能落入独特性陷阱，绝不能专注于我们所选定社会的独特性而不去鉴识它们与普遍过程的关系。因此，我们的工作必须包含两个主要因素：(1) 对资本主义生产方式（或其他有关生产方式）普遍过程的理论鉴识；(2) 对特定社会构成的经验鉴识。只有把这两者结合起来，我们才能增进对世界的认识；没有前者我们就掉进了独特性陷阱，没有后者我们就被诱入普遍性陷阱。对背景的鉴识至关重要，任何社会构成都有其历史和文化，如果要认识当代社会，就必须全面地鉴识其历史和文化。

并非所有的社会都是资本主义社会，其中有很多是建立在前资本主义基础上的。也必须认识这些生产方式。例如，在很多情况下，过渡到资本主义的初始背景都是由前资本主义社会构成所提供的，而这个背景已向当代社会构成及其前景迈进。今天，有一些社会企图挣脱资本主义生产方式，并建立社会主义生产方式。这种方式在其特征上也是一地不同与一地的，对其规则的解释反映出不同的地方特点，各种解释都受当地的前社会主义背景制约，也为该社会与其他社会的联系所决定。

为了促进这里所主张的此类社会认识，地理学者们在其方法上必须能够兼收并蓄，吸收多学科的养料来丰富自己。他们的理论鉴识需要密切注意政治经济学尤其是历史唯物主义，他们的经验鉴识要求仔细研究所要分析之社会的历史、文化和体制。他们的兴趣可能使他们专注于个别的行为，但一定要把这些行为置于某种关联域内，而且要避免独特性陷阱。或者他们会企图对很多个体的聚集行为加以普遍化，那么统计方法对此是理想的描述手段，但绝不能把此类描述解释成规律以致导致普遍性陷阱。为了鉴赏特殊性，可能会需要多种多样的方法论。但是要避免错误地把这些方法论与哲学联系在一起，例如把数量化与实证主义联系在一起，个别研究与理念主义联系在一起。

2. 结论

在某些场合无知可能是福。在目前世界和平受到威胁的情况下无知却是危险的，它导致基于错误成见的糟糕决策。由于决策人将别人的情况过分简单化，形势常常会弄得更糟。这是一种不成熟的表现，是一种不愿面对并适应世界复杂性的表现。不能适应就常常发生冲突，而冲突的结果又常常是一方灭亡，下一次冲突则很可能导致全体灭亡。

为了促进适应，我们必须增进理解，我们必须正确评价其他地方人们的所想所为。为此我们需要地理学，但不是实证主义传统的那种枯燥无味的、没有地区的地理学，也不是例外论传统（包括其近来的理念主义继承者）的那种窥视癖的、没有结构的地理学，更不是那种排斥个人行动自由的机械论地理学。我们需要一种地域地理学，它建立在一定的关联域基础上，它将决策者置于其历史上产生的文化环境（包括对自然环境的态度）中，置于其生产方式的规则中。这必然是我们教学的基础，因为若没有这个基础所能产生的理解，我们社会的未来是很危险的。

有多少代地理学者曾经被吸引到天涯海角去，我们这一代却使自己摆脱了这种诱惑力。地理学若要成为一门恰当的学科就必须扭转这种变化。我们必须教育世人懂得世界，消除短视，反对排外，并通过相互理解和相互尊重来促进和平。世界是属于我们的，但如果我们不能推进对它的彻底研究，世界就不可能属于我们。

（蔡运龙）

刘易斯

超越描述（1985年）

皮尔斯·刘易斯（Peirce Lewis，1927— ），美国地理学家。获艾尔比奥学院（Albion College）哲学和历史专业最优等（Summa Cum Laude）拉丁文荣誉学士学位、密歇根州立大学地理学硕士和博士学位。1958—1988年任职于宾夕法尼亚大学，现为该大学荣誉退休教授。他在美国的自然和人文景观研究，特别是城市和乡村生活景观研究方面造诣深厚。因在景观和历史、文化地理方面的成就，他于1985—1986年任美国地理学家协会主席，2007年获得美国地理学家协会颁发的终身成就奖（Lifetime Achievement Honors）。其代表作为《新奥尔良城市景观的塑造》（*New Orleans: The Making of an Urban Landscape*），以及"移动的景观"（*The Landscapes of Mobility*）等论文。

"超越描述"[①]是刘易斯就任美国地理学家协会主席的演说辞。历年的主席致辞风格多样，所强调的内容与方向不尽一致。许多主席致辞因为反映了当时具有代表性的地理学家的观点而成为经典论文。在"超越描述"中，刘易斯以切身体会为例，针对地理学家、公众、地球之间的关系进行了论述，着重强调了准确、生动的描述在地理学研究和应用中的作用和地位，并对未来地理学家的教育提出建议。

一、地理学、公众和对地球的热爱

作为一名职业地理学家，刘易斯以自己能够追寻并帮助别人理解地球的奥妙而感到自豪；但是，令地理学家一直很烦恼的是，美国公众有许多"地理盲"，如学生们甚至不能在地图上找到欧洲、中国和加拿大（第465页）。"地理盲"现象由来已久，地理学家为纠正它付出了很大的努力。

[①] Lewis, P. Beyond Description. *Annals of the American Association of Geographers*, 1985, 75 (4): 465-478; 内引此文，只注页码。

尽管美国公众（其他国家的公众也大体类似）对地理学认识不足，但他们都认为地理学很重要，只是他们的认识限于初级层次（比如地名、国家地理杂志等），而对学术的或专业的地理学知之甚少。实际上，大学普遍设置了地理系或地理专业，许多地理学家也受聘于政府和商业部门，地理工作不但有用而且卓有成效。那么，为什么公众对地理学不理解，不能认识到地理学家工作的重要性呢？在地理学家回答这个问题之前，应该先问一下：什么是公众合情合理的要求以及职业地理学家应当如何去满足它？（第466页）

刘易斯认为公众的需求主要在于对地球表面的生动与准确的描述，而这种描述是学术地理学的核心，这种描述的传统源自古希腊地理学家（第466页）。对自己生活的地方之外的兴趣是人的天性，所以正如哈特向所说，"人类对视野以外的世界（这个世界与本国具有不同程度的差异）的普遍好奇心是所有地理学的基础"[1]。但刘易斯并不是单纯地"回归"以前的区域描述学派，而是强调了描述应该是热情而具有目的性。

精彩的描述来自于对研究对象——地球的热爱。刘易斯认为，地图情结（cartophilia，对地图的喜好）和恋地情结[2]（topophilia，对地球或归属地的热爱）是杰出地理学家的共性。就地图情结而言，刘易斯从小就是一位地图爱好者，他不仅爱好真实地图，而且还在头脑中想象、虚构一个"岛国"的地图，可见其痴迷的程度。正是对地球的热爱，使得地理学家本能地把地理学与特定时空等同起来，科学地考察地方（第468页）。刘易斯以自身的经历将地理学家对地球的热爱娓娓道来，这种热爱一方面来自地理学家作为空间地表系统研究者的职责，另一方面来自地理学家对瞬息万变、纷繁复杂而可描述的地球以及独特的人地关系的热情。据此，刘易斯建议地理学家从公众感兴趣的和想要知道的地理问题出发，向他们描述地球（第469页）。

二、地理学的描述

精彩的描述不仅能产生美学或艺术的效果，而且富有学术性。出色的艺术描述使人产生感情共鸣，出色的学术描述启人深思（第469页）。这是面向大众进行地理描述的目标。

---

[1] 理查德·哈特向：《地理学性质的透视》，黎樵译，北京：商务印书馆，1963年，第16页。
[2] 这个词为段义孚所发明，用来说明人对于地方的认识建立于主体的经验和情感之上，而非冷酷无情的非人化空间；刘易斯借用这个术语强调地理学家对地球现象的热爱是他们从业的一个重要条件。段义孚的主要论述详见 Tuan, Yi-Fu. *Topophilia: A Study of Environmental Perception, Attitudes, and Values*. Englewood Cliffs: Prentice Hall, 1974.

1. 打动人心的描述

打动人心的描述，是美学或艺术描述的要求，这意味着地理学家应该生动、清晰和具有美感地向大众描述他们希望和需要知道的地理事实。但是，较之一个世纪以前，地理学家能够用诗歌和画作描绘地理现象的状况，现今的大多数地理学家很难胜任这种艺术水准的要求（第469页）。大多数影像制作者是地理盲，导致反映地理内容的电视和节目非常缺乏，因此，学会使用电视等媒介手段将有助于地理学家向公众描述和介绍他们的工作。

工具的开发和改善有助于地理学家的描述向公众传播。其中。地图，尤其是计算机辅助制作的三维或多维地图，不但美观而且实用，起到了更佳的描述作用。遥感技术使地理信息成为系统，未来技术的提高不但能使地图的美学功能增强，而且能满足人们丰富多样的需要（第470页）。

刘易斯指出，"地理学需要描述，它是必不可少的，就像其他科学一样。但是，不论是文字的还是地图的甚或影像的描述，它们应该像我们能够亲自制作的那样方便宜人。这就不能仅限于美学的功能。因为我们的任务之一是讲给公众听，所以我们要想抓住他们的思想的话，最好也同时打动人心。"（第471页）

2. 启人深思的描述

描述是首要的。尤其在面向公众时，首先得向他们生动清晰地说明地理现象。但是，学术地理学还担负着解释的重任。因此，要"超越描述"。比如在描述清楚一个地理区位的特征与影响之后，我们还应该继续解释产生这种特征、作用和变化的原因。刘易斯认为，面对公众对地理事件原因的无知，"现今美国地理学家最重要和最具挑战性的任务是：劝服公众，并使其明白提出恰当地理问题和得到可靠答案的重要性。如果一个人要判断国外的事件，特别是那些不为人知的区域的情况，地理学工作和事业将具有至关重要的作用"（第471页）。

3. 讲给大众

向大众讲述并说服他们接受地理知识的工作不是一件易事。为此，刘易斯提出了如下建议（第472页）：

首先，依靠地理学家团体或组织（如美国地理学家协会）开展大范围的讨论，群策群力，在政策制定、青少年地理学教育和培养、利用媒体手段说服大众接受地理知识等方面，发挥地理学家群体的作用。

其次，增强地理学家的个体能力和水平，通过各种途径，使地理学对普通公众具有可接受性与吸引力。如通过用公众能理解的语言去写地理科普著作，如同历史学家、经济学家等写的大众文章一样；又如在期刊、报纸等媒体开设专栏，普及地理知识和科学。总之，平实而优秀的大众作品把地理学与大众紧密相连，并成为教育他们的良好形式（第472页）。

三、青年地理学家的教育

"确保地理研究持续繁荣的一个途径就是着力于未来地理学家的教育"（第472页）。在地理研究者的教育问题上，刘易斯提到并高度评价了著名文化地理学家索尔的经典论文——"地理学家的教育"。在此文中，索尔对地理学家和地理学充满希望，并主张一种开放的、自由的探索精神，认为地理学的非专业特性是合适的，地理学家整体的兴趣并不主导个体的方向，并指出地理学家的共同特征在于探究地球表面现象的差异及其相互作用；在不同思想和爱好的基础上，通过志趣相投并有价值的协作才能增加个体的技能和知识，地理学家依靠学术交流和研究的多样性而获得繁荣发展，等等[1]。

新一代地理学家在新的社会背景下诞生和成长。除了计量方法之外，刘易斯还对青年地理学家提出了一些建议和希望。

1. 注意观察和思索

即由眼及脑观察和分析所接触世界的状况。尽管计算机、地图等技术为我们提供了多种便利，但地理学家仍然需要进行最终的分析判断。纷繁复杂而可视的世界充满了地理问题，经验观察是验证统计结论或其他技术结果的有效方式，但也不应局限于亲身经历的范围，地理学家应该扩大自己的视域和思考领域，成为"世界的报道者、公众的眼睛"（第473页）；例如，他应该通过至少一种权威报刊来了解异域风情。

2. 提高读写能力

注意观察仅是初步，地理学家应该将其所视所思与他人交流，因此必须有清晰、优美和生动的文字表述能力。只有通过阅读优秀的相关英文著述（并不应局限于专业），才能具备通畅的英语表达能力（第473页）。除著名历史学家爱德华·吉本（Edward

---

[1] Sauer, C. The Education of a Geographer. *Annals of the American Association of Geographers*, 1956, 46: 292-293.

Gibbon)的著作,以及海明威和马克·吐温的小说之外,《纽约客》(The New Yorker)杂志的地理散文也值得一看。

3. 打好历史和自然地理基础

刘易斯认为,青年地理学家,尤其是人文地理学家,应该具备自然地理和历史的基础(第474页)。针对美国人文地理学教育忽视历史和自然地理的状况,他指出,这两方面的知识基础不仅能使我们对所研究的地域形成更为完整和有效的认识框架,而且有助于人文地理学家与自然地理学家以及历史学家对话、交流和相互理解,这种"桥梁"的架设将有助于地理学家向公众传播地理知识。

4. 给青年地理学家的建议

刘易斯对青年地理学家提出了如下建议(第475页):

首先,地理学教育很重要,其重要性是他人无法越俎代庖的。不要盲目地追随,而应该保持宽广的视野,更好地、更多地学习需要掌握的课程科目,终究会喜欢上它们的。

其次,最重要的是不要让任何人动摇你对世界的热情。不要学习那些犬儒主义者,他们愤世嫉俗、玩世不恭,因而好像不会犯错和貌似深刻,但他们也因此失去了对即使是愚蠢错误的证实机会。刘易斯饱含热情地寄语青年地理学家:

"青年地理学家,首先请记住你为什么饱含热情地投身于(地理学)领域。当然,你会犯错,甚至不时地做傻事,当你像一条幼犬那样闻嗅世界的新鲜空气之时,人们会讥笑你;但是如果你对理解世界抱有真正严肃的态度,那么这些都不成问题。不要让任何人削弱你的天赋,以及观察、感知与寻求理解地球奥妙的注意力。青年地理学家,如果你们尽可能深入广泛地进行自我教育、如果你们能明确到位地表述、如果你们能掌握好专业工具,总之,如果你们能够对我们共享的这个奇妙世界永葆热情,那么,将来美国的职业地理学就没什么可担心的。"(第475页)

"超越描述"是一篇在新时代背景下呼吁注重传统的论文。但它并不主张简单地、原封不变地回归传统,而是根据时代特征和地理学发展中存在的主要问题(尤其是脱离大众这一问题),提出富有针对性的建议和热烈的号召。作者结合自己作为地理学家的成长经历和切身体会,强调了热爱地球的重要性;并从大众的角度出发,指出了地理学家只有进行生动地、准确地启发大众心智的描述和解释,才能使地理学更加诱人。这篇文章饱含热情,生动、真诚、平实,因而对地理学家和大众都适用,它充分体现了作者在文中表达的主导思想、建议和方法。如前所述,地理学与大众需求之间存在距离和隔阁是一种较为普遍的现象,因此,这篇文章所论及的问题,虽然以美国为案例,但同样值得中国地理学家认真反思,作者对地理学家提出的建议和要求也同样值得中国同行借鉴和吸取。

(叶　超)

格雷戈里

地域差异与后现代人文地理学（1989年）

德里克·格雷戈里（Derek Gregory）是地理学汤普逊学派[①]重要代表人物，曾任剑桥大学地理学讲师和西德尼·苏塞克斯学院（Sidney Sussex College）研究员，目前就职于加拿大不列颠哥伦比亚大学。他执教和研究的兴趣点集中在社会理论和人文地理学，以及英国和北美的历史地理学。他早期的作品主要集中在政治地理学、文化地理学和历史地理学。他著有《意识形态、科学与人文地理学》（Ideology, Science and Human Geography）、《区域转型和工业革命》（Regional Transformation and Industrial Revolution）和《地理学之想象》[②]。与约翰·厄里（John Urry）合著了《社会关系和空间结构》（Social Relations and Spatial Structures），与约翰斯顿和大卫·史密斯（David M. Smith）合著了《人文地理学辞典》（The Dictionary of Human Geography）。后现代主义代表人物萨义德（Edward Said）对格雷戈里的作品有极深的影响。格雷戈里广为流传的著作是《殖民主义的今日：阿富汗、巴勒斯坦和伊朗》（The Colonial Present: Afghanistan, Palestine and Iraq）。该书于2004年出版。书中讨论了以色列、美国和英国在"9·11"事件后对中东事务的插手，揭示出媒体和政治圈中的流行话语是怎样暗示着东方主义（orientalism）和殖民主义（colonialism）的[③]。

"地域差异与后现代人文地理学"[④]是格雷戈里的重要代表作，在这篇文章里，他通过阐述政治经济学、社会学和人类学与地理学的关系，力图阐释第二次世界大战之后跨学科的知识发展状况，以及这三个学科对后现代人文地理学产生的影响。

[①] 一个重视应用科学的学派。
[②] Gregory, D. The Geographical Imagination: Social Theory and Human Geography. London: Wiley, John & Sons, 1994.
[③] Derek Gregory [EB/OL]. http://en.wikipedia.org/wiki/Derek_Gregory.
[④] Gregory, D. Areal Differentiation and Post-modern Human Geography. In Gregory, D., and R. Walford, eds. Horizons in Human Geography. Totowa, NJ: Barnes & Nobel Books, 1989: 67-96.

一、后现代人文地理学的特征

后现代主义（post-modernism）最早出现在建筑学和文艺理论研究中，20世纪90年代开始影响到地理学研究。后现代人文地理学是地理学研究的一种"后范式"（post-paradigm）。后现代主义地理学主要研究领域属于人文地理学研究范畴，因此它也被称之为后现代人文地理学。

加拿大不列颠哥伦比亚大学地理系大卫·莱（David Ley）以温哥华东南角的法尔斯克里克区（False Creek）为研究区域，告诉人们何为后现代城市景观。该区北岸的建筑是简约主义的、几何形态的、高密度的高层建筑，典型的建筑有露天运动场、会议中心、1986年世博会的塔形展览馆等，是现代科技的体现。作为"理性"规划和国际合作的作品，这样的景观消除了地方性。相对照的是，南岸为低密度的、群组型的建筑，建筑文化主题也呈现多元化，每组建筑群都充满地方性，具有后现代的气息[1]。这个研究案例旨在说明，即便在城市中的一个区域里，其景观也不可能遵循着某个连续性的统一规律而修建。后现代人文地理学独特的分析视角由此可见一斑。

后现代主义地理学的代表人物有索加、格雷戈里等，但是后现代概念进入地理学的主要"载体"是马克思主义文学批评家弗雷德里克·詹姆森（Frederic Jameson）发表在《新左翼评论》中的一篇文章，而这篇文章则源自格雷戈里的论著。

格雷戈里在"地域差异与后现代人文地理学"一文中归纳了后现代主义的三个特点，由这三个特点可以理解后现代人文地理学的精髓。

（1）后现代主义对建构完整的、综合的、系统的知识体系持质疑态度。后现代主义拒绝所有的分析策略。它认为实证主义、人文主义、结构主义等方法对世界的认识必然是不完整的，而后现代主义方法在展示事物之间差异（differences）和分离（disjunctures）方面具有敏感性[2]。由于具有这样的敏感性，它重视保留不同实体的意义，而不是抹杀之。以往学术界认为一定具有某种认识论，它能够借助稳定不变的方式，依靠深

---

[1] Ley, D. Styles of the Times: Liberal and Neo-conservative Landscapes in Inner Vancouver, 1968-1986. *Journal of Historical Geography*, 1987, 13: 40-56; Relph, E. *Place and Placelessness*. London: Pion, 1976; Frampton, K. Towards a Critical Regionalism: Six Points for an Architecture of Resistance. In Foster, H., eds, *The Anti-aesthetic: Essay on Postmodern Culture*. Port Townsend: Bay Press, 1983: 16-30.

[2] Eagleton, T. *Literary Theory: An Introduction*. Oxford: Basil Blackwell, 1983: 127-50; Norris, C. *Deconstruction: Theory and Practice*. London: Methuen, 1982; Ryan, M. *Marxism and Deconstruction: A Critical Articulation*. Baltimore: Johns Hopkins University Press, 1982. Chapter 1.

入的调查来获得稳定的、内在的知识理论(theories of knowledge)。而后现代主义认为这种认识是错误的①。

其实在地理学发展历程中,这种质疑始终存在。在 20 世纪 60 年代后的地理学发展历程中,地理学家用结构主义方法代替实证主义方法的努力,用人文主义方法映衬实证主义方法的缺陷,都是这种质疑的体现。地理学家最终发现没有哪种方法对人文现象空间特征的解释是权威的、综合的、系统的。

(2) 后现代主义反对传统社会科学(以及人文科学的某些方面)的"整体化"(totalizing)。后现代主义者从两个方面进行批判。首先,他们认为社会生活不具有全球整体连贯性。在后现代主义者眼中,社会系统具有自我维持能力,我们日复一日的社会实践既是社会系统再生产的一个个片段,也是其基础。当然,后现代主义者也承认现实世界常态的相互依赖非常重要,他们没有轻视社会再生产中的常规特征和左右我们日常事务的各种力量。后现代主义所反对的是规范现代社会理论的统一概念,因为统一概念实际上有一个潜在假定,即社会生活是以某种意义累积而成的,它是一个拥有高级逻辑的连贯系统。其次,后现代主义反对社会生活可以被一些"更深层的"结构所解释的说法,而这恰恰是结构主义的一个前提,也为某些版本的现实主义所接受。鉴于此,后现代主义在很大程度上被认为是"后结构主义"。各种版本的后结构主义用无实质性抽象结构的转换取代了具体且复杂的人类能动性(agency)②。后现代主义反对结构主义是因为它否认社会生活是围绕"中心"的,它认为社会生活更像是一个万花筒或是小孩子的跑动。

后现代主义地理学反对人文主义地理学也出于同样的理由。后现代主义认为,多数版本的人文主义地理学都将人类主体性(subject)或者是人类能动性作为社会生活中不证自明的中心。但是后现代主义指出这两个术语充满了问题。例如"人"(the person)的概念在不同时代和不同空间有很大差异。再如,人文主义使用这两个概念时,时而将之作为解释项,时而作为被解释项,这导致人文主义很难为人文科学提供一个稳定的分析基础。

(3) 后现代主义强调"差异性"。后现代文化对异质性(heterogeneity)、独特性(particularity)和唯一性(uniqueness)极为敏感。在 20 世纪 80 年代许多领域的学者都开始对特异性(specificity)感兴趣。例如哲学家让-弗朗索瓦·利奥塔(Jean

---

① Rorty, R. *Philosophy and the Mirror of Nature*. Oxford: Basil Blackwell, 1980; Bernstein, R. J. *Beyond Objectivism and Relativism: Science, Hermeneutics and Praxis*. Oxford: Basil Blackwell, 1983.

② Duncan, J., and D. Ley. Structural Marxism and Human Geography: A Critical Assessment. *Annals of the American Association of Geographers*, 1982, 72: 30-59.

Francios Lyotard)指出"后现代知识将我们对差异性的敏感提取出来了";社会学家德塞图(de Certeau)指出"研究奇异性(singularity)的学科将我们与日常生活的特殊环境联系起来了";人类学家克利福德·格尔茨(Clifford Geertz)热衷于"多样性",并以"地方性知识(local knowledge)"解释了这种多样性[①]。

在20世纪50年代,区域地理学代表人物哈特向就已经开始讨论"差异性"。哈特向被看作是一位固执的经验主义者,他不重视寻找空间秩序,漠视区位理论,对定量方法不屑一顾。但是后现代主义地理学对地域差异(areal differentiation)的回归与哈特向的观点不一样。尝试回归地域差异性的著名学者有哈维和哈格斯特朗,前者提出了资本主义的"不平等的发展",后者讨论了"地方秩序的包容"(pockets of local order)。他们与许多学者一起,正在试图恢复地理学强调区域差异的传统。但是目前地理学新的图景还未形成,这是因为后现代地理学具有激进的不稳定性,同时还因为(正如后现代地理学者索加提出的)"地理学的后现代化"还仅有一些萌芽[②]。格雷戈里认为,地方、空间和景观的概念必须迅速转化为现代社会理论的核心。但是地理学家在强调区域差异的同时,不能走向极端。没有定式的"区域地理描述"也会成为当代整个人文科学中广泛存在的"再现危机"(crisis of representation)的一部分。如果地理学家试图使后现代世界具有意义,那么就需要用许多崭新的理论和规范途径来传达地域差异的复杂性。

二、地理学与政治经济学

第二次世界大战后,地理学与主流新古典经济学(neo-classical economics)之间有着紧密的联系。空间科学早期的模型是以完全竞争的新古典世界为假设,即在这个世界里生产者和消费者以独立个人的身份自由地进入价格垄断的市场。他们的交换被无摩擦的供给与需求曲线所规制,其目的是实现局部均衡和一般均衡。这种分析是不考虑历史和地理要素的,一旦引入历史或地理的假设,则新古典经济学就变得束手无策。20世纪末金融危机、部分发达国家经济低迷,都让地理学逐渐放弃新古典经济学分析方法,继而与政治经济学建立新的联系。

---

① Lyotard, J-F. *The Postmodern Condition*: *A Report on Knowledge*. Manchester: Manchester University Press, 1984; de Certeau, M. *The Practice of Everyday Life*. Berkeley: University of California Press, 1984; Geertz. C. *Local Knowledge*: *Further Essays in Interpretative Anthropology*. New York: Basic Books, 1983.

② Soja, E. What's New? A Review Essay on the Postmodernization of Geography, *Annals of the American Association of Geographers*, 1987, 77: 289-293; Cf. Michael E. Eliot Hurst. Geography has Neither Existence Nor Future. In Johnston, R. J., eds, *The Future of Geography*. London and New York: Methuen, 1985: 59-91.

政治经济学能够合理地处理社会关系，而不是处理假定的个人；能处理生产领域和交换领域的危机和斗争，而不是所谓的均衡。同时政治经济学还具备历史敏感性。李嘉图和马克思都是政治经济学的代表人物，但是他们都没有太多涉及地理学。一些地理学者尝试发展新李嘉图（neo-Ricardian）学派，该学派增加了区位分析视角；但是多数与政治经济学结合的地理学者是新马克思主义者（neo-Marxian）。马克思也曾注意到"空间随时间的毁灭"。他预见到历史唯物主义缺少空间要素来分析资本的历史地理。通过新马克思主义地理学家的两部著作，可以更好地了解地理学与政治经济学的结合。

第一部是哈维的《资本的限度》[①]。该书直指人们关注的关键问题：资本投向哪里？何时撤离？哈维认为，是资本主义生产的理性推动了经济活动集中于特定区域。资本主义具有内在的扩张性，但是资本循环显然并不局限在不变的区域内。事实上，资本循环受城市化的空间经济（urbanized space-economy）影响，即区域的差异集中体现为区域城市的差异，不同城市具有不同的区位，不同的区位上有不同的劳动过程。各个区位上劳动过程的差异与其社会必要劳动时间的价值差异绑在一起。社会必要劳动时间是马克思劳动价值理论的核心概念，它揭示了资本家靠侵占剩余价值剥削工人的本质。哈维应用这个概念，证明他的观点来源于马克思政治经济学，而非来自新古典经济学的非空间微积分方法。

然而随着交通、通信系统、信用网络等加速全球经济进程之技术的发展，资本的加速循环大大转变了既存生产配置的相对区位。原有不同区位的社会必要劳动时间价值差的缩小使得可投资的区域多元化了，同时也推动了国际劳动力分工的变化，推动了新的区域城市的出现。哈维指出，这些过程远非如此简单，问题的关键在于，以往投资产生的价值积累在某些区域，而新的投资则不只是局限在这些区域，还要向其他区域扩展。已经发展起来的区域在空间上是不可移动的，劳动力成本低的地区也是不可移动的，资本从发达地区向低劳动力成本地区的移动将使得发达地区劳动机会减少。对于发达国家而言，是维持本国的充分就业，还是投资海外赚取相对高的利润？这是一个矛盾。以往资本投入产生的不可移动的地理景观，既是资本主义皇冠上的宝石，又是囚禁资本主义进一步积累的监狱。哈维认为这属于地缘政治学领域的问题。

第二部著作是朵琳·玛西的《劳动的空间分化》。相对于哈维的著作，玛西的著作更为具体化。她在该书中从历史地理学的角度，分析了英国的"新区域地理"[②]。格雷

[①] Harvey, D. *The Limits to Capital*. Oxford: Basil Blackwell, 1982; Harvey, D. *The Urbanization of Capital*. Oxford: Basil Blackwell, 1985; Harvey, D. The Geopolitics of Capitalism. In Gregory, D., and J. Urry, eds. *Social Relations and Spatial Structures*. London: Macmillan, 1985: 128-163.

[②] Massey, D. *Spatial Divisions of Labour: Social Structures and the Geography of Production*. London: MacMillan, 1984. 参见本书"玛西：劳动的空间分化"一文。

戈里用扑克游戏解读玛西意图说明的问题。有四五个玩家代表若干区域，第一轮发同一花色的牌（代表资本积累），每个玩家得到不同点数的牌，代表不同区域资本积累的程度不同。第二和第三轮发其他三个花色的牌，不同花色的牌代表不同的功能。[①]每个"区域"经济结构的差异体现为各个玩家手中不同花色牌点的组合。第四轮发牌则开始有规则了，即代表不同生产要素的不同花色的牌的发放取决于各个玩家手中的牌的花色组合和牌点数。时代的变化，体现为发牌规则的变化。这个游戏表明，资本和其他生产要素的流动是受原来的区域经济结构决定的。

玛西的贡献不仅在于说明区域经济结构的层累过程，还在于强调地方性（localities）。她指出，国家和国际区域尺度并不能完全决定生产要素的流动组合过程，而空间尺度相对小的地方却影响着上述过程的运行和结果。地方的唯一性、独立性既可以起到稳定区域格局的作用，也可以起到改变区域格局的作用，就像一个硬币的两面。玛西认为，随着时间沉积的历史层面不仅仅是经济的，还是文化的、政治的。在玛西看来，文化和政治的重要性体现在对每一轮投资战略选择的影响上，不同地方的层累结果为不同社会运动创造了条件。

哈维和玛西有着相似的观点，即他们都强调生产的首要地位；都看到了当代资本主义再生产和转型过程中地理景观的不断形成和再形成；并且他们都讨论了政治行动的意义。他们重新强调区域差异，强调特定地方人类行为具有唯一性，这使得他们的观点接近后现代主义。他们又与后现代主义保持距离，这是因为他们坚持资本主义的一般逻辑。哈维所坚持的逻辑更贴近于经典马克思主义的经济学传统。哈维用这个逻辑揭开不同时期积累的机制，而玛西对文化和政治的重要性更为敏感。

三、地理学与社会学

在第二次世界大战刚结束时，地理学和社会学的关系并不紧密。从某种意义上讲这并不奇怪，毕竟在空间科学中研究社会的学者与社会学者的关注点不同。但是从另一个角度上看，这又很奇怪，因为早在第二次世界大战以前社会学就开始研究空间结构的问题了。乔治·西美尔（Georg Simmel）可能是第一个提出"空间社会学"（sociology of space）的学者，他指出社会的世界由短暂、零碎且矛盾的现代都市构成。埃米尔·杜克海姆[②]早期研究了社会劳动分工，并定义了空间结构的概念，该概念在上个世纪早期

---

① 例如劳动力、技术、资源等。
② Emile Durkhein，也译作"涂尔干"。

的社会学里具有核心的地位。法国人文地理学领军人物维达尔·白兰士[①]等众多学者是其拥趸。城市社会学芝加哥学派代表人物罗伯特·帕克（Robert Park）也意识到人文地理学的视角与人类生态学有显著差别[②]。

到了20世纪70年代，地理学和社会学之间展开了新的对话。实际上，20世纪晚期社会学最显著的特征之一就是历史社会学的复兴。许多社会学研究案例都涉及空间结构的概念，对这个概念的重新讨论也响应了政治经济学对地理学的重新重视。玛西颂扬意识的力量和人类集体的能动性；哈维痴迷于生产模式的结构逻辑。佩里·安德森（Perry Anderson）指出，经典马克思主义即使在它的巅峰时期，也不能提供一致的"空间结构"概念[③]。当然，历史地理学中的唯物主义同样也没有给出一致的概念[④]。社会学正是被这样的困惑激发，重新开始探讨空间结构。当然，在非马克思主义社会学理论里也存在矛盾的概念。毋庸置疑，要超越人类能动性和社会结构二元性，马克思主义是重要的途径，而引入时空关系则是"后马克思主义"结构化理论发展的战略步骤。社会学家安东尼·吉登斯坚称"社会生活的空间配置正如它的时间维度一样具有基本的重要性"，并且"人文地理学和社会学之间没有逻辑上和方法论上的区别"[⑤]。吉登斯的著作与地理学联系最紧密。这里需要介绍吉登斯提到的两个概念"社会整合"和"系统整合"。

社会整合是指人们在共同"在场"情境中发生的互动。吉登斯认为，日常生活如果可以不断连续下去，就需要共同生活在一个时空环境中的人们有常规的互动。吉登斯认为哈格斯特朗的时间地理学为人们提供了时空路径特征的分析概念，即每天人们为了一些特定的目的，在某时某地与一些人见面，因此时间和空间事实上成为人们在日常生活中必须利用的资源。基于这个理由，哈格斯特朗有时将他的研究定义为"时空生态学"。哈格斯特朗主要关注的一个问题是人们为了实现日常生活目的，如何进行"空间操作"（jockeying for space）。当然对于全体人群而言，空间操作的类型异常多。我们可以想象，每个人日常生活的时空路径就有很多种，要把全体人群的时空路径做出图来，那不

---

① Vidal de la Blache，也译作"维达尔·布拉什"。
② Peter Jackson and Susan Smith. *Exploring Social Geography*. London：Allen & Unwin，1984.
③ Anderson，P. *In the Tracks of Historical Materialism*. London：Verso，1983：34；Roderick，R. *Habermas and the Foundations of Critical Theory*. London：Macmillan，1986：142-143.
④ Thrift，N. On the Determination of Social Action in Space and Time. *Environment and Planning D：Society and Space*，1983，1：23-57；Soja，E. The Spatiality of Social Life：Towards a Transformative Retheorisation. In Derek Gregory and John Urry，eds. *Social Relations and Spatial Structures*. London：Macmillan，1985：90-127.
⑤ Gregory，D. Space，Time and Politics in Social Theory：an Interview with Anthony Giddens. *Environment and Planning D：Society and Space*，1984，2：123-132；Giddens，A. *The Constitution of Society：Outline of the Theory of Structuration*. Cambridge：Polity Press，1984：368.

是一件简单的事情。即使如此,哈格斯特朗依然相信只要工作更仔细,就可以从看似飘忽不定的全体人群的时空路径图中观察到一致性的东西。如果可以观察到一致性,那么部分原因是观察者将典型化的时空路径替代了人们各种各样的社会实践(如工作或购物)的时空路径。人们不断地接触,逐渐形成了联系,并进一步联系,从而形成了比较集中的时空活动束(bundles),或社会活动空间关节点。这些关节点的产生是人们社会实践的结果,而人们的社会实践受社会系统中的结构特征所决定。人们可以通过各种制度环境中的具体形式觉察到这些结构。虽然吉登斯并不同意哈格斯特朗的一些理论主张,但是吉登斯在结构化理论上与哈格斯特朗是一致的[①]。

系统整合则是人们"不在场"的互动。吉登斯认为,日常的社会实践的不同时空片断往往是一致的。他认为结构化理论的基本任务就是要说明,有一个跨越时空的社会关系,它约束着个体的"存在"。这看起来带有比喻意味,甚至是神秘的,但是它的结果已经被证明极为普遍。事实上,吉登斯的目的就是发展一种以"统治"为核心的历史地理学。按照他的观点,统治的结构取决于可持续的统治资源,这种统治资源既包括权威这样的社会资源,也包括经济学意义的物质资源。这些资源在不同的社会中呈现出不同的形式,但更重要的是在不同类型的社会中,这些资源的分配方式也是不同的,不同的分配方式就有不同的人群联系,决定这些联系的权力就是"统治",不同社会系统通过不同的权威划分和资源分配,用不同的方式"延伸"了时间和空间。吉登斯称这种"延伸"的过程为时空距离化(time-space distanciation)。有两个例子可以说明这种时空距离化:第一个例子是文字的出现。历史上文字的出现与国家的起源和阶级社会的形成有密切联系,掌握文字这项资源的社会统治者可以开拓远超过无文字社会所覆盖的统辖范围。在这个范围内,人们开始用同样的文字记录自己所在区域的文化,也就是说,人们的记录行为被由上至下的文字推行"结构化"了。同理,印刷术、其他通信技术的使用,也显著提高了国家的监管能力,并使国家更为深入地渗透到它所辖人口的日常生活中。第二个例子是货币的出现。由于有了货币,一个社会的人们可以通过利用它扩大物品的交流范围,这就是所谓的"金钱具有缩短距离的能力"。在一个社会中,货币的分配制度就是财富或资源的分配制度,不同的分配则形成了吉登斯和马克思所说的阶级分层。在金钱经济普世化的社会中,人的行为受金钱的分配制度所决定。

吉登斯在一些方向上推进了哈格斯特朗的工作。结构化理论对应了哈格斯特朗强调的空间消费。具体的方式是将时间和空间设想成在个体和群体社会实践中所利用的资源。哈格斯特朗强调"地方秩序的包容"(pockets of local order)的创造能力,以及前

---

① Gregory, D. Suspended Animation: the Stasis of Diffusion Theory. In Gregory, D., and J. Urry, eds. *Social Relations and Spatial Structures*. London: Macmillan, 1985: 296-336.

面提到的玛西所关注的具有独立性的、不断变化的系统,该系统也意味着每个地方有自己的系统。吉登斯指出,将研究区域分为宏观与微观是一种误导[1]。我们可以这样理解,吉登斯认为所有的区域都是微观的。

社会学教授迈克尔·曼(Michael Mann)指出,相对于传统社会学的定义,当今社会学定义的社会不再是单一的封闭系统或开放系统。多样的社会系统之间也没有统一性……因为不存在一个整体(whole)。人们不能期待抽象出一个整体,并在这个整体中将各种各样的社会关系简单化,社会远比我们的理论混乱得多[2]。格雷戈里指出,虽然曼和吉登斯在许多方面的观点不一样,但是他们都确信社会生活由权力的多元社会空间网络构成。当然,这并不是说社会空间网络概念可以充分解释社会生活。米歇尔·福柯曾经写道,"无论从地缘政治学的宏伟战略上分析,还是从一小块人类栖息地的具体战略上看,整个历史都一直在书写着空间。"同时,他宣称,"空间是权力实践的基础。"[3]

社会学与政治经济学给地理学提供的学术营养相异之处多于相似之处,这里只谈它们的相似之处。哈维和玛西提出"资本主义的无序化"(disorganization of capitalism),吉登斯和曼提出"社会的消融",这两个概念在一定程度上有联系[4]。这些学者都尝试寻找社会的交结关系和竞争关系,以这些关系行为展现"地方秩序的包容"连续演变过程的差异性。这正是推动人文地理学迈向后现代的动力。可见在后现代社会理论中,最令人费解的问题就是所谓"地理学描述问题"(the problem of geographical description)。地理学与人类学的结合可以给我们一些初步的答案。

四、地理学与人类学

虽然 18 世纪和 19 世纪时地理学和人类学在学术研究分类谱系中属于同一支,但第二次世界大战后英国地理学界一直漠视人类学取得的成果,这很令人费解。地理学作为独立学科出现的时候正是在欧洲向世界其他地方扩张的时候,当时地理学是一种认识客观世界的科学工具。根据斯托达特(R. D. Stoddart)的观点,在继承传统地理学方法

---

[1] Giddens, J. R. *The Constitution of Society: Outline of the Theory of Structuration*. Cambridge: Polity Press, 1984: 365.

[2] Mann, M. *The Sources of Social Power Volume 1: A History of Power from the Beginning to A. D. 1760*. Cambridge: Cambridge University Press, 1986: 1-4.

[3] Foucault, M. *Power/Knowledge: Selected Interviews and Other Writings*, Gordon, C., eds. Brighton: Harvester, 1980: 149.

[4] Lash, S., and J. Urry. The Dissolution of the Social? In Wardell M., and S. Turner, eds. *Sociological Theory in Transition*. Boston: Allen & Unwin, 1986: 95-109.

的同时，这个时期的地理学扩充了对民族和社会进行观察、分类和比较的科学方法，这些方法使得地理学研究具有了主观性。斯托达特在《地理学史》一书中列举了地理学的现实主义解读和描述的例子，以证明他的观点[1]。人类学的发展历史与地理学很相似。除达里尔·福德、弗勒（H. J. Fleure）等少数地理学家外，在20世纪的大多数时间里，在英国人类学和地理学的关系远比在北美更密切。在北美，尽管文化地理学创始人卡尔·索尔就已经将地理学与人类学融合在一起了，但是文化地理学占据着更高的地位[2]。

索尔的著作富有启发性，这是因为索尔的文化地理学有两个渊源。第一个渊源来自艾尔弗雷德·克罗伯和罗伯特·洛伊（Robert Lowie）的著作。这两个伯克莱大学的人类学家将文化视为一个连续的整体，克罗伯将这个连续整体称为"超有机体"的集合。这个超有机体可以超越人类个人的行为而独立存在。索尔深受超有机体概念的影响，他的信仰是：人文地理学是一门与个体无关，而仅仅与文化有关的科学。这个信仰在文化地理学领域延续了几十年。到20世纪80年代初，这种整体论（totalising）观点受到了批判，这时的人文地理学已经几乎不被索尔的框架束缚，开始朝着更具"解释性"的人类学发展，并做出了一些有趣的、具有导向性的研究工作[3]。

格尔茨的著作在这场运动中具有特别的重要性。格尔茨在他最著名的一篇论文中提到："我们不能阻止解释的力量，因为现在人们如此频繁地运用之。"因为"无论如何，我们不可以将文化分析变为在实际存在中没有人会相信的、对于正规秩序的无懈可击的描述"。主要出于这个原因，格尔茨推崇人类学的方法，即寻求描述人们在各自特别的文化中的日常生活，具体的途径是持续接触不同文化中的人们及其多样化的居住环境。人类学的目的是"深度描述"（deep description），就是尽量少地加入学者自己的意识，保留所观察人们社会行为的多层涵义，并且不去破坏使我们产生"陌生感"的第一个地方[4]。这正是现在许多日常生活地理学描述的动力所在，其中还包括对文化景观的多重意义的解码。人文地理学的这些发展使斯托达特从自然科学中得到的处方日渐失效。在格雷戈里看来，这样的发展还扩展了超越客体和客观性限制的现实主义研究的边界。但是本质上看，这些发展并没有挑战人文地理学的文本传统（textual conventions）。

索尔的文化地理学中还有另一个渊源，即浪漫的唯心主义，并以启蒙运动与自然主

---

[1] Stoddart, D. R. *On Geography and its History*. Oxford: Basil Blackwell, 1986: 35, 39.
[2] Speth, W. W. Berkeley Geography 1923-1933. In Blouet, B. W., eds. *The Origins of Academic Geography in the United States*. Hamden: Archon, 1981: 231.
[3] Duncan, J. The Superorganic in American Cultural Geography. *Annals of the American Association of Geographers*, 1980, 70: 181-198.
[4] Geertz, C. *The Interpretation of Cultures: Selected Essays*. New York: Basic Books, 1973: 18.

义相抗衡。这种特质也是索尔关于文化景观形态学的理论基调。施佩特（W. W. Speth）认为，伯克莱文化地理学派之所以有这样的浪漫唯心主义色彩，是因为他们吸取了歌德的形态学概念[1]。歌德就是极力通过形态学研究调和科学的和艺术的想象，不断地改变着对生活方式的表达。我们既可以在歌德的所有著作、诗歌和散文中看到这点，也可以在其概念陈述中看到。索尔的形态学完美地体现了歌德的这个特点，从他的研究著述中，我们可以看到其对语言形式和文本传统的关注。当然，后现代主义并不是从歌德开始的。这里只是说明后现代对语言形式和文本传统的强调与歌德一致。格尔茨也强调在后现代民族志中不断挖掘文本的价值。这样的尝试在民族志实验（experiments in ethnography）中最为明显。

如何进行地理描述，这已经不是在后现代主义地理学出现时才提出的问题[2]。学者则将观察到的事物记录为文本，文本则成为一种对事物的再现（representation）。目前对于再现的关注已经上升到理论反思的高度。乔治·马库斯（George Marcus）和迈克尔·费舍尔（Michael Fischer）提出，"描述的问题变成了再现的问题"。在他们看来，再现的问题贯穿整个人文科学。对再现问题的关注，不仅带来对特别的文本策略（textual strategies）进行认真的理论反思，还引发了一系列民族志纂写的实践。马库斯和费舍尔强调，重要的"不是为实验而实验，而是利用写作手法带来反思的理论洞见"[3]。格雷戈里指出，地理学家通常被要求要进行"直白的写作"（plain writing）。显然这样的要求与地理学传统流派和再现模式的结果不一致。一些地理学家摒弃冈纳·奥尔森[4]的地理描述方式，他们没有意识到地理描述的初衷绝不是纯粹的经验实践。一方面，观察者不可避免带着"理论负载"（theory laden）去观察；另一方面，观察者观察、记录、书写的一连串行为本身就是一次理论实践。事实上，奥尔森以最具说服力的方式阐释了这点：人们对话语（discourse）的理论反思就是人们自己在话语上的谨慎实验[5]。

尽管有很多关于地理学想象的实践建议，但是当代地理学几乎没有什么这类的实践或实验，地理学者常常受到文字描述的现实主义训练。事实是地理学家并不需要被训练

---

[1] Speth, W. W. Berkeley Geography 1923-1933. In Blouet, B. W., ed. *The Origins of Academic Geography in the United States*. Hamden: Archon, 1981: 233-234.

[2] Daffy, H. C. The Problem of Geographical Description. *Transcations and Papers* (*Institute of British Geographers*), 1962, 30: 1-14.

[3] Marcus, G., and M. Fischer. *Anthropology as Cultural Critique: The Experimental Moment in the Human Sciences*. Chicago: University of Chicago Press, 1986: 9, 42.

[4] Gunnar Olsson, 于 20 世纪 60 年代任美国密歇根大学地理系的讲师。自 80 年代开始至今都不断有地理学家讨论他独特的地理描述形式。

[5] Gunnar Olsson. *Birds in Egg/Eggs in Bird*. London: Pion, 1980.

成画家或者诗人。皮尔斯·刘易斯①的地理描写值得推荐。我们的描写应唤起人们对景观的想象，我们不能将人与地方之间的关系描述得毫无情感。这里引用格尔茨的一段地理描述，或许它可以激发地理学者对于地理描述的思考。

> 我爱上了密歇根的沙滩……那里所有的一切都能直接唤起我强烈情感。十月的密歇根湖面拂过风的味道。细沙沐浴着阳光，当脚陷入细沙后便能感受到下面怡人的凉爽。沙丘顶部滑下的白沙衬着瓷蓝色的天空。密歇根湖低沉的吼声从沙滩的远端传来，远处湖岸如玉的浪花朦胧可见。我试图雕琢我的文字，希冀唤起我对遥远时空的情感，我知道印象主义者之所以如此描绘景观，不只停留在文字上，还是色彩的片断，飞溅的颜料，破碎的光斑。②

这是地理描写么？抑或是从小说中提取的片段？③ 格雷戈里认为，如果我们能直接回答这个问题，那么我们就能明白两者是否有区别了。核心的问题是我们根据什么来区分它们？实际上，在人类学的后现代运动中，最重要的一个要素是对当代小说文本策略的缜密思考。如果将人类学描写视为小说，那么从文学的角度上看，拟制（fictio）的手法就是"制造事物"（something made），现实中存在着无数的"制造"路径。此外，民族志作品中一些最有趣的实验来源于印象主义和后印象主义。这些实验用不同声音和多种现象打破单一作者的描述④。这种描述者内心和外部的描述对象之间的模糊性是后现代小说发展过程中最引人注目的一点。我们可以联想到小说家及散文家约翰·福尔斯（John Fowles）的《法国中尉的女人》（*The French Lieutenant's Woman*）或克里斯托弗·普利斯特（Christopher Priest）的《魅力》（*The Glamour*）。它们也可以看作是民族志的实验。美国加利福尼亚圣克鲁兹大学历史教授詹姆斯·克利福德（James Clifford）指出，从世界中延伸出的传统再现的"根"已经改变。

> "构造"（tectonic）这个概念在应用时已经发生转变。我们现在面对的是变动的世界。在绘制人类生活方式地图时，人们不再是只站在一个山顶上鸟瞰；不再有唯一的阿基米德支点去再现世界。而且观察者所站的山巅也一直在变化。这就像任何人不可能在到一个岛屿旅行后，就可以分析其他地方的文化一样，因为他并不能确定该岛屿是否占据着一个完整的文化世界。人类生活的

---

① 他是前美国地理学家协会主席，美国宾夕法尼亚州立大学荣誉教授，在美国景观研究领域著述颇丰。
② Geertz, C. *The Interpretation of Cultures*: *Selected Essays*. New York: Basic Books, 1973.
③ 刘易斯就任美国地理学家协会主席演说辞: Beyond Description. *Annals of the American Association of Geographers*, 1985, 75: 465-477.
④ Kern, S. *The Culture of Time and Space 1880-1918*. Cambridge, Mass: Harvard University Press, 1983: 140-143.

方式在不断变化，影响、统治、模仿、翻译等形式都在改变着文化。因此，文化研究总是处在全球差异和权力的运动中。[1]

人类学家埃里克·沃尔夫（Eric Wolf）批评传统的民族志对美洲的描写是停止在原始时期的，并批评它截去了欧洲与美洲发生政治和经济关系的时期。他指出，欧洲人可能从来没有遇到民族志中假定的那种质朴的人。因为真正的事实是，欧洲人血腥地掳夺了美洲、非洲的资源和人口，当时他们不曾将那里的人视为质朴的人。沃尔夫质疑道：

> 一旦我们位于历史变化、界定不清、多元差异的社会现实中……确定的、单一的、边界清晰的文化必须让位给流动的、彼此渗透的文化。在无秩序的社会互动中，为了响应环境的变化，社会团体则挖掘文化形式的内在矛盾，重新评价之，再借用更能表述他们兴趣点的形式，或者去创造全新的形式来描写文化。表述形式的变化是社会互动的结果，同时是对更强大的经济力量和政治力量的回应，即不同形式的文化解释必须考虑到更大的背景以及更宽泛的力场（field of force）。[2]

马库斯和费舍尔坚持认为，"从传统的描述和分析方法来看，经验往往比它的再现更加复杂。"这个观点确实是正确的，民族志中的实验性写作既是对文化差异的激进再现方式，也是研究的文本案例，它展示出特定的人在特定的地方所塑造的日常生活的复杂性。如果我们接受这点，那么就必须关注马库斯和费舍尔提倡的民族志实验。他们两人这样写道：

> 为了获得更准确的主体（他者的）历史地理环境，必须在地方尺度区域上开展田野工作，连续记录客观的世界政治系统和经济系统。这些田野工作不再仅仅被看作是对一个地方文化的外部影响，而是外部系统拥有它们自己完全的地方定义，并与地方彼此渗透，是民族志研究主体在极为私人的生活世界里做的一个标志，并与客体分享其意义。[3]

哈维和吉登斯对地方也有这样的关注，同时他们的著述作为文本也引起了福尔斯和普利斯特的关注。当代小说中的文本策略是多样的，例如视角的转换、幕与幕之间的跳

---

[1] Clifford, J. Introduction: Partial Truths. In Clifford, J., and G. Marcus, eds. *Writing Cultures: The Poetics and Politics of Ethnography*. Berkeley: University of California Press, 1986: 22.

[2] Wolf, E. *Europe and the People without History*. Berkeley: University of California Press, 1982: 18, 387.

[3] Marcus, G., and M. Fischer. *Anthropology as Cultural Critique: The Experimental Moment in the Human Sciences*. Chicago: University of Chicago Press, 1986: 39, 43.

接和横接、年代的错位、作者与读者建构性的评论,等等。如果将这些放置于一旁,我们惊讶地发现,即便是最激进的地理学也有许多保守的特征。格雷戈里重申:这不是就实验而谈实验的讨论。我们给予描述对象一种本文的形式,实质上这种文本影响我们要说的东西。仅以叙事为例,它以特定的手法编织起故事,并使故事产生了意义。它将事实上松散的结尾做得像有结尾的感觉。但是,谁赋予我们这样表达世界,并给予世界意义的权力呢?也许其他文本策略可能是更好的。

美国文学批评家及马克思主义理论家弗雷德里克·詹姆森声称叙事是一种属于日常生活,并存在于社会表面的"社会标志行为"(socially symbolic act)。他认为传统叙事中"可理解的秩序"隐藏了更多的张力,这些张力是社会现实的基本矛盾。著名历史学家和文化评论家海登·怀特(Hayden White)认为"叙事的价值在于再现出发生了什么,并期望用真实的事件来展示连贯、完整、丰富的生活图景,尽管这种生活仅仅只能是图景"。因此,对于这两个学者而言,传统的叙事被结构地运用在高度具体的意识形态上[1]。从某种意义而言,后现代主义是对那些传统的文本策略的挑战,并力图挖掘其他可能的策略。

如果我们一直对我们的工作保持警醒,我们就有必要讨论这些文本策略。我们可以看到哈维两部著作《资本的限度》和《意识与城市经验》的文本形式就很不一样。如果作一些夸张的比较,那么第一部著作是对资本城市化的理论批判,它采用的是连续的、关于中心客体的主叙事(master-narrative);第二部著作讨论的是意识与城市化的关系,它采用的是一系列结构松散的评论,间有插话,形式是片段的。当然,哈维仍然没有打破现代马克思主义的统一性观点,但是他那本关于巴黎历史地理的著作显现出文本策略的改变,这大概是他工作紧张状态日渐加重的表现。他说他的理论建构并"没有从反思、推测和历史地理的经验中孤立出来"。同时他也承认,他的思考"受到狄更斯、巴尔扎克、左拉、吉辛、德莱塞和平琼(Pynchon)以及其他学者的影响,以致成为'枯燥'的科学"[2]。

地理学既是一门"科学",也是一种"艺术",这种"艺术"在对世界的识别力上与"科学"一样"富有理论性"。对于地理学者在文本中展示出的再现模式,我们需要进行认真的理论反思。

---

[1] Jameson, F. *The Political Unconscious: Narrative as a Socially Symbolic Act*. Ithaca: Cornel University Press; London, Methuen, 1980; White, H. The Value of Narrativity. In Mitchell, W. J. T., ed. *On Narrative*. Chicago: University of Chicago Press, 1981: 1-23; Martin, W. *Recent Theories of Narrative*. Ithaca and London: Cornell University Press, 1986; Daniels, S. Arguments for a Humanistic Geography. In Johnston, R. J., ed. *The Future of Geography*. London and New York: Methuen, 1985: 143-158.

[2] Harvey, D. *Consciousness and the Urban Experience*. Oxford: Basil Blackwell, 1985: xv-xvi.

五、结语：何为后现代主义？

格雷戈里指出，后现代主义质疑主叙事、中心系统以及连贯和完整故事。但是他开始反思自己论点的论证方法并不是后现代主义的。他是通过传统的年代学，梳理地理学与政治经济学、社会学和人类学的交流历程，指出地理学如何逐渐转向后现代主义。这具有讽刺意味。后现代主义也是一个没有结尾的戏剧，它的本性应该是不断反对自己提出的形式，但哪里是它的终点呢？

如果积极地看待后现代主义，我们可以将它看作是一种"革命"的标志。其思考富有批判性、警示性、建构性。挖掘后现代人文地理学与现代人文地理学之间的差异可以将空间科学的诉求方向翻转过来。空间科学是为了寻找"有序"，而后现代主义人文地理学则是寻找"无序"。而今，世界的"无序"状况比我们当初发现它时更甚[1]。后现代主义不仅是文字游戏，它可能是对意识形态的一个刺激，是对世界复杂性的"常识性"反映，因为世界的统一性和简单性实际上是一种幻觉。

格雷戈里总结道，他这篇文章的目的并非要统一各种后现代主义地理学。他指出，人们可以用各种方式解读后现代主义。有一些后现代主义地理学异常保守，而另外一些后现代主义地理学则一贯激进。后现代主义地理学在形成过程中还存在各种各样的困难，例如它的一些批判论点偏离了主旨。需要提请注意的是，本文提到的各种后现代主题是不能被忽视的。最有影响力的英国文化评论家伊格尔顿（T. Eagleton）指出，我们现在可能被"统一社会"的概念引导得远离现实世界，而"片断的、时代性的政治学"基本不存在了[2]。格雷戈里指出，要超越这些思维的禁锢，需要回归到区域差异的问题上。地理学者在认识我们居住的世界时，需要具有一种新理论敏感性，以及新的再现方式。无论我们关注"有序"还是"无序"，或者是两者之间的微妙关系，我们仍然需要"观察"，我们仍然处在创造地理学的时代。

（周尚意、戴俊骋）

---

[1] Haggett, P., and R. J. Chorley. Models, Paradigms and the New Geography. In Chorley, R. J., and P. Haggett, eds. *Models in Geography*. London: Methuen, 1967: 20.

[2] Eagleton, T. *Against the Grain: Selected Essays*. London: Verso, 1986: 5.

哈 雷

解构地图（1989年）

J. B. 哈雷（Harley，1932—1991）是当代著名地理学家和历史地图学家。早年在伯明翰大学研究历史地理学，从那时开始，他对地图、地图制作和地图的文化意义等发生了兴趣。他的教学生涯开始于利物浦大学，然后到爱塞特大学任教。他富于想象力和激情，还是一位善于宣传和交流的使者。他发表的大约150篇涵盖了制图学很多方面的文章。他也在各种研讨会和方法论会议上发表演讲。作为一位编辑，他负责完成了若干地图集和系列地图的出版。他与戴维·伍德沃德（David Woodward）一道策划、编辑和出版了《地图学历史》一书的前两卷。

J. B. 哈雷不但在他所处时代的学术界有很强的影响力，他的作品也将影响到未来的几代人。他与30多位学者合作发表过论著，并在合作研究中展现了他丰富的思想和优雅的风度。他在国际上有一个庞大的联系网，特别是在他学术生涯的后期。他在威斯康星-密尔沃基大学指导过来自世界许多国家和地区的研究生。他应邀到各地发表演讲、作报告，充分发挥他的演讲才艺，慷慨地向听众宣传和奉献他的思想和观点。可惜在他的事业尚处在上升期时，他离开了这个世界。在他去世后，以他的名字设立了一个研究奖励基金。

一、地图需要解构

"解构地图"[1] 是J. B. 哈雷非常有代表性的一篇论文，于1989年发表在英国《地图学》上。作者采用后现代思想来重新定义作为权力表象的地图的本质特征。按照长期以来根植于科学认识论中的观念，在传统地图学的规则中，地图是一种知识的客观形态；但J. B. 哈雷却把地图看作是一种解构的对象，探索了解构主义者对地图文本本质的看

---

[1] Harley, J. B. Deconstructing the Map. *Cartographica*，1989，26：1-20.

法，包括其隐喻特征和修辞特征；阐释了地图所表达的地方和空间的尺度，包括外在和内在的两种权力尺度。

在文章的开篇，哈雷首先引用伯伊·马克汉姆（Beryl Markham，1983）的一段话，用形象拟人化的手法向人们介绍地图：一幅地图对你说："仔细看着我，近距离看着我，别怀疑我"，"因为我是你手中的地球。没有我，你会孤独和迷失"。

此话不假，如果所有地图被毁，人们就会变成瞎子，对所有的城市都会感到陌生，每个地标都显得毫无意义。然而，当你看着地图，抚摸它，用手指沿着地图上的线条漫游时，你却感到它只是出自绘图笔和绘图板的一种冰冷的东西，没有幽默感，乏味。那些海岸线表现的不是沙滩，也不是海洋或岩石；它也没有描述水手们冒失地闯荡在风平浪静的海上，在羊皮或船板上写着潦草的、毫无价值的记录文字传给后人。那个棕色污渍所标识的山体，在常人眼中，也说明不了什么，尽管有无数人可能曾经攀登过那座山。这里有条山谷，那里有个沼泽，那里是一片沙漠；在这条河流上，可能有个好奇、勇敢的人，流着血逆流而上，就像用上帝手中的铅笔画河流一样。

哈雷首先从历史学的角度来观察地图和地图学。在人类历史上，从概念上探索地图，探索从另一个角度去理解地图，是很漫长的过程。也许有人说，这种研究的进展很表面化。如果把文字历史的观念引用到地图学历史中，人们会看到，我们仍然处在"前现代"或"现代"，远非达到"后现代"的思想境界。很多研究和探索都给我们留下很深的印象。尽管现在的学生可能学习或接触到了信息论、语言学、符号语言学、结构主义、现象学、发展观、解释学、图像学、马克思主义、意识形态等理论和学说，也可能在脚注中读到了卡西勒[1]、贡布里希[2]、皮亚杰[3]、潘诺夫斯基[4]、库恩[5]、巴塞斯[6]、艾柯[7]等学者的名字，但哈雷认为，这丝毫没有改变一个事实："我们仍然是历史的奴隶。"

哈雷的基本观点是：应该鼓励从认识论的角度改变我们对地图学的解读。对于地图史学家而言，他们很难理解上述观点，因为我们普遍接受的是：地图学家告诉了我们地图是什么，很少有反对的声音。我们普遍接受的先入之见是：地图制图者所从事的工作是科学的或客观形式的知识创造。地图学家必须坚信这种观念，而历史学家没有这种责

---

[1] Cassirer，德国哲学家。
[2] Gombrich，奥裔英国艺术史学家。
[3] Piaget，瑞士教育心理学家。
[4] Panofsky，美国美学家。
[5] Kuhn，美国科学哲学家。
[6] Barthes，法国文学批评家和哲学家。
[7] Eco，意大利小说家和符号语言学家。

任感。我们现在应该接受另外一种假设，那就是地图学并不是地图学家们所叙述的那样。

当机助制图和地理信息系统被捧在手中当宝贝时，地图制图者关于地图的说法就变得很刺耳。"工艺的文化"之说四处蔓延，《美国地图学家》期刊变成了《地图学与地理信息系统》。针对地图本质的矛盾说法，英国地图学会提出了两种定义：一种是地图学家的地图，另一种是大众的地图。用于大众传播的地图定义是"一门制作地图的艺术、科学和技术"；而地图学者的地图定义是"一门用于分析和解释地理关系，并用地图的形式传播研究结果的科学和技术"。很多人会对职业学者眼中的地图学定义缺少"艺术"而感到惊讶。然而，这种存在主义的精神分裂症也可以被解读为反映了从不同视角重新思考地图本质的紧迫需求。这里产生的问题是，这门不断发展进步的学科是不是地图学者在其职业工作中创造出来的神话，以至于大众和接触到地图的学者都毫不怀疑地接受了它？研究地图历史的人们是不是应该适时地怀疑地图学的理论和学说？所以，如果地图学将要发展成为一门人文和社会科学之间的交叉学科，还需要新的理论支撑。

作为地图历史学家，我们如何摆脱地图学的传统模式呢？如何允许新理论进入其中？我们如何能够从马丁·路易斯的"国王与他的几何尺子"（17 世纪的巴黎地图），或威廉·波豪尔"地图的文化"（16 世纪第一次反映美国的世界地图）之类开始撰写地图学的历史？这两项研究都是后现代主义的题目。在这篇文章中，哈雷的策略是采用了解构地图的理念。

"解构"一词也是后现代主义的敲门砖。解构主义不仅出现在哲学中，也出现于本土化的学科中，特别是在文学、建筑、规划以及当代地理学中。哈雷用解构主义者的策略解开客观实在与地图表达之间的联系，因为后者一直占据着自欧洲 18 世纪启迪运动以来地图学思想的主流，使地图学成为一门常规的科学，向历史地图学家提供了一种理所当然的认识论思维定势。哈雷认为，在社会理论而不是科学实证主义领域，另外一套认识论更适合地图学的历史。我们将看到，即使是"科学的"地图，也既是几何秩序和推理规则的产物，也是社会传统规范和价值的产物。我们的任务就是寻求构建地图的社会力量，确定在所有地图知识中权力的地位和作用。

这篇特殊文章中的论点在很大程度上要归功于福柯[1]和德里达[2]的著作。哈雷的研究是有意识地折中，因为他们两人的观点在理论上不相容。福柯使用社会政治现实中的文字，并以此来组织知识体系，而这正是德里达所抛弃的。尽管这样，还是可能将两者结合在一起，在社会理论中设计一种新的理论方案，来发掘隐藏在地图学中的知识和规

---

[1] Foucault，法国历史学家、哲学家、社会学家。
[2] Derrida，法国哲学家，解构理论创立者。

则。这种方案对于解释地图学纪录的历史来说并无意义，也无益于精确的方法和技术。但从较宽泛的战略上来看，将有助于确定在欧洲和非欧洲社会驱动地图制图的基本动力。福柯著作的核心是揭示了普遍存在于知识（包括编码于地图和地图集里的特殊知识）中的权力，尽管这些权力可能是无形的或隐含的。福柯关于所有文字中都存在修辞的观念无疑提出了一个挑战，据此需要在地图中探寻隐喻和修辞，而以前的地图学者只在地图中发现测量和拓扑。中心问题要回到柯日布斯基[①]所强调的古老格言"地图不是版图"，而解构主义要进一步深入研究的问题是：地图如何用清晰的焦距反映空间位置。

解构主义要求我们解读地图上线划之间、字里行间的"潜台词"，通过其比喻来发现隐含的矛盾，来挑战地图表面上的真实。我们开始认识到，所谓的地图客观实体只是某一专门文化视角下的部分客体；我们也开始懂得，地图，正如远非透明的开放世界艺术品一样，只不过是人类观察世界的一种特定方式。

哈雷沿着三条线索来阐述其观点：首先，按照福柯关于零散形成的地图规则的作用观点来检验地图学的论点。其次，吸收德里达的一个中心论点来考察地图的文字，特别是其修辞程度。再次，再回到福柯的思路上，来思考地图作为一种权力知识如何在社会中发挥作用。

二、地图学规则

哈雷首先集中分析福柯的观点。福柯的主要分析单元之一是话语，话语被看作是"一个关于知识可能性的体系"。福柯的研究方法就是询问：什么样的规则能够允许一定的陈述形成？什么样的规则能够操纵这些陈述？什么规则允许我们识别这些陈述是正确还是错误？什么样的规则让地图及其模型或分类系统被构建起来？什么样的规则会显示对象观点被修改或被转换？只要有一系列类似的规则被确认，我们就是在谈话中形成我们的观点。

现在问题应该改为：哪些规则主导了地图学的发展？哈雷把地图学定义为一种理论和实践知识的体系，地图制图者用这些理论和知识构建地图，把它们当作一种视觉表达的模式和手段。所以这个问题是随时代而变化的，在不同的社会中也各不相同。这里哈雷举出了两组左右17世纪以来西方地图学历史的规则。一组可以看作是主宰地图生产技术工艺的，被认为是显性规则。另一组是关于地图的文化生产的，这些规则必须站在

[①] Korzybski，波兰裔美国哲学家、科学家，发展了普通语义学。

比科学、技术工艺过程更广的历史角度来看才能认识清楚，因而也通常被地图学者们忽略，可称之为隐式论点。

第一组地图规则可以在科学认识论范畴内被定义清楚。自从 17 世纪以来，欧洲地图制图者和地图用户极大地推动了地图的标准知识模式和认知模式。制作地图的目标是制作一种正确的地形关系模型。这里有一系列前提或假说：例如，被绘制到地图上的世界对象是真实的、客观的，它们的存在是独立于地图学家的；这种真实性可以用数学模型表达；系统的观测和测量是获得地图真实知识的唯一途径；上述真理是可以独立证实的。测绘和地图构建的过程与科学总体论存在一致性；地图学也用仪器和度量方式记录了历史；地图学存在着日益增长的复杂的知识分类和符号增殖；特别是自 19 世纪以来，越来越多的科学机构和大学都在监测这些规则的应用和增长。此外，虽然地图学家们嘴上说地图学是一门关于地图制作的科学和艺术，但实质上地图的艺术成分已经被边缘化了；也就是说，艺术只是用来给地图学（以及地图）化妆，而不起核心作用。甚至研究视觉传播的哲学家们，例如安海姆[①]、贡布里希等，也主张把地图归为一类图表，作为一种比拟物、模型或匹配物，用于作为现实世界客观实体的映射。这在本质上与艺术或绘画相去甚远。一个"科学的"地图学，不会被社会因素染指。至今有很多地图学家在面对把政治和社会理论应用于地图实践中的建议时，常常表现出不知所措或茫然，他们面对解构主义时甚至表现出恐慌。

普遍接受"地图是自然的镜子"的说法，也导致了地图学的其他观点的形成。最惊人的是一种不断积累的信念：有了科学，就会使得人类对于客观实体有更加精确的表达；地图学的方法给我们带来了真实的、不断累积的和高度认可的知识。这种信念的束缚导致一种通病，即不但瞧不起过去的地图，也以一种大国沙文主义的眼光轻视非西方的地图学或地球文化。这种科学规则使得地图学家在其地图领地外围筑起了一堵墙。在这座城堡内，核心是测量和标准化，其余地方都是非地图学的领地，下面潜伏着不精确的、异端的、主观的、评估性的，以及意识形态的扭曲内容和图像。地图学家们给非正规的地图下了一个"异物感"的描述或定义。即使记者们绘制的地图，其中含有其他的规则和可行的表达模式，也要被地图学家们用客观性、精确性和真实性等标准来评价。在这方面，最近有本关于地图学的书就反映了地图学家们的态度和观点。有个评论人描述了许多读者都在从该书中挑毛病，找地图学领域和图形表达方面的毛病，因为所有的其他地图都被归类为装饰的地图，不得不遵从地图学规则，而记者们绘制的地图则被评为不准确的、误导的、有偏差的。

[①] Arnheim，德裔美国认知心理学家和电影理论家。

在英国也有这样的例子。1984年成立了一个"地图媒体监视中心"。数百个感兴趣的地图学和地理科学专家根据既定规则，把他们认定有缺陷、错误、不准确的数千份地图和图表发往该中心，用以分析和展示。在这个实例中，类似于地图治安会的机构用近乎狂热的精确性理念来捍卫地图规则。因此形成了成对的自然语言："对与错""主观与客观""文字与符号"等。在他们看来，最好的地图是经过权威检测的最准确反映自然客体的图像。

在科学规则无形地存在于地图中的情况下，我们仍可以通过追踪其表现来使这些规则和理念正规化。地图学家的"黑箱"得到保护，而其社会源头则受到压制。那些地图学权威代表人物在彼得森地图投影问题上的歇斯底里式的态度，以及近期西欧和北美洲地图制图者虔诚地听着俄国的坦白，承认他们如何故意仿造地形图来迷惑敌人，都给我们一些印象——他们是如何使用地图规则的，地图的游戏规则是如何表现的。面对1988年的一系列报纸报道，诸如"俄国人控制地图制图""苏联人承认地图偏执""在西方，地图制作者崇拜真实""最终由流氓实现了这种真实，并能够讲述这种真实"，此时在国防部面前的地理学家会怎么说？这个故事喻示着西方地图并无评价标准。根据发言人的说法，我们的地图不是意识形态领域的文档，对俄国人仿造地图行为的谴责，与其说是冷战时期虚夸的反映，倒不如说是一次真实的地图批评。

在分析和阐述上述实例的基础上，哈雷引出了第二个观点：地图的科学规则其实受诸多其他规则的影响，受那些左右文化产品的规则的影响。要找出这些规则，我们必须从地图的技术规程或地形图内容中寻找。这些规则与评价标准有关，例如关于美学的、政治的、宗教的、社会阶级的评价标准，而这些标准已经融入地图制作团体的规章中。在地图知识的诸多可能性面前，地图学论点显得加倍无力。就地图自身而言，社会结构常常被抽象的物理空间掩盖，或者被计算机制图的坐标体系禁锢。同时，在地图学的技术文献中，上述社会结构也被忽略，尽管它们与地图学者在绘制这个世界及其景观时的测量、编辑和设计一样重要。这种社会规则与技术规则之间的互相影响就是地图学知识中的全局性特征。地图上生产的就是特征的秩序和制图工的等级体系。用福柯的话说，就是这些规则能使我们定义知识，并通过时间历程从考古学中发现知识。

通过上述两个规则的实例，哈雷得出结论：这些规则既在分类分级和度量的有序结构之内发挥作用，又在其外发挥作用，它们常常走到了上述地图学目标之外。地图作为社会地理学的一种表象，其能力往往在表面上中性的科学蒙面之后起作用。它把社会维度隐藏起来，或拒绝接受社会因素，这种现象让人觉得很正常。但不论从哪个角度去看，社会规则都会浮在地图表面。我们可以肯定地说，地图至少是社会的一个图像，正如它是世界客观对象的测量成果一样。

三、解构与地图字符

从地图规则问题向里探究,哈雷转向了地图知识的社会背景,转向了地图字符本身。这里特别使用"字符"一词。现在已经普遍接受了一种观念,那就是字符模型比单纯的文学性文字有宽广得多的应用范围。对那些非书本形式的字符,例如音乐作品、建筑结构等,可以用在地图中被称为"图形字符"的术语来表达它们。有句话说"构成字符的不是语言元素而是建设的行为",所以地图作为"用常规符号系统构建的成果",也就成了字符。按照神学家巴特的思维,我们可以说地图预示着意识的表达,等待着我们去揭示。因此,用"字符"一词来比喻地图比用"自然的镜子"一词更好。地图是一种字符文字。只要接受其字符,我们就能够包容对地图的多种不同解读的可能性。我们就有可能探究不透明物背后的内容,而不是仅仅反映清晰、透明的东西。地图上除了反映事实,还可增加神话色彩,表达虚幻,因此,地图反映的不一定是真实的,它也可反映多面性。我们不再仅仅研究正规的传播科学,或者一系列松散联结的技术过程,而要将关注重心放在历史和人类学图景上,学会认识地图所表达的叙述性特质,或者其所提供的世界同步画卷。当我们确定地图的意图并不是其所表达的字符表面的内容,并开始接受地图制作的社会过程时,我们就很可能拒绝地图的中性特征。这里并不是说地图字符的查询方法向人们提供了一系列简单的解读当代和历史地图的技术,在许多情况下,我们会发现地图中蕴涵着很多至今无法判定的内容和方面。

解构,需要更近距离、更细致地阅读地图字符,这超过我们通常在地图学或地图学历史研究中所做的工作。它会被看作一种对二义性的查询研究。正如有个比喻所说的那样:解构,就是对一个宽广运动范围和结构中的对象之内涵、事件和客体进行重新刻画和重新定位;换言之,就是把一幅精美的织锦翻过来,以便呈现该幅画没有上彩之前的混乱状况,以及构成世界图景的画面下的丝线的状况。

印刷出版的地图上也有"编织精美"的图像。我们对地图的解读应该超越对地图几何精度、位置、地形空间结构等的评价和认知。这种解读始于这样一个前提:地图字符包含有未被认知的矛盾或不一致,从而破坏了地图表面上的客观性。地图是狡猾的无赖汉。在 W. J. T. 米切尔[①]关于语言和影像的著作中,把地图当作值得解释的谜和问题,是隔开现实世界的牢房。地图可以被看作是一类符号,在自然的表面下表达欺骗性内

---

① W. J. T. Mitchell,美国艺术史学家。

容，在透明的表面下隐藏着不透明的、扭曲的、任意的表达机制。在现代西方地图的发展历史中，有很多事例都说明地图上哪里被伪造，哪里被审查，哪里隐藏着秘密，哪里存在着与人们声称的科学原则相矛盾的地方。

在上述例子中，解构主义者往往关注地图中那些被人们忽略的方面。正如克里斯多佛·诺里斯[①]的文章中所说的那样，德里达的最典型的解构动机，是警醒地寻找那些盲点或自我矛盾之处，在这些地方，地图字符不自觉地表露出巧辩与逻辑性，表露出表面上的意思与实际上隐藏的意思等之间的矛盾。解构一篇作品，就是要实施一种逆向操作，精确地抓住那些未被注意的细节（例如不经意的隐喻、脚注、观点的随意转折等）。而这些都被那些正统的解释者略过。正是在这里，例如文字的旁注，被大多数人定义过的、认可过的旁注，解构主义者却发现了令人不安的力量在起作用。

近来用不经意的隐喻、脚注等方法重新解读17世纪和18世纪欧洲地图的装饰艺术状态，就是解构一幅早期地图的一个很好实例。标题页精美的装饰符号，而非无逻辑的旁注，起着基本的传达文化含义途径的作用，从而颠覆了地图学声称的创造公正的图形科学的地图学理念。但这种修正的可能性并不仅限于装饰性的历史地图。在近期一幅"北卡罗来纳官方高速公路地图"上，就从关于当代地图的旁注着手，展示了解构策略广阔应用的可能性。他们也把地图当作字符来处理，用神话的理念绘制了符号系统，从而对地图学进行了文化批评，指出其在方法上是结构主义的，但结果却是解构主义的。他们有意识地用地图图边作为起始，而不是从印在书面左边的主题着手。这幅地图的具体细节如下：一方面，该地图用北卡罗来纳的各种兴趣点来展示整个程序和过程，用当时的管理者的欢迎词、乘坐汽车者的祈祷，配之以羚羊角形刀、磨制珠宝的妇女、滑雪橇、沙丘等的照片，是一项创新；另一方面，将北卡罗来纳州置于中央，周围用淡黄色表示南卡罗来纳、弗吉尼亚、佐治亚、田纳西等州，以及淡蓝色的亚特兰大等，在白色背景上用红、黑、兰、绿和黄等线条构成整个网络状的格局，在网线交叉点上用加粗的黑色圆盘状符号或品色面状符号，而在左边的标题则是一个飘荡的州旗图形；在右边是一个州花（山茱萸），树枝上绘着州鸟，州花上还有蜜蜂飞舞。

上述符号有什么含义呢？难道仅仅是为旅游者的愉悦做的装饰吗？或许它们能告诉我们一些关于该州高速公路地图的社会产品？解构主义也许认为这种信息是确定的，但事实很清楚，北卡州的高速公路地图在其表面清晰和透明的面具下，的确用语言形式表达了其他内容。并不是说这些要素妨碍了旅游者了解从A到B的信息，而是说地图上还有第二层文字意义。没有一幅地图上没有文字这种维度的要素，因此，这些文字维度

---

① Christopher Norris，英国文学理论家和解构主义理论家。

能使我们从地图图像上扫描到的不仅仅是一幅道路网络图形那么简单的内容。该地图的读者不仅是汽车乘坐者，也有北卡州政府人员，而正是后者编制和发布了这个出版物作为一种激励措施。因此，地图成了一种州政府的政策工具和主权工具。它不仅仅声明和强调了北卡州对其领土的主权，而且构建了一幅神话般的地理景观，里面包含了丰富的（旅游）兴趣点，充满着对州图腾和符号的忠诚和对基督教的虔诚。图上的城市等级体系以及联结这些城市的高速公路，都构成了世界的合法秩序。所以这幅地图最终成了"道路就是北卡州的一切"的声明。它也促成了我们与汽车的联姻。神话就是这样形成的。

对解构主义者的这种论调，地图学家的本能反应是大叫"污蔑、犯罪"，"它不过只是一幅高速公路地图而已"，它是为应时发行和当下使用而设计的。我们希望它扩大其公路网络，为汽车司机提供更多的兴趣点。它是一幅衍生地图，而不是一幅基础地图，也不是一幅科学地图。地图学家反抗的最后底线就是向科学终极地图求助，指责此地图的社会关系覆盖了制图技术。

在这一点上，德里达的策略可以帮助我们把上述解读理念扩大到所有地图，看它们到底是科学的，还是非科学的；是基础的，还是衍生的。正如德里达用解构主义理念向我们揭示了想象中的各种文字内容如何具有隐喻特征一样，我们也可以说，地图上的制图事实也是符号。在平面的科学地图上，科学本身也成了隐喻。这些地图所包含的符号现实主义内容，就像古代装饰性地图上的纹章或女王肖像显示其政治权威和势力控制一样。有了计算机制图技术，精度和严谨成了我们这个时代表达权威性的新视角。这个趋势可以追踪到欧洲地图制图的历史。地图上的地形要素越来越详细，在平面几何上越来越精确，成了功利主义哲学行使其权力的隐喻。地图学把这种文化模式记录在纸质地图上，让人们对所有类型和比例尺的地图进行检测。带着神话外壳，工具和技术的精度仅仅用来强化作为某个视角的地球图像。所以，欧洲古代政权时代的不动产地图就是那个以土地地产为基础的社会结构的隐喻，尽管这些地图来自测绘仪器；县域和区域地图也是当地价值观和权力的清晰反映，尽管这些地图建筑在科学的三角测量基础上；欧洲国家地图实质上是为民族主义和国家主义的理念服务的一种实体速记符号，尽管这些地图是沿着经纬线构建的；世界地图也不过是欧洲向海外扩张和殖民统治的螺旋性上升过程的证明，尽管这些地图是依据数学投影定义的。在所有上述例子中，我们都从科学的地图上追踪等高线的隐喻，这也反过来提高了我们对于地图字符作品作为社会现实操作工具的理解和认识。

在解构主义理论中，巧辩是与隐喻紧密相连的。尽管地图学努力将文化向自然转化，将社会自然化，但它仍然保留了其固有的理性思辨理论。德里达的哲学批评是"理性分析迄今为止主要应用于文学文字中，因而在阅读任何一个学术论著中不可缺少"。地图学是一门传播的艺术，这种说法一直没有发生革命性的改变。因此，在传统（经典）的思辨意义上阐述人文科学也就很正常，即使地图学家已经开始研究理性地图学，尽管目前缺少对于地图作品的近距离的理性解读。

争论的焦点不在于某些地图是否理性，其他地图是否只有部分理性，而在于理性思维对于所有地图字符的普适性程度。所以，对于有些地图学家，"理性"一词带有蔑视的意味，因为是空洞的理性，在地图的科学内容中缺少理性的证据。理性一词也就被用来指地图宣传或广告地图中的过分之词，或是指用于定义地图的艺术性，或与地图的科学内涵相反的地图美学成分。哈雷的立场是：理性是所有地图字符发挥功能的一种途径，或者说，所有地图都是理性字符的作品。在这里，我们又要摒弃在宣传与真实、艺术形式和科学表达之间的二元论。所有地图都是力求面对受众设计的，所有的地图都在陈述对于世界的观点，而这些又是自然界的一部分。所有的地图上都有理性思维的成分，例如寻求权威性，使用色彩、装饰、印刷形式、贡献率或制图规范等。理性看似隐含的，但实质上总是存在的，因为只要是描述就会有理性的表现。

编制地图的所有步骤，选择、删除、简化、分级分类、层次体系的生成、符号化等，在骨子里都是理性的。无论从目的看，还是在应用上，上述步骤都带有很强的人的主观目的性，而不是仅仅采用地图概括的基本规范。的确，地图学中的自由理性是很多的，例如地图制图者可以随意删除那些不在制图目的范围内的客观实体。根据不同目的、观点，采用不同的假设，制作出来的不同种类的地图的可能性似乎是无限量的。地图的风格从古到今都不是固定不变的。地图风格所携带的理性密码与它的传播目的相匹配。与其讨论地图的理性与非理性，还不如思考建立理性地图学理论，其中最基本的要素是如何用所有制图字符进行表达。所以，无论是理解地图的社会目的还是针对地图内容，我们的研究目的都不是力图用理性战胜科学，而是消除两者之间的虚幻界线。

四、地图与权力运作

还是回到福柯。他曾批评德里达把字符限制在纯粹的句法和语句级别，使得政治实体都不存在了。与德里达相反，福柯总是力图揭示字符所反映和承载的社会实践，并构建字符所激发的技术和物质框架。虽然解构主义有助于改变认识论氛围，并鼓励地图学中的理性解读理念，哈雷最终关心的还是地图学的社会和政治维度，关心如何理解地图作为一种权力知识的形式发生作用的方式。这就终结了地图学历史上的对于环境依赖性的怪圈。

我们已经看到把地图学作为一种理论体系——一种提供整套地图图形和地图集的知识表达规则的体系——的可能性。在现代社会秩序的权力/知识矩阵中为地图寻找一块存活空间并不困难，特别是在国家生产和操作地图的情况下。就是说，在政府下令编制的地图上，我们可以看到地图是如何延伸并强化政权状态、国家主权，以及来自于政治权力运行过程的价值体系的。然而如何根据地图学文献来理解权力运行的模式和效果呢？这还需要进一步研究。简单的流行模式和颠覆模式都不足以完成上述任务，还需要在地图学中寻找外在权力和内在权力的界线。这个想法源自福柯关于权力—知识的观点，但其形成又归结于约瑟夫·饶斯[①]近来的一本书《知识和权力》，而后者关于科学的内在权力的理论却又是基于福柯的观点。

在地图学的权力观中，人们最熟悉外在于地图和地图制图过程的权力。它将地图与政治权力中心联系在一起。地图学被赋予权力，在地图学家的后面是赞助者。在大量的事例中，地图字符的编撰者都与外在需求相应。地图学者本身也在运行权力。君主、大臣、国家机构、教堂等，都在策划为它们服务的地图。在现代西方社会，地图直接成了维护国家权力的不可缺少的工具，为了加强其行政界线、商业、内部管理、人口管理、军事力量等。制图已经成了国家的事务——地图学被国家化了。国家小心地保护着有关的知识：地图要经受全局性的审查，也隐藏着秘密，也被仿造了。在所有上述例子中，地图与福柯所说的司法权力的运行相联系。地图成为了司法的领地：它行使着监管和控制权力。地图还被用于以多种方式控制我们的生活。虽然我们已经对地图司空见惯，但没有地图的社会在政治上是不可想象的。所有这些都是在地图帮助下的权力。它是一种外在的权力，常常用一种集权化和官僚主义的方式至上而下地行使着，出现在某些特定的场合、阶段和特殊政策下。

总之，地图在社会中的核心作用也可以定义为地图学的内在权力。所以质询的焦点就从地图学在权力司法体系中的位置，转移到了地图学家制作地图时的政治作用。地图学家制造权力：他们创造了空间"圆形监狱"，即镶嵌在地图字符中的权力。我们谈论地图的权力，正如我们已经谈到的语言文字的权力或书籍作为改变世界的力量一样。从这个意义上看，地图具有政治意义。地图的权力是交织的，是嵌入知识的。福柯指出：权力普遍存在，并不是因为它拥有对整合其下所有事情的不可征服的特权，而是它产生于每个时刻，每一点，每一种关系。权力随时存在，不是因为它包含一切，而是因为它

[①] Joseph Rouse，美国后现代科学哲学家和政治学家。

来自万物。

权力诉诸地图，并横跨地图制作的方式。因此，这里内部权力的关键在于地图制作过程。这里的地图制作过程是指地图编辑和信息分类过程；地图概括途径，地理景观抽象和概括的规则；地理景观元素变为层次关系的过程；产生权力的各种理性风格用于表达景观的方式；对世界进行分类就是接近它、适应它的过程，所以，所有这些技术过程都代表了我们对地图图像的控制过程，而这些图像已经超出了通常大众所知的地图用途。世界是分学科的，也是常规化和标准化的。我们都无法脱离空间而存在。对地图学及其他形式的知识而言，所有的社会行为都在已经定义好的分类体系界限上运作。我们可以用类比方法来比喻地图资料所代表的客观实际——监狱、学校、军队、工厂等，标准化过程对于地图资料和客观实际两方面都是必需的。正如工厂制作产品时的标准化过程，地图制作室也要对它们所处理的客观世界的图像进行标准化；正如在实验室里我们创造了对物理世界过程的标准化理解模式，在地图上，自然界也被缩小成了图形模式。地图制作者一般不对个人行使权力，而是对地图所表达的知识行使权力。但这种过程并不一定是有意识的，它超越了"有意识"和"无意识"的简单分类。不是说权力是有意识地行使的。区域性的知识同时也是全球性的知识。也许它们不被人们注意。总而言之，地图是权力无声的仲裁者。

"地图的逻辑"对于人文意识的作用是怎样的？我们必须考虑地图的抽象性、一致性、可重复性，形成心智地图结构时的可视化，以及传达对于世界位置的认知过程。正因为将对地方和位置的不同感受分离开来，以及将对世界的多种不同理解方式分离开来，才产生了社会对于地图学作用的理解问题。所以西尔多·若萨克[①]写到：

> 地图学家总是谈论他们的地图而不是地理景观，这也就是为什么当把地图学家视为正常的事情翻译成普通语言时就会变成荒谬的事情。当他们忘记地图与景观之间的差别，或者允许或劝说我们忘记这种区别时，他们就欠了我们一大笔债。

其中一个欠债是：大量制作出来并通过立体形式之图像来表达世界的地图，传递了嵌入的社会视角。例如，在美国，普通道路地图集是一种最畅销的纸质书。对此我们会思考：它们如何影响美国人对其国家的感知？这些地图集为美国人提供了什么样的国家图像？一方面，这是一种对世界的简单化。一旦离开了州际高速公路，地理景观逐渐消失在世界总体概念中，这种总体概念使得我们不需要再对世界进行探索。景观背景和地方、位置都已不重要。另一方面，地图揭示了所有立体类型的正反两种情感。这些内容

---

① Theodore Roszac，美国历史学家。

默默地镌刻在每页地图上，使我们思考复杂多变的自然界到哪里去了？地理景观的历史到哪里去了？人类经历的时空在地图的哪个位置？

现在的问题是：这种空泛的图像具备我们人类用以思考世界的序列吗？因为如果所有的世界都是一样的，那么一旦没有实现地图的社会效果，设计地图容易吗？这也正是德里达和福柯两位的策略发生冲突的地方。对德里达而言，如果地图的含义不确定，那么测绘地图这种用符号反映的系统还有必要吗？最终哈雷同意福柯的观点，也就是从寻找知识的角度来理解地图和地图学，把它们当作一种构建世界的战役来理解。在这个改变权力关系的过程中，地图并非处身事外。地图的历史告诉我们，地图携带着特定形式的权力和权威。自文艺复兴以来，地图已经改变了权力运行的方式。例如在北美洲殖民地区域，欧洲人不用去实地监测政治实体和事件，就可以很容易地划分出印第安国家之间的界线。地图允许他们宣称：这是我的，这里是边界线。同理，16世纪以来的战争中，将军们不用到实地去看残酷的战斗场面，就可以很容易地在地图上用脚规和分脚器来指挥作战。还有，在当今社会，官员、开发商、规划人员等很容易就能在地图上操作，而不用去实地测量社会进步。尽管地图并不是现实，但它却以这种方式帮助人们创造着现实。曾经镶嵌在出版文字中的线划，现在在地图上却需要获得权威认证，这种情况很难改变。地图是独裁者的图像。如果不清醒地认识到这一点，地图将使这种状况强化并合法化。尽管有时地图是变化的代言者，但它们同样也会是保守者的档案。不管哪种情况，地图都不是中性的，虽然可能有时会以理性的中性面孔出现。

五、结论

解释地图的解构行为，对地图学历史来说有三个功能。第一，它允许我们挑战传统地图学长期以来形成的客观科学方法论神话，该种方法总是强调更好地描绘现势。第二，解构主义者的观点使我们重新审视地图在历史上的重要性。它没有削弱地图学的研究，而是给我们提供了一种切入点来理解地图表达权力以构建世界秩序的方式。如果我们能感受字符的交互，我们就可以从地图上读到不同的选择甚至不同的竞争性观点。第三，解构性的思维转变可以使我们充分研究有关文字和知识的不同学科。智能化的策略，像福柯和德里达关于隐喻、理性思维等的观点，以及权力—知识的观点，都会渗透到许多领域和学科中。以不同的视角审视地图，福柯和德里达两人同样有丰富的见解。他们既不对解释学产生敌意，也不是反历史主义的。通过解构，我们建立了新观念。在这种过程中,通过地图发现深刻含义并追踪制图变化的社会机制的可能性扩大了。后现代主义所提供的对阅读地图方式的挑战,也可以丰富对其他文字的阅读。

(齐清文)

史密斯，奥克弗

地理学、马克思与自然观念（1989 年）

尼尔·史密斯（Neil Smith，1954—2012），美国地理学家。1954 年出生于苏格兰，在圣安德鲁大学获得地理学硕士学位，1977 年离开苏格兰前往巴尔的摩，1982 年以城市的"绅士化"[①]为主题的论文获约翰·霍普金斯大学哲学博士学位，其博士导师是著名地理学家戴维·哈维。与哈维研究旨趣和方向转变的经历相似，史密斯也很快成为一名马克思主义地理学家。他曾在哥伦比亚大学、罗格斯大学任教，现为纽约城市大学教授，并任该校人类学系地方、文化与政治学跨学科研究中心主任[②]。

史密斯研究兴趣和领域非常广泛。由城市绅士化问题向外拓展，他还对空间、自然和社会以及美国政治地理进行了综合研究。相应地，他的著述也较多。其中，论文"绅士化理论的建立"被引用达 300 多次；他的代表作有《不平衡发展：自然、资本和空间的生产》（1984，1991 年第二版，2021 年商务印书馆出版中译本），《公共空间的政治学》（2006）等，"地理学、马克思与自然概念"[③]也是其代表作之一。

"自然"是一个很大、很重要，却很难确切认知和把握的概念。自然科学和社会科学领域常常涉及它，但除了个别大思想家，其他人很少去讨论它，尤其极少以方法论形式讨论。如果把人们对自然的理解当作科学研究和认识自身的基础，那么必须对"自然"有一定的、较为清晰的认识，但是人们通常想当然地看待和运用自然的概念，却不能也不愿对它进行仔细探究。就像"科学"的观念虽然深入人心，但对于什么是科学却难以定论，也很少有人研究一样。流行的实证主义哲学则假设自然本身存在，与人类活动无关。在实证主义法则主导之下，"自然"被认为就是经由事实发现规律，所谓自然界中的神秘事物仅仅表明尚未发现相应的科学事实和法则。从现在的观点看，这种对自

[①] Gentrification，又译为"中产阶级化"。自 20 世纪 60 年代开始，西方国家的一些富有家庭寻求近邻城市中心区而导致内城衰落区的重建、更新以及再居住过程，这种择居过程通常是这些家庭权衡空间与接近中心区服务的结果。

[②] 史密斯的生平及思想简介主要参考了 Castree, N., and N. Smith. In Hubbard, P., R. Kitchin, and G. Valentine, eds. Key Thinkers on Space and Place. London: SAGE Publications, 2004: 264-268。

[③] Smith, N., and O'Keefe, P. Geography, Marx and the Concept of Nature. Antipode, 1989, 12: 30-39；内引此文，只注页码。

然的理解显然是褊狭的（第 30 页）。从这种研究背景出发，史密斯和奥克弗（Phil O'Keefe）分别从社会科学、历史唯物主义两个角度综合阐述了自然的概念，并总结了这种分析对科学、空间的影响及启示。

一、社会科学中的自然概念

因为自然与人类的关系十分密切，社会科学家很难对其置之不理。奉行实证主义的社会科学家认为自然概念具有双重性：一方面，自然是外在事物，它是人类以外的事实，是纯净的、天赋的物质事实；另一方面，自然是抽象的，它将人类社会和非人类自然整合为一体。自然的双重性在实证主义中是相互矛盾的（第 30 页）。同时，从实证主义严格的非人化条件出发考虑，自然可同时兼有人类性和非人类性。科学家们根据自己的偏好来使用它们，但很少同时包含这两个方面的含义。

史密斯和奥克弗认为，实证主义自然概念的矛盾通常体现在三个方面（第 30 页）：

（1）自然科学研究的是自然，社会科学不研究自然而研究与自然无关的社会。从这个层面来看，我们所谈到的人类自然或某一社会的自然仅仅是隐喻或是寓言故事的不当使用。但这种解释很难让人信服，因为隐喻和寓言有其客观真实性。因此，"人类自然"或"人类社会自然"这些说法绝非偶然。这里的"自然"并不是没有意义的。人类生理学与动物生理学一样，人类心理和生理结合构成人性——人类自然，它是真实的，并非偶然的概念。

（2）为了解决矛盾，还可以认为自然科学同社会科学一样也研究自然，但社会科学研究的自然与自然科学研究的自然不同。自然科学中的"自然"是与人类活动无关的自然，而社会科学中的自然则是社会创造的。对于自然概念中的矛盾，这是常用的解决方法，但它依赖于将矛盾从概念转移到（概念所提及的）自然本身。自然作为一个统一的概念显示出两部分现实。因此，在实在自然中仍存在着矛盾，这个矛盾包含人类和非人类，自然概念作为一个整体包含这种对立。

（3）第三个解决方法是将人类自然融入外部自然中。它们同处一个自然，它们的差别仅是规模及复杂性的不同。社会达尔文主义和很多现代行为主义者对自然持有这种观点。这种解决方法在理论层面上解决了矛盾，但实践上并没有。实际上人类社会证实自己可以按自己的意图适应"自然法则"，而这种伴随目的的行为是不受自然法则控制的。

"地理学强烈抵制自然概念的过分简单化和矛盾化"（第 30 页）。地理学家主要关注人类和自然间的关系（正如过去常说的人类与自然或人类与环境的关系，也就是人地关系),他们通常对自然的复杂性非常敏感,而不愿意看到其简单的二元性,但是实证主义的盛行也同时使自然概念的矛盾延续。地理学家格拉肯是一个例外。他的《罗得岛海岸的痕迹》[1] 是一本关于自然的巨著。在自然观念上,他和著名哲学家柯林伍德[2]观点一致,即坚持认为如果自然不与历史相结合,要正确理解自然是不可能的;对自然事实的新发现和发展只能建立在一定历史发展阶段的基础上,如果割裂自然和历史,它们都将变得毫无意义。格拉肯还注意到了这些观点的历史传播性,以此来确定自然与社会的物质关系。但是格拉肯将其研究领域限定在前资本主义社会,认为资本主义的来临预示着人类社会与自然新关系的开始。马克思则希望从历史角度定义自然,认为任何一个历史阶段,人类社会与自然的物质联系都是基础,但是被人忽略,以至于真实的历史与普通的生活相分离,从而产生自然和历史的对立。马克思正是将历史和唯物主义结合在一起,才揭示了自然的本质(第 31 页)。

在理论总结的基础上,史密斯和奥克弗指出两点(第 31 页):首先,不仅要注重自然观念,而且要注重人类与自然的确切关系;其次,应当着眼于现代考察自然。

史密斯和奥克弗指出,"这种带有历史的自然统一性(不是一致性)构成了马克思著作的基础。另外,马克思提出了自然概念的可选性、统一性和不矛盾性。实证主义矛盾的自然概念在 18 世纪和 19 世纪初以唯物主义的方式得到发展,马克思对于这种传统的批判保留了现代实证主义的色彩。"(第 31 页)

二、历史唯物主义中的自然概念

作为一位经典政治经济学家,马克思试图从科学角度阐释自然概念。他首先分析资本主义的整体政治经济活动,研究方法就是现在我们所熟悉的历史唯物主义。顾名思义,历史唯物主义从历史角度解释资本主义的发展,并注重物质存在的社会结构。马克思虽然探讨自然,但他的自然理论并不系统;同时,他著作中的自然概念也不很清晰,但是对自然的理解无疑是马克思著作的重点(第 31 页)。史密斯和奥克弗通过梳理马克思的自然概念而使其系统化和更加清晰。

---

[1] 参见本书"格拉肯:从古代到十八世纪西方思想中的自然与文化"一文。
[2] Robin George Collingwood,英国哲学家、历史学家、考古学家。主要著作有:《艺术哲学》(1925)、《形而上学论》(1940)、《自然的观念》(1945)和《历史的观念》(1946)。

1. 自然统一体：第一自然与第二自然

马克思始终坚持自然与社会紧密相关的观点。考虑到时代背景，马克思和恩格斯得出自然先于人类历史的结论虽然在今天看来已是常识，但在当时是惊世骇俗的。从历史和现实看，自然是人类活动的中心，人类依靠自然满足基本需要。从理论上将自然与社会分开也是错误的。我们不能把自然当作社会的外层。实证主义忽视社会与自然关系的必然性，假设自然是外部的自在之物，然后收集与自然相关的知识，并处处否认它。

自然与社会是不可分割的现实。它们外部统一，内部却有分别。马克思根据自然法则来看待资本主义，并宣布研究的最终目标是揭示现代社会的经济运行法则。自然法则包含在资本主义社会结构中。社会发展不是某个人或是某些法律可以控制的，它有其必经阶段[①]。人类可以创造历史，但不能控制历史。在某些情况下，历史不是人们通过自己的选择所创造，而是巧遇，或者是历史赋予，或传承于人的结果。

马克思的"第二自然"法则与物理学家的"第一自然"法则不同。它们不是一成不变的普遍规律，因为社会是不断变化发展的。马克思并没有将社会归于物理学家制定的永久法则之中，因为马克思眼中的社会正处于过渡阶段，它正向着一个新的目的地前进，而这个方向是古典经济学未曾涉及的。

马克思所寻求的经济法则中的运动定律（具有历史易变性）是适用于资本主义社会的法则。例如，为了生存，资本家必须积累大量的资本，但是这种资本积累是有副作用的，实际上，在资本积累的同时，整个资本主义趋于衰亡，并产生与其初衷不同的结果。马克思认为不必证实这个过程是历史的需要，相反，该过程应当从历史中得到证实，这种过程一部分已经发生，还有一部分会发生在将来。另外，马克思还指出，这个过程的发展是和辩证法相一致的。马克思的辩证法与实证主义科学的形式逻辑不同。目光短浅的实证主义者的支持者通常不能洞察多样的逻辑关系。逻辑对他们来说只是简单的逻辑，就像自然就是自然这么简单。当马克思将自然法则与第二自然联系在一起讨论时，实证主义主观臆断它是与第一自然有关的自然法则（如物理定律），而马克思则成了某种形式的决定论者。马克思谈到的自然法则没有受限定的必然性暗示，那是实证主义思想的映射。马克思所说的社会法则不仅仅是社会本身，而且是社会和生活于其中的人之间的关系。由此，恩格斯得出这样的结论：经济法则面对的是所有的人……以无目的的生产作为客观规律，而这种客观规律是人类无法改变的，因此，以自然法则的形式

[①] 关于人类创造与自然法则和规律之间关系相关论述的突出体现，如马克思指出，"一个国家应该而且可以向其他国家学习。一个社会即使探索到了本身运动的自然规律，……它还是既不能跳过也不能用法令取消自然的发展阶段。但是它能缩短和减轻分娩时的痛苦。"见马克思：《资本论》第一卷，北京：人民出版社，1975年，第11页。

出现。它们是不可避免的，这些法则在社会中产生，并在社会中消亡。人们受其社会行为的限制，他们也可以废止法则，但不能靠个人行为，而要靠有意识的社会集体行动实现（第32页）。

2. 自然辩证法

第二自然并不是一个新的观念。格拉肯将其追溯到西塞罗（Cicero）时期。在黑格尔时期，这个观念以更贴近现代的面目出现。对他们来说，第二自然的观念与人类设计自然观念有着密切的关系。马克思的任务是把这些概念从目的论中分离出来，要这样做必须以黑格尔的辩证法为立足点。但辩证法对第二自然的理解和马克思所秉持的统一的自然概念都未触及辩证法在第一自然理解中的作用。恩格斯指出，"以观察或实践为依据的自然科学已积累了大量翔实的材料，这些材料需要我们根据其内部联系分领域进行系统的整理。"[①]

要建立这种"内部联系"，需要将自然科学中的形式逻辑转换成辩证法。恩格斯这么做是为了表明辩证法是自然本身所固有的，是所有物质关系的共同财富。因此，他的"自然辩证法"思想成了斯大林领导下的苏维埃思想体系的重要部分。但后来，恩格斯和其他（试图在理论中注入辩证法思想的）科学家一样走入了形而上学的误区。他把自然当作是外部的、自我存在的、与人类占有无关的事物。在卢卡斯（Lukacs）的哲学语言中，如果我们承认辩证法是主体与客体的联系，那么将自然从人类占有中分离出来就将变得容易理解了。恩格斯的目的就是试图发现客观事物中的辩证法。所谓"自然辩证法"不是自然所固有的，而是蕴涵于人类和自然关系之中的。辩证法一旦脱离了人类，将变得毫无意义。

3. 阿尔弗莱德·施密特的自然观

阿尔弗莱德·施密特（Alfred Schmidt）试图使马克思的"自然概念"更加清晰和明了。他经常引用马克思的一些观点，但不对其进行评价和批判。马克思强调自然的统一性和历史的自然统一性。因此，施密特将马克思的自然概念同现代哲学唯物主义进行了区分。他区别了马克思与黑格尔思想，明确了第一自然和第二自然。黑格尔认为，第二自然与第一自然是两个截然不同的概念，第一自然是人类以外的物质世界，是盲目的、无概念的。人类在国家、法律、社会和经济体制中塑造自我，这些对他们来讲是明显客观的第二自然特征。但对马克思来说，第二自然与第一自然是一体的，无明显的特

---

① Engels, F. *Dialektik der Nature*. Progress Publishers, 1972: 42.

征差别。施密特以此区分了马克思的两种历史辩证法：前资本主义和资本主义。在早先的历史时期，人与自然是统一的。客观世界（外部世界）统治着主观世界（人类活动），人类是自然的一部分，受外部自然的支配。随着资本主义时代的来临，人类开始掌控自然……自然从本质上成为人类抽象的外部事物，主观世界开始控制客观世界。在施密特思想体系中没有一个关于自然的概念，只提及两点：自然是人类活动的外在条件和客观条件（第一自然）；自然是所有事物存在的载体（第一自然和第二自然的联合体）。尽管这些说法尚待证实，施密特在他的书中将它们作为两个独立体继续进行讨论，使得他可以在诸多事实中讨论"人类主导自然"是历史发展的需要。施密特的思想是否准确地反映了马克思的自然概念还有待考证，但它为指责马克思是乌托邦主义的那些人提供了基础，其原因是马克思不接受施密特倡导的"自然支配论"。

"自然支配论"是法兰克福学派批判理论家的一贯思想。施密特是他们当中的一员。但这个概念是模糊不清的，他们试图将社会和自然对立起来，就像施密特所提到的"人与自然"。"人类主宰自然"的观念体现出机械主义的弊端，而这是法兰克福学派不敢提及的。它们听起来是自相矛盾的，这种资本主义社会内部的机械主义是阶级剥削的产物。威廉·莱斯（William Leiss）是法兰克福学派主将赫伯特·马尔库塞（Herbert Marcuse）的学生，他尖锐地指出："如果自然主导的观念是有意义的，那它的意义就是通过掌握先进的技术，使一些人得以控制另外一些人。这样的人是不确切的……它隐藏了人类实际暴力斗争的事实，技术设备只是斗争的一部分。简单的人类主导外部自然的概念是荒谬的。"但是莱斯得出一些粗糙简单的结论，比施密特的"内部"和"外部"自然还要简单。虽然他涉及了内部自然和外部自然间的微妙关系，但只停留在语言层面，并未涉及实质。

施密特没能避免自然概念的二重性。他从劳动过程中提取已经发生的特定历史环境下的生产方式，并喜欢从本质上探讨劳动。他提出通过劳动过程来考察自然间的关系，而不必从一开始就探讨生产关系。从这个角度来讲，他否定了先前的自然不能与历史分离的假设。毫无疑问，人类的劳动过程也是调节历史与自然关系的过程。正如我们所看到的，资本主义社会这种对劳动力的剥削，不管从理论还是实践层次，都将自然与之紧紧地绑定。

史密斯和奥克弗认为，马克思没有提供系统的自然理论，而且很多探讨含糊不清。而施密特对马克思的理解有些断章取义，没能把握马克思关于自然的整体和统一思想，而且即使在他对马克思自然概念的研究中，他也并未发展出一种替代劳动过程的历史学说的理论。施密特没有超越马克思主义，他所表达出的仅是从马克思著作中读到的二重概念的合理化，而这个双重概念与马克思的大多数观念是相抵触的。而马克思一直坚持自然是通过劳动实现的历史统一体，是与人类历史息息相关的自然。在此基础上，还需要从本质上理解自然概念，并理解人类社会与自然的关系。

4. 一般性生产

在《资本论》的引言中，马克思将生产描述为自然转变的过程。指出人类的生产要与自然相一致，它只是形式的转变。而且，在形式转换过程中，自然力要不断为这种转换提供帮助。在工业进程中，生产者转变自然赋予的物质形式，使这些东西更加适用于人类。例如，木头在转变形态后变成了桌子。但尽管如此，桌子还是木头，本质并未发生变化。劳动生产有用的商品来满足人类的需要，这是亘古不变的真理，如果没有生产就没有人类与自然的物质交换，也就没有生命的存在。但劳动对自然的影响不仅仅是转换物质形式，同时劳动者也在发生着转变，从这个抽象的自然关系定义来看，统一的马克思主义自然理论被建立起来了。"劳动首先是人与自然都要加入的过程，这个进程由人类主动开始，并对其进行管理和控制。人类不希望自己屈从于自然，他们为了自己的需要动员身体的每个部位（胳膊、腿、头、手）来掠取自然的物质。以此作用于外部社会并改变它，这样做的同时也改变了自在自然。"像亚当·斯密（Adam Smith）一样，但与当代新古典主义经济学家不同（虽然他们的价值和效用概念含义相同），马克思从两个方面对商品进行了阐述：商品能够满足人们的某种需要，这是商品的使用价值；商品是一定数量的劳动时间，这是商品的交换价值。使用价值是交换价值的物质基础，正如施密特所说的，自然与使用价值之间可以进行某种换算，可以把它们当作一个概念看待。自然变成了物质，生产者是其形态的改变者；自然还是交换价值的化身，木头被制作成商品——桌子。我们假设商品的生产是为了满足人们的某种需要，那么它与自然间的关系便是使用价值关系。由于人类生产活动的加入，自然物质的本质发生了变化，而自然物质对人类的生产活动同时有反作用力。

马克思最初解释资本主义经济内部运行方式时，试图从使用价值领域进行概括，并集中于交换价值。这样，他的自然观念将变得不甚清晰，超出了自然使用价值的抽象平衡。用这种抽象的表达，可以看到自然概念的双重性（第 34 页）。像施密特一样，仅停留在自然统一上，并未将其诉诸现实。

5. 生产、交换与资本主义生产

自从物品为了交换而被生产出来时，它们已不再被看作是纯粹的使用价值间的关系，直接的需要不再是生产的唯一目的。交换价值变成了生产者的追求。这种交换价值通常以（货币）这样的物质形态出现，以方便商品交易。通过交换系统可以看出，自然关系没有主次之分,第二自然的生产从第一自然中得到条件和基础,社会制度的制定和发展是为了规范交换。虽然第二自然由从第一自然中获取产品组成(依靠产品循环),但就大部分而言,其关系是通过间接的生产过程实现的。对于第一自然与第二自然的分离,施密特的表述非常清楚。施密特从历史不同的生产方式中(这种生产方式在康德和黑格尔时期已经得到了充分的发展)汲取精华,他将马克思看作是融合体中的一部分,而不是游离于康德、黑格尔之外。

资本主义以私有财产为基础,与其他交换经济方式不同,它造就出一方是拥有整个社会生产资料的统治阶级,他们不是劳动者;另一方是拥有劳动能力的劳动者,他们必须靠出卖劳动来维持生计。同奴隶社会相比,资本主义生产方式有其先进性和革命性。随着国家间交流频繁,资本主义对其他国家的生产方式产生强大的影响。当资本主义超越其他生产模式,达到一个较高水平时,它就会从政治、军事和经济上进行扩张。因此,欧洲的很多发达资本主义国家变成了殖民主义帝国,而这些帝国间的残酷竞争导致了资本主义战争的发生。

在资本主义制度下,它与自然的关系是从属性的使用价值关系,之前是交换价值关系。扩张、成长、进步、发展四个步骤主要用来描述经济的发展(这种发展需要积累大量的资本),它同时也可以用于其他事物的发展过程。这些变化是生产和消费循环累积。这种商业化实际上也是一种资本化。资本主义商品结构扩张到了生活领域和先前神圣的精神领域,并使之演化成为使用价值。在资本主义社会,艺术、宗教和文化世俗化和商品化。

资本主义生产方式下,第二自然不再是第一自然的产物,正相反,第一自然是在第二自然领域中产生的。无论是早先费力的炼钢业,还是后来的汽车工业,自然都是被生产的对象。这个生产过程超越了第一自然与第二自然的理想特征。所有自然形式都被人类活动改变。今天,这种生产不仅仅为了满足大众的需要,还为了满足一个特殊的需求,那就是:利益。正如以赛亚·鲍曼的总结,"没有利益的驱使,人类不可能移动山脉。"(第35页)

自然被生产并不意味着所有的树、山脉、沙漠都是人类创造的,我们可以说纽约州的建筑是人类建造的,它仅意味着人类的活动对事物形态或多或少有些影响,如建筑物的大小和外形、树种是否杂交、大山的植被情况及沙漠面积的大小。自然统一体在生产中得到认识。在晦涩的机械主义"统领自然"的背后隐藏着自然生产的实质。有些人认为以自然生产为中心会破坏自然的内在美。而他们难以逃出世俗的影响,他们和其他人一样开着敞篷车去黄石国家公园看瑜伽熊;在约塞米蒂国家公园做户外美容;从电影中获取让人惊心动魄的场景,并用于居室装修。与自然一样,文化意义上的自然是社会的

产物。"自由开始于劳动活动的必要停止。真正的自由……只有在需求达到的情况下才能开花结果。"(第 36 页)

三、启示与结论

1. 对科学研究的启示

马克思和恩格斯曾说,"我们只了解一种科学,它就是历史科学"。人们可以从两方面看待历史,并将它分成自然历史和人类历史,这两方面从人类出现开始就相互影响。这种科学的统一对马克思来说并不是一个抽象的原理,而是社会发展的产物。自然科学迟早会归于人类科学,或是人类科学归于自然科学,总之只有一种科学存在。基于这种对科学统一的历史理解,恩格斯试图将辩证法应用于自然科学。当代自然科学是历史的产物,它产生于 16、17 世纪,符合当时工业发展广泛利用自然的需要,并通过假设自然是人类活动的外部物质来反映这种诉求。科学通过对自然的社会化为资本主义提供了技术。相应地,自然作为外部物质对象被理论化。但是,这种外在的物质痕迹实际上渐渐消失殆尽,自然变成了加速生产的工具。科学的统一不像用辩证法解释自然那样简单。辩证法已经存在于自然当中,并被自然科学证明(第 36 页)。

把自然当作独立于社会的客观的外部事物,把自然科学视为非辩证法并故意无视它与自然的关系,这种既想保持自然的外在性,同时为了生产知识而将自然纳入其中的做法是矛盾的。自然如被假设为外部事物,就不可能被纳入内部社会。这些矛盾在自然科学家探讨自然的过程中产生,但是他们并未找出解决方法,而是将它们忽略、替代或外化。自然不能一直被认为是外部事物,它要以明确的形态出现,让人们难以把它当作外部事物对待,就像农业用地的退化、文化领域的贫瘠、污染和自然资源的短缺、核能政策、科技革命这些事物一样,体现出自然与社会的统一(第 36 页)。

自然概念包括二个方面:一是人类社会与自然个体的关系,二是这种关系的统一会因界限严格而产生矛盾(第 36 页)。地理学不是研究"人类与自然关系科学"的唯一学科,所有学科都或多或少涉及这种关系,可以通过对自然灾害的研究阐述这个论断(第 37 页)。

(1)自然科学范式主导着自然灾害研究。这种范式主张自然与人类活动是完全分开的,自然灾害(包括山崩、洪水、地震等)是自然产生的,从地质到气候,是自然力运行不可避免的结果,而不关涉人类面对自然的脆弱性。史密斯和奥克弗戏谑地称"这种不可抵抗力的解释也许是保险公司避免担负责任的借口"(第 37 页)。

(2)地理学家是自然灾害的最先研究者,他们同样秉持自然与社会分离的观点,但他们将这个分离统一起来。自然科学与社会科学研究的是不同的自然。这种解释充其量让人们明白灾难的发生是脆弱的人类和极端事件的分界面。人们通常把自然当作中立体来分析灾难的弱点，灾害只有在人类与自然交汇时才会出现。但在这个和社会有关的自然中立性假定的背后，是专家统治论者的观点，他们试图通过扩展人类对外部自然的控制力而控制自然灾害。

（3）解决实证主义自然观的矛盾意味着分解人类自然和外部自然的关系。这显然是马尔萨斯主义者（Malthusian）的观点，它反映出贫穷导致很多灾难的发生，这不仅仅是因为"穷人"缺少资源，而且是因为"穷人"的繁衍速度太快了。这是指责受难者责任的一个典型方式，与此相关的国家政策更加反映出了他们的责任。

资本主义社会对自然的物质生产统一了先前分裂的社会和自然，却没有辨别和区分它们之间的关系。这为看待自然灾害提供了一个大的架构。它所关注的不是自然与社会，而是自然间的关系（第一自然与第二自然）。这种关系在生产过程中塑造着自然和人类社会。资本主义社会中的社会关系是阶级关系。因此，灾害的弱点（像马尔萨斯主义者所指出的）是阶级关系。我们不能从工人、农民或其他阶级的个体无能中寻找原因，自然不会一方面创造拥有金钱和商品的阶级，另一方面又创造一无所有的劳动力。劳动分工在为资本主义创造重要条件并确保对自然的有效使用的同时，也产生自然灾难。资本主义的自然生产具有普遍性，它的结果却一反常态（第 37 页）。

2. 理解空间的生产

正如地理学家不能单独占有"自然关系"一样，他们也不能把空间作为他们的专有研究对象。空间是有形物质关系的产物，所有科学都与空间有关。地理学家通过抽象出空间的物质和社会背景，想当然地将空间看作本体论和认识论上都属于地理学的研究范畴。而马克思主义者对地理学家的这种"空间拜物教"（fetishism of space）进行了批判。空间拜物教与人类、社会群体或阶级与地方和区域间的空间关系有关。这种批判本身是正确的，但是马克思主义文献还没有发展出一种可替代的讨论空间的方法。自然理论使我们把握了理解空间的要领。

如果空间不被视作一种既定事物，而是作为反映诸多事物面貌的关系，包括它的自然理论就是一种整体的空间理论。我们无须把空间当作一个"抽象的广义集合"（abstract universal），而是把它当作随着人类改变自然而发生的历史变化（第 37 页）。"空间的生产"是自然生产的重要部分。马克思的资本的空间生产理论暗示：资本一方面极力诉求消除空间障碍，以交换、征服的方式占领整个（世界）市场；另一方面会力图以时间消灭空间，用最短的时间从一个地方到达另一个地方。

抽象的空间生产理论将像自然生产理论一样受到限制，同样会面临哲学上的矛盾，就像施密特所遇到的问题一样。对于自然，要想准确地理解空间如何生产，首先要准确理解资本主义生产方式，空间和场所只是这种生产方式的一部分。因此，"发展不平衡"是研究的中心。

3. 结论

最后，史密斯和奥克弗总结了全文的主要论点："资本主义生产方式可以持续生产自然，空间只是通过劳动和资本生产它的自然基础的副产品。要想科学地把握这种与自然的关系，需按马克思的指示，'通过批判，借助科学，得到辩证法的科学'。通过重获辩证法，科学将重新成为充满阶级斗争的政治学，但在正统的资产阶级科学概念下，这只是意识形态的更替。"（第 38 页）

"地理学、马克思与自然观念"一文，是一篇系统的总结、比较和论证不同领域的"自然"概念的论文，也是马克思主义地理学的代表作。围绕"自然"这一核心概念，通过批判自然与人类社会对立和分割的二元论，史密斯和奥克弗将马克思在看待和分析自然概念时的历史唯物主义辩证法引申和应用于地理分析，重新强调了自然与社会的统一性，从而揭示了资本主义空间生产只是劳动和资本对自然的生产，因而是阶级关系生产的实质。该文旁征博引，论证深奥，思辨性极强，因而较难理解，但是只要把握作者从马克思主义角度看待地理学这一方法论立场，也就不难理解他们的主要观点和论证思路。

将马克思主义理论引入地理学，并进行综合的社会空间和政治经济分析、批判和理论建构，是哈维、史密斯等马克思主义地理学家对地理学的主要理论贡献。这种综合和跨学科的研究，不但扩展和丰富了马克思主义理论体系，而且推动了地理学理论和方法论进步，因而也产生了超出地理学界的影响。正如著名马克思主义地理学家理查德·皮特所指出的，"马克思主义与环境和空间知识之间的互相作用，对人类存在的深奥问题提供了强有力的理论解释，这些又为它的形成提供了学科力量。"[1] 马克思主义与地理学的最大相似性在于，它们都是极富综合性的领域。这种综合交叉的特征，在专业化趋势下显得更加重要和突出。这种综合性是理解自然统一性和整体性的必要条件。在对自然概念的理解中，我们还应注意，"自然"除指代具体的物质世界之外，还有抽象的"性质"之意。从这个词源的统一可以看出，抽象与具体，"自然"与"本原"实际上是一体的。这也许是关于自然的最重要的认识。

（叶　超）

---

[1] 理查德·皮特：《现代地理学思想》，周尚意等译，北京：商务印书馆，2007 年，第 107 页。

马伦逊

自然地理学中的混沌理论（1990 年）

乔治·帕特里克·马伦逊（George P. Malanson，1950—　），美国自然地理学家。1972 年毕业于美国麻省威廉姆斯大学，获艺术史学士学位；1978 年在美国犹他大学获地理学硕士学位；之后进入加州大学洛杉矶分校读研究生，1983 年获博士学位。此后，在多所大学任教。1982 年在俄克拉荷马州立大学地理系任教；1984 年到法国蒙彼利埃的国家科学研究中心恩贝格尔生态系统研究部从事研究工作。1985 年至今在美国爱荷华大学地理系任教。2003 年当选美国科学促进会成员，2003 年至今为爱荷华大学 Mary Sue Coleman-F. Wendell Miller 教授，2004 年获詹姆斯·帕森斯（James J. Parsons）杰出成就奖[1]。

在科学研究方面，马伦逊教授长期关注生物多样性，以及格局与过程相互作用等方面。研究兴趣在于空间格局（如破碎化）和过程（如扩散过程）如何影响植被动态，以及对人类导致的气候变化和干扰的响应变化。其野外研究工作主要集中在落基山脉北部的高山树线和山地湿地，结合定量取样（如树轮）工作，大量采用计算机模拟和统计分析方法，来模拟调查分散和破碎化景观植物群落动态。近期的工作则更多地关注土地利用和土地覆盖的变化（LUCC），主要采用多智能体（multi-agent）模型模拟方法。他认为，土地系统这一复杂系统的 LUCC 动力决定了物种的栖息地变化响应过程和空间格局。在使用统计和模型模拟方法的过程中，马伦逊对其不确定性十分关注。

"自然地理学中的混沌理论"[2] 是其早期的一篇综述文章，介绍了混沌的概念与发展、混沌的特征、混沌的定量表征等，并从自然地理学中选取部分案例来说明其中的混沌特征以及已有的研究进展。混沌概念是由对非线性动力系统研究而演进来的，马伦逊认为大多数自然地理学中的系统都属于这类系统。当时，系统理论作为自然地理学中的研究范式已经被广泛接受，但非线性这一概念并非如此。有人注意到混沌理论在古水文

---

[1] 关于马伦逊的资料主要来自 http://www.uiowa.edu/~geog/faculty/malanson.shtml。
[2] Malanson, G. P., D. R. Butler, and S. J. Walsh. Chaos Theory in Physical Geography. *Physical Geography*, 1990, 11: 293-304；本文参考了该文的王云才、朱登兴和宫新荷译（杨燕风校）稿。

学中的潜在重要性①,对混沌理论及其在自然地理学中的应用作了详尽的、富有启发性的考察②,指出了地貌系统中的物质和能量都是耗散性的,并由此推导出自然地理学中应用混沌的适宜性③。在自然科学中,混沌理论越来越引起人们的关注,人文学科中也有讨论,如人文地理学中的混沌④,经济系统中的混沌行为⑤等。然而,"自然地理学中存在混沌吗?自然地理学家应当承认混沌吗?"对这样的问题,自然地理学家还没有给出肯定的回答。

一、混沌的概念与发展

理解自然地理学中的混沌理论,首先要理解混沌的概念。《辞海》中对混沌的定义是:(1)古人想象中的世界开辟前的状态;(2)无知无识貌。在中国,"混沌"一词使用源远流长,《山海经》神话记载便出现过,而影响甚大的莫过于《庄子》中的混沌。物理学家郝柏林先生曾在英文版《混沌》扉页上引用过一句,《湍鉴》⑥（*Turbulent Mirror*）一书则在前言中整段引过:"南海之帝为倏,北海之帝为忽,中央之帝为浑沌。倏与忽时相与遇于浑沌之地,浑沌待之甚善,倏与忽谋报浑沌之德。曰:'人皆有七窍,以视听食息,此独无有,尝试凿之'。日凿一窍,七日而浑沌死。"

这些定义都没有完全包括从国外翻译而来的科学中 chaos 一词的意思。作为非线性科学中的概念,混沌来自于非线性的动力系统状态描述需要。从近代物理学的发展来看,存在着两种描述运动的对立体系:确定论和概率论。以牛顿力学为代表的确定论认为动力系统未来的演化结果由初始条件唯一确定;以统计力学为代表的概率论认为现实的初始状态只能确定它未来某时刻状态的概率分布,演化过程是一个随机过程,即确定性的系统将给出确定性的结果,而随机因素作用的系统将会给出随机的结果。混沌理论的研究将消除决定论和概率论这两大体系间的鸿沟,使复杂系统的理论开始建立在"有

---

① Thomes, J. B. Models for Palaeohydrology in Practice. In K. J. Gregory, J. Lewin, and J. B. Thomes, eds. *Palaeohydrology in Practice*. Chicester: Wiley, 1987: 17-36.
② Culling, W. E. D. Equifinality: Chaos, Dimension and Pattern. The Concepts of Non-linear Dynamical Systems Theory and Their Potential for Physical Geography. *London School of Economics, Geography Discussion Paper- New Serie*. 1985, 19: 83.
③ Huggett, R. J. Dissipative Systems: Implications for Geomorphology. *Earth Surface Processes and Landforms*, 1988, 13: 45-49.
④ Day, R. H. Emergence of Chaos from Neoclassical Growth. *Geographical Analysis*, 1981, 13: 315-327.
⑤ Lorenz, H.-W. *Nonlinear Dynamical Economics and Chaotic Motion*. New York: Springer-Verlag, 1989: 248.
⑥ 也译为《混沌魔镜》。

限性"这更符合客观实际的基础之上。

"混沌是描述有序隐匿在貌似无序中的一个概念:简单确定性系统能产生不可预知的、似乎是随机的结果。"混沌的外在表现和纯粹的随机运动很相似,即都不可预测。但和随机运动不同的是,混沌运动在动力学上是确定的,它的不可预测性来源于运动的不稳定性。混沌态的或者说混沌系统对无限小的初值变动和微扰也具有敏感性,无论多小的扰动在长时间以后,也会使系统彻底偏离原来的演化方向。混沌现象是自然界中的普遍现象,天气变化就是一个典型的混沌运动。混沌现象的一个著名表述就是蝴蝶效应:南美洲一只蝴蝶扇一扇翅膀,就会在佛罗里达引起一场飓风。

马伦逊列举了混沌理论于上世纪 80 年代在物理学中的发展,尤其是在流体动力学中。混沌理论缘起气象和气候学,并且正在影响着这两门学科。科学中很多有关混沌的解释已经出现。混沌理论"被许多学者视为 20 世纪继相对论和量子力学后最重要的发现"[1]。它影响我们对于决定性和随机性的思想观念。混沌是 1989 年美国科学促进协会年会上几个相关会议的主题之一,并且出现在《科学》杂志的研究新闻栏目。

二、混沌的基本原则

混沌理论有三个中心原则。首先,许多简单的决定性动态系统是很少可预测的,如流体行为或包含反馈的机械运转等,但这些系统变化的特性可以通过意义明确的方程来具体化。第二,一些系统对初始条件很敏感,也就是说在某一时刻系统状态的微小差异会导致在后续时刻状态的巨大差异。第三,由前两个特性结合而产生的看似随机的状况实际上是相当有序的,而且对于这种有序格局的研究揭示了自然界的真实状况。卡灵[2]列举了混沌系统三个更确切的方面:当状况的数目(the number of cases)迫近无穷大时,平均相关函数趋于零(单一系统能够产生很多状态,因而是不可预测的);对于初始条件的敏感性依存;轨道是非周期的。

对于从事系统研究的自然地理学家来说,简单确定性系统不可预测的思想看来是错误的。由于我们所研究的系统是复杂的,似乎是不可预测的,需要在模型中引入一个随机变量。但事实上,许多系统可以通过几个确定性非线性方程加以描述,并且这些方程

---

[1] Tsonis, A. A., and Elsner, J. B. Chaos, Strange Attractors, and Weather. *Bulletin of the American Meteorological Society*, 1989, 70: 14-23.

[2] Culling, W. E. D. Equifinality: Chaos, Dimension and Pattern: The Concepts of Non-linear Dynamical Systems Theory and Their Potential for Physical Geography. *London School of Economics, Geography Discussion Paper- New Series*, 1985, 19: 83.

没有解析解，从而导致系统状态无法确定，也无法预测。随着人们越来越依赖于功能强大的计算机，人们更容易忽视这些数字解中出现的问题。正是倾向于认为系统是可预测的，才导致在确定模型中依赖于随机变量，或者在成因分析中用纯粹的随机模型。地貌学中常常用灾变理论模拟河道演变状况，混沌理论可以更好地被应用来模拟河道。

对初始条件的敏感性意味着系统任意部分小的变化将导致未来系统状态的巨大差异。在大气模型中这种状况是客观存在的，并被称为"蝴蝶效应"，意即蝴蝶在一地煽动一下翅膀将在地球的其他地方改变天气将来的变化过程。这种现象被洛伦兹[①]用一个简单模型给予认识，他发现用于描述一个系统的方程组的几个变量，在某一时刻的微小变化将会产生巨大的差异性结果，并且每一个结果看起来都是可实现的。

当系统的一个或更多个非线性方程对于初始条件很敏感时，混沌的前两个原则才同时发生。通过数值分析引入的很小误差产生通过重复迭代的不可预测途径的差异映射，但一些停留在期望的范围内。很多系统似乎符合这种模型。大多数数学和大多数真实世界是非线性的。大气、水和固体运动中的湍流运动丰富了自然地理学的研究内容，确切地说，这种湍流现象也存在于其他系统中，如复杂的生态系统行为。人们怎样去考察非线性敏感系统的演进呢？

三、混沌的表征

1. 相空间

为了直观、方便地研究动力系统，把握所有可能的解的特征，人们提出了抽象的相空间概念。所谓相空间，指的是用状态变量支撑起的抽象空间。从而在系统的状态和相空间的点之间建立一一对应的关系。相空间里的一个点，即相点，表示系统在某时刻的一个状态；而相空间里相点的连线，构成了点在相空间的轨道，即相轨道。相轨道表示了系统状态随时间的演变。相空间是非现实的空间，可以是 n 维的，也可以是无穷维的。相空间的概念可以将动力系统所对应的物理问题转化为一个几何问题来处理。马伦逊指出："绝大多数相图（相平面）只是对那些能用三维空间概括的简单系统才具有较好的描述作用。如果一个系统的状态能用三个变量（时间除外）测度，并且这三个变量能控制系统的动态，那么就可以用一个轴表示一个变量，在三维相空间就能描绘系统的状态。"

---

① Lorenz, E. N. The Problem of Deducing the Climate from the Governing Equations. *Tellus*, 1964, 16: 1-11.

2. 奇异吸引子

耗散系统的任何相轨道（线）最终将被吸引到一个维数比原始空间低的极限集合，也即运动轨迹被限制在相平面（空间）的有限区域内，这样的有限区域被称为动力系统吸引子（attractor）。实质上，所谓的吸引子表征了当 $t \to \infty$ 时动力系统的渐进行为，由高维相空间收缩到低维吸引子的演化，实际上是一个归并自由度的过程。耗散消磨掉大量小尺度的较快的运动模式，使决定系统长时间行为的有效自由度数目减少。许多自由度在演化过程中成为"无关变量"，最终剩下支撑起吸引子的少数自由度。具有复杂结构的吸引子被称为奇异吸引子（strange attractor），具有奇异吸引子运动的就是混沌的。

非混沌系统的吸引子的结构是规则形状的。马伦逊列举了两个例子来说明自然地理学中具有非混沌系统行为的两个特征类型及其吸引子在相空间中的结构。其一，是系统在某一单点上静止。这个好像钟摆运动，其运动是角度与速度的函数，在其运动过程中在某一点（钟摆的最高处）会停止摆动。钟摆的运动在角度与速度两个变量的相空间里，其状态轨迹趋向于中心点，也即构成点状吸引子。在自然地理学中准平原或顶级的森林群落，在理论上可以表征为这一过程。非混沌系统另外一个典型的行为是周期行为，系统的状态在相空间中的吸引子是一个稳定的极限环。马伦逊用主成分分析定序所得到的映射森林组成特征图来举例说明。在主成分分析的二维空间中，可认为系统的动态过程受两个变量控制。当众多地块森林的平均状况都集中到中心点时，表示仅有1/12公顷地块围中心点运转。"二维有限循环的变化是环形曲面。系统状态在很细小差异的情况下进入环形曲面，环形曲面在同一周期过程中保持连续的分裂。"马伦逊总结到，"点和有限循环是两类普通的吸引子，它们使系统具有长期的可预测能力。它们代表了对于自然地理学导论书籍中所描述的均衡条件的一种类型。重要的是，拥有这些吸引子的系统对初始条件并不敏感。这就是构成自然地理学绝大多数理论的那类吸引子。"

马伦逊对混沌系统的"奇异吸引子"的说明，则使用这类系统的第一个范例，而且至今仍然是最好的例子。洛伦兹[①]研究了早期全球气候模型，用一组方程描述了系统行为：

$dx/dt = -ax + ay$

$dy/dt = -xz + bx - y$

$dz/dt = -xv - cz.$

---

① Lorenz, E. N. Deterministic Non-periodic Flows. *Journal of the Atmospheric Sciences*, 1963, 20: 130-141.

当 x、y、z 间的关系绘制在三维空间中时，出现了猫头鹰面具形状的图形（图 1）。线无限长，但不相交，其分形维数（fractal dimension）为 2.06。相互很靠近的轨迹线发生分叉，向吸引子不同部位移动，形成不同的系统状态。奇异吸引子的运作不很规范：在有限容量中，单纯确定性系统可拥有长度无限的吸引子，而且它们的维数是分形的而非整形的。马伦逊指出："尽管吸引子还很难概念化，但是与自然地理学中更常见的、显得随机的时间序列相比，吸引子的图形显示表现出一种潜在的有序性，如同一幅美妙的图景。"

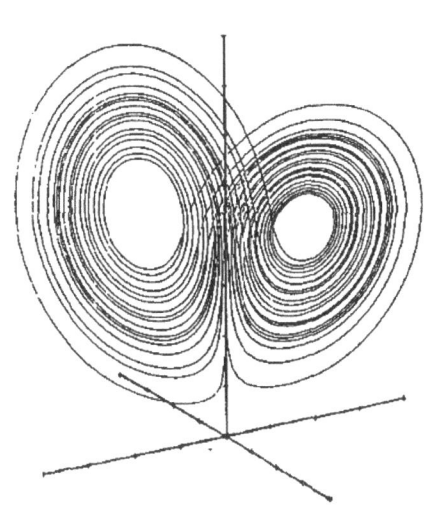

图 1　洛伦兹吸引子的猫头鹰图案

3. 相空间的维度

格拉斯伯格[①]等提出了分析由奇异吸引子规定的相空间极限的方法。佐尼斯和埃尔斯勒[②]提供了一个可供探索的可能性轨迹例子，并指出 n 个一阶微分方程组可以简化为一个 n 阶非线性微分方程，还能得到一个接近于系统动态过程的、用来表示未知状态空间的点集。采用其中一种方法，可以计算出一个维表明估计点集系统所需的变量数下限，理论上限大体是下限的两倍。他们还指出：一个极其复杂的时间序列的风的参数可以减少到 7—15 个变量，但是仍然无法识别它们。若德里圭兹等[③]估计降水的零时形式（15 秒间隔）可以降至四维。斯卡菲[④]认为，对生态系统和人类疾病的流行作同样深入的研究是很值得的。在自然地理学其他领域中运用同样的方法也可证明是有效的。儒勒[⑤]提出了一个处理混沌和时间序列的一般方式。还有人提供了更多有关分析方法

---

① Grassberger, P. Do Climatic Attractors Exist? *Nature*, 1986, 323: 609-613.
② Tsonis, A. A., and J. B. Elsner. Chaos, Strange Attractors, and Weather. *Bulletin of the American Meteorological Society*, 1989, 70: 14-23.
③ Rodriguez-Iturbe, I., B. Febres de Power, M. Sharifi, *et al*. Chaos in Rainfall. *Water Resources Research*, 1989, 25: 1667-1675.
④ Schaffer, W. M. Stretching and Folding in Lynx Fur Returns: Evidence for a Strange Attractor in Nature? *American Naturalist*, 1984, 124: 798-820.
⑤ Ruelle, D. *Chaotic Evolution and Strange Attractors: The Statistical Analysis of Time Series for Deterministic Nonlinear Systems*. New York: Cambridge University Press, 1987.

的信息[①]。

四、自然地理中的混沌

自然地理中的系统是混沌的吗？如果是，怎样研究它们？这是马伦逊要在这篇文章中回答的问题。"自然地理学中的系统通常不是简单地通过几个方程就可以描述的，而且，这些系统的基本本质是建构在流体动态包括湍流上的。如果这些内在的过程是混沌的，我们也能够假定景观和生态发育的系统也是混沌的。"马伦逊引用了卡灵在考察化学动态的实验室工作，针对抽象的数学与景观过程和结构的可能联系，他表述道："一个材料光谱出现的可能性，在极端情况下几乎是完美的规则，在部分和完全噪声的情形下，经历了程度不等的混沌。这意味着景观隐匿着这样的谱。"

马伦逊列举了检查冰川中混沌的例子，在一个单站的降雨事件的时间序列中也发现混沌，指出自然地理学中应用混沌的适宜性，因为地貌系统中的物质和能量都是耗散性的，正好是非线性动力学能够发挥作用的例证。这些研究说明，混沌理论将给自然地理学呈现有价值的挑战。马伦逊提出了一些有待证实的混沌例子：

1. 生物地理学：森林动态

混沌分析也许涉及森林动态所依存的因子。甚至在一个简单的单元胞森林动态模型中也包括气候、土壤和生物竞争性条件。简单的探索结果显示这些模型对于初始空间格局是敏感的。这个模型的完全确定性版本将近似包括两倍于物种数目的方程数。因为种之间的竞争包括在生长方程中，并且每一次迭代均有反馈，因而系统是非线性的。

模型可以产生大量的数据，这在描绘相图（系统随时间的状态）时是需要的。相图可以包括全局变量比如多样性，或者总密度、生物量，以及所有或一个种的叶面积等。可以替换的是，相图可以包括这些变量的变化率。马伦逊建议，概括群落信息的排序得分可以被用作坐标变量来定义相空间。这些变量对于确定维度间的精确差异不够精致，但对于分辨整数和分形集是足够的。假设前提是统计轴能够很好地概括物种多度的差异，这是模型中动态的基础。一个有意思的研究领域是在生物地理学中的景观尺度的过程，并且在森林景观的多元胞模型中，相图可以包含半方差分析和其他特定空间数据的

---

① Thompson, J. M. T., and Stewart, H. B. *Nonlinear Dynamics and Chaos: Geometrical Methods for Engineers and Scientists*. New York: Wiley, 1986; Parker, T. S., and L. D. Chua. *Practical Numerical Algorithms for Chaotic Systems*. New York: Springer-Verlag, 1989.

信息。

如果模型运行数千年，也就是说超越了这个模型的正常使用，这样一些模型通过年的迭代产生的一些变量的值将会生成相图。对于森林群落来说，如果这个模型每年迭代的输出同其他因子一起被排序，并且把样点的轨迹也标定，就是说加上时间的三维图被制定，则系统的吸引子类型应当被揭示出来。这些值可以收敛在一个稳定点上，或者可以以一个稳定极限环的形式周期地变化。理论上，它们的行为是混沌的。

2. 地形学：地表图案

马伦逊认为，地表图案的不规则也许是与混沌过程相关的。举例来说，科罗拉多石头多边形形状变化的复杂格局可能是由于坡度和植物生长过程拉长的结果；地表图案排列的规则性是密度—驱动的对流胞的结果，在这个过程中，地下冰的波状结构产生了观察到的岩石的图案；反过来，如果地幔的对流胞现象呈现出确定性的混沌，那么，在局地尺度地形特征的相似自然过程也呈现出混沌。也许地表图形图案的变化是由确定性混沌而非随机现象相互作用形成的。

同时，马伦逊也指出，觉察基本过程的混沌是困难的，并且随后的问题会出现。例如，在某些区域自然地理漫长的演化过程也许受到全球气候变化的影响而缩短。

3. 数据源：遥感

景观中另一个探索混沌的领域是使用遥感和地理信息系统。遥感的景观表征、数字高程模型和其他空间参照的数据可以用作测试景观过程中的混沌假说，或者探索混沌的证据。分形几何方法可用于从人造卫星获得的景观信息。它还可由完全在地理信息系统决定的重要尺度内正在变化的集合单位的主体范围所表示。独特的景观特征仅仅发生于那些控制过程函数，或分形维数恒定不变的空间尺度上。随之发生的是，此景观的空间形式可能在不同空间尺度的分辨率上呈现出差异。

由于数字卫星资料和地理信息系统的可用性，现在能够系统地研究空间尺度对景观格局的作用，并且评价一个景观的组成和结构。不同空间尺度下显示的景观格局（如陆地卫星和 SPOT 卫星影像的 30 米、20 米和 10 米分辨率像元）与景观的持续再生过程有关。收集到的用于验证数字地表覆被分类或遥感数据的数字增强的地面控制信息的类型，能改变传感器系统的空间分辨率和在相应尺度下的分析结果。除此之外，来自遥感数据的景观格局的可辨性也受到数据信噪比的影响。因此，空间滤波技术可能很有价值。在滤波过程中，使用者定义核函数，以增益或衰减敏感的、显著的或定向的光谱响应的可变性，以及在不同时空间尺度下的模式。因为地理现象的拓扑特性在遥感信息里有所反映，分形分析方法适用于确定空间自相关的尺度，因而用来表明混沌过程可导致的混沌模式的尺度。

与地质结构相关的景观特征可能是需要关注的一个领域。例如，遥感判别出沙漠中大量的表层断层，这些断层可表明潜在的地质过程；结合遥感和地理信息分析判别北落基山脉影响雪崩路径位置的因素。在后来的研究中，空间滤波技术被用于甄别感兴趣的形态和格局。遥感应用依靠的是监测变化空间特征时对动态过程很敏感的光谱响应。当瓦尔希等人[①]把遥感数据和数字高程模型（DEM）数据结合研究两种不同空间尺度的山地景观模式时，他们也许已利用了分形分析方法来验证创造景观的各种过程之间的空间关系（即更新世冰川的定向运动和空间范围及与环绕在山脉周围的冻土带不连续范围相关的气候地貌因素）。空间数据与系统动力模型相结合才能确定景观混沌现象的存在和运行[②]。

五、混沌理论在自然地理学中面临的问题

在文章末尾，马伦逊提及了卡灵 1985 年的文章。卡灵对自然地理学有关混沌理论的探索和解释方面的进展几乎不抱希望，因为他注意到从地理联系的各种干扰中提取出混沌的难处。在论证混沌存在于人类生态学和人类遗传学时，梅[③]也注意到"在不同自然背景下，附加的环境干扰通常将动态过程复杂化，使人口数据难以显示出优美的属性"，这是由于奇异吸引子。生态系统尽管包含有混沌理论的种子，即确定的反馈过程与负反馈方面的时间间隔，但生态系统似乎显示不出混沌特性。因为自然选择倾向于最大程度地降低系统混沌的特性。可是，卡灵推断"混沌的研究并非是学院派脱离实际的空想。混沌理论带来的不仅是平衡态的终结（平衡态可解释为这样一个概念：系统不论初始条件如何，最终将达到同样的状态，譬如地貌系统），而且是对可预见、有目的和可控的观念的改变"。可见，马伦逊和卡灵对混沌理论在自然地理学中的作用仍然给予足够的重视。

最后，马伦逊提及"混沌理论对环境科学已产生影响"，并强调"地理学家们需要

---

① Walsh, S. J., L. Bian, D. G. Brown, et al. Image Enhancement of Landsat Thematic Mapper Digital Data for Terrain Evaluation, Glacier National Park, Montana, U. S. A. *Geocarto International*, 1989, 3: 55-58.

② Malanson, G. P., and M. P. Armstrong. Improving Environmental Simulation Models to Assess Climate Change Impacts. *University of Iowa Department of Geography Discussion Paper*, 1990, 43.

③ May, R. M. Chaos and the Dynamics of Biological Populations. *Proceedings of the Royal Society of London*, Series A, 1987, 413: 27-44.

明白这句话的含义"。摆在地理学家面前的是能否在此理论领域取得进展，能否利用混沌理论更好地理解真实的自然地理过程。阻碍进展的一大障碍是相位图的结构要求有大量的数据点，在适当的区间和适于问题的时间范围之内获得真实的数据是困难的。不过，随着遥感、电子控制和计算机模拟逐步成为大众化的工具，将能有大量数据应用于自然地理学中。

"自然地理学中的混沌理论"一文，写于1990年，正当混沌理论在各个学科都推广和发展的大背景下，作者积极推进其在自然地理学中的应用，无疑具有十分重要的意义。经过20年的发展，"自然地理中的系统是混沌的"也已经基本被大多数自然地理学家认同。地理学的系统理论也从"老三论"（系统论、控制论和信息论）发展到了"新三论"（耗散结构论、协同论、突变论）。而从作者提出的"有待证实的例子"的领域看，混沌理论都有了广泛而深入的研究，可见作者对热点问题的敏锐性和对发展趋势的前瞻性。但并不局限于作者提出的几个方面，混沌理论在水文、地貌、土壤、生态、气候、植被动态等多个分支学科都有了很大的进展。可以说，混沌理论在各种自然地理要素类型和自然地理过程，不同的时空尺度上都得到了蓬勃发展。在方法上，分形理论以及一系列基于重构相空间的非线性方法都在自然地理学中得到借鉴和应用，如关联维数法、李雅普诺夫指数法、Kolmogorov熵和定量递归方法等。

现代地理学从洪堡开始就不断借鉴和吸收其他学科的理论和方法，今后要保持地理学发展的活力，仍然需要积极引进新的理论和方法技术，而不是固步自封。这是后来的地理学家需要谨记的。

（赵志强、李双成）

威尔班克斯

地理学的挑战与机会（1992年）

托马斯·威尔班克斯[①]（Thomas J. Wilbanks），美国地理学家。1960年获得三一大学（Trinity University）社会科学学士学位，1967年和1969年在雪城大学（Syracuse University）分别获得地理学硕士学位和博士学位。然后在雪城大学先后任地理学讲师和助理教授，1973年任俄克拉荷马大学地理学副教授，1977年到美国橡树岭国家实验室（the Oak Ridge National Laboratory）工作，自1986年来一直是该实验室的研究员，并领导全球变化与发展中国家计划（Global Change and Developing Country Programs）。

威尔班克斯曾任美国地理学家协主席（1992—1993年），1985年任美国艺术与科学院院士；是美国科学促进协会理事，国家科学院全球变化人类因素委员会主席，2003年提名为美国国家科学院、工程院和医学院全国联盟（National Associate of the National Academies of Science, Engineering, and Medicine）理事。他获得很多地理学荣誉，如AAG荣誉奖（Honor Award，AAG最高奖项，1986），杰出地理学教师奖（1993年），詹姆斯·安德森应用地理学荣誉奖章（Medal of Honor in Applied Geography，1995年），主席成就奖（AAG Presidential Achievement Award，2009年）。他作为IPCC第四次评估报告的主笔之一，成为2007年诺贝尔和平奖的联合得奖人之一。

威尔班克斯是美国气候变化科学计划报告《气候变化对美国能源生产和利用的影响》以及联合国政府间气候变化专门组（the Intergovernmental Panel on Climate Change, IPCC）报告中关于影响、适应和脆弱性部分的联合主笔（coordinating lead author）。他还在目前很有影响的其他一些国际科学计划——如千年生态系统评估（Millennium Ecosystem Assessment）——中扮演重要角色。

他的研究和论著涉及广泛论题，如可持续发展、社会与技术的关系、对环境变化和灾害的响应、地理尺度的作用等，特别是发展中国家的能源问题和气候变化的响应。他

[①] 关于威尔班克斯的资料来自 http://www.esd.ornl.gov/people/wilbanks/index.shtml 和 http://www.oakridger.com/community/x1098993387/Geographers-honor-ORNLs-Tom-Wilbanks。

还是美国国家科学院地理学委员会的主席,《重新发现地理学：与科学和社会的新关联》(*Rediscovering Geography: New Relevance for Science and Society*，1997) 就出自这个委员会之手。下面介绍的是威尔班克斯任美国地理学家协会主席时发表在《AAG新闻简报》上的主席专栏文章①，原文无标题，这里根据其内容赋予"地理学的挑战与机会"标题。

对地理学日益增长的外部需求向我们提出了学术上的挑战，也提出了应用上的挑战。这是美国地理学家协会赖以存在的核心问题，值得探索。

90年代的社会对地理学可能提出些什么要求？它们从内容和形式上都会与我们迄今所做的有所不同。当然，这些要求并非铁板一块，我们每一个人都可以通过我们自己的滤色镜来解释其中的信息。但以下几方面的要求应该是公认的：

（1）社会要求我们把研究工作与重要的社会问题更明确地联系起来。这并不一定意味着要偏离原已限定的基本应用研究方向。20多年以来，其他研究领域（例如材料科学）一直注意到"问题指向的基础研究"的重要性；我们的学科自60年代后期以来也受到了此类关注的影响。事实上，自1970年以来被选进国家科学院的大多数地理学家（1970年前根本无地理学家入选）作出贡献的那些问题，不仅超越了地理学的范围，也超出了科学院的关注范围。但作为一门学科，在这方面我们有四个问题：

① 我们当中的很多人对实际问题的关注从来就倾向于浅尝辄止，所以某些重大问题就与我们失之交臂。例如，60年代、70年代和80年代，我们对避免核战争这一当时最突出的社会问题简直就插不上嘴。

② 我们当中即使有一些人试图以问题为指向，也常常倾向于放马后炮而不是做开拓先锋。在决策者提出要我们研究的问题以前，我们简直就无所作为，我们怎么能企望把我们的见识建立在强有力的理智基础上呢？

③ 即使我们已做了很好的工作，我们也常常倾向于自我欣赏，而不是介绍给那些可以利用我们成果的人们。

④ 在某种程度上，我们宣称有发言权，但是却诉诸学科标签（即地理学），而不是依赖我们见解的力量把不关心学科标签的公众吸引过来。

总之，无论原因何在，社会（和地理学教育）需求与我们所做之间的差距既是一种挑战也是一种机会。

（2）社会要求从我们这里得到关于自然—社会问题的更多见解。无论问题是关于全球环境变化，还是地方废物管理，我们同时代的公民（哪怕是小学生）现在都知道我们

---

① *AAG Newsletter*，1992，27 (11): 1-3.

的生活质量有赖于我们与自然环境建立某种平衡关系，而且他们希望地理学对诸如环境的机会与限制、环境前景及技术的含义之类的问题提出见解。这部分是由于全国地理学会对这些问题一直表现出强烈的兴趣而且不带政治偏见（这并非很容易做到），部分也由于我们好几代地理学者一直声称这是我们深谙的事情之一：把自然世界与人文世界综合于我们的研究中。然而事实是：我们说得多，做得少。由于环境决定论的幽灵，我们常常避免谈论自然环境对人类活动的影响。出于一些我至今不能完全理解的原因，自然地理学家与人文地理学家很少有效地结合起来研究自然—社会关系。依我之见，我们特别需要自然地理学家对这些研究作出更多贡献。但问题不在于自我责备没有做什么，而是要更多地注意我们能做什么。这一过程或许能为我们的学科增加一点内聚力。

（3）社会要求我们在综合地认识形形色色的现象方面显示出主导作用。美国人民对科学简化论已经感到厌倦，即使他们没有使用这个特定名词。他们从自己个人的经验中了解到，一些风马牛不相及的现象可能在很重要的方面联系起来。例如，亚马孙的森林与他们生活之地的气候异常；风成土的飞扬、臭氧层与皮肤癌的危险；东欧的政治改革与美国的社会福利资金。人们会问：某些人在注意分析时为什么不注意整合与综合？谁能既注意部分又注意整体？同时，作为一门科学（这是起码的），我们偏离地理学追求综合的理想已经很远了，这种理想曾导致了百科全书式的描述和分类，现在却似乎是一个不能实现的智力挑战。或许是重新考虑我们能否在研究部分与整体的关系上开拓新天地的时候了，因为人们需要这种研究，而我们的学术传统比任何其他人都更接近于此。

（4）人们不仅要求我们在采集和利用地理信息方面提供新的能力，也要求我们明确自己学科的独特贡献何在。现在大家都知道地理信息系统（GIS），即使你仍然还是计算机盲；大家也都知道，对这种显然属于"地理的"工具的兴趣简直到了爆炸的程度，这是我们在获取、贮存、显示和分析地理信息方面的能力在技术上有了迅速发展（而且显然还在加速发展）的结果。我们知道，GIS运动已远远突破了地理学的界线，虽然其始作俑者是我们；我们也知道，如果我们把注意力集中到这一领域，那么谁也不是我们的对手，无论是技术上还是应用上。我们面临的机会已超出我们的能力，我们不能声称这一领域全都属于我们，因为其他人也正在向这一领域扩展，填补我们留下的空白。当你在读这篇文章时，我们已失去了一些地盘。对我们越来越重要的是：把我们的努力集中到我们做得最好的那些事情上去。作为一个学科，我们的强项在于GIS的内容部分——把它们与重要的问题和用途联系起来，而不是仅仅作一般的处理和演示。然而无论我们选择什么方向，我们注定了是这个事业中某一重要部分的领头者，但不是作为个人，而是作为一门学科。

显然，以上所列的问题只是作为一个讨论的基础起到抛砖引玉的作用。此类问题之重要，已使国际地理学联合会美国国家委员会提出一个建议，要求国家科学院或全国研究理事会在我们展望新世纪时对地理学作一个新的评价。上一次评价（即《关于地理学的报告》）发表于1970年，也就是《地理科学》出版后的几年；从那以后很多事物都发生了变化，无论是在地理学内部还是在我们周围的世界。我们何去何从？我们需要什么资源？尤其是当我们的研究越来越依赖于技术应用和传播的支持时。我们在发展时如何与其他学科和多学科研究课题结合？如何把我们的研究与从幼儿园到大学的教育联系起来？总之，对地理学来说，这是一个激动人心的时代——就学术而言，或许没有任何其他学科可与之相比。

（蔡运龙）

多摩什

女性主义与人文地理学（1996年）

一、多摩什及其研究领域

莫娜·多摩什（Mona Domosh），毕业于美国克拉克大学，先后获得本科、硕士和博士学位。目前她是美国常青藤大学之一达特茅斯学院（Dartmouth College）地理系教授，并担任《社会性别、地方与文化：女性地理学》（*Gender, Place and Culture: a Journal of Feminist Geography*）杂志的编委。

刚入道时她并未选择女性主义地理学作为研究对象。学术界目前公认的女性主义地理学出现的时期是20世纪70年代。早在1974年，女性主义地理学的重要人物，加拿大里贾纳大学的海福德（Alison Hayford）教授就发表了"妇女地理学的历史回顾"[1]。而多摩什1985年完成的博士论文为"高耸入云的摩天大楼：下曼哈顿的符号和功能性建筑之结构"[2]，题目明显贴着结构主义地理学的标签。正如皮特在《现代地理学思想》一书中指出的，许多女性地理学者发现，城市多样化的空间和地方，仅以抽象结构是不能解释的[3]，也许多摩什在探究美国纽约等大城市历史时期的城市空间时，发现城市空间的形成动力是多元的，因此也开始探究美国城市女性的空间和地方。

多摩什在自己的网站上明确指出其目前的研究领域为四个方面：

（1）1920年以前美国的文化发展与文化实践过程；

（2）19世纪末到20世纪初的美国，国家或帝国建构女性特质和男性气概观念的方式；

（3）从消费与生产、公共与私人、男性气概与女性特征的角度理解19世纪美国大城市中社会性别间、阶级间和文化形式间的联系；

---

[1] Hayford, A. M. The Geography of Women: An Historical Introduction. *Antipode*, 2006, 6 (2): 1-19.

[2] Domosh, M. Scrapers of the Sky: The Symbolic and Functional Structures of Lower Manhattan, unpublished. Ph. D. dissertation. Clark University, 1985.

[3] Peet, R. *Modern Geographical Thought*. London: Blackwell, 1998, 270.

(4) 空间与地方的女性主义前景、理论与方法论。

这四个领域体现出她的研究基础为历史地理学，女性主义的话题贯穿在后三个研究领域中。她认定能够体现其社会性别地理学方面的代表作有如下几篇："1893 年芝加哥万国博览会上被文明化的社会性别和种族的商业"[1]；"纽约的女人"[2]；"在不同等级的公共空间中：三个女人的神话"[3]；"华丽的不协调：19 世纪纽约城市街道的礼仪政治与公共空间"[4]；"女性化的零售景观：19 世纪纽约城市中的社会性别意识及消费文化"[5]；"艰难的联盟？女性主义地理学与文化地理学关系之回顾"[6]；"与女性主义历史地理学伴行"[7]；"迈向更为充分互惠的女性主义探索"[8]；"对'结实的靴子和坚强的心'的分析：女性主义方法论及历史地理学"[9]；"一幢女性的建筑？探索世纪之交美国社会性别意识与美学意识之间的关系"[10]；"他者空间中的其他人：女性主义、后现代主义和地理学"[11]；"迈向女性主义历史地理学"[12]。这些代表性文章既体现出女性地理学家对建筑景观和文字资料的细致挖掘能力，也体现出一个学者对方法论层面的抽象把控能力。

中国地理学者对多摩什的了解大多来自两个途径。其一是她参与编辑的《文化地理

---

[1] Domosh, M. A Civilized Commerce: Gender, Race, and Empire at the 1893 Chicago Exposition. *Cultural Geographies*, 2002, 9: 183-203.

[2] Domosh, M. The Women of New York: A Fashionable Moral Geography. *Environment and Planning D: Society and Space*, 2001, 19: 573-592.

[3] Bondi, L., and M. Domosh. On the Contours of Public Space: A Tale of Three Women. *Antipode*, 1998, 30 (3): 270-289.

[4] Domosh, M. Those Gorgeous Incongruities: Polite Politics and Public Space on the Streets of 19th-Century New York. *Annals of the American Association of Geographers*, 1998, 88 (2): 209-226.

[5] Domosh, M. The Feminized Retail Landscape: Gender Ideology and Consumer Culture in 19th Century New York City. In Wrigley, N., and M. Lowe, eds. *Retailing and Capital: Towards the New Retail Geography*. London: Longman, 1996: 257-270.

[6] Domosh, M. An Uneasy Alliance? Tracing the Relationships between Feminist and Cultural Geographies. *Social Geography*, 2005, 1: 37-41.

[7] Domosh, M., and K. Morin. Travels with Feminist Historical Geography. *Gender, Place and Culture*, 2003, 10 (3): 257-264.

[8] Domosh, M. Toward a More Fully Reciprocal Feminist Inquiry. *ACME: An International E-Journal for Critical Geographies*, 2002, 2 (1): 107-111.

[9] Domosh, M. With Stout Boots and a Stout Heart: Feminist Methodology and Historical Geography. In Jones, J. P., H. Nast, and S. Roberts, eds. *Thresholds in Feminist Geography*. New York: Rowman and Littlefield, 1997: 225-240.

[10] Domosh, M. A Feminine Building? An Inquiry into the Relations between Gender Ideology and Aesthetic Ideology in Turn-of-the-Century America. *Ecumene: A Journal of Environment, Culture and Meaning*, 1996, 3 (3): 305-324.

[11] Domosh, M., and L. Bondi. Other Figures in Other Places: On Feminism, Postmodernism and Geography. *Environment and Planning D: Society and Space*, 1992, 10: 199-213.

[12] Domosh, M. Toward a Feminist Historiography of Geography. *Transactions of the Institute of British Geographers*, 1991, 16 (1): 95-104.

学手册》①，她负责其中第七章和第十一章的文章遴选。其二是她参与编辑的《人文马赛克：文化地理学导引》。1980年代中期，王恩涌先生在北京大学开讲"文化地理学"选修课程，所用的油印讲义主要来自该教材。当时王先生使用的是Terry G. Jordan-Bychkov等编写的第一版，后来许多中国高校将此书作为人文地理学课程和文化地理学课程的外文参考书。1999年，多摩什进入该教材的编写队伍，2009年该教材第十一版②问世时，多摩什已经成为第一编者，这足以证明其学术进步之快。多摩什最重要的女性地理学专著是《置于地方中的女性：女性主义地理学家感知到的世界》③。该书描写了女人与男人为什么从事不同的工作，为什么从事工作的方式不同，从事工作的地点也不同；是什么将城市或郊区变为男人的空间，为什么有些城市空间就一定表达为女性形式。这部发人深省的著作用社会性别的视角为我们提供了一个日常生活地理学的新图景。在这部书中，两位作者阐释了阳刚与阴柔的概念如何影响我们建构环境，所谓建构的过程即我们赋予每个区位一定意义，从而影响到人们在每个区位的生活、工作、旅行和探险。书中列举了许多鲜活的例子，如维多利亚时代的家具的排放位置、当代难民的跨边界迁移，这些都体现着人们对空间的性别定义。书中使用的地图、绘画和照片也体现出女性作者的细腻。

下面介绍多摩什的"女性主义与人文地理学"④，从中我们可以看到女性主义地理学的发展历程。

二、女性主义的发展及其对学术界的影响

在过去的20年里，女性主义不像许多其他被地理学引进的概念（如马克思主义、结构主义、后现代主义）那样，为人文地理学提供了分析的方法论，同时它也没有提供任何理论，尽管20世纪70年代后期地理学中的有些方法、理论和思潮起源于女性主义地理学。最初女性主义被引入地理学的目的非常激进，它是为批判地理学研究提供政治基础。当时的地理学不允许以女性作为研究对象，或具有女性的分析视角。与其他术语

---

① Anderson, K., M. Domosh, S. Pile, et al. *Handbook of Cultural Geography*. London: Sage Publications, 2003.（中译本见李蕾蕾、张景秋译：《文化地理学手册》，商务印书馆，2009年。）

② *The Human Mosaic: A Cultural Approach to Human Geography*, 11th edition. New York: W. H. Freeman, 2009.

③ Domosh, M., and J. Seager. *Putting Women in Place: Feminist Geographers Make Sense of the World*. New York: Guilford Publications, 2001.

④ Domosh, M. Feminism and Human Geography. In Earle, C., K. Mathewson, and M. S. Kenzer, eds. *Concepts in Human Geography*. Lanham, MD: Rowman and Littlefield. 1996, 411-427.

不同，女性主义不是一种分析模式，而其他引进地理学的术语则来自成果颇丰的社会科学分支。女性主义直接从 20 世纪 60 年代女性解放运动的政治需求发展而来，这种解放运动以个人经历为政治基础。正像罗宾·摩根在 1970 年所写的那本具有重要意义的书《姐妹情谊有力量》[①] 所提到的：

> 女性解放运动是第一次以真实的个人经历为政治基础，事实上是以个人经历来创建其政治的激进运动。众所周知，这些经历并不是我们个人的烦恼，女人们的经历有共同之处，因此这些经历也是政治性的。这种理论源于人类情感，而不是来自教科书中矫饰的言辞。正如任何听过抽象的政治演讲的人都知道的，这是一场真正的革命（第 xvii-xviii 页）。

摩根对 20 世纪 60 年代女性运动的口号作出大声的回应——"个人的也就是政治的"。显然，这个口号具有真正的革命性。它使当代西方思想中一直被分离开来的各种范畴的边界模糊起来，原来在个人或私人领域与公共领域之间，在家庭领域与政治领域之间是有严格分野的。原来的分离使得个人领域被看作是自然的，它不同于政治的、公共的领域。通过融合以前相互分离的领域，女性主义者希望向人们展现个人生活是如何与政治、社会相关的，就像经济或国家与政治和生活的关系一样。

并非女性运动的所有内容都能阐释这一口号，至少不是在所有的学术领域里，尤其是在地理学领域。20 世纪 70 年代，地理学开始尝试解决"缺少女性视角的地理学家"这个问题，威尔伯·泽林斯基[②]就是从女性主义获得启发的。因此，在这里非常有必要扼要地介绍女性主义发展的历史背景，以及其从 60 年代晚期到 70 年代的发展情况。

从许多方面来看，20 世纪 60 年代的女性运动是一个创新。20 世纪早期的女性运动是具有特色的激进运动，美国授予女性投票权的第 19 号修正案通过后，该运动就结束了。在后来的几十年中，女性权力领域内几乎没有什么活动，但第二次大战后情况有所改变。对于许多女性来说，在战争岁月里，她们第一次参与有偿劳作，并在经济上具有了一定的独立性，但这种情况延续时间并不长。战后，当政府积极推行重视回归传统家庭的政策，传统观念复兴了，即承认特定的家庭结构（核心家庭），认可女性在这种家庭结构中的角色（作为母亲和家庭主妇）。通过有效的宣传和立法，联邦政府非常明确地表达出，女性的位置就是在家里。为了振兴战后经济，以及为退役士兵提供就业、教育和住房，政府颁布了政策为他们提供低息住房贷款和免费的高等教育。随着政府政策

[①] Morgan, R. *Sisterhood is Powerful*. New York: Random House, 1970.
[②] Zelinsky, W. The Strange Case of the Missing Female Geographer. *Professional Geographer*, 1973, 25: 101-106; Women in Geography: A Brief Factual Account. *Professional Geographer*, 1973, 25: 151-165.

的支持，以及莱维敦模式①的盛行，大规模的住房工程和住宅建设在新的郊区轰轰烈烈地铺展开来②。在这个时期，新兴的中产阶级郊区体现出传统家庭的意识形态，这种中产阶级郊区的复兴，促进了工作场所与家庭生活的分离。

贝蒂·弗里丹在1963年出版的《女性的奥秘》③一书中传递的信息直接面向生活在郊区的女性们。人们认为这本书重新唤醒了人们对女性主义的兴趣④。弗里丹在揭示和探索所谓的幸福家庭主妇的秘密的时候，清晰地表达了女性对于压抑生活的不满。这种不满使得许多中产阶级白人女性开始参与有偿工作，也就是在这个时候，她们直接遭遇了许多制度性的障碍，包括平等就业机会和同工同酬的障碍。正是不满女性的角色，以及意识到把女性排斥在生活之外的其他领域，孕育着新的女性运动。

20世纪60年代中期，女性运动开始初成规模，当时女性主义的政治目标不是非常明确。到了70年代，女性主义思想内部至少出现了三个派别。自由主义女性主义旨在消除针对女性的结构性障碍的基础，这些结构性障碍阻止女性进入家庭生活之外的领域。1966年，美国全国女性组织（NOW）成立，确定了该组织要支持的权利法案，自由主义女性主义的政治目标也随之确定。这些政治目标包括通过平等权利修正案，严格执行消除就业性别歧视的法律，保证女性有休产假的权力以及提供儿童看护中心。自由主义女性主义关注的是如何更容易地让女性参与到社会活动中来，这个强调重点是随着法律体系和国家政权而变化的。尽管后来，自由主义女性主义者转向关注个人问题，比如生育权和色情文学，但其主要的关注点还是改变国家结构，而不是改变家庭或经济。沿着这条特定的思想线索，地理学第一次进入女性主义者的讨论话题中，一些地理学者开始研究阻止女性主题进入地理学研究领域的制度性障碍在哪里。由此，地理学开始对女性主义产生兴趣，并与后面将要提到的其他重要的女性主义派别汇聚在一起。

激进女性主义由全国女性组织中那些对于该组织不满的活跃分子发起，她们发现这个组织没能指出性别歧视产生的根本原因，她们认为这种根本原因来自更大的政治和社会系统。与自由主义女性主义者关注修改法律不同，激进女性主义者更加强调如何改变人们的个人生活方式。她们的文章让我们理解，男女气质在构建不同情境的时候具有各自的作用，在这些情境中女性往往处于劣势。

> 传统的社会标准不鼓励女性发展她们的才智、艺术修养和体育能力。它阻

---

① Levittown，美国纽约州东南部的一个非社团的社区，位于米尼奥拉东南偏东长岛西部。始建于1947年，当时是为第二次世界大战的退伍军人提供低价住房。
② Hayden, D. *Redesigning the American Dream: The Future of Housing, Work, and Family Life*. New York: W. W. Norton, 1985.
③ Friedan, B. *The Feminine Mystique*. New York: Norton Press, 1963.
④ Nicholson, L. *Gender and History*. New York: Columbia University Press, 1986.

止女性为自我思考，并且阻止其他人认为她们是独立自主的行动主体。然而"男性气质"包含了许多与"成年"相关的特征，例如身体强壮、理性、自我情感控制，等等；"女性气质"却包含了"孩提"的一些特征，例如软弱和不理智。

人们对于性别角色建构的兴趣，不可避免地把人们的注意力引向了家庭，家庭是性别角色最初展现的地方。随着激进女性主义政治目标明确转向个人，激进女性主义者不仅开始探索女性气质和男性气质的文化建构，还对性和个人关系所组成的文化结构进行探索。

女性主义的第三个派别发源于20世纪60年代末至70年代，当时马克思主义、社会主义政治运动在学术界正处于高潮。尽管马克思主义与女性主义彼此矛盾，但是马克思主义对阶级社会产生根源的分析方法，对于探索劳动性别分工的起源和阶级社会结构（在这种结构中女性的权力小于男性）的演化，为女性主义提供了非常有价值的见解。社会主义女性主义者认为父权制是更为普遍的社会结构的一部分，这种结构的特点就是等级制度；而且父权制不是一个稳定不变的概念，它随着时间和空间发生变化。种族、等级和性别在统治和压迫的系统中都被视为变量。然而，严格的马克思主义分析是从经济的角度来解释压迫的，因此认为只有当经济结构发生根本性的转变，才能够根除存在于国家和家庭中的不平等。马克思主义对于经济结构的关注是其遭到许多女性主义者不满的根源；她们认为社会的性别分工并非起源于经济，对于社会结构来说，性别分工和经济是同样重要的。这场争论仍在继续，并且在地理学领域显现出来。以上三种女性主义派别在地理学中都存在，它们也被用在本篇文章中来组织结构。

作为一个源于个人经历和政治运动的理论，女性主义的学术基础并不牢固。但是20世纪60年代的女性解放运动，成功唤起了人们对社会中无处不在的性别主义的注意，很快，学术界也发现了这种歧视。在学术著作中几乎看不到女性的分析对象，即使有女性，也被男性定义的学科标准歪曲。因此，女性主义学者的首要任务，就是指出学科的研究方法、理论和研究成果中存在的男性偏见[1]。历史上第一次对传统学科偏见的全面批评由此开始[2]。在历史中看不到女性的踪影，这是因为值得历史学家关注的对象无一例外是男性选择的，如战争、政治以及公共领域的活动。传统上，女性总是参与更加私密领域的活动，如家庭和社区的生活，这些活动在历史记载中是很少有声望和地位

---

[1] DuBois, E.C., G.P. Kelly, E.J. Kennedy, *et al*. *Feminist Scholarship: Kindling in the Groves of Academe*. Urbana: University of Illinois Press, 1985.

[2] Gordon, L., E. Pleck, R. Ziegler, *et al*. A Review of Sexism in American Historical Writing. *Women's Studies*, 1972, 1: 133-158.

的。女性视角是对传统历史周期性的批判。琼·凯利-盖道尔[①]认为，传统的历史周期的标志总是基于男性的活动，即男性地位的改变是周期的划分标志，而女性的地位则往往在同一方向上没有被改变[②]。在其他学科领域也同样存在类似的批判，如人类学[③]、哲学[④]和文学[⑤]。

  有了上述基础，女性主义学术研究开始从批判上升到学术理论建设。最初女性主义的理论焦点大多关注女性受压迫的本质和原因。例如，人类学家开始分析女性受压迫的原因，并使用两种不同的理论作为解释工具。第一种是以马克思主义为理论框架，在社会经济环境中寻找女性受压迫的根源。第二种认为女性的生育功能是其受压迫的根源，指出女性受压迫并非是经济等外界因素造成，而是女性自身的生理条件所致。这两种理论都有各自的不足之处，第一种理论认为在社会建构中，与经济因素相比，性与性别是处于第二位的；第二种理论认为女性先天的生理条件是其受压迫的根源，从而接受社会中这种特殊的家庭和性别结构的"天然合理性"。盖勒·鲁宾第一个提出不同于以上理论的看法。她把女性受压迫的历史追溯到"性别系统"的发展过程，正如她所解释的，"社会通过一系列的调整，把生物的性转变为人类活动的产物，在这种转变中性欲得到了满足。"鲁宾不仅质疑性别关系的自然性，也质疑两性关系的自然性，并挑战一些固有观念，例如男性与女性之间存在无法跨越的分隔线，以及强制的异性恋。

  综合看来，上述理论的发展以及由这些理论引出的争论，体现出女性主义在学术领域的理论建设是非常有活力的，显示了女性主义理论具有的力量。这种对女性压迫和解放的力量的共同关注，使女性主义的研究主题渐渐统一起来。这种关注模糊或清晰地存在于所有的女性主义学术研究中，为不同学科的学者以及学术界内外的知识分子提供了一种理论框架和语言。关于女性受压迫的观念，最初来源于政治话语，而非"学术界内部"的任何学科传统。没有任何一门学科能够充分地界定出一个概念，这个概念需要来自文化、经济、社会以及心理学等各项研究的远见。重视了解女性所受的压迫，则意味着大多数的女性主义研究都是跨学科的。20世纪70年代至80年代，女性主义理论不仅关注女性受压迫的根源，也探索了性别主义思想的建构，并指出它是造成女性"合法地"受压迫的原因之一，该理论还涉及公共领域与私人领域之间的相互作用，因为在现

---

  ① Kelly-Gadol, J. The Social Relations of the Sexes: Methodological Implications of Women's History. *Signs*, 1976, 11: 809-824.
  ② Rubin, G. The Traffic in Women: Notes on the Political Economy of Sex. In Reiter, R., ed. *Toward an Anthropology of Women*. New York: Monthly Review Press, 1975.
  ③ Slocum, S. Woman the Gatherer: Male Bias in Anthropology. In Reiter, R., ed. *Toward an Anthropology of Women*. New York: Monthly Review Press, 1975: 36-50.
  ④ Garside, C. Can a Woman be Good in the Same Way as a Man? *Dialogue*, 1971, 10: 534-544.
  ⑤ Shovvalter, E. Women in the Literary' Curriculum. *College English*, 1971, 32: 855-862.

代社会中，公私领域的分离与等级制度下性别的分离是同时存在的。

地理学中的女性主义同样致力于了解女性所受的压迫：第一，地理学科内部女学者受的压迫；第二，在地理学研究的世界中女性所受的压迫。

三、女性主义地理学的历史背景

意识觉醒团体和女性个人励志团体的政治主张与 20 世纪 70 年代早期社会科学执行的"硬"科学标准大相径庭。逻辑实证主义在地理学领域表现为数量革命，这场革命将主流地理学纳入"准确的"科学范围内。价值观念中立指导着研究方法论，这种研究的目的就是为了预测地理过程。这样的研究活动所创建和合理化的世界观是：普遍性优于特殊性、不变性优于变化性、确定性优于模糊性。来源于情感和真实个人经历的理论，被排除在 60 年代社会科学主流的标准之外。另外，正如汉森和蒙克所指出的，实证主义是一种"试图维护现状的方法"[1]。由于实证主义明显地要把价值观念与科学研究分开，所以它对于女性主义的政治目标来说没有什么益处。

由于被排除在主流之外，女性主义有时与马克思主义联合起来，尤其是在 1970 年代早期。早期许多女性主义文章都发表在《对立面》上[2][3]。虽然从本质上来说，女性主义与马克思主义都是因为政治原因才落得局外人的地位，但是两者的政治主张却截然不同。正如前面已经指出的，马克思主义者强调经济是社会变迁的舞台，因此把对家庭和个体关系的分析降低到次要的位置。女性主义者的政治主张对马克思主义者来说并不是最重要的，到了 70 年代后期，"地理学中（以及更普遍的女性运动中）的女性学者，不再对极端男性的而且通常厌恶女性的左翼激进分子感兴趣"[4]。

女性主义和马克思主义作为批判性的研究模式也有很多不同之处。尽管马克思主义非常反对 60 年代晚期至 70 年代早期地理学研究的保守，但它并没有为地理学研究提供任何真正意义上的认识论和方法论。事实上，马克思主义分析方法非常符合当时地理学中盛行的科学假设和研究方法；它的世界观也是普遍性优于特殊性，而且也是根据普适

---

[1] Monk, J, and S. Hanson. On not Excluding Half of the Human in Human Geography. *Professional Geographer*, 1982, 34: 11-23.

[2] Burnett, P. Social Change, the Status of Women, and Models of City Form and Development. *Antipode*, 1973, 5: 57-62.

[3] Hayford, A. 1974. The Geography of Women: An Historical Introduction. *Antipode*, 1974, 6: 1-19.

[4] Seager, J. Women Deserve Spatial Consideration: (Or Geography Like No One Ever Learned in School). In Spender, D., and C. Kramerae, eds. *The Knowledge Explosion*. New York: Pergamon Press, 1992: 213-224.

法则来解释社会现象的。当然,马克思主义研究所得出的社会问题的根源,与主流科学相去甚远。然而作为一种与主流科学不同的分析模式,马克思主义并没有与主流决裂。相反,女性主义却存在着与主流分裂的潜力,它与70年代被介绍到地理学的一些新思维模式一样,例如现象学和存在主义。它们更具有人文主义的思维模式,强调个体及其所作出的决定,因此也为研究个人生活、情感及价值打开了大门。许多当代的女性主义著作都诞生于这种特殊的背景下——但在讲述这个问题之前,先要说明,地理学中的女性主义最早的动机是一个非常政治化的问题,即地理学领域的女性为什么如此之少,而不是地理学为何要排斥女性主义理论。尽管最近对科学的评论表明了这两者是有根本联系的,这里仍把它们分开来论述。

1. 地理学中的女性

作为一种政治运动的自由主义的女性主义,它迫使人们注意到地理学领域中女性客体的缺失,以及这门学科对女性学者特有的偏见,这些偏见使得原本已经非常普遍的社会不公平变得更加严重。泽林斯基在"缺少女性的地理学家"中指出了一系列关于地理学者和地理学研究的问题。

> 女性的地理学者非常少,但这并不意味着女性在智商或品质上有任何固有的弱点。最直接的原因是在培训和雇佣女性的机构中存在着一些制度规则、传统和偏见,而这些通常又是不说出来的和未成文的。最终的原因是社会系统中的性别主义构成,社会系统能够非常容易地对两性进行完全不同的社会化,这个议题需要大幅的篇章来进行充分探讨。

泽林斯基提到的这些传统、法则和偏见,从此成为女性主义地理学研究工作的关注点,他发表这些观点后不到十年,女性主义者就开始对这些问题进行了细致研究。米尔德里德·波曼[①]描述了她作为专业地理学者的个人经历,揭示出地理学科中许多明显或隐晦的性别歧视;詹妮丝·蒙克[②]对1900—1950年地理学机构中的女性学者进行研究,揭示出无论是过去还是现在,性别主义都渗透在地理学中。

当然,性别主义是对更大层面上社会不公平的一种反映,然而无论过去还是现在,地理学的一些独特做法使得这个学科领域里一直充溢着一种具有压倒性的男性氛围。例如,地理学科与野外工作有传统联系——索尔学派的传统和哈特向的区域地理研究方法

---

① Berman, M. On Being a Woman in American Geography: A Personal Perspective. *Antipode*, 1984, 6: 61-66.
② Monk, J. Women Geographers and Geographic Institutions, 1900-1950. Paper presented at the 1989 Association of American Geographers' meeting. Baltimore: 1989.

均如此——它们都是排斥女性的。尽管从 19 世纪晚期到 20 世纪早期的女探险家们，通过主张基于个人经历的领悟能力，已经在地理学领域获得一定程度的声望，并且参与到早期的野外工作中；但是当野外工作在 20 世纪初被规范成科学活动之后，它还是排斥女性的[1][2]。正如 D. R. 斯托达特[3]指出的，到 19 世纪晚期的时候，"经过有计划的调查研究，系统地、有组织地进行知识积累已经成为首要任务"，而女性生活的世界是被排除在这种研究之外的。19 世纪的大部分时间以及 20 世纪的早期，女性仍然被挡在这门学科的学术研究高墙之外。到了 20 世纪中期，从理论上来说，系统的野外工作已经对女性开放，但是社会偏见仍然继续阻止女性进入学术领域。同样地，早期的地理学专业协会，例如皇家地理学会和美国地理学会，提倡的那种男性俱乐部的氛围，弥漫在地理学术组织的野营和旅行活动中。这些做法，加上更为普遍的制度偏见，阻碍了大多数的女性进入地理学的专业学术领域。另外，如在前文提到的，20 世纪 70 年代的地理学在逻辑实证主义的影响下，是阻止女性进入地理学界的，因为女性主义感兴趣的不是研究数学的、抽象的模型，而是如何促进社会变迁。

2. 女性的地理学

女性主义研究首先在历史学和人类学等领域开展，女性主义地理学者紧随其后，开始把注意力转向女性的地理学，她们开始分析女性及女性世界未被作为研究对象的原因。阅读 70 年代的大部分地理学著作之后，我们非常容易看出这样的结论：这个世界上只有男人，他们是唯一可以创造地方和建构空间的人。女性主义者在地理学界的积极活动引发了一系列研究，这些研究试图通过把女性世界变得明显可见，来弥补地理学著作中巨大的缺口[4][5][6]。

许多早期的研究都受到马克思主义理论的影响，因此运用唯物主义分析法批判那些不包含女性的地理研究模型。这就引发了一系列对城市构造的研究，城市构造是包含女

---

[1] Birkett, D. *Spinsters Abroad: Victorian Lady Explorers*. Oxford: Basil Blackwell, 1989.

[2] Middleton, D. *Victorian Lady Travelers*. Chicago: Academy Chicago, 1982.

[3] Stoddart, D. R. *On Geography and Its History*. Oxford: Blackwell Publishers, 1986.

[4] Zelinsky, W., J. Monk, and S. Hanson. Women and Geography: A Review and Prospectus. *Progress in Human Geography*, 1982, 6: 317-366.

[5] Mazey, M. E., and D. Lee. *Her Space, Her Place: A Geography of Women*. Washington, D. C.: Association of American Geographers, 1983.

[6] Holcomb, B. Women in the City. *Urban Geography*, 1984, 5: 247-254.

性的世界的,女性也是城市环境的决策者[1]——她们作为工厂的工人[2]、城市交通规划的决策者[3][4]。地理学中所谓的人文主义、历史主义的兴起,引起了对传统女性领域的景观研究,即家庭住宅的设计、使用和意义[5][6]。这些都是为传统的文化地理学家所忽略的景观,他们认为对家庭内部的研究是超出了其研究范围的。这项研究工作的高潮是一系列描绘女性地理世界的地图集的出版,出现在 20 世纪 80 年代中期[7][8][9]。

汉森和蒙克通过描绘性别主义如何渗透到地理学研究的内容、方法和目的,总结出许多女性主义关注的问题[10],她们的分析被认为是对地理学中女性学者缺失所作的最全面的解释之一。她们写这篇文章的目的是呈现那个时代最流行的女性主义流派是什么。"尽管现在我们在整个学科领域内鼓励大家注意性别差异和女性议题(这样一来,女性的地理学就不至于变成被隔离的),但是,我们最终希望这种性别差异变得模糊,造成不平等的这条界线彻底消失。"汉森和蒙克希望性别及女性议题最终能够进入地理学理论研究中。这个目标明显是受到自由主义女性主义政治哲学的影响,即只要承认女性权力和消除不平等的活动,性别主义就会被根除。她们的目标就是消除性别主义的存在,把女性的世界纳入地理学理论中来。

3. 地理学中的女性主义理论

有些地理学家持一种更激进的态度,他们把性别不仅看作是我们社会生活的一个基本范畴,也是我们思考和理解这个世界的基本方法。这时,关注点已经从作为研究对象的女性,转移到作为积极思考者和研究主体的女性,其目的是从女性经历的角度来对理论进行阐述。这种激进的立场要求对女性的经历进行研究,研究性别的文化建构怎样影

---

[1] McDowell, L. Towards an Understanding of the Gender Division of Urban Space. *Environment and Planning D: Society and Space*, 1983, 1: 73-87.

[2] Christopherson, S. The Household and Class Formation: The Changing Social Economy of Ciudad Juarez. *Environment and Planning D: Society and Space*, 1983, 1: 323-328.

[3] Hanson, S., and G. Pratt. Spatial Dimensions of the Gender Division of Labor in a Local Labor Market. *Urban Geography*, 1988, 9: 173-193.

[4] Pratt, G., and S. Hanson. Gender, Class, and Space. *Environment and Planning D: Society and Space*, 1988, 6: 15-35.

[5] Loyd, B. Women, Home, and Status. In *Housing and Identity*, eds. James Duncan. London: Croom Helm, 1981.

[6] Seager, J. Father's Chair: Domestic Reform and Housing Change in the Progressive Era. Doctoral dissertation, Clark University, 1988.

[7] Seager, J., and A. Olson. *Women in the World: An International Atlas*. London: Pluto Press, 1986.

[8] Gibson, A., and T. Fast. *The Women's Atlas of the United States*. New York: Facts on File, 1986.

[9] Shortridge, B. G. *Atlas of American Women*. New York: Mac-millan, 1987.

[10] Monk, J., and S. Hanson. On not Excluding Half of the Human in Human Geography. *Professional Geographer*, 1982, 34: 11-23.

响我们的个人、社会和政治的现状。在地理学领域里，这就意味着研究女性的生活是如何影响她们的经历和（或）环境感知能力的，如何影响她们对于地方的设计和建设，如何影响她们对文化资源的定义和使用，以及如何影响她们对地理知识的建构。

受到像安妮特·科罗德尼的《她面前的土地》[1] 这类作品的影响，地理学家们开始研究女性对于美国西部的感知。詹妮丝·蒙克和维拉·诺伍德的《沙漠不是女性》[2] 描绘了女性对于地方（美国西南部）的感受如何构成一种理解和影响世界的方法，她们感知到的世界所表达的意义与男性的完全不同："这些关于女性对地理景观感知的文章提供了新的观点，对于女性在定义美国文化中地方区域的意义之时所起的作用，进行了全新的评价。"珍妮·凯[3]回顾了女性在美国西部的遭遇，暗示女性经历所讲述的西部故事远没有从男性角度讲述的那样英勇。对于女性生活，尤其是女性在第三世界国家农业部门工作的研究，推动了对发展学理论和经济援助战略的重新评价[4]。苏珊娜·麦肯齐的《看得见的历史》[5]，描述了生活在战后布赖顿[6]的女性们的故事，这本书高度肯定女性在塑造战后城市环境中的积极作用。这些女性故事都表明了工作与家庭、个人与公共之间的不可分割性，由此引起了对传统地理学理论的一个根本假设的质疑。

最近在地理学和其他社会科学中进行的关于什么是后现代的讨论，引发的一些问题在很多方面与女性主义理论引发的问题是吻合的。后现代主义迫使我们质疑那些已经深入人心的惯常思维模式，暴露出以前隐藏的那个问题——我们是如何理解和表述地理世界的。尽管女性主义与后现代主义的关系经常被看成是矛盾的[7]，女性主义提出的许多警告也是关于后现代主义的政治立场的[8][9]，但是后现代主义对现代性和知识结构先验性的批判，使它自然而然地成为了女性主义的盟友。地理学中的后现代主义思想，对许多讨论打开了大门——关于重述的问题，对于知识结构的普遍性和先验性

---

[1] Kolodny, A. *The Land before Her: Fantasy and Experience of the American Frontier*. Chapel Hill: University of North Carolina Press, 1984.

[2] Monk, J., and V. Norwood, eds. *The Desert Is No Lady: Southwestern Landscapes in Women's Writing and Art*. New Haven: Yale University Press, 1987.

[3] Kay, J. Geography and Mythos: Or, Joseph Campbell Meets Preston James. Paper presented at the Association of American Geographers' meeting, Miami: 1991.

[4] Momsen, J. H., and J. Townsend, eds. *Geography of Gender in the Third World*. London: Hutchinson, 1987.

[5] Mackenzie, S. *Visible Histories: Women and Environments in a Post-war British City*. Montreal: McGill-Queen's University Press, 1989.

[6] 位于英国西部的海滨城市。

[7] Nicholson, L., eds. *Feminism/Postmodernism*. New York: Routledge, 1990.

[8] Mascia-Lees, F. E., P. Sharpe, and C. B. Cohen. The Postmodernist Turn in Anthropology: Cautions from a Feminist Perspective. *Signs*, 1989, 15: 1-29.

[9] Bondi, L., and M. Domosh. Other Figures in Other Places: On Feminism, Postmodernism, and Geography. *Environment and Planning D: Society and Space*, 1992, 10: 199-213.

的批判，以及对知识的情境性的认识。

女性主义地理学家从女性经历的角度，揭示了地理学思想和理论建构不仅是性别主义的（因为它支持一个男性统治的社会），而且是男权主义的，因为它把男性的思维方式看作是普适的，把女性降低为"他者"[1]。这种对地理学知识建构的批判得到了其他学科研究工作的支持，特别是人类学、社会学和科学哲学[2][3]。地理学领域的批判包含了多项讨论内容，例如对专业研究活动、经济发展理论、资源利用、环境发展和景观聚落的讨论。

地理学家们已经开始对两性标准的社会建构进行研究[4][5][6]。人类经历的这些构成部分，对于理解我们是怎样认识和建构我们的物质世界，以及我们是如何认识和表述地理世界，都是必不可少的。尽管对性别特征的个人经历的研究已经是其他学科领域中女性主义的重要研究兴趣，但是在地理学中它是如何影响我们的景观的，至今还未得到明确的解答。她对性别隐喻、士绅化设计和规划的各种陈规的分析，表明性别特征的个人经历确实是暗含在景观建造中的，因此促使我们对人类经历的这个方面进行更深入的研究。

四、女性主义理论的未来与人文地理学

尽管女性主义理论在地理学中的发展是一个相对新兴的现象，总体上来说，女性主义理论已经成为一种最具活力的重述社会现实的方式。地理学家们正在开始对女性主义社会理论的一些思想进行研究。

第一个议题关注身份和差异的政治意义。激进女性主义派的大部分理论和政治观点是基于"女性"这个类别所拥有的独特之处，运用这种观念能为女性提供一种独特和积

---

[1] Rose, G. *Feminism and Geography: The Limits of Geographical Knowledge*. Minneapolis: University of Minnesota Press, 1993.
[2] Harding, S. *The Science Question in Feminism*. New York: Cornell University Press, 1986.
[3] Harding, S. *Whose Science? Whose Knowledge? Thinking from Women's Lives*. New York: Cornell University Press, 1991.
[4] Jackson, P. The Cultural Politics of Masculinity: Towards a Social Geography. *Transactions of the Institute of British Geographers*, 1991, 16: 199-213.
[5] Pile, S. Masculinity, Otherness and the Drive for Geographical Knowledge. Paper presented at the Institute of British Geographers' conference. Sheffield: 1991.
[6] Bondi, L. Gender Symbols and Urban Landscapes. *Progress in Human Geography*, 1992, 16: 157-170.

极的表述方式。但是，正如普拉特和巴雷特所指出的[①][②]，对于女性主义者身份的概念有着很多不满，这个概念意味着一些基础的要素构成了"女性"这种类别。一种来源于后现代主义思想的批评认为，提出一个女性主义者身份会忽视社会生活的历史和空间的具体性。一个统一的"女人"概念并不能改变性别等级的观念，它仅仅是用"女人"替换了无所不知的"男人"。不满的第二个根源来自那些不是因为性别原因而被边缘化的女性，她们是由于种族、阶级或者性取向等原因而在社会中被边缘化。对这些女性来说，性别只是她们受压迫的原因之一，而且通常不是她们受压迫的最主要原因。白种的、盎格鲁的、特权的女性主义者不会为这些女性的权益说话。每个女子所经历的权力关系是不同的。对于这样一个女性主义者身份的批评，已经引发了对单一性别身份的解构，使得很多人想了解女性主义政治的发展前景。如果没有一个确定的"女性"类别，有什么能构成女性主义政治活动的基础呢？

朱迪恩·巴特勒在她那本鼓动性的《性别烦恼》[③]中所提出的女性主义政治是定位于各种不同的基础之上的。她认为身份这个概念中暗含的对立是有问题的，这种对立是一个事物或者一个主体，与这个事物的散漫行为之间的对立。换句话说，她所批评的是那种预先为一个身份确定一个先验自我的观点。这样一来，巴特勒质疑了"身份"这个概念最基础的方面，她认为只有通过反复的行为才可以建构身份。如她所说，"基础主义者关于身份的逻辑推理倾向于先确定一个身份，有了这个'身份'，政治利益就能被详细阐述，政治行动就可以被采取。巴特勒的观点是，每项行为背后不一定要有'行为者'，'行为者'是在行动中不断建构出来的。"因此，女性主义政治的基础不是一个全球性的、自然的女性主义身份，而是性别不断被建构的各种过程。女性主义的任务是确认哪些实践活动能够有效地推动这些过程，在时间和空间中确定这些过程，找出可供选择的重复性实践活动，这些活动能够建构身份，并且有可能产生与之竞争的其他活动。

巴特勒的观点为政治审视打开新的世界，并且为改变我们局部的现实状况提供了可能性，从基础主义对于身份的观点来看，这些现实状况根本就是不可能的。对于这些构成我们差异性的过程的认识，使得日常生活政治更能反映现实，而不是不给我们留下任何女性主义政治的基础。"解构身份不是解构政治，相反，只有通过这种解构所创建的各种术语，才能够清楚地阐述身份这个概念。"

---

① Pratt, G. Feminist Politics: The Danger of Difference, the Place of Geography. Paper presented at the Association of American Geographers' meeting. Miami: 1991.
② Barrett, M. Some Different Meanings of the Concept of "difference": Feminist Theory and the Concept of Ideology. In Meese, E., and A. Parker, eds. *The Difference within Feminism and Critical Theory*. Philadelphia: John Benjamins, 1989: 37-48.
③ Butler, J. *Gender Trouble: Feminism and the Subversion of Identity*. New York: Routledge, 1990.

女性主义者之间的这些讨论反映了社会理论中的各种争论,以及空间在这些理论建构中隐含的喻义。仔细审视女性和男性的身份和行为是怎样在时空中被清楚地阐述的,将会把一个全新的、未被研究过的地理学领域带入我们的审视范围内。性别身份在不同的地方和不同的时代是如何被阐述的?景观和地方是如何参与到这种阐述中的?性别身份的实践活动如何影响了人类与物理环境之间的相互作用?

地理学家已经开始研究的女性主义理论的另一个议题是,私人领域和公共领域之间的这种区分的本质是什么?这并不是一次全新的讨论,社会主义女性主义者已经研究经济体系中生殖(私人的)领域和生产(公共的)领域之间的关系,及其不断变换的历史环境。对于女性主义者来说,私人领域和公共领域之间的区分造成了一个困境:如何消除我们对一些方法的疑虑?现代社会正是用这些方法来看待家庭、国家和经济之间的关系——"这些领域之间的区分还没有严格到让我们非相信不可的程度,盲从地理解这些区分,将使女性生活的真实状况变得模糊不清"[①]。根据我们已知的事实,这些区分是生活中需要认真对待的实际情况。根据琳达·尼克尔森的观点,走出困境的方法就是采用一种历史研究方法,这种方法能够帮助解释社会活动的不同领域(家庭、国家、经济)是如何从共同的源头发展而来,怎样在特定的环境下发展成相互区分的领域。正如她所说:

> 因为现在看起来被分离开的这些领域,有着共同的起源和相互关联的历史,所以它们之间是有关联的,即使新的,尽管是部分的,分离状态力图把这种关联变得模糊。例如,如果我们承认,从前政治和家庭是通过亲属关系的制度连接起来的,早期的现代自由主义通过国家起源的契约理论使得这种制度模糊起来——我们就可以让现代的女性主义充分认识到现代家庭中的父权制和政治的成分。
>
> 历史的研究方法向我们提供了一种观点,即社会分析中家庭、国家、经济不是非要区分开来,而是作为人类生活的不同方面,它们"在特定的历史时刻才被区分开的"。

这个讨论的重要之处在于它使女性主义理论研究者认识到,在历史上,性别差异是如何逐渐建构起来,并且通过社会分析的三个方面存在至今的,这三个方面也是我们了解社会的最主要的途径。尽管我们无法全面地评价尼克尔森的研究,但我们可以认为她所使用的历史研究方法同样也是一个优秀的地理学方法。例如,私人领域与公共领域的分离有其历史过程,同样也有地理分布,这种分离对于女性的地位有着深刻的影响,女

---

① Nicholson, L. *Gender and History*. New York: Columbia University Press. 1986.

性主义地理学者们应该去探索这一未知的领域。萨利·马思顿已经开始对这方面进行探索性研究[①]，她的研究表明在美国早期历史中，公民身份的概念是如何与性别角色观念，以及公共生活和私人生活的性别化相联系的。她认为，这套观点是"早期美国国家社区建设，以及社会生活的政治地理的基础"。大多数的社会学理论已经模糊了社会活动中这些领域被区分开来时的背景，因此一个地理学的分析方法将帮助我们理解，在不同的时间和空间背景下家庭空间、个人空间、私人空间和公共空间互相分离的环境和背景。通过这种分析，我们就有可能理解男女之间的差别是如何决定其地位的，并将这种理解运用于建立一个讨论政治行动的论坛。

（张　凌、周尚意）

[①] Marston, S. Who Are "the People"? Gender, Citizenship, and the Making of the American Nation. *Environment and Planning D: Society and Space*, 1990, 8: 449-458.

怀特洛克，巴特莱
过去12.5万年美国西北部植被和气候变化
(1997年)

凯茜·怀特洛克（Cathy Whitlock, 1953— ），美国地理学家。1953生于华盛顿哥伦比亚特区，从本科到博士一直攻读地质学专业。本科就读于科罗拉多学院，后在西雅图的华盛顿大学获得硕士和博士学位。1990—2005年为俄勒冈大学地理系教授、系主任，2004年8月转至蒙大拿州立大学地球科学系任教至今。她的主要研究方向为美国西部第四纪环境演变和古生态植被，火和气候历史以及南美南部新生代气候变异，历史时期气候变化与数据模型模拟的比较，森林对环境变化的敏感性与植被、火对未来气候变化的潜在反应等。她在欧洲、中国和太平洋的一些岛国也进行了大量研究，但主要研究区域集中于美国西部。目前，她的研究团队在落基山脉北部的大黄山进行史前气候变化、植被和火的记录的研究，在邻近太平洋的美国西北部进行湖泊中保存的长时间记录的孢粉和木炭研究。此外，她还与阿根廷和智利的科学家一起合作，研究巴塔哥尼亚（Patagonia）北部温带森林中火灾的历史。

帕特里克·巴特莱（Patrick Bartlein, 1950— ），美国地理学家。现为俄勒冈大学地理系教授。在威斯康星大学麦迪逊分校获得地理学的本科、硕士、博士学位，主要教学和研究领域是古气候、古环境的模型模拟、数据分析和可视化。

"过去12.5万年美国西北部植被和气候变化"[①] 一文，选择研究对象的时空尺度是较大的。两位作者认为，北美西部21000年的植被覆盖记录展示了空间格局的变化，反映了气候变化在大尺度上的影响因素和决定性力量。在这些影响因素中，太阳辐射和冰盖规模的季节性周期在千年尺度上变化，会通过温度和净辐射直接影响区域气候变化，并间接地改变大气环流格局。在大尺度上检测控制因子不同组合时，较长的植被记录提供了一个了解区域如何响应以及主要非气候因子控制作用的机会。

两位作者认为，大多数较长的北美记录的质量不足以通过严格检验，而在欧洲一些地区，长记录植被对气候的反应通常很难从生态和人类活动这些控制因子中分离出来。

---

① 主要内容编译自 Whitlock, C., and P. J. Bartlein. Vegetation and Climate Change in Northwest America during the Past 125 000 Years. *Nature*, 1997, 388: 57-61; 内引此文，只注页码。

所以，在本篇文章中，她们采用美国西北部喀斯喀特山脉（Cascade Range）东部森林/草原边界的一个反映过去125000年植被和气候变化的记录。其中，孢粉数据表明森林和草原的交替与夏季日照和全球冰量相一致，植被的过渡与海洋同位素阶段的界限相关性也非常好。末次盛冰期以来植被和气候之间紧密关系提供的证据表明，气候变化是千年尺度区域植被变化的主要原因，而非气候因子作用是次要的。

一般来说，区域植被的历史被认为是对不同的时间和空间尺度上气候变化的一个响应。理解这个层次的一种途径是对模型模拟和数据合成的比较（例如，用大气环流模式产生的古气候模型模拟过去21000年的结果与从古生态数据建立的古环境地图相比较）。在美国西北地区，这种比较揭示了劳伦泰冰盖和日照的季节性循环对区域的影响。模型模拟的全冰川条件也表明，冰盖造成的北半球中纬度地区冷却使纬度温度梯度更陡峭，并使急流转移到现在位置的南部。此外，冰期反气旋环流削弱了西风带，盛行东风，加强了南部冰缘区的干冷条件。对冰后期（16—10kyr以前）的模拟表明，较小的冰盖造成的冷湿条件是由纬度温度递减和急流向北转移所致。在早全新世，大于现在的夏季日照增加了夏季的气温，减少了有效降水，间接增强了东太平洋副热带高压系统，从而使干旱加剧。

对过去21000年模拟结果和数据之间的比较，仅包括了发生在第四纪的大尺度变化的一小部分，记录所提供的证据，为末次盛冰期前大尺度控制因子结果的组合提供了一种替代方法去检测气候变化控制因子的等级层次。这种做法为过去21 000年提供了一种假说，即冰盖大小和日照变化的影响可以从早期的记录中检测到。

喀斯喀特山脉东部一个火山湖［卡普（Carp）湖（北纬45°55′，东经120°53′）］的孢粉记录，提供了过去125000年植被的历史。该点位于低海拔黄松林靠近蒿属草原的上限，这是一个记录过去温度变化和有效降水的群落交错敏感带。1985年、1990年和1993年收集的样芯产生了一个23.15米长的记录，按照固定间隔从196个样本中分析了孢粉组成。这些样芯中开始年龄与深度的关系通过放射性碳同位素定年和火山灰层的年龄确定。孢粉的百分含量纪录通过强迫聚类分析分成几个组合带。孢粉谱的订出不依赖于海洋$\delta^{18}O$地层学，但它们的年代与同位素阶段边界的匹配出乎意料。通过回归分析海洋同位素阶段的边界4/5a的年代和5e阶段的高度对原来的年表进行了修订。

基于孢粉地层与现代孢粉谱、植被和气候的比较，解释过去的植被和气候。黄杉属＋栎属＋柏科/云杉的比值提供的森林类型的信息表明，高值说明当地条件为低海拔森林，气候温暖干燥。选择这些类是因为今天它们的花粉分布受海拔的强烈限制，不像松属、蒿属、赤杨属和铁杉属，它们的花粉广泛分布。乔木/非乔木花粉比例作为一种植被覆盖指数把属于森林覆盖的时段从草原或苔原中分离出来。

花粉的纪录是由今天生长在喀斯喀特山脉和哥伦比亚盆地的类群组成。先前的间冰期（CL-11）植被主要是松属，栎属和刺柏属组成的开放森林和草原，气候在此期间，比全新世的大多数时期都更暖更干。开放的松属、松属-云杉森林和封闭的针叶混合林出现在比现在气候条件更冷的83000—117000年前（CL-8到CL-10）。由黄杉属或落叶松属、铁杉属、冷杉属（可能是大冷杉）、栎属和柏科组成的开放森林出现在73000—83000年前（CL-7）。栎属、藜亚目和草原灌丛的出现表明夏天是温暖的，铁杉、冷杉和禾本科的扩展指示夏天湿度的增加。威斯康星冰期的早中期（CL-6到CL-4）冷的条件受混合的松属、云杉属和时而出现的黄杉或落叶松属所支持。末次冰期（CL-3）以冷干草原和云杉的扩展为特点。早全新世（CL-2）出现了温带草原，期间卡普湖间歇地干涸。在全新世中期（CL-1b）以松属森林为特点，对过去3900年（CL-1a）的重建作为现代植被。

作为全球冰量的一个指标，孢粉带谱和海洋 $\delta^{18}O$ 地层之间的紧密一致性表明植被变化受全球气候系统变化的控制。卡普湖大多数的可变性与缓慢变化的日照和冰量记录相关，留下很小的信息由高频率的变化所解释，如 Heinrich 事件[①]。这种变化的同时发生也表明大尺度气候强迫和局地植被反应之间的滞后是微不足道的。显然，物种从其不连续的避难所通过短距离扩大其范围与千年尺度的气候变化保持同步。

森林类型的转换与海洋 $\delta^{18}O$ 记录和7月日照异常的变化在过去的125 000年保持平行。冰量低，夏季日照极大的时期以适于干热条件的植物为特点，中等冰量、夏季日照小的时期受亚高山的针叶林所支持。当大尺度控制因子是独一无二的时候，植被也是一样。例如，冰盛期的异常条件导致非相似的草原（CL-3）。在上次间冰期的后半段，夏季日照超过了早全新世，全球冰量达到最低点；这些条件促成了温暖、干燥的气候环境和旱生森林的扩张（CL-11）。在间冰期期间比全新世早期有更大的森林覆盖率，这些记录在5e阶段并没有显示格陵兰冰芯记录和一些欧洲孢粉记录中那样强的气候变异。5a阶段以高夏季辐射、适度的全球冰量和在北太平洋比现在冷的海表面温度的不寻常组合为特点。夏季日照高可能增加生长季温度，但冷的海洋表面和陡的温度梯度可能会减弱干旱，允许中生植物类型向东转移，牺牲松属和蒿属类型（CL-7）。

间冰期和间冰段不同的植被演替规律已经受到广泛关注，尤其在欧洲，已有几个长的花粉序列被研究。差异往往归因于特定时期下的单一环境因子，包括非气候因素例如避难所，不同类型之间扩散速率的差异，以及生物相互作用。跟欧洲记录一样，卡普湖显示了晚第四纪植被个体的反应，但植被变化和大尺度气候因子之间紧密的一致性表

---

① Bond, G., W. Broecker, S. Johnsen, et al. Correlations between Climate Records from North Atlantic Sediments and Greenland Ice. Nature, 1993, 365: 143-147.

明，在千年尺度非气候变化中作用很小或者说没有作用。卡普湖提供的令人信服的证据表明，间冰期和间冰段植被组合的独特性主要是全球气候变化的结果。

"过去 12.5 万年美国西北部植被和气候变化"一文，是生态学领域研究植被变化与环境因子关系的一篇必读文献，是一篇研究植被变化影响因素的经典论文，引用率颇高。两位作者通过分析美国西部一个 125000 年的孢粉记录的气候变化状况，得出了在大时间尺度上，气候变化对植被覆盖的空间格局起主导作用，而非气候因子起次要作用的结论。其研究方法和模型对我国地质学和生态学研究有重要的参考价值和借鉴意义。

（陈睿山、叶　超）

克拉瓦尔

区域地理学导论（1998年）

一、作者克拉瓦尔简介

保罗·克拉瓦尔（Paul Claval，1932— ），法国巴黎第四大学名誉教授，当代法国最著名的地理学家。他于1970年获得法国柏桑森大学文学博士，自1973年到法国巴黎第四大学（Sorbonne校区）任教至1998年退休。克拉瓦尔教授主讲地理学思想史、经济地理、文化地理、土地系统逻辑及地缘政治等课程。他著述丰富，博大精深，在区域地理、文化地理、地理思想史方面有着深厚的积累和丰富的学术成果。他被认为是法国在历史地理和地理思想史方面的领袖人物，在自然和社会科学方面也成果显著。

他发表了论文400余篇，出版专著30多部，其中多数被翻译为各国文字。如克拉瓦尔发表的《区域，国家，大空间》（*Régions，Nations，Grands Espaces*，1968），阐明了地球上各现象的区域结合——人文景观。而另一部重要著作《地理学思想史》则以令人信服的论据，对上自古希腊下至21世纪初的地理学思想史作了全新的划分，阐释了地理学思想中至关重要的概念和术语，例如空间、时间、地方、尺度和景观。该书已在中国大陆和台湾发行了中文版[①]，对中国学者了解西方地理学思想的变化提供了很好的素材。

克拉瓦尔教授学识渊博，精通多国语言，曾应邀于世界数十所著名大学演讲及担任客座教授。由于他在人文地理学研究方面的杰出贡献，1996年，他获得被认为是地理学诺贝尔奖的瓦特林·路德奖，2004年8月获得国际地理学联合会颁发的地理学界最高荣誉"桂冠奖"，这充分证明了克拉瓦尔教授在国际地理学界的学术贡献与威望。

---

① 保罗·克拉瓦尔：《地理学思想史》（第3版），郑胜华等译，北京：北京大学出版社，2007年。

二、《区域地理学导论》[①] 提要

《区域地理学导论》采用了文献分析的研究方法，旨在探讨区域概念与特色以及区域的成长与演化，对于区域地理的学习至关重要。克拉瓦尔解释了区域是什么，引介了能用来理解人类活动空间组织和地域差异的方法。他考察了经济和政策问题，以及与其相关的文化、区域认同和生态问题。全书分为三个部分。

1. 区域地理研究的发展

第一部分简要回顾了从古希腊到现在的区域研究，然后总结了当前区域地理学的主要问题。

这部分首先从希腊起源分析了区域的概念。他指出，希腊人由于制图学的发展而发明了区域的概念，但是因为缺乏精确的记载，未能给出一个更科学的基础。自文艺复兴时期以来，制图学取得了持续的进步：土地调查技术和三角测量技术导致不同地点之间距离的精确测量，并导致了对大陆地区一定范围的准确知识持续增长。

到了 18 世纪，区域地理的目标再次形成。对于那些有着正式行政管理的地区，由于存在稳定的地域划分，空间的描述变得容易。统计学的产生为地理学家提供了新的量化基础：从那时起，他们能够利用可信赖的人口统计和经济数据。这也使得区域描述能够更加准确、丰富。在启蒙时代，自然科学得到了大发展。18 世纪末期知识分子的敏感鼓励了对现实的更加现实主义的理解。随着植物、动物、矿物和岩石的系统分类的出现，地理学出现转型并且进行了区域和景观的系统分类。那时的地理学已经不将自身限制于描述地点，而是开始寻求理解什么力量使得它们不同，以及探寻景观的可识别性，而绘画对这一过程有着极为宝贵的贡献。

19 世纪末到 20 世纪初，是区域地理发展的经典阶段。18 世纪末期，地理学家仍然没有理解从自然区域的想法中得到了什么——他们所试图描述的内容被包含在相当模糊的边界内，自然主义者并不知道如何利用人口统计、社会和经济数据。然而，当时的地理学正在迈出巨大的步伐。这使得人们能够获取更多的对地球的认知，能够通过更生动的验证更直接地理解其环境和居民。照相技术在其中发挥了重要作用，它促使了区域描述质量的不断进步。19 世纪末期情况又发生了变化，由于达尔文的进化论占了主导，促使地理学家去问自己一些新的问题。他们不再仅仅寻求给出对一个景观和人类多样性的令人信服的描述，而是试图解释自然条件如何影响生活形式和人类社会。从这一前景

[①] Claval, P. *An Introduction to Regional Geography*. Oxford: Blackwell Publishers, 1998.

来看，自然区域的思想就变得非常关键了。如果每个地方都完全与其他地方不同的话，由于差异的无限性，这个学科的任务就是不可能达到的。这样，19世纪末期的地理学家达成了两个传统的区域分析的综合：一个是试图建立每个地点或者每个综合体的具体特征，另一个则集中于划分均质地区。

在20世纪初，区域分析似乎成为了学科的核心，当时决定论占主导地位。总体而言，区域地理的成功，出现于第一次世界大战之后。在发达国家，由于经济变化，减少的乡村人口和增加的城镇居民强化了工业和服务业的重要性。此时的演化论不再是争论的中心，地理学家不久就意识到建立一个简单的和无可争辩的关系是不可能的。他们为了描述这一复杂性提出了可能论，重点放在区域方面，以便更好地分析人类和自然的关系。发展逐渐成为中心的问题，这促进了区域问题的转向。地理学家对于流通和贸易现象表现出了浓厚兴趣。而自然禀赋的多样性和由产品、人和信息流动距离所产生的障碍这两个主要的因素，对地区的经济差异作出了贡献。此时的区域地理也研究城市网络、极化和围绕着强势中心的区域腹地。

形成于20世纪50年代末期的新区域地理，强化了这一新的发展趋势。在一个开放的经济中，基于空间经济理论的区域地理提供了解释的概念框架，关注农业和工业专业化，中心或者工业区的形成，以及城市网络结构。尽管在分析空间组织方面，区域研究不再有疑惑，但是在70年代左右，这方面的研究似乎面临着极大的威胁，以至于它实质上从英语国家中消失了。在关于空间组织的发展模式方面，区域研究在法国很兴旺，但在实践方面是越来越少。

进入80年代后，区域地理开始在英语国家和法语国家复兴。复兴的原因部分是学科内部再评估的结果。大多数地理学家在50年代和60年代开始靠近社会科学。因为纯描述性的特点，传统区域地理研究的重要性有所降低。新的区域研究揭示了许多领域观察到的规律性：（1）确保一个便捷的通信循环转换，围绕着极核的网络结构提供了人类机构总是围绕着这些中心地的优势。作为它们所提供的服务范围的功能，这些中心地日益等级化了，空间组织计划为区域提供了一个总体的解释。（2）规模经济和外部经济的作用有利于工业化国家的中心地区，它们吸引了大多数产业和高级服务。此时出现了地域建设的两个类型：经济多样化的区域，主导和引导国家活动并构成了总体国家空间；边缘的专业化区域。此时，应用系统方法去研究区域组织的观点在法国和意大利非常流行。

从20世纪80年代以后，地理学对世界多样化的研究又有了新的兴趣：（1）快速的经济全球化导致了许多空间的普遍重构，这扩展了以前所进行的组织体系的研究；（2）同时，在新实证主义时代，随着反对人类和社会利用过度机械的模型，区域研究的兴趣也被对激进主义方法的失望刺激。

区域研究方法方面，已经超越了直接地和简单地对地球表面的理解。它结合了三个要素：（1）记录所观察内容的基本地图表达；（2）至少部分地直接观察所研究地区，区域方法并不寻求仅仅去建立一个不同层面的观点；（3）通过对其他人所收集数据的使用，非直接的观察成为可能。区域方法总是有着相同的目标：以整体观念去取代有限的和不连续的地球表层概念。在一个未发展的国家去应用区域概念并不是很容易，因为它缺乏完善的管理结构，这在过去的传统社会中历来如此。研究者必须从事调查；返回到表达地球的最初起源，他们必须收集参考资料去决定场所的相对关系。

一个区域概念意味着一个人能够知道在转移到更高层次时基本的层面发生了什么，并定义更一般的图景。区域方法的结果，就是保留特征的本质和数量，以及均质区域和极化区域。区域方法教会了一个人去看待肉眼从来不能直接理解的事物，它揭示了组群、整体以及联合，这些构成了地理实体。它们的本质和结构是变化的。地理学家已经学会了如何通过建立类型来把握一些不同的秩序。

关于区域的类型，在18世纪早期就提出了自然区域概念。根据人文地理特征，关于生产活动的研究表明了它们常常在地域集群中成组分布，这是当时的主导特征。自从19世纪之初，均质经济区、农业区域或者工业区域概念就已经被使用了。然而，特定的第三产业活动形成了例外，但并不分散：沿海地区、山区和有着古老文明的地点吸引了那些希望享受户外生活的人们，这些地方就被称为旅游区域。不是所有的经济区域都有着相同的构成。其中一些是相当专业化的，其他的则有着多样化的活动。在许多情况下，主导的特质是活动的多样化。经济分析也揭示了极化效应的相关关系：一个城镇的商业吸引区构成了贸易的外包装。

克拉瓦尔指出，区域是一个生命世界，区域地理的目标不是去分类和建立类型学，而是去揭示空间组织如何变化。因此，必须要去分析当前在发生作用的机制，评价如何作用和为什么会如此。依赖于当时的时间，必须要有多种考虑。

对于区域地理研究而言，区域化方法至关重要。区域调查发生在不同层面。从土地调查到地图分析，区域化方法谱系包括了单个调查、系统调查和概念化分析。系统调查的工作使得人们超越景观所揭示的表象；而匆忙的旅行者仅仅看见轻松的特征，例如建筑物、住房集中或者分散布置，土地以大块空地存在或者被分为封闭地块，植被、住区的外部景观以及人文特征（物质类型、服饰、教堂、节庆、集市、市场等）。地图被作为区域化的工具，强调基于单一特征所定义的均质区域是初始单元的基础。

地理学家的分析工作是为了理解非常复杂的土地区域的差异，因为它设定了不同的目标：他们描述场所的多样性，解释自然环境和人类活动空间组织的结构过程，理解地方或者较远处居民的经历，帮助选择对经济发展、民主实践或者文化创造最有利的分工。有许多相关的方法，而它们也有一点是相通的：在研究区域内建立边界，这意味着必须有分工。

区域地理依赖于特定方式从两个角度去解释世界。它开始于地球表面，记录了物质和生活环境特征、人所创造的基础设施、利用土地和地下资源的最佳方式，等等，简而言之，就是所有的活动。接着就是不同层次的变化，揭示了部分如何适应以形成广泛的整体，这是它所描述和解释的真实目标。

区域研究在某种程度上也回答了困惑人类已久的特定问题，如技术进步颠覆了人类与空间的传统关系；化石和原子能源日益巨大的使用增加了产出，将工人从其任务的更加机械化的部分解放出来，并有利于城市化；新的交通和通信方式提高了产品、人和信息的流动性。尽管存在快速的工业化进程，但在19世纪和20世纪初期，空间组织的原则仍然是相对稳定的。要不是变化已经加速，资源的分布将不再是人们定居在何处的必要因素。他们容易依赖于连接他们的网络，使得他们专长于某方面，并提供他们所需要的产品、信息和联系。

区域地理对于任何希望理解当今世界的人而言都是必需的。在过去的世纪，民族国家已经形成了所有形式的地域组织框架，但由于各种各样复杂流的扩张，民族国家的作用也发生了变化。由于来来往往联系的增强，民族国家的传统效能被破坏，这使得主要城市成为全球联系的焦点和控制中心。总之，当代社会，不管是什么体制和性质，都面临着巨大的空间重构。

2. 空间分异与区域组织的空间表达

第二部分描述了需要考虑的空间分工因素，以及区域组织在社会、文化、经济、政治等方面的空间表达。

第四章分析了区域地理的生态基础。克拉瓦尔指出，为了理解一块土地区域如何被组织，如何被划分为小的单元，如何被解构并归并到一个更大的区域，我们必须集中于能源、物质、生命体、人和信息的总体研究。在这一过程中，垂直与水平流是相互作用的。作者从地球表层的自然互动、生态机制和空间、生态系统分配、生态机制和区域化四个方面对这一问题进行了详尽的分析。基于物质框架、形态观点以及生态观点，作者指出，地球表面的区域差异归因于自然现象和人类活动行为的影响，而人类需要从生物尺度去适应生态金字塔。

第五章是关于区域地理的经济基础。作者从社会、经济与公平，经济空间的组织，经济空间组织中网络的作用，以及空间作为一个消费者产品等四个方面进行了论述。作者指出，社会并不是被组织在一个抽象空间中，地理学家寻求将社会理解为一个生命实体。为了理解空间如何被分割和组织，很有必要详细分析交通和通信对社会生活的影响。空间经济学对这些方面有所贡献。对于区域经济空间组织而言，需要讨论自然力量、距离和均质区域，包括经济生活状况、自给自足和自然条件、距离障碍和门槛概念、地方性作用、生产活动区位和专业化区域形成的逻辑、中心区的优势和复杂经济区形成。随着区域经济联系的加强，网络对经济空间组织的作用越来越大。交通、运动和信息流遵循着专业化的基础设施，这包括汽车、公路、铁路和远程通信线路等。在经济术语方面，计算的距离不是那些在两点之间直线的测度，而是那些遵循实际路线的距离。成本不仅仅依赖于距离公里数，它们也反映了交通设备和设施的质量，这依赖于网络如何被建立。作者进一步分析了空间组织的交通逻辑、通信逻辑和联合网络的逻辑，并指出，运输成本和信息交流依赖于要穿越的空间以及要经过路径的物质本质。人类生活在一个由网络构建的空间。为了实现规模经济最大化，很有必要通过设计整个基础设施系统，将交通汇聚到装备最好的路线上。而通信的逻辑导致一个点的等级，纯的交通逻辑有利于线路。网络的最优形态得自于交通和通信网络的合并逻辑。会见的场所位于所有路线网络的交汇点。它们构成了一个等级结构，对于它们所服务的地区规模而言位序更高。在这些不同力量的作用下，极化区域形成并被不断强化。作者认为，现代经济空间被城市组织，城市将空间分割成为不同的经济影响区。在19世纪和20世纪初期，区域日益围绕着能够会见、交流和有生气的都市区而组织。它们被国家首都主导，尽管国际流由主要港口所完成，这是一种空间组织。作者将空间视为一个消费者产品，认为经济生活已经在地球表面创造了两个形式的经济区域，即专业化地区和城市影响区。

对于空间组织化过程中发挥作用的力量，生态过程、经济机制在空间的分割和重构中发挥着必要的作用。可见，区域地理学家总是很重视用经济因素去解释空间组织，而社会和文化因素的决策作用表现较少。人口分布及其在地球表面的活动和作用，依赖于从自然环境中获取资源的能力，以及通过转型所获取并用来分配以满足需求的方式。生态和经济因素解释了空间差异最深层次的原因。因此，必须要朝着社会和文化现实去理解区域空间。

第六章分析了区域地理的社会和文化维度。经济的功能常常会导致不平衡的职业类型和收入的地理分布，但是这种对比一般不会很强，社会维度可望在空间组织方面发挥一定的主导作用。社会不会简化到仅仅是经济活动，个人卷入了组织化关系，这值得我们注意。社会不是机器，其成员需要相互交流并共享相同的遗产和文化。这就解释了为什么空间组织反映了知识和技能被传输、扩散和学习的方式。作者进一步从三个方面加以分析。首先是专业化、极化和社会地理。传统世界的经济和社会地理从来都不是统一的，甚至在农业主导的时候，生活方式也会根据住区不同而变化。工业化的世界是以社会构成不均衡的空间分布为特征的。在过去的30年里，在大多数发达国家，第二产业部门的从业人员数量快速减少，第三产业则迅速增加。其次，作者分析了制度化关系体制。他指出，社会关系是不同的，处于两个极端之间：一个极端是各种联系发生在家庭成员内部，密集的和温暖的感情和亲密发挥着重要的作用。另一个极端是人群中的个人，虽然孤单和弱势，却是自由的。空间经济并不仅仅包括这些极端情况：它从消费决策的角度考虑了家庭的责任，但很少作为一个主要议题。作者进一步分析了关系体制的多样化、社会关系和距离、控制关系对制度化关系体制建立的作用。最后，作者分析了文化传输、分割和空间差异的关系，包括语言和空间差异、流行文化和精英文化、大众通信方式的影响、大众文化和专业化的技术文化等方面。他认为，文化因素对于人类的社会分工是关键的。通过大众文化，现代通信方式导致了消费和相关行为的统一化。与文化传输相连接的分割改变了从最初的人性社会到语言社会的传输方式。

第七章分析了区域意识和同一性之间的关系。作者指出，人并不是机器人。他们的决策反映了过去的经历，包括传输给他们的价值及那些可能会接受的价值。近来的研究已经关心怎样证明知识传输推动或者产生区域差异的方式。作者讨论了生命世界和付出，包括生活的空间经历、家庭经历和付出的感情、多种附属关系等，这些都反映到了空间形态中。对于一个区域而言，通过一些场所的名称、共同经历的地理类型以及命名的标准化等，会逐渐建立一个感情的集体维度。作者也解释了空间、空间本体论、权利和仪式、节日对区域多样性的贡献，分析了认同、地域与区域差异的关系，探讨了世界、自然、乡村和城镇的模式。作者总结认为，区域实体可以从许多方面定义。文化观点使区域分析更重视区域的社会分工中各成员的作用，这刺激了集体意识，从而构成了区域增长的社会学动力。随着机动性增强和假期的延长，原有的区域归属感动摇了，而国家归属感的危机使得区域认同再次变得时髦和重要。

第八章重点从政治生活维度分析了区域的发展与变化。作者指出，地表的结构和区域差异不仅仅反映了自然资源的影响，更表明了社会机制的影响和人类的利用。公共管理对城市中心的等级秩序也有着很大贡献，但它们仅仅对线性边界区划范围内负责。作者从公共服务、市民社会和政治体制，以及市民社会和政治体制之间的联系结构方面分析了市民社会、政治体制和权力的地域化现象；并从政治体制变化，政府作为公共经济主体提供公共服务的能力，刺激和保障经济增长活力的需要等方面分析了行政区划的功能。进而指出，对于一个区域而言，构建一个适合的政治地域框架是必要的，其目的是为了更好地直接管理区域和发挥市民的公仆作用。在管理模式上常常采取分散化的地域管理，在法律和公平条件下发挥地域集团的作用。在区域的运行过程中，各种不同的行为者发挥着重要作用，需要建立起领导和市民之间的对话机制，以及构建集权体制的真实世界功能。发挥民主在地方和区域政治生活中的作用，并充分尊重权贵和地方公众的意见。最后，作者将区域政策理解为地方或者区域框架的体制或者机制，这需要从中央政府的空间政策尺度及区域尺度两个层面去解释。总之，作者认为，自第二次世界大战以来，地理学家和区域管理之间不相适应的感觉已经终结。为了更好地规划国家空间，巩固繁荣，增加国家的经济动力，有必要使政治决策中心与所依赖的地域组织靠近。

3. 区域活动的组织及其演化

第三部分主要分析国家和非国家社会如何组织其区域活动，以及这些组织模式的演化。作者指出，如果考虑全球化世界中经济地域边界的融合，那么从传统社会到工业社会，对区域的理解、表达、强加和主张，在国家和非国家社会都是变化的。

第九章从有限的多样化景观、地域建设的心理和文化尺度两方面重点分析了非国家社会的区域组织形式的演化过程。作者指出，社会形态和环境之间的关系及开发和塑造生活地域的方式，依赖于生产和交通技术，以及社会组织体系。19世纪初期，在全球的一些特定区域，人口分布就像一个糟糕的松散状马赛克结构小集团。作者比较了美拉尼西亚、非洲森林地区的基本组群和景观，以及非洲森林区、大洋洲贸易区及其联系和空间组织。地域建设的心理和文化因素在地域组织演化中也发挥了重要作用，但是其连接还是表现在地理特征之上。

第十章重点分析传统社会的区域组织变化。阐述了景观多样化的转型，繁荣结构的出现，文化元素的作用，以及国家和主要地区的区域组织。

第十一章分析了工业革命以来的区域组织形式。工业革命和它所发生的转型打断了人类和空间长期以来的关系，使得空间发生了转型。求助于集中形式的能源加强了资源、工作和人口之间的关系。产品、人和思想的流动加快了竞争，加强了通道、节点和网络在空间组织中的作用，生活范围也不断扩大。但环境限制并没有消失，由于人口和活动更加集中，它们被转移到了更大的生态基底中。大众文化的出现和教育文化的爆炸表现为公共教育的普及化，传统文化的侵蚀，空间的还俗，新形式的增长。在这一章中，作者对英国在工业革命时期的地域组织格局作了深入的解释。作者指出，在工业革命的影响下，空间组织出现了新的形式：工业区的出现，打乱了传统的区域格局；乡村地区极化增加以及产业基地的差异扩大；资本的经济功能增加，股票交易和银行雇员越来越多。用于娱乐和消费的土地利用是针对富有阶级的，旅游出现在现代形态中，促使沿着海岸出现城市带。交通技术的进步加快了科学技术在国家间的传播，但也存在着不少现代文明没有普及的地方，如爪哇岛地区。当时的特征表现为世界层面的欧洲化。在1870年之后，新的空间组织也出现在一些经济腾飞的国家。作者以美国成长为例，分析了它的经济增长状况、国家空间组织以及区域空间组织中出现的新问题、新结构和新表达，如产业带的成长和城市发展。作者分析了在一些资本主义国家成长的同时，也出现了大量的欠发达地区。

总之，作者认识到，世界的工业化得益于交通和通信的进步，但其效应首先是增加了发展水平和空间组织模式之间的对比。传统的区域结构仍然保持而没有被工业化转型。围绕着港口和出口指向的区域仍然很重要，而基于城市的区域，仅仅占了空间的一小部分。在工业化的世界，国家空间围绕着区域首都而组织，但是它们所控制的地区的尺度和作用根据其位置而发生变化。边缘部门经营农业产品和原材料或者半成品，这构成了它们的主要资源。在中心部门，它们所控制的地区被制造业部门所渗透。它们通过服务那些边远的或者外部的市场而存在。所有首都都需要的附近地区所提供的支持，实际却消失了，它们仅仅服务于供给必要的水、周末娱乐区和灌溉农场。

第十二章对新的全球化及其影响下的地域空间组织变化进行了分析与总结。作者指出，二战后，自工业革命开始以来的经济生活，持续转型为借助于集中的能源形式，并导致交通成本的降低。但是信息技术革命带来了一个新的变化尺度：远程通信加速了贸易经济和数据的处理。个人出行速度的提高，也使得联系变得容易。出现于16世纪的全球化过程，在19世纪发展更快，并且以一种新的神话方式影响了集体生活。作者分析了发达国家进入后工业化社会的核心地域秩序。他指出，机动性的进步是过去30多年里变化的最大动因。能源的使用持续提高了第一产业部门劳动生产率并限制了对人力的需求。在20世纪50年代末，工业生产一直上升，接着影响了第二产业部门，就业数量下降。这引发了一个进入后工业化时代的标志：制造业活动并没有消失，但是却不再需要雇佣大量的劳动力。第三产业部门普遍得到大发展。私人小汽车的使用扩大了通勤地区。快速的交通和远程通信在不同层面已经极大地促进了公平效应。国家失去了对公司控制的权力。经济全球化不再简单地包括原材料和制造业产品的贸易，它扩展到了生产过程本身，制造业链条能够在全球范围内进行安排。在这个快速发展的进程中，都市化成为了空间组织新的控制者。第一产业增加的生产力持续释放出了劳动力，减少了对农业用地的需求。能源和原材料供应的成本不再是一个战略区位要素，除非是特定的重工业和第一产业的加工业；海上运输成本的减少趋向于促使企业将其定位于沿海地区。然后，作者分析了老的区域结构的危机和新形式的组织的出现，以及发达国家所出现的都市带重构、污染、国家权力的减弱等问题。最后，作者以巴西为案例分析了经济全球化和第三世界国家地域组织的变化。

本书的最后一章是对全书的总结。作者从区域与进步、西方的不确定性和区域认同、区域独立性三个方面进行了概括与展望。

三、结语

从古希腊到现在，区域一直是理解自然环境、人类社会和文化及其互动的一个中心概念。法国学派在区域概念的演化中发挥了重要的作用，区域地理学曾是法国维达尔地理学传统的主要组成部分。二次大战以后，法国对区域地理学的发展仍然表现了极大的关注与追求。

《区域地理学导论》的出版代表着法国区域地理研究的突出成就。克拉瓦尔教授的此部著作，在完全的意义上深入地将区域概念作为地理构想的关键工具进行了剖析。作者引经据典，放眼世界，对经济和政策问题都进行了考察，并将其与文化、区域认同和生态环境关联起来，清晰地梳理了从古希腊到当前的区域研究发展演化路径，描述了在空间分工方面的主要进展和不同的区域表现形式。

该书法文原著出版于1993年，1998年由伊恩·汤普森（Ian Thompson）教授翻译成英文，产生了更大范围的国际学术影响。

（甄　峰）

米切尔

文化战争（2000年）

米切尔（Don Mitchell，1961—　），任教于美国纽约州雪城大学（Syracuse University）马科斯韦尔（Maxwell）学院地理学系，从2003年开始担任系主任。进入雪城大学任教之前，他曾在科罗拉多大学任教。他曾担任《居住区》（Ecumene）期刊北美区的编辑，以及《对立面》杂志的编委。1998年，他获得麦克阿瑟奖（MacArthur Fellow）。他著有《土地的延伸：移民工与加利福尼亚的景观》[1]、《城市左翼主张：社会正义及为公共空间而战》[2]、《文化地理学：批判性导论》[3] 等。

他的主要研究兴趣集中在三个方面[4]。第一个方面是景观生产的理论和历史，主要涉及工人阶级。他在这一领域的研究多数是历史的（最早到20世纪中期），目的在于重申工人阶级的生活在塑造景观方面的作用[5]。第二个方面是公共空间的生产和含义，主要关注城市通过改造公共空间来控制无家可归者、社会边缘人群和游行者的事例，以及背后的空间政治。他认为这种在资本主义制度下的城市重构，通过占用公共空间的文化，来改变空间与特定人群的关系，在这一过程中的空间争夺就是文化的战争。第三个方面是文化理论，从以上两个方面我们已经可以看出，米切尔是一个马克思主义地理学的学者，他致力于分析表象背后的机制[6]。

作为一位马克思主义的地理学家，米切尔也不断讨论文化与经济基础之间的关系。

---

[1] Mitchell, D. *The Lie of the Land: Migrant Workers and the California Landscape*. Minneapolis: University of Minnesota Press, 1996.

[2] Mitchell, D. *The Right to the City: Social Justice and the Fight for Public Space*. New York and London: Guilford Press, 2003.

[3] Mitchell, D. *Cultural Geography: A Critical Introduction*. Oxford: Blackwell. 2000.

[4] http://www.maxwell.syr.edu/geo/faculty_current/mitchell.htm.

[5] Mitchell, D. California Living, California Dying: Dead Labor and the Political Economy of Landscape. In K. Anderson, S. Pile, and N. Thrift, eds. *Handbook of Cultural Geography*. London: Sage, 2003: 233-248.

[6] Mitchell, D. There's No Such Thing as Culture: Towards a Reconceptualisation of the Idea of Culture in Geography. *Transactions of the Institute of British Geographers*, 1995, 19: 102-116; Historical Materialism and Marxism. In Duncan, J., N. C. Johnson, and R. Schein, eds. *A Companion to Cultural Geography*. Malden, MA: Blackwell Publishers, 2005: 51-65.

西方马克思主义的地理学家在讨论文化的时候，沿用马克思的思想，分析资本主义与文化的关系。虽然经济基础与上层建筑这样的分析模型并没有在西方马克思主义地理学中大行其道，但是以戴维·哈维[1]和丹尼斯·科斯格罗夫[2]为代表的西方马克思主义地理学家却作出了很多贡献，他们更倾向于"资本主义无法抛弃文化，但是文化更加依赖资本"。米切尔对文化在资本主义社会的作用有其自己的观点，他关注"文化是如何为资本主义工作的"。他从"文化战争"的视角，将文化置于某个时段的静止位置上，分析其隶属的群体的社会位置。他常用非常具体的，尤其是美国人所熟知的、身边的具体事件或特定运动，说明文化如何在当代资本主义的环境下成为资本主义的工具。

本文介绍米切尔的《文化地理学：批判性导论》一书的导言（第5-36页）。该书是自彼得·杰克逊（Peter Jackson）提出新文化地理学之后十年所出版的最具影响力的教科书，可读性很强，是地理专业本科生学习社会文化地理学的入门书。其中列举了大量鲜活的案例，并透过案例进行分析和讨论，以激发读者的思考。该书比较全面地介绍了当代西方文化地理学的基本概念、研究内容和研究思想，但不包括传统文化地理学的文化生态学。全书分为四大部分：第一部分"文化的政治"，介绍了"文化战争"的概念、欧美文化地理学的发展历史和文化生产的政治经济基础。第二部分"政治的景观"，介绍如何从政治的视角解读文化景观。第三部分，"文化的政治主题"介绍了性与性别、女性主义、民族、认同等文化地理学研究主题。第四部分是全书的总结，再次重申文化地理学是关注文化权力、文化公平的地理学研究。本文选自第一部分的导言，它系统地、批判性地介绍了新文化地理学诞生之前的美国文化地理学思想。

一、文化与文化战争

1. 何为文化？

"文化"是一个复杂到令人难以置信的词汇，我们常不假思索地运用它。我们经常提到某国家的文化，如英国文化、中国文化或西班牙文化。当我们不了解一些事情的时候，我们常用"文化"一言以蔽之。例如，当人们论及前南斯拉夫内战时，会说这就是他们的文化，他们已经互相争斗了几个世纪。有时我们也会谈及高雅文化、流行文化，甚至还会听到反文化[3]、本土文化、青少年文化、黑人文化、同性恋文化、工人阶层文化、西方文化、公司文化、贫困文化和民俗文化等。那么究竟什么是文化？这个词一方

---

[1] Harvey, D. *The Conditions of Postmodernity*. Oxford: Blackwell, 1989.
[2] Cosgrove, D. *Social Formation and Symbolic Landscape*. Madison, WI: University of Wisconsin Press, 1998.
[3] 这里指的是20世纪60—70年代在西方出现的嬉皮文化，它反对的是"传统文化"，反文化即反传统文化。

面意指生活方式的全部外延，例如语言、服饰、饮食习惯、音乐、居住方式、宗教、家庭结构、价值观等；另一方面意指某些事物：那些可以放在博物馆中的文物、艺术品等，或者以另一种流行的面貌出现在电视和电影上，发生在俱乐部和运动场，或呈现在广告、杂志上的东西。很显然，经济、政治、社会、文化这些领域并非彼此独立，在此意义上，广义文化包含了所有这些领域。

在理解文化时，有六点非常重要：第一，文化是自然的对立物，是人类的创造物；第二，文化是一种生活方式，如土著文化或德国文化；第三，文化是动力，它具有产生新文化的能力；第四，文化是一系列标志物，能将一个人与其他人区分开来；第五，文化是上述几项的所有表征方式；第六，文化经常暗示所有这些过程、活动方式、生活方式和文化生产都有层次秩序，有的高级有的低级。目前文化研究普遍认为，文化是一种生活方式。

2. 文化战争

文化地理学可以体现为发生在一个地方的文化战争。这里举例说明何为文化战争。

许多城市都有更新计划，科罗拉多州丹佛市下城新建的会展中心就是该城市更新计划的一部分。修建前它是一片历史很长的居住区，这片居住区还是丹佛下城最后一片低收入住房区。会展中心完成于 1990 年，花费了 1.26 亿美元，丹佛市和科罗拉多州都希望这个几百万平方英尺的会展中心能有助于丹佛在增长的会展经济中保持竞争力。[①] 在其花费中有 20 万美元给了科罗拉多大学的艺术家芭芭拉·乔·雷维尔（Barbara Jo Revelle），由她创作两个街区长的马赛克镶嵌画"科罗拉多全景：人民的历史"。其上有 168 张面孔，例如基特·卡森（Kit Carson）这样的西部历史中传统"英雄"，煤矿工人的组织者琼斯夫人[②]，以及丹佛黑豹党[③]的创建人劳伦·沃森（Lauren Watson）。画上更多的是普通人，如当地的农民、社会活动家、矿工等。其中也有备受争议的人物，如黑豹党人、参与屠杀美国土著印第安人的人物等。雷维尔认为她将历史视为"共时性的故事"，而非"开拓英雄"，入选的人不一定是模范人物或者英雄。但是，他们是科罗拉多州不同历史篇章的写照。政府官员要求她加入一些人物，但遭到雷维尔回绝，因此政府威胁她退出此计划。雷维尔只完成她已经计划好的所有面孔，尚未完成的则停止。后来她只得到城市更新委员会给的九万美元，用来创建一个电脑触摸屏。来访者可以通

---

① 但是在 1995 年，会展中心的管理者已经在抱怨会展中心规模不够大，无法吸引最有声望和可盈利的展览，声称需要一项支撑相应花费的公债。见 *Westword*，1996，September：5-11。

② 玛丽·哈里丝·琼斯（Mary Harris Jones，1830—1930），被人们尊称为琼斯夫人（Mother Jones），是美国 20 世纪初工会组织运动的开路先锋。

③ Denver Black Panther，一个美国黑人社团，1966 年由牛顿（Huey Newton）和西尔（Bobby Seale）在加利福尼亚的奥克兰创建，是美国有史以来第一批为少数民族和工人阶级解放斗争的组织之一。

过触屏阅读重要人物的传记。但在制作电脑触摸屏时，雷维尔被排除在创作团队之外。遴选人物的工作由科罗拉多大学历史学家汤姆·诺埃尔（Tom Noel）完成。他是这个城市和科罗拉多州拓荒史的专家。电脑触摸屏的钥匙放在马赛克艺术镶嵌画附近的一个玻璃盒子里。雷维尔认为："政府官员需要一个没有争议的、友好的、一般化的历史，这样不会挑战任何人，或评价任一段历史。但是所有好的艺术都是有争议的。"[①]

共和党右派领导帕特里克·布坎南（Patrick Buchanan）指出，美国存在着"文化战争"，战争源于意识形态、宗教、阶级差异、民族、种族和性别差异，等等。到处是文化战争的前线，而且战斗目的多样。例如美国文化战争的内容有流产、毒品、旷日持久的海外战争、电视传播的某一件事。全球性文化战争的内容有各种宗教原教旨、抵制传媒"美国化"、国家认同、国家骄傲，还有对移民、外国人和少数民族的攻击。人们站在个人、民族、国家认同的不同立场上，为自己的社会价值观而参与文化战争。这就像人们为疆土、经济利益和军事竞争而战一样。

对科罗拉多州马赛克艺术镶嵌画的争议，标志着当代社会的各种社会、政治和经济团体之间紧张的状况。这个例子引发我们思考"文化"的形式是什么样的。像其他战争一样，文化战争是有领地性的，它们如实地占据了地方，不管这个地方是在会展中心的墙上，还是在户外的城市街道上，或者在纸质和电子媒体上。文化的战争是定义社会"正统性"的战争，它划定谁是"内部的人"，谁是"外部的人"，因此它划定了我们生活的社会边界。这些争论在许多领域重复出现，例如，哪些是英美洲文学"经典"？是否该由大学发布国家级的"历史标准"以确定应该教授什么历史？看起来这样的争论与地理学无关，其实这些讨论均与实体空间、景观相关，这些讨论定义出我们和他人所生活的地方在哪里。

文化战争的第二个例子是法国右翼民族主义复兴。1990年代的法国兴起了仇视外国人的民族主义情绪。当时法国国民阵线党让种族主义成为一场可以接受的政治讨论。右翼政府（1997年届满）和戴高乐式的管理者总统雅克·希拉克一直在默许国民阵线党的要求。现在，由移民父母出生的孩子无法自动获得国籍（他们必须在16岁的时候申请）；来自非洲（包括前法属殖民地）的移民很难获得工作和探亲签证；法国公民被要求"举报"签证到期的邻居和家庭成员。虽然右翼民族主义在法国的地位日渐上升，但是1972年颁布的法律（1990年扩展了）将煽动种族或者民族仇恨视为民事罪，这说明法国政府努力控制民族间的冲突，这也见证了法国政府支持一种比国民阵线党提议的更具包容性的法国

---

① Shanti Jefferson, E. Up against the Wall. *West World*, 1996, February: 7-13.

政治。这就是一场非常严肃的文化战争①。

在世界的其他地方，宗教原教主义是另外一场文化战争。在过去的 20 年，在土耳其、阿富汗、沙特阿拉伯、加利福尼亚郊区、以色列，甚至在印度，基督教、伊斯兰教、犹太教和印度教的原教主义茁壮成长，并成为新的政治力量。20 世纪末期，人们所看到的不争的事实是：世俗主义稳定增长，宗教神秘主义在科学和资本主义的侵蚀下逐渐退缩。世界不断现代化，因此对宗教的需求不断衰减。但是宗教变化具有滞后性，原教主义教派的内核有一个文化议程，他们通过这个议程试图改变社会大众，譬如他们将人们的行为与上帝建立联系。因此在美国的许多地方，教会、宗教电视台和宗教广播组织投票者，通过当地的法律，使同性恋者无法受到法律的保护。在美国的大部分地区，原教主义者多数已经入选了学校的董事会，他们可以操纵一些事情。阿富汗的塔利班政府要求妇女在公共场所包裹得严严实实，不能上学和工作，过一种完全与世隔绝的生活。妇女甚至无法得到必要的医疗服务。在以色列，法律提议只有正统犹太教拉比院（orthodox rabbinate）对犹太教进行的改变才是正统的，这得到社会广泛的支持。法律规定别的教派的拉比②不被国家承认。虽然文化战争在不同的地方形式不同，但是它们都是通过"文化"这一媒介进行的。

第三个文化战争的例子发生在苏格兰的格拉斯哥。1990 年，这座城市被命名为"欧洲文化之城"，整个欧洲对它的反应从怀疑，到骄傲，然后转为愤怒。人们认为，格拉斯哥是一个衰退的工业城市，不是文化中心！到底什么是文化？这些情绪最终由文化人和劳工激进分子表达出来了：他们认为文化年的各种计划是预先设定好的，目的是清除城市的军工历史。有学者指出③，这是为了确保城市的雅痞，以失业和低收入工人为代价的活动。设计文化年是为了使格拉斯哥转向"后工业"经济时期，这正是撒切尔政府在整个英国提倡的发展模型④。

1983 年末，格拉斯哥在全国媒体中的形象是"一个污秽的城市，那里贫民窟遍布，帮会出没，经济凋敝。该城的居民身材矮小、难以沟通、酗酒无度、满口脏话，是帮派林立的流氓无产者，动辄就用破瓶子和剃刀互殴"。但是到了 1988 年，这种形象逐渐得以扭转。格拉斯哥比其他去工业化（de-industrialized）的城市"笑得更好"（20 世纪

---

① Maironwitz, D. Z. Facism à la Mode: In France, the Far Right Presses for National Purity. *Haper's Magazine*, 1997, October; Singer, D. Liberté, Egalité, Racisme? *The Nation*, 1996, October: 21.

② 拉比，犹太教负责执行教规、律法并主持宗教仪式的人。拉比在犹太教各派内的职责是主持礼拜，参加婚礼，受诫礼、丧礼、割礼等；讲解教义，劝导信徒，督察青少年宗教教育；出席律法裁判庭，审理私人身份法案件。现代拉比还参与社会工作和慈善工作。拉比是犹太教义的重要解释者。

③ Damer, S. *Glasgow: Going for a Song*. London: Lawrence and Wishart, 1990.

④ Boyle, M., and G. Hughes. The Politics of the Representaition of "The Real": Discourses from the Left on Glasgow's Role as European City of Culture, 1990. *Area*, 1991, 23: 217-228.

980年代最浓墨重彩的城市口号①）。国际性的园林节、新的博物馆和剧院、生机勃勃的步行购物街、公园和开放空间、新的皇家音乐厅、超大规模的购物中心，改变着城市形象。这样的改变难道不好么？

这种改变可用两组照片体现：20世纪50—60年代的照片中有足球迷、酒鬼、购物的妇女。80年代的照片则几乎全是建筑，是俯视的城市，明媚朦胧的阳光柔化了景物。前一个时期照片呈现的是人在城市中的生活，后一个时期照片呈现的是有景无人的城市。因此，这种转变并非倡导作为一种生活方式的城市。虽然它保留了一些往昔生活的表面形式（如厂房、吊车等），但却将过去的生活视为悲伤的、有毁灭性质的内容，从而将之边缘化。没有往昔就等于抽掉了城市生活的建构基础。当然，这样的转变并非最糟，因为格拉斯哥人开始拥有一座干净的、富有吸引力的、安全的城市。但是我们必须了解，"格拉斯哥笑得更好"是对哪些人而言的，新的城市景观是以何种代价修建起来的。城市内高层的政府福利房仍然和以前一样，充斥着毒品和犯罪，有些地区的失业率甚至超过60%，这样的地区有意与更新后的城市中心区及某些景色优美的乡村隔离开来。一些激进组织和学者认为，虽然国家官僚机构对工人的控制模式可能已经改变，但是现今他们依靠广告性的欺骗手法，用难以想象的方式剥削人们，让部分人生活境遇退化，贫困潦倒，因此这种转变仍然是退步。

米切尔在本部分的最后指出，所有的文化战争并非偶然，文化战争就是关乎文化认同的战争，以及关于塑造、决定以及安置这些认同的权力之战。任何文化战争都可以反映在由时间建立的地理里。连续的文化战争改变了其发生地的地理，因此也创造了新情境（context），新地理情境又导致了新的斗争。当然，这里的地理并不只是"文化的"。要了解这些战争，还要观察这些战争的物质条件，即政治经济方面的变化、技术的变化，这些变化就是世界历史。通过考察文化的地理，我们能更好地了解我们的社会世界是如何建构起来的，社会之间是如何竞争的，文化决定权、文化自治、文化控制、文化权力的斗争是如何发生的。

文化地理学的目的之一是解释我们所生活的社会文化世界。但是，我们不能用"文化"解释社会文化世界。例如，我们不能说，巴尔干半岛人互相斗争因为那就是他们的文化。这样的结论毫无用途，且将文化变为抽象的、空洞的词语。如果要用文化作为解释工具，那么我们必须了解文化是什么，不是什么。然后我们需要观察文化本身是如何建立在物质基础上的，要了解地方、工作、图画、食物、艺术、历史、种族、性，等

---

① Glasgow's Smiles Better 这句话是为格拉斯哥设计的城市形象口号，被认为是英国迄今为止最成功的城市形象设计。

等，它们造就了我们的生活。

二、文化地理学的理论

我们应该用文化战争理解文化地理学。近代地理学出现后，英国、德国和美国的地理学家将他们的工作与国家的计划紧密联系在一起，例如弗里德里希·拉采尔；还有一些地理学者努力解释他们国家的文化为何是优势文化。近代地理学有两条截然不同的研究脉络：其一是环境决定论研究，它试图说明自然环境（主要是气候）决定了人类行为；其二是民俗研究，它试图用普通欧洲人的生活来解释当代欧洲文明的根源。卡尔·索尔明确地抵制第一条研究脉络，全面发展了第二条脉络。

1. 环境决定论

长期以来，地理学总是能赶上国家和帝国建设的需要。在 19 世纪与 20 世纪之交，英国的地理学家就直率地表示出他们为国家服务的期望。那时的地理学家认为，他们为国家服务的重要性途径就是用"新拉马克主义"的语言解释世界。新拉马克主义认为，有机体（包括人）能够将习得的特征传递给后代。"有机体变化的直接力量"是"意愿、习惯或者环境"。[①] 具体而言，即某个有机体在特定环境中可以改变自己，并把这种改变传给后代。用在地理学上，即区域文化是在特定环境中形成的，其特征可以遗传下来。沿着这个思路，环境决定论便产生了。该理论认为，文化行为的因果机制可以在环境中找到。特定的环境条件产生了特定的习惯，这些习惯自然会传递到下一代。不同的环境或自然，为文化成长提供了不同的条件，这种文化差异可以代代相传。

早期最有影响力的环境决定论的理论出自德国的拉采尔。他在 19 世纪 90 年代出版了颇具影响力的《人类地理学》。该书有两个重要的概念"国家有机体"和"生存空间"[②]。他用这样的概念解释了德国的形成，及其在海外帝国主义扩张的必要。他认为国家是一种生物，和其他有机物一样为了存活必须生长和占有更多的资源。国家与环境和自然紧密相连。这种概念成为日后纳粹德国的精神口号"鲜血与土地"的理论基础，体现了人与地方的有机联系。拉采尔认为，国家社会—文化的发展直接关系到国家的生长。

因此理查德·皮特认为，环境决定论这种所谓"正统的"理论是为了某个社会的政

---

① Livingstone, D. *The Geographical Tradition*. Oxford: Blackwell, 1992: 188.
② 参见本书"拉采尔：国家领土的生长"一文。

治、经济服务的，它解释了何种社会最适合帝国主义争夺世界统治地位的斗争，[①] 证明了欧洲政治经济扩张的合法化。

在美国，环境决定论的根源和在德国一样深远。它体现在哈佛地质学家纳撒尼尔·沙勒、地理学家威廉·莫里斯·戴维斯的著作中。埃伦·丘吉尔·森普尔对环境决定论的解释最清晰，她推广且重塑了拉采尔的思想。森普尔的主要目的是把地理学变成科学。1911年，她发表了《地理环境的影响》一书[②]。该书讨论了环境塑造人的行为的程度，并且将之提升到了文化的层面上。森普尔指出："人类是地球表面的产物……（自然）已经进入了人类的骨头和组织，思想与灵魂之中。"森普尔成功地将"一些人对另一些人的统治归结于超人的力量"。

在20世纪20年代，环境决定论由于自身的矛盾逐渐瓦解，因为它不擅长准确地解释它试图要解释的人的空间差异。彼时，欧洲殖民扩张时期也开始结束。麦金德、列宁等政治家都发现，从19世纪末开始，欧洲的政治和经济不再绝对领先于其他国家，而自然环境的决定不能解释这种情况。按照皮特的观点，环境决定论存在的理由就是为了将欧洲的统治地位合法化，然而它在解释"后殖民时期"相对空间的重构上没有用武之地。因此地理学家开始寻找其他理论。有一种回应是将地理学重新定义为"区域的科学"，代表著作有哈特向的《地理学的性质》。另一种回应是索尔学派用文化理论解释地理差异。

2. 文化理论

索尔1925年发表的"景观形态学"[③] 最有影响力，但他对文化地理学的影响远不止这篇文章。索尔在美国密苏里州沃伦顿一个德裔卫理公会教徒的农村长大，最后进入他所在县的卫理公会教学院（Wesleyan College）。1908年获得学位之后，索尔进入西北大学攻读岩石学的硕士学位。一年后他转换到芝加哥大学学习地理学。尽管这段时间索尔生活在城市，但是他并没有丧失对小地方的热爱，以及对"简单经济"或者农业文化和古文化的偏好。在密歇根大学执教几年之后，1923年索尔到了加州大学伯克利分校。面对加州的飞速发展，索尔逐渐将现代工业社会视为资源浪费社会。在他的职业生涯中极为关注人类对景观的破坏。正因为索尔对现代文明的未来感到悲观，所以他致力于依靠历史学和人类学来找其根源。索尔指导了40篇以上的地理学的博士论文。

[①] Peet, Richard. The Social Origins of Environmental Determinism. *Annals of the American Association of Geographers*, 1985, 75: 309-333.
[②] 参见本书"森普尔：地理环境的影响"一文。
[③] 见本书"索尔：景观形态学"一文。

其中一部分作者依靠自己的能力成为了著名的文化地理学家，强化和推进了索尔建立的学科。自20世纪20年代后，索尔的文化地理学传统被证明格外耐用，后续文化地理学的新发展不得不延续他发明的词汇。索尔文化地理学的主题有：物质文化景观、文化生态学、文化实践的起源与扩散。除此之外，我们还可以在索尔的著作中看见他对城市和现代化的偏见。按照索尔的观点，环境是被塑造的，不是被决定的。这点一直备受争议。

"景观形态学"一文试图将文化置于地理学的中心。索尔的主要目的在于揭示环境决定论是错误的。他认为并不是自然造就了文化，而是文化和自然一起造就了我们生活的环境。索尔尤其关注文化的物质方面，他认为文化景观是文化与自然的碰撞的证明，它也能证明文化的变迁。因此，观察文化景观为地理学打开了野外观察之窗。索尔的思想颇具影响力，演化为文化地理学中景观研究传统。

索尔的文化决定论也来自德国的学术传统。尽管索尔不同意环境决定论，但他非常欣赏拉采尔《人类地理学》第二卷中的"人类历史"那部分。该书间接地吸收了赫尔德的思想。赫尔德是康德的学生，其著作多成于18世纪末。赫尔德试图反对强调用人类的"功利的道德、社会工程的原子论政治，还有极度机械化的科学"的方式去了解世界。他认为要"在本国的原生土壤之中追寻德国的文化之根"，指出任何一个国家审美的根源"必须在非系统化的本国艺术中寻找，例如从民间传说、歌谣、神话故事、民谣"。全世界的文化"无法被自然规律或者分类工具所理解，因此文化具有艺术性，而不是逻辑性或者科学性"。这个观点就是今天所谓的"文化多元主义"的一种表述。索尔强调一个地方文化的特殊性，就是受赫尔德的影响。有了这样的文化特殊性，就有了文化区。文化人类学为索尔文化特殊主义思想提供了基石，它使索尔能够揭示出文化与环境的关系，远过于比环境决定论所揭示的关系更为复杂。索尔认为"确定地理学的是文化的、历史的区域表达"。

3. 景观形态学

索尔在其著名的论文"景观形态学"中定义了地理学可能是什么、应该是什么，从而消除了环境决定论在美国的毁灭性影响。索尔将美国地理学家的注意力转移到他提出的"我们永恒的任务"——区域关系。这是欧洲地理学的经典传统。他的目标是重建地理学，使之成为一门受尊敬的科学。索尔指出，自然世界最初赋予我们的就是"景观"。"地理学的任务"就是建立"一个涉及景观现象的评判系统，以掌握景观的所有含义和给不同的陆地景观着色"。索尔用"景观"一词来"表示地理学的基本概念，来把地理有关的事实特征化"，他指出"景观"就相当于承认还有"地区"或者"区域"。在"景观形态学"中，索尔发展了一套成熟的方法论来刻画景观或区域。

该方法论的第一步就是区域描述。索尔发展了一种"预先设定的描述系统"。该系统分为自然景观和文化景观。这里的自然景观不再是纯自然，而是人类地理活动的舞台和使用的要素。索尔指出，对于地理学家来说应该关注的是被人类改造过的自然景观之形态。索尔非常重视人类的能动性。索尔在该书中写道，"文化景观是文化群体通过塑造自然景观而来的"，"文化是能动的，自然区域是媒介，文化景观是结果……自然景观之所以重要，是因为它提供了文化景观形成的物质。但是塑造景观的动力在于文化本身。"这样的阐述在当时美国的地理学界中是非常大胆的，索尔完全扭转了环境决定论，"文化景观的形式源于人类思想，而不是自然作用，因此文化景观就是文化的表达。"换句话说，索尔在原来区域描述的基础上，发展了一种方法论，人们可以通过这个视角分析景观形成的过程。

随着时间的积累，下列情况使一个区域的文化景观变得越来越复杂：外来文化的进入，沉寂的文化景观重新复苏，新的文化景观施加在原有文化景观之上。文化景观在漫长历史中形成的积累层，能被有心的地理学家层层剥开。索尔和他的学生，以及其他受其影响的学者共同发展了基于"景观形态学"的方法论，以揭示一个区域文化的发展和变化。对于索尔来说，致力于景观形态研究是 20 世纪最主要的任务，因为人类改变地球的能力越来越大。

索尔"景观形态学"有矫枉过正的趋势，它可能引导地理学家转向另一种决定论或另一种因果观念，这种因果观试图发现人们如何塑造地方，它将学者的注意力导向人类文化的能动性。索尔建议地理学家要重视描述景观的文化形式，要特别关注物质的人造物，它们铭刻着人类劳动的证据。"景观形态学"出版之后的 50 年里，有很多文化地理学者研究和关注诸如房屋的源起和扩散、谷仓的类型、地方生产系统。这些研究通常与人类环境的变化程度和性质无关。实际上，这样的研究脱离了索尔晚年强调的文化生态学。文化生态学是第二次世界大战后逐渐闻名的美国文化地理学的分支领域。因此必须重新认识索尔，他不仅是文化地理学的奠基人，还是文化生态学的奠基人。这正是索尔在地理学中影响深远之所在。

4. 超有机体论

除了前面提到的索尔文化地理学研究的特点，这里还要补充的是，索尔非常关注效果，即关心景观形状，而非景观塑造过程。因此，他和他的许多学生都认为地理学家不应该关注文化内部的作用，而应关心文化的作用结果。地理学家"永恒的工作"就是发掘景观的现象，而非进行文化理论探索。因此，索尔及其学生和助手的著述缺乏对文化的理论化。对于索尔来说，文化就是人类的生活，这与人类学"生活方式的总和"相仿。

不过，索尔的学生威尔伯·泽林斯基（Wilbur Zelinsky）发展了文化的理论。他在《美国的文化地理学》[①] 一书中，探索了"超有机体"的文化理论。目前，大部分美国文化地理学家的著作中含蓄地使用了文化是超有机体的假设。"超有机体论"相信相对存在一种独立于人类本身生活之外的力量，即文化是一种真正存在的、"凌驾"而且独立于人类的愿望和意图之上的力量。泽林斯基指出，"文化无法脱离哺育它的肉身和思想而存在，文化在自然之中既是超有机体的也是超个体的，是一种结构，一套过程，有其自身动力的整体性。"

泽林斯基对美国文化地理有自己独到的观点：

（1）描述国家整体的文化特征，可以产生出有用的而非陈词滥调的阐述；

（2）美国的人口确实是一个独一无二的、庞大的、包含不同种族的民族；

（3）更大尺度的社区特征无法转化到个体身上，因为它们之间在尺度上是不连续的。

作为该书背景的美国社会和政治事件都与文化相关。1967年和1968年的夏天，美国多个城市发生非洲裔美国人居住区的暴动。1968—1969学年，由于暴力的"第三世界"学生的游行，国民警卫队进驻校园。1969年5月发生人民公园血腥冲突。70年代初是反对越南战争的运动。1971年发生美国国民警卫队谋杀肯特州立大学四个学生的事件。1973年出现了威胁国家政治主体的水门事件。同一时期还有女性运动的复兴，美国印第安人运动的发展，亚裔美国人市民运动的崛起，大量外国移民的涌入，非洲和亚洲独立战争的白热化，美国在拉丁美洲的冒进主义。这些纷乱的政治现象促使人们想到，是否还有一个整体的美国？

泽林斯基的《美国的文化地理》就是针对那个时代文化战争的论述。它确立了美国的国家整体性和例外性，并试图揭示这个国家人民的共同性大于暂时突出的差异，尽管处于政治和经济全球化的时代，美国在输出文化和引进文化的同时，仍然保持着文化的独立性。

泽林斯基指出，一个国家文化的最必要的终极含义就是它所呈现的世界图景（image）、自身图景和社区尺度上的图景。泽林斯基所说的图景是一个整体，这个整体性比各政治派别的差别性更为重要。泽林斯基认为，文化运行的机制非常复杂，因为文化是其各部分之和的事物。泽林斯基指出，这种整体性是无法从个体解读出来的，就像人们

[①] Zelinsky, W. *The Cultural Geography of the United States*. Englewood Cliffs, NJ: Prentice-Hall, 1973.

无法从文化整体性解读出个体一样。从个体行为无法推出文化结构，从文化结构也无法预测个体的行为。这点与马克思结构主义分析有些差别。因此在泽林斯基的文化理论中，文化首先是"习得行为的集合"；其次是"结构的、传统的一套行为模式、思想或者作为一套编码或者模板"；再次是"根据隐藏的一套内部规律显示出的一种活跃变化的整体"，这三点的重要性依次递进。那么文化地理学的焦点就应该是，研究文化本身如何跨越空间或者在地方起作用。根据泽林斯基的理论，人们可以从文化景观和其他人造物上认识亚文化，但是我们需要了解这些亚文化与美国文化整体性的关系。在这方面努力，地理学家能够作出重要的贡献。泽林斯基所致力的工作就是证明，在美国现代社会中，各种派系之上有一种文化的整体性，因为它们要在整体之中得到救赎。泽林斯基文化地理学的理论试图保持人类必然的整体性。米切尔也没有说明泽林斯基所说的美国文化的整体性是如何编码的，具体的亚文化与整体之间的关系是什么，但是我们不可否认美国文化确有其整体性，一种信念的整体性。米切尔也承认，这样一个宏大的理论并没有为理解泽林斯基所写的那个易变的世界提供太多的工具。泽林斯基的文化超有机体论似乎在某些方面背离了文化相对主义思想，即不在意亚文化之间的差异性。

前面提到的雷维尔涉及马赛克艺术镶嵌画的冲突事件，就是一个文化整体性与亚文化之间的矛盾。雷维尔出于对美国文化整体性的理解，选择了各种各样的人物，这些人物与当时的主流文化可能是矛盾的，但确是历史的一种真实。然而她作为个体又如何可能体现一种整体性呢？泽林斯基也认为，雷维尔的这种努力是徒劳的，因为文化的整体性是超有机体、超个人的，不是每个人能左右的。事实也是如此，雷维尔的努力被"整体"终止。还有一个例子就是法国所主张的国家主义。法国人认为，阿尔及利亚人和摩洛哥人进入法国后，能够融入法国文化，而不丧失他们自己独立的传统。按照泽林斯基的理论，这是不可能的。

当泽林斯基的文化超有机体论出台后，有许多的文化地理学家都准备追随其信仰，接受泽林斯基对于文化的定义，以及对于社会世界运用的各种文化形式等。实际上，他们是希望将超有机体论作为一种认识工具，帮助他们了解他们所在的充满冲突的世界是否具有一个共同的、重要的目标。有了这样的"整体性"，地理学家就可以评判发生在日常生活中的文化战争了。然而，泽林斯基的这种超有机体论出台没有几年，便受到了激烈的批判，最主要的批判来自詹姆斯·邓肯[1]。这场学术争论发生在20世纪80年代初。这导致美国文化地理学者开始在拒绝和采纳超有机论的选择上摇摆不定。邓肯认为，文化超有机体论错误地将文化具体化为一个事物，而非一个过程。超有机体论抹杀了个人在社

---

[1] Duncan, J. The Superorganic in American Cultural Geography. *Annals of the American Association of Geographers*, 1980, 70: 181-198.

会中的角色,将人简化为只是在一种被称为文化的、神秘的、独立的、超然于生活之外的力量的指挥之下来行动。还有,超有机体文化暗示着人们的行为是某种习惯性的反射,因此他们的行动看起来就像巴甫洛夫的狗,在很大程度上无法控制自己的行为。

邓肯认为,文化不能被用作解释自身的自变量。文化应该定义为人们行动的环境,或各个群体之间行动的安排或秩序。更简单地说,文化可以简化为人与人之间的相互作用。他的这种观点是偏向社会学的文化定义的。如果采用超有机体论,那么在分析问题时就很难从文化、社会、政治、经济不同方面具体入手。邓肯主张分析文化的差异,这是为了更好地理解文化是如何在社会中建构起来的,文化是如何发挥作用的。但是,邓肯的这种分解化的定义也是不可持续的,因为我们看到除了超有机体论外,还有许多理论也引入地理学中,它们对文化的理解也并非都是分解的方式。

三、新文化地理学对传统文化地理学的批评

邓肯对于超有机体的抨击直指文化地理学的知识核心,这说明文化地理学的理论基础有很大的缺陷。除了邓肯,还有一大群年轻的、对文化问题有兴趣的地理学家,很多是英国的地理学家。在这些年轻人看来,美国文化地理学研究的很多内容不具实用性,尤其是跟随索尔的那类研究内容,如宾夕法尼亚州谷仓形式、不同房屋类型在美洲大陆的扩散,还有某个南美洲土著人口的演化及分布。对于新一代的文化地理学家来说,所有这些只不过是一些零散的例子。彼得·杰克逊(Peter Jackson)也批评这样的文化地理学研究[1],他认为美国的文化地理学依靠超有机体论,本质上说明美国文化地理学不愿意思考"文化的内在作用",这个理论引导文化地理学迷恋于文化的自然要素或物质要素,而不是关注其社会维度。因此我们看到,在这种导向下出版了许多文化地理学著述,它们都是分析某种文化特质的地理学分布,例如木屋、墓地、谷仓、加油站等。此外,索尔对于文化起源有极大的兴趣,他对技术化的现代社会极为不屑,这也引导几代的美国文化地理学家只关注乡村的、古代的、原始的文化现象,从而忽略了对地方的、大尺度空间过程的分析,忽视了对城市的分析,忽视了对现代技术驱动力的关注。当美国、英国等国家城市爆发激烈的种族冲突、制造业经济崩溃、金融危机接踵而至的时候,美国的地理学家仍然热衷于研究栅栏和木屋的文化地理主题,这使得文化地理学显得毫无用途。这就是"新文化地理学"对传统文化地理学发起的批判。

---

[1] Jackson, P. *Map of Meaning: An Introduction to Cultural Geography*. London: Unwin Hyman, 1989.

对传统文化地理学的批判始于 20 世纪 70 年代。从 60 年代中期开始，地理学就呼吁将地理学发展为"实用性"的学科。许多地理学家对二战前后盛行的描述性的区域地理不满，首先开始试验众所周知的"计量革命"。主张"计量"的地理学者认为，有一种统治地理行为的规律，这个规律可以被发现，因此可以用之预测人的行为。但是随着时间的推移，越来越多的地理学家从模型分析中转移出来，他们发现计量革命不过是一种毫无希望的技术专家治国主义的工具，最糟的是，探索的结果只能停留在纸上。1969年，哈维出版了《地理学中的解释》[①]，该书是计量革命的法典。但是从 1973 年起，哈维开始探索马克思主义地理学，并用非计量的方法理解地理上的不公平，以及强调社会公正的重要性[②]。随着公众重新认识到环境问题和生态问题的重要性，关涉自然的问题又重新回到地理学议程上来[③]。人文主义这时也进入文化地理学研究中，人文主义地理学家一方面抨击计量革命对现实世界的毫无用途的抽象，另一方面也批评马克思结构主义对社会结构力量的过分强调。他们尝试用各种人文主义哲学驾驭对人们生活世界的解释，人文主义地理学优秀的案例可以参见赛明思和布蒂默的研究。[④]

从 1970 年代到 1980 年代，是地理学动荡不定的时代，各种学说异彩纷呈。这反映出社会的不安，因此需要各种有效的学术解释以指导人们对世界的认识。新文化地理学对传统文化地理学的批评也响应了这种趋势，即要求地理学理论发展站在社会的前沿和中心。遗憾的是，超有机体论没有这么做。邓肯和杰克逊等地理学家呼吁地理学要具有政治上的实用性。他们这么呼吁的原因很简单，即认为文化地理学是一个很重要的领域，不应该日渐衰弱。他们认为文化就是政治。

文化战争在全世界日益白热化，它们的表现形式很不一样。譬如，前面提到的公共空间中的马赛克艺术镶嵌画对哪些人有意义？为什么一个民族要从原来的国家独立出来？少数民族采取什么斗争方式？这些问题看上去很深奥，但的确是迫切需要解释的。文化地理学进入 80 年代的时候，并不具备分析各种各样的冲突事件的能力，例如它无法分析第一部分提到的三个例子：科罗拉多的历史如何表征；法国新民族主义如何崛起；格拉斯哥城市形象中为何要抹杀工人阶级的生活和历史。除了这些实例外，文化地理学在针对新女性主义浪潮、资本持续地全球化、性政治等问题的分析上

---

① 见本书"哈维：地理学中的解释"一文。
② Harvey, D. *Social Justice and the City*. Baltimore: John Hopkins University Press, 1973.
③ Neil. *Uneven Development: Nature, Capital and the Production of Space*, second edition Oxford: Blackwell, 1990; Olwig, K. Nature-Mapping the Ghostly Traces of a Concept. In Earle, C., K. Mathewson, and M. Kenzer, eds. *Concepts in Human Geography*. Lanham, MD: Rowman and Littlefield, 1996: 63-96.
④ Ley, D., and M. Samuel, eds. *Humanistic Geography: Prospects and Problems*. London: Croom Helm, 1978; Buttimer, A. *Geography and the Human Spirit*. Baltimore: Johns Hopkins University Press, 1993.

也要有所建树。遗憾的是，文化地理学对当时许多社会文化现象还未置一词。简而言之，世界在 20 世纪 60 年代和 70 年代发生了变化，而新文化地理学正是顺应了这种改变。

（吴莉萍、周尚意）

格里奇

地理知识的性质（2002年）

雷金纳德·格里奇（Reginald Golledge，1937— ），美国地理学家。1937年生于澳大利亚，在澳大利亚的新英格兰大学获得地理学学士和硕士学位。1964年到美国，在衣阿华大学谋得教职。他的同事有著名地理学家哈罗德·麦卡蒂（Harold McCarty）、彼得·古尔德（Peter Gould）等，受他们以及著名心理学家皮亚杰（Jean Piaget）的影响，他于1966年获得通过的博士论文是关于猪肉市场的学习理论和可能性模型。此后直到1977年，他都在俄亥俄州立大学任教，并成长为一名行为地理学家。1977年后至今，他就职于加利福尼亚大学圣芭芭拉分校，并担任地理系空间认知与选择研究组负责人。1999年，他成为美国地理学家协会主席，获得过多种奖励和荣誉。值得一提的是，1984年，格里奇失明。然而，这并未中断他的学术生涯，反而使他更加积极地投身于残障人士空间关系可视化的研究中[①]。

格里奇主要的研究领域是行为地理学。行为地理学是1960年代晚期一些地理学家反对和批判"无人的"地理学（主要是计量革命空间分析的非人化）的一个产物。行为地理学家对地理学的研究对象是"空间"并无异议，但是强调个人对空间的感知和理解不同，每个人接受、对待和处理信息的态度和方式不一样，因此，空间行为和模式也不同；而以往的泛化的空间分析忽略了这种个体认知的差异，导致"失真"。在研究人们的空间认知及行为时，又有两个分支：一派以现象学的人文主义方法为指导，比如段义孚、拉尔夫（Edward Relph）等人；另一派则以科学的实证主义方法为指导，被称为分析行为地理学（analytical behavioral geography）。格里奇就是分析行为地理学的主要代表。

在空间感知和行为地理学方面，格里奇发展、完善了行为地理学的理论和方法。虽然研究主题一贯，但是他的视角非常广泛，所采取的方法也极为丰富多样。他所研究的问题有区域和城市模型、交通、移民、经济、方法论和统计分析、地图学和可视化表达，多媒介通信

---

① 格里奇的生平及思想简介主要参考了Kitchin, R. Reginald Golledge. In Hubbard, P., R. Kitchin, and G. Valentine, eds. *Key Thinkers on Space and Place*, London: SAGE Publications, 2004：136-142。

和地理教育等。在工作方式上,他联合数学、心理学、计算机等学科研究者进行跨学科研究,建立空间知识模型,分析人们的行为感知和活动。与这种跨学科的兴趣爱好和工作经历相应,他独立发表或与别人合作出版了多部论著(文),主要著作有《分析行为地理学》(1987),《空间行为:地理学的观点》(1997)等。

"地理知识的性质"[①]是格里奇的一篇代表作。该文主要回顾了近50年来地理知识性质的变化,可以分为三个部分:首先是对地理知识性质的不同方面的考察,其次是阐述地理知识的用处,最后总结并提出未来地理学应关注的问题。

一、变化中的地理知识性质

"地理知识是地理学思想和对世界上自然与人文现象进行合理解释的产物。"(第1页)由于人类的思想和理性在不断进步,所以,地理知识的性质也随之变化。在这种变化过程中,地理学展现了与其他学科不同的思想和方法,这种特征主要体现在空间概念上。

1. 地理知识变化的性质

"空间"是地理学的一个关键词。在阐述地理学中的知识层次时,格里奇区分了现象(phenomenal)研究和学术(intellectual)研究。他指出前者是基础的、较低层次的;后者是高级的、更有创造性的。这种创造的特征是多角度的、综合的。为此,他引用了艾略特(Eliot)的话"属于空间(of space)的知识是现象,关于空间(about space)的知识是学术"(第1页)。地理学中属于空间的知识代表着收集所有与空间序列和活动有关的事实,其中包括人类与环境的关系和对基本概念(比如空间的距离、组织、分布、模式、型式等)的认知;关于空间的知识则包括对这些基本概念和由它们拓展的概念间的关系的认知和阐述,以及正式的理论与通则。因此,学术知识具有创造性,而不是单纯地靠经验和观察获得。在地理学中,这种学术知识先产生于对信息的收集、总结,然后分析和解释它们所反映的空间关系和特征的过程。

20世纪50年代以来,在"计量革命"的带动下,地理学出现了理论和方法发展变化的一个个高峰期,这种几乎每隔十年就经历一个变革的特征特别引人注目。地理学知识的性质也随之发生了重大变化。比如,先前人们只是收集人类和自然存在的事实,而

---

① 编译自 Golledge, R. G. The Nature of Geographic Knowledge. *Annals of the American Association of Geographers*, 2002, 92: 1-14; 内引此文,只注页码。

后却发生了从调查表主导的认知活动到创造性认知的飞跃,从注重形态到注重过程的转变。地理知识的积累也促成了从关注分门别类、地方标识、地点清单到考察空间特征与分布是否与现实或假定相同,分类也变得更加可控、更加细致和注重逻辑推演与转化。这个转变促进了人们对地理认知活动的理解。同时,新的思维方式也需要新的资料和信息来源,典型的新方法,新的分析技术以及新概念。格里奇认为,在过去的半个世纪里,地理知识性质的最大变化在于(第 2 页):

(1) 认识收集地理事实和发掘"嵌入"(embedded)在这些事实中的空间形式之间的差异,理解这一过程产生于对这些事实的新认知和分析中,而不是直接产生于数据收集的过程中;

(2) 地理现象的位置、序列、分布的空间相关理论以及这些现象中的自然与人文成分的空间相互作用;

20 世纪下半期地理学的变化正是由于不同的目的主导着地理知识的积累和更新。这些重要的思想学派有:区域主义(regionalism)、行为主义(behavioralism)、马克思主义(Marxism)、新马克思主义(neo-Marxism)、结构主义(structuralism)、后现代主义(postmodernism)、批判理论(critical theory)、女权主义(feminism)、环保主义(environmentalism)及信息科学(information science)等。格里奇认为,"地理学家已经走到理解'某某主义'而不是发展地理知识的弯路上,他们更关注观点而不是事实,由此导致空费气力的内耗和互相批判。"(第 2 页)

在地理学发展史上,人类与环境之间的关系是个恒久不变的话题。历史中的"环境"概念主要指自然空间。但随着人类活动的增强,"环境"概念有了新的变化。首先,它被扩充到"建设"自然。在 20 世纪后半叶,"环境"再次被扩充为包含了行为环境、社会文化环境、政治环境和认知环境的大概念,关于这些"环境"的地理知识也得到了前所未有的发展。在不同的时代,某个"主义"与和它相关的"环境"相结合就变成了社会的主导思想,它有助于理解复杂的人与环境的关系问题(第 2 页)。

每个主导地理学思潮的主题和范式都有其价值标准,也都有相应的一套详尽的方法、信息来源和处理方式,都发展自己的理论,并对产生和收集地理知识的意义有不同的评价。很多原因导致地理学知识性质的拓展,格里奇认为主要有(第 2 页):

(1) 对地方之间关系及其变化的认识增强;

(2) 建立了从个人到全球不同尺度全面地解释人地关系的基础;

(3) 对空间布局与组织进行了深入思索;

(4) 有效的空间行为分析获得较大进展。

在追求这些目标的过程中,地理学家通常会建立一套完整的方法能让我们最大限度地理解事物。20世纪60年代前，区域地理在地理学中一直占据主要地位。在随后的30年，系统专业化在整合的区域方法的基础上成长起来。系统专业化毫无疑问是地理学知识发展的必经之路。在这一时期，受到"理论革命"的影响，泛化的知识被细化的知识所取代。人类与环境的关系也受到重视。随着人们对这对关系的认识的增加，正规的知识基础被奠定，规范的理论首先出现（比如区位论、中心地理论等），随后出现的是缺乏理性的最优理论（比如空间相互作用理论），接着是有大量支持者的社会批判和政治经济理论（比如政治经济学派和激进地理学），然后是后现代主义，其后又转向批判反思，近来又转向空间信息科学和环保主义。然而，所有研究都受到限制，都远离了人类与环境关系这个主题。区域主义在这些年仍占据主要地位，它与新文化地理学联合在一起，成为地理学科的重要组成部分。过去十年，随着全球社区发展和全球化对地方、文化、经济社会和自然环境整合的需要的激发，这种地理学的整合方法得到复兴。它也是吉尔伯特·怀特等学者倾力倡导的结果。他们认为，考虑到自然和技术风险的频发和破坏性影响，应该对自然事实、人类观念、风险概念和灾难的不确定性有一个系统的认识，因此采用整合的方法研究"可持续性"（sustainability）和"脆弱性"（vulnerability）；当学术界再次关注全球问题时，这种整合的地理学方法就显得尤为重要（第3页）。

2. 地理学关于世界和人类的独特思考方式

20世纪60年代中期，克拉克大学的一位心理学家及他的团队针对"地理学家考虑问题与其他学科为什么不一样？"这一问题展开研究。虽然最终没能很好地回答它，但有人认为空间思考、空间构想及地理相关思想、数据的论述是地理学区别于其他学科的特征。格里奇总结自己从事地理研究35年的心得，并查阅50多年来的地理著作，罗列了地理思想和理论所涉及的主要内容：

- 尺度转换（scale transformation）；
- 可以随时转换视角、陈述及想象力；
- 理解高级和低级（附属）的关系及参考框架；
- 理解空间序列问题；
- 理解距离效果；
- 理解空间关联性；
- 理解方位性和方向性；
- 理解空间分类；
- 理解聚合和扩散；

- 理解空间变化和空间延展；
- 理解非空间和空间等级制度；
- 理解密度及密度衰退；
- 理解空间外形及样式；
- 理解位置与场所；
- 理解覆盖与消融；
- 理解地理学性质的一体化；
- 理解空间封闭性；
- 理解空间靠近与空间邻接；
- 认识空间构成。

总体看来，这个主要思想的总结是偏重"空间"的。格里奇继而说道："地理学的思想和理论为我们更好地理解事物提供了基础，它对空间效应进行解释，而不仅仅是给出结果；它还揭示了空间分布和行为的模式，最终有助于我们从空间过程角度理解行为发生的原因。"（第6页）

另外，格里奇提到了比较重要的匹兹堡会议[①]，该次会议总结了地理学家所作出的独特贡献的几个方面（第7页）：

(1) 联系人文与自然，整合地理学的研究方法；
(2) 近40年空间分析工具和数据处理的发展；
(3) 可视地图、遥感等技术对空间的表征；
(4) "直观空间理论"（spatially explicit theory）帮助我们更好地了解周围的世界；
(5) 地理学家以"地方"（place）为基础的分析方法；
(6) 理解"尺度变化"（scale change）。

3. 空间概念与联系：地理学知识的偏差

地理学没有发展广泛接受的概念，这阻碍了地理学知识的进步。虽然已经有地理学辞典，比如约翰斯顿等编写的《人文地理学词典》[②]，但在概念的复杂演绎方面做得还很不够。地理学的知识结构由于研究不充分而被错误定义（第7页）。

由于认知和数据采集的错误，在地理知识中还存在着一些偏见，它们包括（第8-9页）：

- 由于错误思考和理解造成的观念偏见；

[①] 2000年4月4—8日，美国宾州匹兹堡市举办了美国地理学家协会第96届年会。共发表了约2800篇论文，包括全球不同地区之区域研究、全球变化的人文因素研究、文化地理学、历史地理学、社会地理学、都市地理学、生物地理学、经济地理学、交通地理学、文化生态学、能源与环境、海岸与海洋、灾害、遥测技术等50多个专题研讨会。

[②] 约翰斯顿：《人文地理学词典》，柴彦威等译，北京：商务印书馆，1999年。

- 由于不充分利用完形法则而造成的感知偏见；
- 在编码、内部操作及解码过程中产生的偏见；
- 由于对地理特征的认知偏差而造成的偏见；
- 地理知识在以区域形式进行总结的过程中产生的偏见；
- 将不对称关系理解成对称关系时产生的偏见；
- 对高级地理结构的误译所产生的偏见；
- 编码过程中，在将直线启发与转动启发合为一体时出现的偏见；
- 由于主观估计偏差而造成的偏见；
- 由于视角变化对空间关系造成影响而产生的偏见；
- 由于内部陈述的扭曲或破碎而产生错误的空间产物造成的偏见；
- 由于建立正确的空间结构的地理术语的缺乏而造成的偏见。

4. 正式和非正式的地理知识

地理知识分为正式获得的地理知识和非正式获得的地理知识两种。非正式获得的地理知识在我们的日常决策和思考中占主要位置。但在没有整体的空间概念和理论的情况下，随意地观察环境而产生的这种非正式的"知识"是不严谨和不完备的，它容易产生以下问题：

（1）空间偏见；
（2）对已有信息不正确地处理；
（3）缺乏空间技巧；
（4）对样本大小不敏感；
（5）错觉（如"我的经验是典型的"）；
（6）个人主义扩大化。

但是，对大多数人来说，非正式获得的地理知识成为他们了解世界的主要途径（第9页）。而在过去的20年中，对这种地理学知识一直在研究，并取得了丰硕的成果。

正式获得的地理知识与非正式获得的地理知识之间存在着极大的差异。作为地理学家，我们为那些被非正式获得的地理知识所主导的人们在地理学上的无知感到震惊。这些人通常不知道五大洲的名字，不能在地图上辨别美国的位置，甚至错误地混淆地理位置。当人们开始有意地获得地理知识时，尤其是当人们被教育如何观察地理原则时（像位置、场所、联通性、互动性、等等），我们的地理水平就发生了巨大的变化。这说明地理学像其他学科一样是有一定的语言和知识基础的，不是随意就能得到的。它是建立在特殊思考和理解基础上的，需要通过学习才能获取的知识。

要完整地把握地理知识的性质，我们不仅要知道空间能力的性质及技巧，还必须知道人类空间能力的差异性。

二、地理知识的用途

格里奇认为地理知识有两方面的基本用途：(1) 形成事物"在哪里"的地理观念；(2) 记住"在哪里"可以帮助我们决策并解决问题（第10页）。

但是，形成"在哪里"的认识只是地理知识有用性的一种方式。其他方面还有：事物的空间关系、地区分类及与空间分布有关系的事物。换句话说，地理知识能让我们理解：事物为什么存在？在哪里存在？怎么存在？它们为什么在空间上与其他事物相关联？等问题。

地理知识可以帮助我们认识不同环境下的同种现象，并对一维、二维、三维现象的转换进行识别。在某种时刻，空间知识需要承担路线的逆转，选择捷径穿越不熟悉的领域。有时还要帮助人们建立某种完整的概念，这些概念是独立于证据（迹象）之外的。在很多环境下，地理知识需要在想象中完成任务，了解地理散布现象的空间联系，为传达空间信息设想一个完整的、具有代表性的模式。

地理学知识不仅对日常生活有用，对其他模式的存在也起着重要的作用。联邦国家政策在区域和地方层面进行推广，而区域的安排是非常重要的，这就涉及空间分类问题。每次人口普查后都需要重新划定选区，在自然的人口增长和移民发生后，空间的重新分配成为必要。从国界的制定到地区运输系统维护资金的分配，地理知识应用于每一项政治决策。试图列出地理知识的应用范围是件毫无意义的事情（因为它的应用面实在太广了），但是我们要了解为什么它会有这么广的用途。它当中所蕴含的自然世界和人类活动是多种多样的。人类的智慧无法想象出这种多样性，但人类可以控制它的可变性。我们可以用空间性来解决、寻找这种位置的规律性，把认识归类并使空间相互关联，信息便可以有规律地传达，可变性和多样性就得以解释了。自然知识可以帮助我们从混沌多变的环境中脱离，更好地理解事物的本质。

三、总结与展望

1. 总结

在总结时，格里奇首先给出约翰逊（Johnson）对地理学的一个评价："对于大多数人来说，地理学是一门特殊的、界定非常模糊的学科，地理学不像其他学科是纯理论的，它不仅涉及学术因素，还涉及政治因素和经济因素……地理学中只有一些个别门类共享彼此的性质，但这种共享只是自给自足罢了。"格里奇认为，由于地理学的这种专业性和片段性，在过去的40年中，很容易让人们对地理学产生上述印象；但他不同意约翰逊的这种看法，因为约翰逊的观点存在以下失误：

（1）忽视了时下所关注的这种专业化是地理学发展的必要步骤的现实，地理学的发展是先理解知识片断，再形成完整的理论和模式；

（2）未能认识到横跨人文和自然学科的普遍概念的必然存在；

（3）给地理学划定了一个失败者的位置，只会激起人们对部门封闭和地理学家排外方面的愤怒。

格里奇继而指出，地理学是一门概念丰富、有坚实的理论基础和清晰的分析模式，并借助文字、地图、图表等表现工具，完整地形成从地方特殊性推理到人地关系整合特点的学科。过去50年的发展变化，已经提供了大量与学科发展有关的基础和结构。现今，需要对从数据到模型以及决策等所涉及的所有要素进行科学的定义和判断。

最后，格里奇对全文观点进行了总结：

"地理知识是广义的。但是，它不能仅仅通过非正式的研究或偶然的观察得到发展，而是需要通过建立一套概念系统定义地理知识。如果不这样做，我们的知识结构将变得虚无而难以判断；如果这样做，我们就会拥有与其他学科一样的，有丰富的概念、总结、规则及理论的知识体系。倡导完备的定义，反对模糊的定义，这一点非常重要。清楚地认识到这一点可以为我们的论证和结论的有效性、可靠性、正当性提供基础。作为科学的一个代表，地理知识可以为人类提供很多东西。我们要尽全力为这个知识体系添砖加瓦。地理学是一门健全的科学，将来更是如此。"（第12页）

2. 未来地理知识面临的十个主要问题

在阐述地理知识性质和用途的基础上，格里奇提出了21世纪地理学知识发展的十大问题：

（1）未来还会不会有地理学科的存在？随着学科界限的日益模糊，学院式结构的建立及大学内部研究团体的建立，像地理学这样的系（部）会不会被裁减掉，或是被合并到其他系（部）？

（2）怎样界定地理学与（拥有空间信息或完整科学产权的）其他学科的贡献？地理学的哪些知识可以帮助我们与其他信息处理学科及机构竞争学生和研究基金？

（3）在世界日益依赖数字信息技术时，地理学应当怎样改变？怎样进行研究和教育方面的技术革新？

（4）地理学哪些方面的思考和推理可以帮助我们建立一个维系人类与自然科学优势的、被广泛接受的身份？

（5）地理学的哪些知识可以帮助解决世界性的"难题"？如气候变化的影响，合理利用自然及城市环境，世界人口数量及区域分配问题，等等。

（6）空间和地理思想特性产生哪些结果？在人口增长和分布的历史过程中，地理被人忽略，这使我们对地理学在人类文明成长过程中的重要作用一无所知。

（7）未来地理学的理想形式应该是什么？它们是电子的抑或硬盘拷贝的？是单一媒体还是多媒体？

（8）怎样用地理知识解决社会与空间之间的关系问题？地理学家能否解决不平等、不公平及社会公正问题，或是将它们分门别类？

（9）地理知识将来在全球、国家、区域、地方等不同尺度的问题上起什么样的作用？

（10）怎样创造地理知识以提升我们对全球社会、文化、经济、政治及信息结构的理解？全球测图计划会不会为这个目标的实现提供最终的知识框架？

"地理知识的性质"一文从人与环境的关系这一地理学的主题着手，抓住"空间"这一核心概念，通过对50年来地理思想的梳理和提炼，阐发了变化中的地理知识的性质，也指出了未来地理学面临的一些重要问题，是一篇论述地理学思想、知识和方法的经典论文。值得注意的是，格里奇具有（组织）跨学科研究的经历，也非常强调学科交叉和整合方法的重要作用。纵观二战以后地理学的发展史，我们发现，理论和方法论上的大部分变革和突破基本上都源自对相关领域的借鉴。正是这种频繁的交流互动开创了一个与以往任何时期的地理学都不同的时代。地理学家对这种多变的发展状况褒贬不一。但是正如詹姆斯·布劳特所指出的，"地理学不是一门社会和政治中立的学科，它从不会如此，也不可能如此。"[1] 无论是"环境"概念的泛化，还是人文主义或后现代主义恢复和倡导个人主观性的主张，都属于人地关系这一范畴内的工作，这些变化也并未跳出和脱离这一范畴。因此，格里奇对各种"主义"的批判是站不住脚的，岂能将地理学中的"主义"与地理事实割裂开呢？实际上，地理学中的诸多思想和理论变化反映了不同地理学家寻求和创造"共同的"地理学的不懈努力。这种"共同的"地理学可能只是某个时间阶段或一定空间范围的状况和特征，而不是恒

---

[1] Blaut, J. M. The Dissenting Tradition. *Annals of the American Association of Geographers*, 1979, 69: 157-164.

久不变和放之四海而皆准的。从根本上讲，知识进步不但意味着提高认知水平的根本要求，而且蕴含着对它的不断追求的价值指向，这也许是任何知识（包括地理学知识）的性质。

（叶　超）

特 纳

人类—环境地理学及其学术重建含义（2002年）

一、作者简介

比利·李·特纳[①]（Billie Lee Turner II，1945—　），美国地理学家，1968年获美国德州大学奥斯汀分校地理学学士学位，1969在同校获得地理学硕士学位，1974年在美国威斯康星大学麦迪逊分校获得地理学博士学位。1980—2008年在克拉克大学任教，教授社会与环境、当代地理学史、人类生态学等课程，曾任该校地理学研究生院院长。特纳现为亚利桑那州立大学地理科学与城市规划学院和可持续性学院教授，第一位吉尔伯特·怀特[②]环境与社会讲席教授。

特纳是美国国家科学院院士（1995年当选）、美国艺术与科学学院院士（1998年当选）、美国国家科学院全国协会理事（2001年当选）、美国科学促进协会理事（2002年当选）、麻省科学院首届院士（2008年当选）。他曾获拉丁美洲问题地理学者大会卡尔·索尔[③]杰出学术奖（1987年）、美国地理学家协会杰出研究荣誉奖（1995年）、苏格兰皇家地理学会杰出研究贡献百周年纪念奖（1996年）、美国地理学家协会文化与政治生态专业组若贝特·讷庭[④]奖（2001年，奖励他在联系地理学与人类学方面的杰出学术贡献）、美国生态学会可持续性科学奖（2009年，奖励他对"土地变化科学"的贡献）。

他的研究兴趣主要集中在人类与环境的关系、土地变化科学、可持续性、热带森林、古代玛雅等方面。目前主要从事土地变化科学，特别聚焦于尤卡坦半岛南部的森林砍伐和可持续性。他帮助建立了国际地圈生物圈计划（IGBP）和国际环境变化人文因

[①] 关于特纳的资料来自 http://geoplan.asu.edu/turner 和 http://en.wikipedia.org/wiki/Billie_Lee_Turner_II。

[②] Gilbert Fowler White（1911—2006），著名美国地理学家，人称"泛滥平原管理之父"和"20世纪环境地理学领袖"，以关于自然灾害尤其是洪灾和水资源综合管理在当代社会重要性的研究方面著称。

[③] 本书"索尔：景观形态学"一文对卡尔·索尔有所介绍。

[④] Robert Mc. Netting（1934—1995），著名美国人类学家，文化生态学家。

素计划（IHDP）的全球土地项目，是其科学指导委员会成员，也是美国气候选择专门组（a Panel of America's Climate Choices，美国国会委托国家科学院建立的全球环境变化研究机构）成员；他也是"可持续性科学"（sustainability science）的提出者之一。

特纳的代表作有：专著《一旦达到森林之下：玛雅低地里约贝茨地区的史前梯地》[1]、《美国中部土著地区被征服前夕的栽培景观》[2]、《综合土地变化科学与南部尤卡坦的热带森林砍伐：最后前沿》[3]、《土地变化科学：观察、监测与认识地球表面的变化轨迹》[4]、《全球变化与地球系统：压力下的行星》[5]，论文"土地变化科学与政治生态学：相似、差异及对可持续性科学的启示"[6]、"土地变化科学因应全球环境变化与可持续性而生"[7]、"全球荒漠化：干旱区发展科学的建立"[8]、"在经验分析中协调动因与结构：墨西哥尤卡坦南部的小农户土地利用"[9]。

特纳也长期致力于促进地理学的学术性，"身份之争：人类环境地理学及其对学术重建含义"[10]是他在这方面的代表作。

二、寻求地理学的身份

特纳在文章开头就引用了一位 100 多年前的地理学者的观点：地理学在教给我们爷爷辈的时候，还没有引起老师内心的反省……目标是明确的，分配给它的时间也绰绰有

---

[1] Turner II, B. L. *Once Beneath the Forest: Prehistoric Terracing in the Rio Bec Region of the Maya Lowlands. Dellplain Latin American Studies.* Boulder: Westview Press, 1983, No. 13.

[2] Whitmore, T. M., and B. L. Turner II. *Cultivated Landscapes of Native Middle America on the Eve of Conquest. Oxford Geographical and Environmental Studies.* Oxford: Oxford University Press, 2001.

[3] Turner II, B. L., J. Geoghegan, and D. R. Foster, eds. *Integrated Land-Change Science and Tropical Deforestation in the Southern Yucatán: Final Frontiers.* Oxford, UK: Clarendon Press of Oxford University Press, 2004.

[4] Gutman, G., A. Janetos, C. Justice, et al. *Land Change Science: Observing, Monitoring, and Understanding Trajectories of Change on the Earth's Surface.* New York: Kluwer Academic Publishers, 2004.

[5] Steffen, W., A. Sanderson, P. Tyson, et al. *Global Change and the Earth System: A Planet under Pressure.* IGBP Global Change Series. Berlin Heidelburg New York: Springer-Verlag, 2004.

[6] Turner II, B. L. and P. Robbins. Land Change Science and Political Ecology: Similarities, Differences, and Implications for Sustainability Science. *Annual Reviews of Environment and Resources*, 2008, 33: 6.1-6.22.

[7] Turner II, B. L., E. Lambin, and A. Reenberg. The Emergence of Land Change Science for Global Environmental Change and Sustainability. *Proceedings, National Academy of Sciences of the United States of America*, 2007, 104 (52): 20666-20671.

[8] Reynolds, J. F., D. M. S. Smith, E. F. Lambin, et al. Global Desertification: Building a Science for Dryland Development. *Science*, 2007, 316: 847-851.

[9] Chowdhury, R. R., and B. L. Turner II. Reconciling Agency and Structure in Empirical Analysis: Smallholder Land Use in Southern Yucatán, Mexico. *Annals of the Association of American Geographers*, 2006, 96 (2): 302-322.

[10] Turner II, B. L. Contested Identities: Human-Environment Geography and Disciplinary Implications in a Restructuring Academy. *Annals of the American Association of Geographers*, 2003, 92 (1): 52-74.

余，足以死记硬背那些事实。但对于一门处理大量人类活动因素的科学来说，仅仅填满事实是不够的，甚至是悲哀的。尽管内容越来越多，但却缺乏认同感和基本原理①。

今天的地理学似乎仍没有太大的变化。地理学者中几乎没人能够简洁地、清楚地表达他们所选研究领域的"身份"②。而身份的界定其实就是专业知识正当性和合理性的界定，总成为职业地理学者第一阶段教育的必要部分。如果这种教育需要通过广泛的阅读，那么先有的认同反而会变得模糊。一些重要的"地理学"著作似乎处于这种身份的边缘，许多在本专业中被认为是理所当然的事情，在批判性思想看来却是无关紧要的，甚至是无法调和的。与其说地理学是一门严格的解释性学科，不如说它是一种知识形式。有不同的地理学，甚至吉登斯、福柯或列斐伏尔的工作都可包括在"地理学"之内。我们的专业身份和定义"带有命令、党派路线和上帝福音的味道"③。

地理学比任何其他研究领域更有悠久而丰富的历史，为寻找其身份已投入了大量的智慧和力量。身份不断建立，又不断没落。在启蒙运动和科学兴起的时期，地理学在知识体系中的地位仍不明确，之后也一直如此。

在过去的半个多世纪里，空间—分布学的霸权身份掩盖了其实际地位，主张地理学就是空间和地方之学的人占据了哲学高地，重写了学科的思想史。而不可知论者和反对者却主张致力于实践问题，不顾那种认为其非空间（aspatial）兴趣其实还是空间兴趣的说法。地理学的认同危机似乎已成为过去。其实这两种主张都有错觉。

自19世纪现代科学建立甚至更早以来，关于地理学的身份就颇有争议。一直控制着这种争论的是两个基本身份的变种：作为空间—分布学途径的地理学和以人类—环境为对象的地理学。地理学的不同身份从来没有在逻辑上统一起来，这种逻辑要与其成员所有的学术实践相匹配，并符合将知识组织起来的基本理论。以未来学术重建潜力的眼光看来，这种状况不但没有为地理学的正式学科结构起到积极作用，还引起了若干严重问题。

一些假想和偏见并未得到其他人的认可，却引导了这类评价及其伴随的争论。很少有学者会不同意利文斯通关于任何研究领域在任何时候都有的"情境性"（situatedness）和"协商特征"（negotiated character）的观点④。然而，这种学术界定本身还是基于学科的自我定义，缺少一种与哲学相称的基本理论来引导这种界定。那些"混

---

① Keatinge, M. W. Geography as a Correlating Subject. *The Geographical Teacher*, 1901-1902, 1: 145-149.
② Identity, 本文的主题词，视其上下文关联，分别翻译为"身份"或"认同"。
③ Bird, J. *The Changing Worlds of Geography: A Critical Guide to Concepts and Methods*. Oxford: Oxford University Press, 1989: 213.
④ Livingstone, D. N. *The Geographical Tradition: Episodes in the History of a Contested Enterprise*. Oxford: Blackwell, 1992: 28.

沌"（chaotic）和"多样化"（anarchic）的基本理论，无论在支持者中多么流行，都无助于地理学的繁荣，也很难在知识重构中幸存，而这种知识重构已在科学中开始并将进一步展开。当然，也不能容忍那种对正式管理制度的错误结构袖手旁观却喋喋不休，或者即使其制度基础日渐式微也无动于衷的立场。还需要警惕，今天的地理学对哲学和多样化的兴趣，超过了对适当地发展学术结构和体制的兴趣。

同等重要的是，要认识到科学和人文学科之间仍然保持着固有的学术差异，尽管有各种挑战企图掩盖这种差异并证明这两种学科的边缘界线模糊。对科学有广泛的解读，但它并非无所不包，也不囊括所有的认知形式。地理学的范围涉及从科学到人文学科的大多数认知形式，因此声称在整个认知王国中起到一种联系其他学科的桥梁作用。然而，如果淡化学科争论与科学—社会科学的联系，就应重新界定科学或社会科学的含义。

身份是关键的概念标记或感知标记，是将"知识体"（body of knowledge）界定为一个学科的基本理论之所依。身份倾向于反映实践，当两者之间的鸿沟扩大时，也可能会被实践重塑。但实践的精髓和关键必须在使知识结构化的原则下推进，从而形成一种身份。身份最低限度也是能使从业者趋于集聚的解释性视角。

在地理学的派系视角下，实证主义、人文主义、马克思主义、现实主义或其他认识被聚合成一个单一的身份，这显得奇怪甚至混乱。然而，除科学—人文学科的划分，知识的划分更多是根据研究的对象（objects）或客体（substances），较少根据解释的范围[①]。事实上，地理学的优势之一就是它对各类解释范围广泛开放，每一种解释都可以检验其他解释是否恰当，并起到促进科学与人文学科联系的桥梁作用。从这种意义上说，学科争论不应纠缠于这样或那样的话语和元理论。地理学已把自身指定为一种科学，若削弱其科学功能，就别指望其繁荣。

三、相争的身份

1. 实践与学科

古代地理学涉及对地球的描述，用于汇编日常生活中不常去之地的知识。旅行和探险需要理解太阳系、地球和太阳的关系，并对经历的环境状况进行制图，描述其概况，有时还要解释遭遇的地方和人群。这段地理学史显示出两个要点：第一，从斯特拉波经

---

① 某些关于社会科学未来的预言，设想一种新的分割，以广泛的解释性框架或领域的"聚集"为基础，创建各种"视角"学科（例如后实证主义的、批判性的或后现代思想的）。

托勒密和伊德里希到瓦伦纽斯的 700 年间，地理学的实践，或者贴上地理学标签的实践，是由数学、物理学、方志学等要素组成的；第二，尽管"地理学"一词的创立意义重大，中世纪的学者却很难将其领域置于知识的标准部门中，地理学被用来代表不被七门人文学科接纳的零碎知识。

地理学的此类特性一致延续到启蒙和科学发展时期。到 18 世纪，潜心编辑区域描述、很少关注当时理论或重要科学问题的地理学教材编写者，与科学的批判性主题和问题之间，仍存在显著的分离。这种分离对 19 世纪欧洲学术的知识重组最终产生了重要的影响。地理学被证明绝不是知识分子（或者至少是那些重组知识的人）所想象的那样具有固定领域。在新的知识划分中，是否包括或怎样包括地理学成为一个难题，这使西欧的地理学整个陷入长期的危机。学科的生存与用于知识划分的逻辑并无多大关系，但离不开当时贯穿整个欧洲的初等和中等教育课程的重建。这些课程部分旨在服务于殖民帝国，这就需要教师，而要训练教师，就有必要在高等教育机构设立地理学计划（通常有一个"教席"）。

地理学各层级必须很快在知识重构平台上为自己争夺一个合法席位。地理学的位置一开始就不稳固，因为它在寻求可为学术缔造者接受的身份，而这是一种制度创造。由于缺乏一种共同的认知立场，地理学者所创造的统一学科其实是一个假象或神话。这个神话就是整体论，宣称地理学提供了其他学科都不能提供的独特或独有的手段来实现综合和整合。而在科学内部，整体论又反过来使地理学的立场遭到反对，因为它对其实践者的研究和教学所划定的范围过于宽泛。弗里曼针对当时英国的情况说：[1]

> 由于地理学者自身的背景不断变化，也由于不同大学设立不同的地理学课程，就产生了观点和实践的差异……当地理学以一个可获荣誉学位的学科全面进入大学时……一些大学被许多从业者显然无止境的主张困惑，也对各地理学者之间的差异感到困惑。不仅如此，一些地理学者发现很难决定他们应该教什么……如一个长者所说，"我在 1920 年代修习荣誉课程时，尽管老师们很热心，但他们似乎不知道该教什么。"

在虚假的统一内，地理学自身陷入了困境，自认为是一个包罗万象的研究领域——"母"学科，而这是不能自我定义的，而是要根据与其他领域的关系来定义。由于缺失真正的认知统一性，什么都研究，导致每个地理学者都有选择他们自己研究的权利，对那些希望特立独行的人来说这再好不过了，因为地理学没有门户之见。

---

[1] Freeman, T. W. The British School of Geography. *Organon*, 1980, 14: 205-216.

2. 两种身份之争

地理学团体的新头儿们都认为，地理学是学科之母，是桥梁学科和整体论学科。他们力图将他们的席位放置于科学之内，其根据是关于地理学的两种设想：作为空间—分布科学（认识现象和过程的一种替代途径）的地理学和作为人类—环境科学（对状态或客体的一种研究）的地理学。两者相互争斗直到现在。

19 世纪的争论集中于哪一种设想更有利于地理学的身份，而不是一个淘汰另一个。而 20 世纪却见证了一种观点力图根除另一种观点的不同阶段。在 20 世纪初的一个短暂时期，极力主张人类—环境身份（地理因素）的观点在美国占主导地位，却不料竟会从内部破裂并让位于空间—分布学身份（分布学）。20 世纪 60—70 年代，此身份至少在实践中逐渐演变成另一种极端的解释（空间地理学）。随后它也受到挑战，但不是人类—环境身份的挑战。具有讽刺意味的是，每一种极端身份的提出和辩护都以加强地理学在科学从而在学术中的地位为由。事实上，每一次变动都疏远了许多从业者，特别是那些对流行观点的核心论题不感兴趣的从业者，削弱了地理学者的知识"统一性"或共同认知。20 世纪的美国地理学科，见证了地理学身份呈现一致性和主导性因而避免了学科实践断裂的时期，也见证了地理学身份呈现非一致性和僵持性（任一身份都没有获得控制地位）因而威胁到地理学学术地位的时期。

空间—分布学在大多数入门课中成为容易理解的内容，而人类—环境学却比较模糊。20 世纪中叶以来，空间—分布学已经在现代地理学思想中占据主导地位。在美国，这种身份的各种变型使地理学在国家科学基金（NSF）内有了一定地位，NSF 为地理学科提供关键的研究经费，也是《重新发现地理学》[①] 的后台老板，通过美国国家研究理事会（NRC）常务委员会来推进地理学。在空间—分布学称霸或占主流身份的这段时间，人类—环境学的观点并未消失，尽管其实践者在自卫行动中一直保持着出奇的沉默。也有令人瞩目的例外，其正宗倡导者含蓄地将其实践归在空间—分布学旗下，显然基于一个未说明的原理，即空间—地方地理学的基本客体是人类—环境状况。

3. 空间—分布学身份

不要低估康德（1724—1803）对地理学的影响。康德的贡献包括他对地理学性质以及地理学与自然科学关系的界定。他在自然地理学讲座中给出的定义将地理学的范围描

[①] Rediscovering Geography Committee. *Rediscovering Geography: New Relevance for Science and Society*. Washington D. C.: National Academy Press, 1997. （中译本见黄润华译：《重新发现地理学：与科学和社会的新关联》，北京：学苑出版社，2002 年。）

述得如此完整，以至于影响到后来所有的方法论讨论。可以说，对地理学目的和内容的困惑几乎总是出现在忽视康德分析的时候。康德为地理学在科学中谋得了一席之地，当时的其他哲学家和逻辑学者也认同他的观点，地理学被认定为由其研究对象和客体所界定的系统性科学，是由聚焦于时间和空间这两个属性之一的综合途径所界定的综合性科学。遵循康德的观点，通过综合认识地球表层自然现象的空间属性从而描述整个地球，地理学在高等教育和研究中获得了它的位置。

后来，李特尔、李希霍芬、赫特纳和其他有影响的地理学代言人，都以这样或那样的方式，采取类似康德的观点，专注于这种身份，并赋予诸如地区科学或区域差异、区域科学、特定地方史和地方志、分布研究之类的称谓。此类特别的次级身份都适合分布学观点，因为它们都专注于综合认识有界的区域单元。而分布研究取决于如何将其形式化，于是与后来发展起来的聚焦于空间关系的空间观点相融合，该主题也可以追溯到康德。

舍费尔反对这种看法，他认为康德并没有提出一种纯粹独特的，因而是例外论的分布科学。康德的综合性原则使得若干概念和理论发展起来，但许多声称为分布身份的实践大多是独特的。事实上，如果说舍费尔发现康德学派颇富创造性的分布学著作过于描述性了，那么其他人则发现还原主义的空间理论著作也可在康德那里找到渊源。于是，区域学派地理学者在康德那里寻求到对其独特性地理学的支持，而经济地理学中的区位论结构主义评论家也声称其型式逻辑空间配置模型之根在康德哲学。看来，康德既是独特性地理学之父，也是通则性地理学之父；既是理念论地理学之父，也是实证论地理学之父。

更恰当地说，地理学是例外论的，因为它是唯一由研究途径而非研究对象定义的科学。例外论立场可以追溯到德国及其他欧洲国家的早期知名学者，如萨默维尔[1]和赫伯森[2]；在美国则可追溯到芬尼曼，他在 1918 年就职 AAG 主席的演说中，向所有系统性主题让步，也对其他学科表示理解，按照分布学的说法，缺乏区域途径（地理学）的这些学科不能充分驾驭它们的论题。然而，哈特向顽固的分布学立场及其与康德所用的地域或空间概念的联系没有持续多久，就让位于 20 世纪后半叶中期产生于盎格鲁地区的空间地理学（spatial geography）及后来重新定义或涵义更广的"空间学"（spatial）。

分布学身份和空间次级身份的实践者，对地理学中人类—环境关系的角色表达了不

---

[1] Sommerville, M. *Physical Geography*. London: Murray, 1858.
[2] Herbertson, A. J. The Major Natural Regions: an Essay in Systematic Geography. *Geography Journal*, 1905, 25: 300-312.

同的看法。例如，迪金森[①]指出，地理学"本质上是关于地球表面区域和分布的科学，其根本基础在于研究与区域相关的地球表面现象，而不在于与人地关系的独有联系"。与此相反，乔利[②]称"地理学是人类生态学"，但继而认为地理学是"一门固有的空间学科"，关注"人类及其居住环境之间不断相互作用的有形空间表现"。很多文献都陈述道，空间和分布学身份（或次级身份）相对于人类—环境身份，至少在两个基本方面是一致的：(1) 无论其他特质如何，地理学都是通过现象的空间属性来获得认识的一种途径；(2) 这种特质就产生了一种鹤立鸡群的身份。各种各样的表述都指出，这种身份在未来 40—50 年将会是主导地理学的正当理由，特别是在西欧—北美的工作中。

4. 人类—环境身份的创立

地理学的另一种视角——人类—环境关系或状况——可在德国渐趋成熟的地理学计划所吸引的各种从业者的实际兴趣中发现其话语。这种视角支持综合方法，赋予地理学一种与系统性科学先决条件相一致的研究客体。洪堡可以看作是这种身份的开山鼻祖，虽然他不太关注这个领域的正当性，对其著作的评价也见仁见智。洪堡以证明自然界"差异中的统一"为目标，将其研究集中于认识有序的功能景观（类似于当代生态学中的景观）如何起源于包括人类的各种现象。洪堡认识到一种称作地球科学（geognosy）的知识部门，研究各种现象的空间分布和关系。这种对康德的认可，以及他界定景观（区域单元）的研究方法，使一些人推测洪堡拥护分布学，并（或）据此解读他的地理学著作。但是此类解读将他方法的空间性质提升到了他主张的研究客体（即景观的秩序和功能）之上。实际上洪堡设想了一种置于系统性科学中的地理学，并寻求分析自然现象的单个部分，而没有屈从于整体论的重压。简单地说，洪堡著作所显示出的人类—环境身份并不亚于空间—分布学身份。

在这方面洪堡并非唯一。丹麦地理学者乔基姆·斯豪也关注人类—环境关系，由此而拥护一种系统性地理学身份，特别是在社会改造自然的方式方面。也可以在法国地理学者埃利兹·雷克吕和俄罗斯地理学者皮特·克鲁泡特金[③]的著作中发现人类—环境身份。与洪堡不同，这些人的诉求很明确，虽然他们对德国学术讨论的影响并不明显。

与洪堡相反，拉采尔推动一种系统的地理科学，具有研究人类—环境关系的迹象。

---

① Dickinson, R. E. *The Makers of Modern Geography*. New York: Frederick A. Praeger, 1969: 278. （中译本见葛以德等译：《现代地理学创建人》，北京：商务印书馆，1984年。）

② Chorley, R. J. Geography as Human Ecology. In *Directions in Geography*, edited by R. J. Chorley. London: Methuen, 1973: 155-169.

③ 关于雷克吕和克鲁泡特金，分别见本书"哈维：论地理学的历史和现状"一文中的注 4 和注 8。

他罗列了此类相互关系，依照一种达尔文主义和（或）新拉马克主义的观点去解释文明的分布，即社会容量应该适应其自然环境（景观）的变化。拉采尔的地理学本质上关注人类—环境状况及这两个成分之间的协同作用，尽管不同的地理学者对他的学术倾向有不同的解读。

拉采尔在德国学术的各个层级上都得到了许多支持。施吕特尔·奥托认同地理学是对"可见"的、作为一种自然—社会关系的景观的考查，但反对决定论倾向。阿尔布雷希特·彭克（Albrecht Penck）在这种景观导向的身份中发现了精髓，这与施吕特尔有点相似。这些地理学者尽管有差异，但都赞成他们的领域有一种实质性的核心身份——人类—环境状况（通常就指景观），也有一种与系统性科学一致的指向。

5. 两种身份依然缠结

欧洲现代地理学的创立者面临着双重身份：分布学和人类—环境。他们按照地理学的方式，表面上争辩着这些身份，内心却信奉二元论。人类—环境身份的拥护者明确地认同景观是有界的区域单位，却又认为了解景观的任何途径的核心都是分布学的。洪堡和拉采尔的著作便是这种客体—途径缠结的例证，而这两种身份的融合在法国地理学中更引人注目。维达尔·白兰士和他的学生琼斯·白吕纳[①]等人围绕人类—环境关系组织了法国地理学，通过"区域专著"强调人类对环境状况的选择（或然论）。人类—环境客体的研究需要一种基于地方的途径，在法国地理学的这一时刻，其研究途径比研究客体更受赞誉，这种空间—分布学立场的影响一致持续到20世纪后期。

为了补充这种联系，分布学者总是将他们的途径聚焦于人类—环境主题，花样翻新地表达地球表面有界单元或景观中的全部现象。李特尔地理学的"二元论"（即分布学和生态学）就是例证。即使是康德，也主张地理学考察"地球与人类"的状况。无论哪儿的分布学拥护者，如英国的赫伯森和美国的杰斐逊，也都诉诸一种类似的逻辑。

于是，欧洲的地理学者共享一种联合，因为他们设想了一个地球表面现象组成的研究领域，无论怎样解释都需要通过联系地域去了解。但是他们强烈反对构建这种二元论，要么支持认识的途径（分布学身份），要么支持认识的客体（人类—环境状况或景观）。这里隐含着更深的含义，各种争论，例如赫特纳和施吕特尔之间的争论，就不仅仅是"区域模型的支持者之间的内部吵闹"了，而是关于文化是否应包括到景观研究之中的争论。这种不一致将会成为下一世纪地理学性质的标志。地理学不能把这两部分潜在的"综合"研究绑在一起，下一世纪就将见证每一部分都努力控制这个领域。

---

① 参见本书"布蒂默：白吕纳著作展现的新视野"一文。

6. 打破缠结：地理因素和错误的开端

在美国，人类—环境身份的支持者期待它在 20 世纪来临之际的地理学中大行其道。这与威廉·莫里斯·戴维斯[①]有很大关系，他在 1905 年的 AAG 主席致词中，表明了与分布学身份的决裂：

> 现代地理学论著对狭隘视角的（区位）论题支持如此之少，以至于不需要再进一步考虑它……如果地理学仅仅是关于分布的科学，亦即各种论题的区域方面，那么除了考虑区域方面的学科，将不值得再保留地理学研究。[②]

戴维斯的地理学演变成了一种关于人类—环境状况的狭窄次级领域：研究无机界（自然）对有机界（社会）的控制。这种视角所反映的知识遗产与德国的影响有关，虽然其联系的直接性并不清晰。对演化的兴趣（即探寻与生物界的类比），以及希望使地理学成为一种科学，两者结合起来形成了戴维斯的立场，其他谙熟德国传统的美国地理学者也持这种立场。其中，森普尔的研究追随拉采尔，拥护"地理影响"或"地理因素"论题，给这一时期贴上了现在称为环境决定论的标签。

那时很多多产作者形成一个团体，利用他们在私立精英大学中的地位，创建了美国地理教育的框架。关于戴维斯对地理学影响的一次会议，同意将地理学因素作为地理教育的基础，这个建议被美国教育协会十人委员会接受，将这个计划确定为预科教育的课程体系和大学的入学条件。随后，围绕地理因素及其无机界控制有机界的主题组织了 12 本地理学核心教科书。

这种一统局面很快就被打破，在某种程度上是因为它的解释太过狭隘。没有运用各种合适的透镜去认识人类—环境状况（如维达尔·白兰士、克鲁泡特金和马什所抨击的），所涉及的景观概念也过于宽泛。地理因素使该学科沦落为证明自然创造社会的假说，极端的环境决定论及其在公众中的影响对地理学及其人类—环境身份是灾难性的，这是一个错误的开端。直到 20 世纪 40 年代甚至更晚，才放弃这种身份，开始重写地理学思想史。

之后，在美国地理学科内的思想争论专注于"何为空间—分布的科学地理学"：是基于地方的区域差异还是空间关系？然而，20 世纪 50 年代末苏联发射了人造卫星，这在盎格鲁世界驱动了对科学的再度强调，引发了一轮新的尝试，希望打造一种更聚焦空

[①] 参见本书"戴维斯：地理循环"一文。
[②] Davis, W. M. An Inductive Study of the Content of Geography. *Bulletin of the American Geographical Society*, 1906, 38: 67-84.

间身份的地理科学，这就极大地剥夺了分布学和人类—环境的地位。舍费尔的激烈争辩捍卫了这种身份："……地理学关注各种现象在一个区域内的空间安排，而不太关注这些现象本身。在地理学中，重要的是空间关系而不是其他。"①

空间观点的统治地位严格说来在大约 20 年内就衰落了，屈服于重新引入地方、区域和历史之可能作用的挑战，屈服于重建一种拓宽地理学传统方法的挑战。然而，这种拓宽并没有平息两种身份的竞争，"为什么在那里"的问题所强调的空间—分布身份仍然颇受偏爱，虽然非地理学眼光可能很难在关于全球化、尺度动态、暗喻（metaphors）、性别、体现（embodiment）等当代话语中觉察出这一倾向。

而人类—环境身份出现了两种替代选择，挑战了面临全线崩溃的地理因素，重塑了这一身份，虽然并没有严重挑战空间—分布学的统治地位。

第一种观点在卡尔·索尔的"景观形态学"中刻画出概貌②，他受德国学派的启发并出于对地理因素的反感，表达了他对伯克利大学地理学的设想。该文力主地理学重新关注景观，景观是一组互相关联的现象，其特性在于是一个整体（形态、结构和功能），一个不能通过其单独部分来把握的客体。景观是人类—环境状况的一种表达，一种研究客体；形态研究是一种综合方法，一种"通过人类对环境的物质印记，将各种现象归纳和整理为不同形态……整合为各种结构……的严格地理学方法"。

索尔诉诸赫特纳关于陆地区域表达的观点和区域知识综合的说法，某些地理学思想史学者的文献将这解读为承认了地理学的分布学身份。但是这种解释大可质疑，因为它未认识到索尔对分布学的默许在他明确表述的"形态学"方法中并不处于中心位置（如上所述），忽略了内嵌在此类研究中的人类—环境身份，未能将索尔关于地理学需要一个研究对象的信念与分布学途径协调起来，正是这种信念导致他关注景观研究。并且，这种解释无视索尔后来转向其他地理学观点，放弃了（作为一种地域途径的）分布学。另一种可能的解释是，索尔涉及分布学是出于对决定论和学术中政治气氛的厌恶，使他有必要发出一个信号来反对地理因素。采用地域和景观之类的联合术语，意味着关注"陆地的"地理学，索尔对此认同，而且认为美国地理学者对此关注太少。

其实，在索尔论著（包括他的"地球上人的能动性"③和他关于驯养起源的最富创造性的研究）中，压倒一切的重点是人类对地球的使用和印记。直到文化生态学兴起，"景观形态学"一直是伯克利学派的标记，也是中西部空间—分布地理学盛行时期同源研究的标记。其中只是略微赞同空间—分布学，很大的篇幅是通过考察人造景观来探究

---

① 参见本书"舍费尔：地理学中的例外论"一文。
② 参见本书"索尔：景观形态学"一文。
③ 参见本书"索尔：地球上人的能动性"一文。

人类—环境关系的普遍教训。其他地区的地理学者也在文化和（或）历史地理学的标签下有着类似的兴趣和途径。

第二种替代地理因素的选择是人类生态学或者关于人类对居住环境之适应的学说，哈伦·巴罗斯 1922 年在就职 AAG 主席时的致词中为其奠定了基础[①]。尽管他很少提到景观，但明显地认同人类—环境学。有趣的是，他的呼吁没有立刻产生反响，可能是因为他处在美国地理学空间—分布学观点崛起时的核心位置。人类生态学的落实寄希望于他的学生吉尔伯特·怀特的回应，怀特认为高等教育和研究的作用在于为公众服务。怀着这一信念，怀特在很大程度上回避了学科内部的争论。这也许是他在各种地理学评论中受到的关注比索尔少的原因。怀特主张关注真实世界问题的解决之道，开始了他在美国建立国家洪灾保险中所扮演的重要角色，他在其学术生涯的顶峰时曾领导一个寻求解决中东水争端的国际委员会。他和他的学生创立了资源地理学芝加哥学派，强调人类对资源的选择，后来又关注环境风险和灾害，重视人类对环境干扰的适应。

这样，在 20 世纪中叶的美国，在"真实世界"的空间和地方，出现了两种重要的人类—环境地理学身份，为地理专业吸引了大量拥护者。他们的研究对空间—分布地理学表现出的实质性兴趣很小，然而其数量和影响还不足以把该身份提升到跟空间—分布地理学比肩的地位。事实上，在 20 世纪 60 和 70 年代期间，学科中仍以空间主导为特征，人类—环境身份给这一领域所加的各种定义如同马后炮，其工作充其量也还是属于一种空间传统，大多数人类—环境身份的拥护者都显然有所让步。

四、当代人类—环境地理学

1. 人类—环境地理学的复兴

到 20 世纪后期，人类—环境地理学在美国有了实质性的发展，这与公众环境意识的增强和总体地理学"形式的"多样化相一致。从业者拓展了地理学的前景，占据了美国地理学家协会下列专业组的位置：环境灾害、环境感知和行为地理学、文化生态学、现代农业和农村土地利用、水资源、全球环境变化的人类方面，还应该加上实际在运作的政治生态学。这些团队在整个学术界尤其在社会科学中，部分反映了多样化的实质性兴趣，部分反映了对新出现的竞争性观点的支持。这样，索尔对 20 世纪中期地理学的挑战本身就受到了挑战，首先被整合人类行为、决策、系统联系的各种途径挑战，其次

---

① 参见本书"巴罗斯：作为人类生态学的地理学"一文。

被受社会理论和后现代主义启示的各种历史途径挑战。芝加哥学派的风险—灾害传统以"完善知识"为基础，批评行为模型，其本身又受到批判性途径的批判，最终为政治生态学及其混合论题铺平了道路。这项研究议程随后扩展到包括环境管理问题和全球环境变化问题。

这些发展显示了几个重要变化。第一，人类—环境传统又回到了由洪堡提出并由马什进一步发展了的那些主题，关注人与自然的统一，现在打上了地球系统科学和可持续性科学的标签，聚焦耦合的人类—环境系统，并愿意接受历史的评价。这种过去兴趣的复兴已经明显地体现在那些拥护者（包括自然地理学者）身上，并与整个科学共同体紧密地连在一起。第二，这次复兴中的许多研究仍然是实证论的，而且越来越多地运用计量方法特别是遥感与地理信息系统科学和建模。第三，越来越多的研究试图在基于动因的解释框架和基于结构的解释框架之间寻求一种平衡，认识到独特动因和史实性（路径依赖）的作用。生态学和综合评价所揭示出的复杂性和不均衡性等非寻常特性得到认可，虽然专业整体中先进的定量技巧还普遍薄弱，而且影响了充分参与相关研究领域的能力。第四，分隔"纯"研究和应用研究的屏障，曾经被看成是伯克利学派和芝加哥学派之间的分歧所在，现在消失了。不幸的是，尽管在呼吁各种"混合（hybrid）方法论"，但关于定量—定性、主观—客观及其他方法论范畴，新的屏障可能正在形成，每一对范畴都诉诸地理学者所联系的不同外部团体。而在某种程度上，关于社会科学—人文科学以及社会科学—自然科学界线之争的差异和紧张已不再扩大。但界线一边的派别并没有尝试卓有成效地从事另一边的工作。第五，这些工作总体上未显露出新的分裂，或许因为花费了如此多的精力去证明地理学与其他知识领域之概念、理论和解释框架的相关性，而不是证明那些思想如何在人类—环境分析中被重塑和被重新发展成新思想，或者两者兼而有之。另一方面，一些地理学者也许错误地将基于地方之研究的复兴，解读为拒绝寻求共性，或不再超越"具体事项"。第六，不管是否分裂，人类—环境地理学者正有力地重新步入地理学领域。

2. 作为人类—环境科学的地理学?

20世纪最后25年是空间—分布身份主导的时代，也是人类—环境身份凸显的时代，或至少是两者平衡的时代。例如，高迪[1]呼唤平衡并引证不同的权威地理学者如哈特向、哈格特、哈格斯特朗等。哈格斯特朗[2]在题为"作为自然和社会之间相互关系研

---

[1] Goudie, A. S. The Interaction of Human and Physical Geography. *Transactions*, *Institute of British Geographers NS*, 1986, 11: 454-458.

[2] 参见本书"哈格斯特朗：创新波的传播"一文。

究的地理学"① 的文章中，将地理学"重新定义"为"有界区域内并行过程的研究"，并哀叹空间—分布学的过分。斯图达特②则更直白地倡导人类—环境地理学的主导地位。

地理学准备好了将人类—环境身份上升到支配地位吗？如果是，这对学科整体有什么启示？答案部分在学科内，部分在学科外，牵涉一系列与学术重建有关的联系，意味着要重建地理学的结构。

3. 重建学术？

美国高等教育和学术研究的基本结构仍然基于大约 150 多年前在欧洲产生的知识划分，这种划分从未真正地包容过空间—分布学的身份。此看法肯定会引起各式各样地理学者的强烈反响，反对的理由很多，例如，不限于 NSF 的各种地理学和区域学科项目，各种空间—分布学地理学者对社会科学总体的影响，NSF 促进 GIS 基础设施的项目（国家地理信息分析中心，NCGIA），以及最近成立的空间综合社会科学中心（CSISS）。然而，我的看法源自长期以来"空间学科"的多次遭遇。在精英学术机构、组织、奖学金及研究基金中，地理学（或明确与地理相关的研究）一直被排除或最多保持一种边缘地位③。虽然地理学最好和最辉煌的方面在不断向前推进，并试图使地理学重新正式加入这些学术实体中，但几乎总被驳回。在这个意义上说，地理学老生常谈的"酒香不怕巷子深"只是部分准确，应添加一个说明："于学者如此，于学科非也。"酒香否？关于空间的认识还不足以被社会科学认可为一门学科，无论是地理学还是区域科学，或许因为没有哪一门学科能声称空间是它自己独有的。新创立的《经济地理学学报》承认空间—分布主题并非某一学科的私有领地；而空间经济学的崛起则表明，该领域寻求研究的客体，当需要考虑空间的重要性时才作空间过程评估。显然，学术划分要以"系统性的"科学为基础。

然而，受新的信息、工具、技术及分析模式影响的驱动，系统性科学的结构已经进入了一个重要的修正阶段。自然科学首先基于极丰富的信息开始重组，收敛了博士学位研究人员的研究范围（例如，从 20 世纪 50 年代存在的生物学到各种新学科，都分别贴

---

① Hagerstrand, T. Geography as the Study of Interaction between Nature and Society. *Geoforum*, 1976, 7: 329-334.

② Stoddart, D. R. To Claim the High Ground: Geography for the End of the Century. *Transactions, Institute of British Geographers NS*, 1987, 12: 327-336.

③ 略举几例就足以说明。美国的精英私立大学几乎没有地理学博士学位计划，私立文科院校也只有少量硕士学位计划，哈佛大学取消了地理学计划；美国有影响的社会科学团体都认为无必要设立基于空间或地方的学术部门；社会科学研究理事会反对在其内设立地理学，认为地理学不是社会科学的组成部分。

上了不同的标签，如分子科学、系统和演化科学、生物医学科学，等等）。现在部分自然科学已经开始以另一种方式重组，其中一种方式就是向人文科学靠近。这个仍在构思的构架以综合科学获得的认识为基础——把各部分难题再次放回到一起。与康德的"综合科学"不同，其综合的基础不是现象的时空属性，而是现象本身，即流经生物圈、生态系统和景观的生物地球化学流，以及人类—环境耦合系统。美国国家科学院已正式认可两门这种新的"综合科学"：环境科学和生态学、人类—环境科学。很多地理学者已向后面这个学科转移，表明伟大的地理学试验——连接人类和环境的科学——可能大获成功。

4. 认同综合"客体"

30多年前，其他研究领域都未主张把人类—环境状况作为研究主题，许多学科似乎将这一主题让给了地理学。由于人类—环境地理者们大力参与（甚至超出了学科相对规模的比例）各种跨学科环境研究议程和项目，这种地理学身份已经注册下来，并在形成正规学科中发挥作用。

人类—环境状况构成了一门综合学科，这在系统性科学的框架内理所当然，不像其对手空间—分布学那样需要特别的理由。人类—环境状况是一种聚合现象，源自自然和人文现象及过程的交融，逻辑上与生态系统或景观生态、社会学的集团、政治学的制度和组织并无差异。对这样一种地理学身份的认同，取决于它解决现实世界问题的关联性和有效性。虽然部分人类—环境地理学在应用方面表现出色[①]，在理论上则乏善可陈。但概念会跟上实践，人类—环境状况有潜力去重新定义高等教育和研究中的地理学。但是，地理学者们是否会花时间去充分探索这种可能性呢？这是值得怀疑的。关键时刻也许已经过去，因为许多正在进行的牵涉新类型综合科学的尝试，并不赞同现存的系统性科学或综合科学。如果这样的观察成立，人类—环境地理学有可能被新的科学替代。

5. 实践统一与学科认同

"地理学就是地理学者所做的事"，这是一种古老且不能令人满意的身份（或无身份），它无法使知识统一，并阻碍学科的认同。至少有四个实质性的研究传统被声称是"我们做所做的事"——地方—空间、人类—环境、自然地理、地图科学。现代地理学史表明，学科身份若排斥或贬低这些传统中的任何一个，都将被抛弃，不管其知识的完

---

① 例如怀特就获得很多荣誉，其中2000年获得的公益勋章是国家科学院的最高奖励，还获得2001年美国国家科学奖。他和他的学生［例如伯屯（Ian Burton）和凯兹（Robert W. Kates）］在公共服务方面的贡献已赢得广泛赞誉，凯兹获得1991年美国国家科学奖。

整程度和外部的接受程度如何。于是，现代地理学寻求知识的连贯性和可接受性，但支持实践的多样化，抵制对"地理想象"领域无益的学科结构。

赫特纳和哈特向都坚持认为人类—环境身份无法在实践中达到统一，哈特向引用赫特纳的观点说："逻辑结构统一的地理学……被人类—环境立场中固有的二元论破坏了，而如果从分布学角度提出自然和人类的观念，才有可能在所有重要方面具有同质性。"[1] 哈特向引用赫特纳的看法，似乎更多地针对环境决定论的消极方面，而不是去认识在有限空间内必然要考察人类与环境的意义。然而，在空间—分布学统治下的现代地理学史中，不仅出现了越来越多的人文要素和自然要素学科分裂，而且在人文地理学者内部也缺乏统一。随着自然地理学向科学靠拢，而大部分人文地理学从事各种实验来挑战这种认知方式，两者之间的分歧近来似乎已经扩大，虽然双方的地理学者都提出各种主张要求对抗这种分裂，要求加强关键概念的一致性。

与哈特向相反，斯图达特[2]提出一种人类—环境身份以实现学科的统一。然而，这样做就否认了人文地理学和自然地理学独立的研究兴趣："……没有脱离人文地理学的自然地理学……更没有脱离自然地理学的人文地理学。脱离自然环境的人文地理学只不过是无意义的胡说……。"通过把所有实质性兴趣瓦解再组合成一种人类—环境综合，消除了作为一种纯粹社会科学或纯粹自然科学的地理学，而将其置于这两种科学之间，从而达到了统一，其从业者也进入了美国国家科学院。

从美国有一定影响力的学术机构和组织的观点来看，"人类—环境科学"的时代已经来临。人类—环境"状况"（耦合的自然—人类系统）作为系统性科学中的一个逻辑部门，原则上是合理的。由于这一特点，它有潜力在学术中获得一席之地，而这是空间—分布学身份未能获得的，而且只要以系统性科学为指导原则，也不可能获得。然而，比起学科已习惯的身份，人类—环境身份的地理学想象范围具有局限性：地理学者都在分别考察自然过程或人文过程，但需要将它们综合起来才是"地理的"过程。学科的历史告诉我们，地理学想象和实践之实质性范围（或某些场合的"混沌"）的局限性，已被证明是不能接受的，将来仍将受抵制。

6. 一种新的调和？

如果地理学想要在学术贵宾桌上获得一个正式的席位，并保留其传统（实践）的广

---

[1] Hartshorne, R. *The Nature of Geography*: *A Critical Survey of Current Thought in the Light of the Past*. Lancaster, PA: Association of American Geographers, 1961.（中译本见叶光庭译：《地理学的性质》，北京：商务印书馆，1996年。）也可参见本书"哈特向：作为一门空间科学的地理学概念"一文。

[2] Stoddart, D. R. To Claim the High Ground: Geography for the End of the Century. *Transactions of the Institute of British Geographers*, 1987, 12: 327-336.

度，就必须在某种程度上寻求其两种主要身份的统一，但要与知识和学术划分的现行逻辑相一致。必须在一个逻辑体系内公平、合理地对待空间—分布学身份和人类—环境身份。不同的地理学者，甚至地理学者团体，现在也认识到了这个必要性。然而，很难表达出平等和综合的身份，更不用说表达出真正综合的知识框架了。过去对统一的太多呼唤，本质上坚持以空间—分布学立场构成学科核心，而环境或人类—环境立场则在边缘徘徊。

皮特[①]至少在表面上更严肃地对待这个挑战。他认为地理学是关于人类—环境关系的研究，但此类关系只有按照空间关系才能被认识，因此空间关系理所当然就是人类—环境关系。其实皮特重新唤起的这种逻辑在19世纪德国的空间—分布学身份中就已显现。萨克也坚持认为地理学研究的客体是有关联的空间，其中充满了人类与环境的实体和过程，并主张这个空间内的事物具有整体性[②]。

在当前的学术重构中，这门学科长期存在的挑战具体地表现为：两种身份内逻辑上的结合可以根据它们各自内容和抽象的同源性吗？能证明所获得的认识对解决问题是有意义的吗？作为一门学科，我们在理解和接受这两种身份之间的联系时会越来越宽容。然而，我们无法证实知识划分在逻辑上需要这样一个研究领域，其前提是空间—分布学身份和人类—环境身份兴趣的内在结合；我们尚未证实从这些身份的耦合中能产生有用的抽象（例如规则、定律、教训）。对于或多或少保留了目前的结构，而且在高等教育和研究框架中不限于人文学科都给予稳固认同的地理学，这后一个困难更为关键。

至少自19世纪以来，人类—环境身份一直在与空间—分布学身份竞争，因为在西方学术划分中，地理学合理存在的理由是作为系统性或综合性科学。在20世纪后半叶，人类—环境身份的中心地位在地理学思想中下降了，空间—分布学身份占据了正式统治地位，但还是有大量的从业者被吸引到了"另一种"地理学——综合评价和认识人类—环境状况。

进入新世纪后，人类—环境关系的问题已在学术界和公众中得到极大关注，地理学被认为在综合的人类—环境科学中具有不同寻常的长处。这门学科有效地利用了这一时机，但在这样做的同时，关于地理学及其学术也保持着多种立场，有一系列含义不同的设想。

[①] Peet, R. *Modern Geographical Thought*. Oxford: Blackwell, 1998: 1-3. （中译本见周尚意等译：《现代地理学思想》，商务印书馆，2008年。）

[②] Sack, R. D. *Conceptions of Space in Social Thought: A Geographic Perspective*. Minneapolis: University of Minnesota Press, 1980.

第一种立场体现了地理学顽固不化的二元论历史争议，倾向于空间—分布学观点，这种学科的正统性（知识划分）在高等教育和研究中相当稳固。但如上所述，无论怎么看，空间—分布学身份作为一门学科或一个研究领域，在努力获得不容置疑的认可方面从未成功过。此外，人类—环境传统的从业者最低限度地诉诸空间—分布学框架，只不过是为了定位他们的工作，并非将地方或空间用作一种界定特定研究领域的工具。除了上面提到的几个显著例外，这些从业者还没有对与他们工作有关的实际身份进行有力的辩解，而人类—环境地理学的复兴有望纠正这种缄默。

地理学身份在第二种立场上得到了扭转：人类—环境状况成了研究对象，但是所偏爱的分析方法其实还是空间—分布学的。这种立场竭力靠近系统性科学中的知识划分，使地理学外在的表现更少"独特性"，并补救其内在的"混沌"。这就为它的许多传统留出了空间，尽管这些传统的知识合理性并不在于其本身的权利，而是根据它们在认识人类—环境状况方面的贡献。但是，整个地理学中存在的阻力和惯性，对认同这种立场造成了无法逾越的障碍。此外，新兴的综合科学已经标定了其研究边界，这些科学准备挑战地理学关于人类—环境主题的历史主张，也在探寻将新学科地位与其已授予的各种学位相匹配的潜力。

第三种立场并不寻求保留地理学的广度，因为其传统过于五花八门。地理学应该被锻造定形，纠正长期存在的虚幻统一。现在，对地理信息科学和地球系统科学的呼唤，与对遥感科学和人类—环境科学的呼唤相呼应。对这些科学的广泛认同必定会影响到与地理学相关的子领域，实质性地削弱这个学科参与"人文领域"（近来经济和社会科学对空间途径的兴趣持续增长，不难想象，人文地理学也可能消失）。

另一种替代的立场视空间—分布学身份与人类—环境身份为同源，力图融合它们，也友好地对待学科的各种传统，并与系统性科学的基本原理相一致。这种融合能使地理学保持其广度和桥梁性质，并避免创造新研究领域的转换成本。但是，地理学很可能只剩下一小部分，要与各种综合的、关于相互关系的研究及教学计划（如地理信息科学或地球科学）相竞争。

很难预言地理学将选择哪种立场。看来不同的纲领都隐含着结盟每一种选择的意图。如果我们选择第一种立场即维持现状的立场，那么地理学很可能仍然是一门古色古香的学科，虽然也会偶有灵感。第二种立场即逆转的立场，需要对学科重组有某种投入，可能无法达到一种足以与迅猛发展的综合学科计划相竞争的水平。第三种立场即分割的立场，典型地代表了现代学术变化的历史，尽管有制度上的惯性。这会造成几个较狭义定义的"桥梁科学"，但也可能会削弱这些科学与人文学科世界的潜在联系。第四种立场即统一的立场，它不幸地面对着学科历史的重负，即我们无法使两种身份同源。

当然，如果这两个身份能实现平等，其综合学科的有效性能得到证明，而且能高度地与综合科学融合并与跨学科领域（如遥感）联系起来，那么，这种立场有望维持地理学的纲领。最后，这种融合可能会导致某些贴有地理标签的项目丢失，但无论如何定形，无论贴什么标签，都会保持地理学认知的基本特性。

（蔡运龙、陈睿山）

约翰斯顿

空间中的秩序（2003年）

罗恩·约翰斯顿[①]（Ron Johnston，1941—2020），英国人文地理学家。在曼彻斯特大学地理学院获得学士和硕士学位，然后去澳大利亚，先后在莫纳什大学（1964—1966年）和坎特布雷大学（1967—1974年）任教，并于1967年获得莫纳什大学博士学位。1974年返回英国，任谢菲尔德大学地理系教授，1982年任系主任，1989—1992年任该校主管学术事务的副校长，1992—1995年任埃塞克斯大学副校长，1995年至今任布里斯托尔大学地理学院教授。因在人文地理学上的成就而获英国皇家地理学会颁发的维多利亚奖章，因"对人文、政治和经济地理学的突出贡献以及地理学思想的历史和性质的著作"而获美国地理学家协会颁发的荣誉奖章。他曾是英国皇家地理学会主席，1999年当选为英国科学院院士。2008年，谢菲尔德大学地理系专门设置了罗恩·约翰斯顿研究室（Ron Johnston Research Room）。

约翰斯顿研究的领域颇为广泛，著述超过400篇（部），在地理学界有"写作机器"的美称，并因其很多地理著作被译介到中国而为我国人文地理学者所熟悉。他的主要研究领域是城市社会地理学、政治地理学以及人文地理学思想和哲学，其代表作包括已有中译本的《地理学与地理学家：1945年以来的英美人文地理学》[②]（Geography and Geographers: Anglo-American Human Geography since 1945）、《哲学与人文地理学》[③]（Philosophy and Human Geography, An Introduction to Contemporary Approaches）以及由他主编、至今已出五版的《人文地理学词典》[④]（Dictionary of Human Geography）。此外，他的主要论著还有《城市与社会：城市地理学概论》（City and Society:

[①] 对约翰斯顿的生平及学术经历的介绍主要参考了布里斯托尔大学地理学院网站约翰斯顿教授主页的相关资料，详见 http://www.ggy.bris.ac.uk/personal/RonJohnston。

[②] 该书至今已出六版，在1980—1981年被美国大学和图书馆联合会（American Association of College and Research Libraries）共同推举为最杰出的学术著作之一。中译本为《地理学与地理学家》，唐晓峰、李平等译，北京：商务印书馆，1999年。

[③] R.J.约翰斯顿：《哲学与人文地理学》，蔡运龙、江涛译，北京：商务印书馆，2000年。

[④] R.J.约翰斯顿：《人文地理学词典》，柴彦威等译，北京：商务印书馆，1999年。

An Outline for Urban Geography)、《论人文地理学》(*On Human Geography*)、《地方问题：人文地理学的实践探索》(*A Question of Place：Exploring the Practice of Human Geography*)和《英国政治地理学：1983年大选》(*The Geography of English Politics：The 1983 General Election*)、《地理学的未来》[①]等。

"空间中的秩序：作为'距离'学科的地理学"[②]（以下简称"空间中的秩序"），出自约翰斯顿和另一位地理学家迈克·威廉姆斯主编的《英国地理学百年》[③]。他们主编此书的目的是回顾和介绍近代英国地理学，尤其是学术地理学的历史、成就和实践；该书汇集了众多当时英国地理学家中佼佼者的论文，主要围绕环境、地方和空间三个主题展开论述，并对地理学（家）与环境变化、疾病扩散、城市和区域问题、女权主义以及伦理的关系进行了前瞻性介绍。因此，这部论文集集中反映了地理学所关注的主要论题，体现了英国地理学的发展历史和现状，是我们了解西方地理学发展状况的重要参考资料。而约翰斯顿的"空间中的秩序"由于对地理学主要研究对象——"空间"——的深度和广度思索，具有更为重要的借鉴意义，尤其值得介绍。在结构上，这篇文章主要论述了二战后，尤其是60年代以来欧美（主要侧重于英国）地理学空间问题研究的背景、理论、方法和认识论，最后进行了总结和展望。

一、背 景

20世纪50年代初，以舍费尔的论文"地理学中的例外论：一个方法论的检视"为标志，美国地理学界发生并兴起了"计量革命"。舍费尔在批判从康德到哈特向的"例外论"（即认为地理学与其他学科不同，因而其方法论也是"独特的"）的基础上，指出地理学是形成空间分布法则的科学，强调地理学必须注意地域现象的空间格局而非现象本身[④]。此后，实证主义地理学逐渐替代了"区域地理学"而成为主流，并被称之为"新地理学"。受此影响，20世纪60年代中期，一些英国地理学家敏锐地捕捉到了这种变化，积极响应，并掀起一股追随"新地理学"的热潮。剑桥大学和布里斯托尔大学的

[①] 参见本书"约翰斯顿：地理学的未来"一文。

[②] 本文主要编译自 Johnston, R. Order in Space：Geography as a Discipline in Distance. In Johnston, R., and M. Williams. *A Century of British Geography*. Oxford：Oxford University Press，2003：303-345；内引此文，只注页码。

[③] Johnston, R, and M. Williams. Introduction. In Johnston, R., and M. Williams. *A Century of British Geography*. Oxford：Oxford University Press，2003：1-7.

[④] Schaefer, F. K. Exceptionalism in Geography：A Methodological Examination. *Annals of the American Association of Geographers*，1953，43：226-249. 参见本书"舍费尔：地理学中的例外论"一文。

地理系是引导这场"革命"的重要基地,代表人物是著名地理学家乔利、哈格特[1]和哈维[2]。约翰斯顿认为,这次"革命"的特点和要旨在于(第 304-305 页):

(1) 关注科学严谨

传统区域地理学的缺点在于以"区域描述"为中心,而对以假设—推理为基础的、追求解释和预测,并发现一般规律的科学严谨性不够重视,新地理学则强调科学方法。

(2) 重视数量工具

在数据和信息分析方面,新地理学采用统计、数学模型,以及计算机等工具,试图用它们使研究更加科学化或标准化。

(3) 聚焦空间中的秩序

除了发现空间分布和作用的法则和模式,地理学家应该从对空间的"水平秩序"转向"垂直的(土地与社会之间)内部关系"。

(4) 渴望实际应用

像其他追求更科学方法的社会科学那样,地理学应该提升它在空间分析上的专业水准,才能受到城镇规划等应用领域研究者的欢迎。

这些变革不仅是实质的,而且反映在认识论和方法论上,因而与传统地理学的目标和方法的概念框架已经截然不同。虽然此前有地理学家讨论功能区的中心性等问题,一些经济(地理)学家(如古典区位论者)也曾探讨了区位"法则"等,但它们没有涉及或深入探讨"科学法则"和"数量方法",其影响也因此逐渐减弱(第 306 页)。20 世纪 60 年代以前,英国地理学家应用计量方法的相当少,因此,尽管在认识论方面起了很大的变化,但实质内容和方法论仍然是越来越多的学者所关注的焦点。

二、理论

1. 地理学、功能区和空间中的秩序

功能区(结节区)被认为是设定的基本空间单元。哈格特非常重视空间中的秩序,并提出了经典的功能区空间型式演化的六阶段模式:相互作用(人、物、信息、金融流等相互影响)、网络结构、节点、层级体系、区域面、空间扩散[3]。当然,哈格特的这

---

[1] 参见本书"哈格特:区位模型"一文。
[2] 参见本书"哈维:地理学中的解释"一文。
[3] Haggett, P., A. Cliff, and A. Frey. *Locational Analysis in Human Geography*, 2nd edition. London: Edward Arnold Ltd., 1977: 1-24.

个空间秩序模式也有一些局限,比如没能考虑到"边界限定区"(如国家或行政疆界)对区域面扩散的限制等(第310页)。而在方法上,对统计学的应用不仅有助于解释,而且可以有效地预测。模型也是研究空间秩序的重要工具。对"流"的研究是人们关注的重点之一,其中,重力模型具有代表性,它主要根据起始地和目的地之间的距离以及"流"的指标量等来分析两地之间的联系和影响程度(第311页)。

2. 什么理论?

"计量革命"最大的贡献是唤起地理学家对理论的热情,而此前地理学仅注重于区域描述和实际工作。比如,20世纪60年代以前,英国地理学家虽然引用了克里斯塔勒的中心地理论,但并未真正重视其对学科的影响,研究仍然倾向于区域描述(第311页)。只有对产业区位进行经济分析的少数文章涉及理论分析,但影响甚微。

随着美国地理学对理论研究的重视,英国地理学家开始接触并研究经济学、社会学和新兴的区域科学的知识。"对地理研究的理论基础的追寻就因此包含了学科实践的断裂。既然交通成本主要取决于距离,最小距离就成为决策的关键变量;既然地理学是关于空间的学科,那么距离应该是将地理学带入社会科学的关键变量。"(第312页)克里斯塔勒的城市区位论、杜能的农业区位论、韦伯的工业区位论和胡佛(Edgar Hoover)的运输区位论,以及法国经济学家佩鲁(Francois Perroux)的增长极理论和瑞典地理学家哈格斯特朗的空间扩散理论等,被地理学家广泛引用和探讨。地理学家开始意识到:如果区位决策受最大利润驱动,那么他们应该选择(交通)成本最小的区位;与此类似,商品和服务也倾向于集中在交通成本最小的地点(第312页)。

"作为一门距离科学的地理学"这个概念,早在1955年就由苏格兰地理学家、爱丁堡大学教授沃森(Wreford Watson)正式提出,但此后并无太大反响。部分原因可能是他把距离定义为"物体调整自身以便适应和控制其所处环境的范围",后来他又论述了成本和地理距离,并将时间距离和社会距离纳入讨论。但直到20世纪60年代和70年代,这一概念才被人们重视而发展,"距离的摩擦"(frictions of distance)也成为一个关键词(第313页)。

距离变量的研究为地理学家建模和验证假设等提供了良好基础,代表性的工作是中心地的区位模式和研究区域之间各种"流"作用的重力模型。借助回归和大量的数据处理技术,地理学家试图发现空间关系和空间法则与模式。但是距离不是决定区位选择决策的唯一重要的变量(其他还有就业机会等),重力模型的理论基础因此显得薄弱。一些地理学家开始用数学模型来解释和预测多种变量交织的事物的空间结构,一些人则诉诸系统理论,试图建立跨学科的人文地理学研究框架(如分形几何学方法),这些都推进了地理学家对距离变量的更有深度和广度的思考。

行为与距离之间的关系可能是线性的、指数的幂函数，或者其他的形式。在空间分析时，地理学家已经认识到尽管距离与行为的多个方面都存在联系，但是这种关系形式可能是多变的（第315页）。作为运动约束条件的距离并非一成不变，而是具有可塑性。这一观点对于公共交通领域研究是重要的。

从演绎法到模型检验法的转化有两个难题：其一，假设是就整体而言，而结论却只能来自部分的实证检验；其二，模型本身过分简化，有严格的限制条件（特别是利润最大化和距离最小化的假设）。在实际的区位选择中，可能还有其他的影响和决定要素（第315页），如有些地理学家提出了区位选择存在着自然、经济和技术三方面的限制条件。

3. 空间模式和空间行为

约翰斯顿认为，早期的空间分析通常重视区位决策的结果，而不是过程；它们过于简化而呈理想化，人们因此继续寻找更能贴近和符合"现实"世界的空间秩序理论，这促使更多地理学家进行个体动机和行为模式的研究（第316页）。比如，在区位选择上，个体掌握信息的充分程度以及耗费成本的多少影响着他的决策，信息流概念因而被引入空间分析。

"对地方、地点、社区、区域乃至其他（尺度的地理单元）的空间选择都有其背景。为了理解人们的行为，不仅需要评断他们是什么，而且要明白他们在哪里。"（第317页）哈格斯特朗的"时间地理学"将时间与空间联系起来，构建了一个行为分析的理论框架。同时，"地方"（place）加入空间成为一个核心概念后，行为的空间分析发生了一个微妙的变化：距离变量的地位下降，而空间信息流与地方和个体行为之间的交互影响成为焦点。在此过程中，地理学家重新强调了"尺度"这个基础的空间变量，地方实际上就是不同尺度地理单元共同作用并影响行为的产物。个体行为决策与社会关系被结合考察，问卷调查和框架设计成为地理研究的重要手段，而数理统计则用于处理数据。

因此，演绎和归纳相结合的实证研究是20世纪前70多年的地理学范式的特征（第318页）。传统的区位最优选择理论并未被抛弃，归纳法也继续被应用于一些专题研究。但与这些实证主义方法相反的是，另一些地理学家主张应该从其他的社会科学领域汲取养分，而不是仅限于经济学和区域科学（第319页）。比如，地理学家（典型代表如哈维）采用马克思主义的理论对资本主义政治经济进行空间建构和重构。

三、方法

统计学在空间分析中扮演了至关重要的角色。通过哈格特等人的倡导，统计方法被大量应用于数学建模，回归和相关分析被认为是人文地理学研究的常规方法。但是，哈格特后来意识到"基础的统计模型在应用于空间自相关的数据时，存在着得出误导结论的风险"（第320页），所以，统计方法的应用遇到了空间自相关的阻力。这一问题也将地理学家与统计学家联系起来，一些会议显示了解决此类问题的沟通和交流。同时，这一难题也使数量地理学家产生分化：许多地理学家继续运用传统的统计方法，仅有一些地理学家关注空间分析，因此，"某种程度上，空间统计分析（正如其所言）是一个少数人的事业"（第321页）。

地理学家在空间统计分析时面临的另一个难题是：在仅有总体数据的情况下，如何获得关于个体的结论？虽然总体关系暗含着某些个体关系，但它并不意味着可以直接递推出个体的结果。地理学家尝试通过"可修正的地域单元问题"（modifiable areal unit problem）的方法来解决它（第322页），它也被应用于人口地理和政治地理（如选举问题）。其他方法包括多层次模型法（multi-level modeling）（主要被应用于教育、投票、失业和健康研究）、地理加权回归法（geographically weighted regression）、地理信息系统（GIS）以及计算机对空间关系的可视化等方法（第324-325页）。

技术变革对推动空间分析起了至关重要的作用。哈格特强调了多变量统计分析和计算机制图两个方面。其中，计算机技术的快速发展和普及不仅帮助了地理学家处理海量数据，进行地图可视化和地理信息转化，对空间作用关系进行重新模型化，而且增强了他们处理大量信息从而解决传统问题的能力（第326页）。

四、认识论

空间分析的认识论是一个重要问题。但相对于很多人追随计量革命的风潮而应用统计方法的状况而言，几乎没人细致地论述认识论和本体论问题（第327页）。哈维曾详细地研究了实证主义的哲学，以及理论、模型和法则的涵义，他的理论被大多数地理学家接受，他因而成为逻辑实证主义地理学的集大成者[①]。但是，逻辑实证主义宣称实证主义是发展知识的唯一有效路径，因此走向了极端的"科学主义"。逻辑实证主义的认识论和方法论遭到了主张多元主义的认识论者的贬斥，实证主义的空间分析也受到歪曲。

但是不同类型的空间分析仍然是许多决策—行为过程的核心（第328页）。所以，"对于现在以多元主义认识论和方法论为特征的地理学而言，尽管20世纪50年代和60年代的地理学家们提出的'科学方法'的影响已不明显，尽管像理论、模型和假设等专业术语被应用的涵义已有所不同，但是它们的意义并未被忽视"（第328-329页）。更多的实证工作一般在实在论（realism，强调客观现实独立存在）的框架之下进行，将实在论引入地理学的学者认为，只有通过精细研究才能解释现象，而通常只有少数事例用定性方法（第329页）。

五、总结和展望

约翰斯顿总结道："伯顿提出的计量革命观点，认为地理学经历了成功的数量和理论革命，特别是在事后看来，即使不是错误的，也是不成熟的。"（第329页）毫无疑问，当时引入地理学的思考问题和分析问题的模式，实质上改变了地理学家接受教育和研究的方法。大学地理系开设和讲授了统计、计算机和GIS以及地理学哲学和思想的相关课程，地理学家的思维方式和理念已经完全不同于区域描述的时期（第329页）。但是，实证主义学派并不长久，人们对它机械地分析人类决策和强调解释和预测的主张进行了激烈批判，虽然一些地理学家（如哈格特）仍然坚持实证主义方法论，但是实证主义对当代社会面临的重大问题（如第三世界的债务问题、地缘政治的紧张局势等）的漠不关心和无能为力，使其逐渐衰落（第330页）。

地理学家开始普遍认识到："数学模型仅仅是描述和理解世界的一种方法而已，在学术的分工中并不具有优势地位……模型在简化、联系、理解和改变现实世界方面仍有作用……'普适性'不是地理学家追求的唯一科学目标，模型是辨明那些重要的模式、关系和趋势的重要工具，它不是'无用的、邪恶的或者反演化的'，而只是一个简单的结果或对因果关系的理解。"（第331页）

"在60年代曾经激发人文地理学研究的区位理论如今已鲜有人提及。的确，区位理

[①] Harvey, D. *Explanation in Geography*. London and New York: Edward Arnold, 1969.（中译本见：《地理学中的解释》，高泳源、刘立华、蔡运龙译，北京：商务印书馆，1996年。）

论的涵义在过去十多年已经改变,对于那些早在20世纪60年代、70年代首先使用它的人来说,它是一整套相关联的陈述(法则或约束条件),是解释和推演可检验的假设的基础,这与实证主义的认识论完全一致。但是对那些采用其他认识论立场(比如实在论)的地理学家而言,区位理论是为理解现实而建构的抽象思维框架。尽管在一些案例中抽象理论存在着像实证主义一样的令人忧虑的问题,区位理论仍在统治——但已不可同日而语。"(第331页)

"然而,对(空间组织或其他形式的)信息中的模式和秩序的追寻仍是许多地理学家研究的核心,它常常是首选的、深入研究中重要的和值得探索的内容……20世纪末的地理学是一个有着独立或半独立的多变分支学科的、多元化的学科。许多秉承空间分析的传统学者认识到广度研究和深度研究的不同,前者着力于整体世界和它的重大问题,后者通过细致的、计量化的研究方法寻求解释和理解。对一部分地理学家而言,地理学已经不再是一门关于距离的学科,空间分析也已过时;但对另一部分地理学家而言,这个(学科)导向仍然为理解和提升我们所创造的并继续重塑的世界提供了一个整体战略。"(第332页)

"空间中的秩序:作为一门距离学科的地理学"一文,主要围绕空间这一地理学的核心概念和主要研究对象,结合近半个世纪以来的地理学发展史,尤其是英国地理学对空间秩序的研究状况,对这一关键问题进行了全面考察和深入思索。它具体介绍并分析了空间分析的历史与现状、理论与方法、认识论与方法论,并细致而有重点地展现了空间分析所涉问题的不同层面和不同内容,因而是全方位的。针对上述几个方面,它对空间秩序概念的历史演进进行了深刻的哲学反思和理论总结,因而是有深度的。随着认识论和方法论的重大转变,地理学中空间秩序的涵义也发生了变化。

空间中的秩序到底是什么?这一问题的答案看来永远具有时代特征,因为科学或学科进步的要求必然伴随并意味着核心概念的演化。多元主义可能容易导致"无序性",它虽然使我们对地理学核心的认识不像区域范式时期那样确定,但是,也许这种"无序性"和"不确定性"正是现实世界的一个重要特征。因此,空间中的秩序在本质上是一个问题,而不是一个关于"地理学研究什么"的答案。无论如何,地理学正变得更贴近现实,并在持续进展。这既是地理学家主观努力的结果,也是历史的客观趋势,这个历史演进过程,似乎是"有序"和确定无疑的。

(叶 超)

利文斯通

将科学置于地方（2003年）

一、利文斯通及其
《将科学置于地方：科学知识的地理》

大卫·利文斯通[①]（David N. Livingstone, 1953— ）是英国贝尔法斯特皇后大学（Queen's University, Belfast）地理学和知识史教授，英国科学院院士（1995年当选）、社会科学院院士（2002年当选）、欧洲科学院院士（2002年当选）、爱尔兰皇家科学院院士（1998年当选）、英国皇家地理学会主管研究的副理事长（2007—2010年）。他曾获得英国皇家地理学会基础研究奖（Back Award, 1997）、苏格兰皇家地理学会百周年纪念奖（1996年）、爱尔兰皇家科学学院社会科学金质奖章（2008年）、地理学和历史学研究帝国勋章。他是英国、美国、加拿大、德国等国家若干所大学的讲座教授。

利文斯通的研究兴趣集中围绕几个相关的主题：地理知识史、科学文化的空间性、科学和宗教的历史地理学。他的代表作包括：《纳撒尼尔·沙勒和美国科学的文化》[②]、《被遗忘的达尔文拥护者》[③]、《地理学传统：一个有争议之事业的历史片断》[④]、《美国阿尔斯特教：一个文化联系史片断》[⑤]、《地理学与启示录》[⑥]、《科学、空间与诠释学》[⑦]、

[①] 关于利文斯通的简介来自 http://en.wikipedia.org/wiki/David_N._Livingstone。
[②] Livingstone, D. N. *Nathaniel Southgate Shaler and the Culture of American Science*. University of Alabama Press, 1987. 本书"戴维斯：地理循环"一文中对沙勒有所介绍。
[③] Livingstone, D. N. *Darwin's Forgotten Defenders*. Eerdmans/Edinburgh: Scottish Academic Press, 1987.
[④] Livingstone, D. N. *The Geographical Tradition: Episodes in the History of a Contested Enterprise*. Cambridge, Mass.: Blackwell, 1992.
[⑤] Livingstone, D. N., and R. A. Wells. *Ulster-American Religion: Episodes in the History of a Cultural Connection*. Notre Dame: University of Notre Dame Press, 1999.
[⑥] Livingstone, D. N., and W. W. J. Charles, eds. *Geography and Enlightenment*. Chicago: University of Chicago Press, 1999.
[⑦] Livingstone, D. N. *Science, Space and Hermeneutics. The Hettner Lectures*, University of Heidelberg, 2002.

《地理学与革命》[1]、《亚当的祖先：种族、宗教和人类起源的政治学》[2]。他还发表了一系列论文，例如"文本，话语和证据：科学习惯的地理反映"[3]、"种族，空间和伦理气候学：一个系谱的记录"[4]、"公众眼光与科学理论：威廉·罗伯逊·史密斯和维多利亚时代苏格兰演变的阅读"[5]、"将进步置于地方"[6]。目前参与两个写作计划：第一个聚焦达尔文主义的地理学，试图阐明空间和地方在达尔文主义传播和达尔文主义意义建构中的作用；第二个以"气候帝权"为主题，阐述从希罗多德到全球变暖的环境决定论社会史。

本文介绍他的另一代表作《将科学置于地方：科学知识的地理》[7]。利文斯通开篇即指出：我们习惯于认为科学及其发现是放之四海而皆准的。毕竟，无论在亚马孙河还是在阿拉斯加，一个碳原子加二个氧原子都产生二氧化碳；孟买的科学家可以用同样的材料和技术来挑战纽约科学家的工作；重力定律当然适用于全世界。那么，为什么科学运作于斯的空间至关重要呢？利文斯通提出这个问题以检验他关于科学如何具有其产生地印记的精彩研究。

书中采用很多地方科学实践的历史案例，从科学知识的产生和应用两方面指出了地理的根本重要性。利文斯通首先将注意力集中在产生科学的一些特殊地方——实验室、博物馆和植物园，列举出一些较常见的地方，也考察了诸如咖啡馆、大教堂、船甲板、医院，甚至人体本身。对于每种情况，他揭示了探索的空间如何成为研究的条件。他接着在区域尺度上叙述了地方文化如何成为一种科学动力，以及科学实践如何有助于形成地方身份。他进一步拓宽探索，基于科学理论在不同地方如何被认可的个案研究，委婉地指出科学含义的根本不稳定性。从达尔文在毛利人土地上受到的接待，到自马赛延伸至巴黎的铁塔，利文斯通以恣意纵横的笔调表明，地方确实是一种存在，即使在科学世界。

---

[1] Livingstone, D. N., and W. W. J. Charles, eds. *Geography and Revolution*. Chicago: University of Chicago Press, 2005.

[2] Livingstone, D. N. *Adam's Ancestors: Race, Religion and the Politics of Human Origins*. Baltimore: Johns Hopkins University Press, 2008.

[3] Livingstone, D. N. Text, Talk and Testimony: Geographical Reflections on Scientific Habits. *British Journal for the History of Science*, 2005, 38: 93-100.

[4] Livingstone, D. N. Race, Space and Moral Climatology: Notes toward a Genealogy. *Journal of Historical Geography*, 2002, 28: 159-180.

[5] Livingstone, D. N. Public Spectacle and Scientific Theory: William Robertson Smith and the Reading of Evolution in Victorian Scotland. *Studies in History and Philosophy of Biological and Biomedical Sciences*, 2004, 35: 129.

[6] Livingstone, D. N. Putting Progress in Its Place. *Progress in Human Geography*, 2006, 30: 559-587.

[7] Livingstone, D. N. *Putting Science in Its Place: Geographies of Scientific Knowledge*. Chicago: University of Chicago Press, 2003.

其实，利文斯通在本书中的思想早就萌芽。他于 2000 年在《自然》杂志上发表了一篇关于科学与建筑之关联的书评[①]，题目就是"将科学置于地方"。书评开始就提出这样的问题：科学知识产生于许多不同的地方，地方真的很重要吗？科学探索的区位会影响科学的运行及（更为重要的）内容吗？对这些问题的答案都是毋庸置疑的"yes"。他认为，关键问题在于科学的认知内容是否受其环境的影响，如果是，如何影响？科学知识的获得是一个社会过程，社会过程又有其自身的文化形态。地方和空间影响科学主张，因为除了"进入性"问题之外，空间的安排也很重要。

该书共 244 页，包括 31 幅图画和 5 幅地图，内容包括：导言；第一章，一门关于科学的地理学；第二章，地点——科学的场所；第三章，区域——科学的文化之苑；第四章，交流——科学的运动；第五章，将科学置于地方。限于篇幅，以下只介绍第一章的主要内容，其中包含了全书的主要思想。

二、科学的地理属性

科学知识产生于诸多不同的地方，其产生的地点是否要紧？区位是否影响科学探索的运作？（更为重要的是）是否影响到科学的内容？在我看来，这类问题的答案是肯定的。

科学具有地理属性？这是个与常理相悖的提法。我们能理解与科学相关的有科学哲学、科学历史学，甚至科学社会学，但是有关于科学的地理学吗？我们一直被告知，科学是一项与地方条件无关的事业，是一种普遍的而不是地方的实践。在人类所有追求真理的努力中，科学在超越狭隘地方观念方面无疑最为一丝不苟。科学努力避免地方的限制，排斥偏见和先入之见，保证客观性。我们认为可信的知识必定没有地方标签，仅仅适用于某一地区的科学是有问题的。

科学知识产生的地点似乎无关紧要，以至于即使地理学者也一直倾向于从科学中去除空间的重要性，尽管地方和区位的观念对他们是如此重要。确实，他们也承认可以写作天文现象的地理学著作。但除了诸如天文台不应建在多雾的峡谷底，或者在南半球看不见北极星之类无关紧要的事情外，实在没什么可写。宣称天文学方法或天文学家发现的理论会受空间位置的影响，这近乎荒谬。当然，地理学家也承认科学发现和技术发明的扩散可以表达在时空图上，新农业技术或医疗手段从它被发明的地点扩散的路径，可

---

① Livingstone, D. N. Putting Science in Its Place: Review of The Architecture of Science. Nature, 2000, 405 (29): 997-998.

以用地图的方式表达。但除此类常识外，地理对科学的影响似乎不大。

地理学家并非唯一置科学于不顾者。社会学家长期以来乐于将从家庭、节日到礼仪和宗教的几乎所有事情社会化，但并不用社会学的观点看待科学。例如，认为宗教可以反映它成长于斯的土壤，而科学产生的知识却不带地方印记。其实，对科学的某些方面是可以进行社会学分析的。当科学家们偏离方法论规范，以其研究投合政治偏见，篡改数据，从研究结果中引出宗教含义，或者得出错误的结论，诸如此类的"偏离"就可以用地方性因素来解释，可以有一门社会学分支来研究此类问题。又如，一直认为国家或国际上对研究的资助格局和资助水平会影响科学研究的进程。但是，任何将科学置于其产生之地的努力，却都被当作是对科学认知正直性和权威性的攻击。实验室这个现代发明，可以被解读为有意识地创造出的一个"去地方"（placeless）的科学探索场所，这是一个消除地方性（locality）影响的普适场所。为保证可靠性和客观性，就需要"去地方性"（placelessness），19 世纪中期以来实验室作为出色科学探索场所的成功，证实了这种主流看法。

然而，这些看法大可质疑。尽管很多人在努力构建"去地方的地方"（placeless places），以迎合追求普遍意义的科学和空间（space），但仍需相信考察科学探究的所有不同空间是非常重要的。要辨明进行实验的不同场所（sites）、产生知识的不同地方（places）、科学调查的地方性（localities）对于科学有何重要意义。可以提出范围广泛的空间问题，例如，进行科学研究的特定空间（the space）对一个研究结论被接受或被拒斥有无影响？科学理论产生的特定区位（the locations）有何重要性？科学思想的传播如何依赖于仪器的复制和方法的标准化？提出了哪些策略来获取关于那些不能直接观察之事物的知识？沿着从特定场所到区域背景再到国家环境这个尺度谱序（the spectrum of scales），探索科学活动在"何地"（where）的问题是很有意义的。

两个科学事业受地方影响的例子有助于说明为什么科学的地理特征值得考察。在奥克兰《南方月刊》（*Southern Monthly Magazine*）刚发刊的 1863 年，读者接触到了达尔文进化论。他们相信达尔文主义为新西兰带来了新曙光，进化论阐明了一个羸弱、落后的民族为何注定要让位于一个强势民族。达尔文主义迎合了新西兰帝国主义者的需要，在这里很受欢迎。寻求扩张土地的殖民者运用达尔文主义，说当地毛利人野蛮，为殖民扩张找到了正当理由。与此同时，美国南部的情形却截然不同，达尔文理论在那里遭到种族政治拥护者的抵抗。为什么呢？因为它威胁到了传统观念：不同种族各有其造物主，并被赐予了不同的文化优势和智力优势。同样出于种族理由，达尔文理论在奥克兰和查尔斯顿有着完全不同的境遇，在这两个地方有着不同含义，在一个地方支持种族观念，在另一个地方却危及种族观念。

这种差异还可以引申至更大的范围。达尔文主义在俄罗斯和加拿大含义不同，在贝尔法斯特和爱丁堡含义不同，在工人俱乐部和教堂含义不同。牛顿的机械论哲学、洪堡的全球物理学（global physics）和爱因斯坦的相对论也遇到同样的情况，它们在不同的地方被理解为不同的东西，为着不同的文化目的和科学目的。科学理论显然并非一成不变地从其发源地向全球传播，而是在传播过程中不断被修改。这些都表明，科学理论的含义不是固定的，它因地而变。它的含义响应于每一分析尺度的空间因素——从国家区域的宏观政治地理到地方文化的微观社会地理——而呈现不同的形态。

在科学的其他方面，空间和地方也有重要意义。例如，19世纪20年代，查尔斯·埃尔顿（Charles Elton）的动物群落理论产生在一个非常特别的地方——北极的熊岛（Bear Island）。之后，他的继承者雷蒙德·林德曼（Raymond Lindmen）发展埃尔顿的营养结构（trophic scheme）概念却是在另一个特殊的地方——明尼苏达雪松小河沼泽（Cedar Creek Bog，Minnesota）。在这两个案例中，生物调查的自然地域对科学知识的产生都十分关键。它们是一些孤立的地点，其自然特征使得可以控制某些变化因素并进行全面的观测，这就是所谓"地方实践"（practice of place）的独特作用。正如对于更广泛的所有野外科学工作者一样，地方在此类调查的全部工作中都占有中心地位。探究"在哪里"的问题对于真正的科学实践是非常重要的，正是在特定的自然地域，产生了生态演替理论、动物群落理论和沙丘形态学。

三、空间的重要性

人类的活动总是发生在某个地方。你生活在地球表层上的什么地方，总会对你的生活造成某种与众不同之处。你在地方或全球的区位，很大程度上影响着你处于其中的社会、经济和文化环境。资源的地理分布不均匀，地球表层上的生活方式有一定格局，地球的自然特征也有显著的空间差异。因此，大可谈论区域经济、国际地缘政治、国家文化景观、城市社会形态，或者世界宗教地图。人类生活的这些方面都具有显著的空间维度，因而个人、社会群体、国家、次大陆（subcontinent）所处的物质空间（material spaces）位置有重大意义。

但是我们并非只居住在物质空间里，我们也处于各种各样的抽象空间（abstract spaces）中，我们以各种空间方式活动在智力、社会和文化领域。物理空间上很接近的人们，在社会距离或文化空间上却可能相距甚远，生活在完全不同的世界。所以我们经常诉诸地图或其他空间隐喻：有人类基因地图计划，有地图理论，有属于每个人自己的认知地图（mental map），用地图来绘制行动路线。即使在日常话语中也很容易发现，人们希望更多的个人空间，或者感到方向迷茫，或者认为与环境格格不入。不管在实质上还是隐喻上，这些都是极重要的空间问题。

我们日常生活中的事务交往是在空间中进行的，我们每天参与的社会互动在极大程度上依赖空间的转换和交叠。以我们与他人相遇的场所为例，略举几例就包括工厂、运动场、餐厅、舞会、办公室、住所，等等，每一种场所在促进交流方面都具有特定的意义。人们在这些不同场合中，行为和互动的方式可以极其不同。而关于"正常"与"怪异"的一般判断，更取决于背景条件，在一个地方被认为得体的行为，在其他地方就可能被看作是荒诞或怪异的。

显然，用以赋予人类行为一定含义的标记和符号也与空间相关。因此，即使要弄清最为简单的手势和举动，也需要理解任何具体地方居住者的"想象世界"（imaginative universe）。熟悉会议室、图书馆、建筑工地或者教堂的"当地习俗"，对于理解交流赖以进行的符号信息至关重要。这就需要揭示附着在当地结构中的各种含义和推论，需要对特定地方的特定规则有特定的理解。

可见，社会生活在其中进行的空间显然远不是一个中性"容器"。换句话说，空间不简单地就是真实行动发生于其上的舞台，空间本身就是人类互动系统的构成因素。在从国际到本土的每一尺度，我们居住的位置直接产生并限制着种种例行的社会关系。这样的地点规定了我们在特定的社会环境下能说什么、能做什么，以及（同样重要的）不能说什么、不能做什么。每一种社会空间都包含着一系列可能的、可容许的和可理解的言辞和行动。这类话语交流的空间是种种社会关系的结果，它们并非简单地就是一致意见，它们也同时规定了什么样的不同意见是恰当的和可以表达的。

既然我们说话的立场（positions）对我们可说什么话十分关键，那么所谓"区位和惯用语"（location and locution）之间就暗含着某些联系。当然，不能将不可言表的行动简化为区位环境，就像不能将地理简化为几何那样。社会空间促进、调节但并不决定话语空间。也就是说，观念是在背景条件中产生并受其影响的，它们必须与其环境共鸣，否则就无法表达、无法保证一致、无法与追随者沟通。但观念也必须与其社会环境充分"脱节"，以使能重塑产生它们的环境。空间既使得话语得以进行，又对其有限制。

不仅如此，日常社会生活的空间与国际交往的变迁也有关。最为典型的例子是，我们大家都以这样或那样的形式涉入国际交往。正如爱尔兰诗人西莫斯·希尼（Seamus Heaney）所说："我们不再仅仅是当地人了。"商品、信息与数据的流通寓意着"当地"被远方的主体和势力不断改造和重塑。从国际金融市场的波动，到几乎每一个城市中的居民都可在近在咫尺的地方吃到中国外卖、意大利比萨和美国甜圈，"近邻"不断被

"远方"改造。而且，与过去相比，这些过程明显加快了。电话、互联网、电信系统等现代科技的普遍应用，使"这里"到"那里"的联系瞬时建立，空间被时间消减了。从马拉车是最快交通工具的时代到喷气式飞机的时代，世界收缩了。"年代地理"（chronogeography）不断变换的速度和节奏已经强烈地改变了我们的世界，这意味着商品流、信息流和"在场"与"不在场"之间不断变化关系的极端重要性。因此，空间既非静止的也非稳定的，而是移动的和易变的。

商业和商品的流通并非这类变化的唯一例子。经济制裁、国际冲突和军事协定都不断重塑着世界政治地图。至少在这个意义上，我们没有一个人能完全脱离所谓的"地理争斗"（the struggle over geography）。而且，这种争斗还不限于军队和军火那么简单，它还与观念和想象有关。我们怎样想象遥远地方的人和事，怎样看待他们对于我们及其他人的意义，在道德上和政治上都极其重要。意象的地理具有实实在在的重要性。

其实很久以来就是如此，想想 500 年前欧洲面对新世界时的情况吧。16 世纪欧洲人头脑中的美洲人类和生态，直接呈现为一种奇异又令人厌恶、迷人又充满威胁的空间（图1）。"新"疆土上的人民和土地照例被描绘成低劣和野蛮之类，而且常常被归入欧洲人游记中描写的那种"怪异种族"之列。新旧世界在美洲的相遇结果，一度是一个涉

图1 这幅描绘巴西海岸的图画式地图取自葡萄牙制图者罗伯·欧蒙（Lopo Homen）1519 年制作的地图集。该地图采用当时典型的海图——图解航海地图（portolanos）——的惯例表达方法，描绘了大量土著人居住的异国土地和丰富的动植物。这样的图像就是欧洲人头脑中意想的关于新世界的地理。

及道德、经济和科学的事件，这一横跨大西洋的早期历史多取决于欧洲对西半球的地理想象。

这种情况还不限于美洲，有两个类似的例子也值得考察：18 世纪南太平洋地区连贯地理实体的构建，以及维多利亚时代"最黑暗非洲"的指称。在这两个例子中，科学和文明共谋将带有这些区域标签的事情与主流融合。前一例是詹姆斯·库克（Janes Cook）等人的航海将欧洲科学领域中的制图学、人类学、植物学、动物学和地理学扩展到那一范围；后一例中的探险和传道促进了绘画中明暗手法的流行，这些绘画用暗色描绘非洲，而探险者们企图为其带来光明。

这些案例的引人注目之处在于科学活动传播的复杂性。例如，"东方"（the Orient）作为一个地理区域，以及"东方人"（Oriental）作为一个种族类别的出现，很大程度上是欧洲启蒙运动期间及之后科学热潮的产物。通过地质学家、工程学家、人类学家、测绘学家、制图学家以及其他许多人的工作，欧洲试图测量这些新占领的空间。"东方"是文化和军事入侵的结果，是科学和宗教东征的结果。"东方"是一个事实与虚构的混合物，作为"西方"的第二自我而出现。这个想象的空间又反过来变成了学术关注的焦点，并被展示为欧洲的怪异"另类"（other）。传奇的"东方"地理在纸面和画布上，在博物馆和展览厅中呈现在欧洲人眼前（图2）。

图 2　此画是 1837 年约翰·卡内（John Carnein）描绘的迦法（Jaffa）浪漫情景，此类绘画相当程度地证实了欧洲人对中东地区的想象——一个奇异、神秘、遥远的另类地区。通过此类作品，东方被西方世界想象为一个奇异的地理区域。

所有这些努力在某种程度上都显示了对地方的重视。在世界尺度上表达全球区域，继而将其构建在人类意识中的能力，对于政治主权的实践曾经是非常重要的。而在另一端，非常具体的地点也对人们施加了强大的力量。例如医院、教堂或法庭，在这样的空间中，人们出于各种目的而被置于医学、宗教和法律知识的权威之下。人们在这样的空间中进行医学诊断，被告知何为善、何为恶，被判决或被开释。人们在这三种情况里都以这样或那样的形式经历着身体、意识和精神的训练，因为这三种情况里所实施的规则体系与约束它们的知识体制之间都暗含着某些联系。所以，为了理解医学、宗教或法律的历史，我们必须掌握医学、宗教和法律的地理。关注以不同方式产生然后运用这些知识的地点非常重要，知识、空间和权力在每一尺度上都紧密地交织在一起。

地方对知识的产生很重要，对知识的运用也很重要。当观念和想象从一个人传到另一个人、从一种文化传到另一种文化时，也就从一个地方迁移到了另一个地方。但是迁移并不等同于复制。当观念在传播时，就经受了被翻译、被转换，因为人们在不同的环境中遭遇不同的表达。如果说对一个理论的理解必须联系其产生的时间和地点，那么对它的接受也与时间和空间相关。所以，如果我们要对思想、理论、见解、想象、概念和推测如何改变了这个世界有所领会，我们就需要像关注它们是如何产生的那样关注它们是如何被接受的。适用于想象和观念的考察方式同样适用于科学。

四、关于科学的地理学

关于科学的地理学是怎样的呢？科学牵涉观念与制度、理论与实践、原理与现象，而所有这些都有空间维度。来看看实验室这个产生试验性知识的重要场所吧。谁来管理该空间？其边界在哪里？允许谁进入？实验室专业空间里的发现如何进入到公众领域？探究实验室微观地理，或诸如动物园、植物园和博物馆之类的类似空间，将使我们走上一条漫漫长路，去领会空间在获取科学知识的每个阶段的重要性。知道什么，怎么获得知识，证明其可靠的方式何在，所有这些都与科学运作的地点紧密相关。

关于科学的地理学呼吁关注科学信息的不均衡分布。并非每个人都得到了科学的帮助，因为科学观念及其相关事物的传播路径是散漫的。科学文化本身是否具有任何可辨识的政治或社会地方志性质？这也是一个有意义的问题。一定类型的科学探究能与一定的社会阶层，或特定的宗教信仰，或大都会文化或乡村文化相关联吗？殖民地产生的科学在多大程度上涂上了帝国主义列强的文化政治色彩？科学工作是否曾被用于维持特定群体的意识形态并增进他们的利益和侵害别人的利益？

提出此类问题并非要预先判断答案何在，而是指出我们的考察有必要关注科学的地方性、区域性和国家性特征。这意味着科学并非如想象的那样是毫无地方性和偶然性痕迹的超然存在。相反，需要有时间的和区域的形容词来限定它。在某时间尺度，科学总是古代中国的、中世纪伊斯兰教的、现代化早期英国的、文艺复兴时期法国的、杰斐逊时期美国的、启蒙时期苏格兰的，如此等等。我的大多数讨论将扭转站在西方认识科学的立场，但这还不是为科学正名的唯一途径。关于科学是什么，我们必须持一个较少固执的概念。什么可称为科学？视时间和地方而定，是可以商讨的。柏拉图和亚里士多德所从事的活动与牛顿、波义耳，或者与沃森、克里克的是同一类型吗？说他们都在"搞科学"并未搔到痒处，因为所用相关术语的意义在不同时间、不同地方都会变化。即使看似标准的名称，如"原子""基因""物种"，都已几经变换；诸如"哥白尼主义""牛顿主义""达尔文主义"的科学运动也如此。科学并非具有一套必要且充分条件的先验存在，而是处于时间和空间中的人类事业。

关于科学的地理学要揭示科学知识如何打上了地方印记。不言而喻，科学家关于自然界能合理地说些什么，更重要的是能做些什么，都会有种种限制。科学家创造科学，但并非如他们所想的那么彻底。如果说科学探究能够产生出关于世界某些方面的真实说明，也只能在特定的时间、特定的地方、经由特定的程序来做到。这意味着对科学的每一方面都可以进行地理学的质询。科学宣称为真的方式，建立和证实理论的方式，科学影响世界的方式，诸如此类的问题都需要诉诸地方的意义。尽管科学似乎具有普遍性，具有在地球表面上高效传播的能力，但其地方性特征是挥之不去的。科学的成功至少部分归因于仪器复制、观察者训练、操作规程传播和方法标准化等空间策略。

关于科学可以提出的地理学问题可以是很广泛的。可选择三个重要的地理学主题加以详述，即地点、区域和流通及其对科学的影响。换句话说，本书的组织是以空间而非时间、地理而非历史为线索，与考察科学之性质时将时间优先于空间的惯例不同。当然，这不是要否认历史变迁、时间进程、周期性认知转变的极端重要性。本书的结构旨在突出空间，凸显地理特征对科学探究的作用。这意味着没有单一的核心公式来解释空间如何经常地塑造科学，空间在不同区位、不同时间、不同环境、不同尺度以不同方式在科学上留下印记。

我们将从考察科学知识产生的地点开始。这些地点范围广泛到从实验室到动物园、从田野到博物馆、从医院到酒店。我们将分别探究每一场合中区位对于形成科学探究的重要性，将探访一些科学秘密进行的隐秘空间，这些地方害怕公众抗议，或者在进行秘密研究。人体作为科学探究的场所，不仅是为了医学研究，其本身也是一个度量工具，我们将对此加以考察。自始至终，我们将发现看似普适性的科学主张却与位置相关，看似超然的理论却十分具体化。同时,大量科学研究的场所见证了科学的变化性质。的确,有充分的理由怀疑"科学"这个术语是一个想象,掩饰了在科学的标签下进行的各种交易活动。需要知道不同的空间里有不同的科学实践,这才是明智的。

然后我们会转向更大的区域尺度,我们将详细解读区域文化、乡土政治、国家体制等制约科学探究及其结果的各种方式。科学欧洲的兴起是一个引人注目的区域模式,我们将鉴明一定形式的科学活动为什么会出现在一定的区域和一定的时间。这些阐述将证实用"英国的""法国的""俄罗斯的"这样的形容词修饰"科学"是正确的,它们也将证明"科学革命"具有地理性,正如具有历史性一样;也同样会强调更多的地方尺度——乡村的和城市的——的意义;还将解释为什么会有"工业革命期间的曼彻斯特科学"或"19世纪中期查尔斯顿自然史"。我们还将探究新奇的概念和实践在不同地方被接受的不同方式。即使是对空间的抵制和漠然,也可以告诉我们很多关于科学文化作为接纳空间和占有空间的信息。通过区域尺度的考察,我们会弄清地方特征如何影响科学理论被接触、促进或抛弃的方式。

最后,流通的重要性也很关键。我们将考察样本、仪器在空间和时间中迁移的重要性,思考用以获取远方事物可靠信息的策略,考察知识如何从一个地方传播到另一个地方。各种建立信任、标准化仪器、训练观测者的系统,即所有企图消除"此处"与"彼处"之间感知距离的关键特征,都必然值得我们注意。我们将反思诸如制图、绘画这类技术用来克服对旅行者报告可信度的质疑,以及作为凝固时间和固定空间的手段。我们将考察看似超然的发现怎样在实际上是判断、协商和规制的结果。就像其他任何事物一样,科学知识的成功传播,不过是设定了一些策略来维持远距离的认知而已。

我很清楚,这些还远不是我所说的关于科学的地理学的全部。我的论述只基于从16世纪到20世纪初期选取的历史案例,其实古代和中世纪的科学以及21世纪的科学都有值得讲述的地理故事。我的目标就是直接提供一些说明性实例,而非全面考察,以表明地理在科学探究中何其重要。我希望这些思考能激发某些读者的想象,鼓励他们进入科学文化的未知领域,继续这一任务去考察科学中迄今尚未被探索的空间。

五、结语

《将科学置于地方》考察了科学的显著灵活性及其在全球扩散时看似不经意的方式,

得出了令人信服的结论。玛西亚·梅尔德伦在对本书的书评[①]中说：这是一本从多学科（科学历史学、地理学和社会研究）的视角论述科学性质的书。表明科学知识和科学工作都深深根植于特定的时间、地方和当地文化，事实上科学总是"来自某地的观点"。此书文笔优雅，说理清晰，论述了根植于历史和地理背景中的科学概念，值得推荐。

（蔡运龙、严　祥）

[①] Meldrum, M. Putting Science in Its Place: Geographies of Scientific Knowledge (review). *Journal of Interdisciplinary History*, 2005, 36 (1): 75-76.

古德柴尔德

地理信息科学，地理学，形态与过程（2004 年）

一、古德柴尔德其人

迈克尔·弗兰克·古德柴尔德[①]（Michael Frank Goodchild, 1944— ）是国际著名的地理信息科学家，现为加州大学圣巴巴拉分校（UCSB）地理系教授。1965 年获剑桥大学物理学学士学位，1969 年获加拿大麦克马斯特大学地理学博士学位。1969—1988 年在西安大略大学工作期间，多次在美国、加拿大、澳大利亚、新西兰等地的大学或研究机构任客座教授或客座研究员，1989 年决定加入加州大学圣巴巴拉分校地理系。在此之前，曾于 1978 年、1979 年、1988—1989 年三次任该校客座教授。1989 年至今，除 1997 年曾在伦敦大学伯克贝克学院任客座教授之外，一直任职于该校。1987—1990 年担任美国《地理分析》主编；1991—1997 年担任美国国家地理信息与分析中心主任；1997—1999 年任美国国家研究理事会制图科学委员会主席；2000—2006 年担任《美国地理学家协会年刊》中"方法、模型和地理信息科学"版的主编。他是十多个学术杂志的编委，目前为美国国家科学基金社会、行为和经济科学咨询委员会的主席。

古德柴尔德是国际空间数据不确定性研究的先驱之一。他的主要贡献在地理信息系统（GISystem）及后来所称的地理信息科学（GIScience）方面，这得益于他早期在计算机编程，尤其是地理软件开发方面的优势。他最早提出地理信息科学的概念。GISystem 为通常意义的即狭义 GIS，重在地理信息技术及信息系统；GIScience 为广义 GIS，是希望整合技术、方法和理论，以便形成一门系统科学。

古德柴尔德开始工作的时代正是地理学计量运动的时代，而空间分析是当时的一个主要论题。他早期的工作主要集中在区位—配置及算法、计算机在地理中的应用等方面，结合区位—配置问题编制过一些地理软件。在这一阶段，古德柴尔德逐渐形成地理信息系统的概念，GIS 及相关问题研究成了他一生事业的重心。早期的 GIS 技术受计算

[①] 古德柴尔德的简介由姜世国撰稿，陈彦光对姜稿进行了补充和修改。

机硬件条件的限制较大,古德柴尔德等一批先行者在这方面进行了不懈的努力。他们不断改进算法,增强 GIS 功能,扩展并推广 GIS 的应用范围,使越来越多的人能够认识到 GIS 的功用。

随着计算机技术更新,GIS 的前景不再那么虚无缥缈。1987 年,美国国家自然科学基金(NSF)决定资助成立国家地理信息与分析中心(NCGIA),先期拨款 550 万美元,每年 110 万美元。招标的结果,由加州大学圣巴巴拉分校地理系、纽约州立大学布法罗分校地理系、缅因大学测绘工程系共同组建 NCGIA 联合体,总部设在加州大学圣巴巴拉分校。古德柴尔德和大卫·西蒙奈特(David Simonett)为主任,其余三个副主任负责三个分区的日常运营。1991 年,古德柴尔德独掌 NCGIA。1997 年开始,NCGIA 设立执行委员会,古德柴尔德任主席,具体事务由三个地区主任负责。1998—2000 年,古德柴尔德主持加州大学圣巴巴拉分校地理系的工作。

古德柴尔德的事业跟 GIS 的发展息息相关。GIS 从起步到发展、从确立标准到推广普及,他都作出了基础性的贡献。技术领域比较容易拿到资助。古德柴尔德得到来自 NSF、政府部门、企业咨询及其他研究结构的资助总计在 5000 万美元以上。因此,加州大学圣巴巴拉分校地理系是美国地理系中唯一不缺钱的,其研究经费遥遥领先于其他地理系。

从学术研究上来说,古德柴尔德任职 NCGIA 主任标志着他退出学术研究第一线,开始了为他人做嫁衣裳的工作。通过加州大学圣巴巴拉分校地理系和 NCGIA,古德柴尔德及其同事培养了大量的学生。古德柴尔德著述甚丰,包括 400 多篇论文、学术随笔(其中第一作者或单独作者的约占三分之二,其他为与人合著),15 部以上或编或著的书籍,这一目录还在不断增加中。有人感叹,粗略检视一下古德柴尔德的论文,发现很难找出一篇文章来作为他的代表作,或者说,古德柴尔德的工作主要不是在基本的学术贡献上,而是推动了作为地理研究工具的 GIS 的发展。古德柴尔德发表过几篇分形的论文,但主要是一些方法的简单应用。古德柴尔德获得过多项荣誉和奖励,2002 年他成为美国科学院会员和加拿大皇家学会外籍会员(即通常说的院士),2006 年成为美国艺术与科学院会员。他得到的奖项很多,最值得一提的是,他于 2007 年获得了具有地理学诺贝尔奖之誉的瓦特林·路德地理学奖。

二、"地理信息科学,地理学,形态与过程"[①] 提要

过去几个世纪以来,地图作为人们储存和交流地表知识的基本手段而发展演化。地

---

① Goodchild, M. F. GIScience, Geography, Form, and Process. *Annals of the American Association of Geographers*, 2004, 94: 709-714.

形图描绘地表总体形态和基本的自然与人文特征；专题地图展示更加专门化的属性差异，如土壤类型或人口密度；海洋深测地图和水文图表现海底特征。地图是原始数据和地理探索结果最重要的贮存器之一，制作地图总是地理学者或他们工作助手最出色的一项技术。地图因而是地理学家探索理解自然和人文过程在地表如何作用和相互作用的重要且不可或缺的工具：人们据此了解世界如何运转。

地理信息系统（GIS）作为计算机应用软件在 20 世纪 60 年代设计开发，用于处理从地图中获取的大量数据，执行无法由人工来完成的繁重乏味的、高成本的或不够准确的运算。学术界普遍认为，最早出现的加拿大地理信息系统是为了进行大量数据的面积计算，并以表格形式报告结果。随着时间推移，GIS 的功能范围呈指数增长。如今有理由认为 GIS 实际上能对从地图中获取的数据执行任何能够想到的运算。地理学家热衷于使用 GIS，将其视为一种数据储存、分析和将地图信息形象化的强大工具，它因而也是对纸质地图有效得多的替代。

在过去的十年中，大量的期刊、会议、学术研究职位和项目采用的标题是将信息与空间或地理以及将信息与科学或理论结合起来。在下文中为简单起见，古德柴尔德用地理信息科学（GIScience）这个术语，而不去查究用词之间的微妙差别，比如空间信息理论与地理信息理论的差别。地理学者与这些变化中的很多都有联系，并且在许多情形下，处于最前沿，很多新的项目和职位在地理系中创生。但是对这些发展趋势的总体评价，或者说对这些变化对地理学整个学科的发展可能意味着什么的评述相对较少。

美国地理信息科学大学联盟（UCGIS）由大约 70 个学术机构、私人公司和政府机构合作组建，是地理信息科学在美国兴起的最为显著的标志之一，它"致力于通过发展理论、方法、技术和数据来增进地理工作者对地理过程及空间关系的理解"。这种服务于科学的工具性主题定位得到克拉克（Clarke）的响应，他将地理信息科学定义为"一门借助地理信息系统的工具理解世界的学科"。由此，地理信息科学的特征与人们对任何科学活动的期望并无二致：可重复性、观察者和被观察对象的独立性、定义明确的术语形成的共用词汇以及关注准确性。人们期望从 GIS 中获得的结果能达到一定精度以反映它们的准确性，达到足够的细节化水平以使其能被其他人重复；人们还期望 GIS 的程序得到细致、完整的证明。

但这仅是地理信息科学两个竞争性定义中的一个。古德柴尔德把地理信息科学定义为"系统背后的科学"，它关注的是由 GIS 和相关技术所引出的一组基本问题。基于马克（Mark）的定义，地理信息科学是一个知识库，被应用于 GIS 中，使 GIS 成为可能。它可以探索普遍原理，比如成对特征间可能存在的拓扑关系。它还可以发现更快的算法，或者更有效的索引方案，或是使地理信息可视化的新方法。UCGIS 已经认定了未来十种"研究挑战",代表了对地理信息科学长期研究议题中最重要组成部分的共识。

基于第二种定义即"系统背后的科学",地理信息科学建立在很多世纪以来人们所积累的关于如何描述、测量和表现地表的研究成果的基础之上。向数字技术的转变使老的地理信息科学——测量学、摄影测量学、制图学——发生了变革,给老的研究课题以新的推动,并引发出与更大的灵活性以及数字技术力量相关的新问题。而且,老的地理信息科学是在一个清晰的和模拟的技术时代中发展演化——只要制作地图的纸、笔与摄影测量学的分析立体绘图仪或测量学的经纬仪共同性很小,它们就完全有理由依据不同研究日程,分别发展演化。不过今天,三个领域都全心全意地接纳了数字技术,它们的服务彼此交叠,并面临着同样的表示、数据库设计、准确性和可视化的问题。

随着新的问题产生及新问题对其他科学领域技术和原理的需要,地理信息的世界变得更加复杂。遥感——观测地球的科学——如今是一种重要的地理信息来源,并有其自身的问题和原理。空间信息的独特问题已经引起计算机科学家的兴趣。空间数据库、计算几何学和空间索引现在被作为计算机科学的分支学科,对地理信息科学具有特殊的意义。空间统计和地理统计,作为统计学的分支,为地理信息科学的精确性和不确定性研究以及为更高级的空间分析、建模和可视化手段的发展提供了重要的框架。地理信息科学是信息科学的正统分支学科,它对信息科学家具有特别的吸引力,因为地理信息的属性特征有很好的界定,而且信息型的知识发展相对充分。最后,地理信息科学研究日程的一个重要部分给认知科学家提出了一些有趣的问题:地理的知识和技能如何被人脑掌握?地理信息系统怎样能更容易地被人理解和使用?

伊根霍费尔(Egenhofer)和佛然左萨(Franzosa)的九交集(9-intersection)是纯粹理论化的演绎,如同数学结论从基本原理演绎推理得到,而非从经验观察中一般化和归纳得来。其他学科比如物理学或地理学是以演绎和归纳相结合的方式产生知识,从观察中归纳出定律式陈述,演绎推导或者提出可被观察检验的假设。在这方面,人们可能会问,对于地理信息科学的研究主题,定律式的陈述是否有可能:地理信息是否具备能被普适化的属性?这些属性的实用价值会是巨大的,因为它们可以来引导 GIS 的设计,促使在表示方式、索引方案和算法上作出更有效的选择,并使人预料到归纳过程中损失的信息量。

安色林(Anselin)在空间统计分析背景下认为地理的数据显示两种普遍属性:空间依赖性和空间异质性,在任何空间分析中必须考虑这两种属性。前者是托布勒(Tobler)地理学第一定律的内容:"一切事物相互联系,但近距离事物比远距离事物之间的联系更强。"随着 GIS 和地理信息科学的发展,近年来对这一原理的兴趣也迅速增强，因为在 GIS 的设计中这个原理以很多方式被应用。所有的 GIS 表示方法，无论栅格还是矢量，其有效性都依赖于属性在地表相对平缓地变化，这样就不需要单独记录每一个点的属性；这是一项不可能完成的任务，因为点数无限。托布勒定律也应用于所有空间插值和空间重复取样的方法。例如每一个气象地图都来自有限数量的样本点观测数据；它的等值线生成依赖以下原则：邻近样本点的测量数据比远处样本点的测量数据能提供对缺失值更好的估计。

安色林的第二个原则——空间异质性原则，认为所期望的事物在地球表面会因地点不同而有所差异，由此导致的重要结果是任何分析的结论都必须清楚地依赖其分析的边界。这解释了近年来形式多样的基于地方分析的研究兴趣的增强，这种基于地方的分析允许结果表现出空间差异性，而非致力于寻求一个单一、普适的结论。可以将这种兴趣视为在地理学关于普遍性与独特性的古老论争中持中立立场，反对所有地方都是独一无二的观点，赞成一般原理，但认为原理的参数会随地点发生变化。福瑟林厄姆（Fotheringham）的地理加权回归考察了回归模型参数如何随地点而变化，与此同时，安色林的空间联系的局部指标考察了集聚程度的空间差异性。有人可能提出空间差异性法则应为第一法则，而托布勒的定律为第二法则，因为异质性是把地点属性一个一个取出来进行讨论（统计学意义上的一阶效应），而空间依赖是不同地点组之间的属性比较（二阶效应）。

托布勒的第一定律和安色林空间异质性原理是有用的，是地理信息的普遍性质，并立即引发了两个尚未得到广泛研究的重要问题：第一，在多大程度上两个原理适用于所有空间，而不仅仅是地理空间；第二，有没有其他的定律式陈述有同样的经验支持，对 GIS 有类似的效用？古德柴尔德近来提出，有多达七个这样的陈述可以被确定，包括一个分形原理——就可预期的比率而言，所有的地理现象在空间分辨率更高时会反映更多事实的细节——和一个不确定性原则——不可能完全精确地测量位置或描述地理现象。同时，蒙特洛（Montello）等提出了一个认知地理学的第一定律——"人们认为相邻近的事物更相似"，这个定律在像可视化这样的以人为中心的 GIS 的功能设计中发挥了作用。

如果关于空间信息的定律式陈述是可能的话，那大概可以在时空信息中发现相似的属性。实际上，很多时空数据的分析方法中的确应用了托布勒第一定律的简单扩展：只需要将"邻近"和"远离"一般化到空间—时间中可比的米制即可。扩散过程保证了，比如在地点 x 和时点 t 发生的事件与在地点 $x+d$、时点 $t+e$ 发生的事件有关，其中 d 和 e 是空间和时间位移，与扩散率有恰当的匹配。定律式陈述对于有机体的时空行为看起来是可行的，当然，在很多自然现象的模型中是含蓄而不明显的，比如天气或者地形。20世纪60年代，一般系统论的理论家试图去发现关于动力学的一般规律，不过直到今天还没有借助时间GIS去复兴这项工作的努力出现。

总之，对地理信息的特点作出定律式陈述看来是可能的，这些陈述无论是对为过去的GIS设计提供支持和佐证，还是对引导未来GIS设计都有很大价值。有了对地理信息一般特征的陈述，就可能生成代表了这些属性的数据集，并将数据集作为新的算法、数据结构及索引方案的试验田。有可能设计出新的普适化方法，该方法不仅能够反映出分形性质，而且能够遵循普适原则估计数据量。

纸质地图必然是静态的，反映出在编制和出版时的知识状况。地图生产的规模效应不可避免地导致了地图绘制对地表相对静止的方面——譬如地形——的重视超过了对相对动态方面的关注。纸质地图可以个别地进行注释，相比之下，数字环境在数据的编辑、更新和重新分配的容易程度上明显具有很多优势。一个GIS的数据库可以被用于存储经常性的变动或交流，譬如一天中路网拥挤度的变动情况。如今很容易从网站上每几分钟信息就更新一次的动态地图中下载到拥堵状况的信息，也容易获得类似的近期地震或天气状况的动态地图。这些服务越来越多地通过个人数字助理及手机提供，虽然这些设备的显示区域有限。

但是，尽管这样的能力越来越普通常见，它们所生成的地图仍旧是二维世界在一个特定时期的快照：按世界看起来的样子去呈现世界，即使那状态转瞬即逝。GIS的数据模型也类似地关注形态的表现，通过记录点、线或区域精确的位置特征来实现。已有一些成功的尝试去扩展这些模型，将第三维空间引进来，表现地质、大气以及海洋的特征形式。地理信息科学中也有大量冗长的文章讨论将GIS数据模型扩展到包含时间以及动态现象表现在内的领域。近来，对循迹数据以及对个人和机动车在时空中移动的记录的兴趣增强，部分原因是GPS的使用使这类数据的获取更容易了。

但无论现象是静止的还是动态的，这些努力在很大程度上还停留在形态上。一般来讲，地理信息科学研究的本体论包括"地理空间概念、范畴、关系和过程的全部"，但实际研究中重点关注的是形成地理描述和表示基础地物，而非过程这个地理学研究事业的基本目标。如果本体论的研究被形态主导，那么可能就需要一个平行的研究方向聚焦认识论研究，强调过程。

研究议程的其他方面都同样是关注形态。不确定问题关注的是数据库的内容在多大程度上让使用者对相应真实世界里的几何形态、属性和地形关系感到不确定。空间分析和数据挖掘要发现模式、聚集和趋势，这些对用户而言可能不够浅白明了。对地名与坐标间方便转换的需要引发了对数字化地名词典的兴趣和地点命名的过程，并使陈旧的、很大程度上不足信的地名学复苏。马克（Mark）和特克（Turk）最近提出了一个新的研究领域——民族生理学（ethnophysiology），建议用人类学的方法研究不同文化中地理特征的命名。在地理信息科学的背景下所有这些研究趋向都是很有价值的，它们关注GIS背后的科学，但它们对最终理解过程的贡献并不那么明显。

如前所述，地理信息科学的发展促进了对形态的兴趣，而对过程的推断则完全被置于系统之外。研究者将提出一些方式来改变上述形态与过程的平衡，以使GIS提供更多的有效支持，为致力于理解过程的研究服务。

首先，或许是最显而易见的，在GIS的时间表示和时空数据分析方法的发展上需要有更多长足的进步。过程从以事件序列表示的纵向数据推出要比从横截面数据推出容易得多。当然，已经有一些勇敢的尝试，在没有其他数据的情况下最大化地利用横截面数据。横截面数据可以用来证伪针对过程的假设，即使这种方法不能经常用于证明假设的正确。但是，因为种种原因——其中有些原因超出了地理信息学家的掌握范围，GIS在处理动态数据时手段仍然显得贫乏。长期借助地图的比喻来形成关于GIS的概念，会致使注意力集中在静态数据方面。纵向序列通常难以构建，特别是当被考察地区随时间频繁变化以及当变量的定义发生改变的时候，如十年一度的人口普查所出现的情况。遥感快照是一种丰富的、相对价廉的GIS数据来源，但该数据也有自身的变化检测问题。最成问题的困难可能是将更新过程延伸到数据模型，那需要软件包基础部分的修改，这与其基本的规模经济背道而驰。不过，这方面正在取得进展，特别是面向对象的数据建模的广泛采用。

其次，未来针对过程的假说需要与GIS所执行的分析以及可视化方法更密切地配合。不妨借助可更改地区单元问题的例子说明问题。GIS使一些活动——如人口普查的数据汇总——在操作区域层面变得更加容易。奥彭肖（Openshaw）和托布勒在一篇颇有创意的论文中采用美国爱荷华州一个县的例子，记录了操作区域对一个简单的年龄与选举行为相关性分析的显著作用。在这个例子中，任何关于过程以及过程与县域边界或报告涉及的其他区域边界与过程的相关性都缺失了。在此情况下，即使这样一个假说成立（比如个人的选举行为与年龄相关），任何对假说的检验都会因数据汇总不当而模糊化。GIS使复杂的分析变得简单，不用确保这些分析连接着一个关于过程的合适假设。

在这类案例中，分析的方法被应用于数据处理，但是完全留给研究者的问题是构思一个假设，并且得明确如下问题：如果假设成立，分析的结果将会怎样？这个思维过程相当复杂，特别是有些人为因素如报告区域边界会使结果变得模糊。基于Agent的建模和类似的大规模模拟方法提供了一种摆脱此困境的途径，使研究者可以作两个平行的分析：一个是真实数据的分析，一个是模拟的世界——其中假说为真，且其他所有可控方面保持一致。为了实现这一点，有必要使 GIS 能支持更多形式的模拟。

最后，有必要意识到对过程进行数字化表示的重要性。什么可以称为"过程对象"？过程对象是指这样的程序，它们可以模拟真实的自然和社会过程的作用，并且像数据一样，它们是数字化的，但不同于数据的是它们可执行，而非静止。不巧的是，这些程序以很多种形式存在，几乎没有标准，有的是独立的，用源程序设计语言编写，在标准的操作系统中运行；其他程序则包含用某些模拟环境中专门的语言写成的脚本——在地理学背景下，一个显著的例子是 PCRaster，由荷兰乌特列支大学开发，使用 van Deursen 设计的语言。此外，还可以给标准的 GIS 软件包编写指令序列，使用 GIS 的脚本语言，但是效果一般不好，因为这些软件包不是针对模拟的典型设计。

实际上，过程对象将过程知识形式化，允许它变成数字环境的组成部分，并且从数字环境中获得如下便利：易于编辑、快速分发、存储可靠、传输过程的纠错能力以及符合一般标准的统一技术的规模经济。过程对象在今天所处的境况与面向数据对象在 GIS 早期所处的境况相同。没有格式标准，没有档案文件，没有广泛熟悉的分享方法，也没有描述标准。作为替代，有关过程的信息主要局限在图书和期刊文章中，通过试探性的程序修改来分享其功能。一旦它以数字的形式构建起来，它就作为编码的文本内嵌于文字处理文档中，而不是表现为可执行代码。然而，过程对象代表高级知识的一种高度抽象形式，单位比特信息较之于原始数据具有更高的价值。

总之，GIS 和地理信息科学已经很自然地唤起了人们对形态的兴趣。但这使研究偏离了学科关注的核心问题——过程。古德柴尔德提出了三个途径，可能会使 GIS 朝着为过程推断提供更好服务和支持的方向发展。古德柴尔德还提出了地理信息科学研究议程的三项内容：（1）对动力学的更好表示，数据供给与相应的分析和可视化方法间的联合改进；（2）在大规模模拟的集成方法的帮助下，将分析与过程概念化更紧密地配合；（3）发展基础结构以便于人们分享对过程数字化表示的成果。这些工作看起来没有一个是特别困难的，但是，结合在一起，它们必须保证在未来几十年中，地理信息科学与地理学之间保持实质性的和强有力的联系。

三、古德柴尔德的影响

古德柴尔德身逢 GIS 的创始期，执掌并影响 NCGIA 发展 20 余年，从而有"GIS 王"之誉（出处不可考）。时势造英雄是无疑的了，但英雄似乎并没有造就时势也是毋庸讳言的。原因有二，其一是 GIS 还处于幼年期；其二是古德柴尔德没有为推动地理学的学科发展做根本性的工作。尽管如此，古德柴尔德在地理界的影响极大，有人说，只要他往某个方向（地理信息科学、地理认知、分布式……）挥挥手，大量地理学家就会忙不迭地朝着那个方向奔涌而去——无论前面是否真的具有某种发展前景。

（陈彦光、韩雅飞）

斯卡格斯

美国地理学中的气候学（2004 年）

理查德·H. 斯卡格斯（Richard H. Skaggs），美国地理气候学家。1961年从加州大学洛杉矶分校获学士学位，之后进入堪萨斯大学攻读研究生，并于1963年和1967年分别获得硕士和博士学位，现在明尼苏达大学地理系工作。

斯卡格斯教授主要研究气候学，其研究工作主要分为三个阶段。在堪萨斯大学读研究生阶段主要的硕士和博士研究是局地强风暴，尤其是龙卷风。其博士论文题目为"美国龙卷风的昼夜分布的时空变化特征"（Spatial and Temporal Variations of the Diurnal Distribution of Tornadoes in the United States），主要内容发表于《每月天气评论》（Monthly Weather Review）上。到明尼苏达大学工作之后，继续研究了几年局地强风暴。20世纪的70年代和80年代，他的研究重心为干旱气候学，特别是美国干旱区域的空间格局和随着时间变化的持续性，一系列研究成果发表在《美国地理学家协会年刊》、《地理学分析》（Geographical Analysis）、《每月天气评论》等刊物上。20世纪80年代中期，斯卡格斯开始和 Donald G. Baker 合作研究明尼苏达州东部地区的温度记录，在《气候变化》（Climatic Change）、《气候杂志》（Journal Climate）、《理论和应用气候学》（Theoretical and Applied Climatology）、《气候研究》（Climate Research）、《美国气象学会公告通报》（Bulletin of the American Meteorological Society）上发表了一系列文章。20世纪90年代的大多数时间，他担任学术主管（主管科研的副系主任和主管文学、科学和工程的副校长），研究工作受到一定影响。在过去的几年中，斯卡格斯一直在研究明尼苏达州的极端降水量情况，并评估气候波动和变化对明尼苏达州自然资源的影响[1]。

在"美国地理学中的气候学"[2]一文里，斯卡格斯尝试记述和评价过去100年气候学在美国地理学中的地位，重点强调发表在《美国地理学家协会年刊》（以下简称《会

---

[1] 斯卡格斯的简介参考了明尼苏达大学官方网站 http://www.geog.umn.edu/Faculty/Skaggs.html。
[2] 主要内容编译自 Skaggs, R. H. Climatology in American Geography. Annals of the American Association of Geographers, 2004, 94: 446-457。

刊》）上的气候学论文的作用和角色。作者承认其所采用的方法受到卡尔顿对气候学文献评论[①]的影响，而其初衷则起源于对自然地理学（包括气候学）从 19 世纪后半叶开始衰落直到 20 世纪 50、60 年代复兴之过程的兴趣。

斯卡格斯将美国气候学在地理学中的发展过程划分为大致三个阶段。第一阶段是形成时期，在这个阶段里，自然地理学（包括气候学），在该领域中占主导地位。自然地理条件，如气候就被看作是人类活动的决定因素。第二阶段又称为区域时代，地理学者将自然地理环境（包括气候）简单地看作区域分析的一部分。第三阶段则为现代气候学时期，开始于二战后，在地理学和美国地理学中，是研究内容和方法日益多样化的时期。斯卡格斯认为，当今的气候学正以"增长性行业"（growth industry）的态势发展，而这在四十年前是很难想象的。这些变化并不是孤立发生的，而是在科学、技术、社会、经济和政治变化的大背景下相应发生的，气候学作为一个研究领域，在大背景中占据着重要地位。作者还对刊登在《美国地理学家协会年刊》上的气候学论文的数量进行了评论，包括对过去十年中的反常现象进行评论。

一、形成时期

19 世纪末，大家普遍认定自然地理学是一门使用自然科学和生物科学的研究方法来了解自然环境过程和空间格局的自然科学。赖利在其 1955 年的文章[②]中引用欣曼（Hinman）在 1888 年对自然地理学的定义："自然地理学是旨在探索地球、大气、水和陆地自然规律的学科。"赖利接着说明，直到 19 世纪 90 年代的中期，威廉·戴维斯[③]才很明确地赞同这一定义。赖利引用戴维斯在 1902 年的著作中对地理学研究内容的表述，"在这里我们再一次认为，地理学研究的所有内容是地球及其栖息生物之间的相互关系。因此，我们可以将它主要分为两大部门，一个是包括生命存在的所有自然环境，另一个是生物对环境所作出的响应。"斯卡格斯赞同赖利对戴维斯思想的总结，即地理学研究的是因果关系，也就是环境决定论。尽管在社会科学领域，社会达尔文主义已迅速被人们抛弃，但环境决定论在西方仍是一个根深蒂固的观念。然而，戴维斯并没有停止对即将到来的学科——自然地理过程——的研究。斯卡格斯引用了戴维斯在《自然地理学》

---

① Carleton, A. M. Methodology in Climatology. *Annals of the American Association of Geographers*, 1999, 89: 713-735.

② Leighly, J. What Has Happened to Physical Geography? *Annals of the American Association of Geographers*, 1955, 45: 309-318.

③ Davis，地貌学家，1899 年提出了地理循环理论。是美国地理学家协会重要的发起人。参见本书"戴维斯：地理循环"一文。

教科书[1]序言中的一段话："地球的自然属性，我们不仅仅要予以描述，还必须加以解释……不仅要呈现出它们是以何种方式影响人类生活方式的，还要时常关注人类的生存条件与决定它们的环境间的关系，这是为了形成这样一种思维：地球的特征主导着人类的发展。"当然，斯卡格斯认为还有很重要的一点需要强调，那就是戴维斯也非常支持区域研究。

斯卡格斯指出，戴维斯的这些论点对这个时期的地理学家进行气候学研究起到重大影响。他认为戴维斯对20世纪初期地理学家们所做的气候学研究并未予以高度评价。在戴维斯的地理学进展综述[2]中，56页文章仅用了四页阐述天气与气候，而且多讨论并赞赏19世纪中叶所做的研究。显然，戴维斯并不真正赞同将气候定义为"平均天气状况"（average weather）基础上的气候学研究。斯卡格斯引用了戴维斯的原文："他们之所以能更深入地研究气象过程，主要原因是采用了归纳和演绎方法。他指出，大量的气候要素平均值都是用常规方法记录到的，将这些数值应用于研究，比如沃德（Ward）研究中的数值，增加了我们对人类一般生存条件的认识。"沃德的两篇刊登在《会刊》上的论文[3][4]实际上都以"气候定义为平均的天气状况"开头。在20世纪的前20年，很多地理学家所写的气候方面的文章都发表在《地理学评论》上，而不是在《会刊》上。斯卡格斯在细读1900—1920年所发表的论文后，发现其侧重点在平均天气要素、区域气候描述、气候分类和气候变化等方面。

二、区域时期

美国地理学的实质转型发生在20世纪20年代。环境决定论失去了影响力，这样就切断了戴维斯所划分的地理学两个部门间的联系，而使得自然地理学（或戴维斯所称的地貌学）的地位非常尴尬。在美国地理联合会年会上的文章中，人文地理著作数量大增。哈伦·巴罗斯在他的主席演说[5]中提出了把地理学当作人类生态学的观点，表明放

---

[1] Davis, W. M. Physical Geography. Boston: Ginn & Company.
[2] Davis, W. M. The Progress of Geography in the United States. *Annals of the American Association of Geographers*, 1924, 14: 159-215.
[3] Ward, R. DeC. The Weather Element in American Climates. *Annals of the American Association of Geographers*, 1914, 4: 3-54.
[4] Ward, R. DeC. The Prevailing Winds of the United States. *Annals of the American Association of Geographers*, 1916, 6: 99-119.
[5] Barrows, H. H. Geography as Human Ecology. *Annals of the American Association of Geographers*. 1922, 13: 1-14. 参见本书"巴罗斯：作为人类生态学的地理学"一文。

弃了对自然地理过程的研究。斯卡格斯引用了巴罗斯的原文，"地理学，作为人类生态学，它的任务并不是解释全球不同气候的特征和分布，而是关注常被看作环境综合体唯一主导要素的气候与人类的关系"，地理学"会欣然将地貌学、气候学、植物生态学和动物生态学分别归入地质学、气象学、植物学、动物学或其他独立学科"，"然而，地理学的任务既不是解释这些环境因素的起源、特征和发生情况，也不是阐述它们之间的关系"。简言之，巴罗斯认为气候学和自然地理学中的过程问题应当留给其他学者，而地理学家只是很简单地用他们的研究帮助人们理解区域人文地理。

两年后（1924年），索尔写道："即使是地理学领域的一个旁观者，也会对它的变化趋势印象深刻……总的趋势表现为地理学的中心主题是社会科学。"[1] 索尔反对"地理影响"（环境决定论）的观点。赖利认为，索尔1925年出版的《景观形态学》是在反对地理学的理性研究，而主张自然环境（包括大气）的经验研究（描述和分类性质的研究）。地理学家对这些观点的认同，使得气候分类在地理学中抢先取得了地位，将"平均天气状况"的气候定义作为区域地理学不可分割的"自然基础"。这种有限的气候学研究正符合先前戴维斯的地理学定义。

从20世纪20年代到40年代中期，在包括《会刊》上发表的地理著作中，有关气候学的论文很大程度上反映了这一传统。斯卡格斯引用了1991年的几篇关于地理气候学历史和地位的综述文章的观点。例如，奥利弗一篇关于气候分类史的论文[2]中所引用的1900—1960年参考文献就说明了这一特征；同一卷中，穆勒将这个时期称作"本世纪头四五十年区域气候学的高峰"[3]。

此时，尽管有部分地理学家对气候学有研究兴趣，但却不愿意学习气候学研究所需的数学和物理知识。然而，就在大多数地理学家没有参与的情况下，气候学仍然取得了很大的进步。比如，动力气候学（dynamic climatology）这一概念便产生于这个阶段。威利特将动力气候学看作是长期预报的基础[4]。1935年，美国气象局建立了长期预报项目。该项目最初是五天天气预报，到了1942年，迫于二战的压力，建立了一个30天天气预报的项目。早在二战初期，天气气候学（synoptic climatology）就已经产生了，只是在《会刊》上还没有与此重要发展相关的研究论文出现。此外，在这期间，蒸散量估

---

[1] Sauer, C. The Survey Method in Geography and Its Objectives. *Annals of the American Association of Geographers*, 1924, 14: 17-33.

[2] Oliver, J. E. The History, Status and Future of Climatic Classification. *Physical Geography*, 1991, 12: 231-251.

[3] Muller, R. A. A Perspective on the Climate of Regions. *Physical Geography*, 1991, 12: 252-259.

[4] Willett, H. C. Ground Plan of a Dynamic Climatology. *Monthly Weather Review*, 1931, 59: 219-223.

算和地球表面热量平衡评估方面也取得了实质进展,但除了桑斯维的文章[①]外,该项研究没有任何其他文章发表在《会刊》上。

三、现代气候学

此后,尤其是1945年以后,地理学中的区域描述范式及其对气候研究的意义受到越来越多的批评和质疑。赖利起先对区域描述的效用及重要性持保留意见,但其后,从他在《美国地理学:回顾与展望》一书中撰写的章节,以及1955年发表在《会刊》上的文章[②]来看,他对此是持批评意见的。阿克曼提供了关于区域描述对二战影响的一个重要分析[③],桑斯维赞同并拓展了此分析[④]。在现代气候学的初期,形成时期的环境决定论早已被摒弃,仅有一部米勒关于气候学的著作[⑤]中写道,"正由于热带地区单调的自然环境……形成了这里懒惰的民族秉性。"气候分类和区域特征在短期内仍是现代气候学研究的重点。例如,在桑斯维的气候分类文章发表后的十年间,相继又有四篇这方面的文章被《会刊》录用。

斯卡格斯认为,要想了解现代地理学产生的背景,必须从学科内部和外部两方面的变化来分析。

首先,二战后,在此领域中出现了一大批专门地理学家。在气候学方面,如黑尔(F. Kenneth Hare)和博彻特(John R. Borchert)在二战期间受过气象学方面的培训,后来回到气象研究院,这给地理气候学带来了新思想和新方法。这个时期,地理气候学研究在测量、遥感、计算机化、数据存储、数据可获取性以及信息流方面都取得了进展。而斯卡格斯则认为,是这些因素与其他环境因素(社会和政治)的结合使得该学科在思想上有了根本性提高。这并不像从一个传统(区域描述)转向另一个传统一样变化那么明显。更确切地说,是从传统向非传统转变,转向这样一种状态:大量广泛的实质性议题、原理、理论和方法作为一个整体,共同形成学科发展的张力,而气候学作为地

[①] Thornthwaite, C. W. Climate and Moisture Conservation. *Annals of the American Association of Geographers*, 1947, 37: 87-100.

[②] Leighly, J. What has Happened to Physical Geography? *Annals of the American Association of Geographers*, 1955, 45: 309-18.

[③] Ackermann, E. A. Geographic Training, Wartime Research, and Immediate Professional Objectives. *Annals of the American Association of Geographers*, 1945, 35: 121-143.

[④] Thornthwaite, C. W. Climate and Moisture Conservation. *Annals of the American Association of Geographers*, 1947, 37: 87-100.

[⑤] Miller, A. A. *Climatology*. London: Methuen, 1953.

理学中的一部分而发展。

其次,在过去的 50 年里,对地理学基本概念的重新审视,促进了气候学研究的变革。变革的第一个观念,是气候系统既有正反馈也有负反馈,气候系统不仅仅指大气圈,而是由大气圈、水圈、冰雪圈,岩石圈和生物圈共同组成的。在早期,是将气候作为环境的主导因素,从而认为其他自然环境因素,尤其是生物和土壤只是适应气候的产物且取决于气候。气候系统定义的出现则纠正了早期的错误观念。第二个观念,是气候不再是静止的、缓慢变化的,而是一个随时间显著变化的动态系统。这进一步推论为,气候系统是随机的,而不是完全确定的,尽管这个观点还远远没有被广泛接受。

《会刊》上的论文只相当于所有的现代气候学著作的一个极小部分。斯卡格斯从广义的角度将这些论文大致归为四个重要方面:天气学和动力气候学,物理气候学(热量平衡),气候数据和气候统计研究,以及气候波动、气候重建和全球气候变化研究。

1. 天气学和动力气候学

在美国地理学中,对大气环流进行气候学分析已经成为主流,包括遥相关和动力气候学等研究。在现代气候学的初期,天气气候学的很多研究都聚焦于长期预报。长期预报现在又称为气候预测,除天气气候学方法以外,还广泛采用其他方法,包括用于预报海气耦合整体平均数值的全球气候模型(GCMs),遥相关综合分析如南方涛动(ENSO)、持续分析和统计模型等。

早期的天气气候学主要解决气团频率、空气流动、锋线频率和挪威天气模式的其他特征等问题。后来,研究重点逐渐由地表环流转向上层大气环流模式。斯卡格斯分析认为,这种趋向的一个原因是上层环流模式更为简单,另一个原因则是人们逐渐认识到对流层上层是地表状况的驱动力。20 世纪 60 年代到 70 年代,天气型分类方法的研究占据了主导地位。尽管客观方法和主观方法都在被应用和评估,但客观方法在分类标准和分类结果方面的优势很快凸显。巴里和帕里总结了这一时期天气气候学的进展[1]。斯卡格斯认为,20 世纪 90 年代以后,气候学的研究重点已转向应用,包括区域和地方尺度上降尺度的 GCM 模型应用。

斯卡格斯认为,博彻特发表的论文[2][3]是早期地理气候学家进行天气气候学研究的重要典范。在文章中,博彻特揭示了"三角洲平原"降水变率和落基山向东气流间的关

---

[1] Barry, R., and A. H. Parry. *Synoptic Climatology: Methods and Applications*. London: Methuen, 1973.

[2] Borchert, J. R. The Climate of the Central North American Grassland. *Annals of the American Association of Geographers*, 1950, 40: 1-39.

[3] Borchert, J. R. Regional Differences in the World Atmospheric Circulation. *Annals of the American Association of Geographers*, 1953, 43: 14-26.

系，指出降水的持续时间、向东气流的强度与草原植被间有着很强的相关性，并在分析一月份和七月份盛行气团的基础上发展了全球性的区域气候学。同时，斯卡格斯表达了对博彻特论文长时间不被本领域所重视的惋惜。因为，直到 2002 年，美国国家气候突变研究委员会才引用了博彻特论文中关于夏季干旱扩展的论述。事实上，古生态学家讨论草原和森林的边界移动时，通常也要引用这篇论文。

有关 20 世纪 50 年代后期气候学的发展，斯卡格斯重点介绍了黑尔、考特和常在《会刊》上发表的论文[1][2][3]。斯卡格斯认为，黑尔和考特的工作丰富了地理学家的动力气候学和天气学知识。黑尔用他在拉布拉多进行的气候研究为例，对天气气候学进行了阐述，他在研究的过程中，用到了一月份气旋移动的频率百分比图、一月份锋面气团的位置图和七月份极地海洋气团图。考特尽管没有给出解释性的例子，但他却提供了动力气候学与天气气候学更为完整的定义和发展历史。常在论文中指出，地表温度和东亚地区降水与同一经度上西风指数和极地东风指数有关。斯卡格斯认为，常的文章是早期天气气候学研究的经典例子，以很巧妙的方法使得数据繁杂的研究得以在计算机资源有限的时代开展。

20 世纪 60 年代和 70 年代，《会刊》上天气气候学方面的文章极少。博彻特和卡尼奇将 Dzerdzeeskii 的半球环流分类法介绍给更多的地理学者[4]。卡尼奇将 Dzerdzeeskii 分类中的经验正交函数（EOFs）应用到分离经圈环流模式和纬圈环流模式中，而且将经验正交函数相关的多元分析方法应用到气候时间系列变化研究上[5]。20 世纪 70 年代后期，哈曼和哈林顿提供了一个由于环流形势的不同导致地表状况出现强烈对比的例子[6]。他们研究了美国中北部在 1975 年八月份的"潮湿状况"与 1976 年八月份的"干旱状况"的不同点，通过综合分析地表露点温度模式、850 百帕露点温度模式、地面锋线位置和 700 百帕平均环流模式，得出降水会出现很大的反差，但并未解释其产生的原因。

---

[1] Hare, F. K. Dynamic and Synoptic Climatology. *Annals of the American Association of Geographers*, 1955, 45: 152-162.

[2] Court, A. Climatology: Complex, Dynamic, and Synoptic. *Annals of the American Association of Geographers*, 1957, 47: 125-136.

[3] Chang, J. H. Zonal Indices as Related to the Winter Climate in East Asia. *Annals of the American Association of Geographers*, 1959, 49: 159-163.

[4] Dzerdzeevskii, B. L. Climatic Epochs in the Twentieth Century and Some Comments on the Analysis of Past Climates. In H. E. Wright, Jr., ed. *Quaternary Geology and Climate*. Washington, DC: National Academy of Sciences. 1969: 49-60.

[5] Kalnicky, R. A. Climatic Change Since 1950. *Annals of the American Association of Geographers*, 1974, 64: 100-112.

[6] Harman, J. R., and J. A. Harrington. Contrasting Rainfall Patterns in the Upper Middle West. *Annals of the American Association of Geographers*, 1978, 68: 402-413.

20世纪80年代,《会刊》上有九篇天气气候学论文。斯卡格斯选择介绍了三个例子:

(1) 卡尔克斯汀和科里根采用了一种方法将"天气指数"与 SO_2 浓度评价相结合[1],这种方法后来被完善成现今所称的空间天气分类法(spatial synoptic classification);

(2) 卡尔顿研究了美国西南部的夏季环流,并分析了夏季11种天气型的卫星影像(GOESW),其中六种为"爆发型"或多雨型,二种为"中断型"或干旱型,以及三种中间型或尚未划分的类型[2];

(3) 温克勒采用综合分析法,并结合一张详细的不同空间模式下发生强降水的天气条件图,定义出了美国中北部地区强降水的不同类别[3]。

20世纪90年代以后的动力气候学研究,气候学家们广泛地使用了区域和全球气候模型(GCMs)。气候模型起源于20世纪50年代中期的可操作性天气预报模型。随着计算机功能的日益增强,气候模型的发展也逐渐具有了可行性,已可以将简单的地表/大气相互作用加到模型中来。随着计算机功能迅速增强,科学和政策方面对气候模型的兴趣大增,以及参与的科学家数量增多,使得气候模型越来越复杂和完善。斯卡格斯举例说,现在陆地表面模型已很完善,而海洋和海冰耦合模型则出现于20世纪90年代早期,90年代后期,硫酸盐和非硫酸盐类气溶胶成分也加入到模型中。斯卡格斯认为,接下来将要构建的是陆地和海洋碳吸收模型以及植被的动态模型,但这项工作在《会刊》上却没有相关文章。尽管大多数地理学家对此持漠然态度,但斯卡格斯还是举出了Mearns、Giorgi和McDaniel、Harvey,以及Anderson等学者的观点,认为这种漠然态度是无法容忍的。

2. 能量平衡气候学

"在现代气候学的初期,能量(水热)平衡是一个富有成果的研究方向。"斯卡格斯首先介绍了这个领域的开拓性工作:桑斯维的水量平衡分析法[4]和雷涛创立的理论气候

---

[1] Kalkstein, L. S., and P. Corrigan. A Synoptic Climatological Approach for Geographical Analysis: Assessment of sulfur dioxide concentrations. *Annals of the American Association of Geographers*, 1986, 76: 381-395.

[2] Carleton, A. M. Summer Circulation Climate of the American Southwest 1945-1984. *Annals of the American Association of Geographers*, 1987, 77: 619-634.

[3] Winkler, J. A. Climatological Characteristics of Summertime Extreme Rainstorms in Minnesota. *Annals of the American Association of Geographers*, 1988, 78: 57-73.

[4] Thornthwaite, C. W. Climate and Moisture Conservation. *Annals of the American Association of Geographers*, 1947, 37: 87-100.

学[1]。谢勒对这些早期工作进行总结时,非常强调方法的多时空尺度性和应用的广泛性[2]。斯卡格斯认为,地理气候学家在城市气候学、大尺度陆地表面气候学和生理气候学方面作出了重大贡献,他分别从这三个方面回顾了能量平衡气候学的发展。

(1) 城市气候学

在20世纪50年代的早期,城市气候学就非常重视观测性研究,因为它能揭示城市结构对大范围气候要素,如温度、降水和太阳辐射等的影响。但观测性研究直到20世纪70年代才成为主流,如钱德勒的伦敦城观测研究[3],地理学家常农等人在圣路易斯都市区进行的美国大城市气象试验(METROMEX)野外项目等[4]。从那时起,城市气候学开始强调(主要是,但也不是绝对的数值型)模拟城市气候。在论及城市气候学的主要趋势时,斯卡格斯认为应该从意图覆盖整个城市的综合数值模型转向个别结构性成分模型,如城市峡谷模型和郊区马赛克模型等。

在《会刊》上发表的城市气候学论文集中在20世纪70年代。斯卡格斯首先介绍特吉旺等人的工作[5],特吉旺和他的几个学生注意到尽管城市地域对人类极其重要,但却没有一个综合的城市热量平衡模型。于是他们基于一项实地观察结果,进行了一些理论性研究,这些理论成为建立这个模型的第一步。三年后,特吉旺和卢伊(Louie)建立了一个包含23种不同城市结构类型的太阳辐射模型,并将其应用到环状复合城市。他们计算了城市不同区域在不同纬度所获得的太阳辐射量,并清晰地显示出城市结构类型、方向以及纬度、季节和一天中所处的时段,会对促成白天热岛环流的太阳辐射吸收量产生影响。特吉旺模型是后来从1974年至今建立和应用的城市气候模型的重要先导。1977年,《会刊》上刊登了摩根等人在萨克拉门托和加利福尼亚所建立的13种土地利用类型热量平衡(净辐射、潜热、感热和储存热)模型[6]。斯卡格斯评论认为,尽管摩根等人的模型只是一维的,也没有像特吉旺和卢伊一样考虑明暗变化和视角因数,却显示了城市区域空间异质性的广泛存在。此后很长一段时间内,地理气候学家们在城市气候方面所作的大量高质量研究,并没有在《会刊》上发表,直到温茨等发表了有关凤凰

---

① Landsberg, H. E. Review of Climatology, 1951-1955. *Meteorological Monographs*, 1953, 3: 12.
② Sellers, W. D. *Physical Climatology*. Chicago: University of Chicago Press. 1965.
③ Chandler, T. J. *The Climate of London*. London: Hutchinson &Co, 1965.
④ Changnon, Jr. , F. Huff, and R. Semonin. METROMEX: An Investigation of Inadvertent Weather Modification. *Bulletin of the American Meteorological Society*, 1971, 52: 958-67.
⑤ Terjung, W. H. , and S. S. -F. Louie. Solar Radiation and Urban Heat Islands. *Annals of the American Association of Geographers*, 1973, 63: 181-207.
⑥ Morgan, D. , L. Myrup, D. Rogers, *et al*. Microclimates within an Urban Area. *Annals of the American Association of Geographers*, 1977, 67: 55-65.

盆地冬季 CO_2 浓度决定因素的研究[1]。

(2) 陆地表面气候学

斯卡格斯对大尺度陆地表面气候学的发展作了简要回顾。到了 20 世纪 70 年代后期，随着限制性地表/大气耦合模型向非限制性（地表/大气相互作用的所有过程都包括在内）气候模型转变，陆地表面热量平衡模型和其参数化在一般环流模型中日益重要。地理学家都不同程度地参加到这项研究中来。从 20 世纪 80 年代到 90 年代后期，能量平衡气候学又把研究重点转向探讨空间格局和景观要素异质性对气候模型的影响上。

(3) 生理气候学

对于早期生理气候学的发展，斯卡格斯引用了李在《会刊》上的文章[2]。李概要地介绍了大范围气候条件对恒温动物的影响。当时李也注意到，人类生理气候学仍然面临着判断错误和误用赋有气候决定论特征的统计资料的问题。斯卡格斯认为，美国地理气候学强调人们的舒适度、人体能量平衡以及人类的死亡率和发病率等。1966 年，特吉旺在《会刊》上发表文章[3]，采用温度、相对湿度、风和太阳辐射来表征人体舒适度，并对其进行生物气候分类。在此基础上，全面推动了美国邻近地区生理气候学的发展。之后，特吉旺和卢伊得到了一个关于太阳辐射对人类影响的确定性模型[4]。20 世纪 80 年代早期，卡尔克斯汀和他的同伴进行了一系列的关于人类舒适度与人类死亡率和发病率的研究[5]，证实了死亡率和热胁迫或冷胁迫之间具有很强的关联性，对于冷胁迫来说，在胁迫和死亡率之间存在着一个更长的滞后时间。他们还指出热胁迫致死持续时间的重要性。斯莫尔指出，在气候和死亡率关系的研究上，要强调特定地区社会福利和经济条件对相关天气胁迫影响的重要性[6]。

3. 数据和统计气候学

数据是定量研究的基础，地理气候学家自然要广泛使用气象观测数据。而统计方法

---

[1] Wentz, E., P. Gober, R. Balling, Jr., et al. Spatial Patterns and Determinants of Winter Atmospheric Carbon Dioxide. *Annals of the American Association of Geographers*, 2002, 92: 15-28.

[2] Lee, D. H. K. Physiological Climatology as a Field of Study. *Annals of the American Association of Geographers*, 1953, 43: 127-137.

[3] Terjung, W. H. Physiologic Climates of the Conterminous United States: A Bioclimatic Classification Based on Man. *Annals of the American Association of Geographers*, 1966, 56: 141-179.

[4] Terjung, W. H., and S. S.-F. Louie. Potential Solar Radiation Climates of Man. *Annals of the American Association of Geographers*, 1971, 61: 481-500.

[5] Kalkstein, L. S., and R. E. Davis. Weather and Mortality: An Evaluation of Demographic and Interregional Responses in the United States. *Annals of the American Association of Geographers*, 1989, 79: 44-64.

[6] Smoyer, K. E. Putting Risk in Its Place: Methodological Considerations for Investigating Extreme Event Health Risks. *Social Science and Medicine*, 1998, 47: 1809-1824.

是数据处理的基本手段，地理气候学家们也广泛借鉴新的统计方法和技术。

斯卡格斯提到 Davis 在 1924 年就对早期的地理学观测历史作了一个很好的概括。19 世纪 90 年代早期，气象局就担起了气象观察的任务——记录美国全国气候条件，并很快建立了地理学家和其他学者都很倚重的（区域间）协同观察网。斯卡格斯总结了现代气候学的一个主要趋势：对原始观测数据进行质量控制和均值化处理以建立数据库。威利特的北半球平均气温时间系列就是一个先例，后经 Mitchell、Reitan 和 Brinkmann 等人的共同努力，数据库得以更新和完善。20 世纪 60、70 年代后期，基于北半球陆地区域的时间系列观测数据，"全球变冷"成为气候学家们研究的中心内容，同时也是争议的焦点。20 世纪 80 年代初期，美国国家大气研究中心经收集和整理，建立了一个方便使用的具有多种数据的数据集。斯卡格斯特别提及，这个数据集是由地表经纬网控制点的气压数据和上层大气数据组成，它们对地理学家们研究天气气候学有着极其重要的意义。随着全球变暖问题变得备受关注，很多全球尺度和洲际尺度的数据库得以建立，如全球历史气候网和美国历史气候网，积累了日气温、降水和降雪等数据。NCEP 及 NCAR[①] 联合再分析项目尝试提供一个从 1948 年到现在的历史大气分析数据库。斯卡格斯提及 Delaware 大学的地理气候学家们对建立数据库工作所作的贡献，该科研小组建立了气候数据的空间插值和空间平均化处理的技术和准则，尤其是他们的降水量数据库成为了其他很多研究者的一个参照标准。

在过去的 50 年中，日益复杂的统计方法在地理气候学中的应用已越来越普遍。斯卡格斯首先介绍了统计方法应用于地理气候学的发端。20 世纪 50 年代初，阿诺德·考特在实验中率先提出极值理论，之后该方法又经甘布尔进一步发展和完善。达里于 1972 发表在《会刊》上的一篇论文[②]应用了甘式分布（Gumbel distribution），并作了一些改进。改进后的甘式分布与澳大利亚高温的正态极值分布很类似。之后，斯卡格斯笼统列举了广泛应用的部分统计技术，包括谱分析、聚类分析、经验正交函数和相关数据降维、空间格局识别法、ARIMA（主要是时间）模拟、奇异值分解、显著性检验和模型验证等。这些方法应用于气候学的文章，在《会刊》上俯拾皆是。

本节末尾，斯卡格斯列举了部分没有在《会刊》上发表但很重要的文章，如威尔莫特等人对模型的评估和检验方法所作的批评性分析促进了方法的改进和发展[③]。斯卡格

---

① 美国国家环境预报中心（NCEP）和国家大气中心（NCAR）。
② Dury, G. H. High Temperature Extremes in Australia. *Annals of the American Association of Geographers*，1972，62：388-400.
③ Willmott, C. J. On the Validation of Models. *Physical Geography*，1981，2：184-194；Willmott, C. J. Some Comments on the Evaluation of Model Performance. *Bulletin of the American Meteorological Society*，1982，63：1309-1313.

斯引用了宫和里士满的综述文章[1]，肯定了斯卡格斯自己率先在地理文献中使用聚类分析法，还指出温克勒、卡尔克斯汀和戴维斯等人将相似性测度和聚类分析法对比分析，是方法上的一大贡献。还有汉森等人对矢量相关性作了重要的推导和解释[2]。

4. 气候波动和气候变化

在现代尤其是过去的20年间，气候波动和气候重建方面的研究无论是数量上还是复杂性上都在增加。气候重建采用了很多代用测度，如树轮、花粉、海洋和冰芯的氧同位素以及历史文献等，这些是该学科新的增长点。近年来，对过去1000年来的气候重建，成为评估全球变暖是否人为原因的关键，但也颇受争议。

气候波动研究在《会刊》上相当常见，斯卡格斯择其要点评述。泰森通过对大量已知的降水量方差进行傅立叶波谱分析，分离出降水的最高频率和最低频率[3]。同时，他也指出各峰值间有很好的空间相关性，尽管受当时的技术条件的局限而不能评估出空间格局的统计意义。斯卡格斯利用82年的记录所进行的研究表明，当堪萨斯州西部出现平均干旱状况（采用Palmer干旱程度指数来衡量）时，尽管当前41年的与后41年的干旱程度指数相同，但干旱的变化程度和持续时间（通过36个月相关系列测定）都有很大的不同，而且会产生极为不同的干湿期时空格局[4]。格兰杰也利用时间均值和方差调查了加利福尼亚地区除降水以外的其他变化，他指出降水系列具有很大的随机性，而且均值和方差在不相重叠的20年间只有略微的不同[5]。布林克曼采用回归分析法，调查了个别站点每年的温度系列和北半球时间系列的均值[6]，这是表明半球动态与区域和局部动态之间有重大区别的第一份研究成果。此后，布林克曼使用典范相关分析法证实了，相对于美国东部和西南部的大尺度环流而言，在苏必利尔湖周围的温度随季节而变化的趋势与加拿大西部相当微小的环流变化有着更大的关联性[7]。

---

[1] Gong, X., and M. B. Richmond. On the Application of Cluster Analysis to Growing Season Precipitation Data in North American East of the Rockies. *Journal of Climate*, 1995, 8: 897-931.

[2] Hanson, B., K. Klink, K. Matsuura, et al. Vector Correlation: Review, Exposition, and Geographic Application. *Annals of the American Association of Geographers*, 1992, 82: 103-116.

[3] Tyson, P. D. Spatial Variation of Rainfall Spectra in South Africa. *Annals of the American Association of Geographers*, 1971, 61: 711-720.

[4] Skaggs, R. H. Climatic Change and Persistence in Western Kansas. *Annals of the American Association of Geographers*, 1978, 68: 73-80.

[5] Granger, O. Increasing Variability in California Precipitation. *Annals of the American Association of Geographers*, 1979, 69: 533-543.

[6] Brinkmann, W. A. R. Surface Temperature Trend for the Northern Hemisphere-Updated. *Quaternary Research* 1976, 6: 355-358.

[7] Brinkmann, W. A. R. Associations between Temperature Trends. *Annals of the American Association of Geographers*, 1979, 68: 250-261.

尽管孢粉分析在重建气候上起到了重要作用，但此类文章也只有一篇刊登在《会刊》上。凯和安德斯提供了一个建立转换函数时必须要慎重的有价值的例子[①]：将孢粉数据转换成温度或其他气候要素的估计值（比如，要恰当地选择现代的花粉数据，以及重视回归分析的局限性）。

基于树轮的气候重建与基于孢粉的气候重建有着类似的情况。树轮的重建之所以这么重要是因为它有较高的时间分辨率。斯卡格斯评述了部分重要研究成果：斯塔尔和赫尔认为在树木生长不受环境限制的区域可以高质量地重建气候[②]，格劳姆利重建了西北太平洋降水变化[③]，劳森和斯托克顿将 Palmer 干旱程度指数的树木年轮重建和历史文献法结合起来[④]，认为美国大沙漠的"秘密"，更像是一个对干旱情况的合理而又准确的报告，而不是一个夸张的描述。斯塔尔等人的文章[⑤]尽管没有在《会刊》上发表，却指出了如何利用树木年轮重建气候来进一步揭示历史事件，如消失的殖民地詹姆斯镇。

从历史文献和资料中提取气候信息也是气候重建的重要手段，自第一次主题会议以来，这种方法也迅速发展起来。如刘等发表于《会刊》上的论文[⑥]，利用历史文献法重建了大约1000年来台风袭击中国南部海岸的年代系列，并推测台风登陆的时空变化及发生的其他现象，如蒙德极小期、小冰期和西太平洋的环流波动。

地理气候学家在全球气候变化领域作了很多研究，评估未来气候变化的影响，以及将 GCMs 尺度下推以适应对区域和地方尺度气候变化的预估。动态尺度下推（dynamic downscaling）正日益普遍和重要，但 GCMs 尺度下推也备受争议。斯卡格斯提到了 Winkler 和她的同事对 GCMs 下推并应用于五大湖区时的不确定性和错误之处的分析。在评估全球气候变化影响时，地理气候学家主要关注农业，而对水资源影响的研究也日益受到关注。

---

① Kay, P. A., and J. T. Andrews. Re-evaluation of Pollenclimate Transfer Functions in Keewatin, Northern Canada. *Annals of the American Association of Geographers*, 1983, 83: 550-559.

② Stahle, D. W., and J. G. Hehr. Dendro Climatic Relationships of Post Oak across a Precipitation Gradient in the South Central United States. *Annals of the American Association of Geographers*, 1984, 74: 561-573.

③ Graumlich, L. J. Precipitation Variation in the Pacific Northwest (1674-1975) as Reconstructed from Tree Rings. *Annals of the American Association of Geographers*, 1987, 77: 19-29.

④ Lawson, M. P., and C. W. Stockton. Desert Myth and Climatic Reality. *Annals of the American Association of Geographers*, 1981, 71: 527-535.

⑤ Stahle, D. W., M. K. Cleaveland, D. B. Blanton, M. D. Therrell, and D. A. Gay. The Jamestown and Lost Colony Droughts. *Science*, 1998, 280: 564-567.

⑥ Liu, K. B., C. Shen, and K. S. Louie. A 1 000-year history of Typhoon Landfalls in Guangdong, Southern China, Reconstructed from Chinese Historical Documentary Records. *Annals of the American Association of Geographers*, 2001, 91: 453-464.

四、气候学论文在《会刊》上的时间变化特征

文章第四部分,斯卡格斯分析了《会刊》从1911—2002年气候学论文的时间统计特征后指出,论文数量不是很多,而且在时间上变化很大。在最早的30年中(1911—1940年),气候方面的论文数量几乎是每十年恒定在五到六篇。在随后的20年中(1941—1960年),数量大幅增加到每十年17篇。在随后的十年间(1981—1990年),又只是缓慢地增加到26篇。但是在1991—2000年,却仅仅只有三篇。

当然,由于《会刊》的论文总数一直在变化着,如果单纯看每十年的气候学论文数量就会有误导。因此,斯卡格斯对气候学论文占论文总数的比例进行了统计。1923年之前,《会刊》上每年只有一个议题而每个议题平均只有四篇论文。从1923年到现在,每年有四个议题。在1921—1930年和1951—1960年,如果以每十年从中抽取两个样本来计算的话,每十年的论文数则相对稳定,有140篇。在1971—1980年,论文的总数到达峰点,但随后也有所下降。在1911—1920年,1941—1950年和1951—1960年这几个十年中,气候论文占总论文的比例是最大的(约占13%)。接下来的几十年(1961—1990),气候论文平均占总论文数的6%。而在1991—2000年,气候论文所占的比例仅有1%。

斯卡格斯提出了一个显而易见的问题,那就是:为什么气候学论文不广泛刊登在《会刊》上呢?地理气候学家大多将杰出研究成果发表在其他学术期刊上,而只在《会刊》上发表一小部分文章(在最后的10—12年尤其少)。这样做原因有很多,斯卡格斯认为最重要的原因之一可能是:地理气候学家将他们最好的研究成果刊登在其他学术期刊上能更多地被重视它们的读者读到,能对其他学者产生最大的影响。斯卡格斯认为这是一个很有趣,而且值得地理气候学家们讨论的现象。

五、展望与总结

文末,斯卡格斯总结道:"地理学中的气候学充满了机遇,而且具有很大的发展前景。"比如,地理气候学家一直感兴趣的地—气交互作用,事实上已经成为气候学的重点研究领域。随着地表模型和参数的改进,地理气候学家可以利用GCMs作为评估手段,从事历史气候学研究。

斯卡格斯引用了格拉肯的观点①，"人类影响自然界和自然界影响人类"的二元论思想贯穿于地理学的整个发展历史中。斯卡格斯高度评价实验气候学，认为其利用区域气候模型为调查人类与气候关系提供了一种方法。因此，它有可能评估出气候波动与人类响应之间的联系，而这种响应也许反馈作用于初始的气候变化。

斯卡格斯认为，对包含众多反馈和相互作用过程的气候系统进行研究，以及重新审视一度盛行的环境决定论思想，对地理气候学家进一步探究气候是很有裨益的。尽管这种审视对 Thom 的气候是个随机过程的构想影响还比较小。或者说，它需要更为激进地审视确定性复杂性或聚合复杂性，才能为其提供有用的信息。

对于地理气候学家而言，应用气候学是一个广泛而极有潜力且卓有成效的研究领域。鉴于教育和学科的属性，斯卡格斯认为气候学家几乎是唯一有能力从事气候—社会相互作用研究的群体。斯卡格斯引用了在过去 30 年中最著名的应用地理气候学家常农的观点，认为要加大极端气候事件对经济和社会影响的研究，并指出地理气候学家是最有能力做到这项研究的人选②。

最后，斯卡格斯总结全文，认为在美国地理学家协会的整个发展历程中，地理气候学取得了很大进步，而大多数进步都是在近 50 年中取得的。早期的气候决定论思潮以及随后三十多年来的气候分类和气候描述传统，阻碍了学科的进步。幸而在 20 世纪 50 年代中期，这些思想在地理气候学上并没有被广泛认可。加之多样化的原理、主题和方法促进了学科的迅速发展。斯卡格斯预计这种发展趋势将会继续延续下去。地理气候学家也将继续遵从赖利的建议："在现在这个关键时期，对于我们来说，没有严格的界定，其实会更好。而且，如果我们能够以无限的好奇心去重新探索地球，并且试着用任何方式去解决我们所遇到的问题，以此来满足我们的好奇心，这也是很好的。"

在浩如烟海的气候学论文中，斯卡格斯主要选取刊登在《会刊》上的文章，梳理过去 100 年中美国气候学的发展脉络。作者没有单纯记述气候学本身的发展，而是以其学科背景——整个美国地理学发展过程——为依托，评述气候学在地理学中的地位和作用，这种视野和结构让非研究气候学的地理学者受益更深。尽管刊登在《会刊》上的论文只占整个现代气候学论著的一小部分，作者还是用大量篇幅来详细评述现代气候学四个领域的发展过程和趋势。目的就在于，提醒当代气候学家一些问题和方法在今天仍然

---

① Glacken, C. J. *Traces on the Rhodian Shore*. Berkeley: University of California Press, 1967. 参见本书"格拉肯：从古代到十八世纪末西方思想中的自然与文化"。

② Changnon, Jr. Measures of Economic Impacts of Weather Extremes. *Bulletin of the American Meteorological Society*, 2003, 84: 1231-35.

值得重视和关注。与此同时,斯卡格斯提出了一些十分前沿的研究课题,例如,气候动力学模型未来应该建立在陆地和海洋碳吸收模型以及植被动态模型基础上;应用气候学中应当重视气候变化对经济和社会影响的研究,等等,这些正是当代地理学家和气候学家们需要努力去完成的。

(杨卓翔、赵志强、李双成)

马 丁

所有可能的世界（2005 年）

杰弗里·马丁（Martin Geoffrey，1934— ），美国地理学家。主要研究领域是地理学史和地理学思想史。伦敦大学哲学博士，南康涅狄格州立大学教授和名誉教授。除了这部广为流传的《所有可能的世界：地理学思想史》之外，他还著有《地理学的性质》等。

《所有可能的世界：地理学思想史》[①] 是经典的地理学思想史著作和教科书，至今已出四版。第一版由普雷斯顿·詹姆斯（Preston James，1899—1986 年）独著，第三版则由普雷斯顿·詹姆斯和杰弗里·马丁合著，普雷斯顿·詹姆斯也是资深的地理学思想史学者和拉丁美洲问题权威，由于他于 1986 年逝世，所以现在的版本著者为杰弗里·马丁。与旧版相比，新版除增添了部分内容之外，大体内容、架构和主导思想未变。这本书在国内也是为数不多的几本地理学思想史译著之一，其中前两版系由李旭旦先生所译（商务印书馆，1982 年，1989 年再版）。与另一位同样有名的地理学思想史学者保罗·克拉瓦尔的《地理学思想史》[②] 中译本（共 43 万字）相比，马丁的这本地理学思想史的中译本达 700 多页（共 66 万字），对地理学思想的内容，尤其是从古代到近现代思想史的介绍更加详细和全面。

学科思想史的研究无疑对学科发展具有重要意义。不论是对于一个学科和专业的入门者，还是对于专业精深的研究人员，思想史的知识和修养都是必需的。杰弗里·马丁也着重指出，"对于思想严谨的地理学家来说，研究领域知识的创新是扩大理解能力的先决条件。这是理解我们学科发展轨迹必不可少的方法。"（第 5 页）然而，在专业化的学术分工体系之下，思想史虽然对每个学科都不可或缺，但始终也没有得到人们应有的重视，研究者也寥寥。究其原因，固然是在科学和学科发展偏重应用性、技术性和面向就业市

[①] 本文系根据中文译本编写，见杰弗里·马丁：《所有可能的世界：地理学思想史》（第 4 版），成一农、王雪梅译，上海：上海人民出版社，2008 年；内引此文，只注页码。英文原版见 Martin, G. J. *All Possible Worlds: A History of Geographical Ideas*. New York: Oxford University Press, 2005.

[②] 保罗·克拉瓦尔：《地理学思想史》，郑胜华、刘德美等译，北京：北京大学出版社，2007 年。

场等主导倾向之下，没多少"技术含量"和"可有可无"的思想史受到冷落，更重要的却是研究思想史绝非易事。地理学思想史的研究也是如此。

该书总共有20章，分为三大部分。其中，第一部分包括前言和第一章，可以算作全书的导言，概括介绍地理学思想史的性质、阶段划分并对地理学学科作总括介绍；第二部分是古典时期的地理学发展历史，叙述了从古典地理学的萌芽、中世纪、地理大发现时代到洪堡和李特尔时代的地理学沿革与演变；第三部分是近现代时期，作者以国家学派为主，着重介绍了德国、法国、英国、俄罗斯、加拿大、瑞典、日本、美国的地理学发展，而尤以对美国的介绍为多（三章），并用两章专门介绍应用地理学以及新的观察和分析方法，最后总结和展望了地理学的传统和创新。值得一提的是，书末还有许多地理学家或著名哲学家等生平的简介，为我们提供了较为丰富的背景知识。从该书的主旨和结构出发，我们选取地理学与地理学思想史，地理学思想史的发展阶段与国家学派，创新和传统这三个书中的要点和重点进行阐发。

一、地理学与地理学思想史

地理学思想史的任务并不仅仅是讲述地理思想和知识的产生、形成和演变过程，而且要通过这一过程达到对地理学性质的把握和准确认识。因此，在《所有可能的世界：地理学思想史》的前言部分，杰弗里·马丁精炼地总结了地理学的特点和关键、发展阶段及著述目的，该部分虽占全书篇幅较少，却是对全书主旨、重点、核心思想和内容的概括。

1. 什么是地理学思想史？

地理学思想史是地理学史的一个重要组成部分，甚至可以说是地理学史的精华，它渗透并体现在地理学史的发展过程中。但是，由于不同时代和地区的人们对地理学的性质和意义的认识不同，所以对地理学史应该包括哪些内容也并无定论[1]。约翰斯顿曾指出"研究学科史不仅仅是开列一份成绩的年表，而且要作团体社会学的探索，考察人们对问题进行的讨论、思考、裁决以及后果"[2]。显然，地理学思想史更关注后一方面。因此，在地理学史研究中，除了对地理事实、团体组织、教学研究活动进行记录，更应该从这些学术活动中抽象出指导和决定它们的思想。

---

[1] 约翰斯顿等：《人文地理学词典》，柴彦威等译，北京：商务印书馆，1999年，第260页。
[2] 约翰斯顿：《地理学与地理学家》，唐晓峰、李平等译，北京：商务印书馆，1999年，第13页。

马丁并没有细致地区别地理学史与地理学思想史,也许某种程度上他认为二者是可以等同并且是不可分割的。因此,对于地理学史和地理学思想史的关系,杰弗里·马丁开宗明义地指出,"地理学史由过去时间里发现、认识、思考和评价地理事物的方法所构成。其中包含的思想,有些是正确的,有些是错误的,但它们都是帮助人类认识周围环境的地理思想发展长河中的一部分。"(第1页)

地理学思想史的研究对地理学至关重要,它是了解地理学内容和理解地理学性质的必然路径。对此,著名德国地理学家赫特纳在其关于地理学历史、性质和方法的巨著中指出:"要完全理解现在,永远只有从历史出发才有可能。同样,要充分理解一种科学,也永远只有详细研究它的历史发展,才有可能。倘若我们在方法方面考察地理学的性质和任务时从未忘却这条通例,不打算先验地确定它们——这种尝试不论如何聪明却不曾有结果,那么我们可能已经避免了许多弯路和无益的争论,节省了许多的精力。"[1] 赫特纳还认为,在地理学史中,相比地理事实发现和空间位置确定,思想或知识具有更高层次(这实际上还是点出了思想史虽然只是地理学史的一部分,但却是最重要的一部分)。所以,他特别强调,"地理学史必须阐明:在各个不同的时代,人们对地球上各个不同地区的自然状况和文化已经认识到什么程度……必须研究地理学的看法是怎样逐渐形成的,然后研究它和其他科学的关系如何,及它在科学体系中的地位是怎样形成的。"[2] 这实际上指出了地理学思想史研究具有认识地理学性质及其地位的主要任务。

杰弗里·马丁秉承了这种正统的思想,进一步指出地理学思想史"是人类努力获得更多的、合乎逻辑的、并且有用的关于人类居住以及人类在地球上分布的知识的记录。这些知识是合乎逻辑的,对观察到的事物的解释经得起验证和检验,因此学者可以接受;这些知识是有用的,因为获得的知识使人类可以更容易适应地球上不同的环境,可以对不利的环境进行可能的改造,甚至可以获得控制的方法。"(第2页)这实际上指出了地理学思想史在理论和实践上的性质和方向。

2. 从思想史看地理学的关键与特点

通过了解地理学思想史,我们应该把握地理学的关键并抓住它的突出特点。在什么是地理学的关键问题上,杰弗里·马丁比较倾向于传统观点。他赞同著名地理学家赖特的一个提法:"地理多样性"(geodiversity),即认为地球表面的差异性是地理学的关键(第1页)。这是因为,感受地方差异可以说是人的本能之一。在史前时期甚至更早,人们离开居住地就会感知不同地方的差异,并产生最初的地区差异概念。区域差异是地理

---

[1] 赫特纳:《地理学——它的历史、性质和方法》,王兰生译,北京:商务印书馆,1983年,第3页。
[2] 《地理学——它的历史、性质和方法》,第5页。

学传统的，甚至可以说是特有的研究对象。从洪堡和李特尔时期直到赫特纳和哈特向，都把区域作为地理学的主要或核心的研究对象。

对区域的刻画不能仅停留在具体的表面现象，必须把它抽象成意象（mental images），并告诉他人。随着人类活动范围的扩大，建立地方之间更加整体化的、清晰的和有机的联系就变得重要和必然。这也导致系统地理学的出现，它研究世界普遍的地理现象和规律。但是相对世界的广大，人类个体的视野和居地非常狭小，所以不得不在地点之间进行选择和取舍。人们只能选择特定的地点来建立对世界的认识，这个特定地点与我们已知的地点之间由此产生某种联系。这就形成了地理学与众不同的特点：考察事物的相对位置。这种相对性具有丰富的内涵，因为每个地理学家选择的参照系和标准的不同而演绎出不同的学派。

3. 形成意象和寻求解释是地理学及其思想史研究的主要内容

人类有一种探究因果关系的天性。人们首先对区域差异的存在感到好奇，在形成一种地理多样性的意象之后，随之必然产生获得解释[①]的渴望。学者们的不同解释，一方面使这种意象看似更加真实或可接受；另一方面，解释又为他们提供了选择和坚持的理由。"但意象和一代学者的解释难以满足下一代学者的需要。寻找符合当代信仰的新的和更好的意象以及相关解释的一种继续，这种意象的变化，以及言之成理的理论框架的建立，就是地理学思想史的内容。"（第 2 页）

二、地理学思想史的阶段与国家学派

地理学思想史是一个综合而庞杂的思想体系和历史过程集合。它包含许多分支学科和专业，发展特点也因国家而异。这种国家模式或地域性特征对地理学的影响非常之大。在现代，虽然全球化和信息化使知识传播和文化交流变得极为方便，地理学也趋向交流频繁，但是各个国家的地理学仍然有很大不同。在这一点上，地理学不但与其他自然科学有区别，而且也不同于经济学、社会学等社会科学。这种国家学派特征是在地理学长期的发展历史中形成的。

[①] 关于"解释"的目的、意义和地理学中解释的方法论研究，最权威和全面的莫如戴维·哈维的《地理学中的解释》，他将解释行为视为一个涉及哲学、思辨、感知、图像的方法论形成过程。详见戴维·哈维：《地理学中的解释》，高泳源、刘立华、蔡运龙译，北京：商务印书馆，1996 年，第 33 页。

1. 地理学思想史的阶段

划分阶段是思想史研究的重点。不同学者因其立场和角度不一,即使看待同样的地理史实,也可能产生完全相反的观点和结论。马丁是从宏观角度进行划分的,将地理学思想史划分为两个阶段:"第一个时期延续数千年,从地理学的朦胧时代到 1859 年"(第 2 页);1859 年之后就是第二个时期,也就是所谓新地理学的时期。其中,1859 年之所以成为一个分界线,是因为近代地理学的奠基者洪堡和李特尔同时在这一年逝世(更为巧合的是,赫特纳在这一年出生)。这意味着古典时期的终结和近现代时期的开始。新地理学,或者地理学的近现代时期虽然只有 150 年,却发生了以往几千年也不曾有的变化。地理学成为一个稳定的专业领域,吸引了大批学者,学科也向纵深发展,并成为既具有自然学科内容,也具有社会学科和人文学科内容的一门学科。

2. 古典时期

古典时期的地理学并不是一个独立的学科领域。早期的文明中包含许多地理的思想和知识,地理学思想和知识也常见于古希腊等国的文学、艺术、历史和哲学作品中。在方法上,地理学也积累了文学(描述)、数学(测量或几何学)、图形(地图)研究的传统。早在地理学的发轫时期,就已经是蕴含科学和艺术方法和内容的一门学问。很多哲学家、历史学家等对地理学有出色的论述,其中康德对地理学的论述最为重要。他将地理学与历史学并列,认为地理学是关于空间的学科,从整体学科体系中考察地理学的性质[①]。马丁指出,"他对地理学史的最大冲击,在于提出了所运用的方法和面临的问题的本质,而不是仅仅获得和展示新材料"(第 135 页);哈特向也将近现代地理学性质的理论阐发的源头归于康德,高度评价他是"最早阐述地理学性质和学科地位概念的哲学家"[②]。被公认为近现代地理学创始人的洪堡和李特尔也是比较全面的学者,他们一个偏重于天文、植物和地理的统一,一个强调历史与地理的有机结合。虽然方法和目的不同,洪堡和李特尔都试图建立"新地理学",接受地球是人类家园的知识,继承了康德等学者提出的地理学是研究起源不同但存在内部联系的各种事物的观点,认识到寻找普遍规律的重要性,都创作了大量著作并创建了自己的理论体系,对地理学界产生了巨大和深远的影响(第 160-161 页)。另外值得注意的是,从地理学科概念的创始直到 20 世

[①] 理查德·哈特向:《地理学的性质》,叶光庭译,北京:商务印书馆,1996 年,第 19—24 页。
[②] Hartshorne, R. The Concept of Geography as a Science of Space, from Kant and Humboldt to Hettner. *Annals of the American Association of Geographers*, 1958, 48: 97-108; 也可见本书"哈特向:作为一门空间科学的地理学概念"一文中对此文的分析。

纪 30 年代这一时期，德国在地理学的哲学和思想领域占据优势和主导地位，他们向外输出思想，成为其他国家学习和效仿的对象。

古典时期之所以历经数千年的漫长时间，主要是受语言文字传播范围和速度的限制。语言文字是传播思想最直接和最有力的工具。近代以前，尤其是造纸和印刷术未发明和广为传播以前，思想的产生和扩散受到很大制约，进而影响到人类文明进步。近代以后，造纸和印刷术的发明传播使文字和语言交流频繁，交通设施和条件的改善与创新扩大了人们的视野和活动领域。在地理活动上，地理大发现等事件使人们对地理环境的认识产生大的飞跃。从 19 世纪中叶开始，思想交流的增强和范围的进一步扩大，使从世界视角认识地理学成为可能，学者们开始尝试从全球视角认识地球表面及其空间形式（第 1 页）。随着知识的极大丰富与趋于复杂，科学对专业化的要求也变得必然。地理学学科逐渐从其他学科中分离出来，成为一门独立的学科。

3. 近现代时期

马丁将大学里设置地理学专门教席的时间作为地理学思想史上近现代时期的开端，具体时间是 1874 年，地理系在德国大学设立。随后几十年，地理学作为高等教育的一个专业，不但在德国、法国、英国建立，而且在世界范围内普遍建立（第 168 页）。但是，最初德国的地理学专业教授并没有受过专业的地理学训练，因而对地理学性质缺乏清晰的认识；在探寻地理学性质的过程中，各个国家的地理学讲授和研究也具有自己国家的一些特色，并成为各自的传统。

马丁认为，成为一门专业领域需要三个要件，也就是理论、组织、职业三个方面相结合，形成"从研究对象，到学科，到专业，到专业的传播——一个研究领域发展的过程"（第 3 页）。具体来讲，这三个方面包括（第 3 页）：

（1）专业行为范式，即一套完整的概念、理论和方法体系；

（2）学术组织和专业培训，比如社团、协会、刊物以及大学对地理学专业的教育；

（3）职业地理学家队伍，不断发展和完善学科理论体系。

专业知识的积累，社团组织机构的建立以及职业地理学家队伍的扩大使地理学走上了稳定、持续发展的轨道。地理思想的交流和传播变得频繁。各国的学者在互相交流和学习的过程中，虽然遵循了一些共同的地理学思想和原则，同时受一些在地理学思想上占主导地位国家的学术范式的影响（比如 20 世纪 30 年代前是德国，30 年代后则是美国），但仍然出于自己国家的研究历史和需要，保留了许多本土的传统和特色。马丁分别对德国、法国、英国、俄罗斯或苏联、加拿大、瑞典、日本以及美国的新地理学进行了述评。

二战以后，地理学进入了一个异常活跃的理论和方法论变革时期。实证主义、结构主义、人文主义、马克思主义、女权主义、后现代主义等研究范式几乎每十年一更迭，而空间分析学派、行为地理学、制度和文化转向，关系转向等显示了一个多彩纷呈的发展局面。局促而激烈的变化超出以往任何时代地理学的状况，也超过其他自然和社会科学发展状况，更使得对于"地理学的核心是什么？"这一问题的回答变得茫然。虽然一部分地理学家认为区域传统是地理学的特色和优势，但是很明显，"关于地理学核心方面的问题，没有一个简单的、能满足所有人的答案，或者，甚至不能满足多数学者的要求"（第535页）。这也是大多数地理学家的深切感触。如著名经济地理学家阿兰·斯科特（Allan Scott）在一篇回顾经济地理学学术史的论文中也指出："知识与社会生活完全是从同一块现实之布裁剪出来的……任何对于'经济地理学的核心是什么？'这一问题的回答都容易带有历史随机性。"[1]

当代，随着全球化和信息化的迅速演进，地理思想的跨国界交流已经成为学术活动的必然环节，不同国家的地理学已经被纳入全球和世界这样的整体范畴之下；但是另一方面，文化的作用使地理学的国家模式仍然延续并维持着它传统的特点。正如保罗·克拉瓦尔所指出，全球化威胁下民族意识的自我肯定也是今后的一个主要方向，而每个国家都有提供独特贡献的空间[2]。

杰弗里·马丁非常注重这种国家模式，他虽然兼顾和强调了不同国家地理学思想的渊源联系、相互影响、交流融合与共生，但是阐述思想史的体例主要还是根据各个国家发展的情况分别论述。就不同国家形成的学派而言，他认为"每个国家的地理学及其学派都有其必然性"（第1页）。在地理学思想史上，各学派一般都通过一些主要人物，依托其特有的理论和方法论，通过学术活动的交流，经由学生群体得以树立、传播和绵延。

三、传统与创新

"创新是一门学科发展的主旨"（第607页）。任何一门学科都要面对传统与创新的问题。一方面，我们的认识及其进一步发展都建立在历史积淀的基础之上，所以了解、学习并继承传统几乎是不自觉的，这一过程的发生和作用甚至不管你是否意识到。

---

[1] 阿兰·斯科特："经济地理学：伟大的半个世纪"，选自克拉克等：《牛津经济地理学手册》，刘卫东等译，北京：商务印书馆，2003年，第17—44页。
[2] 保罗·克拉瓦尔：《地理学思想史》，郑胜华、刘德美等译，北京：北京大学出版社，2007年，第4页。

另一方面，时代的要求和个人的渴望却促使着我们打破赖以成长的传统基础，发展知识、创造知识，获得更大的突破。所以传统与创新，也可以说历史与现代这一问题成为困扰地理学家的一个矛盾。马丁通过指示一些认识误区，回顾地理学的传统，并将"创新本身作为我们工作的传统"而达到对这一矛盾的解决。

1. 地理学家的研究误区

标新立异是二战以后地理学发展的一个特征。但是，如果真正考校起来，现代所提倡的许多"新"地理学，是否真的就是"新"的呢？马丁指出，"近年来的地理学，与过去一样，是创新和传统的复合体……问题主要在于理解这是如何产生的"（第608页）。这也是多数地理学家的观点。地理学家在发展理论和提出"新"的见解时，也走入了一些误区，这是应该吸取的教训。主要有以下两种：

（1）忽略历史时期和同时代学者的思想和著作

这种现象是普遍的。马丁举了古希腊地理学家斯特拉波的著作被同时代人忽视的例子。我们还可以举一个最有名的例子，就是哈特向的"作为一门空间科学的地理学概念：从康德和洪堡到赫特纳"一文所指出的，康德于18世纪晚期关于地理学的性质和学科地位的论述，长期被人忽视，直到20世纪初期才重新引起赫特纳等人的广泛关注，而他们的结论是相似的[①]。这些事例也凸显了思想史研究的重要性。

（2）语义陷阱

语言与其指代的"事实"的界限不易区分。比如一些专业术语，常常存在多种模糊的解释。在地理学中，核心概念景观、区域、空间就是如此。另外，我们常用的"秩序""因果"也是不易辨清的。

这种语义陷阱在地理学中的一个突出表现就是二分法。二分法有多种类型，尤以人与自然二分为典型。这种二分法将人与自然对立起来，实际上对某些人而言，它可能是不存在的。这些二分法还有：①地理学不是描述性的科学，而应该是解释性的，二者不可兼得；②自然地理学与人文地理学是地理研究的两个独立分支，具有不同的概念结构；③地理学不是系统的就是区域的；④地理学不是演绎法就是归纳法；⑤地理学不是科学就是艺术。但是，"事实上，地理学论著可以放在所有这些范畴之内，这就打破了二分法的合理性"[②]（第610页）。

[①] Hartshorne, Richard. The Concept of Geography as a Science of Space, from Kant and Humboldt to Hettner. *Annals of the American Association of Geographers*, 1958, 48: 97-108.

[②] 这种二分法引致两方互相的攻击和无谓的对自己所属领域重要性的争论，实际上类似于"先有鸡还是先有蛋"的争论。一个对此的批评也可参见本书对舍费尔的"地理学中的例外论：一个方法论的检视"的介绍和评述。

2. 地理学的传统

美国地理学家威廉·帕蒂森曾在"地理学的四个传统"一文中归纳了地理学的四个传统：地球科学、人地关系、区域研究、空间分析[①]。著名地理学家布劳特认为还存在地图学、行为地理学两个传统[②]。帕蒂森认为这些传统之间存在互补和统一。大体来讲，不同时期流行的研究范式和理念，虽然出于地理学家的价值偏向和兴趣爱好，也表现了当时的时代环境和社会变化的要求，因而与其他时期的传统有差异。但对于地理学整体而言，地理学所具有的综合性和包容性使它们都被整合在一个框架体系中。因此，争论这些不同传统的理论和研究方法的孰优孰劣纯属空费精力。马丁指出："与其他知识领域类似，地理学要通过所有这些途径寻找问题的答案，不能忽略其中任何一个……从文字纠缠中解脱出来，就可能辨认出新生事物并记录下朝向这些陈述所规定的目标的发展过程。重要的是找出什么是新的东西，并把它和传统的内容放在平衡的位置。"（第613页）

正如一句名谚"地理学就是地理学家所做的事"所揭示，地理学家之间，地理学与地理学家之间形成了一种互相补充和促进的关系。马丁指出："传统不会轻易消亡，因此可以添加。在对地理学历史的研究中，这些传统仅仅具有智力上的意义。但是在实践领域的地理学中，地理学家容纳了不同年代和不同传统，这些学者可能都在同一所大学的地理系授课。他们相互提醒着对方：要理解地表上人类的活动，并没有完全恰当的方法。变成传统的创新是学科发展中必然的过程。"（第643页）

3. 创新本身成为我们工作的传统

从传统与创新的关系反思地理学性质，马丁认为，在二战以后，地理学理论的快速发展和变化促使地理学有了一个"坚固的外围"，但是缺乏一个传统的核心，"这提供了更加灵活的思想，创新似乎成为了一种传统"（第642页）。而"核心的缺失，新的流动性，以及调查传统边界线的中断已经释放出了想象力和热情"（第646页），这使地理学的发展实际上符合了洪堡和李特尔时期就强调的地理思想多样性的传统。这种研究对象——地表事物的多样性，学科特点的综合性以及研究者的丰富性，使地理学家面临困惑和苦难，同时也使地理学繁荣发展。马丁特地长篇引用了著名地理学家索尔的经典论述

[①] Pattison, W. The Four Traditions of Geography. *Journal of Geography*, 1964, 63: 211-216. 参见本书"帕蒂森：地理学的四个传统"一文。

[②] Blaut, J. M. The Dissenting Tradition. *Annals of the American Association of Geographers*, 1979, 69: 157-164. 参见本书"布劳特：异端的传统"一文。

来表明这种多样性的意义,该段论述发人深省,对现世地理学家亦颇具指导意义,特根据索尔的原文把它翻译如下:

"就像我所说的,我们曾经是,而且依然是有着不同个性的复杂群体,不能说这是由哪种价值观或气质、精神力量或情感动力决定,但我们知道,我们通过有选择的紧密联系走到一起。虽然描述地理学家就像定义地理学一样困难,但我对这两者都满意且寄予希望。虽然我们完成的工作中存在很多缺陷,但令人满意的是,我们并未真正地压制同行(不同于我们)的调查、方法或思想活动。我们时常作出与此相反的努力,但是我们不久就会放弃这些努力,而去做我们最想做的工作。有制度和课程的压力,但是没有学术的导向。最聪明的大学管理者曾说过,划分系别大都是考虑预算的方便。"

"因此,地理学的非专业特性似乎是合适的。每个研究者必须努力获得他最关注的事物的独特见解和技能。然而,我们整体的兴趣并不主导个体的方向。我们不能抛弃我们的独特优势。我们,无论个体还是群体,都在试图探索地球表面现象的差异及其相互作用。我们欢迎任何来源的一切有能力的工作,而且不要求拥有所有权。在生命的历史中,较少单一化的物种易于生存和繁殖,而在功能上作茧自缚的类型却成为化石。对我们来说,这种类比是有意义的,因为通过很多不同的思想和爱好,确实发现了志趣相投的有价值的协作,并增加了个体的技能和知识。我们依靠交流和多样性繁荣发展。"[①]

4. 使未来地理学更有吸引力的两个方面

马丁展望了地理学的未来发展,认为吸引年轻学者的学科将获得较大发展,反之,学科将趋于消亡。同时,他也对这种吸引力的两个方面进行预测,认为首先在于对 21 世纪人类所面临的最重要问题作出能获得广泛认可的贡献,如有助于解决贫困、饥饿、不公正等问题;其次在于不要脱离现实世界进行抽象的概念演绎,而要清楚地说明它在解决重要问题时的贡献(第 648-649 页)。最后,马丁用一段非常具有总括性和号召性的语句结束了他的这部洋洋大观的著作:

"我们拥有一个历史悠久的、荣耀庄严的地理学研究的传统——即采用那些引导我们思维的符号来努力辨明在地表上占据空间的事物的秩序。我们必须前进,避免重复过去的不必要的错误;同时,我们要勇于提出新的假说,并让它接受挑战或被推翻。这一过程将永无止境,因为随着符号的变化和我们所提出问题的变化,我们所表达的秩序也在变化。在我们的视野之外,总是存在另外一个等待我们去描述和解释的新世界,这是

---

① 直接译自 Sauer, C. The Education of a Geographer. *Annals of the American Association of Geographers*, 1956, 46: 292-293. 在这两段中,第一段末尾二句马丁并未引用,但对理解第二段却有作用。同时参考了《所有可能的世界:地理学思想史》的译者成一农、王雪梅的中译稿(第 647-648 页)。

永远的挑战。"(第 649 页)

《所有可能的世界：地理学思想史》是一部优秀的地理学史和地理学思想史著作和教科书。它详细地介绍了地理学思想从起源时期到近现代的发展历史和轨迹，结合地理学发展的阶段展现了近现代时期国家学派的发展状况，这种时空结合的思维和论证方式也是地理学家的特长和优势。这本著作是地理学家的思维方式和特征在思想史研究上的突出和具体的体现。它既适合作为对地理学感兴趣的其他学科人士和本学科的初学者的教科书和工具书，又是地理学研究者必备的参考书。

对地理学思想史学者而言，将地理学、思想、历史这三者有机地结合为一个整体是他们的任务。这个"有机结合"，对地理学思想史的教师和研究者提出了四个层次的要求。具体来讲，也就是，他不但需要掌握与学科发展历史有关的学者的思想和学术活动的详尽资料与准确事实，而且在此基础上，更应该把握学科的性质及其在学科体系中的地位，并由此梳理和提炼出学科思想史变化的特征、轨迹和线索，最后提出和形成思想史的"理论"。这实际上代表了思想史著作的四个层次：史实、性质、过程、理论（或哲学）。其中，能够发展一种思想史理论（哲学）是思想史研究者的最高目标，但鲜有人达到。

我们以此来考察杰弗里·马丁的这本《所有可能的世界：地理学思想史》，就会发现它是一部史料丰富、脉络清晰、通俗流畅的广博之作。通过阅读该著，一个从未接触过地理学的人也能了解地理学思想发展变化的来龙去脉、历史沿革与国家特色，从而初步理解地理学的性质及其变化。但遗憾的是，该书并没有完全达到地理学思想史理论的层次，或许原因正如作者所言"很明显，本书的特点在于广博而不是深度"（第 4 页）。但是，之所以说"并没有完全"，实际上也是表明，该著论述和引证过程中含有理论的总结、反思与某种价值倾向，只是并未深入展开，继而提出和形成著者独特的"见解"体系。对于读者而言，著者笔下生动、有趣而细致的地理学思想史内容可以通过直接阅读获得了解和理解，而理论性与较重要和深刻的内容，虽占全书篇幅很少，却最为重要，是需要读者反复体会和把握的。

（叶　超）

罗　兹

重新审视地貌学的动力学基础（2006年）

布鲁斯·罗兹（Bruce Rhoads）是美国伊利诺伊大学香槟分校地理系的系主任。他于1986年在亚利桑那州立大学获得博士学位。罗兹的主要研究领域是河流地貌和自然灾害。他的研究兴趣点包括：（1）汇流和曲流的水文动力学；（2）河流自然化和修复；（3）鱼类群落地形条件和自然生境的联系；（4）人类对水文系统的影响；（5）地貌学和自然地理学的哲学和概念等。在伊利诺伊大学，他主要教授水文地貌、流域分析、航空影像解译、当代地理学思想和地理学进展等科目，并发表了大量关于地貌水文学和地理哲学的文章。

"重新审视地貌学的动力学基础"[1] 是罗兹的一篇论述地貌学哲学基础的文章，于2006年发表在《美国地理学家协会年刊》上。自1952年阿瑟·斯特拉勒（Arthur Strahler）的论著"地貌学的动力学基础"[2] 发表以来，地貌学研究开始以过程方法为主导。该方法将地貌过程和过程—形态的相互作用视为作用于地球物质的压力和张力的表征。近年来，人们越来越多地关注到过程方法的局限性。罗兹解释道，这种局限性包括内在的还原主义，难以解释复杂的大尺度地貌现象及缺乏历史性的关注点。这篇文章基于过程哲学，为解读地貌学的动力学基础提供了新的视角。

过程哲学的主旨是，在本体论和认识论上过程比物质实体更重要。过程哲学认为机械论虽然在认识论上有意义，但其展示的抽象物缺乏本体论的深度。无论是当代科学还是人类经验都表明，物质作为不变实体的观点和机械力影响下物质在位置上的动态变化的观点在本体论上都是有缺陷的。罗兹在文中指出，从根本上讲，包括地貌现象等实在的本质是过程性的。基于过程哲学的过程观点弥补了机械唯物论的不足，覆盖了当代地貌学研究的全部领域并有可能为地貌学思想和研究开辟新的途径，还可能促使自然地理学和人文地理学在更高层次上融合。

---

[1] Bruce L. Rhoads. The Dynamic Basis of Geomorphology Reenvisioned. *Annals of the American Association of Geographers*，2006，96（1）：14-30.

[2] Arthur Strahler. Dynamic Basis of Geomorphology. *Geological Society of America*，1952，63（9）：923-938.

作为一门科学，地貌学起源于历史地质学和自然科学（尤其是物理学和化学）的研究。这种研究方法可追溯到 19 世纪晚期地貌学的建立。戴维斯的研究详细阐述了地貌学研究中的历史—地质方法，卡尔·吉尔伯特的研究概括了自然科学的调查方法。随后，人们发现戴维斯的侵蚀循环论有很多缺陷，这使得地貌学的研究重点转向了自然科学调查的方法。其标志是阿瑟·斯特拉勒的《地貌学的动力学基础》的发表。斯特拉勒之后，地貌过程的研究发展迅速，最终演变成"过程"地貌学。

过去 30 年，过程研究方法在地貌学研究中占主导地位。罗兹评述道，基于自然科学理论和方法的过程研究使当代地貌学在理论和方法上产生了重大突破。然而，该方法过分强调定量化和还原论，忽视了大时空尺度上的地形演变。此外，罗兹还提到，虽然这些批评在很多方面是合理的，但部分批评可能导致误解，尤其是当批评的目标是"过程"这一概念时。

"重新审视地貌学的动力学基础"一文为地貌学的动力学基础勾勒了一个清晰的哲学框架。这个哲学框架不仅包含历史—地质的方法而且包含自然科学的调查方法，并且不需要使用还原论和定量化也不依赖任何机械论。它旨在展示一个过程的视角，该过程视角并不排斥或贬低任何特定的地貌学研究方法，仅强调动态变化或适应是理解所有的地貌现象的基础。

一、机械唯物主义的动力基础

在《地貌学的动力学基础》的导言中，阿瑟·斯特拉勒借用物理学中应力应变的概念来定义地貌过程。在文章的后半部分，他也指出化学原理在诸如风化和溶解等特定地貌过程中的重要性。他认为地貌学是地球物理学和地球化学在地表过程和近地表过程的应用。过去 50 年，过程研究为地貌学引入了许多新的概念和方法，包括系统理论、统计分析、概率理论、数学模型、力学和非线性动力系统理论。尽管斯特拉勒强调过程是地貌学的动力学基础，但他认为地貌学的研究重点应放在现在而不是过去。换句话说，这种过程研究方法关注的是过程与形态的动态交互作用，而不是特定景观的历史演变。过程与形态的动态交互作用产生了一个独立于时间的自律稳态。尽管开放的地貌系统中存在持续的物流和能流，然而在此稳态下地貌形态却保持不变。

罗兹认为，斯特拉勒无疑接受了还原论的逻辑实证主义方法论，也就是地貌学的知识可还原为物理学和化学的基本原则。此外，斯特拉勒的文章中暗含的本体论前提是：地貌过程只不过是由应变力来激发和控制的底层的（应力和应变作用下的）物理现象。

罗兹将斯特拉勒的观点归于机械唯物主义（或"科学唯物主义"）的哲学范畴。这种过程研究的方式使机械唯物主义成为当代地貌学的主导。为了充分认识机械唯物主义的基本理论，有必要将其放在人类相对于自然存在的研究背景下，特别是哲学关于最根本的"事物"或现实实体的思考。

二、机械唯物主义和作为实体的物质

机械唯物主义的产生与17世纪科学的诞生密切相关。事实上，它是作为科学产生的概念基础出现的。在此之前，哲学关于实体的本体论观点主要源于柏拉图和亚里士多德。他们并不将物质的组分看作实在的根本属性，这样就产生了存在（或存在的形式保持不变）以及生成（或存在的一种形式向另一种形式变化的过程）之间的不同。柏拉图认为，真正的"存在"只存在于一个卓越的、包含不变理念或形式的天堂般完美的国度。自然或实体以及所有存在的本质都源于这个理想的国度。另一方面，感官世界的现象处于不断变化的持续状态（生成）之中，它不断向理想状态转变但达不到理想状态。因此，感官世界是一个过程性的、动态的王国，并以暂时性和不完整性为特征。与柏拉图不同，亚里士多德还强调了存在中形式（文化表象）的重要性，并认为形式并不是另一个王国，它构成了实际存在的背景。形式是过程通过其自身潜力体现的一种内在源泉。因此，自然的所有事物都是动态的和自我实现的。变化涉及有效的原因和最终的缘由。

中世纪的思想继承了古希腊哲学的基本观点，但却试图调和古希腊哲学思想与基督教教义之间的矛盾。物质，或事物，并没有被视为一个独立的存在，而是作为一种形式的关联。文艺复兴时期出现了试图将基督教神学归于自然哲学的情况，此时关于存在之本质的基本假设开始发生了细微的变化。物质（而非形式）通过事物中包罗万象的上帝的"灵魂"而呈现出存在的本源。17世纪，自然这一概念受两种观念的影响与科学思想同时发展。这两种思想是：（1）文艺复兴时期的物质实在论；（2）源于早期医学和化学的物质原子主义。物质原子主义认为物体由不变的简单元素组成。也就是说，在物质的形成和衰亡的过程中，组成物质的最基本的元素没有发生改变也不能改变。罗兹指出，这种自然观与亚里士多德的内在变化的实体观是矛盾的。由于组成物体的物质元素将永久地存在并且不发生变化，这就意味着物体从可能态向现实态的转变过程是不存在的。形成（生成）仅适用于复杂或复合的物体，但也仅仅是通过重组（运动）的方式使简单的元素重新归为新的类别。此外，伽利略认为，不只是物体的自然属性（如运动、范围、形状和可穿透性等），物体存在的可感知性（如热、色、香和味等）也与基本粒子的运动重组有关。最终，牛顿关于物理学的研究阐述了物质运动的基本原则即力学，这才出现了机械唯物主义。机械唯物主义认为物质就是实在，所有的存在都由不变的、不能改变的基本物质组合而成；物体所发生的变化只有通过其运动产生的物质重组才有可能发生；因果关系的产生也仅仅依赖于物质能否产生重组的有效机械力。物质间的关系仅仅是不变的基本"原子"之间的外部关系。

三、地貌学中的过程研究方法

自 20 世纪 50 年代以来，斯特拉勒的过程研究方法对地貌学发展的影响日益加深。其中，阿德里安·谢德格（Adrian Scheidegger）的《理论地貌学》（*Theoretical Geomorphology*）一书具有里程碑的意义。该书介绍了基于力学原则推导出的地貌过程的数学公式，对随后地貌学的发展产生了深远的影响。近年来出版的地貌学教科书一开始就强调地貌学的过程研究方法，其中一本代表性著作为《过程地貌学》。这些教科书中强调的基本概念包括开放和封闭系统，形态、过程、过程—形态系统，动态、稳态、静态平衡，正反馈和负反馈，等效性（equifinality），模型和模拟，过程测度，尺度依存，因果关系，跨尺度的过程联系，阈值和复杂响应，驱动态和抵抗力，内生和外部过程，地貌事件间的频幅关系，等等。这些概念都源于斯特拉勒主张的地貌学的自然科学基础。罗兹认为，虽然过程研究方法在当代地貌学研究中占主导地位，但其研究范围却模糊不清。此外，在批评者看来，它与机械唯物主义的联系也不明确。李特尔、克歇尔（Kochel）和米勒（Miller）的过程地貌学以牛顿力学为基础，将机械力与地貌过程相联系，认为过程是某种力驱使下的地表物质或形态发生的物理的或化学的变化。其他很多观点虽然没有以力学的形式清楚地定义过程，但都强烈地暗示着地貌过程在本质上是"物理的"，并由地球系统的能量流所驱动。这种暗示与斯特拉勒的过程是机械剪应力的表征的观点相一致。

种种迹象表明，从 20 世纪 80 年代开始，地貌学研究中过分倾向过程研究方法，以牺牲景观的历史调查为代价，过分强调过程机制。罗兹指出，过程研究需要关注地形演变而不应仅仅关注小时空尺度的过程机制。学者们已认识到，地貌学研究中的过程研究和历史调查法都应是地貌研究的一部分。罗兹意识到，从有关过程研究的关注问题中已很难清楚地找到批判点。贝克（Baker）和契维代尔（Twidale）呼吁地貌学的"返魅"，支持历史调查的方法，反对许多过程研究的内容。其中包括还原论、机械论的解释,关注弱强度事件的观测,反历史的世界观,数学建模的抽象化以及重实际应用。理论本身已成为一个潜在的批评目标,而罗兹和索恩(Thorn)强调,理论不应受到责备。然而,地貌学的理论特征、科学论证形式和指导探索的协调原则已基本转向大时空尺度的研究。地貌学中历史研究方法和过程研究方法之间的不同点就在于,它们针对不同时空尺度的地貌现象进行研究。

贝克和契维代尔将过程研究和"还原论、机械论"的解释联系在一起,这一立场与斯特拉勒的论述及科学的唯物论原则相一致。近来,哈里森(Harrison)认为这种过程研究本质上是还原论的,它很难处理地形演变中的地貌涌现现象。他的论点以近年来复杂系统非线性动力学的科学思想为基础。哈里森将过程地貌学和机械唯物主义融合在一起,这一立场体现在其对基于牛顿连续介质力学模型的地形数值模拟的批判中。罗兹评论道,尽管存在许多批评,而基于严格力学原则的数学模型仍然是地貌解释的最有力的工具。以牛顿力学原则(如守恒定律和力量平衡关系)为基础的机械研究已呈现出本体论的意味,它被看作是"真实的"、难以观察的因果机制。这种因果关系机制控制着可观察的地貌过程。

总之,斯特拉勒主张的过程研究在随后的 50 年一直在地貌学中占主导地位。罗兹认为,当过程研究与还原论、机械解释(即机械唯物主义)相混淆时,它的局限性就变得越来越明显。但是这种混淆主要是由于机械唯物主义,而非过程概念本身。而研究中所需要的正是通过扩大过程的概念,使其包含机械论、历史观和"非线性动态"等,来拓展地貌学的动力学基础。

四、过程的哲学视角

对于哲学(尤其是科学哲学)的检验,大多是以唯物主义的物质本体论为基础的。物质体现于有形的,从微观到宇观的物体(或事物)之中,被视为现实(实在)的基石。它通过物体自身或物体与外部物体的相互作用而发生动态变化。然而,这一主流观点受到过程哲学的反驳。

简单地说,过程哲学认为,存在的本质由过程组成,并且最好从过程的角度来理解,而非从物质的角度。罗兹在文中提到过程研究的传统可以追溯到赫拉克利特、柏拉图和亚里士多德,他们将流动和变化视为现实的本质。自 17 世纪现代科学诞生以来,过程思想一直都与机械唯物主义的观点不同,后者将无生命的物质视为实体并将变化视为无生命物质的简单的机械重组。随后,罗兹列举了过程思潮的主要推崇者:莱布尼茨、黑格尔、皮尔斯、詹姆斯、柏格森、亚历山大和杜威，他们确立了很多过程哲学的基本主题（表1）。最后，罗兹还详细介绍了过程哲学的主要人物英国数学家和哲学家艾尔弗雷德·诺思·怀特海的观点。怀特海曾在剑桥大学（1884—1910年）和伦敦大学（1914—1924年）执教数学，并在哈佛大学（1924—1937年）执教哲学。

表1 过程哲学代表人物及其观点

戈特弗里德·威廉·莱布尼茨（Gottfried Wilhelm Liebnitz，1646—1717）
- **单子的概念**：或将短暂的、非经验的、自足的活动中心看作实在的基石。

乔治·威廉·福瑞德·黑格尔（George Wilhelm Friedrich Hegel）（1770—1831）
- **有机目的论**：机制是服从于相关自组织实体的内部管理的一种行为模式。
- **过程整体论**：复杂的实体只有通过内部互惠关联、组成部分相互依赖的自我组织、自我维持和自我决定所产生的整体性的认知才能得以理解。
- **内部自我激励的内生动力**：它克服了主客体分异，即精神（有意识的自我感知）是植根于现实目的性和创造性的反应。

查尔斯·桑德斯·皮尔斯（Charles Sanders Peirce，1839—1914）
- **机械唯物主义的批判**：所有的本质都存在于自身对他者的响应中，而非单纯的机械运动，即使是在自然界中也是这样；以科学的逻辑常识看来，唯物主义的教条令人很不满意。
- **最终原因，或机制的总目的**：是自然世界固有的一部分，并为自然界中特定物质类别的划分奠定了基础。
- **泛心论**：物质是"失活"了的心灵；物理事件是心灵事件退化的、未发展的形式。
- **宇宙演变论**：创造性的情感（creative love）（泛爱论）相对于偶然变异的进化（偶成论，即达尔文的进化论）和基于力学基本原则的进化（即有机体的生长和演变），对实在的演变有更重要的影响。

威廉·詹姆斯（William James）（1842—1910）
- **意识流和人类经验是实在的过程性特征的典型代表**：意识流是经验的茂盛、繁忙和混乱的表现。
- **新奇性被机械唯物主义的抽象概念化所掩盖**：永恒的、具体的新奇性是如此地明显，依据过去来解释现在的合理性没有什么逻辑原则。

亨利·柏格森（Henri Bergson，1859—1941）
- **实在本质上是过程性的**：运动本身就是实在。
- **时间的空间化**：真正的时间是由经验的连续流（持续）所组成的。然而，牛顿力学中的时间是一个从属于空间的抽象概念，即它是离散的、静态的时空容器的统一连续物。也就是说，时间成为实体持续空间的一个偶然的特征。空间被视为独立的、连续的、可拓展的实体，它可包含实在，并可切割为统一的时间间隔。这种时间的空间化是另一种反复出现的错觉。这种错觉可追溯到早期的欧美思想，即将生成简化为存在；将过程简化为实体；将时间性简化为非时间性；将大叙事简化为具体事件。

续表

萨缪尔·亚历山大（Samuel Alexander，1859—1938）
- **时空是连续的、与运动的复杂性相关的**：以产生涌现演变的冲动或创造性趋势为特征。
- **冲动在生命的涌现中表现得最为明显**：生命体既是物理的也是化学的，而不仅仅是物理世界的一部分。但是生命的新的特性既不是化学的也不是物理的，而是某种新的性质。生命与物质之间的连续并不意味着物质会变成生命。作为新的涌现的生命也不会与其前身连续相关。生命体只不过是能够展示物体活动的但并不特殊的复杂物质机体。

约翰·杜威（John Dewey，1859—1952）
- **事件作为存在的基础**：事件比物质更重要。物质是自然事件的属性。时间能被充分地快速感知，并通常与变化联系在一起，为变化制定特殊的时序和因果秩序。事件或过程没有什么缘由或源泉；没有主宰；没有特定的解释原则。变化是最基本的要素。
- **事件的复杂性**：自然事件是如此复杂多样，对它们的不同特征，我们不必惊讶。这些具有不同属性特征的事件通常被我们视为相反的事物。
- **心物都是事件的属性**：心物都从属于构成自然的复杂事件。物质、心理物质和精神仅仅是自然事件之间交互作用形成的复杂紧密的不同阶段而已。
- **活动是自组织的基础**：有组织模式的活动组分的运动有利于产生持续的模式活动。这也是敏感度的基础。
- **心物事件生成的相互依赖**：虽然生命、情感、思想与物质相关的理论可以被认为是唯物主义，但也可被认为是唯心主义。因为我们有理由相信对于自然存在的基本特征的充分定义，只有在它的属性充分展现的时候才有可能，也就是说，当某种相互作用的范围和亲密程度得以实现的时候。
- **认识事件之间的关系的重要性**：所有这些实际上都等同于将事物的关系作为适当的认知对象。

怀特海早期的著作主要是和罗素合写的关于逻辑和数学的《数学原理》（*Pricipia Mathematica*），它深刻影响了维也纳学派和逻辑实证主义的发展。怀特海还提出了另一种形式的相对论，即使爱因斯坦都难以理解。罗兹认为，怀特海的理论与爱因斯坦的理论在经验上是等同的，但他们在表述万有引力和时空之间的关系时又是不同的。1919—1937年，怀特海转向哲学，并创作了一系列著作，这些著作概述了他的本体论和认识论思想（表2）。他在《过程与实在》一书中提出了不确定的宇宙论或机体哲学，认为"实在"由纯过程的原子单位组成（现实机缘）。这一复杂的形而上学体系主要是为了综合经验的实在与科学表述的实在。怀特海的理论重点是"错置具体感的谬误"（fallacy of misplaced concreteness），人类在这种"错置具体感的谬误"中将宇宙空间化，也就是说，人们往往忽略流动，以静态类来分析世界。伯格森提出的"空间化"或"抽象逻辑伪装下更加具体的事实"的概念批判了机械唯物主义，怀特海完全赞同伯格森的观点。罗兹评论道，怀特海的过程哲学是一种智力的挑战，他扩展了查尔斯·皮尔斯提出的概念，即"过程实在"侵入从微观到宇观的各个层次，同时它也包括精神活动。因此，感情、理解（领悟）及无生命实体间的相互作用都是机体哲学的重要组成部分。

表 2　怀特海过程哲学的主要观点

过程作为本体论的基础
- 自然是一个过程。
- 自然是演变的过程结构。实在是过程性的。
- 现实世界是一个过程。过程是现实实体的生成。

过程和事件是时空的组分
- 相信时间和空间的相关性理论，反对将大量事物作为空间关系的"关系相"来对待。真正的"关系相"是事件。与物质相联系的时空的独特性使得任何将物质看作时空信息的根本组分以同化时空的方式都不可行。
- 自然的过程也可以称之为自然的章节。此外，这种自然的章节在时间和空间的过渡时期都有相同的表现。
- 何时何地都有事件的发生。此外，何时何地是事件的假设前提，因为时间和空间是事件的抽象物。
- 时空不能被看作是自我存在的实体，而是抽象。对时空的解释需要它的参照物。时空是事件的某种一般特征的规范及它们间的相互秩序。

物体/持久的物质来源于过程和事件
- 关于物体的理论是事件比较的理论。事件仅仅是可比较的，因为它们象征着永恒。当我们说"它再次发生了"时，我们就对事件中的物体作了比较。物体是事件的组成要素，所以我们可以说它再次出现了。对自然的辨别也就是对事件中流动的物体的认知。
- 如果我们以同样的原则解释物质的稳定持续力，那么我们必须将每一个原始要素设想为潜在的能量或活动的阵性衰退或流动。
- 以自然科学的术语来解释的话，从唯物主义向"有机实体论"的转变意味着将静态事物替换为流动的能量。这种能量有自己的行动和流动结构，但从它的结构中不能充分理解它。
- 物质等同于能量。能量是十足的活动；由自我认同的大量物质组成的消极底层模式被抛弃了。

机体主义
- 唯物主义的观点只适用于源于逻辑洞察力的非常抽象的实体。具体的持久的实体是有机体。整体的机制对融入整体的附属有机体的特征产生影响。以动物为例，进入整个有机体机制的精神状态能改变下属机体的机制甚至是最小的机体机制，例如电子。因此，鉴于身体内部的机制，身体内的电子与其外部的电子是不同的。电子在机体内和机体外可以随意地进出，但是它在体内的运行与其在体内的特征相一致。也就是说，与身体的总的机制相同，这一机制也包含它的精神状态。这种原则在整体自然界都很适用，在生命体中并没有什么特殊的表现。这一学说是对科学唯物主义的摒弃，也是对另一种有机论的替代。
- 在唯物论看来，诸如物体或电子的物质是持续的。在机体论看来，唯一持续的是活动的、变化的结构。
- 实在的特征是由贯穿于流动事物中的有机体组成的。

统一/内部关联
- 事件是对模式各个方面的整合。
- 内部关联性，也是在一个确定的关系集合中事件之所以被发现的缘由。进入到事件本质的每一个关系意味着，如果没有这种关系，事件本身也就不存在了。关系多样性的整合决定了事件。
- 内部关联存在于进入复杂实体的事物的本质之中。
- 世界通过自身的周期性的整合得以扩展，也通过自身来重新自动产生多样性。
- 任何局部的扰动都会对全局产生影响。距离效应是存在的，但也是短暂的。一个独立，自成一体的局部存在是不可能的。环境侵入每一个事物的本质之中。

续表

进化和涌现是根本性的
- 一个普遍的事实是,现实的固有特征是事物从一个阶段向另一个阶段的转变。自然的基本属性是其进化的扩展。那些被我称为事件的实体是某种涌入现实的事物。

演变过程中的稳定性
- 在变化的环境演变中,完整的扰动集合中的某些要素的性质是保持不变的。但是这种稳定只是一般的或平均的状态。正是由于这种平均态,我们认为在几天、几个世纪和几百万年的发展中,椅子、岩石或地球都没有发生改变。

科学的目的
- 科学的目的正是寻找不同事件发展中控制物体行为或表现的规律。

自然是一个动态的复杂整体
- 我们所感觉到的自然是一个展示在空间中的个体和形态相互分离的物体、颜色、声音、气味、味道、触觉及其他感觉的交互。另外,这个自然整体随时间的流逝而流变。

创新是根本性的
- 创新是宇宙中事物的普遍最终状态。

实在是由心物两极组成的两极世界
- 每种现实在本质上都是两极的,即物质的和心理的。物质的继承在本质上既伴随着与之相符的观念上的反应,也带来了相应的新奇的相反物质,但也引入了重点、价值和意义的部分。心物结合成以经验为单位的过程,是一个自我形成的齿合。
- 因此,一个现实实体在本质上是两极的,这两极分别是心和物。如果没有复杂的精神运作的指导,物理世界也很难被正确地理解。

主观目的/最终原因/目的论
- 过程是对最终目标的靠近和到达。最终目的是现实实体自我实现的内部过程。

潜力对于存在来说是至关重要的
- 若承认过程的概念,那么潜力的概念就是理解存在的基础。如果将宇宙视为静态的实体,那么潜力就不存在了,演替也仅仅是源于感官局限的表象。但如果我们以过程为基础,那么现实的特征就会在过程中传递。直觉是过去潜力的实现,也是未来潜力的仓库。

生成和潜力
- 在真实实体的生成过程中,许多分离的(实际的和非实际的)、多样的可能实体变成一个现实实体。这样实际的统一体就是多种可能性的齿合。
- 有两种方式来描述现实实体:(1)其他现实实体生成过程中潜力的对象化;(2)过程构成了它的生成。
- "对实体是怎样形成的"构成了实体是什么。这样对于现实实体的两种解释就联系在了一起。生成导致了存在,这就是过程原则。

对机械唯物主义的批判
- 我们发现欧洲观点的转变慢慢影响了后来的几个世纪。但是存在这样一个时期,即认为终极事实是预先假定的、不能约简的、非理性的物质以流动的形式蔓延于整个空间。这种物质是不可感知的、无价值的、无目的的,它的行为受到外部关系控制下的固有路径的影响。这种外部关系不是从此物质的本质中演变出来的。我把这种假设称为科学唯物主义。这与我们现在所处的科学情形完全不符。

对实证主义的批判
- 目前,科学界正遭受实证主义的攻击,人们不假思索地使用或摒弃它的理论。自然界中的生命理论也受实证主义的侵害。我们被告知存在一个以物理和化学公式形式的条例,而在自然的过程中什么都没有。

罗兹指出，怀特海的观点是对机械唯物主义的挑战。对传统的"机械论"科学思维来说，这简直就是神话。但是，怀特海的主要目的是反对机械唯物主义的核心前提以及由此导致的"抽象的措置具体感"。事实上，怀特海的哲学思想与当代物理学和哲学家大卫·波姆（David Bohm）的思想有很大的相同之处。大卫·玻姆认为实体内在的隐形生成秩序意味着即使是无生命物体也有某种精神特质。

怀特海哲学很大程度上被实证和后实证分析哲学所边缘化。他的哲学将宗教神学包含在内，把上帝看作协调宗教和科学思想的一种方式。近年来，他被视为现代主义的批判先锋，后现代主义的先行者。而后现代主义又与人文地理学的社会理论研究方法相关。有人试图调和过程哲学与分析哲学之间的矛盾。罗兹提到，哲学家尼古拉·雷斯彻（Nicholas Rescher）的观点就是一个典型的例子。

雷斯彻对过程哲学的理解综合了很多观点，并非仅以怀特海的思想为主。他的思想包含传统分析哲学的论证特点，即强调论点、论据和语言逻辑分析，并怀疑形而上学是从科学发现中分离的这一观点。雷斯彻认为，过程哲学可表示为从纯过程到纯物质的连续统一体。这个连续统一体的一端是过程哲学主导的过程，它的优先级和重要程度都大于物质。在极端情况下，只有纯过程的存在，而稳定物质实体的存在只是精神幻想。连续统一体两端不同位置所强调的哲学和概念点不同，可认为是过程—实体二分法。过程"优先"的观点认为物质实体是存在的，但由持续运动的底层过程构成。"过程不是稳定的事物，事物是变化过程的稳定状态。"对物体的识别是以已经形成的、并持续发展的过程为基础的。另外，所有的物质实体都是短暂的，并不断经历着变化直至灭亡。

雷斯彻指出，只有极端的实体主义否认过程的存在，因为"如果没有过程，物体就是无生命力的、不可探测的、与世界的因果关系不相连的或不可知的"。为避免这一问题，实体主义者普遍认为过程是物体固有的属性或特征。也就是说，所有的过程都是物质实体活动的表现。这一观点否定了过程存在的独立性，雷斯彻称之为"无主"的过程或与物质实体相分离的过程。例如，流水中湍流的产生很难认为是水中物质的特征，而应视为水的运动过程。在湍流形成中，重要的是过程而不是水。因此，湍流现象可以在不同的流动液体中产生。

过程究竟是什么？很难找到一个严格的定义，但普遍认为它以充满时空的、协调的和连续的活动模式为特征。这种模式的秩序由限定因果关系或功能的媒介所决定。罗兹指出，从物理角度来看，过程所展现的行为机理以科学术语的形式体现出来（如力、能、功、场和通量）。过程的概念包含时空范围内的维持和变化（存在和生成）。因此，时空被理解成一个动态过程流，而不是物质的静态容器（表 3）。同时，他还提到过程哲学的本质是这样一种观念：实在根本上是时空范围内的创进（creative advance），其中包含本体论新奇（新的过程、产物、对象和事件状态）、现象新奇（新的事件、事件格局和经历）和认识论新奇（新的知识、观点、信息、问题和答案）的不断涌现。

表3 实体哲学和过程哲学的二分法

实体	过程
存在	生成
维持	变化
静态	动态
固定物体的重组	涌现的新奇性
持久	进化
外部关系	内部关系
物质对象	力、功、能
稳定	转化
还原论	整体论
分离的个体	动态相关
外部驱动	内部自组织
无生命力的	创造
被动的	主动的
结构	通量
仅有有效的因果关系	有效的和最终的因果关系
事物	事件
机械论的	目的论的
完备的、不变的属性	独特过程模式的历史演变
绝对的时空（物体和过程的容器）	时空是过程的属性
因果同时性	原因先于结果
存在的自存性	存在的联系性

罗兹认为，过程哲学可以涵盖从微观到宇观的自然现象及从无生命体到整个意识的所有领域。当我们在考察当代物理学的两个重要理论（量子力学和广义相对论）时，过程哲学相比于机械唯物主义更能协调这两种理论。量子力学在本质上是过程性的，根据量子力学理论，微小的物质并不是粒子状物质的星云体系，而是波动过程在统计上所显现出的静态结构的集合。因此，所谓的基本粒子并不是一个真正的粒子，更像一个节奏，一个共振，一个"量子波"，从本质上讲是波状的。同样地，相对论将时空理解为动态的、普遍存在的过程流。时间以波形外流为典型特征，空间以驻波结构的稳定性为特征。归根结底，空间和时间只是物理过程相互作用的内在属性。这些过程"场"弥漫

在所有的物理实体中。物质是背景时空场的一种高度发达的形态，它的内部结构实际上是波状的、过程性的。罗兹注意到，既然牛顿物理学已归入相对性体系之中，那么机械唯物主义的抽象物就很难在本体论上站得住脚。近代物理学表明，人类每天经历的物质世界是宇观（相对论）和微观（量子力学）相互作用涌现出来的结果。

不同尺度域的过程相互作用对于生物学的世界观来说也是十分重要的。进化理论认为，遗传和环境尺度上的过程相互作用导致了以新物种形式出现的新奇性和创新。这样，随机的基因突变和特定环境背景下的自然选择过程的结合，以新物种形成的方式涌现出新的结构和秩序。变化贯穿于整个生物世界中，而过程是根本性的。

罗兹还提到，在人类社会中，意识已变成一个新的涌现过程：对自然的自我意识是进化过程的产物。从根本上讲，意识是以经验为基础的。经验是一种典型的过程。精神活动由经验构成。如果没有经验，感知和自我意识就不存在了，社会也就不复存在了。如果没有思想的交流和借鉴，政治、文化和社会也就不存在了。人类集合之间不能相互作用，社会就失去了活力。这种观点同样适用于科学和宗教。过程哲学并不将科学看作知识的实体，而是将其看作一种不断发展的活力或包含内在认知变化的探寻过程。从神学角度来看，上帝也是过程性的，即一个现实创进中的积极参与者。最后，过程哲学是完全自省的。过程哲学也是一个处在过程中的哲学。过程哲学与不断发展的人类经验一起进化。

五、以过程的视角来理解地貌学的动力学基础

以过程的视角来理解地貌学意味着什么呢？在讨论这个问题之前，罗兹强调，这篇文章并不涉及地貌学的科学实践，而是关于地貌学实践的哲学基础，不包括科学的方法论指导。相反，它论述了八个主题并说明了过程哲学如何为理解地貌学提供了新的视角。

动态性在地貌学中是基础性的。罗兹评述道，或许过程哲学视角最重要的意义就在于它重视地貌现象中的动态性。从这个意义上讲，它为地貌学提供了一个真正的"动力学基础"。由此，过程—形态的相互作用可理解成不同尺度的过程与地形间的相互作用。地形是内部动态过程的集合体，这些内部动态过程集合与复杂变化的外界环境过程之间持续相互影响。因此，地形不是由无生命力的物质组成的静态形体而是过程的混合体，在一个相互关联的内部和外部动态框架中保持一个连续的结构。一个静态的、其内部动态与环境脱离的地形的概念是荒谬的。

消除过程研究和地理历史研究的二分法。罗兹认为，过程哲学的观点适合地貌学研究的整个领域。这样一来，它消除了地貌学中传统的过程研究与地理历史研究的二分法，扩展了地貌学的过程概念，所有的地貌学研究都可归于这一概念。由于二分法的消失，过程也不是必需的了。相反，这意味着无论是基于牛顿力学建立数学模型的地貌学家，还是阐述特殊地形的地理历史演变的地貌学家，都关心自然景观的动态基础。即使是计量地貌学，对地形形状的定量描述也是对持续过程结构合力的研究，而不是对内部物质形式特征的研究。

包容机械唯物主义。在罗兹看来，过程哲学的观念并不一定排斥对地貌问题作机械主义的分析。怀特海指出"如果解释恰当，机械唯物主义并没有什么错误"。不恰当的解释包括以抽象的机械观念来解释本体论，如"错置具体感的谬误"。以过程观点来看，机械论是获得特定认识论目标的有力工具，通过提高预测结果的准确性来消除不确定性。而牛顿力学的基本法则并不能表现过程实在论的某些本体论特征。因此，不能将基于机械论公式的地貌现象的可靠的预测模型看作某种哲学宝典。相反，诸如力、能、功和场等的抽象物理概念应该得到解释。过程哲学将其解释为潜在过程的抽象表述。

包容地貌现象的非物质定量解释。因为过程观点反对任何的机械本体论，因此它包含对地貌系统动态的其他定量解释，如基于统计学、非线性动力学和元胞的模型。罗兹认为，机械唯物主义的还原论并不是理解地貌过程的唯一科学。这尤其适用于大尺度的开放系统，因为应用还原论的模拟方法来解释相互作用的过程整体性是无效的。过程整体性意味着地貌活动发生在广泛的时空尺度范围内，从全球到微观，从毫秒到几百万年。与非线性动力系统相关的涌现理论表明，在许多情况下，大尺度的环境过程并非是许多单独的、简单的过程的加和。相反，整体中的相互作用所得的结果往往大于单个个体的简单相加。所产生的自组织倾向可能会导致演变和保持目标导向模式，这可以通过目的论加以解释。

包容地貌现象的定性解释。某些复杂的大尺度过程不能定量只能定性。罗兹以板块构造理论为例作了解释。板块边缘的动力，如剪切和碰撞等往往以图式的形式表达。在某种程度上，图示解释是必需的。因为我们还不完全理解底层的物理过程，而通常认为它是地幔对流及其对板块边缘的动态影响。当考察动态地貌系统中的生物效应时，就必须使用其他的定量机械模型。虽然生物的某些特征，如根对土壤侵蚀的保护作用可以机械地表达，其他特征却不能。罗兹提到博茨瓦纳的奥卡万戈内地三角洲水道分叉过程就是一个典型的例子。这个分叉过程包括河道边缘植物的演替、河道和泥炭的沉淀、泥炭的渗水、沉积河床植物的侵蚀、悬浮有机物对河流的阻挡、受阻河流河道边缘植物的过分生长、上游河道被阻有机物的溢出、河流在相邻沼泽地漫过河漫滩形成新的分支等的相互作用。这种动态复杂的机制很难用机械的或定量的形式来表示。

地貌动态中尺度的重要性。地貌现象尺度关联的动态变化完全是过程性的。在任何尺度上都有过程的存在，跨尺度的过程影响是双向的。也就是说，过程效应的方向性既包括小尺度影响大尺度，也包括大尺度影响小尺度。大尺度过程经反馈成为小尺度过程的组成部分。在反馈中，大尺度过程会得到抑制或改变。罗兹认为，流域水文响应包括局地水文过程、流域尺度降水过程和水流流动的网络约束过程。流域尺度降水过程通过对局地河道水流的输送来影响局地水文过程，而局地水文过程通过河网制约输入的水流流动速率来影响大尺度水文过程。这些过程的叠加对河流沿特定网络通道流动的网络结构有制约作用。另外，罗兹还提及漫流的动态变化，局部漫流的新河道开闭对大尺度的地形发展模式有根本的影响。因此，自上而下和自下而上的过程效应都存在于地貌系统中，对地貌系统的理解很难单独从"自下而上"的还原论中得到答案。

动力学是区域研究的核心。罗兹认为，动力学对于当代地貌学区域研究和地理历史调查来说都是最重要的。前者关注当代地貌过程，而后者关注对导致地貌景观特征的发展的事件重建。过程哲学家没有重点讨论过程和事件的区别。怀特海开始强调事件本体，后来又转向过程哲学。虽然二者之间的不同点可以被识别，但怀特海却将它们看成一个连续的整体。从根本上讲，实在是过程性的。由于不同事件的存在，实在的存在和生成的时空特征是不同的。

罗兹评论道，在地貌学中，过程通常是指连续的、系统活动的独特属性，它独立于系统活动的时空属性。一个过程有它的时空范围。过程的识别仅仅依赖于特定活动模式的发生而不依赖于其独特的时空特征。他以地貌学中的一个重要过程——地表沉积物的运移——为例加以说明。作为一个过程，其必要条件是沉积物的移动而不是它在时空中以特定的速率或以特定方式下的变化速率运动。从这个意义上讲，地貌过程是可重复的，因此可以用"无时间限制的"机械的方式来表示。

另一方面，事件是依赖于时间和空间的、实在的活动或模式。识别一个事件必须确定特定实在活动或模式的时空背景。事件是相邻时空过程强度的突然变化。他认为，过程是事件的重要组分。沉积物的运移这一事件可表述为三个过程：特定时空的沉积物开始运动；沉积物以稳定的、渐进的速率运动；沉积物停止运动。从这个意义上讲，沉积物运移的过程是这个事件的组成部分。罗兹指出，当多个过程出现时，对事件的识别就变得复杂，但重点仍然是要确定特有的活动或基于不同的过程速率、强度和相互作用的连续活动模式。时空背景对于事件中大量发生的偶然事件来说是十分重要的。相对于过程而言，每一个事件都是唯一的，因为它发生在特定的时间和地点范围内。尽管事件和过程在概念上有分异，但把它们在本体论上划分是有问题的。这种划分应定义为两种不同的哲学类别。这一标准是很难达到的，因为事件和过程都包含自然现象的动态变化，两者也是交织在一起的。

当代地貌现象的区域研究通常试图将地貌过程的活动与地形保持和变化联系在一起。对非控制区域背景下地貌过程的相互作用的解释是十分困难的。区域研究通常根据特定场规模和速率的定量测量来确定各种过程对实际变化的相对作用。这种合理性主要是依据反应过程的机械关系来确定的。

地理历史的调查通常包括对影响当代地貌特征的过去事件的研究。这种研究方式与过程的观点完全统一。地理历史的分析强调清晰的历史认知，即所有的景观变化都包含前期的原因和后期的结果。它也强调空间环境的重要性；景观的动态变化通常包含可能环境背景中的过程。

罗兹认为，过程的观点完全包括了地貌学中从"时间限制的"到"无时间限制的"所有思想。同时，他还提到所有对自然分析的理论都必须面对两个事实：变化和持久。山川是持久的，但多年以后它也会被侵蚀掉，也会消失。但是，动态是变化和维持所固有的，因为维持是对历史事件发展过程中特定属性的持续继承。环境突发事件，或外部关系，对维持来说也是重要的。有利的环境对一个物理对象的保持来说是必不可少的。然而，现实情况是，所有的地貌特征最终都注定是要改变的。一个普遍的事实是，真正最普遍的特征是事物的转变（从一个阶段向另一个阶段）。所有的存在物都处于永恒的生成、存在和消亡之中，这标志着实在的过程性前进。

可能融通自然地理学和人文地理学。罗兹强调，地貌学的过程视角为自然系统的动态变化及人类选择、活动和经历之间的连接打开了一扇大门。过程哲学反对唯物主义思想中的二元论：主客体和身心分离。唯物主义哲学中所有的关系都是外部的；物质是自足和不变的；物质的存在不依赖于其他物体，并能通过媒介与自身外部的其他实体发生作用。相反，过程整体论要求一个关系视角，组成实在的所有实体是动态关联的，甚至正是这些动态关联构成了实体。怀特海使用"领悟"一词来表示实在的动态关系结构。"现实世界就是一种领悟。"沃利克（Wallack）很好地解释了这种观点，"内部和外部关系并没有固定的和绝对的差别，正如主体和客体在本体论上没有区别一样。客体主体化，主体客体化。"此外，"组成一个人的心物统一体是如此复杂"。罗兹认为，我们只有将物理自然与生命融合在一起，才能真正理解物理自然和生命。这一融合体是组成真实事物的基本要素，而真实事物的关联和个体特征又组成了这个世界。

在过程视角下，二元论的瓦解为综合性思想的产生打开了大门，这也完全与地理学的学术传统相一致。一些过程观点的主题（表3），如动态的相互关联性和整体性，明显符合这个传统。虽然地理学还宣称自身是人地系统综合研究的知识范畴，笛卡尔的二元论体系（将地理学分为人文地理学和自然地理学）却深深影响了这个学科。罗兹倡导，如果地理学家试图实现人类和环境的结合这一困难目标，则过程哲学观点可能会给予他们指导。另外，他认为，怀特海的有机哲学不仅为现代科学提供了一种宇宙观，还试图建立一个广泛的概念系统，在这个概念系统中，我们经验中的每一个要素都能得到解释。事实上，同现代物理学一样，人类经验也是他思考的模型。二元论的瓦解意味着人类的经验同基本粒子的存在一样都是真实的，而诸如审美、目的、价值、情感、和谐同自然科学实体一样在本体论中是平等的。这就是怀特海的"万物有灵论"，也就是精神和物质一样都是真实的，所有的自然在某种程度上都有精神。

对于社会而言，过程观点包含所谓的"后现代"，但它没有采取激进的相对主义或虚无主义的解构主义立场。过程思想的关系属性暗含着没有超越其起源背景的绝对观点的"维持"，总有另一种可能的解释。怀特海部分指责了唯物主义对于社会的弊病，因为它的物质基础指向事物而不是事物的价值。他没有详细阐述这种观点，但他的思想内核与社会公平、环境保护、崇尚分异和多样化的当代观念是相符的。怀特海宇宙论的社会概念的核心性表明，他的很多观点与过程哲学一起，应该都能与人文地理学者产生共鸣。

罗兹指出，作为一门科学，地貌学自从转向阿瑟·斯特拉勒提倡的地貌学的动力学基础研究后取得了很大成就。然而，如科学背后的所有概念前提一样，斯特拉勒的主张有其局限性。虽然唯物论的建立对地貌学某些领域问题的解决和预测有实际的方法论意义，但它也限制了其他方法在地貌学研究中的应用。由于物质被认为是不变实体，其他存在物被认为是物质通过机械外部关系的重新排列组合，这样一来，还原论就成为唯物主义固有的一部分。当处理诸如地貌系统这种高度复杂系统（即包含大尺度的时空过程，时空过程的相互作用是跨尺度的）时，还原论方法是无效的。此外，诸如特定地貌特征演进历史的独特性、生物过程作用的独特性等系统属性都不能用还原论来刻画。

在文章结尾，罗兹总结道，基于过程哲学重新审视地貌学的动力学基础不仅涵盖了地貌学家研究的全部范围，而且为其研究开辟了新的视野。过程哲学并不排斥地貌学研究中的机械论、还原论的方法。它所强调的是试图通过机械论来研究"物化世界"，并不能再产生任何高明的本体论解释。过程哲学视角强调可能事件背景下整体性的过程活动导致单个景观或地形的生成。它也包含基于过程整体性的"有机论的"解释，并能清楚地说明复杂地貌系统中的自组织趋势，如生物过程在自组织中的作用。从这个意义上讲，过程哲学的视角调和了地貌学早期的有机论传统和后来的机械论传统。然而，地貌学家并没有急于进行哲学反思，实际上，很多实践科学家都对哲学问题不感兴趣。同时，当哲学分析与科学知识相联系时，有必要使科学脱离嵌入式的甚至教条的思维。罗兹最后引用怀特海的话说："自满的理性主义实际上是反理性主义的，它将停止在一组特定的抽象上。"他强调不能希望哲学本身构建出形而上学的第一原则。但是正如怀特海所倡导的那样，当试图解释从科学或其他知识形式中产生的新世界观时，哲学可以增强和扩大对科学研究的理解和效用。

虽然罗兹这篇评论性文章以过程视角重新审视地貌学的动力学基础，然而其中对于过程属性的阐释，及其与物体和事件等概念的联系与区别，都对现今地理学的各个分支学科研究具有重要指导作用，尤其对于目前地理格局——过程——尺度的关系研究更具借鉴意义。

（王　羊、李双成）

再版后记

《地理学思想经典解读》2011年首印，2015年第2次印刷，共发行8000册，迄今近乎售罄，商务印书馆决定再出精装本，我借此机会补充一些相关信息，是为后记。

2021年中国地理学会主办、西南大学地理科学学院协办评选"地理科学十大经典读本"，向全国地理学者广泛发放问卷，共推荐图书379本。按推荐频次排序，选出十大经典读本，经学会常务理事会议批准，于4月10日公布。《地理学思想经典解读》在其中名列榜首。一部专业性和学术性很强、读者面很小的著作，能得到地理学界的青睐，殊为不易。

汤茂林教授发表了"《地理学思想经典解读》读后感"（《地理研究》，2012年第6期），这里摘录其中一些评价，算是对本书的一种介绍：

> 《地理学思想经典解读》是我盼望已久的一本文选，是一部出色的地理学综合评述性著作。一册在手，欧美地理学发展史上的一篇篇经典文献便不再有语言的障碍，大大方便了国内地理学思想史和相关课程的教学工作。网友analy92（他的新浪地理思想博客可以说是中文世界最有深度的少数几个地理思想博客之一）认为，"要厘清地理学的脉络，其实需要从地理学者的系谱着手，《地理学思想经典解读》可是相当好的入手书籍。"在笔者看来，这种工作真是功德无量，正如周宪在《方向标读本文丛》"主编的话"中所说的："编者花了不少精力，从浩如烟海的文献中遴选出具体篇章，进而组织翻译，形成一个完整的结构。做这样的事情，在一个讲究实用主义和个人本位主义的时代，多少有点为他人做嫁衣裳的意味。然则，学术乃天下之公器，各位作者将自己的学术研究暂放一边，耗费如此精力来编撰这些读本，我深表敬意！"（《文学理论精粹读本》，中国人民大学出版社，2006：1~2）。
>
> 感谢蔡运龙、叶超、陈彦光、阙维民、李双成、周尚意等学者首倡性的努力，贡献了精彩的《地理学思想经典解读》，她必将成为中文世界大学生和研究生学习地理学思想的教科书和重要参考书，也是"激发地理学者创新思维的必读文献"。

本书最早与另一出版社签订了出版合同，列入其"西方某某学名著提要"系列。但成稿后却被告知不予出版。表面上的原因是交稿略超过了合同规定的时限，其实真正的原因正如主其事者口头回话所言：这种书卖不动。于是我转而诉诸商务印书馆，很快就顺利出版。有商务印书馆这样以"昌明教育，开启民智"为己任，注重学术声誉和社会效益的出版社，学界幸甚，读者幸甚。

趁这次再版机会，我又一次校对了全文，改正和改善了一些文字，增加了一些注释。但仍不敢断言完美无缺，祈望读者指正。

蔡运龙

2023年3月20日